UNE HISTOIRE
DE LA PHILOSOPHIE
OCCIDENTALE

GUNNAR SKIRBEKK ET NILS GILJE

UNE HISTOIRE DE LA PHILOSOPHIE OCCIDENTALE

De la Grèce antique au vingtième siècle

Traduit par Angélique Merklen,

Jacqueline Boniface et Jean-Luc Gautero

HERMANN  ÉDITEURS

Depuis 1876

Avec le soutien de l'Université de Bergen

UNIVERSITY OF BERGEN

ISBN 13 : 978 2 7056 7007 8 (version brochée)
ISBN 13 : 978 2 7056 7008 5 (version reliée)

© 2001, Gunnar Skirbekk and Nils Gilje
Translation © 2001, Routledge
© 2000, Universitetsforlaget

© 2010, HERMANN ÉDITEURS, 6 rue de la Sorbonne, 75005 PARIS

www.editions-hermann.fr

Avertissement

Quand Gunnar Skirbekk m'a déclaré chercher qui pourrait traduire le livre qu'il a rédigé avec Nils Gilje *A History of Western Philosophy*, en vue d'une publication chez Hermann, c'est avec grand plaisir que j'ai accepté d'en superviser la traduction. Gunnar Skirbekk développe sur le monde contemporain des réflexions philosophiques originales et intéressantes ; il ne se cache pas de trouver chez Habermas l'une de ses principales sources d'inspiration, mais il évite ce qui me semble être la principale faiblesse de ce dernier, le caractère très général et très abstrait de sa théorie. Des études de cas concrets lui permettent de sortir d'une pensée binaire et dichotomique, pour prendre en compte toute la richesse et la complexité du réel (peut-être s'agit-il là d'une influence de Marcuse, dont il a été assistant dans sa jeunesse). Je regrette donc que Gunnar Skirbekk ne soit pas à ce jour mieux connu dans notre pays, et je souhaite que cette histoire de la philosophie lui permette de trouver dans la francophonie la notoriété qu'il mérite. Il ne s'agit bien sûr que d'un ouvrage d'introduction, reprenant un cours à destination des étudiants qui, à l'Université de Bergen, commencent l'étude de la philosophie. Ce n'est pas pour autant un insipide manuel scolaire, qui prétendrait à une illusoire et impossible objectivité : pour qui connaît un peu les conceptions de Skirbekk, il est impossible de ne pas en trouver la trace dans la façon dont au fil des pages les auteurs sont abordés. Mais, conformément à sa pensée, sa présentation, qui n'est pas neutre, n'est pas non plus une présentation partiale, comme a pu l'être celle de Russell dans un ouvrage qui porte presque le même titre : Russell ne se gênait pas pour condamner sèchement et souvent très caricaturalement tel ou tel grand philosophe qui n'avait pas l'heur de lui plaire, pour présenter les caricatures qu'il donnait des auteurs comme leur pensée même. Skirbekk, lui, traite de tous les penseurs avec respect, et si sa pensée est bien présente, elle ne vient pas s'interposer entre la leur et celle des lecteurs, comme ceux-ci vont pouvoir s'en rendre compte.

Jean-Luc GAUTERO

Préface des auteurs

Étant l'un des auteurs de cette histoire de la philosophie occidentale, et ayant eu le privilège d'en suivre depuis le début le processus de traduction vers le français, j'aimerais exprimer aux traducteurs ma sincère gratitude. Je suis très content de leur ouvrage. Pour autant que je puisse en juger, ils ont fait un excellent travail.

Nous le savons, une traduction n'est pas tâche facile. Quand on l'entreprend sérieusement, elle demande beaucoup de travail et un réel engagement, des capacités linguistiques et culturelles, une connaissance profonde du sujet abordé et de son contexte socio-historique.

Une histoire de la philosophie est de plus un texte de nature particulière. Dans ce livre, nous suivons les principaux motifs de la pensée occidentale, de la Grèce antique jusqu'à la philosophie contemporaine. Tout au long, nous passons d'un philosophe au suivant, d'une école philosophique ou d'un cadre discursif au suivant, chacun avec son arrière-plan particulier, sa manière propre de poser des questions et de s'exprimer, ses présupposés et perspectives conceptuelles spécifiques. Il faut donc faire preuve d'une vigilance et d'une compétence linguistique et professionnelle particulièrement vives.

Dans de telles circonstances, la traduction est rarement un travail solitaire. La meilleure solution est le plus souvent un petit groupe de traducteurs dévoués et capables, collaborant et se complétant les uns les autres. C'est exactement ce que nous avons eu dans ce cas. Les trois traducteurs, Angélique Merklen, Jacqueline Boniface et Jean-Luc Gautero, se sont partagés le travail et se sont mutuellement épaulés, sous la coordination efficace et fiable de Jean-Luc Gautero.

La traduction est faite à partir du texte anglais, mais avec l'aide de la traduction allemande. De plus, j'ai contrôlé le résultat en gardant un œil sur le texte original norvégien. En conséquence, ayant lu les trois versions (allemande, anglaise et française), je pense, pour autant que je puisse en juger, que la traduction française est la plus réussie.

C'est pourquoi nous, les auteurs, sommes très contents et reconnaissants de la publication de cette traduction. Nous adressons aux traducteurs nos remerciements les plus chaleureux pour leur travail.

Pour les deux auteurs
Gunnar Skirbekk

Préface des traducteurs

La traduction d'une histoire de la philosophie, même si elle exige moins de travail que la rédaction de cette histoire, est comme elle une œuvre d'ampleur, qui demande notamment, quand on ne les maîtrise pas déjà, de se plonger dans les traductions françaises des écrits des auteurs abordés, c'est-à-dire des principaux philosophes des vingt-cinq derniers siècles. Nous n'avions pas tous ces ouvrages, et il n'était pas toujours forcément possible de nous les procurer rapidement en bibliothèque ou en librairie. Je commencerai donc par remercier Jean-Marie Tremblay, dont le site, *Les Classiques des sciences sociales*, nous a souvent été d'une aide précieuse. Nous avons aussi à l'occasion, concernant le vocabulaire de tel ou tel chapitre, ou à la recherche de la traduction française de telle ou telle référence, sollicité divers collègues du département de philosophie de l'Université de Nice Sophia Antipolis : Ali Benmakhlouf, Michaël Biziou, Franck Fischbach, Elsa Grasso et Paul-Antoine Miquel. Ils ne sont évidemment pas responsables des erreurs qui restent, mais c'est grâce à eux qu'il n'y en a pas plus. Qu'ils en soient ici remerciés.

L'ampleur du travail n'en est cependant pas la seule difficulté : les lecteurs remarqueront peut-être que cet ouvrage est traduit de l'anglais, alors qu'il a tout d'abord été écrit en norvégien par Gunnar Skirbekk et Nils Gilje. Ils pourront alors se demander ce que vaut cette traduction qui n'est en fait qu'une traduction d'une traduction, aussi éloignée de l'original, penseront-ils, que peut l'être de l'Idée de cheval le dessin d'un cheval, qui n'est pour Platon qu'une copie de copie de cette Idée. Cette inquiétude serait fondée si nous ne nous étions appuyés que sur le texte anglais. Mais si c'est bien celui-ci qui nous a servi pour notre premier jet, les multiples relectures ultérieures nous

ont amené, Angélique Merklen et moi, à le confronter au texte allemand, et parfois à le corriger à l'aide de ce dernier (et nous remercions
à ce propos Hannah Christmann, germanophone qui nous a parfois
aidés à comprendre ce texte allemand, de même que Kate Archibald,
anglophone qui nous a parfois aidés pour le texte anglais). Lorsque
nous avions des doutes, nous interrogions Gunnar Skirbekk, qui
nous a toujours répondu avec à la fois précision et rapidité. De plus,
même s'il ne maîtrise pas suffisamment notre langue pour écrire seul
un texte en français, il la connaît assez pour lire ce que nous avions
fait et nous transmettre encore maintes remarques utiles. Nous le
remercions aussi. Il a largement contribué à ce que cette traduction,
sans être évidemment du niveau de l'original norvégien, en soit plus
proche que les traductions anglaise ou allemande.

Il est toutefois deux points sur lesquels nos défauts sont les mêmes
que ceux du texte anglais, parce que sur ces points les faiblesses du
français recoupent celles de l'anglais. Il s'agit de la traduction de deux
mots norvégiens, *mennesket* et *vitskap*. Le premier est un nom neutre
qui n'a pas plus d'équivalent simple en anglais qu'en français. Le
traducteur anglais l'avait parfois rendu par « human being », parfois
par « man », parfois par « person », parfois par « people ». Le plus satisfaisant intellectuellement aurait été d'écrire toujours « être humain »,
mais cela aurait été lourd. Nous avons donc en général suivi le texte
anglais, en employant tantôt « être humain » ou « humain », tantôt
« homme », tantôt « personne », tantôt « les gens ». Le second mot
norvégien, *vitskap*, comme le nom allemand *Wissenschaft*, recouvre à
la fois les sciences de la nature, les sciences humaines et sociales, en
bref la quasi totalité du champ du savoir : le traducteur anglais avait
dû faire des choix, et nous les avons suivis.

Enfin, diverses personnes ont accepté de lire des versions provisoires
de cette traduction pour nous signaler les difficultés de compréhension rencontrées et nous aider ainsi à en augmenter la lisibilité. Nous
remercions en particulier Alexandre Andujar, certifié de philosophie
qui travaille actuellement sur la Trinité chez les Pères de l'Église,
Fernand Boéri, informaticien à la retraite reconverti à la philosophie et
membre du Centre de Recherche d'Histoire des Idées, Maxim Dubreuil
et Amélie Poher, respectivement diplômés en psychologie et en lettres
moderne, mon père, Jacques Gautero, électricien à la retraite, non
philosophe qui m'a donné le goût de la lecture, et le père d'Angélique
Merklen, Xavier Merklen, qui lui a donné le goût de l'étymologie et
est décédé au moment où nous achevions cette traduction.

Introduction

Pourquoi étudier la philosophie? Nous pourrions répondre en quelques mots que nous l'étudions parce qu'elle fait partie du bagage intellectuel que nous portons en nous – que nous le sachions ou non. Alors autant en prendre connaissance!

Nous pouvons illustrer ce qui précède par le dilemme suivant : certains croient qu'il ne faut pas supprimer de vies humaines et en même temps qu'il faut défendre son pays. Que devraient-ils faire en cas de guerre? S'ils rejoignent les forces armées, ils entrent en conflit avec le principe selon lequel il ne faut pas tuer d'autres personnes. Mais s'ils refusent de le faire, ils entreront en conflit avec le principe selon lequel il faut défendre son pays. Ce dilemme a-t-il une solution? L'un des principes, par exemple, est-il plus fondamental que l'autre – et, si oui, pourquoi? Ces personnes doivent aussi se demander dans quelle mesure une action militaire, dans une situation donnée, sauvera des vies; elles doivent analyser leurs principes sous tous les angles. Plus profond l'on va dans ces questions, plus la manière de travailler est philosophique.

Des présupposés philosophiques, sous la forme de questions et de réponses telles que celles qui précèdent, se rencontrent dans la vie de tous les jours, qu'on les reconnaisse ou non. Les appréhender et les étudier met en jeu à la fois quelque chose de *personnel* – nous essayons de nous améliorer – et quelque chose d'*universel* – dans la mesure du possible, nous recherchons la connaissance vraie. Si nous travaillons dans ce sens, nous travaillons de manière philosophique; et nous pouvons alors tirer une leçon de ce que d'autres ont pensé et ont dit. C'est la raison pour laquelle nous devrions «étudier la philosophie».

Nous pourrions également demander : que peut nous apprendre la philosophie ? La science ne nous enseigne-t-elle pas aujourd'hui tout ce que nous *pouvons savoir* ? Et, dans la mesure où la science ne peut donner les raisons des normes et des valeurs, nous pouvons résoudre les problèmes normatifs en faisant appel aux lois. Par exemple, notre société a déclaré illégale la discrimination raciale – par conséquent, que reste-t-il donc à faire à la philosophie ?

Mais si nous vivions dans une société dans laquelle, au contraire, la discrimination raciale était légale, serions-nous alors tenus de respecter cette discrimination ? Si nous y étions réticents, nous pourrions faire appel à des résolutions internationales sur les droits de l'homme interdisant la discrimination raciale. Mais comment convaincre ceux qui rejettent ces résolutions ? Nous pourrions alors aller plus loin encore dans la recherche de justification et en appeler aux convictions religieuses ou à certains principes fondamentaux de justice que nous considérons comme allant de soi. Mais comment persuader des personnes qui ont des convictions religieuses différentes ou qui considèrent comme allant de soi d'autres principes ?

Il est possible de trouver une solution en prenant pour point de départ la réflexion suivante : la différence entre *savoir* et *croire que nous savons* est une distinction entre avoir des raisons suffisantes d'affirmer que telle chose est vraie et juste et *ne pas* avoir de telles raisons. La question de savoir dans quelle mesure nous pouvons reconnaître que certaines normes sont universellement contraignantes devient alors une question sur les raisons suffisantes dont nous disposons pour affirmer leur universalité. Mais de telles raisons ne sont pas personnelles : si une raison est valide, elle l'est pour tous, et indépendamment de qui l'énonce. Une raison qui nous donne le droit de prétendre à une connaissance est donc une raison qui résiste à un examen critique et à des contre-arguments. Seules les affirmations qui peuvent faire face à un examen libre et ouvert de la part de personnes dont les vues sont différentes peuvent être dites valides. Cela nous donne un indice quant à *une* conception de ce qui pourrait être une affirmation raisonnable ; et c'est une conception qui peut inclure des questions philosophiques (éthiques).

Or nous avons l'habitude de faire une distinction entre *être* et *devoir être*, et de dire que la science décrit et explique ce qui est, mais qu'elle ne peut expliquer pourquoi quelque chose devrait être. Cette distinction pourrait sembler raisonnable. La science, par exemple, peut décrire comment nous apprenons, mais non pourquoi nous devons apprendre : elle peut nous donner une réponse à la question de savoir pourquoi nous devons apprendre quelque chose si nous voulons atteindre un but déterminé, comme avoir les meilleures chances de réussir un examen. Et nous pouvons expliquer pourquoi nous devons passer l'examen *si* nous voulons un emploi déterminé. Mais ces questions de « devoir » mettent en jeu des buts relatifs, qui sont des moyens par rapport à d'autres buts ; et la science ne peut donner de réponse à la question de savoir pourquoi nous devrions favoriser tel ou tel but ultime dans cette succession de moyens et de fins.

Mais la science peut également avoir une grande influence sur nos attitudes et nos actes en rendant clair ce qu'est vraiment la situation, c'est-à-dire les mobiles qui nous guident, les conséquences de nos actes, et les différents termes des alternatives que nous rencontrons. De plus, elle peut rendre clair ce que les personnes, au regard de leurs paroles et leurs actes, croient juste et bon, et, par conséquent, elle peut montrer comment les normes fonctionnent en société. Mais de toutes ces considérations sur les normes il ne s'ensuit pas que certaines normes soient universellement contraignantes.

De fait, quand par exemple les anthropologues sociaux décrivent les normes d'une société, ils les entendent comme « contraignantes » dans *cette* société. Mais cela ne signifie pas qu'elles sont contraignantes pour nous, qui vivons dans une société différente ; ni non plus que ces normes, considérées comme contraignantes par ceux qui vivent dans cette société, sont réellement justifiables (pensons à un sacrifice humain rituel au dieu de la pluie). Nous pouvons ainsi *comprendre* les normes d'une société qui pratique l'abandon des bébés handicapés physiques ou mentaux sans pour cela les *accepter* comme valides. Reconnaître que certaines normes fonctionnent en tant que contraignantes n'est pas la même chose que les accepter comme universellement valides.

Nous n'irons pas plus loin ici dans ce type de problème – ce serait écrire le contenu du livre dans l'introduction. Nous souhaitions seulement montrer que les problèmes de normes dans notre vie quotidienne peuvent nous mener à diverses disciplines et à la philosophie – ceci pour suggérer l'intérêt de faire de la philosophie.

Quant aux relations entre science et philosophie, nous souhaiterions ajouter un bref commentaire sur ce sujet complexe : les résultats scientifiques sont codéterminés par les présupposés conceptuels et méthodologiques sur lesquels repose le projet scientifique considéré. Nous pouvons le voir dans la pratique quand un problème, tel que la construction d'une centrale hydroélectrique, peut s'analyser selon une perspective à la fois économique et écologique ; selon une perspective à la fois technologique et scientifique – ou selon les perspectives de différents groupes. Dans la mesure où ces différentes perspectives éclairent différents aspects du problème étudié, une seule d'entre elles ne révèle pas toute la vérité sur le problème. Pour comprendre «ce que le problème est vraiment», qu'il s'agisse de la construction d'une centrale hydroélectrique ou de la centralisation d'un système scolaire, nous devons nous familiariser avec les différentes perspectives qui le concernent. Si nous appelons cette analyse des différentes perspectives une réflexion philosophique, nous pouvons dire qu'une telle réflexion philosophique est appropriée quand il s'agit de confronter les problèmes posés par les diverses disciplines – elle nous aide à garder une certaine vue d'ensemble dans une civilisation qui court le risque d'être atomisée par la spécialisation.

Quand, dans cette introduction, nous avons essayé de montrer comment surgissent les problèmes philosophiques, nous avons été guidés par notre propre compréhension de ce qui caractérise les principaux d'entre eux. D'autres que nous auraient souligné d'autres thèmes ou d'autres manières de penser. C'est un point important, parce que ce que nous venons d'indiquer forme la structure de ce livre : une introduction à l'histoire de la philosophie européenne, qui met l'accent sur le problème des droits naturels et sur le développement de la science et de la rationalité scientifique. Il y a de nombreux fils dans cette tapisserie, mais ceux-ci sont de loin les plus longs et les plus importants.

Par comparaison avec d'autres présentations de l'histoire de la philosophie, nous avons essayé d'éviter quelques pièges bien connus. Une histoire de la philosophie portera toujours la marque des perspectives académiques de ses auteurs, de leur connaissance acquise, de leurs domaines de recherche et de leur orientation culturelle. Il en résulte que chaque présentation historique représente *une seule perspective* sur la pensée d'autrefois. Inévitablement, on soulignera ce que l'on croit être pertinent ou important dans la diversité historique. Personne n'est capable de lire d'un regard neutre Machiavel, Marx et Heidegger. C'est une illusion que de penser pouvoir écrire une histoire de la philosophie, ou toute autre présentation historique, selon une perspective éternelle ou selon le point de vue de Dieu. C'est le lot de tous les historiens de la philosophie, que cela leur plaise ou non. Les historiens ne sont pas des Münchhausen qui peuvent se soulever par eux-mêmes en dehors de leur cadre académique et culturel propre.

Les philosophes du passé ont également déclaré avoir dit la vérité. Ils défient notre époque comme ils ont défié la leur. C'est pourquoi on ne peut prendre Platon et Aristote au sérieux qu'en essayant de prendre position sur ce qu'ils ont dit. Cela présuppose que nous sommes capables d'établir un dialogue qui nous rende possible de confronter nos conceptions aux leurs. C'est pourquoi une histoire philosophique de la philosophie diffère d'une reconstruction de seconde main des idées du passé.

Nous essayons également de comprendre les philosophes du passé sur la base de leurs propres présupposés, tout en essayant dans le même temps d'établir un dialogue avec eux. Nous voulons écouter, mais aussi répondre à la voix qui parle.

Il existe cependant certains domaines dans lesquels *Une Histoire de la pensée occidentale* se distingue des études déjà existantes de l'histoire de la philosophie. On admet généralement que la révolution scientifique du début de la période moderne a constitué un défi pour la vision du monde qui était alors en vigueur, et qu'elle a engendré de nouvelles questions épistémologiques et éthiques. C'est pourquoi Copernic, Kepler et Newton sont abordés dans tous les traités d'histoire de la philosophie. Nous partageons cette opinion. Mais nous croyons également que la constitution des sciences de l'homme et la révolution à l'intérieur des sciences sociales ont soulevé des questions similaires. Ce livre nous emmène plus loin que les manuels traditionnels qui se limitent en général à discuter de l'influence des sciences de la nature classiques sur nos conceptions du monde et de l'homme. Les sciences associées aux noms de Darwin, Freud, Durkheim et Weber représentent d'importants défis philosophiques. Par conséquent, le lecteur trouvera dans ce livre un traitement assez étendu des sciences de l'homme et de la société, et de la psychanalyse.

Avant d'entrer dans ce livre, que vous décidiez de le commencer par le début ou par la fin, il est utile de garder à l'esprit que vous pouvez lire un texte philosophique de différentes manières :

1. d'abord, en essayant de comprendre *ce qui est dit*. Il est important de souligner les sources. Mais, pour saisir les problèmes philosophiques, il peut s'avérer utile de consulter fréquemment les commentaires d'un manuel. Dans cette optique, il est important de considérer tout extrait des sources comme partie intégrante du corpus auquel il appartient et de le placer dans une perspective plus large grâce à l'histoire des idées ;
2. mais un texte provient également d'*une société* par laquelle il est conditionné et que peut-être il conditionne. Il est donc utile de le voir dans un contexte historique. Cela peut également inclure des analyses sociologiques et psychologiques, par exemple des études sur la manière dont le contexte familial, le statut social ou les intérêts politiques ont pu inconsciemment influencer les auteurs et leurs contemporains ;

3. mais le propos principal d'un texte philosophique est d'exprimer quelque chose qui, d'une manière ou d'une autre, est *vrai*. Ce noyau philosophique ne peut être saisi dans ces textes que si l'on se demande dans quelle mesure les choses *sont* vraiment ce que l'on dit qu'elles sont. Cela requiert un certain type de dialogue avec le texte, où ce sont les meilleurs arguments qui comptent, quand vous confrontez vos opinions aux points de vue et aux arguments présents dans le texte. Les philosophes ne se satisfont pas d'essayer de découvrir ce que Hegel a dit, ni comment ses idées étaient conditionnées par la société de son temps ; ils veulent savoir si ses idées sont valides, et dans quelle mesure elles le sont.

La tâche première de la philosophie est de questionner ; c'est quelque chose que nous devons faire pour nous-mêmes, mais d'autres peuvent nous aider en chemin. Il n'y a pas de réponse « dernière » que l'on pourrait trouver à la fin – ou *a fortiori* au début – d'un livre. Mais, comme Lao-Tseu l'a dit autrefois, « le voyage de mille lieues commence par un pas »[1].

---

1. Lao-Tseu, *Tao-tö king*, LXIV, traduit du chinois par Liou Kia-hway et relu par Étiemble, Gallimard, Pléiade.

CHAPITRE 1

La philosophie présocratique –
Un aperçu des pensées anciennes
indienne et chinoise

LA CITÉ-ÉTAT GRECQUE : L'HOMME-DANS-LA-COMMUNAUTÉ

La philosophie, au sens le plus large du terme, existe dans toutes les civilisations. Certaines cependant, telles que celles de l'Inde, de la Chine et de la Grèce anciennes, la cultivèrent plus systématiquement ; elle y fut mise sous forme écrite. Nous qui vivons aujourd'hui avons ainsi un meilleur accès à leurs pensées. La forme écrite permit également aux philosophes de conserver et de communiquer leurs théories d'une manière différente de celle des civilisations qui ne reposaient que sur la langue orale. Les écrits restent. Il est loisible de revenir sur certaines formulations afin de poser des questions et d'éclaircir ce que l'auteur a voulu dire. L'analyse et la critique deviennent possibles d'une manière radicalement nouvelle.

Une brève histoire de la philosophie doit nécessairement procéder à certains choix. Nous débuterons ici par les premiers philosophes grecs, puis ferons une brève incursion en Orient ; viendra ensuite la philosophie européenne jusqu'à nos jours. Dans l'ensemble, notre sélection comprendra des hommes de la classe supérieure des régions les plus importantes d'Europe – peu viennent de classes inférieures, peu de régions culturelles périphériques, et il y a peu de femmes. Ainsi va l'histoire, dans sa version standard. Notre tâche sera de comprendre ce que disaient les philosophes et de découvrir si les connaissances qu'ils nous ont transmises sont toujours valables. Notre point de départ sera la Grèce du sixième siècle avant Jésus-Christ.

Avant de commencer notre étude de la première philosophie grecque, il peut être utile de considérer la société dans laquelle cette philosophie émergea. Il nous suffira de mettre en lumière quelques éléments principaux : la cité-État grecque (en grec : *polis*) était, selon de nombreux aspects, fort différente des États tels que nous les connaissons. C'était notamment une *petite* société, tant en population qu'en surface géographique. Au cinquième siècle avant Jésus-Christ, la cité d'Athènes, par exemple, avait une population d'environ trois cent mille habitants. On peut supposer que, dans ce nombre, cent mille environ étaient des esclaves. Si, de plus, nous en retirons les femmes et les enfants, il demeure environ quarante mille Athéniens libres[1]. Eux seuls avaient des droits politiques.

Les cités-États grecques étaient souvent séparées géographiquement par des montagnes et par la mer. La cité-État comprenait la ville elle-même et les territoires avoisinants. L'agriculture était une activité importante, ainsi que l'artisanat et le commerce. Il ne fallait généralement pas plus d'une journée de voyage pour se rendre d'un territoire voisin à la ville. La cité-État était une petite communauté, fait qui ne fut pas sans influence, à la fois sur les institutions et sur la théorie politique. Un temps, Athènes fut une démocratie directe à laquelle tous les hommes libres athéniens pouvaient participer. Les idéaux politiques se caractérisaient par cette même intimité : harmonie entre égaux dans la sphère politique, autorité de la loi, et liberté, laquelle signifiait vivre dans l'unité sous une loi commune. Le manque de liberté signifiait vivre dans un État sans loi ou sous l'autorité d'un tyran. Les problèmes étaient censés pouvoir se résoudre par un débat ouvert et rationnel dans une société harmonieuse et libre, gouvernée par les lois.

Ces notions d'ordre et d'harmonie, à la fois dans la nature et dans la société, peuvent être vues comme fondamentales dans la philosophie grecque, des premiers philosophes du cinquième siècle avant

---

1. Il existait trois groupes à Athènes : les esclaves, les Athéniens, et les étrangers vivant à Athènes. La citoyenneté athénienne était héréditaire, et les étrangers qui venaient vivre à Athènes n'en devenaient pas automatiquement citoyens même si eux-mêmes ou leurs parents y étaient nés. Les femmes athéniennes, comme les esclaves et les immigrants, étaient exclues de la politique.

Jésus-Christ jusqu'à l'époque d'Aristote. On peut donc dire que les théories politiques de Platon et d'Aristote ont pour concept fondamental l'«homme-dans-la-communauté» – et non l'individu isolé, ni la valorisation de la loi universelle ou de l'État au-dessus de l'individu. Par exemple, les êtres humains n'étaient pas à leur époque considérés comme ayant des «droits innés»; les droits étaient liés à la fonction ou au rôle que tenait l'individu dans la société. La vertu morale (en grec : *arétè*) ne signifiait pas en premier lieu de vivre selon certaines lois morales universelles, mais plutôt de satisfaire à sa fonction en tant qu'être humain, c'est-à-dire de trouver sa place dans la société. C'est dans ce cadre des cités-États grecques que travaillèrent Platon et Aristote : le système de l'esclavage, par exemple, leur était aussi naturel que l'est pour nous celui du salariat.

Les conditions géographiques contribuèrent au fait que les cités-États grecques étaient souvent politiquement indépendantes, bien qu'économiquement dépendantes d'une certaine coopération afin d'assurer l'approvisionnement des biens nécessaires qu'elles ne pouvaient elles-mêmes produire. Les cités-États se développèrent après une période d'immigration, au neuvième siècle avant Jésus-Christ environ. Les territoires entourant chacune d'entre elles étaient souvent arides, et la population croissait plus rapidement qu'elles ne pouvaient le supporter. À partir du huitième siècle, des émigrants grecs se mirent à coloniser des territoires proches (comme le sud de l'Italie). Le développement du commerce conduisit à la standardisation des poids et mesures, et l'on se mit à battre monnaie. Des différences sociales apparurent. Au lieu de procéder à des échanges directs, par exemple de peaux de chèvre contre du grain, on se mit à négocier les peaux de chèvre contre de la monnaie, dont les fermiers ne connaissaient pas toujours l'exacte valeur. Et si l'on n'avait pas de biens à échanger, on pouvait emprunter de la monnaie pour acheter du grain; il y avait des prêts et des intérêts sur les prêts, et même de nouveaux prêts pour payer les emprunts précédents. Certains devinrent riches tandis que d'autres croulaient sous les dettes. Au septième siècle avant Jésus-Christ, les tensions sociales menèrent à des troubles. Le résultat en fut la demande par le peuple d'une justice économique. Il arriva souvent qu'un homme fort (en grec : *tyrannos*) prît le pouvoir afin de résoudre une crise économique. Mais ces chefs absolus devenaient souvent des «tyrans» au sens où le mot est entendu aujourd'hui – ils dirigeaient à leur convenance. D'où un mécontentement politique. Au sixième siècle avant Jésus-Christ, les habitants commencèrent à exiger loi et égalité. Le développement de la démocratie athénienne (au cinquième siècle avant Jésus-Christ) fut en partie le résultat de ce mécontentement.

Thalès

Biographie. *Notre connaissance des premiers philosophes grecs et de leur enseignement est des plus sommaires. Nous avons peu d'informations certaines et leurs écrits sont, pour la plupart, perdus. Notre présentation repose donc sur une tentative conjecturale de reconstruction. Nous savons que Thalès vivait dans la colonie grecque de Milet au cinquième siècle avant Jésus-Christ, probablement entre 624 et 546 av. J.-C. Cette connaissance repose en partie sur une affirmation d'Hérodote selon laquelle Thalès aurait correctement prédit une éclipse solaire que l'on pense avoir eu lieu en 585 av. J.-C. Selon d'autres anecdotes, Thalès aurait voyagé en Égypte, ce qui n'était pas exceptionnel pour un Grec. On dit également que Thalès aurait déterminé la hauteur d'une pyramide en mesurant l'ombre de celle-ci à un moment de la journée où l'ombre et la taille de Thalès étaient égales.*

L'affirmation selon laquelle Thalès a prédit une éclipse solaire nous montre qu'il connaissait l'astronomie. Une telle connaissance peut venir des Babyloniens. Thalès aurait aussi eu des compétences en géométrie, la branche des mathématiques cultivée en particulier par les Grecs. L'universalité des hypothèses mathématiques fournit aux Grecs un concept de théorie et de mise à l'épreuve d'une théorie : les énoncés mathématiques se révélaient vrais d'une manière différente de ceux portant sur les évènements singuliers. Cela ouvrit la voie à l'argumentation et au raisonnement déductif, sans preuve tangible. On dit aussi que Thalès prit part à la vie politique de Milet ; que ses connaissances en géométrie et en astronomie contribuèrent à une amélioration dans l'équipement des bateaux ; qu'il fut le premier à donner l'heure précisément grâce à un cadran solaire ; et, enfin, qu'il devint riche en ayant spéculé sur l'huile d'olive parce qu'il avait prédit une sécheresse.

De ses écrits, il y a peu à dire car on n'a pas d'informations de première main. Il faut donc rechercher ce que d'autres auteurs ont écrit sur lui. Dans sa Métaphysique, *Aristote affirme que Thalès fut à la source du type de philosophie qui recherche l'origine dont toute chose est issue et à laquelle toute chose retourne. Selon Aristote encore, il pensait que cette origine, ou cette source, est l'eau. Mais on ne sait pas précisément ce que Thalès entendait par là, ni s'il a bien dit une telle chose. C'est avec cette réserve que nous tenterons de reconstruire « la philosophie de Thalès ».*

On peut faire remonter la philosophie grecque à Thalès qui vécut dans la colonie ionienne de Milet, vers l'époque de Solon. Platon et

Aristote vécurent à Athènes au quatrième siècle avant Jésus-Christ, c'est-à-dire après que la démocratie athénienne eut perdu la guerre contre Sparte. Nous proposerons une interprétation des principales caractéristiques de la philosophie grecque jusqu'aux sophistes, en soulignant l'importance du changement et de l'unité dans la diversité.

Thalès aurait proclamé que «tout est eau». Et ce serait le début de la philosophie. Pour le lecteur moyen, ayant peu de connaissance en philosophie, on peut difficilement avoir un point de départ moins consistant : «Cela n'a absolument aucun sens !». Mais laissons à Thalès le bénéfice du doute : il n'est pas raisonnable d'attribuer à un homme l'affirmation selon laquelle *tout est eau*, au sens littéral : que ce livre ou ce mur, par exemple, sont de l'eau au même titre que l'eau qui sort du robinet. Qu'a pu vouloir dire Thalès ?

Avant de commencer notre interprétation de Thalès, rappelons certains aspects qu'il est toujours utile de garder à l'esprit quand on lit de la philosophie : les réponses philosophiques peuvent souvent paraître triviales ou absurdes. Si, dans une introduction à la philosophie, nous étudions différentes réponses – par exemple, celles de vingt à trente systèmes intellectuels, l'un après l'autre –, la philosophie peut paraître à la fois étrange et lointaine. Pour comprendre une réponse, nous devons bien sûr savoir à quelle question elle fait référence. Et nous devons savoir quelles raisons ou quels arguments existent, le cas échéant, pour justifier la réponse. Nous pouvons illustrer ce fait par les distinctions suivantes : quand nous étudions la physique, il n'est pas nécessaire de clarifier constamment le type des questions ou des arguments qui existent pour justifier la réponse. Étudier la physique, c'est avant tout se familiariser avec les questions et arguments qui en forment la base. Quand les étudiants ont acquis cette familiarité, ils peuvent alors apprendre les réponses aux questions. Ce sont celles qui sont exposées dans les manuels. Cependant il n'en va pas de même en philosophie. Il existe ici une grande variété de questions et d'arguments. C'est pourquoi il faut, dans chaque cas, tenter de saisir quelles questions pose tel philosophe et quels arguments il utilise pour justifier telle ou telle réponse. C'est alors seulement que l'on peut commencer à comprendre les réponses.

En physique cependant, nous savons aussi comment s'appliquent les résultats ou les réponses. Ils nous fournissent des moyens de contrôler certains aspects de la nature (par exemple en construisant des ponts). Mais comment une réponse philosophique peut-elle être utilisée ? Nous pouvons bien sûr utiliser une théorie politique comme modèle de réforme de la société. Mais il est rarement aussi facile de dire comment «utiliser» une réponse philosophique. De manière générale, son importance ne réside pas dans le fait qu'elle peut être «utilisée», mais dans celui qu'elle nous permet de mieux comprendre les choses. En tous les cas, nous pouvons parler de différentes réponses, qui ont des conséquences différentes. Une théorie politique par exemple aura des conséquences différentes selon que nous considérons comme de première importance soit l'individu soit la société. C'est pourquoi il est important d'être conscient des conséquences possibles d'une réponse philosophique.

Nous devons donc garder quatre points à l'esprit :

1. la question;
2. l'argument (les arguments);
3. la réponse;
4. la conséquence (les conséquences).

La réponse est l'élément le moins important, du moins au sens où une réponse ne fait sens qu'à la lumière des autres facteurs.

Ainsi, entendre Thalès déclarer que «tout est eau» ne semble pas très instructif. Prise littéralement, cette assertion est absurde. Nous pouvons cependant tenter de deviner ce qu'elle signifie en reconstruisant les questions, les arguments et les conséquences. Nous pouvons imaginer que Thalès s'est interrogé sur ce qui reste *constant* dans le *changement* et sur la source de l'*unité* dans la *diversité*. Il semble raisonnable de penser qu'il supposait que des changements ont lieu, et qu'il y a dans tout changement *un* élément immuable, qui est donc la «brique» avec laquelle l'univers est construit. Cet «élément immuable», la matière première dont le monde est fait, est généralement appelé principe (de toutes choses) (en grec : *archè*).

Comme tout le monde, Thalès avait vu nombre de choses venir à l'existence et périr dans l'eau : l'eau s'évapore dans l'air, et elle se change en glace; les poissons viennent à l'existence puis périssent dans l'eau, et d'autres substances (le sel, le miel) s'y dissolvent. De plus, nous voyons que l'eau est nécessaire à la vie. Ces simples observations peuvent avoir mené Thalès à poser que l'*eau* est l'élément fondamental, l'élément immuable dans tout changement ou transformation.

Des questions et des observations de cet ordre rendent raisonnable de penser (en termes modernes) que Thalès concevait deux états de l'eau : l'eau dans son état fluide habituel et l'eau dans un état transformé, c'est-à-dire sous forme gazeuse ou sous forme solide, comme dans la glace, la vapeur, les poissons, la terre, les arbres – et tout ce qui n'est pas de l'eau dans son état habituel. Donc, l'eau existe en partie comme «principe» indifférencié (l'eau ordinaire) et en partie comme objets différenciés (tout le reste).

Par conséquent, la composition de l'univers et la transformation des choses peuvent s'expliquer comme un cycle éternel – de l'eau à d'autres objets et d'autres objets à l'eau. C'est *une* interprétation possible de Thalès. D'autres sont possibles.

 L'eau en état différencié

L'eau en état indifférencié

Nous ne voulons pas dire par là que Thalès a *commencé* effectivement par une question clairement formulée, qu'*ensuite* il a cherché des arguments, et qu'*enfin* il a trouvé une réponse. Ce n'est pas à nous de décider de ce qui est venu en premier dans l'ordre chronologique. Nous essayons seulement de reconstruire une cohérence possible dans la philosophie de Thalès. Mais si nous adoptons cette interprétation, voici ce que nous pouvons dire :

1. Thalès se demande quel est le composant fondamental de l'univers. La substance (le substrat)[1] représente l'élément immuable dans le changement et l'unité dans la diversité. Le problème de la substance deviendra ultérieurement l'un des thèmes principaux de la philosophie grecque ;
2. Thalès donne une réponse indirecte à la question de savoir comment le changement a lieu : le « principe » (l'eau) change d'un état à un autre. Le problème du changement deviendra également une question fondamentale de la philosophie grecque.

Les questions et les arguments de Thalès sont aussi bien scientifiques que philosophiques ; il est donc scientifique autant que philosophe. Qu'entendons-nous par « science » quand nous l'opposons à « philosophie » ? Dans les grandes lignes, on peut distinguer la philosophie de quatre autres activités : l'écriture créative, les sciences expérimentales, les sciences formelles et la théologie. Indépendamment du lien plus ou moins étroit qu'un philosophe peut entretenir avec l'un de ces domaines, nous pouvons dire que la philosophie tire sa particularité des éléments suivants : par opposition à l'écriture créative, elle est censée poser des assertions qui peuvent être dites vraies ou fausses (dans un sens ou dans un autre). Elle ne dépend pas de l'expérience de

---

1. Substance (en latin : *substantia*) : le substrat (en grec : *hypokeiménon*).

la même façon que les sciences expérimentales (telles que la physique et la psychologie). Au contraire des sciences formelles (telles que la logique et les mathématiques), elle doit réfléchir sur ses propres présupposés (axiomes) et tenter de les discuter et de les légitimer. Au contraire de la théologie, elle n'a pas un ensemble arrêté de présupposés (comme des dogmes reposant sur une révélation) que, pour des raisons religieuses, on ne peut abandonner, même si elle dispose toujours d'un certain type de présupposés.

Dans la mesure où les arguments de Thalès reposent sur l'*expérience*, il semble judicieux de le dire scientifique. Mais étant donné qu'il semble poser des questions mettant en jeu la nature *comme un tout*, il y a de bonnes raisons de le dire philosophe. Les Grecs à cette époque ne distinguent guère science et philosophie. Cette distinction apparaît dans les temps modernes, non à l'époque de Thalès. À la fin même du dix-septième siècle, nous voyons Newton décrire la physique comme philosophie naturelle (en latin : *philosophia naturalis*). Mais que nous qualifiions Thalès de scientifique ou de philosophe, il est évident qu'il y a disparité entre sa réponse et ses arguments. En un sens, la réponse est « trop large » pour les arguments. Thalès affirme plus qu'il n'en a le droit, au regard des arguments employés. Cette disparité entre arguments et assertion semble être typique des premiers philosophes grecs de la nature.

Même si nous devions choisir une interprétation raisonnable, il semble manifeste que les observations fondamentalement correctes que Thalès a probablement faites ne l'ont pas mené à la réponse. Mais l'importance de sa philosophie naturelle est toujours extraordinaire. Si tout est de l'eau sous des formes variées, alors tout ce qui a lieu, tous les changements, peut s'expliquer par les lois s'appliquant à l'eau. Et l'eau n'a rien de mystique. Elle est tangible et familière, quelque chose que nous voyons, que nous touchons, que nous utilisons. Nous avons un accès direct à l'eau et à ses modes de comportement. Nous avons affaire à des phénomènes observables. Rétrospectivement, nous pouvons dire que cette philosophie a ouvert la voie à la recherche scientifique : les chercheurs peuvent avancer des hypothèses sur la manière dont l'eau se comportera, et voir alors si elles résistent. En d'autres mots, *nous* pouvons dire rétrospectivement que ce fut une base pour la recherche scientifique expérimentale.

Cela signifie que tout, absolument tout dans l'univers, est accessible à la compréhension humaine. C'est ce qui est révolutionnaire. Tout est compréhensible, clair comme de l'eau de roche. Dans ses moindres recoins, l'univers est accessible à l'esprit humain. En d'autres termes, rien n'est mystérieux ni inexplicable. Il n'y a plus de place pour des dieux ou des démons incompréhensibles. C'est le point de départ de la conquête intellectuelle de l'univers par l'homme.

C'est pourquoi on dit que Thalès est le premier scientifique ou le premier philosophe. Avec lui, la pensée passe du *mythos* au *logos*, de la pensée mythique à la pensée logique. Il rompt avec la tradition mythologique, et avec la myopie d'un attachement aux impressions sensibles immédiates. Cela est bien sûr une simplification. Le passage du *mythos* au *logos* n'est pas un événement irréversible ayant eu lieu en un point donné de l'histoire, à savoir avec les premiers philosophes grecs. Le mythique et le logique sont toujours liés, à la fois dans l'histoire et dans la vie de chaque homme, et le passage du *mythos* au *logos* est, sous divers aspects, une tâche à remplir sans cesse pour chaque époque et pour chaque individu. De plus, beaucoup soutiennent que le mythe n'est pas simplement une forme de pensée prétendument primitive à dépasser mais que, correctement pensé, il représente une forme authentique de compréhension.

Quand nous disons que Thalès fut le premier scientifique, et que la science fut fondée par les Grecs, cela ne signifie pas que Thalès et les autres penseurs grecs disposaient d'un plus grand nombre de faits isolés que les érudits de Babylone ou d'Égypte. Mais les Grecs réussirent à développer le concept de preuve rationnelle, et le concept de la théorie comme moyen de preuve : la théorie prétend rechercher la vérité universelle, et cette vérité résiste aux contre-arguments auxquels elle est confrontée dans une mise à l'épreuve publique. Les Grecs ne recherchaient pas seulement un recueil de fragments isolés de connaissance, comme on en trouve souvent dans un cadre mythique ; ils recherchaient des théories complètes et systématiques soutenues par une preuve universelle, comme le théorème de Pythagore.

Nous ne traiterons pas de Thalès plus en détail. Peut-être n'était-il pas réellement libéré de la pensée mythique. Il se peut qu'il ait considéré l'eau comme vivante, remplie de dieux. De plus, (pour autant que nous le sachions), il n'a pas fait de distinction entre la puissance et la matière. La nature (en grec : *physis*) *est* vivante et mue par elle-même. À notre connaissance, il n'a pas fait non plus de distinction entre l'esprit et la matière. Pour lui, la nature était probablement un concept assez large, correspondant peut-être à notre concept de l'« être ». Nous pouvons donc résumer ainsi sommairement les principaux points de la pensée de Thalès :

Prémisse : le changement existe.
1. Question : quel est l'élément immuable de tout changement ?
2. Arguments : observations de l'eau.

3. Réponse : l'eau est l'élément immuable de tout changement.
4. Conséquence : tout est compréhensible.

Nous avons signalé que la réponse – « l'eau est l'élément immuable de tout changement » – ne s'ensuit pas logiquement de la question et des arguments, et les contemporains milésiens de Thalès développèrent une critique de cette thèse.

Anaximandre et Anaximène

Biographie. *Anaximandre et Anaximène étaient tous deux originaires de Milet. Anaximandre vécut environ de 610 à 546 av. J.-C. – il était contemporain de Thalès, quoique son cadet. On ne dispose plus que d'un seul fragment qui lui soit attribué, ainsi que de commentaires d'hommes tels qu'Aristote, qui vécut approximativement deux siècles plus tard. Anaximène a probablement vécu de 585 (env.) à 525 av. J.-C. Trois fragments seulement de ses travaux nous sont parvenus, dont l'un n'est probablement pas authentique.*

Anaximandre et Anaximène semblent être partis tous deux des mêmes prémisses que Thalès et s'être posé la même question. Anaximandre cependant ne vit pas de raison majeure à affirmer que l'eau est l'élément immuable (le « principe »). Si l'eau se transforme en terre et la terre en eau, l'eau en air et l'air en eau, etc., cela signifie que *tout* se transforme en *tout*, et il devient logiquement arbitraire de prétendre que l'eau, la terre, l'air ou quoi que ce soit d'autre est le principe. Ce furent peut-être des objections de ce genre qu'Anaximandre éleva contre la réponse de Thalès.

Anaximandre choisit donc de poser quant à lui que le « principe » est l'*apéiron*, l'indéterminé, l'illimité dans le temps et dans l'espace. Il évite ainsi les objections mentionnées ci-dessus. Mais de *notre* point de vue, il semble qu'il ait « perdu » quelque chose : à la différence de l'eau, l'*apéiron* n'est pas observable. Anaximandre explique les phénomènes sensibles, les objets et leur changement, par quelque chose qui n'est pas sensible. Du point de vue des sciences expérimentales, c'est une perte. Mais il est possible de dire que cette objection est un anachronisme puisqu'Anaximandre n'avait pas réellement pour but de développer une science empirique telle que nous la comprenons. Pour lui, il se peut qu'il ait été plus important de trouver un argument théorique contre Thalès. En ce sens, il prend au mot les assertions théoriques universelles de Thalès et il le *désigne* comme « le premier philosophe» précisément en montrant qu'il est possible de trouver des arguments contre lui.

Le troisième philosophe milésien de la nature, Anaximène, se concentre sur un autre point faible de la réponse de Thalès. Comment a lieu la transformation de l'eau dans son état indifférencié en eau dans ses états différenciés? Pour autant que nous le sachions, Thalès ne répond pas à cette question. Anaximène affirme que l'*air*, qu'il considère être le «principe», se condense en eau par refroidissement, et en glace et en terre par un refroidissement supplémentaire. (Le passage de la glace aux autres objets solides est un exemple des généralisations si typiques des premiers philosophes grecs.) L'air se dilue quand il est chauffé et devient du feu. Nous avons là une sorte de théorie physique des transitions. Les «états agrégés» de l'air sont déterminés par la température et le degré de condensation. Nous remarquons qu'Anaximène se réfère ici à l'ensemble des quatre substances qui seront ensuite appelées les quatre éléments : terre, air, feu et eau.

Thalès, Anaximandre et Anaximène sont appelés les philosophes milésiens de la nature. Ils constituent *la première génération* des philosophes grecs. Nous verrons que les philosophes suivants reprirent leurs idées de manière logique.

Héraclite, Parménide et Zénon

HÉRACLITE

Biographie. *Héraclite naquit à Éphèse, près de Milet. Il vécut aux alentours de 500 av. J.-C., quatre-vingts ans environ après Thalès. Plusieurs anecdotes le concernant, probablement sans fondement historique, nous sont parvenues. Quoi qu'il en soit, nous pouvons nous le représenter à partir des fragments existants : il semble avoir été un philosophe solitaire et profondément sarcastique, que ses contemporains ne comprenaient guère; il avait une opinion tout aussi mauvaise de leur capacité mentale. C'est pourquoi il aurait affirmé, dit-on, que la plupart des opinions et des positions des gens étaient comme «des jeux d'enfants» (fragment 70). Et ceux qui ne comprennent pas, comme le dit le fragment 34, ressemblent à des sourds, «présents ils sont absents». De plus, il semble faire référence au jugement des «masses» en affirmant que les «ânes préféreraient la paille à l'or» (fragment 9). Le fait qu'il fut apparemment peu compris de ses contemporains n'est pas uniquement dû à un jugement défectueux de la part des masses. En tant que philosophe, il fut qualifié d'«obscur», car il employait fréquemment des métaphores obscures mais suggestives. Il avait tendance à s'exprimer d'une manière souvent proche du mythique, par opposition aux philosophes milésiens de la nature, qui tentaient expressément de s'en détacher. Il n'y a pas chez lui l'accent mis sur la science que nous trouvons chez les milésiens. Il ne recourt pas non plus à des concepts logiques précis, comme le faisaient Parménide et les éléates. Il utilise intuition et vision – ses paroles ressemblent à celles d'un oracle. C'est probablement à lui-même qu'il fait référence quand il dit (fragment 93) : « Le prince dont l'oracle est à Delphes ne parle pas, ne cache pas, mais signifie ». Il aurait gardé ses écrits dans le temple d'Artémis à Éphèse. Quoi qu'il en soit, cent vingt-six fragments de ses écrits ont été préservés, ainsi que treize autres probablement apocryphes.*

Ses écrits mentionnent d'autres philosophes. Ces derniers ne se préoccupaient plus seulement des phénomènes, mais prenaient aussi position quant à ce que d'autres philosophes avaient dit sur divers sujets philosophiques. Une tradition philosophique s'était établie, dans laquelle prenaient place débats et commentaires.

Héraclite et Parménide appartenaient à la deuxième génération de philosophes grecs. Le premier philosophe, Thalès, «ouvrit les yeux» et vit la nature (en grec : *physis*). Héraclite et Parménide étaient immergés non seulement dans la *physis* mais aussi dans les théories de la première génération de philosophes. Le dialogue interne sur l'élément immuable de tout changement commença avec Thalès et Anaximandre. Cependant, Héraclite et Parménide entamèrent un débat sur les présupposés fondamentaux.

Nous avons dit que les premiers philosophes de la nature postulaient l'existence du changement. Pour eux, c'était une prémisse, un présupposé. Partant de ce présupposé, ils se demandèrent quel était l'élément immuable à travers tout changement. La deuxième génération sembla interroger ce présupposé : le changement existe-t-il ? À cette question, Héraclite et Parménide donnèrent deux réponses en apparence diamétralement opposées : pour Héraclite, *tout est en constant état de changement ou de flux*; pour Parménide, *rien n'est en état de changement*! Une fois de plus, ces réponses semblent tout d'abord dénuées de sens, mais ce qui précède n'est pas exactement ce qu'ils ont dit.

Déclarer que *tout*, absolument tout, est dans un constant état de flux est une assertion logiquement impossible, étant donné que nous devons pouvoir désigner des choses et les reconnaître (ce qui prend au moins un certain temps), pour qu'un langage soit possible. Or, sans langage, nous ne pouvons dire que «tout est en état de flux». Cependant Héraclite ne dit pas réellement qu'il en est ainsi. Pour lui,

1. tout est en état de flux[1], mais
2. le changement a lieu selon une loi immuable (le *logos*)[2], et
3. cette loi implique une interaction entre opposés[3],
4. mais d'une manière telle que cette interaction entre opposés, considérée comme un tout, crée l'harmonie[4].

En prenant nous-mêmes un exemple, nous pouvons interpréter Héraclite comme suit : tout est en constant état de flux en accord avec la loi qui préside à l'antagonisme des différentes forces. Par exemple, une maison est une chose, une chose en état de flux. Les forces constructives prévaudront temporairement, sur une période de plusieurs années, contre les forces destructives. La maison tiendra aussi longtemps que la situation restera ce qu'elle est. Mais l'équilibre de la puissance entre les forces change constamment. Un jour, les forces destructives prévaudront. La maison s'effondrera : la gravité et l'usure vaincront les forces opposées. En d'autres mots, Héraclite ne nie pas que les choses peuvent durer très longtemps. Mais ce qui sous-tend et supporte tout objet périssable est une interaction entre forces, et l'équilibre des forces change selon les lois, le *logos*. La substance sous-jacente n'est pas matière première, mais *logos*. Le *logos* est l'unité cachée dans la diversité.

Même si nous avons *plus* de fragments d'Héraclite que des milésiens, il est toujours difficile de l'interpréter car il s'exprime par des images poétiques. Il parle par exemple du feu (en grec : *pyr*). Entend-il que le feu est le « principe », dans le même sens que l'école milésienne ? Ou bien utilise-t-il le mot *feu* comme métaphore de changement, le feu qui consume ? Les deux interprétations sont possibles.

Héraclite déclare dans le fragment 90 : « Toutes choses sont convertibles en feu et le feu en toutes choses tout comme les marchandises

---

1. Fragment 91 : « Car on ne peut entrer deux fois dans le même fleuve. Il n'est pas possible de toucher deux fois une substance mortelle dans le même état. Mais à cause de la vigueur et de la vitesse du changement, elle se disperse et se rassemble de nouveau (ou plutôt ce n'est pas à nouveau ni ensuite, mais en même temps qu'elle se constitue et disparaît), et elle s'approche et elle s'éloigne » (dans *Les Présocratiques*, édition établie par Jean-Paul Dumont, Gallimard, 1988).

2. Fragment 30 : « Ce monde-ci, le même pour tous, nul des dieux ni des hommes ne l'a fait mais il était toujours, est et sera feu éternel s'allumant en mesure et s'éteignant en mesure » (*op. cit.*).

3. Fragment 8 : « L'opposé est utile, et des choses différentes naît la plus belle harmonie ; et toutes choses sont engendrées par la discorde » ; fragment 51 : « Ils ne savent pas comment le différent concorde avec lui-même, il est une harmonie contre tendue, comme pour l'arc et la lyre » (*op. cit.*).

4. Il y a donc dans la pensée d'Héraclite quelque chose de « dialectique » qui peut faire penser à Hegel et Marx ; l'histoire se fait par l'interaction d'opposés.

en or et l'or en marchandises». Si nous interprétons le feu comme substance primitive, il est alors possible de soupçonner un lien entre la philosophie de la nature et l'économie : la notion de «principe» en tant qu'élément commun à travers lequel toute chose change est liée à celle de monnaie, d'or, comme point commun de changement pour toute marchandise, le point où les différentes marchandises se confondent parce qu'elles sont soumises à un critère commun.

On a interprété Héraclite comme défendant le conflit ou la guerre (en grec : *polémos*, d'où «polémique») car il a dit (fragment 53) : «Conflit est le père de tous les êtres, le roi de tous les êtres». Une lecture plus attentive montrera ici sa thèse générale sur la tension entre forces opposées : le conflit renvoie à cette tension cosmologique; c'est cette tension qui est «père» de tout, c'est-à-dire fondement de tout.

Héraclite traite d'un monde qui périt et réapparaît à intervalles réguliers à cause du feu qui le recouvre. Ce cycle de feux et de mondes toujours renaissants se retrouve plus tard dans les travaux des stoïciens.

PARMÉNIDE

Biographie. *Parménide fut un contemporain d'Héraclite, philosophiquement actif aux environs de 500 av. J.-C. Il vécut dans la colonie grecque d'Élée, au sud de l'Italie. Il a la réputation d'avoir été un homme hautement respecté dans sa ville natale, s'impliquant dans les affaires publiques et politiques, ainsi que dans la législation. Il écrivit un poème philosophique dont nous est restée presque la totalité. Nous avons également des informations de seconde main, comme le* Parménide, *dialogue de Platon.*

S'opposant apparemment à Héraclite, Parménide ne dit pas sans réserve que «rien n'est en état de changement». Il déclare que le changement est logiquement impossible. Nous pouvons peut-être reconstruire ainsi son argumentation :

A   (I)   Ce qui est est.

            Ce qui n'est pas n'est pas.

      (II)   Ce qui est peut-être pensé.

            Ce qui n'est pas ne peut pas être pensé.

B   L'idée de changement implique que quelque chose *vient à l'être*, et que quelque chose *cesse d'être*; ainsi une pomme passe-t-elle du vert au rouge. La couleur verte *disparaît*, devient «*non-existante*». Ceci montre que *le changement suppose le non-être*, ce qui ne peut être pensé. Nous sommes donc incapables de saisir le changement par la pensée. Par conséquent, le changement est *logiquement impossible*.

Il est évident que Parménide savait aussi bien que nous que nos sens perçoivent toutes sortes de changement. Il énonça donc une aporie : la raison dit que le changement est logiquement impossible, alors que nos sens nous disent qu'il existe. Que devrions-nous faire ? Parménide, en véritable Grec, nous affirme avec raison qu'il faut croire la raison : la raison est correcte ; nos sens nous trompent.

L'objection consistant à dire que cela est de la folie fut déjà faite durant sa vie. On dit que quelqu'un s'opposant à l'enseignement de Parménide se leva et marcha de long en large pendant que cette affirmation était énoncée. Mais, de nouveau, regardons les conséquences. Ce fut peut-être la première fois que des êtres humains se fièrent si totalement à un enchaînement de pensée logique que même la preuve par les sens ne pouvait l'ébranler. En ce sens, Parménide fut le premier rationaliste[1]. Sa volonté de soutenir jusqu'au bout son argumentation rationnelle fit de lui l'un des premiers à donner une contribution substantielle au développement du raisonnement logique.

Parménide établit donc une division irréconciliable entre la raison et les sens. Ce que nous pouvons représenter schématiquement comme suit :

$$\frac{\text{raison}}{\text{sens}} = \frac{\text{être}}{\text{non-être}} = \frac{\text{repos}}{\text{changement}} = \frac{\text{unité}}{\text{pluralité}}$$

En d'autres mots, pour la raison, la réalité est en repos, et elle est unité. Les sens nous montrent seulement une non-réalité qui est en état de changement, et qui est pluralité. Cette division, ou *dualisme*[2], apparaît chez plusieurs philosophes grecs, comme Platon. Mais au contraire des autres représentants du dualisme, Parménide paraît négliger les sens et les objets sensibles, au point qu'il semble que tout ce qui apparaît aux sens est supposé dépourvu de réalité. Les objets sensibles *n'existent pas* ! Si cette interprétation de Parménide est correcte, nous pouvons presque dire qu'il est un représentant du *monisme* : ce qui est est d'une seule sorte et non de plusieurs, et cette réalité ne peut être saisie que par la raison.

---

1. Rationaliste : personne faisant confiance aux arguments rationnels, à la raison (en latin : *ratio*).

2. Dualisme : position reposant sur *deux* principes – par opposition au monisme : position reposant sur *un* principe.

ZÉNON

Zénon d'Élée fut un élève de Parménide qui tenta de défendre l'enseignement de son maître, selon lequel le changement est logiquement impossible, en montrant que les enseignements contraires, selon lesquels le changement est possible, débouchent sur des paradoxes logiques. Il essaya de le montrer par l'histoire d'Achille et de la tortue.

Achille et la tortue font une course. Ils partent au même instant (t_0), mais la tortue dispose d'une légère distance d'avance. Supposons maintenant qu'Achille coure cinquante fois plus vite que la tortue. Le temps qu'il atteigne, à l'instant t_1, le point de l'espace dont elle est partie (en t_0), elle a progressé du cinquantième de la distance qu'il a parcourue entre les instants t_1 et t_0. Et le temps qu'il atteigne, à l'instant t_2, le point où elle était à l'instant t_1, elle aura progressé encore un peu, du cinquantième de la distance qu'il a parcourue entre t_2 et t_1. Et cetera. L'avance qu'avait la tortue décroît rapidement, mais celle-ci sera toujours allée un peu plus loin chaque fois qu'Achille atteint le point où elle était à l'instant t précédent ; donc Achille ne la rattrapera ni ne la dépassera jamais[1].

Achille et la tortue

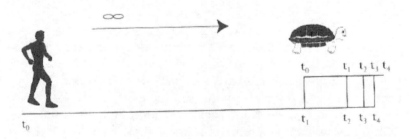

On dit que Parménide eut des contacts avec les pythagoriciens, dont la position philosophique était semblable à son rationalisme.

---

1. Ce paradoxe est typique de la pensée grecque : la notion de vitesse instantanée (la notion de mouvement en un instant mathématique) est considérée comme impossible. Il y a par conséquent certaines questions dont on ne peut traiter.

Les médiateurs : Empédocle et Anaxagore

EMPÉDOCLE

Biographie. *Empédocle vécut probablement de 492 à 432 av. J.-C. On pense qu'il naquit et résida dans la ville d'Agrigente, en Sicile, et qu'il prit part à la lutte pour un gouvernement démocratique de cette ville. Si l'on considère la façon dont il est mentionné, il fut autant prophète que philosophe de la nature.*

Environ cent cinquante fragments de ses écrits nous sont parvenus, ainsi que des informations d'autres sources.

De quels problèmes héritèrent ceux qui vinrent après Héraclite et Parménide ? Cette troisième génération de philosophes grecs dut en affronter une encore proche (Héraclite et Parménide), qui semblait affirmer à la fois que tout est en état de flux et que le changement est impossible. C'est une réaction raisonnable que de dire que les deux sont des erreurs ; la vérité se trouve quelque part entre les deux : certaines choses sont en état de flux, alors que d'autres sont en état de repos. C'est ainsi que répondirent Empédocle et Anaxagore, philosophes de la jeune génération. En d'autres mots, ils conçurent leur tâche comme médiatrice entre Héradite et Parménide ; et c'est pourquoi on peut les appeler philosophes médiateurs.

Empédocle développa le concept de quatre éléments (ou substances primitives immuables), le feu, l'air, l'eau et la terre, ainsi que deux forces, l'une séparatrice (la haine), l'autre unifiante (l'amour). Il différait des milésiens sur deux points :

1. il y a quatre éléments primitifs et immuables (et non un, comme on l'a vu chez Thalès et Démocrite) ;
2. les forces existent en plus de la substance primitive (changement et force ne sont pas intrinsèques à la substance primitive ; voir Aristote).

Les quatre éléments sont immuables en quantité et en qualité : jamais il n'y aura plus de l'un ou moins de l'autre (immuables en quantité) ; ils gardent toujours les mêmes caractéristiques (immuables en qualité). Cependant, il est possible à *diverses quantités* de ces éléments de s'assembler (avec l'aide de la force unifiante) pour créer différents objets. Des objets tels que des maisons, des arbres, etc. se créent quand différentes quantités de ces éléments se joignent en un «bouquet» convenable. Ils se dissolvent quand les éléments sont séparés les uns des autres par la force séparatrice.

En interprétant librement Empédocle, nous pouvons peut-être l'illustrer ainsi : imaginons une cuisine avec quatre ingrédients différents dans quatre tiroirs – farine, sel, sucre et flocons d'avoine – ; leurs quantités sont constantes et leurs propriétés ne changent jamais, même si nous les mélangeons. Différents « gâteaux » sont créés quand nous combinons différentes quantités des quatre ingrédients. Les gâteaux peuvent ensuite retourner à l'état d'ingrédients séparés. C'est pour l'instant notre interprétation.

En conséquence, Empédocle réussit à créer un modèle incluant à la fois changement et immuabilité : le changement est représenté par les « gâteaux » qui viennent à l'être et périssent. L'immuabilité est représentée par les quantités et propriétés des quatre éléments.

Anaxagore

Biographie. *On dit qu'Anaxagore vécut de 498 à 428 av. J.-C. Il passa la première partie de sa vie dans la ville de Clazomènes puis, adulte, il vint à Athènes, où il occupa une position centrale dans la vie politique. Ainsi fut-il associé à Périclès. Mais il dut quitter Athènes quand ses considérations peu orthodoxes entrèrent en conflit avec les croyances traditionnelles. Il avait notamment affirmé que le soleil n'était pas un dieu mais un large corps incandescent. Nous disposons encore de vingt-deux de ses écrits.*

Anaxagore pensa selon une ligne semblable à celle d'Empédocle. Cependant, pour lui, les éléments sont « innombrables » : pourquoi quatre seulement ? Comment pouvons-nous faire remonter toutes les propriétés différentes que nous connaissons à seulement quatre substances primitives ? Étant donné que les propriétés sont « innombrables », les éléments doivent l'être également. Poursuivant notre métaphore de la cuisine, nous dirons qu'Anaxagore, en gros, accrut le nombre de « tiroirs » pour y inclure des ingrédients innombrables. Mais, fondamentalement, il expliqua le changement de la même manière qu'Empédocle.

Anaxagore cependant ne tint compte que d'une force : l'« esprit » (en grec : *noos*). Il semblait penser que l'esprit ou la force met les changements en marche *avec un but* (en grec : *télos*). La nature est donc téléologique, intentionnelle.

Ces deux philosophes médiateurs, Empédocle et Anaxagore, sont intéressants parce qu'ils montrent le développement de la philosophie de la nature qui conduit à Démocrite et à son enseignement de l'atomisme.

Démocrite

Biographie. *Démocrite vécut probablement de 460 à 370 av. J.-C. et fut donc un contemporain plus âgé de Platon (427-347 av. J.-C.). Il naquit dans la ville d'Abdère en Thrace. On pense qu'il est allé à Athènes et qu'il a fait plusieurs voyages en Orient et en Égypte, peut-être consacrés à l'étude et à la recherche. Il semble avoir été un homme d'un grand savoir. Il avait reçu une bonne éducation, et il travailla dans la plupart des branches scientifiques de son temps. Les titres de quelques fragments suffisent à montrer l'étendue de ses sujets d'intérêt : « Du Bien-Être », « Des choses de l'Hadès », « De la nature du monde et de l'intellect », « Des Rythmes et de l'Harmonie », « De la Poésie », « De l'Agriculture », « De la géométrie », « D'Homère, ou de la correction épique et des termes qui lui sont propres », « Des Lettres consonantes et dissonantes »… Bien que l'on ait de lui entre deux cents et trois cents fragments, ce n'est qu'une partie relativement mince de ses très nombreux écrits. Nos interprétations seront donc des reconstructions, même si nous avons également sur lui des informations de seconde main.*

L'atomisme de Démocrite est un coup de génie précisément à cause de sa simplicité. À la base, tout ce qui existe est du même type : il s'agit de particules petites et indivisibles. Elles se déplacent dans le vide, et leurs mouvements ne sont déterminés que mécaniquement. En d'autres mots, nous pouvons dire que Démocrite ramène la nature, dans toute sa richesse et sa complexité, à un gigantesque « jeu de billard » dans lequel un nombre infini de très petites particules matérielles circulent dans le vide, et où tous les déplacements sont déterminés par les collisions qui ont lieu. Pour Démocrite, le vide, non-être, est une condition préalable à l'être : à savoir le mouvement des atomes. Démocrite rompt nettement avec Parménide et ses disciples éléates.

question	réponse
(quoi)	1. petites particules indivisibles (atomes)
	2. le vide
(comment)	3. déterminisme mécanique

Les atomes sont pensés comme physiquement indivisibles (en grec : *atomos*). Leurs propriétés sont exclusivement *quantitatives*, c'est-à-dire que ce sont des propriétés que l'on peut décrire avec des concepts physiques (l'étendue, la forme, le poids, etc.) et non des qualités comme la couleur, le goût, l'odeur ou la douleur. Les atomes sont si petits qu'ils ne peuvent être perçus. Il s'agira donc d'expliquer les objets sensibles (maisons, rochers, poissons, etc.) en fonction de quelque chose qui, en principe, ne peut être perçu, mais seulement saisi intellectuellement. Tous les atomes sont du même type de matériau, mais ils diffèrent les uns des autres par la forme et la dimension. Cependant, la forme et la dimension de *chaque atome particulier* demeurent constantes. Parce que différents atomes ont différentes formes, certains peuvent facilement s'agréger, alors que ce n'est pas le cas pour d'autres. Les choses se créent quand les atomes se « massent » parce que les collisions mécaniques mènent parfois les atomes à se regrouper et parce que les atomes qui entrent en collision peuvent s'agglomérer. Les choses se dissolvent quand les atomes qui les composent se séparent les uns des autres. Aucun des déplacements des atomes n'est déterminé par une raison humaine ou divine ; ils ont tous lieu mécaniquement, comme pour les boules de billard. C'est pour l'instant notre interprétation.

Nous voyons ici que le développement interne de la philosophie grecque de la nature mena à un remarquable modèle explicatif de la substance et du changement. Ce modèle ressemble de manière frappante à la théorie chimique moderne.

Mais puisque les Grecs ne pouvaient réaliser d'*expériences* pour confirmer des théories comme celle-là – s'attendre à une expérimentation de leur part est assez anachronique –, l'atomisme fut considéré comme une théorie de la nature parmi d'autres. Il n'est donc pas surprenant que beaucoup aient préféré la philosophie de la nature d'Aristote à celle de Démocrite. Après tout, Aristote parlait de choses que l'on peut observer – la terre, l'eau, l'air et le feu – alors que Démocrite parlait de choses que personne ne peut percevoir. Mais même si Aristote eut une plus grande influence jusqu'à la Renaissance, c'est la théorie de Démocrite, par l'intermédiaire d'Épicure et de Lucrèce, qui en vint à jouer alors un rôle important dans la constitution de la physique classique.

Un modèle aussi élégant que celui-ci doit cependant payer pour la simplicité et l'économie de ses principes. Nombreux sont les phénomènes courants qu'il lui est difficile d'expliquer. Qu'en est-il des propriétés qualitatives dont nous faisons indubitablement l'expérience, comme la couleur et le parfum des fleurs, ou l'indignation ou la sympathie pour nos semblables ? Comment pouvons-nous faire l'expérience de ces choses si tout ce qui *est* est quantitatif ? À l'aide d'une théorie de la perception sensible, Démocrite tenta d'expliquer comment le monde paraît plus « coloré » que les propriétés des atomes ne le permettent. Il pensait probablement que tous les objets envoient des sortes d'atomes médiateurs. Quand ceux-ci entrent en contact avec les atomes dans les organes des sens se produisent des effets spécifiques que nous percevons comme des propriétés appartenant aux objets. Ils *semblent* avoir une couleur, une saveur et une odeur mais ils ne possèdent pas en eux-mêmes ces propriétés ; elles y sont ajoutées par nous. Les objets eux-mêmes ont seulement des propriétés comme l'étendue, la forme et la densité, et non la couleur, l'odeur ou la chaleur. Cette distinction entre les propriétés que possèdent intrinsèquement les objets et celles que nous leur attribuons par les sens a joué un rôle important dans la philosophie des temps modernes[1]. Mais nous pouvons nous demander comment nous sommes capables de percevoir des propriétés que les objets, c'est-à-dire les atomes, ne possèdent pas vraiment, alors que *nous*, dans le même temps, sommes également des atomes et rien d'autre. Ne s'agit-il pas tout autant d'un saut de propriétés quantitatives à des propriétés qualitatives, un saut dont nous ne pouvons rendre compte si nous adhérons à une théorie atomique cohérente selon laquelle seules existent les propriétés quantitatives des atomes ?

Si nous négligeons cette objection, nous voyons que l'atomisme est fascinant aussi en tant que théorie de la connaissance : il ne contient que des atomes – les atomes dans les objets perçus, les atomes médiateurs qui d'une certaine manière se séparent de l'objet et se dispersent, et les atomes dans les organes des sens qui reçoivent ces médiateurs. Les erreurs des sens, par exemple, peuvent s'expliquer par un désordre des atomes dans les organes des sens, ou par les atomes médiateurs qui entrent en collision les uns avec les autres et délivrent de faux messages aux atomes sensoriels. Mais il n'en reste pas moins des problèmes théoriques majeurs. Comment pouvons-nous *savoir* que l'impression sensible que nous recevons est vraiment une représentation appropriée des objets qui nous entourent ? Ce modèle ne nous permet pas de considérer d'un côté les atomes médiateurs et de l'autre l'objet afin de découvrir si les atomes médiateurs représentent l'objet tel qu'il est vraiment. Nous ne pouvons ni être certains, concernant nos sensations, que les atomes médiateurs atteignent nos organes des sens dans le bon ordre, ni distinguer, par nos sensations propres, le message des atomes médiateurs de celui des atomes qui se trouvent dans notre appareil sensoriel. Plus brièvement, nous ne semblons pas être capables de rien savoir de plus par nos sensations

---

1. Voir la théorie des qualités premières et secondes chez Locke et chez Berkeley.

propres que le fait que nous faisons l'expérience d'une impression sensible particulière.

Il en serait ainsi du moins si notre connaissance du monde qui nous entoure reposait *seulement* sur la sensation. Mais les atomes sont trop petits pour être perçus. C'est par la raison que nous les reconnaissons. Cette théorie épistémologique de notre perception sensorielle des objets externes semble présupposer qu'elle tire elle-même son origine de la raison et non des sens.

Nous avons donc suivi quelques fils importants de la jeune philosophie grecque sur trois ou quatre générations, environ des années 600 aux années 450 av. J.-C. (Cependant Démocrite a vécu jusqu'en 370.)

Première génération	THALÈS (ANAXIMANDRE – ANAXIMÈNE)
Deuxième génération	HÉRACLITE PARMÉNIDE
Troisième génération	EMPÉDOCLE ANAXAGORE DÉMOCRITE

Les pythagoriciens

Il existe une autre importante école de pensée dans la Grèce antique, les pythagoriciens. Ils vécurent dans les colonies grecques du sud de l'Italie à partir de 540 av. J.-C. environ. On peut dire que, d'une certaine manière, ils posèrent les questions déjà familières sur la substance, l'élément fondamental de la nature et le changement. Mais leurs réponses différèrent de celles des milésiens, des philosophes médiateurs et de Démocrite. Pour eux, l'idée de base ne résidait pas dans les éléments matériels mais dans les structures et les formes, ou les *relations mathématiques*. Pour eux, les mathématiques peuvent « déverrouiller » la nature :

1. l'étude des harmonies montre une correspondance entre les mathématiques et quelque chose d'aussi immatériel que la musique ;
2. le théorème de Pythagore montre que les mathématiques s'appliquent également aux choses matérielles ;
3. les mouvements supposés circulaires des corps célestes impliquent que ceux-ci également sont soumis aux mathématiques.

Les pythagoriciens croyaient donc que les structures mathématiques sous-tendent toute chose (sont une substance). Il y avait également d'autres arguments : les choses périssent, ce qui n'est pas le cas des concepts mathématiques. Donc les mathématiques sont ce qui est *immuable* dans la nature. Et la connaissance mathématique est une connaissance *certaine*, parce que son sujet ne change pas, et aussi parce que les théorèmes mathématiques sont *logiquement prouvés*. Les pythagoriciens étaient donc des rationalistes en un double sens :

1. ils avançaient des arguments rationnels sous la forme de preuves mathématiques ;
2. ils croyaient que la réalité se trouve dans les formes mathématiques qui « sous-tendent » tous les phénomènes sensibles, et donc que nous prenons connaissance de la réalité par la raison (en latin : *ratio*) et non par les sens.

En ce sens, les pythagoriciens semblaient croire qu'ils avaient découvert la clé de l'énigme de l'univers. Cependant, bien qu'ils puissent à juste titre être appelés rationalistes, ils conçurent les mathématiques comme *indiquant à travers et par-delà la raison* quelque chose de mystique. Ils étaient des mystiques rationalistes comme les néo-platoniciens – Plotin par exemple. Nous trouvons donc chez eux, main dans la main, un mysticisme religieux et un rationalisme fondé sur les mathématiques.

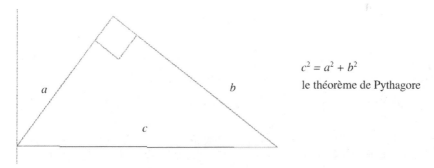

$$c^2 = a^2 + b^2$$
le théorème de Pythagore

Comme Parménide, les pythagoriciens en arrivèrent à une vision dualiste du monde :

$$\frac{\text{mathématiques}}{\text{sensation}} = \frac{\text{connaissance certaine}}{\text{connaissance incertaine}} = \frac{\text{réalité}\left(\text{ce qui est}\right)}{\text{le non-réel}} = \frac{\text{l'éternel}}{\text{le changeant}}$$

Les pythagoriciens allaient devenir une source d'inspiration pour Platon ; et plus tard, pendant la Renaissance, leur influence, de pair avec celle de Démocrite, jouerait un rôle important dans les sciences expérimentales de la nature. Le point décisif fut l'idée selon laquelle la réalité est ce qui peut être conçu en langage mathématique ; elle n'est pas l'ensemble des choses qualitativement multiples dont nous avons l'expérience par nos sens, mais ce qui est mesurable et peut s'exprimer en nombres et en formules mathématiques. Cette considération peut se voir comme une idéalisation puisqu'elle souligne les aspects mathématiques mesurables du monde, et non le monde tel que les êtres humains en font l'expérience. Cependant c'est cette considération « idéalisée » des concepts et modèles mathématiques qui ouvrit la voie au développement scientifique et technique de la Renaissance, en fondant la mécanique et l'astronomie classiques (voir chapitre 7).

D'un point de vue politique, les pythagoriciens semblent avoir soutenu une division hiérarchique de la société. Nous pouvons ici faire une remarque générale. Les philosophes qui brillent dans les disciplines dont l'acquisition exige de longues années de travail et des facultés morales ou intellectuelles particulières disent souvent que la société devrait s'ordonner de manière hiérarchique : ceux qui réfléchissent sont ceux qui doivent gouverner et recevoir du gouvernement honneurs et privilèges. Avec les pythagoriciens, nous sommes également face à une éthique exigeant une vie ascétique. Cette éthique est associée à une distinction entre le corps et l'âme, et une croyance en la transmigration des âmes.

Un aperçu des pensées anciennes indienne et chinoise

Contexte de la philosophie indienne

Bien qu'il y ait eu dans l'Antiquité des contacts sporadiques entre l'Inde et l'Europe – il suffit de mentionner l'invasion de l'Inde par Alexandre le Grand en 327 av. J.-C. –, nous connaissons très peu de choses de l'influence intellectuelle de l'Orient sur l'Occident et viceversa. Nous savons que les Grecs reçurent de l'Orient une stimulation importante, mais il est difficile de retracer une source indienne spécifique. L'enseignement indien, transmis par les Perses, peut avoir influencé les écoles orphiques et pythagoriciennes de Grèce ; mais ce point de l'histoire de la philosophie demeure une question ouverte. Cependant, les traditions philosophiques et religieuses d'Europe et d'Inde semblent s'être développées assez indépendamment l'une de l'autre de la fin de l'Antiquité jusqu'au dix-huitième siècle. Ce n'est pas avant la période romantique que la pensée indienne fut pour la première fois transmise à un large public européen. L'idée que nous nous faisons de la philosophie indienne demeure marquée par l'enthousiasme des romantiques pour l'Inde, tel qu'il s'exprima en particulier chez Arthur Schopenhauer (1788-1860) et Friedrich Nietzsche (1844-1900).

On peut se demander s'il est légitime de parler de *philosophies* indienne et chinoise. Le mot «philosophie» vient du grec et désigne une activité intellectuelle qui trouve son origine dans la Grèce antique. Y a-t-il quoi que ce soit en Inde ou en Chine qui corresponde à la philosophie grecque antique? Avons-nous par exemple le droit de parler d'une transition du *mythos* au *logos* dans l'histoire de la pensée indienne? Il est délicat de donner une réponse sans ambiguïté. Il se peut que cette manière de présenter le problème soit indûment eurocentrique, et l'on pourrait objecter que la pensée indienne doit être traitée selon ses propres présupposés, et non selon les critères de la philosophie grecque.

Il est raisonnable de penser que, dans les pensées indienne et chinoise, certaines questions méritent notre attention. Nous trouvons dans ces traditions aussi une «logique interne» et des discussions qui rappellent par de nombreux aspects l'histoire de la philosophie grecque. Nous devrions cependant ajouter que la philosophie indienne manifeste de nombreuses caractéristiques que nous ne trouvons pas sous la même forme dans la philosophie occidentale. Il apparaît qu'elle ne distingue pas philosophie et religion aussi nettement que nous. La distinction entre *mythos* et *logos* et celle entre les mots et les actes se font également de manière différente en Inde et en Europe. Le premier texte hindou, la *Bhagavad Gîtâ*, illustre cette différence et peut amener un correctif utile à une ligne de démarcation trop stricte entre philosophie et religion : «Ce sont les gens puérils, non les savants, qui professent la séparation absolue de la discipline spéculative [*samkhya*] et de la discipline pratique [*yoga*]. Même si l'on ne s'adonne qu'à une seule, on obtient en plénitude le fruit des deux»[1].

Pour comprendre le rôle de la philosophie dans la culture indienne, nous devons nous familiariser avec ses présupposés historiques et religieux. Il ne sera ici possible que d'en donner une introduction sommaire. Ceux qui cherchent à mieux comprendre la philosophie indienne devront consulter des commentaires plus spécialisés.

---

1. *Bhagavad Gîtâ*, Chant V, § 4.

Entre le quatorzième et le douzième siècles avant Jésus-Christ, l'ancienne civilisation de la vallée de l'Indus, dans ce qui est maintenant le Pakistan, fut attaquée par des groupes ethniques que l'on suppose venus de la région située entre les chaînes de montagnes des Carpates et de l'Oural. Ces groupes se nommaient eux-mêmes *Arya* («nobles»), et c'est pourquoi on parle d'une invasion «aryenne» de l'Inde. Pendant un moment, il fut largement admis que les peuples aryens étaient d'une culture supérieure à celle des Dravidiens «autochtones». Cette croyance fut remise en question quand fut découverte la civilisation de l'Indus dans les années 1920; c'était une culture urbaine développée qui s'étendait le long du fleuve Indus et remontait à une période antérieure à l'invasion aryenne.

Malgré de nombreux siècles d'assimilation, la culture et la société indiennes sont toujours marquées par le conflit originel entre Aryens et Dravidiens. Ceci est dû en particulier au système des castes, probablement introduit par les conquérants aryens. Beaucoup d'indications montrent qu'il y avait à l'origine une distinction entre les « Aryens » à la peau claire et les «autochtones» à la peau foncée. La société fut ensuite divisée en quatre castes : les trois castes aryennes de brahmans ou prêtres védiques, de guerriers et de nobles, et d'artisans et d'agriculteurs, et la caste inférieure. Une intégration significative de différents groupes ethniques eut lieu au cours du temps. De nouvelles castes furent introduites, et des non-Aryens furent admis dans les castes supérieures. Ce processus n'a pas cessé jusqu'à nos jours.

La religion unit les immigrants. Cela se manifeste dans les plus vieux textes sanskrits nommés Veda, datant de la période du treizième au neuvième siècle avant Jésus-Christ. On peut dire des Veda qu'ils portent l'ancienne vision aryenne du monde. Les dieux sont souvent associés aux forces de la nature, comme dans les mythologies grecque, scandinave et slavonne. Cette vision du monde se caractérise par une éternelle bataille entre le cosmos et le chaos, dans laquelle la victoire des dieux n'est pas assurée une fois pour toutes. Ils ont besoin du soutien de l'homme pour lutter contre le chaos. Les sacrifices et les rituels correctement pratiqués aident à maintenir l'ordre cosmique. Il est difficile d'appeler les Veda une philosophie. Ils retracent un monde mythique. Si nous cherchons dans la vie spirituelle indienne un passage du *mythos* au *logos*, nous le trouverons dans les *Upanisads*, un ensemble plus récent et bien plus large de textes rédigés du neuvième au quatrième siècle avant Jésus-Christ. Les *Upanisads* reflètent de manière critique la vision védique du monde. Il se peut qu'elles expriment une protestation à l'encontre de certains aspects de la culture aryenne. De nouvelles recherches semblent avoir mis au jour des influences de sources non-aryennes. C'est une question complexe, que l'on doit laisser aux historiens des religions. Il est certain cependant que les *Upanisads* instituent une doctrine religieuse et métaphysique nouvelle. Alors que les Veda sont surtout constitués d'hymnes, les *Upanisads* sont constituées d'*arguments*.

Les Upanisads

Le terme *Upanisad* renvoie à la relation pédagogique entre le sage et son élève. Est appelé *Upanisad* tout texte philosophique fournissant le contenu communiqué dans cette situation. Par conséquent, on peut dire que les *Upanisads* ressemblent aux dialogues de Platon.

L'un des thèmes principaux des *Upanisads* est l'idée d'une «roue» éternelle de naissance et de mort. C'est ce qu'on appelle la doctrine de la réincarnation. Le cycle éternel de naissance et de mort est appelé *samsara*. C'est le moi le plus intime de la personne (*atman*) qui renaît ainsi. Il existe dans la philosophie indienne une longue discussion sur la manière dont il faut comprendre l'*atman*. Certaines des *Upanisads* semblent supposer que le soi est une substance permanente (voir la philosophie présocratique) qui se distingue du «moi» conscient ou de l'«ego». C'est un point controversé ; mais, nous le verrons, la critique des *Upanisads* par Bouddha repose sur ce présupposé. Autre affirmation importante des *Upanisads* : l'*atman* se confond avec le *brahman*. Il est difficile de trouver une traduction adéquate à *brahman*. Peut-être peut-on traduire cette expression par «l'absolu», «le tout-comprenant», ou «le divin». Que l'*atman* soit le *brahman* peut donc signifier que le soi se confond avec l'absolu ou le divin. On reconnaît d'ailleurs de telles conceptions dans la tradition du mysticisme occidental selon laquelle les individus ou leur âme peuvent ne faire qu'un avec Dieu (*unio mystica*). Au sein de la philosophie indienne et du mysticisme occidental, tel qu'il est représenté à la fin du Moyen Âge par Johannes Eckhart, plus connu sous le nom de Maître Eckhart, cette unité suppose une vie ascétique. Les philosophes fidèles aux *Upanisads* tournent le dos au monde et recherchent un *détachement* ascétique. La vérité n'est pas «ailleurs», que ce soit dans les textes ou dans la nature. Elle est à l'intérieur de soi. Il faut apprendre à «se trouver». On peut apprendre des choses *sur* le mysticisme, mais ce n'est pas la même chose que d'avoir une expérience mystique. Cette expérience ne peut avoir lieu que de manière directe et par des efforts personnels. En Inde, cette sagesse mystique est réservée au prêtre, le brahman à proprement parler.

Il est possible d'interpréter la thèse sur l'*atman* et le *brahman* de manière telle que le soi *devient* identique à l'absolu. C'est à cette condition que l'individu peut renaître. Dans la philosophie indienne, cette « roue » de vie et de mort est quelque chose dont on doit se libérer. Le but de toute la philosophie indienne est la rédemption du cycle éternel de vie et de mort. Ce concept de rédemption occupe une position prédominante non seulement dans les *Upanisads*, mais également dans la philosophie bouddhiste. Nous allons donc regarder de plus près la raison pour laquelle la philosophie indienne vise à ce point à nous libérer du cycle. Elle est indubitablement liée à cette conception philosophique de l'action, plus précisément à la doctrine du *karma*. Ce sont nos actions qui déterminent si nous renaîtrons brahman ou lézard – deux possibilités parmi des millions, toutes plus ou moins lugubres !

Le *karma* est considéré comme un concept clé de la philosophie indienne. *Karma* signifie action. Toute la philosophie indienne tourne autour du problème de l'action. Ce que l'on appelle pensée selon le *karma* ouvre à la philosophie des dimensions à la fois morales et métaphysiques – des dimensions que la philosophie occidentale moderne tend habituellement à distinguer –, ceci parce que le *karma* est intimement lié à la croyance en la réincarnation, en la renaissance, et en l'idée de *causalité morale*. Par causalité morale, il faut entendre que le cosmos est imprégné de justice : nous vivons dans un monde où chacun a reçu ce qu'il mérite, mais où il est possible d'atteindre à une situation meilleure dans la prochaine vie. Autrement dit, les choses se passent bien pour les bons et mal pour les mauvais. Toute souffrance ou imperfection dans ce monde est le résultat des actions de chacun. Mais ce qui est bon ou mauvais sera déterminé dans une large mesure par la position de la personne dans le système des castes. Par conséquent, on peut dire que les *Upanisads* légitiment le système des castes : les gens « méritent » leur caste actuelle parce que le statut de caste de chacun est la conséquence de ses actions passées.

Le concept de *karma* n'est pas étranger à la pensée occidentale. On le retrouve dans des proverbes tels que « chacun est l'artisan de son propre bonheur » ou « comme on fait son lit on se couche ». Mais dans la pensée occidentale la causalité morale n'est pas liée à une réincarnation. C'est un phénomène spécifiquement indien.

Donc, dans la philosophie indienne, les actions morales sont directement liées au cycle vie – mort – vie – mort. Beaucoup d'interprétations occidentales de la doctrine de la réincarnation – en particulier dans le courant *New Age* – la représentent comme un message positif sur les vies multiples d'une personne ou sur la vie éternelle. De même, la théorie de Nietzsche de l'«éternel retour» de toute chose est pensée comme une alternative heureuse à la conception chrétienne de la vie (voir chapitre 21, «*Übermensch*, volonté de puissance et éternel retour»). Peut-être nous représentons-nous la renaissance comme une bonne nouvelle en ce que, s'il est possible de recommencer le jeu de la vie encore et encore, nous avons la possibilité de vivre un nombre infini de vies, et la douleur qu'est la mort disparaît. De telles idées entrent en conflit avec la manière indienne de penser. Dans la philosophie indienne, actions et passions sont les problèmes principaux. Selon la doctrine de la réincarnation, notre forme d'existence dans la prochaine vie sera le reflet de nos actes et de nos passions dans cette vie-ci. L'analogie avec la chenille qui mange et digère tout ce qu'elle trouve sur son chemin en est une bonne illustration : ceux qui ont les appétits de la chenille seront chenilles dans leur prochaine vie. La chenille symbolise notre désir insatiable de consommation éternelle et ininterrompue – une avidité typiquement occidentale! Il est essentiel d'échapper à ces actions et à ces désirs.

Comment pouvons-nous nous libérer du désir et prendre le contrôle de notre *karma*? Dans un texte bref tiré de la *Bhagavad Gîtâ*, l'une des sources les plus importantes de la philosophie indienne, le feu est le symbole central : nos désirs doivent se consumer dans le feu de la connaissance. Ce qui peut se réaliser par l'ascétisme et le yoga. Ceux qui réussissent à se libérer du *karma* atteignent le salut final (*moksha*). Mais, pour la plupart d'entre nous, ce but est inaccessible. Il nous est impossible de rompre avec le cycle de vie et de mort, et nous risquons de renaître sous des milliers de formes différentes. Même si nous ne pouvons pas tous être des saints, il y a tout de même de bonnes raisons d'essayer de faire de notre mieux dans cette vie : ceux qui font le bien et désirent ce qui est bon deviendront dans leur prochaine vie, selon la philosophie du *karma*, des créatures meilleures, ou s'élèveront dans les castes. Par conséquent la doctrine du *karma*, l'idée de réincarnation et le système de castes forment une unité cohérente à travers la plus grande partie de la philosophie indienne. À l'intérieur de ce cadre, la morale et le système social se soutiennent mutuellement.

La philosophie bouddhiste

Le bouddhisme, une religion et une philosophie nouvelles, commença à prendre forme en Inde, approximativement à l'époque où apparut en Grèce la philosophie présocratique. Dans ce contexte, la «philosophie bouddhiste» renvoie à des croyances et à des positions philosophiques que l'on peut faire remonter au fondateur indien de cette religion, Siddhârta Gautama (env. 563-483 av. J.-C.). On ne peut traiter ici des autres formes de bouddhisme qui se développèrent ensuite dans d'autres cultures, comme au Tibet ou en Asie de l'Est.

Siddhârta Gautama quitta sa femme et sa maison, comme le firent en Inde beaucoup d'autres saints hommes, pour errer en sage ascétique. Après des années de stricte mortification, il se trouvait toujours dans l'ignorance (*avidya*) quant aux questions fondamentales de la vie humaine. Il décida alors d'abandonner la mortification et de revenir à une forme ordinaire de vie contemplative. Quelque temps après, il se présenta avec un nouvel enseignement. Il avait finalement trouvé la bonne voie. Il était devenu « le Bouddha » (« l'Éveillé »).

Au cinquième siècle avant Jésus-Christ, la vie spirituelle en Inde portait toujours la marque de la tradition védique, alors que les *Upanisads* avaient pris une place importante dans la pensée indienne. La nouvelle doctrine du Bouddha s'opposa nettement à l'ancienne littérature védique et à toutes les formes de rituels et de cérémonies, mais on peut également la voir comme une modification critique de plusieurs parties des *Upanisads*. Paradoxalement, l'attitude du Bouddha envers la pensée spéculative et religieuse est relativement hostile. Les commentateurs modernes ont donc qualifié le Bouddha, avec un certain risque d'anachronisme, d'« empiriste » et de « sceptique ». De même les textes qui peuvent probablement lui être attribués ne préparent-ils pas la voie à la vénération dont il sera plus tard l'objet. Il est donc correct en un certain sens de caractériser le bouddhisme de religion « athée », c'est-à-dire sans théologie ni doctrine systématique sur Dieu.

À l'instar de nombreux textes des *Upanisads*, le nouvel enseignement vise à la libération ou au salut de l'individu. Le Bouddha décrit ce but comme le *nirvana* – un terme qui, sous de nombreux aspects, correspond au terme *moksha* dans d'autres traditions. Ceux qui veulent faire l'expérience du *nirvana* doivent apprendre à se libérer de tout ce qui les lie à ce monde, y compris les doctrines philosophiques et religieuses. Dans la brillante parabole du radeau, le Bouddha illustre ce qu'il veut dire : un homme, devant traverser une rivière dangereuse, rassemble des branches et des brindilles et les noue ensemble afin de construire un radeau solide qui le conduira de l'autre côté. Quand il a traversé sain et sauf la rivière, il se dit : ce radeau m'a été d'un grand secours. Je vais le prendre avec moi, en le portant sur ma tête. Ainsi l'homme voyage-t-il, portant un radeau dont il n'a plus besoin. La morale de cette histoire est que cette nouvelle doctrine ressemble au radeau. Son objet est de traverser la rivière, d'atteindre le *nirvana*, et non d'être éternellement portée. Des illustrations semblables sur le but de la philosophie sont apparues à différents moments de son histoire : la philosophie est un *outil* important, et non simplement quelque chose qu'«il est agréable de posséder».

La doctrine du Bouddha est à la fois difficile et profonde. On ne peut ici que souligner certains des points les plus importants de sa «noble vérité quadruple» :

La Noble Vérité de la souffrance (*Dukkha*) est celle-ci : la Naissance est souffrance ; le vieillissement est souffrance ; la maladie est souffrance ; la mort est souffrance ; le chagrin et les lamentations, la douleur, la peine et le désespoir sont souffrance ; s'associer avec le déplaisant est souffrance ; se dissocier du plaisant est souffrance ; ne pas obtenir ce que l'on désire est souffrance – en résumé, les cinq agrégats de l'attachement sont souffrance.

La Noble Vérité de l'origine de la souffrance est celle-ci : c'est la soif (le besoin) liée à un désir insatiable qui produit la ré-existence et le re-devenir. Elle trouve de nouvelles joies de-ci de-là, à savoir la soif du plaisir des sens, la soif de l'existence et du devenir, et la soif de la non-existence (annihilation).

La Noble Vérité de la Cessation de la souffrance est celle-ci : c'est une complète cessation de cette même soif, un abandon, un renoncement, une émancipation de celle-ci, un détachement.

La Noble Vérité du Sentier qui mène à la Cessation de la souffrance est celle-ci : c'est simplement le Noble Sentier Octuple, à savoir la compréhension juste, la pensée juste, la parole juste, l'action juste, les moyens d'existence justes, l'effort juste, l'attention juste, la concentration juste[1].

La doctrine de la noble vérité quadruple trouva une interprétation pessimiste avec Arthur Schopenhauer. Il fut le premier philosophe occidental à s'intéresser de manière systématique à la sagesse orientale. Comme le Bouddha, il prit pour point de départ la détresse que sont la vie et la vacuité de l'existence : tout est imprégné du désir insensé, aveugle et insatiable de vivre. C'est pourquoi notre existence est pleine de crainte et de souffrance. L'insatisfaction et la douleur sont les expériences de base ; le désir n'est qu'une illusion qui apparaît quand l'éternelle soif de vivre est momentanément réprimée. Se libérer de la misère qu'est la vie ne peut s'obtenir qu'en rejetant le désir de vivre. Leurs solutions vont dans la même direction : le Bouddha veut la négation de la soif ou du désir, Schopenhauer veut la négation de la

---

1. Walpola Rahula, *L'Enseignement du Boudha d'après les textes les plus anciens*, Edition Seuil Paris, 1978.

volonté de vivre de sorte qu'aucune action n'ait plus la moindre raison d'être. Schopenhauer nomme *Nirvana* cette condition de la rédemption finale, de la paix de l'esprit, où tout désir est tu. Il se peut que la présentation de la noble vérité quadruple selon Schopenhauer soit excessivement pessimiste ; peut-être cette interprétation obscurcit-elle le propos plus qu'elle ne l'éclaire.

Friedrich Nietzsche, disciple de Schopenhauer, donna au bouddhisme un aspect européen. L'idéal du bouddhisme, selon Nietzsche, était de libérer l'homme du «bien» et du «mal». Ce fut la principale contribution du bouddhisme à la bataille contre la souffrance. Dans la philosophie de Nietzsche, le bouddhisme devient un allié dans la bataille contre la métaphysique platonicienne et le christianisme : «Bouddha contre le «Crucifié»»[1]. Dans quelle mesure la compréhension du Bouddha par Schopenhauer et Nietzsche est-elle adéquate ? La question est toujours disputée.

Une autre question sur le bouddhisme sujette à controverse est la doctrine du non-soi. Selon une idée de base du Bouddha, le monde doit être pensé en termes de processus, et non en tant qu'ensemble de choses ou de substances. Par conséquent, on ne peut parler d'un «soi» ou d'un «je» permanent ; le soi ne peut pas être une substance psychique, sous-tendant l'individu. Ce dont nous faisons l'expérience n'est qu'un flot d'états de conscience fugaces et périssables qui constitue à chaque instant notre personne.

Les commentateurs modernes ont vu là des ressemblances entre le Bouddha et des philosophes empiristes tel que David Hume (1711-1776). Hume a fait cette même critique de l'idée de substance mentale (voir chapitre 12), mais il n'avait pas connaissance du Bouddha. À la fin du dix-neuvième siècle, Nietzsche devint le porte-parole d'une critique semblable des pensées s'appuyant sur la substance. C'est, de manière surprenante, un lieu de rencontre de la philosophie prémoderne et postmoderne.

La Bhagavad Gîtâ

La *Bhagavad Gîtâ* (le Chant du Bienheureux) fait partie du poème épique le *Mahabharata*. On la considère aujourd'hui comme un texte fondateur de l'hindouisme, la religion dominante de l'Inde moderne. D'un auteur inconnu, la *Bhagavad Gîtâ* fut probablement composée aux

---

1. Nietzsche, *Œuvres Philosophiques Complètes*, volume XIV, Fragments posthumes début 1888-janvier 1889, tr. Jean-Claude Hémery, Gallimard 1977, p. 64.

environs de 200 avant Jésus-Christ. Le texte a la forme d'un dialogue entre Arjuna et son conducteur de char Krishna[1]. Pendant le dialogue, Krishna se révèle être Vishnou, le Maître de l'Univers, Dieu lui-même.

La *Bhagavad Gîtâ* pose au lecteur occidental de nombreux problèmes d'interprétation. Elle examine, en moins de cent pages, les questions fondamentales de la compréhension hindoue de la morale et de la réalité. L'idée principale en est que la pensée juste donne une base à l'action, en dehors des attaches que sont le désir et le dégoût. Désir et dégoût sont les vrais ennemis de l'homme. Arjuna ne cherche pas à acquérir du pouvoir et du prestige, mais à maintenir un ordre cosmique juste. Il dépend de l'individu de l'y aider : « Mieux vaut s'acquitter – même médiocrement – de son propre devoir d'état [*dharma*], plutôt que d'obligations étrangères, fût-ce à la perfection. Il est préférable de mourir en exécutant son devoir d'état : les obligations étrangères sont porteuses de péril »[2]. Cette citation n'exprime manifestement en rien une éthique universelle du devoir. Le système des castes fait fondamentalement partie de l'ordre cosmique. En conséquence, le devoir de l'individu est conditionné par la caste à laquelle il appartient.

Le message central de la *Bhagavad Gîtâ* est une interprétation hindoue de la libération. Il y est souligné à plusieurs reprises que la libération présuppose un contrôle de ses actions : « Celui dont toutes les entreprises sont affranchies du désir et de projets intéressés c'est lui que les gens avisés nomment un sage, lui dont l'agir est brûlé par le feu de la connaissance »[3]. Mais la libération est également liée à la non-violence (*ahimsa*). Le Mahatma Gandhi (1869-1948), dans son interprétation de la *Bhagavad Gîtâ*, souligne avec vigueur que ce sont précisément les actions violentes qui doivent être consumées par le feu de la connaissance. Gandhi interprète la *Bhavagad Gîtâ* comme un texte intemporel offrant un modèle de vie qui peut toujours s'appliquer aujourd'hui.

Confucius

La philosophie grecque fut le produit de la cité-État (la *polis*). Tous ceux qui pratiquaient cette philosophie, sans exception, participaient à cette unité politique autonome, qui réservait une place aux discussions philosophiques et autres activités intellectuelles majeures. La cité-État créa également un espace public pour l'interaction et la discussion

---

1. Arjuna est le personnage principal de la *Bhagavad-Gita*.
2. *Bhagavad Gîtâ*, Chant III, § 35.
3. *Ibid.*, Chant IV, § 19.

politiques, rendant ainsi possible la nouvelle forme de pratique politique qui entra en jeu entre citoyens libres et égaux. Cela permit le développement d'institutions académiques permanentes comme l'Académie de Platon et le Lycée d'Aristote – tous deux jouirent d'une liberté académique et d'une autonomie de gouvernement considérables. Ni l'Inde ni la Chine ne connurent de développement semblable. La cité chinoise n'était pas une *polis* au sens de la Grèce antique. Ce n'était pas une entité autonome susceptible de signer des pactes avec d'autres États.

La cité chinoise faisait partie d'une administration dépendant d'un gouvernement central. La civilisation s'orientait dans l'ensemble vers les normes du comportement humain ; c'était une *culture de l'écrit* orientée vers la tradition, et non une culture de *discussion publique*. On y était peu intéressé par une philosophie spéculative systématique comme en Grèce, ou par la libération et le salut comme en Inde. La civilisation chinoise connaissait une orientation plus pratique et plus pragmatique.

Les philosophes chinois étaient souvent issus de la «noblesse pauvre» obligée de chercher un emploi dans les corps administratifs qui s'étaient développés dans les grandes cours impériales. Beaucoup de grands penseurs chinois provenaient de cette classe. Presque tous étaient des fonctionnaires érudits, des mandarins, qui avaient été reçus aux examens du système bureaucratique (et parfois même avaient été éduqués par lui) – un peu comme, de nos jours, les professeurs de philosophie. C'est de ce milieu social que vint King Chi, plus connu en Occident sous le nom de Confucius (King Fuzi, «Maître Roi»).

Confucius (551-479 av. J.-C.) vécut environ à la même époque que le Bouddha, Thalès et Pythagore. On ne dispose pas de textes de sa main ; mais des aspects centraux de sa pensée furent repris dans *les Entretiens*, un recueil de notes brèves prises lors de conversations (questions et réponses) entre lui et ses élèves. Les dialogues sont dédiés aux questions d'éthique sociale, ils se concentrent sur le comportement correct. Cette œuvre donne de Confucius l'image d'un penseur fortement attaché à la tradition : par une étude soigneuse de cette tradition, les individus peuvent acquérir la compréhension de ce que sont leurs devoirs. La tradition devient également une norme dans les efforts de réforme de conditions sociales chaotiques. Il est donc naturel que l'étude des textes classiques ait une position centrale dans l'enseignement de Confucius. L'attitude dominante y est celle de *l'adaptation au monde*, et non de la fuite du monde comme dans la philosophie indienne.

Confucius montre peu d'intérêt pour la philosophie naturelle et la philosophie des religions. Comme Socrate, il se concentre sur l'individu. Cette attitude se manifeste de manière concise dans ce fragment : « L'écurie brûla. Le Maître prit congé de la Cour et demanda : « Y a-t-il eu quelqu'un de blessé ? » Il ne s'informa pas des chevaux »[1]. Le critère du comportement juste est résumé dans le concept d'*humanité*. Confucius traite de l'humanité en des termes qui rappellent le message du Sermon sur la Montagne : « Zidong demanda : « Y a-t-il un seul mot qui puisse guider l'action d'une vie entière ? » Le Maître dit : « Ne serait-ce pas *considération* : ne faites pas à autrui ce que vous ne voudriez pas qu'on vous fît » » (Livre XV, fragment 24). Dans le confucianisme, cette idée d'amour pour son voisin est souvent appelée « le principe de mesure » : ce que nous attendons des autres devrait être la pierre de touche de notre comportement envers eux.

L'enseignement de Confucius sur l'humanité et la compassion ne doit pas être interprété selon une direction strictement universaliste. Il défend une stricte hiérarchisation de la société. Le devoir de l'individu est donc lié à sa position sociale. Selon Confucius, la vie bonne se réalise dans « les cinq relations humaines » : du gouvernant au gouverné, du père au fils, de l'époux à l'épouse, du vieillard au jeune homme, de l'ami à l'ami. Chacun a ses devoirs propres. Les relations du gouvernant à ses sujets sont bien exprimées dans cette phrase : « La vertu du gentilhomme est vent, la vertu du vulgaire est herbe : quand le vent lui passe dessus, l'herbe doit se coucher » (Livre XII, fragment 19). On peut également entendre cette phrase comme une application du principe de mesure. Dans ce contexte, cela signifierait peut-être que les individus, qui sont eux-mêmes sujets, pourraient se demander : comment moi, en tant que gouvernant, aimerais-je que se comportent mes sujets ? Si la réponse est qu'ils devraient se soumettre, cela signifie que le principe de mesure est compatible avec la supériorité et la subordination traditionnelles.

Confucius n'a pas développé de philosophie systématique. D'abord et surtout, il donna d'utiles conseils sur les relations humaines et développa son propre enseignement de la sagesse. Durant sa vie, il attira un grand nombre d'élèves. Ce « confucianisme » d'orientation pragmatique prit dans la culture et la société chinoises une place importante, qui persiste encore de nos jours. Présenter une philosophie pratique sous la forme de sentences, d'aphorismes et de courts essais

---

1. *Les entretiens de Confucius*, Livre X, fragment 17. Les citations qui suivent sont extraites du même ouvrage.

n'est pas chose rare, même dans la Chine moderne (voir le *Petit Livre Rouge* de Mao, *Citations du président Mao Tse-Tung*).

L'éthique confucéenne fut ensuite développée par Mencius ou Meng Zi (env. 371-289 av. J.-C.). Pour lui comme pour Confucius, l'homme est naturellement bon, et cette bonté peut encore être développée par l'éducation. Comme beaucoup d'autres philosophes chinois de cette époque, Mencius passa sa vie dans des cours royales, où il guidait les princes dans la voie des deux vertus cardinales, l'humanité (*jen*) et la droiture (*yi*).

La philosophie taoïste

Alors que le confucianisme développait une philosophie ancrée dans la politique et la réalité, le taoïsme se caractérise par le mysticisme et la pensée holistique. Lao-Tseu (Lao Zi) est souvent considéré comme le plus grand représentant des mouvements taoïstes de la vie culturelle chinoise, mais il faut également citer Tchouang-Tseu (ZhuangZi) (né en 369 av. J.-C.), un autre penseur taoïste très influent. On ne sait presque rien de la vie de Lao-Tseu, si ce n'est qu'on croit qu'il fut un contemporain plus âgé de Confucius. On pense qu'il chercha délibérément à mener une vie obscure et à éviter la célébrité. Son nom est indissolublement lié au fameux *Dao De Jing* (*Tao-tö King*) («Enseignement de la Voie et de sa Vertu»), mais il est douteux que lui-même l'ait écrit – il fut probablement rédigé par ses élèves.

Le *Tao-tö King* est tenu pour le texte classique de la philosophie taoïste. Il n'est pas facilement accessible et pose de grands problèmes d'interprétation. Lao-Tseu, comme Héraclite, est souvent appelé l'«énigmatique» ou l'«obscur». Le *Tao-tö King* a sans doute pour caractéristique première sa contribution à la philosophie chinoise de la nature ou à la philosophie de l'être. À ce titre, il se distingue nettement de la philosophie confucéenne orientée vers la pratique.

Pour Lao-Tseu, l'idée fondamentale est le «*tao*». Il peut être dit l'«indéfini», l'«infini», l'«immuable», le «sans limite dans le temps et dans l'espace», le «chaos autant que la forme». Des étiquettes comme celles-là ne peuvent que suggérer ce dont il s'agit. Le langage, à strictement parler, n'est pas adéquat parce que le *tao* ne peut être défini par des concepts. Les réflexions de Lao-Tseu sur le *tao* semblent cependant présenter de nombreuses ressemblances avec le genre de questions et de réponses auxquelles nous ont familiarisés les philosophes grecs de la nature. Anaximandre considérait que le «principe» est l'*apeiron*, l'indéfini et l'illimité. Il existe indubitablement un certain air de famille entre le *tao* et l'*apeiron*. À l'instar d'Anaximandre, Lao-Tseu soutient que le *tao* est antérieur au ciel et à la terre ; il est le point d'origine et de retour de tout être. Lao-Tseu utilise une image pour montrer que le *tao* peut être considéré comme «la mère du monde entier»[1], le point de départ de l'entière diversité de l'existence. Il est possible de concevoir le *tao* comme l'Être de l'étant, la puissance primitive indéfinie base de tout ce qui est. Dans un autre contexte cependant, Lao-Tseu assure que «l'Être est issu du Néant»[2]. Il se peut qu'il veuille dire par là que le *tao*, la puissance primitive ou «l'Être», doit être décrit en tant que «Néant» afin d'éviter de faire du *tao* un objet ou quelque chose d'existant. Il va de soi que dans ces interprétations règne la plus grande incertitude. Mais si elles sont raisonnables, nous pouvons dire que Lao-Tseu approche le problème de la substance de la même manière que les philosophes présocratiques de la nature.

La manière dont Lao-Tseu considère la justice cosmique présente clairement des parallèles avec la philosophie de la Grèce antique. Il semble croire qu'il existe un principe fondamental de justice dans notre existence : quand quelque chose va trop loin, une réaction a lieu : «Le bonheur repose sur le malheur, le malheur couve sous le bonheur»[3]. Ce qui est poussé jusqu'à sa limite se transforme en son opposé. Trop de bonheur se transforme en malheur. Un malheur extrême se transformera en bonheur. Il semble donc qu'il existe une puissance qui intervient quand quelque chose atteint ses limites naturelles, quand l'*hubris* surgit, et rétablit l'ordre tel qu'il sera ou devrait être. Héraclite soutient une conception semblable. Dans le fragment 94, on lit : «Le soleil n'outrepassera pas ses limites sinon les Erinyes, servante de Dikè, le dénicheront». Par conséquent, Lao-Tseu, comme Héraclite, semble supposer un principe cosmique de justice assurant une existence ordonnée.

Il est facile de comprendre que Lao-Tseu «l'obscur» s'écarte des maximes pragmatiques de l'éthique sociale selon Confucius. De même s'oppose-t-il explicitement à l'éducation traditionnelle confucéenne ; il aurait déclaré qu'il est préférable pour le peuple d'avoir peu de connaissance que beaucoup ; beaucoup d'instruction ne servirait qu'à corrompre les âmes.

---

1. *Tao-tö king*, XXV, traduit du chinois par Liou Kia-hway et relu par Étiemble, Gallimard, Pléiade.
2. *Op. cit*, XL.
3. *Op. cit.*, LVIII.

QUESTIONS

Comment caractériser la pensée des philosophes grecs avant les sophistes?

Quels types de questions et d'arguments pouvons-nous penser être les présupposés de la thèse de Thalès selon laquelle l'eau est le principe de toute chose?

Quelles sont les conséquences de cette théorie? Quels arguments utiliser pour soutenir que la philosophie commence avec Thalès?

«Héraclite soutient que tout est en état de changement, pendant que Parménide soutient le contraire». Commentez cet énoncé de manière critique.

Décrivez la théorie de l'atomisme de Démocrite. Expliquez la relation entre cette théorie et la conception pythagoricienne de la réalité.

SUGGESTIONS DE LECTURE COMPLÉMENTAIRE

SOURCES

Les Présocratiques, édition établie par Jean-Paul Dumont, Gallimard, Paris, 1988.

La Bhagavad Gîtâ, traduction d'Anne-Marie Esnoul et Olivier Lacombe, Le Seuil, collection Points, 1976.

Les entretiens de Confucius, traduction de P. Ryckmans, Gallimard, Paris, 1987.

COMMENTAIRES

Martin Heidegger et Eugen Fink, *Héraclite*, Gallimard, 1973, tr. Jean Launay et Patrick Lévy.

Isabelle Duperon, *Héraclite et le Bouddha : deux pensées du devenir universel*, L'Harmattan, 2003.

Jonathan Barnes, *The Presocratic Philosophers*, Routledge, 1982.

Walpola Rahula, *L'enseignement du Bouddha*, Seuil, Paris, 1978, tr. Paul Demiéville.

CHAPITRE 2

Les sophistes et Socrate

LES SOPHISTES

La première question soulevée par les philosophes grecs portait sur la *physis*, la nature, ou sur le cosmos. La première période de la philosophie grecque, d'environ 600 à 450 av. J.-C., est ainsi appelée « période cosmologique ». Mais un changement eut lieu vers 450 av. J.-C., lorsque la démocratie apparut à Athènes. Il fut en partie causé par la dynamique interne de la philosophie grecque naissante et en partie par les conditions politiques.

Nous pouvons commencer par l'évolution interne. Imaginons que nous vivons à cette époque, que nous sommes étudiants en philosophie. Nous nous trouvons alors dans la situation suivante : nous avons derrière nous cent cinquante ans de tradition philosophique, avec dans celle-là beaucoup de positions philosophiques différentes, qui se contredisent parfois entre elles mais prétendent toutes être vraies. Il doit y avoir quelque chose qui cloche. Au mieux, un de ces systèmes de pensée devrait être correct. C'est une réaction raisonnable. C'est aussi celle qui s'est produite.

On comprend pourquoi les gens sont devenus progressivement sceptiques : un philosophe prétend que l'eau est le « principe », un autre que c'est l'*apéiron*, l'indéterminé, pour un autre c'est l'air, pour un autre le feu, et pour un autre l'atome. Un philosophe propose quatre éléments fondamentaux, et un autre un nombre infini. Une de ces solutions au plus est correcte. Mais alors qu'est-ce qui ne va pas dans les autres ? D'une considération de la nature, on passe à celle de la pensée humaine. Quelle est la condition d'une connaissance certaine ?

Nous sommes passés d'une spéculation cosmologique prétentieuse et souvent mal fondée à une critique sceptique de la connaissance et à une théorie de la connaissance, d'une «ontologie» («théorie de l'être»; du grec : *onto*, «être», *logos*, «théorie») à une épistémologie («théorie de la connaissance», du grec : *épistémè*, «connaissance»). L'homme ne se contente pas d'observer des objets et d'en tirer ensuite des assertions. Sa propre nature devient problématique. La pensée est revenue sur elle-même. L'homme commence à ré-fléchir[1].

Vers 430 av. J.-C., nous entrons dans la «période anthropocentrique» (du grec : *anthropos*, «homme») : l'homme lui-même devient le centre d'intérêt. Ce qui nous permet de qualifier ainsi cette période, c'est qu'avec la réaction épistémologique se produit un autre retour à l'homme : les questions éthico-politiques[2] se posent alors sérieusement. L'homme est maintenant devenu un problème pour lui-même, non seulement comme être qui pense, mais aussi comme être qui agit.

Ce déplacement vers les questions éthico-politiques est lié aux changements politiques de la société grecque : la colonisation avait mis les Grecs en contact avec des peuples aux coutumes et aux conventions étrangères. Or plusieurs peuples ont fait des expériences similaires sans que cela débouchât sur des discussions éthico-politiques[3]. Le fait que les Grecs aient commencé à poser de telles questions montre qu'ils sortaient de l'ordinaire. Ils sont arrivés à faire quelque chose d'unique : se demander si c'étaient *eux* et non les autres qui étaient dans l'erreur, et en discuter d'une manière claire et objective.

Même si la confrontation avec d'autres peuples eut pour cause des circonstances politiques, la capacité des Grecs à débattre rationnellement était l'héritage d'une tradition philosophique vieille de cent cinquante ans. En 450 av. J.-C., ils avaient déjà appris à discuter des questions difficiles de façon claire et ordonnée. Tout comme les

---

1. Il y eut plus tard chez les empiristes britanniques un mouvement semblable, vers 1600 et au-delà : d'une systématisation opiniâtre (Descartes, Spinoza) à une critique sceptique de la connaissance (Locke, Hume).

2. Nous écrivons le mot composé «éthico-politique» afin de mettre l'accent sur le fait que l'éthique et la politique sont généralement liées dans la cité-État. Voir l'opposition entre Aristote et Machiavel (chapitre 8).

3. Les explorateurs et les aventuriers du monde entier ont rencontré de nouvelles cultures remarquables, sans apparemment que cela ébranle leur confiance dans leurs propres coutumes et conventions et les conduise à poser des questions éthico-politiques fondamentales.

premiers philosophes grecs s'étaient interrogés sur le seul élément invariable dans tout changement, sur l'unité dans la diversité, les Grecs se demandaient maintenant si l'on pouvait trouver au sein de cette diversité de coutumes et de conventions une morale et un idéal politique universellement valides. Formellement, la question était la même. Mais les réponses à cette question variaient. Certains croyaient qu'il n'y avait qu'*une* seule morale et qu'*un* seul idéal politique universellement valides, donnés par Dieu ou la nature. D'autres croyaient que la morale était la création soit d'une société, soit d'un simple individu, et qu'il n'y avait pas de morale ni d'idéal politique universellement valides. Il devint usuel, surtout vers la fin de la période anthropocentrique (vers 400 av. J.-C.), de prétendre que la morale n'est que relative, au sens où il n'y a pas de cour d'appel pour de telles questions, si ce n'est l'opinion personnelle de chaque individu : la morale varie, tout comme le goût et le plaisir. Ceux qui défendaient de tels points de vue étaient souvent peu appréciés, parce que les souverains croyaient que ces points de vue pouvaient saper la société. Les sophistes (en grec *sophistes*, « hommes sages ») étaient au cœur de ce débat. Nous allons donner un aperçu plus détaillé de leur rôle.

La démocratie directe d'Athènes fonctionnait plus comme une petite communauté que comme une entreprise moderne dans laquelle les liens entre les membres sont partiels et externes. La démocratie athénienne n'était pas seulement une nouvelle création, mais elle prouvait aussi la possibilité sous certaines conditions d'une forme limitée de démocratie directe. Il faut, par exemple, un haut niveau d'éducation générale. Si chacun doit participer à la gestion de la société, le système d'instruction doit être bon dans son ensemble. Les sophistes dirigeaient cette « éducation du peuple ». Ils enseignaient les savoirs nécessaires pour participer à la vie politique : les arts de l'argumentation et de la rhétorique, l'instruction civique, la connaissance de la nature humaine, etc. Mais la philosophie de la nature n'était pas une condition préalable pour participer à la politique. Les sophistes étaient en même temps enseignants, journalistes et intellectuels : ils transmettaient la connaissance et la culture au peuple, surtout à ceux qui étaient politiquement actifs et capables de payer leurs instructeurs[1]. Dans la mesure où les sophistes prenaient eux-mêmes part à la recherche, ils étudiaient les problèmes épistémologiques et éthico-politiques. Ils ne formaient pas un groupe homogène. Mais on peut

---

1. Les sophistes se faisaient payer pour enseigner ; c'est pourquoi ce furent les riches qui bénéficièrent initialement de cet enseignement.

tout de même dire que beaucoup de sophistes tardifs manifestaient une tendance au scepticisme dans les questions épistémologiques («On ne peut rien savoir avec certitude») et au relativisme dans les questions éthico-politiques («Il n'y a pas de morale ni d'éthique universellement valides»)[1].

Beaucoup de sophistes déclaraient que ce que l'on dit bien et juste n'est qu'une expression de ce que le peuple a été contraint d'accepter par l'arbitraire d'une tradition ou d'un souverain. Il n'y a

---

1. Le débat sur la morale, qui avait commencé avec les sophistes, abordait nombre des problèmes avec lesquels nous nous débattrons plus tard. Par exemple, celui de *prouver* la morale et les principes légaux : si nous voulons prouver *déductivement* une norme morale, il nous faut en avoir une encore supérieure sur laquelle appuyer notre preuve. Nous pouvons alors prouver la première norme, mais seulement en utilisant une norme supérieure, elle-même non prouvée. Et si nous voulons prouver *cette* norme supérieure, nous revenons au même problème, et ainsi de suite. C'est comme essayer de sauter par-dessus son ombre.

En d'autres mots, il est toujours possible de demander : *pourquoi* ? Ce point de logique s'applique à *toute* chaîne déductive d'arguments, et pas seulement à celles qui s'appliquent aux normes. La morale et les principes légaux, de plus, ne peuvent se confirmer par la *sensation* ou l'*observation*, comme c'est le cas des propositions descriptives et explicatives : la proposition «Jean a les cheveux roux» peut se confirmer ou se réfuter en regardant Jean. Mais la proposition «Jean devrait faire des courses» ne peut se confirmer ni se réfuter en *regardant* quelque chose. En d'autres mots, l'approche utilisée à la fois par les sciences formelles (déduction) et par les sciences expérimentales (sensation / observation) est insuffisante. Il y a d'autres moyens d'argumenter sur les questions éthico-politiques. Mais le résultat jusqu'ici négatif rend compréhensible le fait que beaucoup de sophistes en vinssent progressivement à déclarer que la morale et les principes légaux ne sont valables que relativement aux divers facteurs sociaux ou personnels.

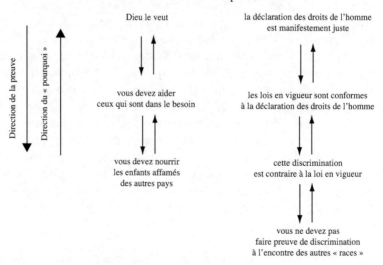

rien qui *soit* juste. Ce que l'on dit juste est ce qui sert les puissants. La force prime le droit. On peut aussi dire que le droit est simplement ce qu'une majorité de faibles est parvenue à faire reconnaître. Et quelques sophistes disaient que ce qu'on qualifie de moral n'est rien d'autre qu'une reformulation déguisée de ce qui plaît au peuple. Et comme des peuples différents aiment des choses différentes, la morale peut être définie de différentes façons. Il n'y a donc pas de morale universellement valide. Il n'y a que différentes sympathies et antipathies égoïstes.

À cause de ce relativisme, les sophistes se mirent à perdre peu à peu l'approbation publique. Ils étaient payés pour apprendre aux gens à argumenter et à persuader. Des clients différents ayant des intérêts différents sur beaucoup de sujets, les sophistes, comme les avocats, devaient argumenter pour ou contre différentes causes. Le but du client était de gagner, et non d'obtenir la bonne réponse. Les compétences que les sophistes enseignaient devaient être adaptées à ce but. Par conséquent, ils enseignaient souvent des astuces et des tromperies pour les débats, plutôt que l'art de l'argumentation rationnelle. C'est pourquoi ils risquaient de dégénérer en chicaneurs, en coupeurs de cheveux en quatre, c'est-à-dire en « sophistes », au sens moderne du mot.

Gorgias

Biographie. *Originaire de Sicile, Gorgias (env. 483-374 av. J.-C.) vint à Athènes pendant la guerre du Péloponnèse (427 av. J.-C.). Il se fit connaître comme orateur. Quelques fragments de ses écrits nous sont parvenus, et le dialogue de Platon,* Gorgias, *constitue une autre source de renseignements. De plus, le sceptique tardif Sextus Empiricus nous parle du traité de Gorgias,* Du non-être, ou de la Nature.

Gorgias avait sans doute à ses débuts étudié la cosmologie, mais il devint, dit-on, un philosophe sceptique à la suite de sa rencontre avec la philosophie éléatique. Dans son traité *Du non-être, ou de la Nature*, il nie la possibilité de la connaissance, au regard des paradoxes qui concernent le changement et le mouvement (voir Achille et la tortue). Si l'être est simplement ce qui ne participe pas au non-être, si tout changement et mouvement participe au non-être, et si tout phénomène participe au changement et mouvement, alors on ne peut pas dire qu'un phénomène est un être, dans la terminologie de Gorgias. On suppose que Gorgias est allé jusqu'à dire que

1. rien n'existe et
2. si quelque chose existait, ce ne pourrait être connu, et
3. même si la connaissance était possible, elle ne pourrait être partagée.

La question a été débattue de savoir si Gorgias a vraiment voulu dire cela, ou si ces thèses servent simplement de point de départ à des exercices montrant comment la rhétorique peut persuader le peuple d'accepter les affirmations les plus absurdes. Mais peut-être, du fait de sa conception éléatique de l'être, du non-être, du changement et de notre capacité à reconnaître ce qui peut changer, Gorgias conclut-il réellement que la philosophie elle-même est inéluctablement contradictoire. Selon cette interprétation, les trois formulations extrêmes font partie d'une chaîne de pensées qui aboutit à la conclusion que la philosophie est dépourvue de signification. Gorgias a ensuite pu adopter la pratique de la rhétorique simplement comme une méthode de persuasion, parce qu'il ne croyait plus à la possibilité d'une connaissance vraie. De ce point de vue, la discussion rationnelle et la certitude rationnelle n'existent plus, laissant la place au seul art de la persuasion.

Pour Gorgias, la rhétorique doit être cultivée comme méthode de persuasion plutôt que comme moyen d'argumentation et de certitude rationnelle. Pour lui, le but premier de la persuasion est de conduire les auditeurs à changer leurs points de vue et leurs attitudes. En bref, on peut dire que Gorgias n'essaie pas d'obtenir que les auditeurs admettent quelque chose, ni qu'ils changent éventuellement de point de vue après avoir atteint la connaissance vraie. Il ne s'intéresse pas à la distinction entre le vrai et le faux, le valide et le non valide, il s'intéresse plutôt à influencer ses auditeurs. La rhétorique est devenu en premier lieu un moyen de manipulation, et non une discussion dont les participants sont mutuellement prêts à se laisser convaincre par le meilleur argument.

Thrasymaque

Biographie. *Thrasymaque (né vers 470 av. J.-C.) fut un contemporain de Socrate. Nous avons peu de fragments de ses écrits. En outre, il apparaît dans le dialogue de Platon,* La République.

Thrasymaque est connu pour ses idées sur le droit et la justice : le droit est ce qui sert le plus fort. Le droit, c'est la force. Les concepts de droits et de justice qui contredisent cela ne sont que l'expression d'une folle naïveté. C'est pourquoi Thrasymaque s'oppose nettement à un ordre universel du droit, et interprète le droit existant comme l'expression des intérêts des plus forts, ce qu'il exprime dans la première partie de *La République*.

Protagoras

Biographie. *Protagoras (env. 481-411 av. J.-C.) était originaire d'Abdère en Thrace. Il enseigna dans plusieurs cités grecques, en particulier en Sicile et en Italie continentale, et fut un professeur célèbre. À Athènes, il fut en contact avec, entre autres, Périclès et Euripide. Platon lui consacra son dialogue* Protagoras. *Il a laissé divers écrits tels que* Sur les dieux *et* Traité de la vérité ou Discours terrassants.

L'affirmation de Protagoras, «l'homme est la mesure de toutes choses», peut s'interpréter comme une thèse épistémologique : les choses ne se révèlent pas aux hommes telles qu'elles sont, ce sont seulement certains aspects ou propriétés des choses qui, à un certain moment, se présentent à eux. Par exemple, un marteau dans la main d'un charpentier est un outil pour enfoncer un clou. Il est pratique ou difficile à manier, léger ou lourd. Pour un physicien, le marteau posé sur une table d'observation est un objet physique qui n'est ni pratique ni facile à manier, mais qui a une certaine structure moléculaire et certaines propriétés physiques, telles que poids, élasticité, etc. Pour un marchand, le marteau sur le comptoir est un produit qui a un prix déterminé et rapportera un bénéfice déterminé, un produit qu'il est plus ou moins facile de vendre ou de stocker. C'est pour l'instant notre interprétation.

Si nous avons correctement interprété sa thèse, Protagoras dit que l'homme est la mesure des choses en tant qu'elles apparaissent toujours aux hommes d'une façon déterminée par les circonstances ou les fonctions dans lesquelles ils se trouvent placés à un moment donné. Cette idée implique une sorte de *perspectivisme* épistémologique : notre connaissance est toujours conditionnée par notre point de vue à un moment donné, point de vue sur lequel elle est fondée. Ce type de perspectivisme implique un *pluralisme* épistémologique : il y a une pluralité de façons de voir les choses. Ce perspectivisme exprime aussi un *relativisme* : notre connaissance des choses est déterminée par nos activités ou nos situations – la connaissance est relative à notre situation.

Cela veut-il dire que nous ne pouvons distinguer le vrai du faux ? Pas selon notre présentation de cette thèse : habituellement, deux charpentiers seront capables de savoir quel marteau est le mieux adapté à une tâche particulière, étant donné que leurs mains, les forces de leurs bras etc., sont assez semblables. Et habituellement aussi, deux scientifiques pourront facilement s'accorder sur le poids spécifique d'un objet, son élasticité, etc. En d'autres mots, ce genre de perspectivisme (pluralisme, relativisme) lié aux diverses situations et professions n'implique pas la suppression de la distinction entre le vrai et le faux. En tant que charpentiers, nous pouvons dire le vrai aussi bien que le faux au sujet du marteau ; la même remarque vaut pour les scientifiques, les marchands, etc. Lorsque nous parlons d'un objet dans une situation particulière tel qu'il apparaît dans cette situation (d'un marteau par exemple), nous disons vrai pour autant que nous disons de quelle manière apparaît l'objet dans cette situation. C'est de l'objet lui-même, par exemple du marteau, que nous parlons, et pas d'un objet imaginaire.

Mais si l'objet ne se révèle lui-même que selon certaines perspectives, comment peut-on savoir que c'est du même objet, le marteau, que l'on parle quand on passe d'une perspective à une autre ? On pourrait répondre en montrant qu'en réalité les différentes perspectives se rejoignent : un charpentier n'est pas seulement un charpentier, il est aussi impliqué dans des rôles familiaux, comme père, fils ou frère, aussi bien que dans des relations commerciales, par exemple avec le fournisseur de matériaux de construction ou avec ses clients. Il y a des chevauchements et des transitions fluides entre les perspectives, c'est pourquoi on peut reconnaître le même objet, comme le marteau, dans des contextes différents.

Comment peut-on dire tout cela ? Ce que nous venons de dire sur le perspectivisme constitue-t-il une vérité elle-même dépendante d'une certaine perspective ? Si nous répondons oui, nous rendons relatif ce que nous avons dit. Nous nous approchons du scepticisme. Si nous répondons non, nous limitons le perspectivisme à notre connaissance des choses : quand il s'agit de réflexion théorique, nous ne postulons pas le perspectivisme.

Nous venons de librement interpréter Protagoras. Mais l'un de ses fragments indique qu'il voulait étendre le perspectivisme au-delà de la connaissance des choses afin d'y inclure la réflexion théorique : « Il y a sur tout sujet deux discours mutuellement opposés ». Est-ce sa façon de poser comme un fait que les gens ne sont pas d'accord, sans pour autant vouloir décider s'ils disent ou non la vérité ? Ou bien dit-il qu'il est possible dans tous les cas de formuler comme également vraies deux propositions contradictoires – vraies dans le même sens, et traitant de la même question ? Si la première thèse n'est pas un problème philosophique, mais simplement une affirmation un peu dogmatique sur la réalité de l'état des choses : « Les gens se contredisent les uns les autres », la seconde, en revanche, en est un. Que signifie la thèse selon laquelle deux affirmations contradictoires sont toutes deux vraies dans le même sens ? Et cette thèse s'applique-t-elle à elle-même ? Si oui, il est alors possible d'en formuler une négation qui soit vraie elle aussi. Mais alors, qu'affirme vraiment cette thèse ? On est dangereusement proche d'un scepticisme qui se dissout de lui-même.

Protagoras dit aussi : « Touchant les dieux, je ne suis pas en mesure de savoir ni s'ils existent, ni s'ils n'existent pas, pas plus que ce qu'ils sont quant à leur aspect. Trop de choses nous empêchent de le savoir : leur invisibilité et la brièveté de la vie humaine ». Ce fragment pose aussi qu'il y a une limite à la connaissance humaine. Nous ne pouvons savoir si les dieux existent ou à quoi ils ressemblent. Mais il ne met pas en question la capacité cognitive humaine au point que lui-même, ou plutôt le doute qu'il exprime, soit mis en question.

Nous avons interprété la proposition selon laquelle l'homme est la mesure de toutes choses comme la thèse selon laquelle les choses apparaissent toujours d'une manière qui est, à tout moment, déterminée par la situation dans laquelle se trouvent les êtres humains. Mais nous passons sans cesse d'une situation à une autre. Cependant, si le point de vue dépend du statut social ou de l'appartenance à une classe économique déterminée, de sorte que la transition entre les différents points de vue de base soit aussi difficile que celle d'une classe à une autre, il en résulte une thèse sociologique sur les difficultés fondamentales de communication dans la société. Et si les gens des différents groupes ou classes ne peuvent pas se comprendre, alors une communication ouverte dans l'arène politique ne sera pas possible. Si de plus il y a des conflits d'intérêt fondamentaux entre les groupes sociaux, la politique se caractérisera à la fois par le conflit lui-même et par un manque de compréhension mutuelle. La politique, en tant que discussion et gouvernance rationnelles, n'aura alors lieu que lorsque les conflits d'intérêt socialement déterminés et les conflits de compréhension auront disparu avec les classes sociales.

Nous voyons encore que l'énoncé de Protagoras peut conduire à différentes théories. Nous n'évaluons pas ici s'il est raisonnable d'attribuer ces interprétations à Protagoras. Nous essayons seulement de trouver des interprétations possibles qui représentent des points de vue épistémologiques ou politiques intéressants.

Si, par exemple, nous changions notre interprétation première – l'interprétation sociologique basée sur les différences de classe – en remplaçant « classe » par « nation », « peuple » ou « époque », nous aurions alors une théorie dans laquelle chaque nation (chaque peuple, chaque époque) comprendrait les choses à sa manière. La communication entre nations et entre peuples, ou entre les humains du temps présent et ceux des siècles passés, deviendrait un problème.

Si nous disions que les points de vue de base reposaient sur l'âge, le sexe ou l'ethnie, alors nous en arriverions aux théories sur le fossé des générations, sur le manque d'entente entre les sexes, ou sur l'échec de la communication entre les ethnies, entre les jeunes et les vieux, les hommes et les femmes, les Noirs et les Blancs. « Oh ! l'Orient est l'Orient et l'Occident est l'Occident, et jamais les deux ne se rejoindront »[1,2].

Il est à noter que jusqu'ici nous avons parlé de groupes de gens plutôt que d'individus. Nous avons parlé des façons différentes selon lesquelles les choses apparaissent pour des groupes de professions différentes, des classes sociales différentes, des nations différentes, des groupes d'âges différents, des sexes différents et des ethnies différentes. On peut aussi considérer que la thèse de Protagoras sur l'homme comme mesure de toutes choses signifie que ce sont les individus qui, sur la base de leurs propres expériences et de leurs propres situations, « estampillent » les choses à leur propre image, pour ainsi dire. L'individu est la mesure de toutes choses.

On peut remarquer que le monde n'est pas le même pour ceux qui sont heureux et pour ceux qui sont malheureux, pour les paranoïaques et pour les mystiques. On sait que cette thèse, en tant que thèse psychologique, est correcte jusqu'à un certain point. Mais si elle est rendue plus radicale par l'affirmation que toute connaissance dépend du point de vue, c'est-à-dire est déterminée par les différents présupposés des individus, alors nous nous confrontons à nouveau à un paradoxe lorsque cette même affirmation est utilisée contre elle-même : n'est-elle de même qu'une expression de la manière selon laquelle le problème apparaît à une certaine personne ?

---

1. Rudyard Kipling, « La ballade de l'Orient et de l'Occident », *Chansons de la Chambrée*, tr. Albert Savine et Michel Georges-Michel, Édition Française Illustrée, 1920.

2. Mais nous devons nous demander si une théorie selon laquelle chaque groupe et chaque ethnie appréhende le monde à partir de ses propres perspectives est elle-même déterminée par la perspective d'une nation ou d'une ethnie particulières. Comment pouvons-nous établir la validité de cette théorie qui affirme que les nations et les ethnies ont leurs propres façons de percevoir le monde ? Comment pouvons-nous le savoir ? Sur quels arguments construisons-nous notre argumentation ? Et pour commencer que voulons-nous dire à ce propos par des concepts comme nation ou ethnie ?

Jusqu'ici nous avons traité la thèse de l'homme mesure de toutes choses comme une thèse épistémologique, comme une question sur la manière dont les choses apparaissent aux êtres humains. Mais on pourrait aussi l'interpréter comme une thèse concernant les normes : l'homme est la mesure de toutes choses pour autant que la valeur ou l'importance des phénomènes est relative à l'homme, dans un sens ou dans un autre. On pourrait dire, par exemple, que les choses ne sont en elles-mêmes ni bonnes ni mauvaises, mais seulement bonnes ou mauvaises relativement à un être humain ou un groupe d'êtres humains.

L'argument de Protagoras selon lequel nous ne pouvons rien savoir des dieux est double : le divin est au-delà de la perception, et la vie humaine est courte. Le premier argument ne dit pas que le divin n'existe pas, mais que l'homme ne peut pas le percevoir – cela implique que la perception est une (ou la) base fondamentale de l'expérience humaine. Les platoniciens, par exemple, argumenteraient contre un tel point de vue. Le second argument, selon lequel la vie humaine est courte, semble impliquer que *si* la vie était plus longue, nous serions capable de comprendre davantage le divin – dans ce cas, cet argument admet à la fois que le divin existe et que sa connaissance augmente, d'une façon ou d'une autre, avec une vie plus longue.

Dans ce contexte, la thèse selon laquelle une opinion est toujours accompagnée d'une opinion contraire peut s'interpréter comme une critique indirecte de l'acceptation non questionnée des normes existantes : qu'elles soient éthiques ou politiques, il y a des normes différentes qui peuvent être également acceptées. Mais cet argument peut aussi être utilisé pour servir la tradition : les normes traditionnelles sont aussi bonnes que les autres. Si la thèse agnostique peut s'interpréter comme un argument contre le fait de fonder les normes éthico-politiques de base sur l'autorité divine, cette thèse sur les opinions contraires peut sans doute s'interpréter comme un argument contre la tentative de fonder immédiatement les normes éthico-politiques sur la tradition dominante.

L'une des interprétations de la thèse sur l'homme comme mesure de toutes choses implique que c'est la société qui est l'ultime cours d'appel pour les questions normatives. Le cœur de cette thèse est que les valeurs et les normes sont valides pour la société dans laquelle elles sont enracinées, mais non pour d'autres sociétés. C'est à la fois relativiste et absolutiste au sens où l'on dit qu'un ensemble de normes et de valeurs est valide pour la société dans laquelle ces normes et valeurs sont bien établies, mais que pour d'autres sociétés ce sont d'autres valeurs et d'autres normes qui sont valides. Quand nous jouons aux échecs, nous devons respecter les règles des échecs. Mais quand nous jouons au rami, nous suivons des règles différentes, celles du rami. Le fait que certaines règles sont valides à Athènes ne s'oppose pas à celui que des règles différentes, peut-être contradictoires, sont valides en Perse.

Nous avons là une confrontation entre deux points de vue fondamentaux sur la loi. Le premier affirme que la loi valide est celle qui est en vigueur à un moment donné, c'est la loi « positive ». Le second affirme qu'elle est différente de la loi existante ; elle en appelle à une connaissance « donnée naturellement » de la loi. Dans des discussions ultérieures, nous traiterons du conflit entre le positivisme juridique et la philosophie du droit naturel. Nous verrons que Socrate et Platon, à partir d'une conception particulière du droit naturel, argumentent justement contre les tendances positivistes que l'on trouve chez les sophistes. La question est de savoir si les êtres humains ont accès, d'une façon ou d'une autre, à des normes universelles, à la connaissance de quelque chose qui est universellement juste et vrai, au-delà de la tradition et de ce qui a été transmis.

Les sophistes ont soulevé un très grand nombre de questions liées à l'éthique, aux sciences sociales et à l'épistémologie – questions avec lesquelles nous avons vécu depuis, telles que les problèmes complexes du relativisme et de l'absolutisme, du droit et de la force, de l'égoïsme et de l'altruisme, de l'individu et de la société, et de la raison et des sentiments, pour énumérer quelques termes clés. Nous verrons que Socrate et Platon prirent part à ce débat autour des sophistes. La théorie platonicienne des Idées peut se voir comme une tentative de construire une réponse positive à la question de savoir si un ordre éthico-politique universel existe : elle est en ce sens un argument contre le scepticisme des sophistes.

Moment	Période/acteurs	Thème	Style philosophique
600 av. J.-C.	La période cosmologique (de Thalès aux philosophes médiateurs)	« Externe » (la nature)	Assertif
450 av. J.-C.	La période anthropocentrique (les sophistes)	Interne (la connaissance, l'éthique)	Sceptique
400 av J.-C.	La période systématique (Platon et Aristote)	Externe-et-interne	Équilibré

Thalès	624-546
Anaximandre	610-546
Anaximène	585-525
Pythagore	env. 580-500
Héraclite	env. 500
Parménide	env. 500
Empédocle	492-432
Anaxagore	498-428
Démocrite	460-370
Gorgias	483-374
Thrasymaque	470-410 ?
Protagoras	481-411
Socrate	470-399
Platon	427-347
Aristote	384-322

SOCRATE

Biographie. *Socrate naquit vers 470 av. J.-C. et mourut en 399. Sa vie de philosophe actif coïncide avec la période dite anthropocentrique (450-400 av. J.-C.). Il vécut donc en même temps que les sophistes. Il fut le premier philosophe d'Athènes, où il vécut toute sa vie. Il n'était pas issu de l'aristocratie; son père était tailleur de pierres et sa mère sage-femme. Il eut une femme (Xanthippe) et trois enfants. Par l'intermédiaire des dialogues de Platon, Socrate se situe parmi ceux qui ont le plus influencé et inspiré l'esprit occidental. Ce qui semble caractériser sa personne, c'est sa force éthique, sa vie juste et austère, la vivacité de son intelligence, son franc-parler et son humour. En dépit de cela, les citoyens d'Athènes étaient gênés par ses questions lorsqu'il les abordait dans la rue et au marché. Les hommes au pouvoir décidèrent que, comme les sophistes, il corrompait les jeunes, et qu'il constituait un danger pour la société. Il fut condamné à boire du poison. Socrate n'écrivit rien lui-même. Nous connaissons sa « doctrine » (s'il en a eu une) par ce que les autres ont écrit sur lui, en premier lieu par les dialogues de Platon. Il est donc difficile de savoir avec certitude ce que Socrate a réellement représenté et quelles étaient les différences entre lui-même et Platon. À cette réserve près, nous essaierons de fournir une interprétation de la philosophie de Socrate en relation avec celle de Platon.*

Comme les sophistes, Socrate ne s'intéressait pas au premier chef à la philosophie de la nature, mais à l'épistémologie – à la clarification conceptuelle (définitions) à l'aide du dialogue – et aux questions éthico-politiques. Concernant ces dernières, il considérait comme sa mission de réfuter le scepticisme des sophistes : il y a des valeurs et des normes qui sont universellement bonnes et justes. Nous pouvons peut-être exposer les grandes lignes des principes de base de l'éthique de Socrate comme suit : la vertu et la connaissance forment une unité. Celui qui sait vraiment ce qui est juste fera ce qui est juste ; il sera heureux.

Le mot grec pour « vertu » est *arétè*, ce qui ne signifie pas en premier lieu vertu en un sens étroit et moralisateur, c'est-à-dire évitement de certaines actions. Au contraire, *arétè* signifie l'accomplissement de son vrai potentiel en tant qu'être humain vivant en société. La vertu est donc positive et non négative. La signification essentielle de *arétè*, comme celle du mot « vertu », est liée à l'idée d'excellence, que ce soit l'excellence morale ou l'excellence que quelqu'un atteint en remplissant de la meilleure façon possible la fonction ou le rôle qui lui est assigné. Celui qui possède l'*arétè* accomplit sa fonction d'une manière appropriée. Les enseignants possèdent l'*arétè* lorsqu'ils enseignent correctement. Les forgerons possèdent l'*arétè* lorsqu'ils fabriquent de bons outils. Les gens sont vertueux lorsqu'ils réalisent tout ce qu'ils peuvent selon leurs capacités, c'est-à-dire lorsqu'ils accomplissent leur vrai potentiel d'être humain.

Pour Socrate, la vertu est d'une certaine manière équivalente à la connaissance (en grec : *épistémè*). Mais il comprend la connaissance d'une façon plutôt compliquée. Celle-ci inclut la connaissance de nous-mêmes et des situations dans lesquelles nous nous trouvons. Ce qui cependant caractérise Socrate est qu'il ne cherche pas cette connaissance par l'accumulation des expériences, mais principalement par une *analyse conceptuelle* et par la clarification des concepts vagues que nous avons déjà des êtres humains et de la société, concepts tels que la justice, le courage, la vertu et la vie bonne. Mais cela ne suffit pas. La vertu consiste à vivre comme on le *doit*. Cela fait appel à des buts et des valeurs dont nous ne pouvons avoir connaissance au moyen des sciences expérimentales ou des sciences formelles. En d'autres mots, nous devons aussi avoir une connaissance du bon (en grec : *to agathon*), une connaissance des normes et des valeurs, ou une connaissance normative. Mais même cela ne semble pas suffire. La connaissance ne doit faire qu'« un » avec la personne, elle doit être une connaissance de ce que la personne représente vraiment, et non de ce que la personne *dit* représenter[1].

---

1. On trouve une distinction semblable en psychanalyse. En règle générale, les patients sont très peu aidés s'ils répètent ce que dit sur eux le psychiatre, sans en avoir vraiment fait l'expérience.

Nous avons ainsi trois types de connaissance :

1. la connaissance factuelle de ce qui *est*
2. la connaissance normative de ce qui *doit* être, et
3. la connaissance de ce que la personne « représente » vraiment.

Cette tripartition un peu approximative demande à être nuancée : puisque Socrate voyait la connaissance comme une connaissance de soi par clarification conceptuelle – connaissance de soi en tant qu'être humain et en tant que membre de la société, acquise en clarifiant ce que l'on sait déjà et en le mettant à sa place propre –, cette connaissance de soi incorporera d'une certaine façon les trois formes de connaissance que nous avons déjà énumérées. Mais si nous nous en tenons à ce schéma approximatif, nous pouvons dire que la réponse de Socrate aux sophistes peut se trouver dans le point 2 : il existe un bien universel. Et on peut en avoir une connaissance. La connaissance que l'on atteint par analyse conceptuelle, à travers le dialogue, des concepts comme ceux de justice, de courage, de vertu, de vérité, de réalité, etc., est, selon Socrate, quelque chose de solide et d'invariable. À l'aide de telles analyses conceptuelles, nous pouvons parvenir à la vérité sur ce qu'est la situation et sur ce que nous devons faire. Cela s'applique à la fois à la connaissance de l'état réel des choses et à celle des buts et des valeurs, à celle de ce qu'est le bien et le juste et de ce que nous *devrions* faire.

Or il n'est pas sûr que Socrate croyait que nous pouvons obtenir une connaissance complète de ce qu'est le bien (ou la vertu) avec la seule aide de la raison, par clarification de concepts. Il se référait parfois à une voix intérieure qui lui parlait. Il appelait cette voix intérieure son *daimon*. C'est le nom employé en grec pour une puissance divine impersonnelle qui intervient dans la nature et la vie humaine. Il semble ici que Socrate essayait, de façon ultime, de fonder l'éthique, non seulement sur la raison, mais aussi sur une vision divine que l'homme peut partager par intuition. Socrate n'est probablement jamais allé plus loin que de dire qu'il suivait sa conscience. La raison pour laquelle la voix de sa conscience lui a donné accès à une morale universelle reste une question intrigante.

Mais si Socrate n'est peut-être pas parvenu à une conclusion philosophique, il a néanmoins contribué à la recherche d'une réponse dans la mesure où il a donné à la morale un certain fondement épistémologique : pour faire le bien, nous devons savoir ce qu'est le bien. Selon Socrate, le bien est un concept universel. Faire le bien demande que nous sachions ce que représentent des concepts éthiques universels comme le bien, le bonheur, la vertu, etc. L'analyse conceptuelle de ces concepts universels est donc importante pour le comportement éthique. Une action particulière est ensuite évaluée en la comparant à ces concepts. Leur aspect universel sert à assurer à la fois une connaissance vraie, c'est-à-dire la connaissance de quelque chose d'*universel* (et pas seulement de quelque chose de particulier et de contingent), et une morale objective valable pour tous.

Socrate questionnait les gens et essayait de les faire réfléchir sur leur propre situation et sur les points de vue fondamentaux qui guidaient leurs actions et leurs paroles. On peut dire qu'il essayait de les « réveiller ». C'est lié au troisième point : Socrate, tel un psychiatre, ne voulait pas que les gens répétassent simplement ce qu'ils entendaient sans l'avoir digéré. Le but des débats, dirigés par l'« accouchement » stimulant de Socrate, était de faire surgir ce que l'on pourrait appeler la connaissance personnelle de ceux qu'il questionnait. Nous verrons que, plus tard, les existentialistes (Kierkegaard, par exemple) essayèrent de faire quelque chose de similaire[1].

Il est décisif pour Socrate que l'individu se rende personnellement compte, au moyen de la conversation, de la nature du sujet. En reconnaissant personnellement la vérité d'un point de vue, une personne le fait sien. Nous trouvons ici le point fondamental de la critique des sophistes par Socrate. Nous ne devrions pas entrer dans une discussion avec des idées reçues, ni utiliser le débat pour essayer

---

1. Voir chapitre 19. Ce point sur la « connaissance personnelle qu'une personne représente » est important pour la pédagogie. Les enseignants doivent tenir compte de *ce qui* doit être appris. Et s'agissant de la philosophie et de la littérature, on ne vise pas seulement avec ces disciplines à apprendre quelque chose sur elles, mais aussi, entre autres, à pénétrer dans les conceptions du monde et de la vie que représentent les diverses œuvres. C'est pourquoi les deux conceptions extrêmes de la pédagogie sont alors malvenues :

1. la méthode autoritaire, dans laquelle l'étudiant est comme une boule d'argile que l'enseignant modèle. Plus l'enseignant malaxe, meilleur est le moulage. Cela donne une connaissance que l'étudiant peut à peine incorporer et qui ne peut fournir un point de réflexion sur lui-même ;

2. la méthode libertaire, dans laquelle l'étudiant est comme une plante – arrosons-le et nourrissons-le, mais n'intervenons pas sur sa croissance. Mais les gens livrés à eux-mêmes ne sont pas capables de faire « croître » à l'intérieur d'eux-mêmes une tradition culturelle de deux mille ans ;

3. il ne nous reste que la pédagogie socratique, c'est-à-dire dialoguer et philosopher ensemble, situation dans laquelle étudiant et enseignant apprennent tous deux, en « cheminant par la discussion » vers une connaissance plus profonde d'un sujet. Permettre que la discussion parte de l'expérience personnelle de l'étudiant est la meilleure façon d'atteindre une connaissance réflexive qu'il puisse incorporer. Cette connaissance n'est pas « martelée » ou programmée. Elle n'émerge pas non plus d'elle-même en étant isolée. Elle s'obtient par un dialogue sur le thème.

de l'emporter sur les autres. Dans une discussion, chacun devrait essayer d'en apprendre davantage sur le sujet lui-même. Le point de vue de chacun devrait se conformer à ce qu'il reconnaît être vrai à tout moment. Socrate fait donc une différence entre les mauvaises convictions et les bonnes, entre être persuadé de croire quelque chose sans en comprendre les raisons et acquérir la conviction que quelque chose est vrai et juste puisqu'on a compris les raisons qui soutiennent cette conclusion. Nous pourrions dire que c'est la distinction entre *persuader par la rhétorique* et *convaincre par la raison*.

D'un côté il y a la croyance sans connaissance, ou les opinions pauvrement établies (en grec : *doxa*) qu'une personne essaie de persuader les autres d'accepter. Les moyens sont ici l'art de la persuasion : la rhétorique au sens négatif. On essaie de trouver la meilleure technique pour persuader l'adversaire. La vérité du sujet n'est pas vraiment en discussion. La propagande en est un exemple clair : on gagne du pouvoir en persuadant les autres d'acquérir certaines opinions. D'un autre côté, il y a un débat ouvert dont le but est un accroissement de connaissance (en grec : *épistémè*). Ici la relation prend la forme d'un dialogue où tous les participants coopèrent mutuellement pour rendre le sujet aussi clair que possible. Le projet est de présenter et d'élucider le sujet le mieux possible. Nous avons alors une communication entre des personnes qui se reconnaissent mutuellement comme des égaux dans la recherche commune d'une connaissance plus vraie. Nous ne sommes pas ici dans une situation où les forts et les fourbes essaient de persuader les faibles ou les simples d'esprit ; il y a plutôt une tentative mutuelle de convaincre l'autre dans le but d'obtenir une meilleure connaissance pour les deux partis. Un tel dialogue promeut un développement mutuel[1].

Socrate n'était-il lui-même rien d'autre qu'un homme de dialogue et de conviction ? Certains répondront que Socrate utilisait aussi la rhétorique – lui aussi essayait de convaincre par son habileté en matière de mots et d'arguments.

Mais si la situation n'est pas telle que les participants soient raisonnables et égaux – lorsque les adversaires sont intellectuellement limités par leur éducation – ou si le prestige et le profit matériel sont en jeu,

---

1. Cette distinction entre persuader et convaincre nous fournit une distinction significative entre autorité authentique et fausse autorité. Une personne qui possède une autorité authentique a la meilleure connaissance et est capable de convaincre dans un processus de réflexion libre et mutuel. Nous présupposons que tous les participants sont, entre autres, également capables de s'exprimer et de participer au dialogue. D'un autre côté, la personne qui ne persuade les autres que par la rhétorique ou par d'autres moyens externes a une fausse autorité.

une discussion libre peut être très difficile. Et il en est sans aucun doute souvent ainsi. Dans de tels cas, le problème est de savoir comment établir les conditions d'une discussion libre et raisonnable. Provocation, arguments choquants inappropriés et persuasion rhétorique peuvent jouer un rôle. Tout comme les psychothérapeutes utilisent parfois des psychotropes ou d'autres moyens externes pour déclencher une communication volontaire lorsque la communication est en panne ou qu'elle n'est pas complètement établie, on peut imaginer que dans le dialogue, la « persuasion » est utilisée pour déclencher une situation caractérisée par la « conviction » rationnelle. C'est pourquoi on doit distinguer entre d'une part l'usage de la persuasion et d'autres outils de manipulation pour réaliser une situation libre et rationnelle, et d'autre part l'usage de ces techniques pour opprimer et contrôler les autres. *Si* la communication avait aussi échoué en Grèce ancienne, et *si* Socrate avait utilisé la persuasion pour établir les conditions d'une communication saine, alors on pourrait comprendre qu'il ait rencontré une puissante opposition[1]. Ceux qui interprètent le discours de Socrate comme un verbiage inapproprié ou une rhétorique inutile peuvent alors se rendre compte qu'il a souvent trouvé une situation trop défavorable à un débat libre et raisonnable. En conséquence, en utilisant des moyens rhétoriques fermement axés sur la conversation, il essayait de poser les bases d'un cadre commun de référence, dans lequel le libre processus dialectique de pensée pourrait finalement se développer entre les participants. Le fait que Platon écrivait des dialogues avec des descriptions de scènes et qu'il n'allait pas droit au but comme dans une dissertation soutient cette interprétation. Pour qu'au moins deux personnes puissent correctement communiquer sur un sujet, elles doivent établir un cadre commun de référence qui leur permette de saisir les détails aussi clairement que possible. Dans un texte ordinaire, il ne peut être certain que le lecteur saisisse le cadre de référence de l'auteur. La forme du dialogue peut plus facilement peut-être créer une base commune au lecteur et à l'auteur. Cela signifie que le dialogue est préférable à l'exposé et au monologue. Comme

---

1. Par la discussion, Socrate *déconstruit* la conception de la réalité de ses interlocuteurs en soulignant leurs contradictions et leurs idées vagues. Il montre que les concepts sociaux et moraux de ses interlocuteurs sont indéfendables ou insuffisants. C'est ainsi qu'il parvient à créer le besoin d'une recherche théorique. Mais certains réagissent avec irritation à l'entreprise : non seulement les révélations étaient pénibles pour quelques-uns, mais aussi les gouvernants croyaient que la désintégration des opinions dominantes était dangereuse pour l'État. Même si les opinions des gens pouvaient manquer de tout fondement dans la réalité, elles étaient appropriées à la société, fonctionnellement parlant – en termes modernes, on pourrait dire qu'une demi-vérité, un slogan, peuvent servir la société.

on le sait, Socrate n'écrivit rien lui-même, mais il participait souvent aux conversations. On dit que Platon croyait qu'écrire sous forme d'exposés en prose est une entreprise douteuse.

Nous sommes maintenant revenus à la première thèse de notre propos, c'est-à-dire que la vertu est d'une certaine manière la connaissance et peut en un certain sens s'apprendre. Cela explique aussi la deuxième thèse : la connaissance du juste conduit nécessairement à des actions justes[1]. Cette thèse devient compréhensible lorsque nous parlons de la connaissance que nous «incarnons». Si vous avez quelque connaissance de ce qui est juste, vous serez aussi juste. Il est par définition impensable qu'un individu appréhende le bien sans en même temps agir conformément à ce bien. Si vous avez d'abord acquis personnellement quelque connaissance du bien, de pair avec une connaissance correcte de la situation, alors il est logique que vous fassiez ce qui est juste. Ou mieux : que vous fassiez ce qui est juste est la preuve que vous avez vraiment acquis personnellement la connaissance. La troisième thèse peut, néanmoins, être encore une source d'étonnement : l'action juste conduit nécessairement au bonheur. Socrate, homme juste qui a accompli des actes justes, fut condamné à mort. Est-ce là le bonheur ? Il est donc clair que l'utilisation du mot *bonheur* (en grec : *eudaimonia*) par Socrate signifie quelque chose de plus que le désir. Pour Socrate, la souffrance physique et la mort ne peuvent empêcher le bonheur. Être heureux lui semble étroitement lié à être en paix avec soi-même, à avoir bonne conscience et du respect pour soi-même. Le bonheur est ainsi lié à l'intégrité et à l'identité humaines. La personne qui excelle en tant qu'être humain et qui est ainsi un être humain *complet* est heureuse. Le bonheur, l'intégrité et la vertu sont donc liés de la même manière que le sont le bonheur et la connaissance du juste et des actions justes. Tout ce qui peut nous arriver d'autre, quoi que ce soit, n'a aucun rapport avec la question de l'étendue de notre bonheur. Nous rencontrons ici des caractéristiques de l'éthique de Socrate qui nous font penser au stoïcisme.

Les dialogues de Platon présentent Socrate comme un philosophe qui s'interroge : dans ses conversations, il essaie de développer notre capacité à nous poser des questions. Nous devrions nous rendre

---

1. Socrate est un *rationaliste* psychologique, c'est-à-dire qu'il pense que la raison a la priorité sur la volonté/les sentiments dans la mesure où c'est la raison qui reconnaît tout d'abord le bien, et c'est la volonté/les sentiments que l'on utilise pour atteindre ce que vise la raison. À l'opposé, il y a le *volontarisme* qui donne la priorité à la volonté/aux sentiments sur la raison – nous *voulons* d'abord quelque chose (ce qu'on nomme le bien), puis la raison trouve le *moyen* de l'atteindre (et une justification ou une rationalisation pour le vouloir).

compte que nous sommes faillibles et qu'il y a beaucoup de choses que nous ne comprenons pas. Dans ce sens, nous devrions reconnaître que nous sommes ignorants. Dans un système ultérieur, une telle connaissance sera nommée *docta ignorantia*, la docte ignorance (voir Augustin et Nicolas de Cues) : quand nous «savons que nous ne savons rien», nous pouvons devenir sensibles aux propositions des autres qui sont susceptibles de nous apporter des réponses nouvelles et meilleures. Ainsi, à travers ses dialogues philosophiques, Socrate n'est pas seulement un pionnier dans la recherche de réponses universellement valides, mais aussi un pionnier dans la conception de la philosophie comme dialogue ouvert et autocritique qui admet notre nature faillible.

QUESTIONS

Les sophistes introduisirent une nouvelle époque dans la philosophie grecque. Décrivez les problèmes philosophiques qui surgirent pendant cette époque et la manière dont ces problèmes furent traités par un sophiste ou plusieurs.

On déclare souvent que les sophistes étaient relativistes concernant les questions épistémologiques et éthico-politiques. Qu'entend-on par là?

Protagoras disait : «L'homme est la mesure de toutes choses». Donnez quelques interprétations de cette proposition.

Par quelle méthode Socrate cherchait-il à parvenir à la connaissance juste? Comment voyait-il la relation entre connaissance juste, action juste et bonheur? De quelles manières peut-on critiquer ce point de vue?

SUGGESTIONS DE LECTURES COMPLÉMENTAIRES

SOURCES
Les Présocratiques, édition établie par Jean-Paul Dumont, Gallimard, Paris, 1988.

Platon, *Gorgias, Le Banquet,* dans *Œuvres complètes*, Flammarion, 2008, sous la direction de Luc Brisson.

COMMENTAIRES
Jaeger, W., *Paideia. La formation de l'homme grec : la Grèce archaïque, le génie d'Athènes,* trad. A. et S. Devyver, éd. Gallimard, 1988.

Kerferd, G.B., *Le mouvement sophistique,* Vrin, 2002, tr. Alonso Tordesillas et Didier Bigou.

Zanker, Paul, *Die Maske des Sokrates. Das Bild des Intellektuellen in der Antiken Kunst,* C.H. Beck, 1995.

CHAPITRE 3

Platon – La théorie des Idées et l'État idéal

Biographie. *Platon naquit à Athènes vers 427 av. J.-C. et y mourut en 347. Aristocrate de naissance, il était par sa mère de la famille du législateur Solon. Il eut tout d'abord, selon la tradition familiale, le projet d'entrer en politique. Mais les choses tournèrent différemment. La démocratie athénienne avait perdu la guerre contre Sparte, et « les Trente » avaient pris le pouvoir. Ils furent à leur tour remplacés par un nouveau gouvernement représentatif – celui-là même qui condamna Socrate à mort en 399 av. J.-C. Cela dégoûta vraisemblablement Platon de la politique athénienne et de ses abus, et il préféra s'intéresser à la reconstruction de la politique. Il poursuivit la tentative de Socrate de réfuter théoriquement le relativisme des sophistes, qu'il considérait comme participant du déclin politique. Se proposant d'établir les principes sur lesquels on pourrait bâtir un système politique sain, il exposa sa conception de l'État idéal. Il se détourna ainsi de la politique du jour vers une réflexion sur ce qu'est la politique et sur ce qu'elle devrait être.*

Platon essaya trois fois de transformer en réalité ses idées politiques. Ces tentatives eurent lieu peu après sa rencontre en Sicile avec le tyran de Syracuse Denys l'Ancien, et ensuite sous le règne du fils de ce dernier, Denys le Jeune. Chacune se solda par un échec; une fois, c'est seulement de justesse que Platon put rentrer à Athènes en un seul morceau. Plus tard, il voyagea en Italie du Sud où il rencontra les pythagoriciens, qui semblent avoir fait sur lui une forte impression. Ils s'accordaient principalement sur les points suivants :

1. *une vision des mathématiques comme essence de toute chose ;*
2. *une vision dualiste de l'univers – ce qui est réellement (les Idées), et le monde visible des ombres ;*
3. *la transmigration et l'immortalité de l'âme ;*
4. *un intérêt pour la science théorique ;*
5. *un mysticisme religieux et une morale ascétique.*

Vers 388 av. J.-C., Platon fonda une école à Athènes, l'Académie, ainsi baptisée parce qu'elle était située dans un jardin qui portait le nom du demi-dieu Academos. L'Académie d'Athènes n'enseignait pas seulement la philosophie, mais aussi la géométrie, l'astronomie, la géographie, la zoologie et la botanique. En outre, l'éducation politique y tenait une place centrale. Il y avait aussi des exercices gymniques quotidiens. L'enseignement s'appuyait sur des conférences et des discussions. L'Académie existait depuis plus de 900 ans lorsqu'en 529 ap. J.-C. elle fut fermée par Justinien. Alors qu'il ne reste que quelques fragments des philosophes présocratiques, nous disposons d'environ trente dialogues de Platon, de longueurs variables, ainsi que de quelques lettres. Il y a de plus sur lui des sources secondaires, en particulier des commentaires d'Aristote. La difficulté à découvrir ce que Platon pensait ne vient pas du manque de travaux existants, mais plutôt de la façon dont les dialogues sont écrits. Platon lui-même y apparaît rarement, et ils ne posent en conclusion ni thèse ni point de vue. Il y a de plus une possibilité que les conceptions de Platon aient changé pendant la période durant laquelle il a écrit ses œuvres. On divise ses travaux en trois phases :

1. *les premiers dialogues, « socratiques » ;*
2. *les dialogues de la maturité, dont* La République ;
3. *les derniers dialogues, dont* Les Lois.

Platon commente de la manière suivante ses difficultés à transmettre ce qu'il a à dire : « car il s'agit là [en philosophie] d'un savoir qui ne peut absolument pas être formulé de la même façon que les autres savoirs, mais qui, à la suite d'une longue familiarité avec l'activité en quoi il consiste, et lorsqu'on y a consacré sa vie, soudain, à la façon de la lumière qui jaillit d'une étincelle qui bondit, se produit dans l'âme et s'accroît désormais tout seul »[1]. *Il ne croit pas que des lecteurs ordinaires puissent facilement saisir ce qu'il a dans le cœur. La route de la connaissance philosophique est longue et laborieuse. Elle prend du temps et exige du travail. Elle exige une discussion fraternelle et ouverte entre tous ceux qui sont à la recherche de la vérité. Mais même ainsi nous n'atteindrons pas automatiquement la vérité, de la façon*

---

1. Septième lettre, 341c, tr. Luc Brisson.

dont nous acquérons de la connaissance au cours de notre éducation. La vérité vient dans l'âme, quand elle y vient, comme un soudain rayon de lumière. Prendre les mots de Platon au sérieux affecterait autant notre façon d'aborder les problèmes que nos attentes quant à notre progrès dans la connaissance et dans la sagesse. Les simplifications pédagogiques présentées dans les pages suivantes sont donc fort peu platoniciennes ! Mais elles pourraient fournir une aide suffisante pour permettre à quelqu'un de s'engager sur la voie de la sagesse. Selon Platon, cette voie exige de la patience et un dur labeur, et elle n'a pas de fin ; elle occupe notre vie tout entière. La vérité que nous trouvons ne peut se partager avec ceux qui ne cheminent pas avec nous. La vérité n'est accessible que si l'on en suit la route.

LA CONNAISSANCE ET L'ÊTRE

Idées et connaissance

Socrate croyait possible d'atteindre une connaissance objective en examinant et en clarifiant les concepts que nous appliquons à l'humanité et à la société, des concepts tels que Vertu, Justice, Connaissance et Bien. Nous pouvons par exemple découvrir par une analyse conceptuelle ce que *sont* vraiment la Justice et le Bien. Pour être capables de déterminer si une action est bonne ou non, nous devons la comparer à un modèle ou à une norme, c'est-à-dire au Bien. Pour autant que l'action ressemble à ce modèle, elle est bonne. En définissant des concepts universels tels que le Bien et la Justice, nous saisissons quelque chose d'universel et d'immuable. Mais qu'est-ce que ce *quelque chose* que nous saisissons ? A-t-il une existence objective ? Pouvons-nous nous y référer comme à un objet indépendant qui se trouverait dans notre environnement ? Ou est-ce un objet de pensée qui n'existe pas en dehors de nous ? Ce sont les types de questions qui surgissent à propos de l'analyse conceptuelle de Socrate et de l'affirmation de l'existence de normes éthiques universelles.

Peut-être Socrate était-il quelque peu incertain quant à la façon d'expliquer philosophiquement l'existence de normes politico-éthiques universelles ; mais avec sa théorie du *Bien* comme *Idée* (du Grec : *éidos*, « idée »), Platon entend résoudre ce problème : on peut voir la théorie des Idées comme, fondamentalement, la défense d'une éthique objective. Platon complète ainsi la critique socratique du relativisme des sophistes.

Il y a cependant quelque doute sur la question de savoir si Platon lui-même souscrit vraiment à la « théorie platonicienne des Idées ». Il présente de fait *contre* elle quelques arguments puissants. Peut-être est-il plus néoplatonicien, comme Saint Augustin, que platonicien. Il importe de rappeler ici que sa carrière littéraire connaît un développement que l'on a interprété comme suit : dans sa première phase, il reste proche de Socrate (les dialogues socratiques) – il travaille à l'aide de l'analyse et de la connaissance conceptuelles ; dans sa phase intermédiaire, il essaie de montrer que les Idées ont une existence indépendante – c'est la théorie des Idées (comme dans *La République*) ; et pour finir, conduit par la dynamique interne du problème, il expose une épistémologie dialectique (comme dans le *Parménide*).

Dans le *Parménide*, Platon traite de la critique de la version dominante de la théorie des Idées, qui s'appuie sur la question de la définition des Idées et sur celle de la façon dont les choses participent aux Idées. À propos de la première question, on demande au jeune (!) Socrate s'il y a des Idées de l'Unité et de la Pluralité (et d'autres concepts mathématiques). Sa réponse est un oui sans restriction. Et pour le Beau, le Bien, et les concepts correspondants ? Sa réponse est la même. Et pour les Êtres humains, pour le Feu et pour l'Eau ? Oui, mais ici Socrate est moins sûr de lui. Qu'en est-il donc du cheveu et de la boue ? Ont-ils aussi leurs propres Idées ? Il ne peut y avoir d'Idées pour eux, selon Socrate. En d'autres termes, il y a quelque incertitude quant à ce qui a et qui n'a pas d'Idée – le critère semble en faire défaut – tandis qu'en même temps on dirait que les phénomènes de valeurs ont des Idées, non les choses indignes. Parménide voit dans ce point de vue une preuve que le jeune Socrate est influencé par l'opinion, et n'est pas encore capable de pensée indépendante[1].

Dans le *Parménide*, Platon continue le dialogue par une mise à l'épreuve dialectique du concept de l'Un, par rapport au Différent, à lui-même et à la Pluralité, en s'appuyant sur des hypothèses mutuellement exclusives (que l'Un est, ou qu'il n'est pas). La façon d'interpréter cette partie du dialogue est l'une des questions fondamentales

---

1. Le problème qui vient ensuite est ce qu'on appelle le problème de la participation. Si les Idées et les choses sont pensées dans des catégories spatiales, de sorte que chaque chose participant à l'Idée prenne part à une *portion* de l'Idée, ou que l'Idée « donne » une part d'elle-même à chaque chose, nous arrivons à des conséquences absurdes : dans le premier cas, la chose ne participe pas à l'Idée, mais seulement à une portion de l'Idée ; dans le second, l'identité de l'Idée semble se perdre en une multitude de sous-Idées dont chacune participe à des choses différentes. Après avoir travaillé de tels contre-arguments, Platon rejette-t-il définitivement la théorie des Idées ?

des études platoniciennes. On a soutenu[1] que Platon y révèle la partie
la plus importante de sa philosophie : un processus de pensée dialectique qui conduit aux frontières de la pensée, où l'origine première
de toutes choses apparaît implicitement, au-delà de ce que nous
pouvons penser et exprimer ; puis ce processus change de direction,
et comme la lumière venant de l'origine première, il « descend »,
traversant dans sa descente la théorie des principes et celle de la
science, là où les Idées apparaissent dans leurs relations mutuelles à
plusieurs niveaux, jusqu'à ce que la lumière se perde dans la diversité et le chaos des sens. Ce qui signifie que Platon est un mystique
néoplatonicien, travaillant avec la raison dialectique, en accord avec
l'interprétation néoplatonicienne (voir Plotin). Selon cette conception,
l'interprétation traditionnelle de la théorie des Idées ressemble à la
perspective d'une tortue sur la vérité : la lumière et l'origine première
sont vues « d'en dessous », à partir des choses et du monde des sens,
par une abstraction « ascendante ». La lumière qui vient d'en haut, qui
pourrait concilier les contre-arguments déjà mentionnés, n'est alors
pas reconnue. C'est tout d'abord en rompant avec la raison analytique
que nous pouvons acquérir la perspective de l'aigle, selon laquelle,
à partir de l'origine première, nous voyons « vers le bas », à travers le
monde des Idées et vers le monde des sens – selon laquelle le monde
des Idées n'est pas vu comme un ensemble de concepts universels
induits et hypostasiés mais comme la lumière qui vient d'en haut
et qui passe de l'origine première au monde des sens. La division
idéaliste bipartite que l'on trouve dans l'interprétation dominante
de la théorie des Idées est ainsi transcendée au profit d'une théorie
dynamique de l'émanation, du type de celle que nous trouvons dans
la philosophie et la théologie néoplatoniciennes.

Toutefois, la théorie des Idées peut s'interpréter dans la lignée
des doctrines ontologiques de la période cosmologique, conduisant
à la question : « Qu'est-ce qui existe ? ». Quelques-uns répondent que
certaines substances existent. D'autres, comme Pythagore, disent que
la structure ou la forme existe. Selon cette interprétation, Platon dit
que les Idées sont la réalité première (substance). Afin de rendre vrai-
semblables les premiers pas dans la théorie des Idées, nous pouvons
prendre comme point de départ notre propre réalité quotidienne. Si
nous creusons un fossé avec une pelle et que quelqu'un nous demande
sur quoi nous travaillons, nous pouvons répondre par exemple : « un
fossé », ou « une pelle et de la terre ». Mais si quelqu'un dans un

---

1. Par exemple le spécialiste norvégien de Platon, Egil A. Wyller (1925-).
Voir son *Platons Parmenides : in seinem Zusammenhang mit Symposion und Politeia :
Interpretation zur Platonischen Henologie*, Aschehoug, 1960.

cours de mathématiques nous demande sur quoi nous travaillons, il devient immédiatement plus difficile de répondre. Nous pourrions dire : « du papier », ou : « un tableau noir », mais ce ne sont pas de bonnes réponses, puisque nous pourrions donner les mêmes à la question de ce sur quoi nous travaillons dans un cours d'anglais ou de dessin. Or nous ne travaillons pas sur « les mêmes choses » quand nous travaillons sur les mathématiques ou sur la grammaire. Ce ne sont pas les mêmes sujets. Mais quel est le sujet des mathématiques ? Nous pourrions répondre : c'est un système de concepts. Cette réponse nous met sur la voie de la théorie des Idées : une théorie qui dit qu'en plus des choses que nous pouvons percevoir par nos sens (la craie, l'encre, le papier, le tableau noir, etc.), il y en a que nous comprenons mais ne pouvons percevoir par nos sens : à savoir des concepts comme le cercle, le triangle, etc.

Mais est-il si sûr que ces Idées mathématiques existent ? N'est-ce pas seulement la craie sur le tableau qui existe, et non ces Idées ? Dans ce cas, les Idées mathématiques disparaissent-elles quand nous effaçons le tableau pendant la pause ? Cela semble déraisonnable. Ou les mathématiques n'existent-elles qu'« à l'intérieur de » nous ? Mais alors, comment trente élèves d'un cours de mathématiques pourraient-ils tous apprendre la même chose, par exemple le théorème de Pythagore, alors que certains pensent lentement et d'autres rapidement ? Les mathématiques ne peuvent être simplement à l'intérieur de nous. Elles doivent être quelque chose *vers* quoi nous pouvons tous diriger notre attention, *à* quoi nous pouvons penser. Les vérités mathématiques sont universellement valides ; c'est-à-dire qu'elles sont valides pour tout le monde. Elles ne sont par conséquent pas liées à l'individu.

Ces simples questions, ces simples réflexions nous laissent avec quelque chose qui correspond largement à la théorie platonicienne des Idées : les Idées, comme le cercle et le triangle, ne peuvent être saisies à l'aide de nos sens ; elles sont intelligibles par notre raison. Les cercles et les triangles particuliers que nous percevons à l'aide de nos sens sont comme des représentations périssables des Idées correspondantes. Les Idées sont universelles et immuables, par opposition aux représentations changeantes. Et les Idées ne sont pas quelque chose au sein de nos pensées. Elles existent objectivement. Elles sont universellement valides.

Nous avons ici utilisé à nouveau le procédé qui consiste à regarder les questions et les arguments afin de comprendre la réponse. Et l'une des conséquences en est celle-ci : si l'univers est « divisé en deux », c'est-à-dire s'il y a deux formes d'existence – les choses que nous percevons par nos sens et les Idées –, alors nous avons déjà préparé le terrain pour une éthique universellement valide. Nous avons, d'une certaine façon, expliqué comment il est possible de dire que le Bien existe comme quelque chose d'objectif – à savoir sous la forme d'une Idée.

Les Idées et le Bien

Dans le passage précédent, nous avons posé une question ontologique – qu'est-ce qui existe ? – en nous intéressant en particulier aux mathématiques. Mais nous pouvons aussi rendre compréhensible la théorie platonicienne des Idées en prenant d'autres points de départ. Si nous demandons : « Qu'est-ce qu'une bonne action ? », il n'est pas difficile d'en donner un exemple ; disons : sauver une personne qui s'apprête à sombrer dans un lac glacé. Qu'y a-t-il de bon dans cette action ? Courir sur la glace ? Enfoncer une échelle dans la glace ? Tirer l'échelle ? Nous ne pouvons pas *indiquer* ni *voir* ce qu'il y a de bon. Ce n'est pas quelque chose que nous puissions percevoir avec nos sens. Cependant, nous sommes certains que l'action est bonne. Pourquoi ? Parce que selon Platon nous avons déjà une idée des bonnes actions qui nous autorise à comprendre cette action comme bonne.

Nous pouvons demander : qu'est-ce qu'un concept ? Comme nous le verrons, c'est une question philosophique controversée (voir chapitre 6, « la querelle des Universaux et les scolastiques »). Nous pouvons la simplifier de la manière suivante : quand nous parlons du cheval de Jean, nous parlons d'un cheval particulier que nous pouvons désigner, un phénomène perceptible dans l'espace et le temps. Si d'un autre côté nous parlons du cheval d'une manière générique, nous pouvons alors dire que nous parlons du concept de cheval. Des langues différentes ont pour ce concept des mots différents : *Pferd*, *hest*, *horse*, *hestur*, etc. Platon soutient que les concepts – par exemple celui de cheval, ou ce que nous entendons ou à quoi nous nous référons quand nous employons les mots *Pferd*, *hest*, etc. – ont une existence indépendante par rapport aux objets particuliers qu'ils subsument. Les objets particuliers sont ici les spécimens de l'espèce cheval. Les concepts compris de cette manière, Platon les appelle Idées. Si nous parlons de chevaux nommés Prince Noir et Poly, ce dont nous parlons est clair : c'est de Prince Noir et de Poly. C'est quelque chose que nous pouvons désigner et toucher. Mais le concept de cheval n'est pas quelque chose que nous puissions trouver dans une étable ou un pâturage ; nous ne pouvons le désigner, le regarder ou le toucher. Si nous travaillons avec une théorie de la signification qui dit que les expressions linguistiques n'ont de signification que lorsqu'elles se réfèrent à quelque chose d'existant[1], il en découle que le mot *cheval* doit se référer à quelque chose. Puisque nous ne pouvons percevoir ce « quelque chose » par nos sens, ce doit être un quelque chose imperceptible : à savoir l'Idée d'un cheval. L'Idée d'un cheval doit donc être quelque chose qui existe, même si nous ne pouvons la percevoir dans l'espace et le temps.

Des arguments comme les précédents servent à rendre vraisemblable la théorie des Idées. Ils suggèrent la construction d'un monde divisé en deux parties ; ce qui *est* est de deux manières fondamentalement différentes, ou bien comme Idée ou bien comme chose que nous pouvons percevoir par les sens :

$$\frac{\text{Idée}}{\text{chose perceptible}}$$

Ce dualisme correspond largement à la division que l'on trouve chez Parménide et chez les pythagoriciens. Il est important que cette division ontologique nous aide à expliquer la possibilité de normes éthico-politiques universelles : le Bien – les normes éthico-politiques – existe sous la forme d'Idée. Si nous conservons l'interprétation traditionnelle des Idées, nous pouvons dire qu'elles n'existent pas dans l'espace et le temps, qu'elles ne viennent pas à l'être et qu'elles ne périssent pas. Elles sont immuables. Prince Noir naît, grandit et meurt. Mais l'Idée de cheval reste la même. Cela veut dire aussi que le Bien, en tant qu'Idée, reste immuablement le même, que les gens le fassent ou non, que les gens le connaissent ou non. En d'autres termes, Platon croit par là même avoir montré que la morale et la politique ont un fondement solide, complètement indépendant de la diversité des opinions et coutumes humaines. On peut donc dire que la théorie des Idées permet de fonder de manière absolue et universellement valide les normes et valeurs éthico-politiques. Nous verrons plus tard qu'il y eut d'autres tentatives théoriques, comme celle de Kant, pour expliquer la possibilité de normes absolues et universellement valides. Cette question est dans l'ensemble l'un des éternels problèmes de la philosophie[2].

---

1. C'est bien sûr une thèse hautement discutable : à quoi se réfèrent des mots comme « ou » et « peut-être » ?

2. La conception qu'a Platon de la morale comme enracinée dans ce qu'on a appelé le « monde des Idées » (mais l'expression ne se trouve pas chez lui) correspond dans une certaine mesure aux conceptions dominantes. Si vous demandez à des gens qui n'étudient pas la philosophie pourquoi nous ne devons pas prendre la

De la perspective de la théorie des Idées, nous obtenons la division bipartite qui suit :

$$\frac{\text{Idée}}{\text{chose perceptible}} = \frac{\text{immuable}\left(\text{le Bien éthico - politique}\right)}{\text{changeant}\left(\text{la diversité des coutumes et des opinions}\right)}$$

Éros et éducation

Platon ne veut pas dire que le monde des Idées et celui de la perception sont *équivalents*. Il croit que les Idées ont plus de *valeur* : elles sont *idéales*. Cette position a été importante pour l'inspiration spirituelle qu'a suscitée sa philosophie, par exemple pour les poètes de la période romantique[1]. Puisque les Idées sont idéales, nous devrions nous efforcer de les atteindre. Platon croit qu'une aspiration à ces idéaux est implantée en nous : c'est l'Éros platonicien : une aspiration à une vision toujours croissante du Beau, du Bien et du Vrai.

Il n'y a par conséquent pas pour les humains une barrière insurmontable et immuable entre le monde de la perception et celui des Idées. Nous vivons dans une tension dynamique entre les deux : dans le monde de la perception sensible, nous reconnaissons que certaines actions sont meilleures que d'autres. Cette lueur de l'Idée du Bien dans le monde de la perception nous autorise à atteindre une

---

vie de quelqu'un d'autre, beaucoup répondront probablement que nous ne devons pas le faire «*simplement* parce que c'*est* mal», parce qu'«il y *a* des normes morales». Si nous les interrogeons par exemple sur la condamnation des criminels de guerre nazis à Nuremberg, nombre diront sans doute que le verdict était juste parce qu'il y *a* certaines normes morales qui s'appliquent en tout temps et en tout lieu. Peu accepteront l'idée selon laquelle les accusés n'auraient pas dû être condamnés parce que les principes éthiques et politiques sont relatifs aux coutumes, aux conventions, et aux lois différentes de sociétés différentes. Si ceux qui acceptent le verdict de Nuremberg comme objectivement juste choisissent leurs mots avec plus de soin, il y en a certainement beaucoup qui formuleront quelque chose qui ressemble à une position platonicienne : les normes *existent*, indépendamment de l'espace et du temps. Les normes éthico-politiques existent en plus des choses perceptibles.

1. Voir «Napoléon», du poète norvégien Henrik Wergeland :
Nous sommes les germes laissés dans la vase par les esprits ;
Des âmes comme le papillon déployées
Hors de leur chrysalide, intensifiant
La puissance des esprits :
De plus en plus haut, en spirales,
L'armée des esprits s'élève
Jusqu'à Dieu.
(NdT : traduit de l'anglais)

connaissance temporaire et imparfaite de cette Idée. Quand nous en cherchons une vision plus claire, nous devenons aussi plus aptes à distinguer le bien du mal dans le monde de la perception. Et quand nous essayons de mieux comprendre ce que nous rencontrons du bien et du mal dans ce même monde, nous devenons plus aptes à contempler l'Idée du Bien. De cette façon, nous avons un processus de connaissance avec une alternance (dialectique) incessante entre la contemplation des Idées (théorie) et l'expérience du monde des sens (pratique). C'est ainsi que nous améliorons notre connaissance, à la fois de l'Idée du Bien et de ce qui est bien dans cette vie.

La philosophie devient de cette façon à la fois universelle – en tant qu'elle est liée aux Idées éternelles – et concrète – en tant qu'elle est liée à la situation de notre vie. Elle est en même temps connaissance et éducation. Ce processus éducatif est un voyage incessant, qui monte vers les Idées (la lumière) et descend vers les choses perceptibles (le monde des ombres). Nous ne pouvons par conséquent affirmer sans réserve que Platon cherche la Vérité uniquement pour elle-même, comme on le prétend souvent. La Vérité s'atteint en partie en se déplaçant entre la connaissance des Idées et la connaissance de la situation de notre vie ici et maintenant ; quelqu'un qui a atteint une connaissance suffisante des Idées se retournera afin d'éclairer le monde avec cette connaissance. Les philosophes ne sont pas censés contempler passivement les Idées, comme des ermites dans une cellule ; ils doivent aussi guider la société en vertu de cette connaissance.

Quelques objections à l'encontre de la théorie des Idées

Les Idées existent indépendamment de l'espace et du temps. Elles ne peuvent se décrire à l'aide de prédicats spatio-temporels, de même que le concept de *sept* ne peut se décrire à l'aide de prédicats de couleur. D'un autre côté, les choses perceptibles dans l'espace et le temps participent aux Idées d'une façon ou d'une autre. C'est par des cercles perceptibles, dans l'espace, que nous nous remémorons l'Idée de cercle. Mais si nous comprenons les Idées comme radicalement différentes des objets que nous percevons par les sens, de sorte qu'elles ne puissent en rien se décrire avec des prédicats qui s'appliquent à l'espace, au temps et au changement, il devient difficile d'expliquer comment les objets changeants de la perception, dans l'espace et le temps, peuvent y participer. Cela nous conduit à un problème fondamental de la théorie des Idées. Nous ne poursuivrons pas ici la critique de cette théorie, critique avancée, comme nous l'avons déjà mentionné, par Platon lui-même. Nous nous contenterons d'indiquer deux objections :

1. des mots comme « justice » et « mal » se réfèrent à des Idées. Mais les Idées sont aussi des idéaux. Nous sommes alors confrontés à un paradoxe : « mal » est un exemple d'un tel mot ; par conséquent, le mot « mal » devrait se référer à un idéal de mal. D'un autre côté, le mal n'est pas un idéal, et donc l'Idée de mal ne peut exister ;

2. les Idées sont immuables et les choses sensibles sont changeantes. La théorie des Idées voit les choses sensibles comme copies des Idées. Mais comment les choses sensibles changeantes peuvent-elles être les copies d'Idées immuables ? N'aboutissons-nous pas à un problème logique ? Si ces deux facteurs, les Idées et le monde sensible, sont définis comme des opposés complets, n'est-il pas inimaginable qu'ils puissent avoir à faire les uns avec les autres ?

Idées et totalité

Ce que nous avons mentionné de l'interaction éducative dynamique entre connaissance des Idées et connaissance de la situation de la vie ici et maintenant montre qu'il est discutable de prétendre que Platon fait une différence logique absolue entre le monde des Idées et celui des sensations. En outre, il n'affirme pas que les diverses Idées sont isolées les unes des autres, comme les étoiles dans le ciel. Les Idées sont reliées pour former un *tout*. Dans *La République*, par exemple, Platon traite la question de ce qu'est une action juste. Le dialogue met en évidence différentes opinions et différentes actions qui sont qualifiées de justes. Si tous ces différents phénomènes et images peuvent être appelés justes, ce doit être selon Platon parce que tous participent d'une Idée qui est l'Idée de Justice. C'est cette Idée qui rend possible de traiter de ces différents exemples comme justes. Mais cela signifie aussi selon lui que nous ne pouvons comprendre isolément l'Idée de Justice. Elle indique au-delà d'elle, d'une part ces vertus que sont la sagesse, le courage et la modération, parce que la justice est l'harmonie entre celles-ci ; et d'autre part, l'Idée de Bien.

C'est ainsi que les Idées sont entrelacées. Nous ne pouvons par conséquent avoir de connaissance vraie d'une seule Idée. La connaissance des Idées est la connaissance de leurs relations, de totalités. Si nous poussons à l'extrême, nous pouvons dire que la connaissance vraie est connaissance de « toutes choses ». Mais cette connaissance du tout, des Idées dans toutes leurs relations internes, ne peut jamais être acquise par l'homme. Nous ne pouvons qu'atteindre des totalités incomplètes, ou plus exactement des totalités incomplètes et provisoires, puisque la connaissance des Idées s'atteint par une oscillation continuelle, qui en partie monte et descend entre les phénomènes et les Idées, et en partie transcende continuellement certaines Idées pour aller vers d'autres – de sorte que la totalité n'est jamais atteinte. Sur la base de cette interprétation, nous pouvons dire que l'Idée du Bien (l'Idée de l'Un) ne représente pas une Idée parmi les autres, mais l'interrelation même entre les Idées. Cette relation entre les Idées est le fondement même de la réalité, le modèle de base qui soutient les phénomènes particuliers que nos sens nous révèlent. On peut dire que ce holisme en transcendance continue, ou cette dialectique, est au cœur de la philosophie de Platon[1].

Les analogies

Dans *La République*, Platon présente trois analogies pour clarifier la théorie des Idées : l'«analogie du soleil», l'«analogie de la ligne» et l'«analogie de la caverne». En bref, la première indique que le soleil peut se comparer à l'Idée du Bien : il est au monde des sens ce qu'elle est au monde qui n'est accessible que par la pensée. Le soleil, comme l'Idée du Bien, est souverain dans son monde. De même que le soleil donne la lumière, l'Idée du Bien donne la vérité. Et de même que l'œil voit à la lumière du jour, la raison comprend à la lumière de la vérité. La raison est la capacité qui nous relie à l'Idée du Bien, de même que l'œil est l'organe des sens qui nous relie au soleil. Mais l'œil, ou la capacité à voir, n'est pas identique au soleil, de même que la raison n'est pas identique à l'Idée du Bien. Le soleil est ce qui nous rend visible toute chose, y compris lui-même. De la même façon, l'Idée du Bien rend intelligibles à notre raison toutes les autres Idées, y compris elle-même. En outre, elle est la condition non seulement de l'intelligibilité des autres Idées, mais encore de leur existence – de même que le soleil est la condition non seulement de notre capacité à voir les choses, mais aussi de leur existence.

L'analogie de la ligne (voir le diagramme) indique que notre capacité à connaître se réalise à différents niveaux. Nous avons

---

1. Il en découle que Platon est *contre* une recherche sur les phénomènes qui se fonderait sur des divisions académiques fixes (comme celles entre psychologie, sociologie, politique, économie, éthique, etc.) : la connaissance vraie est en dernière instance «interdisciplinaire».

d'abord la division entre la connaissance des choses sensibles (BC) et celle de ce que la pensée peut seule reconnaître (AC). Mais au sein de la connaissance des choses sensibles, nous avons une distinction entre représentation (BD – connaissance des ombres, des images ou des copies) – et croyance (DC – connaissance des choses qui produisent ces images ou copies). Parallèlement, nous avons au sein de la connaissance qui ne s'applique pas au sensible une distinction entre pensée discursive (CE – connaissance des hypothèses) et intellection (EA – connaissance des modèles, quand l'esprit, sans le soutien des images, pense purement par Idées). En bref, nous avons une distinction, dans les sphères de la connaissance du perceptible, entre représentation (BD) et croyance (DC), correspondant à une distinction dans les sphères de la connaissance du monde des Idées entre pensée discursive (CE) et intellection (EA).

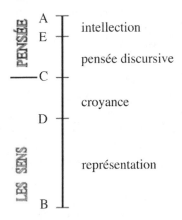

L'analogie de la caverne sert elle aussi à illustrer la relation entre la connaissance que nous avons du monde perceptible et l'intellection qui nous vient des Idées. Des prisonniers sont enchaînés dans une caverne de sorte qu'ils ne peuvent regarder que vers un mur au fond de celle-ci ; derrière eux brûle un feu, et entre ce feu et eux sont portés d'un côté à l'autre des objets de toutes sortes. Ces objets projettent sur le mur face aux captifs des ombres mouvantes, ombres que les captifs considèrent comme la réalité même. Si l'un des prisonniers était libéré et devenait capable de voir les objets qui jettent ces ombres, il se rendrait compte que ce qu'il avait pris pour la réalité n'était en fait que les images des objets réels. En outre, s'il émergeait à la lumière du jour et apercevait le soleil, il serait ébloui, et s'il retournait dans la caverne et disait ce qu'il avait vu, il aurait du mal à se faire prendre au sérieux par les autres prisonniers qui regardent les ombres mouvantes sur le mur. Cette analogie illustre les points principaux de la théorie des Idées.

On peut dire que vue en conjonction avec l'analogie de la ligne, l'analogie des prisonniers dans la caverne illustre la façon dont nous nous élevons dans la hiérarchie de la connaissance, de la représentation à l'intellection – du monde des ombres à la lumière du jour – pour finalement voir le soleil lui-même. La théorie platonicienne des Idées n'est donc pas seulement une ontologie, une théorie de l'être, mais aussi une épistémologie, une théorie de la connaissance : les choses perceptibles et la plupart de nos représentations sont changeantes et imparfaites. La connaissance que nous en avons n'est pas parfaite. Nous ne pouvons avoir une connaissance objective que des Idées, qui sont elles-mêmes immuables et parfaites. Mais en réfléchissant sur nos expériences sensibles et sur l'expression dans le langage de nos représentations, nous pouvons descendre vers cette connaissance objective, puisque les Idées sont d'une certaine façon ce qui se trouve « sous » nos représentations et sous les choses perceptibles. L'Idée d'action juste, par exemple, « se trouve sous » les diverses bonnes actions et sous les diverses représentations que nous avons des actions justes. C'est ainsi que nous reconnaissons l'Idée du cercle derrière les divers cercles imparfaits que nous percevons dans la nature ; et nous pouvons reconnaître l'Idée d'une action juste derrière les diverses représentations d'action juste que nous exprimons dans le langage. L'analyse conceptuelle de notre langage quotidien est donc plus qu'une analyse simplement linguistique : elle nous conduit à l'intellection des Idées. De plus, la correspondance des représentations et des choses sensibles, qui est une condition de connaissance du monde perceptible, est possible parce que représentations et choses perceptibles ont dans les Idées une origine commune. Par conséquent, les Idées rendent possible même notre connaissance imparfaite des phénomènes perceptibles.

La théorie des Idées et le rôle de l'homme

Nous pouvons aussi illustrer la théorie platonicienne de la connaissance en regardant la position des êtres humains par rapport au monde des Idées et à celui des sensations. Nous pouvons l'énoncer ainsi : Platon aborde la question philosophique de la façon dont l'âme individuelle peut venir au contact des Idées. Cette question se présente quand il parle (métaphoriquement ?) des humains comme ayant à la fois une pré-existence et une post-existence. L'âme, la véritable personne, existait avant la naissance et subsistera après la mort, quand le corps physique sera mort. Un humain est une créature qui se situe entre le monde des Idées et celui de la perception sensible : l'âme appartient au monde des Idées, et le corps physique à celui de la perception sensible. Les humains, qui ont une âme et un corps physique, sont donc chez eux dans les deux mondes. Mais selon Platon, la partie véritable d'une personne est l'âme. Ce que nous appelons vie est la période de l'existence de l'âme durant laquelle elle s'incarne dans le corps physique. En un sens, l'âme «plonge» dans le monde de la perception sensible, c'est ce qu'on appelle la naissance. Elle y prend un corps physique, mais après un temps elle retourne au monde des Idées en se libérant du corps, c'est ce qu'on appelle la mort. Le moment où l'âme est «sous l'eau» est ce qu'on appelle la vie. On peut dire que la théorie platonicienne de la connaissance se bâtit sur cette conception des êtres humains : pendant sa pré-existence, quand l'âme vit dans le monde des Idées, elle est capable de voir directement les Idées. Toutefois, quand elle prend un corps physique (à la naissance), elle oublie tout ce qu'elle connaissait antérieurement ; mais elle se le remémore pendant le cours de sa vie. La vue de cercles imparfaits dans la nature peut éveiller l'intellection antérieure de l'Idée de cercle. Tout apprentissage, de la naissance à la mort, est par conséquent un processus de reconnaissance. Quand nous *voyons* les cercles imparfaits et périssables dans le monde de la perception, nous nous remémorons l'Idée du cercle. Apprendre, c'est redécouvrir. Nous reconnaissons les Idées «derrière» les choses perceptibles.

Mais cette reconnaissance est souvent difficile. Toutes les âmes ne sont pas capables de se souvenir des Idées derrière les choses perceptibles changeantes. Beaucoup vivent dans l'obscurité épistémologique, avec des opinions non étayées et des expériences sensibles superficielles (en grec : *doxa*) sans faire de percée vers la connaissance vraie. Seule une minorité parvient dans cette vie terrestre à contempler les Idées derrière les phénomènes perceptibles. Par conséquent, Platon est un pessimiste, qui croit qu'il faut de bonnes aptitudes et un dur entraînement pour atteindre une claire intellection des Idées : la vérité n'est accessible qu'à une minorité d'élus.

LA RÉPUBLIQUE DE PLATON ET LE BIEN

Éducation et stratification sociale

Socrate dit qu'en un certain sens la vertu est connaissance, et qu'elle peut s'apprendre. En parlant avec des gens et en les incitant à penser, nous pouvons les inciter à devenir vertueux ; ils suivront alors la ligne de conduite droite, et il en découle qu'ils seront heureux. Platon complète cette thèse en disant que la connaissance droite est la connaissance de l'Idée du Bien. Mais il a moins confiance que Socrate en la capacité des gens à atteindre cette connaissance qu'est la vertu. Nous pouvons le voir comme une conséquence de la théorie des Idées : les Idées sont difficiles à comprendre. En acquérir la connaissance exige de bonnes capacités intellectuelles, de pair avec de la discipline et de l'entraînement. La plupart des gens ne seront donc pas capables de parvenir à une intellection appropriée des Idées. Il en résultera qu'ils ne seront pas capables de leur propre chef d'être vertueux et de mener une vie bonne et heureuse. En conséquence, les rares qui ont l'intellection des Idées, et sont donc vertueux par définition, doivent conduire les autres sur le droit chemin.

On peut aussi voir ce scepticisme quant à la capacité des gens à reconnaître ce qui est droit dans la réaction de Platon à son expérience de la dissolution de la démocratie athénienne : l'effondrement du sentiment de communauté, la critique des traditions par les sophistes et l'exécution de Socrate par les démocrates. Platon devient un anti-démocrate : les gens ne peuvent se diriger eux-mêmes. Ils ne sont pas assez vertueux, ni assez compétents. Les « experts » doivent prendre le pouvoir et assurer l'unité et la loyauté. Par conséquent, Platon se place en opposition à la croyance en la compétence du peuple qui était l'une des pierres angulaires de la démocratie athénienne.

En bref, Platon croit que dans un État sain, le pouvoir devrait être entre les mains de ceux qui sont compétents, non entre celles du peuple, ni entre celles d'un dirigeant absolu incompétent et inique. Cela pourrait s'effectuer par un système éducatif universel dans lequel tous auraient les mêmes chances et qui permettrait à chacun de prendre sa place dans la Cité en accord avec ses capacités.

Une grand part de La République est consacrée à l'exposé par Platon de son système éducatif idéal. Les points principaux en sont les suivants. L'éducation est de la responsabilité de l'État, et tous les enfants sont traités de la même manière, indépendamment de leur ascendance et de leur sexe. Tous les élèves reçoivent la même éducation de dix à vingt ans, les sujets importants étant la gymnastique[1], la musique et la religion. Pour les jeunes, les buts sont un corps fort et bien coordonné, l'appréciation de la beauté et la culture de l'obéissance, du sacrifice de soi et de la loyauté. Les meilleurs sont choisis à l'âge de vingt ans. Jusqu'à trente ans, ils étudient d'autres sujets (en particulier les mathématiques). Une autre sélection a alors lieu, et les meilleurs étudient la philosophie jusqu'à trente-cinq ans, âge auquel ils partent dans le monde pendant trois lustres pour apprendre à s'occuper des affaires de la vie pratique. À la cinquantaine – après quatre décennies d'une éducation complète, d'entraînement et d'expérience –, cette élite soigneusement choisie fournit les dirigeants de l'État. Ils ont alors acquis l'intellection de l'Idée du Bien, la connaissance des faits et l'expérience pratique. Ils sont par conséquent selon Platon absolument compétents et vertueux. Et ces gens compétents sont alors investis de l'autorité nécessaire pour gouverner les autres membres de la société.

Ceux qui sont éliminés lors de la première sélection deviennent artisans, ouvriers et commerçants. Ceux qui sont choisis au niveau suivant deviennent administrateurs et soldats. Le système éducatif produit ainsi trois classes sociales. Tout d'abord, il y a les dirigeants qui ont la compétence de pair avec l'autorité, puis ceux qui sont impliqués dans l'administration et la défense militaire, et pour finir ceux qui produisent les biens nécessaires à la société : (1) dirigeants ; (2) administrateurs / soldats ; (3) : producteurs. Le présupposé est ici que les gens sont différents. La fonction du système éducatif est de soigneusement séparer les différents types de gens et de les mettre à la place qui leur correspond le mieux dans la société. Platon parle métaphoriquement de certains qui sont faits d'or, d'autres d'argent, et d'autres de fer et de cuivre.

Platon compare aussi les trois classes à trois fonctions dans la société et à trois vertus :

Classe/profession	Fonction	Vertu
les dirigeants (philosophes)	gouverner	sagesse
les administrateurs (les gardiens)	administrer	courage
les producteurs (les ouvriers)	produire	modération

---

1. De *gymnos* – « nu » : penser à gymnase. Cependant, le contenu de l'éducation n'est pas précisé par Platon. Il ne faut pas comprendre son projet comme un système éducatif public au sens moderne du terme.

Platon ne croit pas que tous soient également bons. Chacun n'est pas destiné au commandement politique. Il croit que l'éducation et la formation par l'État assureront que chaque homme et chaque femme termine à la place qui convient dans la société, et accomplisse ainsi dans cette société la fonction pour laquelle il ou elle est le mieux armé. Ceux qui ont le don de la sagesse gouverneront. Ceux qui sont courageux défendront l'État. Et ceux qui sont modérés produiront la nourriture et les autres objets nécessaires à la société. Quand chaque personne fera ce qu'elle est le mieux armée pour faire, et quand toutes les fonctions sociales seront par là même accomplies de la meilleure des façons (selon Platon), la société sera juste : la justice est une vertu liée à la communauté ; c'est l'harmonie entre les trois autres vertus :

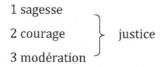

Il vaut la peine de noter que cette société idéale n'est pas seulement pensée selon la perspective d'exigences théoriques et morales. Une société juste est aussi une société où tous comblent mutuellement leurs besoins : le sage pense, le courageux défend et le modéré produit. Puisque des personnes différentes ont des capacités (des vertus) différentes, et par conséquent des fonctions sociales différentes, elles se complètent les unes les autres de sorte que chacun participe à la satisfaction des besoins naturels, c'est-à-dire ceux que Platon pense naturels dans la cité-État. Nous pouvons voir ici les germes d'une théorie de la division du travail et de la division en classes. Platon n'inclut pas seulement dans sa théorie la division du travail et le commerce comme quelque chose de donné à la société par la nature ou par une puissance supérieure, il essaie aussi de justifier la division du travail et la division en classes sur la base des capacités individuelles.

Platon fonde aussi la division du travail sur l'efficacité : il serait inefficace que chacun doive se procurer en personne tout ce dont il a besoin, comme de la nourriture, des chaussures, des vêtements, un toit, etc. La spécialisation autorise de meilleurs résultats pour toutes les parties. En s'attachant à une seule activité – comme cordonnier, maçon, sculpteur, administrateur, etc. –, une personne peut aller plus loin et atteindre un niveau supérieur à ce qu'elle serait capable de faire si elle essayait de travailler à plusieurs activités différentes. La spécialisation permet la perfection. En principe, il en aurait été ainsi même si tous avaient eu les mêmes capacités. Mais étant donné que les gens ont des capacités et des talents différents, il devient encore plus important pour la force de travail d'être spécialisée de sorte que chaque personne puisse faire le travail auquel elle convient le mieux.

La spécialisation dans une activité est liée au commerce. Les chaussures sont vendues au fermier par le cordonnier, la nourriture au cordonnier par le fermier. Les groupes individuels d'activité dépendent les uns des autres. On l'a déjà mentionné, Platon spécifie trois principaux groupes d'activité – les producteurs, les administrateurs et les dirigeants –, chacun contenant plusieurs sous-groupes qui accomplissent des tâches différentes. La division du travail en différentes activités, qui se présupposent mutuellement, produit une plus grande efficacité. Sur cette base, nous pouvons dire que toutes les tâches nécessaires au sein de la société sont également importantes. Mais Platon croit aussi que certaines tâches et activités sont qualitativement plus élevées que d'autres. La pensée occupe une plus haute place que l'administration, qui à son tour occupe une plus haute place que la production. Ces tâches qualitativement différentes s'enracinent dans les capacités de chaque personne, qui de façon correspondante sont qualitativement différentes. Dans la société bonne, chaque personne fait ce qu'elle est le plus à même de faire, ce qui signifie qu'il y a concordance entre tâches de haut niveau et capacités de haut niveau, de même qu'entre tâches médiocres et capacités médiocres. Les différences de position dans la société s'enracinent donc dans des différences innées. Pour Platon, les différences sociales sont fondées tant du point de vue de l'éthique que de celui des capacités de chacun. L'interaction harmonieuse entre les classes et leurs fonctions professionnelles est ce qui caractérise l'État juste. La vertu politique cardinale, la justice, est donc présupposée par la division du travail et la stratification sociale.

Pouvoir et compétence

On penserait que Platon est alors parvenu à son modèle : une société idéale où coïncident le pouvoir et la compétence. Cette société est comme une pyramide qui «tient par un fil», ce fil étant le lien invisible qui existe entre les dirigeants et l'Idée du Bien. Et ce lien est indestructible puisque l'intellection de l'Idée du Bien est fermement ancrée chez les dirigeants[1]. Même si Platon, en ce sens, a théoriquement

---

1. Puisque Platon présuppose des normes du comportement humain universellement valides et immuables (les Idées), nous pouvons dire que la conception des droits naturels (voir chapitre 5) prend ses racines dans sa pensée. Il est en même temps important de se rappeler qu'il semble principalement avoir en tête la cité-État

résolu le problème qu'il a introduit sur la relation entre pouvoir et compétence, il doute encore que ce système éducatif et ce système de formation des enfants soient suffisamment prémunis contre les factions et les désaccords égoïstes. De pair avec l'incompétence, c'est précisément ce qu'il croit être le danger qui menace la démocratie dégénérée de l'Athènes de son temps. Son remède est l'abolition de la propriété privée et de la vie de famille pour les deux classes supérieures ; c'est-à-dire pour ceux qui ont un pouvoir politique. Sa façon de penser est la suivante : les richesses et la vie de famille sont à l'origine de l'intérêt particulier, qui peut entrer en conflit avec l'intérêt commun. La vie de famille «privatise» ses membres. Les richesses sont à l'origine d'envies et de conflits. Les unes comme les autres affaiblissent le sens de la communauté dans une société[1].

Platon préfère voir l'économie comme un problème politique : une distribution inégale des biens, une grande division entre ceux qui ont beaucoup et ceux qui ont peu, menace la stabilité de la société. En outre, des politiciens qui ont des intérêts économiques peuvent agir d'une manière contraire à l'intérêt commun. Platon croit que divers éléments contribuent à la stabilité de la cité-État ; par exemple : son autosuffisance (équilibre entre la population et le territoire), la compétence des dirigeants (leur éducation), la loyauté des citoyens envers la communauté (pas de propriété privée ni de famille pour les dirigeants), et l'existence d'une force défensive[2].

---

grecque, non une communauté internationale. On peut faire des commentaires du même type en ce qui concerne Aristote.

1. Voir E. Barker, *Greek Political Theory*, p. 239 sq. On prétend que Platon a inventé le communisme. C'est un choix de mots malheureux. Certes, nous pouvons parler de communisme chez Platon au sens où la propriété, jusqu'à un certain degré, doit être *commune* – du latin *communis* – d'où vient le mot communisme. C'est en ce sens que nous pouvons parler de communisme, par exemple, dans le christianisme originel. Mais aujourd'hui, le mot *communisme* est associé au marxisme, et le communisme marxiste dit que le pouvoir politique émerge du contrôle économique des moyens de production ; tandis que Platon, dans sa théorie de l'État idéal, décrit une société où les dirigeants ne possèdent rien. C'est-à-dire qu'il y a bien propriété commune parmi les hautes classes chez Platon, mais elle semble s'appliquer plus à la consommation (biens et membres de la famille) qu'à la production (terres, outils, navires, etc.).

2. Dans *Les Lois*, Platon atténue certains des points de vue défendus dans *La République*. Il revient sur l'affirmation selon laquelle il faudrait abolir la propriété privée et la vie de famille pour les deux classes supérieures : la nature humaine étant ce qu'elle est, il serait presque impossible d'exiger une propriété communautaire, ou la rotation des partenaires sexuels sous le contrôle de l'État, en particulier avec la dissolution qui en résulterait de la relation entre parents et enfants – même si Platon continue à croire que ce serait la meilleure solution.

Pour Platon, comme pour la plupart des Grecs, *polis* et *oikos* sont des concepts fondamentaux : la cité-État et la maison. La base de la vie bonne dans la communauté est un maintien harmonieux et durable de la maison commune dans le cycle de la vie et ses limites naturelles. Il est ainsi important de prendre soin intelligemment de sa maison[1]. En outre, la cité-État doit avoir une population qui ne s'élève ni ne décline ; dans *Les Lois*, Platon mentionne cinq mille quarante habitants (maisons), et un territoire suffisamment large pour qu'ils puissent subvenir à leurs propres besoins, ni plus ni moins. À cet égard, il pense politiquement et écologiquement – s'il nous est permis d'employer ces termes modernes. La direction politique doit contrôler la production, et pas l'inverse ; et l'on ne peut tolérer des changements ou une croissance qui risqueraient de conduire la population au-delà du niveau soutenable[2]. Bien sûr, il doit y avoir une croissance biologique, sous la forme d'une augmentation des récoltes, et une croissance humaine, sous la forme d'une meilleure réalisation de la vie bonne. Toute la philosophie politique de Platon, après tout, vise à atteindre pour chaque personne une croissance humaine – sous la forme où il l'interprète –, à savoir une vie bonne dans une communauté stable et harmonieuse au sein d'une cité-État organisée en classes d'activités et en classes sociales[3].

L'égoïsme est par conséquent pour Platon plus qu'une erreur *morale*. C'est une mécompréhension fondamentale de ce que signifie être un humain. Les égoïstes n'ont pas compris qu'intérêt particulier et intérêt commun sont identiques ; que la société n'est pas quelque chose d'extérieur à un individu autosuffisant, mais qu'une personne est toujours part de la communauté. Un égoïste ressemble à un fou qui croit qu'il peut mettre les pieds dans un pot et pousser comme un arbre (l'analogie est de nous). Il a compris complètement de travers

---

1. *Oiko-logi*, du grec : *oikos*, « maison » et *logos*, « bon sens, raison ». Le mot *écologie* est une construction récente, puisqu'il date du dix-neuvième siècle.

2. L'idée de croissance exponentielle serait une absurdité pour Platon, une arrogance (*hubris*) qui conduit au déséquilibre (*chaos*).

3. Quand la cité-État de Platon est à l'occasion appelée communiste, le terme peut être source de confusion. Son État a aussi été appelé « fasciste » : l'État se tient au-dessus de l'individu. Mais cette caractérisation est aussi une déformation. Nous avons en effet vu apparaître dans ces derniers siècles une opposition entre individualisme et collectivisme, le premier affirmant que l'individu est tout et que l'État n'est rien, le second affirmant que l'État est tout et que l'individu n'est rien. Mais dans la cité-État grecque, nous n'avons d'une manière générale ni « individu » ni « État » *distinct* de l'individu. Avec Platon, il y a une communauté morale où le bon citoyen admet que les gens accomplissent dans la société les fonctions qui leur conviennent. La distinction collectivisme / individualisme (et libéralisme / fascisme) est ainsi inadéquate pour décrire la cité-État platonicienne.

la signification de l'existence humaine. En d'autres termes, l'opposition entre égoïsme et altruisme présuppose une distinction entre l'individu et la société, et c'est cette distinction même que nie Platon : voir l'individu et la société comme deux éléments autosuffisants est une aberration ; les humains et la société sont inextricablement liés. La supposée distinction entre les désirs d'un individu et ses devoirs envers la société est par conséquent pour Platon une mécompréhension. Ce que désire une personne est identique à ce que requiert la société bonne : la réalisation de ses meilleures capacités et la satisfaction de ses véritables besoins, en harmonie avec la division du travail, selon une juste division des activités. Ceux qui se plaignent qu'il y ait trop peu de liberté dans l'État idéal n'ont pas compris ce qu'était leur propre bien, à savoir que la liberté est liberté de réaliser sa propre vie, et que l'on ne peut réaliser sa vie que dans la société. Ceux qui se plaignent que le système de Platon ne respecte pas les droits humains fondamentaux n'ont pas compris que les droits ne sont pas quelque chose qu'ont les gens indépendamment de la société, comme des dents ou des cheveux. Les droits sont liés aux rôles et aux fonctions des gens dans la société.

Mais n'y a-t-il pas encore quelque chose de désagréablement autoritaire dans la pensée de Platon ? Peut-être, dans un certain sens, si nous le prenons littéralement et en faisons notre contemporain. L'autoritarisme apparaît, entre autres, dans sa dictée d'un système éducatif nécessaire à former des citoyens compétents. Il n'autorise pas la moindre discussion des présupposés de sa théorie de l'État. Ses principes sont admis, sans donner aux habitants l'occasion de les discuter rationnellement. La discussion libre et critique est ainsi exclue. Pour la défense de Platon, nous pourrions dire qu'il n'a sans doute jamais eu l'intention de fonder un tel État idéal, pas même à Syracuse – ce n'était qu'un idéal, une utopie. En outre, il est discutable qu'il ait été aussi peu enclin à mettre en question sa propre philosophie que nous l'avons suggéré ici. Au contraire, ses dialogues portent témoignage de sa capacité et de sa volonté à réfléchir sur sa propre pensée. Il n'est par conséquent pas aussi autoritaire que nous l'avons donné à entendre.

Il est difficile de mettre Platon en relation avec les idéologies politiques contemporaines[1], ou d'en discuter en lien avec le communisme

---

et le fascisme. Il va sans dire que prétendre que son État idéal est socialiste, dans la plupart des interprétations raisonnables du mot, est tiré par les cheveux. Il est tentant de dire que Platon est conservateur, au sens de «partisan de l'ordre établi». Mais ce n'est qu'une caractérisation creuse, parce que ce qu'il veut conserver est la cité-État

---

la base de certains présupposés conceptuels et méthodologiques. Ils ne sont pas experts «du Bien». Ils ne sont pas experts de ce qui *doit* être, des *buts* que nous devrions donner à la société et à la vie humaine. Ils peuvent seulement nous dire que *si* nous voulons atteindre tel ou tel but, alors nous avons besoin de faire ceci ou cela. Ils ne peuvent nous dire, pas plus que qui que ce soit d'autre, quels buts nous devrions nous donner. C'est pourquoi nous pouvons justifier de placer *la démocratie* au-dessus de l'expertise dans notre société : les experts en tant qu'experts n'ont aucune compétence pour dire comment les choses *devraient* être. Par conséquent, les gens, les profanes, sont pleinement dans leurs droits quand ils participent à la politique, quand ils prennent part à la décision de la sorte de société que nous aurons. Mais il n'est pas possible de justifier de cette façon la démocratie dans la société idéale conçue par Platon, parce que les «experts» y sont aussi experts en *buts et en valeurs*. Ils ont après tout la meilleure intellection des Idées et du Bien. Et cette intellection fait aussi d'eux les plus vertueux. *Si* la sorte d'experts dont parle Platon existait, et s'il n'était pas possible à *chacun de nous* d'être l'un d'eux, alors théoriquement il ne serait pas facile de défendre la démocratie comme forme idéale de gouvernement. L'objection selon laquelle Platon est antidémocrate devient ainsi problématique. Nous pouvons toutefois objecter que la différence que fait Platon entre les experts et les gens du commun – entre ceux qui ont une compétence complète, à la fois quant à ce que les choses sont et quant à ce qu'elles devraient être, et ceux qui n'ont pas cette compétence – n'est rien de plus qu'un postulat. Le *vrai* problème vient du fait que nul n'a une connaissance universelle et que nul n'est complètement ignorant, que ce soit des faits, des valeurs ou des perspectives. Le problème de la relation entre un gouvernement du peuple et un gouvernement où le pouvoir est détenu par ceux qui sont compétents est donc bien plus complexe. Mais, affirmeront certains, on peut au moins dire que Platon pose des exigences qui sont hors d'atteinte. Il demande aux gens des choses que presque personne n'est capable ou désireux de faire. Mais *que* veulent *vraiment* les gens? Ce n'est pas toujours ce qu'ils *disent* vouloir. Mais comment Platon sait-il ce qu'ils «veulent vraiment»? Et n'affirme-t-il pas qu'ils «veulent vraiment» quelque chose qu'ils seront dans toute réalité incapables d'atteindre : par exemple de vivre pour la société, d'être pour une partie d'entre eux sans famille et sans propriété privée? Il répondrait sans doute que son système éducatif garantit que chaque personne occupera sa juste place dans la société; c'est-à-dire que chaque personne *doit* faire ce qu'elle a la capacité de faire, ce qu'elle est *le mieux armée* pour faire. Les tâches dans la société idéale ne sont donc pas au-delà de la capacité de qui que ce soit. Au contraire, à chaque personne est donné le droit de vivre en accord avec sa meilleure capacité. Ce que nous voulons vraiment, c'est être capables précisément de réaliser les capacités que nous avons, de la *meilleure façon*. Le meilleur est déterminé par l'Idée du Bien. Il n'y a pas d'autre base pour déterminer ce que nous *devons* faire que l'Idée du Bien. C'est l'*Idée du Bien* – qui est une et immuable – qui détermine ce qui est bon, *non* les opinions arbitraires et changeantes de ceux qui n'ont pas contemplé cette Idée. Ainsi, ce que veut vraiment une personne est ce qu'elle est capable de faire, ou ce qu'elle doit faire. Il n'y a pas en théorie de contradiction entre intérêt particulier et intérêt commun.

grecque, non par exemple les intérêts de la noblesse ou du capitalisme. Et même par rapport à la cité-État grecque, il est difficile de le qualifier de conservateur, c'est-à-dire de quelqu'un qui veut conserver ce qui est établi. Car il n'est pas un admirateur acritique de la tradition. Il en est critique, et il s'interroge sur ce qu'il vaut la peine de conserver et sur ce qui *peut* être conservé. En ce sens, c'est un radical, c'est-à-dire « quelqu'un qui veut changer l'ordre établi sur la base d'une critique rationnelle ». Mais à nouveau, ce n'est qu'une caractérisation creuse. Ce que signifie dans chaque cas cette forme de radicalisme dépendra de l'ordre établi et des critères de rationalité.

Il serait peut-être exact de dire que Platon se rattache politiquement à la droite radicale (*rechtsradikal*) : quelqu'un qui place la raison au-dessus de la tradition (radical), mais qui croit que la plus grande partie de la tradition réussit l'épreuve, et que donc la tradition est raisonnable (« de droite »). Mais cette étiquette peut aussi prêter à confusion. L'expression *rechtsradikal* était employée pour certains courants en Allemagne pendant l'entre-deux-guerres ; mais la tradition et la raison n'étaient pas équivalentes dans le Berlin d'Hitler à ce qu'elles étaient dans l'Athènes de Platon.

Dans ses œuvres *Les Lois* et *Le Politique*, Platon prend plus en compte les difficultés qu'il y a à *réaliser* les idéaux. Il plaide pour le « meilleur État accessible ». Il accorde à chacun le droit à la propriété et à une vie de famille. Il autorise aussi la société à être gouvernée par des lois. Il dit en outre que la meilleure solution, c'est-à-dire le meilleur gouvernement, est une combinaison de monarchie (la compétence) et de démocratie (le contrôle public). Ces modifications conduisent à Aristote, qui met l'accent sur le possible, ce qui pourrait être réalisé, et pas seulement sur l'idéal, comme Platon le fait dans *La République*.

L'homme et la femme

La conception qu'a Platon de la place de la femme dans l'État idéal aide à clarifier sa conception de la relation entre biologique et culturel, et entre privé (*oikos*) et public (*polis*). Platon plaide pour une large *égalité* entre les femmes et les hommes. C'est notable quand on prend en compte la place inférieure qu'occupent les femmes dans la société grecque de son temps. Il prend cette position parce qu'il voit les différences biologiques entre femmes et hommes comme *non pertinentes* par rapport à la question des tâches que chaque personne est capable d'accomplir dans la société : que les femmes portent les enfants ne justifie pas une division du travail fondée sur le sexe, où elles s'occuperaient du travail domestique et où les hommes accompliraient seuls les devoirs publics[1]. C'est sur cette base que l'on a vu Platon comme l'un des premiers défenseurs des droits de la femme. Allant à l'encontre des coutumes de son temps, il argumente pour l'égalité des chances entre filles et garçons dans l'éducation et dans les relations sociales, pour l'égalité dans l'attribution des activités pour lesquelles elles et ils sont armés, pour des droits juridiques et politiques égaux. On ne doit pas cependant interpréter cela comme signifiant qu'il plaide pour des droits individuels généraux au sens de la modernité (de Locke à Mill, voir chapitres 11 et 14). Pour lui, ces droits sont liés à la place de la personne dans la société.

Pour Platon, les humains sont des êtres principalement spirituels, mais aussi intellectuels et politiques. Le biologique tient une place moindre dans sa vision de l'humanité. Il ne soutient pas par conséquent une division du travail ou une hiérarchie fondées sur la biologie. Ce qui explique la radicalité de son point de vue. Pourquoi les femmes ne seraient-elles pas aussi capables que les hommes d'accomplir les devoirs publics ? Il faut toutefois nuancer cette image de Platon en théoricien de l'égalité des droits. Il exprime ailleurs la vision désobligeante des femmes typique de son temps[2].

Au regard de cette disparité dans la façon dont Platon traite des deux sexes, on a soutenu qu'en fait il craint les femmes et leur domaine, à savoir la procréation et la supervision des nouvelles générations. Là, dans le domaine de la reproduction et de la socialisation, règnent la nature et la vie privée. Ce domaine est hors de portée du contrôle rationnel. C'est pourquoi il doit être mis sous contrôle, la vie publique en venant à tout englober et la vie privée étant en fait abolie. Il ne doit pas y avoir de propriété privée, pas de relations monogames, pas de liens entre les parents biologiques et leurs enfants. Tout doit être public et mis en commun. Si Platon donne aux hommes et aux femmes un statut égal dans la société, c'est précisément parce qu'il essaie d'éradiquer le domaine traditionnel des femmes, non parce qu'il est une sorte de féministe. En réalité, il opprime les femmes parce qu'il les craint, comme si elles étaient une force incontrôlable, et parce qu'il craint leur pouvoir de former les enfants et les jeunes gens dans la sphère privée. Nous n'allons pas décider laquelle des inter-

---

1. Nous sommes redevables de cette analyse à Seyla Benhabib et Linda Nicholson, « Politische Philosophie und die Frauenfrage », dans *Handbuch der politischen Ideen*, I. Fetscher et H. Münkler, Piper, 1987.

2. Voir *Timée*, 42a, où les hommes sont dits constituer « l'espèce la meilleure », ou *La République* 395, 548b, et *Les Lois*, 781 a-b, où il met en garde contre les femmes en tant que source de vices socialement nuisibles.

prétations de sa conception des problèmes du genre est la meilleure. Il est du moins certain qu'il place la vie publique au-dessus de la vie privée, de même qu'il place l'intellect et l'éducation au-dessus de la nature biologique.

LA RESPONSABILITÉ ÉTHIQUE DES ARTS

Les dialogues de Platon ont fait de lui un classique de la littérature. Il n'est pas seulement un philosophe, il est aussi un poète, un écrivain de génie. Il a depuis toujours été une source d'inspiration pour de nombreux artistes et poètes (en particulier à l'époque romantique). Il est considéré non seulement comme un philosophe des formes pures, un philosophe des mathématiques et un philosophe des forces spirituelles, au regard de son attitude religieuse envers la vie, mais aussi comme un philosophe des Muses et des arts[1]. Il est néanmoins très sceptique à l'égard des arts et des artistes dans sa philosophie politique. Il est partisan d'une censure sévère des arts dans l'État idéal, et de l'expulsion des artistes qui ne voudraient ou ne pourraient pas s'y adapter. Comment tout cela peut-il aller ensemble ? Qu'y a-t-il derrière ce rôle ambigu que les arts semblent avoir pour Platon ? Les réponses sont nombreuses. Mais avec la réserve qu'ici comme ailleurs il y a des problèmes d'interprétation, nous pouvons présenter l'analyse que voici.

En premier lieu, il vaut la peine de noter que Platon ne fait pas de distinction claire entre le Vrai, le Bien et le Beau – ou entre la science, la morale et l'art – contrairement à ce qui est courant à l'époque moderne, depuis les Lumières. À l'époque moderne, nous trouvons par exemple le slogan *l'art pour l'art*[2], parce que l'art est vu comme distinct et indépendant des préoccupations politiques et morales. Dans une perspective moderne, il y a un sens à dire que l'art ne devrait être évalué que selon des critères artistiques, et non selon qu'il serait édifiant ou vrai, utile ou destructeur. Une œuvre d'art peut être du grand art même si elle n'encourage ni la morale ni la vérité ! Mais cette distinction stricte entre le Vrai, le Bien et le Beau est déraisonnable pour Platon. Au contraire, l'important pour lui est que les Idées sont liées :

---

1. « Les Muses » sont les neuf déesses grecques qui représentent les arts et les sciences : Clio (l'histoire), Euterpe (la poésie lyrique), Thalie (la comédie), Melpomène (la tragédie), Terpsichore (la danse), Erato (la poésie érotique), Polymnie (le chant sacré), Uranie (l'astronomie) et Calliope (la poésie épique).

2. En français dans le texte (NdT).

en tant qu'Idées, le Vrai, le Bien et le Beau sont entrelacés. Le Beau indique le Bien, et le Bien indique le Beau. L'art ne peut être séparé de la morale. L'éthique et l'esthétique[1] ne peuvent être disjointes. D'un côté, cela signifie que les artistes sont vus comme importants pour la société. Mais d'un autre, cela signifie que Platon ne peut s'autoriser à rester moralement indifférent à l'art (aux arts).

Il y a un autre point lié à la théorie des Idées qui influence la conception des arts de Platon. Selon la théorie des Idées, celles-ci représentent la véritable réalité. Les choses du monde de la perception sensible en sont d'une certaine façon les reflets. Ce qui signifie que quand un peintre peint disons un cerf, il fait en un certain sens une copie d'une copie. Nous avons tout d'abord l'Idée de cerf, puis tous les cerfs du monde de la perception sensible, et pour finir la peinture de l'un de ces cerfs perceptibles. L'art est ainsi de second ordre, ou même de troisième ordre ; il copie les copies ! En ce sens, il ne peut être classé très haut, si on le regarde dans la perspective de la vérité. L'idée de copie, d'imitation, est fondamentale pour la conception des arts de Platon. Les choses perceptibles sont des copies des Idées, et les œuvres d'art sont des copies des choses perceptibles. Mais les Idées sont aussi les idéaux des choses perceptibles, et par conséquent les idéaux des œuvres d'art qui copient les choses perceptibles. Les artistes *devraient* donc essayer de copier les Idées. Cette exigence est inévitable, étant donnée la philosophie de Platon. La théorie de l'art comme imitation (en grec : *mimésis*) est ainsi liée à une exigence de vérité, tout d'abord concernant la réalité sensible, et ensuite concernant la réalité idéale, qui est pour Platon la véritable réalité. Mais les humains, pendant le processus d'éducation qui dure toute leur vie, oscillent constamment entre l'expérience du monde de la perception sensible et l'intellection des Idées. Cela vaut aussi pour les artistes. C'est pourquoi pour Platon il est possible d'imaginer qu'un artiste puisse être inspiré plus directement par les Idées, et pas seulement par les choses perceptibles. L'artiste devient alors une sorte de médium pour les Idées. Mais là encore il y a une ambiguïté, selon Platon, parce que les artistes n'ont pas la gouverne intellectuelle des philosophes ; les artistes inspirés ne peuvent par conséquent pas donner un compte-rendu pertinent de ce qui leur arrive. Ils peuvent le gâcher ou le dénaturer. C'est pourquoi les philosophes doivent diriger, même quand les artistes manifestent une inspiration tirée presque directement des Idées.

Dans *La République*, Platon donne des directives soigneuses sur la façon dont les différents artistes doivent travailler. Les poètes, par

---

1. Esthétique, du grec *aisthétikos*, d'*aistanesthai*, « sentir » (percevoir).

exemple – avec tout leur charme, mais aussi leur relation distante à une vérité contraignante – doivent être contrôlés par ceux qui ont l'intellection : « Il faudra cependant demeurer vigilants : les hymnes aux Dieux et les éloges des gens vertueux seront la seule poésie que nous admettrons dans notre cité »[1]. Mais ce « contrôle de la qualité » ne s'applique pas seulement aux arts oratoires. Il concerne tout autant la musique et le chant, formes d'art qui (selon Platon) s'adressent directement à l'âme. Ainsi Platon rejette-t-il à la fois la sorte de musique qui nourrit le feu des passions incontrôlables et celle qui berce vers une ivresse languide. La musique, comme tout autre art, doit être une part de la culture de l'âme et de l'affermissement du caractère moral. Comme la poésie, elle doit favoriser l'intellection des Idées, y compris de celle de Justice, et ne pas rendre vulgaires ni embrouiller nos pensées et nos émotions.

Platon est un philosophe qui met particulièrement l'accent sur l'union et l'intégration dialectique plus que sur la division et la distinction. L'unité et la cohésion prennent le pas sur ce qui divise. Il est ainsi « holiste ». Et puisqu'il ne fait pas de distinction entre différents domaines et différentes tâches, il n'est pas capable d'accepter la liberté que ces différents domaines peuvent offrir.

QUESTIONS

Comment la théorie platonicienne des Idées peut-elle être considérée comme la suite de la doctrine fondamentale socratique selon laquelle il y a une morale universelle et contraignante ?

Discutez de la théorie platonicienne des Idées. Expliquez la différence entre intellection des Idées et connaissance des phénomènes perceptibles.

« La théorie platonicienne des Idées donne un fondement universellement valide aux normes et valeurs éthico-politiques ». Quelle pourrait être la base de cette affirmation ?

Discutez du lien entre la théorie des Idées de Platon et sa doctrine de l'État.

---

1. *La République*, 607a.

Suggestions de lecture

Sources
Platon, *Œuvres complètes*, Flammarion, 2008, sous la direction de Luc Brisson.

Commentaires
Barker, E., *Greek Political Theory*, Methuen, 1970.
Brisson, Luc et Fronterrota, Francesco, (sous la direction de), *Lire Platon*, PUF, Quadriges Manuels, 2006.
Taylor, A.E., *Plato, the Man and his Work*, Dover, 2001.

CHAPITRE 4

Aristote – L'ordre naturel et l'homme comme « animal politique »

Biographie. *Aristote naquit en 383 av. J.-C. dans la ville ionienne de Stagire, sur la côte macédonienne, où son père était médecin à la cour. Il est possible que cette profession ait joué un rôle dans l'intérêt d'Aristote pour la biologie. Quoi qu'il en soit, sa pensée fut grandement influencée par cette discipline, comme celle de Platon le fut par les mathématiques.*

À l'âge de dix-sept ou dix-huit ans, Aristote arriva à Athènes et commença à fréquenter l'Académie. Il y demeura vingt ans, jusqu'à la mort de Platon en 347 av. J.-C. Le contact avec Platon eut sur lui un grand impact philoso-phique. Il finit cependant par s'écarter de la philosophie de Platon, pour en développer une que l'on peut considérer comme à l'opposé de l'enseignement de ce dernier sur de nombreux points. Cela s'applique à la théorie des Idées, mais aussi à la théorie politique : alors que Platon, en un sens, tourne ses regards vers les Idées, c'est à la multitude des phénomènes particuliers qu'Aristote prête attention. Alors que Platon tente de développer une théorie sur un État idéal éternel et parfait, Aristote, à partir des formes d'État existantes, tente de trouver le meilleur des États qu'il soit possible d'établir. Mais ces différences entre Platon et Aristote ne doivent pas nous faire négliger les similitudes qui existent entre eux. Après la mort de Platon, Aristote fit divers voyages d'étude. Il s'intéressa en particulier à la vie sauvage aquatique. En tant que biologiste féru de description, il apprit à observer et à classer (mais pas à expérimenter, l'expérimentation ne commençant pour de bon qu'à la Renaissance).

Aristote fut pendant quelques années précepteur du jeune prince héritier de la couronne de Macédoine, le futur Alexandre le Grand. Mais ils n'eurent probablement aucune influence l'un sur l'autre. Aristote s'intéressait surtout aux cités-États, sans avoir l'idée d'un empire étendu dont feraient partie à la fois les Grecs et les Perses.

Après l'arrivée au pouvoir d'Alexandre, Aristote retourna à Athènes et créa sa propre école, le Lycée (335 av. J.-C.)[1]. Elle subsista près de neuf cents ans, plus longtemps que la plupart des universités européennes actuelles. Aristote y établit une bibliothèque et y fonda le premier musée d'histoire naturelle. Il y organisa aussi diverses sortes de recherches, souvent sous forme de travail collectif ; par exemple, avec l'aide d'assistants plus jeunes, il rassembla la description systématique des cent cinquante-huit différentes formes de gouvernement des cités grecques. De cet immense travail, il ne nous reste qu'une partie concernant l'histoire du développement de la constitution athénienne. Les leçons proposées au Lycée portaient sur la philosophie, l'histoire, l'instruction civique, les sciences naturelles (la biologie), la rhétorique, la littérature, et l'art de la poésie. La plupart des écrits attribués à Aristote sont probablement des notes prises lors de ses conférences académiques. À la mort d'Alexandre en 328, les Athéniens se retournèrent contre Aristote à cause de son passé macédonien, et il quitta Athènes. Il mourut l'année suivante à l'âge de soixante-deux ans (en 322 av. J.-C.).

Il nous reste beaucoup de travaux d'Aristote, mais bien d'autres sont perdus. Ses écrits furent en grande partie rassemblés par ses étudiants. Vers la fin du Moyen Âge, ses œuvres furent mises en ordre et, présentées comme un système, elles devinrent une lecture imposée partout en Europe dans les différents centres d'enseignement. Mais le véritable Aristote était un philosophe et un chercheur, et non un homme au système de pensée clos et complet, offrant toutes les réponses.

Idée ou substance

Platon et Aristote

Aristote et Platon croient tous deux que les êtres humains ne sont capables de vivre une vie digne que dans une communauté ; et, par communauté, ils entendent tous deux la cité grecque. Mais l'opposition d'ensemble entre Platon, rationaliste idéaliste, et Aristote, philo-

---

1. D'où le nom de « lycées » pour les établissements de l'enseignement secondaire.

sophe critique de *bon sens*, devient évidente dans leurs conceptions de la société : Platon critique les conditions réellement existantes en faisant appel aux exigences de la raison – il considère que la politique a pour tâche d'amener ces conditions à correspondre à l'idéal –, alors qu'Aristote part des formes existantes de l'État – et la raison, pour lui, est un moyen de classer et d'évaluer ce qui existe réellement. Cela signifie que Platon vise, par-delà l'ordre existant, à quelque chose de qualitativement nouveau. Aristote recherche le meilleur de ce qui existe déjà. Ce qu'il dit est plus réaliste au sens où cela correspond mieux aux conditions politiques des cités-États de son temps.

Ces caractérisations de Platon et d'Aristote constituent bien sûr une simplification. Elles permettent néanmoins de souligner certaines différences qui s'appliquent aussi bien à leurs théories purement philosophiques qu'à leurs théories politiques. Cependant, attirer l'attention sur ces différences ne doit pas masquer le fait que tous deux ont beaucoup en commun. Et le fil conducteur dans le développement de Platon à Aristote vient du fait qu'Aristote s'oppose à Platon – c'est-à-dire qu'il rassemble des arguments s'opposant à ses thèses et qu'il ne se contente pas de présenter une nouvelle perspective. Nous pouvons dire, sans pour autant prendre position sur la question de savoir lequel des deux est le meilleur penseur, qu'Aristote représente une sorte de continuation rationnelle de Platon. Par exemple, Aristote critique, comme Platon, ce que l'on nomme la théorie platonicienne des Idées.

Substance et propriétés

Alors que Platon, selon l'interprétation qui prévaut dans les manuels, déclare que les Idées sont ce qui existe *vraiment*, Aristote affirme que ce qui existe de façon indépendante, ce sont les choses particulières, ou « substances », pour utiliser sa terminologie. La Tour Eiffel, le cheval du voisin et un crayon sont des exemples de choses particulières, de substances au sens aristotélicien : ils existent de façon indépendante. D'un autre côté, la hauteur de la Tour Eiffel, la couleur baie du cheval du voisin et la coupe hexagonale du crayon sont des propriétés qui n'existent pas de façon indépendante de la Tour, du cheval et du crayon. Les substances ont des propriétés, et les propriétés existent en tant que propriétés des substances ; mais, en dehors de cela, les propriétés n'ont aucune existence indépendante. On peut regarder divers objets jaunes et parler de la propriété « jaune » (et de même pour d'autres objets et d'autres propriétés). Selon Aristote, cela ne fait pas de la propriété jaune une idée existant de façon indépendante. La propriété jaune n'existe que dans les choses jaunes, et parce qu'il y en a[1]. De même peut-on regarder Prince Noir, Poly et Flicka et parler d'eux en tant que chevaux. On néglige alors les propriétés individuelles et accidentelles de chacun en particulier, et l'on se concentre sur ce qui est caractéristique de tous, en tant que chevaux. Qu'ils soient dorés ou alezans n'est alors pas essentiel, pas plus que de savoir s'ils sont maigres ou gros, ont un bon ou un mauvais tempérament. Ce sont des propriétés non essentielles si l'on s'intéresse à ce qu'est l'essence d'un cheval. Mais il y a d'autres propriétés dont un cheval ne peut être dépourvu pour demeurer cheval – par exemple, être un mammifère et avoir des sabots. De telles propriétés peuvent alors être dites propriétés essentielles : elles expriment ce qui caractérise cette sorte de substance. De cette distinction entre *propriétés essentielles* et *propriétés non essentielles*, on peut formuler un *concept d'espèce* ; par exemple l'espèce *cheval*, qui se compose des propriétés essentielles du cheval.

Aristote affirme donc que les substances sont ce qui existe vraiment, mais que les propriétés et les espèces possèdent une existence relative, en ce qu'elles existent dans ou avec les substances (choses particulières) :

$$\frac{\text{la porte brune}}{\text{brun}} = \frac{\text{chose particulière (substance)}}{\text{propriété et espèce}} = \frac{\text{existence indépendante}}{\text{existence relative}}$$

En conséquence, Aristote ramène les Idées au niveau des choses : les propriétés et les espèces existent, mais seulement *dans* les choses particulières[2].

Dans les grandes lignes, on peut interpréter comme suit la relation qui existe ici entre Platon et Aristote. Tous deux croient que les termes conceptuels (les noms de propriétés, comme « rouge », « rond », etc. et les noms d'espèces, comme « cheval », « être humain », etc.) font référence

---

1. Aristote utilise par exemple des arguments tels que : si l'idée du *jaune* est ce qu'ont en commun toutes les choses jaunes, on se trouve face à une alternative. Première possibilité : on peut dire que l'idée du jaune est *elle-même jaune*, mais alors elle est en même temps une caractéristique qui s'applique à elle-même. Et l'on peut donc demander s'il n'y a pas un *troisième terme* qui est commun à l'idée jaune du jaune et aux choses jaunes particulières (après quoi on peut à nouveau poser la même question pour ce troisième terme ; c'est ce qu'on appelle l'« argument du troisième homme »). Deuxième possibilité : on peut dire que l'idée du jaune *n'est pas* jaune, mais il devient alors difficile de donner un sens à l'affirmation selon laquelle l'idée du jaune est ce que toutes les choses jaunes ont en commun.

2. Au départ, les distinctions aristotéliciennes semblent souvent simples et faciles à comprendre. Mais quand on y regarde de plus près, elles deviennent vite complexes. On peut par exemple demander : *que* reste-t-il de l'objet particulier existant indépendamment quand toutes les propriétés ayant une existence relative ont été enlevées ?

à quelque chose qui existe. Mais Platon croit que ce « quelque chose », ce sont les Idées qui existent « derrière » les phénomènes sensibles : nous disons, avec raison, que ceci est une chaise et qu'elle est bleue ; mais, pour le voir, nous devons déjà avoir l'Idée de chaise et l'Idée de bleu. Ce sont les Idées qui nous permettent de voir les phénomènes pour ce qu'ils sont ; par exemple en tant que chaise et en tant que bleue. Pour Aristote, ce « quelque chose », ce sont les formes qui existent dans les phénomènes sensibles. Mais cela ne doit pas être compris trop littéralement. Selon Aristote, à l'aide de la raison, nous pouvons percevoir l'universel, ou les formes. En négligeant ce qui est unique chez Prince Noir, je suis capable d'imaginer la forme universelle du cheval. Je peux voir Prince Noir, mais la forme de cheval qui existe effectivement « dans » Prince Noir ne peut être explicitement connue que par abstraction du sensible et du spécifique.

Pour Platon, l'expérience sensible est une forme imparfaite de connaissance. La connaissance véritable est la contemplation des Idées. Et cette contemplation implique de regarder dans un monde d'Idées « derrière » le monde des sens. Pour Aristote, l'expérience sensible, l'empirique, a un statut plus positif. Selon lui, en fin de compte, seules existent les choses particulières (les substances). Mais on peut, à l'aide de la raison, distinguer *dans* ces choses les formes universelles. Par un processus d'abstraction, nous reconnaissons les formes universelles dans les choses. En d'autres termes, l'expérience sensible et la raison ont des statuts plus proches chez Aristote que chez Platon[1]. Nous

---

1. Pour Aristote, la connaissance *commence* par l'expérience sensible. En réfléchissant sur les expériences sensibles, par exemple sur celles que procurent différents chevaux, les êtres humains peuvent reconnaître la forme *cheval* qui est *dans* ces chevaux particuliers. Et par une réflexion plus approfondie sur les formes, la connaissance philosophique devient possible. On peut dire qu'Aristote considère les différentes sciences théoriques comme différents degrés d'*abstraction* à partir de l'expérience quotidienne : dans le *monde de la vie*, nous avons une expérience sensible immédiate des choses matérielles. La *physique* consiste à faire abstraction des propriétés distinctes et accidentelles des choses matérielles particulières : l'objet de la physique n'est pas ce rocher, ici et maintenant, mais le rocher comme objet physique, avec un certain poids et un certain mouvement. Les *mathématiques* représentent une abstraction supplémentaire : cette fois, on fait abstraction des propriétés matérielles des choses, de sorte que ces dernières n'apparaissent que comme des formes géométriques ou des valeurs numériques (nombres). Finalement, au moyen d'une abstraction supplémentaire, on en vient à la *métaphysique* qui traite des principes et propriétés totalement universels. On peut donc dire d'Aristote qu'il part de l'expérience sensible et s'*élève* au moyen de l'abstraction. Quant à Platon, dans un certain sens, il commence « en haut » et « descend » vers le monde des sens : la compréhension dialectique des Idées est ce qui est certain (quand cette compréhension est d'abord atteinte). Nous allons « vers le bas », à travers les mathématiques, la physique, et les sciences de l'homme, vers des objets de plus en

reviendrons sur cette opposition entre platonisme et aristotélisme, en liaison avec la querelle des Universaux (chapitre 6).

ONTOLOGIE ET ÉPISTÉMOLOGIE

Concepts de base

Les théories philosophiques sur les formes fondamentales d'existence, comme la théorie des Idées et celle de la substance et des propriétés, relèvent de l'*ontologie* («théorie de l'être»), et les théories philosophiques sur les formes fondamentales de la connaissance, de l'*épistémologie* («théorie de la connaissance»). Pour Aristote, la première étape sur la voie de la connaissance est l'expérience que nous avons des choses particulières avec nos sens ; l'étape suivante est une abstraction de l'accidentel vers l'essentiel et l'universel. L'essentiel et l'universel sont alors saisis dans une définition ; par exemple celle du cheval en tant qu'espèce. Une fois que nous avons une définition des propriétés essentielles d'une espèce, nous avons une connaissance d'un niveau supérieur, puisque les thèmes de notre connaissance sont inchangeables et essentiels. Donc, pour Aristote, l'acquisition de la connaissance part de l'expérience sensible et va jusqu'à la compréhension de l'essence ; c'est un processus d'abstraction vers la définition de quelque chose d'essentiel et d'universel. Bien qu'il affirme que ce sont les choses particulières, les substances, qui ont une existence indépendante (comme le dit son ontologie), il pense que la connaissance que nous devrions rechercher est celle des propriétés essentielles et universelles (comme le dit son épistémologie). Après être passé de la compréhension du particulier à celle de l'essentiel et de l'universel, on peut utiliser cette dernière pour faire des inférences logiques valides nous permettant d'atteindre d'autres propositions vraies : si nous savons qu'un cheval est un mammifère, et que Prince Noir est un cheval, nous pouvons en déduire que Prince Noir est un

---

plus changeants qui donnent alors une compréhension de plus en plus incertaine et éphémère. (Ainsi, pour Platon, personne ne commence par le monde des Idées. Nous avons tous à rechercher «vers le haut» et «vers le bas» dans une tentative de toute une vie pour atteindre la meilleure compréhension possible des Idées.)

mammifère. Aristote est connu pour avoir formulé ce que l'on appelle les syllogismes, sur les implications valides et non valides de ce type[1].

En plus de la connaissance qui consiste en la perception des choses particulières et en la compréhension des essences en tant que liées à la substance, Aristote invoque la sagesse pratique. Il fait également référence à la compréhension des principes de base, que l'on ne peut prouver mais qui sont irréfutables. Nous reviendrons ultérieurement sur ces formes de connaissance (« Connaissance et *praxis* »), mais nous allons d'abord étudier de plus près la compréhension de l'essence que recherche Aristote. Cette compréhension n'est pas simplement celle de la définition d'une espèce. Pour comprendre un phénomène, nous devons connaître les *causes* qui l'ont fait ce qu'il est. Mais la façon dont Aristote comprend la cause (*causa*) tend à être plus large que ce qu'on entend habituellement par ce mot. Les propriétés fondamentales de toutes choses et les causes fondamentales qui font des choses ce qu'elles sont sont traitées dans l'ontologie aristotélicienne, dont les mots-clé sont les suivants :

1. substance ;
2. forme / matière ;
3. quatre « causes » ;
4. acte / puissance ; changement ;
5. théologie.

Les quatre causes

Chaque chose particulière (substance) se compose de *forme* et de *matière*. Un morceau d'argile a une certaine forme, et l'argile elle-même est la matière. Un potier peut changer le morceau d'argile en jarre, de façon à ce que ce morceau d'argile (avec forme et matière) devienne une *nouvelle* chose particulière, ayant maintenant une forme plus raffinée. Ce qui fait de l'argile une jarre, c'est une certaine forme qui se combine avec un matériau particulier, l'argile. La forme nous dit quel genre de chose est la jarre. Le matériau est ce dont la jarre est faite. Mais la jarre n'est pas quelque chose qui se fait tout seul. Un potier la fait. Quand il commence, il a une certaine idée de ce à quoi elle devrait ressembler afin de satisfaire à sa fonction, qui est d'empêcher l'eau de s'échapper. En travaillant avec un matériau

---

1. Cette théorie aristotélicienne de la connaissance qui souligne les inférences inductives menant à des définitions de l'essence, et les inférences déductives à partir de ces définitions, fut amplement critiquée durant le développement des nouvelles sciences expérimentales aux seizième et dix-septième siècles (voir chapitre 7).

brut convenable, il fait la jarre. Par ce simple exemple, nous pouvons illustrer *l'enseignement aristotélicien des quatre causes*. La jarre d'argile est codéterminée par quatre «causes», ou principes.

1. La représentation de la jarre terminée est le but vers lequel tend tout le processus de création : *la cause finale (causa finalis)*. C'est le principe téléologique, selon lequel un processus de changement est guidé par son but (en grec : *télos*).
2. La façon dont le potier prépare le matériau brut est au cours du processus la force motrice, ou la source du mouvement : *la cause efficiente (causa efficiens)*. C'est le principe de causalité, selon lequel un processus est déterminé par des forces mécaniques externes.
3. Ce dont la jarre est faite est la matière : *la cause matérielle ou le principe matériel (causa materialis)*. Le principe matériel consiste en ce dont les choses sont faites. Il correspond à la matière (mentionnée ci-dessus).
4. Nous avons finalement les (différentes) formes que prend à tout moment le morceau d'argile / la jarre. C'est *la cause formelle ou le principe formel (causa formalis)*. Le principe formel consiste en ces propriétés qu'acquièrent les choses. Il correspond à la forme (mentionnée ci-dessus).

Ces quatre «causes» (principes) sont devenues de diverses façons une partie du débat philosophique, et elles sont continuellement source de discussions. La doctrine du principe formel (de la cause formelle) fait partie du débat sur les Idées platoniciennes, de la querelle des Universaux au Moyen Âge, et du débat contemporain sur le nominalisme et le réalisme. La discussion devient âpre quand elle en vient à la relation entre cause efficiente et cause finale. Durant la Renaissance, beaucoup ont rejeté le principe téléologique (*causa finalis*), et à notre époque le débat se poursuit, dans les sciences sociales et les sciences de l'homme, sur la relation entre les explications reposant sur la finalité et les explications causales.

Le concept de matière pose de nombreux problèmes. On peut parler de la matière comme *matériau*, comme l'argile, la roche ou le bois. Le même matériau, tel qu'un morceau de bois, peut servir à différentes choses, du pied de chaise au manche de hache. Il peut avoir différentes formes, selon ce que le charpentier a prévu. Mais on peut également imaginer deux pieds de chaise, rigoureusement identiques. Ils ont la même forme. Les formes, ou propriétés, sont universelles. Dans la production de masse des aiguilles, tous les produits ont le même aspect. Toutes les aiguilles ont les mêmes propriétés – forme, taille, couleur, etc. Mais ce sont toutes des unités différentes – elles ne sont pas toutes la même aiguille – parce que chacune a sa propre matière. Ce qui fait d'elles de nombreuses unités particulières, et non une chose unique, c'est qu'elles ont leur propre matière, et que par conséquent on peut les trouver dans des situations spatiales différentes, par exemple côte à côte. Mais ces diverses aiguilles n'occupent jamais un seul et même espace. La matière, en ce sens, est ce qui individualise, c'est-à-dire ce qui fait d'une chose une chose *particulière*. En ce sens, la matière (*materia secunda*) est considérée comme principe d'individuation. Mais qu'est-ce que la matière avant qu'elle ne soit formée ? Peut-on même parler de ce qui est sans forme, ou peut-on y penser ? En ce sens, la matière (*materia prima*) est un concept problématique. De plus, selon la tradition aristotélicienne, la matière est habituellement associée au *féminin*, et la forme ou le formateur avec le *masculin*.

Nous avons illustré ici les quatre principes (ou causes) par un exemple tiré du monde des ouvriers ou des artisans. Cela correspond à la façon de faire d'Aristote. Sa réflexion a souvent reposé sur les processus de création que l'on trouve dans les différentes professions. Mais il utilise en même temps la biologie comme point de référence. Les quatre causes s'appliquent, en principe, à toute chose. Quand on en arrive à des organismes qui prennent forme continuellement tout au long de leur vie – comme les roses et les chats –, on peut dire que cause finale et cause efficiente se trouvent, en un sens, à l'intérieur de ces choses mêmes. Elles possèdent le but et la force motrice en elles-mêmes, et non à cause d'un agent extérieur tel qu'un potier. Nous voyons ici une distinction entre *la nature* et *le travail des êtres humains* (la culture). Les choses naturelles ont les quatre principes *en elles-mêmes*, par opposition aux choses faites par les êtres humains. Mais, dans la nature, toutes les choses ne sont pas des organismes ou des objets faits par la main de l'homme. Les choses naturelles qui ne vivent pas, comme les rochers et l'eau, ne sont pas déterminées par la croissance, ni par des buts humains ou des interventions formatrices. Il devient ici hautement problématique de parler de cause finale.

Changement et cosmologie

La théorie aristotélicienne du mouvement «naturel» et du mouvement «forcé» illustre la notion de cause finale en liaison avec la nature inorganique – les choses non vivantes qui ne sont pas faites par l'homme. Il est utile de noter qu'Aristote définit quatre types de changement :

1. *le changement selon la substance*, dans lequel la substance (la chose) vient à l'existence et périt, comme un cheval qui naît et qui meurt ;
2. *le changement selon la qualité*, dans lequel la substance (la chose) change de propriétés, comme quand une feuille passe du vert au brun ;
3. *le changement selon la quantité*, dans lequel la substance (la chose) reçoit plus (ou moins) de telle propriété, comme quand un chat devient gros et lourd, ou maigre et léger ;
4. *le changement selon l'espace*, dans lequel la substance (la chose) change sa localisation spatiale, comme quand une pierre tombe sur le sol ou qu'une flèche est tirée sur une cible.

La théorie du mouvement « naturel » ou « forcé » appartient au dernier type de changement. Son point de départ est que toute chose est composée des quatre éléments – le feu, l'air, l'eau et la terre –, les deux premiers allant vers le haut (et le feu plus fortement que l'air), et les deux autres vers le bas (et la terre plus fortement que l'eau). Des choses différentes sont composées de quantités différentes de ces quatre éléments. Les choses qui ont principalement de la terre en elles vont donc naturellement vers le bas. Celles qui ont principalement de l'eau en elles recouvriront naturellement ces choses « riches en terre ». Celles qui ont principalement du feu rechercheront de plus grandes hauteurs, alors que celles qui ont principalement de l'air se placeront sous celles qui contiennent principalement du feu. Cela signifie que l'action de *tomber*, par exemple, s'explique par cette théorie aristotélicienne des choses particulières « recherchant leur lieu naturel » en accord avec la façon dont les quatre éléments les composent. C'est ainsi que l'on explique le mouvement de chute par la *cause finale*. Pour user de la totalité des quatre types de causes, nous dirons que le lieu naturel d'une chose est la cause finale, que son poids est la cause efficiente, que le chemin menant au lieu naturel est la cause formelle, et que le matériau composant la chose est la cause matérielle. Quand nous tirons une flèche dans une direction horizontale, elle se déplace d'abord selon une direction horizontale puis décline graduellement et tombe selon un certain angle en direction du sol. Elle ne tombe pas directement vers le bas quand elle quitte la corde de l'arc. Elle est mise en mouvement, ce qui la contraint à voler dans une direction différente de celle qu'aurait suivie son mouvement naturel, qui aurait été une chute directe vers le sol. La flèche est donc « forcée » dans une direction qu'elle n'aurait pas suivie autrement. C'est la doctrine du mouvement forcé selon Aristote. À la Renaissance, de tels phénomènes commencèrent à s'expliquer d'une façon différente. Les concepts de mouvement naturel et de mouvement forcé furent critiqués et rejetés, ainsi que la notion de causes finales dans la nature (voir Galilée).

En astronomie, Aristote distingue les sphères supérieures et les sphères inférieures de l'univers. La théorie du mouvement naturel et du mouvement forcé s'applique à la partie de l'univers la plus proche de la terre (« sublunaire », sous la lune). D'autre part, les étoiles et les planètes appartiennent aux sphères supérieures, où leurs orbites décrivent des cercles parfaits à une vitesse constante. Il y a ici trois hypothèses astronomiques de base :

1. l'univers se divise en deux sphères, l'une inférieure et l'autre supérieure, chacune avec ses propres lois du mouvement ;
2. les orbites de la sphère supérieure sont circulaires ;
3. les corps célestes se déplacent selon ces orbites à une vitesse constante.

De plus, l'univers est conçu comme fini.

Toutes ces hypothèses sont incluses dans ce qu'on appelle la conception ptolémaïque du monde (voir chapitre 5, « Astronomie ») qui domina l'astronomie jusqu'à ce que se développassent les conflits qui naîtront à la période suivante. La nouvelle théorie de la mécanique (Galilée et Newton) rejeta la compréhension aristotélicienne du mouvement à la surface de la terre, et la nouvelle théorie de l'astronomie (Copernic, Kepler et Newton) rejeta la compréhension aristotélicienne de la nature de l'espace céleste : selon cette nouvelle compréhension, l'univers entier est soumis aux mêmes lois, et les corps célestes se déplacent selon des orbites elliptiques, à différentes vitesses (dans un univers illimité).

En acte – en puissance
Une vision organique et hiérarchique du monde

La distinction aristotélicienne entre forme et matière est liée de près à la distinction entre *acte* et *puissance* : la graine de pin n'est *ici et maintenant* (en acte) qu'une graine, mais elle porte en elle les *capacités naturelles* à devenir un arbre. Dans la croissance de l'arbre, les *capacités* que la graine porte en elle *se réalisent*. Ainsi la puissance s'actualise. Aristote généralise cet aspect biologique et l'applique à *toutes* les choses : toutes les choses particulières sont des mélanges pleins de tension entre puissance et acte, et toutes cherchent à actualiser leur puissance. Il donne ainsi du changement une explication biologique, non une explication mécanique comme le faisaient les philosophes milésiens et les atomistes : le changement, pour lui, est l'actualisation de la puissance. C'est ainsi qu'il évite le concept problématique du non-être, lié au concept de changement. Le changement n'est pas une oscillation entre l'être et le non-être. La création n'est pas l'émergence de quelque chose à partir de rien, *ex nihilo*. Le changement, qu'il repose sur le développement biologique ou sur la création de l'artisan, met en jeu la réalisation de capacités existantes. Le possible *est*, en tant que puissance.

Selon cette théorie de l'interaction entre acte et puissance, nous dirons que *le réel*, pour Aristote comme pour Platon, n'est pas identique à ce qui est donné en acte. Pour lui, le réel est ce qui tend ses efforts vers *l'actualisation*. L'exception est l'acte pur, qui est réel sans puissance, et donc sans désir d'actualisation. La réalité a une « épaisseur » dynamique. Explorer la réalité ne peut se limiter à recueillir et à synthétiser les faits donnés en acte. L'exploration de la réalité devrait également inclure la recherche du processus dynamique sous-jacent à l'actualisation. Et la philosophie, de ce point de vue, se doit d'analyser ce qui est donné en acte, à partir de la compréhension de la manière dont le réel est réellement. C'est ainsi qu'Aristote finit par un univers hiérarchisé :

Acte pur

Êtres humains

Animaux

Plantes

Choses inorganiques (rochers, terre)

Puissance pure (matière pure)

Tout en bas de l'échelle se trouvent les choses sans vie (les rochers, la terre, etc.). Puis viennent les plantes qui, selon Aristote, ont une forme supérieure d'existence : elles ont une âme reproductrice et végétative (du grec *psychè*, « âme, principe de vie »). Elles se reproduisent et assurent leur subsistance. Puis viennent les différents animaux qui, en plus de la capacité de se reproduire et d'assurer leur subsistance, ont également une âme sensible – ils ressentent – et une âme motrice – ils se meuvent (ils courent, ils nagent, ils volent). Finalement, il y a les humains qui, avec l'âme végétative, reproductrice, sensible et « motrice », ont également la capacité de raisonner. La raison (au sens large) est l'« âme » spécifique aux humains. L'homme est par excellence l'animal rationnel[1]. La raison est la *forme des êtres humains*, celle qui transforme les formes animales – capacités à se reproduire, à assurer sa subsistance, à éprouver, à se mouvoir – en matériau de la forme spécifique de l'être humain, de la raison (en grec : *noûs*). L'être humain a beau être aussi un animal (il possède toutes les capacités que les animaux possèdent), ces propriétés animales sont, de par sa nature, illuminées et ennoblies par la raison[2].

Les humains sont les plus élevées des créatures dotées d'une existence matérielle. Au sommet de cet univers hiérarchisé, Aristote imagine un principe premier, Dieu, acte pur, c'est-à-dire sans puissance, et, partant, sans changement. Dieu repose en lui-même. La méta-physique d'Aristote culmine ainsi en une *théologie*, un enseignement sur l'être suprême. Ce n'est pas un dieu personnel : Aristote conçoit l'être suprême comme le *moteur immobile*, qui est en repos. Ce prin-cipe suprême est acte pur, dépourvu de puissance. Mais, pour cette raison, il est la fin ultime (*télos*) de toute chose. Le moteur immobile est ce vers quoi toute chose se meut (chacune à sa manière propre et selon ses limites). Le niveau le plus bas dans l'univers hiérarchisé est la matière pure (puissance) ; le concept de matière pure représente un concept « limite » que, à strictement parler, nous ne pouvons imaginer, puisqu'il n'existe pas en acte (il n'a pas de propriétés en acte). Dans l'univers hiérarchisé d'Aristote, chaque chose particulière incline à réaliser de la meilleure manière ce qui, en elle, est en puissance. Il y a, en toute chose, une aspiration « à l'élévation ». Le but (*télos*) de

---

1. On peut comparer la division tripartite aristotélicienne en plantes, animaux et êtres humains, reposant sur les principes de vie de l'alimentation et de la repro-duction, de la perception sensible et de l'effort, et de la raison, avec la division tripartite platonicienne en producteurs, en « gardiens » et en penseurs.

2. De ceci, on peut poursuivre en parlant de la *sur-description* ou de la *sous-description* des phénomènes. Attribuer des propriétés humaines aux animaux, c'est les sur-décrire. C'est ce qu'on fait dans les aventures et dans les fables, quand par exemple l'ours et le renard parlent ensemble. Parler est une capacité liée au principe rationnel de vie que possèdent les êtres humains, mais non les animaux. Une description d'animaux en train de parler n'est donc pas vraie. Mais si nous n'attribuons aux êtres humains rien de plus que des propriétés animales, nous les sous-décrivons. Cette sous-description est vraie dans une certaine mesure – parce que les êtres humains possèdent aussi tous les principes de vie animale – mais elle est qualitativement insuffisante. L'animisme – l'attribution de propriétés spirituelles aux rochers et aux arbres – est un type de sur-description peu répandu dans nos sociétés. Toutefois, concevoir les êtres humains comme représentant exclusive-ment des principes de vie inférieurs au principe de vie humaine (« réduction naturaliste ») est un type de sous-description qui n'est pas si inhabituel dans nos contrées (« les êtres humains ne sont après tout rien de plus que des organismes physiologiques »). Mais quelle est leur description correcte ? Ceci demeure une question difficile et controversée.

chaque chose est la réalisation de ses capacités. L'actualisation de la puissance de la chose est, en ce sens, téléologique. Cette aspiration et cette actualisation par le changement se trouvent en chaque chose. Mais chaque *espèce* a sa place donnée dans l'univers (voir Darwin, chapitre 20). Cette vision du monde a exercé une grande influence parce qu'elle fut notamment adoptée par plusieurs philosophes chrétiens, tels que Thomas d'Aquin au treizième siècle.

Aristote et l'écologie

Il est typique d'Aristote que son point de départ soit souvent la nature *vivante*, et non, comme chez Démocrite, la nature inorganique. On peut ici parler d'un choix entre deux modèles d'explication : l'un qui tire ses concepts du domaine de la biologie et l'autre qui tire les siens de l'étude des choses inorganiques. Démocrite tente de tout expliquer par des concepts et des lois mécaniques inorganiques – le modèle des boules de billard – mais peine à expliquer les phénomènes biologiques et sociaux. On peut dire qu'Aristote tente de tout expliquer par les catégories biologiques et organiques – le modèle organique. Il maintient donc que toute chose, y compris les rochers et l'air, a son « lieu naturel », et que toute chose poursuit son but naturel[1]. On pourrait également dire qu'il utilise le concept d'action comme point de départ, au contraire de Démocrite qui part du concept d'évènement. Un évènement est quelque chose qui survient dans la nature et que nous étudions par l'observation avec souvent pour but d'établir des lois causales. Une action est un phénomène social qui suppose une personne agissant intentionnellement – c'est-à-dire une personne qui, d'une manière ou d'une autre, est consciente de ce qu'elle fait. La théorie des causes selon Aristote s'applique plus particulièrement à l'action orientée vers un but. Les évènements purement naturels ne s'y adaptent pas aussi bien. D'un autre côté, les philosophes comme Démocrite, qui partent des évènements, ont du mal à rendre compte correctement des phénomènes sociaux, c'est-à-dire des phénomènes liés à une action, à une intention, à un sujet, à une intersubjectivité[2].

---

1. Dans *nos* termes conceptuels, cette description s'applique bien aux plantes et aux animaux, moins bien aux choses non vivantes. Ainsi Aristote et Démocrite représentent-ils deux philosophies naturelles *monistes* différentes.

2. Les théoriciens qui interprétaient les évènements à partir des sciences de la nature – ils apparurent pour la première fois durant la Renaissance – avaient du mal à expliquer les aspects sociaux de la réalité. Et comme les sciences sociales

Pour Aristote, la philosophie naturelle[1] est, en ce sens, une description de la nature telle que nous en faisons l'expérience. Il conçoit des éléments de base comme la terre, l'eau, l'air et le feu, et des notions comme haut et bas, etc. ; c'est-à-dire les concepts généraux de l'expérience de la nature[2]. Ou peut-être pourrions-nous dire que, pour lui, la philosophie naturelle est définie par l'écologie et non par la physique. Pour lui, il y a diverses espèces et divers principes de vie, chacun avec ses fonctions naturelles et ses limites, qu'aucune créature ne peut violer sans dommage. En revanche, une crise écologique qui mène à l'extinction de formes supérieures de vie n'est pas une violation de l'ordre fondamental des choses selon la vision mécaniste du monde de Démocrite : un univers de particules matérielles, n'ayant de propriétés que quantitatives, et se mouvant mécaniquement dans le vide. Un tel monde demeure fondamentalement non affecté par une crise écologique. Les catégories dont Démocrite se sert pour comprendre l'univers sont écologiquement neutres, et, par conséquent, selon une perspective pratique, inadéquates.

On ne peut pas non plus saisir la dimension écologique en ajoutant à un atomisme mécanique des catégories subjectives comme les valeurs humaines et l'expérience de la qualité[3], parce qu'une crise écologique dans un écosystème ferait intervenir sur terre des changements destructeurs même si l'espèce humaine n'existait pas. En médecine, la distinction entre le malade et le bien-portant repose, en un sens, dans

---

ont commencé à prendre forme au dix-neuvième siècle, nous avons vécu sans cesse avec cette tension entre *action* et *évènement* en rapport avec les problèmes fondamentaux étudiés par les sciences sociales.

1. Cette philosophie naturelle était appelée «physique», c'est-à-dire théorie de la *physis* («nature»). Parce que les écrits aristotéliciens traitant de philosophie première étaient placés *après* la philosophie de la nature («physique»), la philosophie première fut appelée *métaphysique* (*méta ta physica* «après la physique»).

2. On peut dire que la philosophie naturelle d'Aristote naît de son intérêt pour la compréhension de la nature dont les humains font l'expérience, ce qui n'est pas le cas des scientifiques modernes qui s'intéressent au *contrôle* de la nature – dans ce dernier cas, la méthode expérimentale hypothético-déductive et les concepts mathématiques abstraits sont bien appropriés. (Voir chapitre 7, «le débat sur la méthode».)

3. Non seulement la vision mécaniste de la nature a tendance, en ce qui concerne les humains, à mal placer les «reliquats» qualitatifs, comme les propriétés sensibles et les valeurs, mais elle va aussi de pair avec un accent mis sur la capacité humaine à contrôler les phénomènes de la nature. La distinction que fait Descartes entre la chose pensante (*res cogitans*) et la chose étendue (*res extensa*) se lit en parallèle avec une vision de la société qui divise en deux catégories tout ce qui est : les chefs qui calculent les profits, et les matières premières. Que celles-ci soient des animaux, des rochers, ou des corps humains, il s'agit toujours d'objets pour le sujet calculant, qui, par vertu ou par intelligence, peut exploiter et contrôler les objets.

le corps vivant : la physique ne peut la faire seule. Ce qui est requis est une philosophie naturelle qui inclut l'écologie. Mais puisque les humains participent de l'équilibre écologique, cette philosophie de la nature doit s'accommoder à la fois de l'homme et de la nature.

Chez les premiers philosophes grecs, nous trouvons une conception de la nature comme un tout, la *physis*, conception dans laquelle les humains sont vus comme partie de la structure naturelle. L'enseignement des philosophes grecs de la nature sur les interactions que l'on trouve dans la nature comme un tout est en ce sens une philosophie écologique. La *physis* est une totalité fonctionnelle dans laquelle chaque chose fonctionne selon son but. Aller par-delà sa propre fonction naturelle est de l'*hubris* (de l'arrogance), et peut mener au désordre (au *chaos*). La réalisation harmonieuse des attributs naturels de chaque chose, à sa place naturelle, est juste, dans la nature comme dans la société. L'interaction positive entre les différentes formes de vie et l'environnement, à l'intérieur des limites finies de la nature, compose le *cosmos*, l'univers comme tout fini et harmonieux.

Nous pourrions rappeler qu'aujourd'hui la pollution affecte l'eau, l'air et la terre, et que notre énergie provient en fin de compte du soleil. Pour Aristote et les autres philosophes de la nature grecs, le feu, l'air, l'eau et la terre étaient les éléments de base.

Pour Aristote, chaque chose a son lieu naturel. La pollution est une «erreur de localisation» : les choses sont placées dans des contextes auxquels elles n'appartiennent pas, et où, en ce sens, elles ne devraient pas être. Dans l'univers atomiste de Démocrite, il n'y a pas de pollution ainsi entendue.

Par opposition à Démocrite, Aristote utilise les concepts par paires, telles que haut/bas, sec/humide, chaud/froid, etc. : les différences entre désert, toundra et forêt sont écologiquement importantes. Mais, dans une vision mécaniste du monde, elles ne sont pas conçues comme des conditions essentiellement distinctes. Il en va de même pour les différences entre le vivant et le non vivant, et entre les divers principes de vie parmi les créatures vivantes : pour la plante, la capacité à assurer sa subsistance et à se reproduire ; pour l'animal, la capacité supplémentaire à se mouvoir et à ressentir ; et, pour l'être humain, la capacité à raisonner. L'écologie semble donc attirer l'attention, au-delà d'une vision atomiste et mécaniste du monde, comme celle de Galilée et de Newton, sur la philosophie naturelle d'Aristote et des autres philosophes grecs.

CONNAISSANCE ET *PRAXIS*

Formes de connaissance

Alors que Platon le dialecticien voit un lien entre les diverses formes de connaissance et leurs problèmes, de sorte qu'il ne fait pas de différence nette entre théorie des Idées et doctrine de l'État, éthique, esthétique, etc., Aristote l'analyste tente d'établir des distinctions entre les diverses disciplines. Il distingue les disciplines théoriques, pratiques et poétiques (correspondant respectivement à la *théoria*, à la *praxis* et à la *poièsis*), qui sont liées, dans l'ordre, à la connaissance (en grec : *épistémè*), à la sagesse pratique (en grec : *phronésis*), et à l'art ou à l'habileté technique (en grec : *tèchné*). Le but des disciplines théoriques est de déterminer la vérité. Aristote en prend en compte trois, qui sont la philosophie de la nature, les mathématiques, et la métaphysique. La philosophie naturelle cherche à déterminer les choses perceptibles et susceptibles de changement, les mathématiques cherchent à déterminer les propriétés invariables et quantifiables, la métaphysique cherche à déterminer les formes inchangeables et essentielles. En ce sens, Aristote emploie des termes d'un niveau d'abstraction croissant, de la philosophie naturelle jusqu'à la métaphysique, en passant par les mathématiques. Le but des disciplines pratiques est de mener à des actions sages grâce à la compétence éthique acquise (*phronésis*). Cette dernière ne s'obtient que par l'expérience personnelle en compagnie de personnes matures qui, ayant l'expérience des diverses situations sociales, savent les reconnaître et y répondre. C'est une expérience d'un type qui diffère de celui de l'expérience sensible, une expérience que chacun doit faire afin d'acquérir la compétence à évaluer des évènements sociaux. Dans une large mesure, par conséquent, on peut parler de « connaissance tacite », au sens où cette connaissance ne peut se transmettre par des propositions seules, mais uniquement quand les personnes qui se sentent concernées participent à ce qui est en jeu et en font l'expérience. Il est intéressant de noter qu'Aristote classe l'éthique et la politique dans les disciplines « pratiques ». En ce qui concerne la politique, cela signifie qu'il prend ses distances avec la vision de celle-ci comme simple combat pour le pouvoir, comme dans la notion de *Realpolitik* qui commence avec Machiavel. Pour Aristote, la politique est affaire d'interaction, ouverte et éclairée, dans laquelle les gens se forment et se cultivent les uns les autres, et cherchent à leurs problèmes des solutions justes et bonnes.

Aristote souligne l'importance de l'acquisition de la compétence éthique. Nous verrons ultérieurement qu'il y a d'une part ceux qui limitent l'éthique à la question de la justification de principes éthiques universels (comme dans l'impératif catégorique de Kant), et d'autre part ceux qui la considèrent comme la maximalisation de l'utilité (tels les utilitaristes comme Bentham). Par le concept de *praxis*, Aristote montre qu'il reconnaît également le besoin d'acquérir la capacité à émettre des jugements éthiques et justes ; ce qui implique que l'individu se cultive en compagnie des autres, et va au-delà de ce qu'on peut apprendre sous la forme de justification théorique ou de critique des normes.

Le but des disciplines poétiques est de produire quelque chose. Elles sont créatrices (*poétiques*). Cette production peut avoir lieu par la création artistique : c'est pourquoi la poésie et la rhétorique y sont incluses. Mais elle peut également avoir lieu par la production technique, et Aristote pense ici aux différentes sortes de professions.

En fin de compte, il est bon de remarquer qu'Aristote, le père de la logique, considère celle-ci comme un instrument (en grec : *organon*) présent dans toutes les disciplines sans être lui-même une discipline parmi les autres. On peut le dire ainsi : Aristote transforme le langage en un objet de recherche, et découvre ce qu'il voit comme sa structure interne : les déductions logiquement correctes (démonstrations). Puisque le langage fait partie de toutes les disciplines académiques, une enquête sur les déductions logiquement correctes sera une enquête sur quelque chose de commun à toutes les disciplines.

À l'intérieur des disciplines théoriques, Aristote montre un intérêt particulier pour la connaissance absolument certaine, au sens où ce qu'affirme une proposition doit nécessairement être vrai. Il recherche ce genre de connaissance dans ce qu'il considère être les propriétés essentielles des différentes substances, comme il l'a fait dans son ontologie. Il importe donc d'être capable d'exprimer cette sorte de connaissance certaine (celle des propriétés générales des substances), et aussi d'être capable de *passer* à d'*autres* assertions également certaines, par l'emploi d'arguments valides. La logique en tant que *théorie de l'argumentation*, ou *théorie de la démonstration*, joue exactement ce rôle chez Aristote : par des inférences logiquement valides, on peut passer d'un ensemble d'assertions vraies et certaines à d'autres assertions également vraies et certaines. La logique garantit cette transition. Aristote a analysé des inférences logiquement valides, ou *syllogismes*, qui mettent en jeu deux prémisses et une conclusion, la conclusion découlant des prémisses selon une nécessité logique. Voici un exemple :

Prémisse 1 : Tous les hommes sont mortels.
Prémisse 2 : Socrate est un homme.
Conclusion : Socrate est mortel.

Le syllogisme comprend trois termes («homme», «mortel» et «Socrate»), deux dans chaque prémisse, et deux dans la conclusion. Le terme commun aux deux prémisses (le «moyen terme») n'apparaît pas dans la conclusion. Il y a également des mots comme «tout», «quelques» et «aucun». Nous avons ainsi diverses formes de syllogismes, les uns étant valides et les autres non. Tout d'abord, deux inférences valides :

Prémisse 1 : Tout M est P.
Prémisse 2 : Tout S est M.
Conclusion : Tout S est P.

Prémisse 1 : Aucun M n'est P.
Prémisse 2 : Tout S est M.
Conclusion : Aucun S n'est P.

Nous voyons que ces deux inférences (traditionnellement appelées Barbara et Celarent) peuvent être présentées comme relations entre des ensembles :

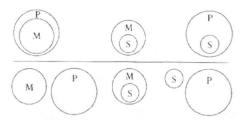

Voici un exemple d'inférence non valide :

Prémisse 1 : Quelques M sont P.
Prémisse 2 : Quelques S sont M.
Conclusion : Quelques S sont P.

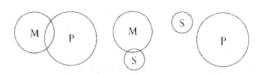

On peut avoir une inférence valide et une conclusion fausse. Prenons l'exemple suivant, dans lequel l'une des prémisses est fausse, l'inférence (Celarent) est valide, et la conclusion est fausse :

Prémisse 1 : Aucun oiseau n'a de plume.
Prémisse 2 : Tous les corbeaux sont des oiseaux.
Conclusion : Aucun corbeau n'a de plume.

Ce n'est que quand les deux prémisses sont vraies que l'on peut être sûr qu'une inférence valide donne une conclusion vraie – le tout étant de distinguer la question de savoir si une *inférence* est *valide* et celle de savoir si les *prémisses* sont *vraies*. (Il ne sert à rien d'être logique si l'on n'a pas contrôlé la teneur des prémisses.)

Pour Aristote, toutes les déductions logiquement correctes supposent des principes indémontrables ; par exemple le principe de contradiction : une même chose ne peut en même temps et de la même manière être et ne pas être un attribut du même sujet. Selon lui, ceci est un principe premier qui ne peut être prouvé, mais qui est indispensable à tout usage rationnel du langage.

Anthropologie et sociologie

Un nourrisson, comme une graine, a des capacités naturelles susceptibles de se réaliser. Mais les êtres humains ne « croissent » pas comme les plantes. Ils vivent, en tant que créatures douées de raison. Ils peuvent eux-mêmes ne pas parvenir à réaliser leurs plus hautes capacités, ce qui n'est pas le cas de la plante. C'est pourquoi ils ont développé les disciplines pratiques, l'éthique et la politique, qui les aident à gérer leur vie afin de réaliser ces plus hautes capacités humaines.

En général, selon Aristote, les plus hautes capacités humaines sont liées à l'« âme » spécifiquement humaine, la raison : une vie rationnelle est le but universel de tout être humain. Mais *notre* but spécifique est de réaliser *nos* plus hautes capacités dans la société dans laquelle nous vivons, c'est-à-dire de trouver *notre* style de vie (*éthos*), de trouver *notre* place dans la communauté, la place où nous sommes le plus à même de réaliser nos capacités personnelles. C'est la vertu (*arétè*).

Parce que contrairement aux dieux nous ne savons pas tout, et que contrairement aux plantes et aux animaux nous ne sommes pas ignorants, nous *sommes susceptibles* de faire des erreurs : « Il se peut que j'ai en moi la capacité de faire quelque chose de moi-même, mais j'ai échoué ». C'est un thème récurrent de la tragédie, qui appartient à la vie humaine mais non à celle des dieux ou des animaux.

Pour Aristote, les gens doivent faire une expérience progressive des étapes de la socialisation afin d'être capables de satisfaire à leurs plus hautes capacités ; afin d'être un humain pleinement développé, une personne doit se développer par la famille, par le village, et finalement par la cité-État. Alors seulement les gens peuvent-ils réaliser leur potentiel. Leur nature – les capacités (la puissance) dont ils disposent – apparaît d'abord (s'actualise) au moyen de ces trois groupes sociaux :

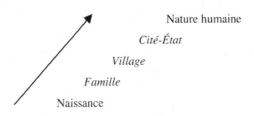

Un nombre croissant de besoins apparaît, des besoins élémentaires (la famille) à d'autres plus complexes (la cité-État), et l'on en vient à des niveaux de plus en plus élevés de réalisation de la nature humaine. En d'autres termes, la nature humaine ne se révèle pas dans une vie primitive et brutale. Elle apparaît en premier lieu quand l'être humain se civilise. Il est à noter que, pour Aristote, l'être humain est essentiellement mâle. Comme nous le verrons, les femmes sont chez lui principalement liées à la famille et à l'environnement local. C'est là qu'elles peuvent le mieux réaliser leurs capacités. De plus, Aristote distingue les hommes qui sont des personnes libres et autonomes – l'homme au sens plein – de ceux qui ont par nature une mentalité d'esclave : dans la Cité, les esclaves sont habituellement employés à des travaux physiques, et une telle vie a, pour Aristote, moins de valeur que celle de l'homme grec libre. Il pense que ceux qui sont asservis sont esclaves par nature. Pour lui, il y a une corrélation entre le travail de l'esclave dans l'asservissement et ses attributs personnels. Sous ces deux aspects, l'esclave est *inférieur* à l'homme grec libre. Aristote place ainsi les esclaves et les femmes au-dessous des hommes grecs libres : ils appartiennent au foyer, à la maison (*oikos*), et non à la vie publique sur la place du marché (*agora*) ; et ils sont par nature, selon leurs attributs, d'un niveau inférieur à celui des hommes libres fréquentant les places publiques de la Cité. Quand nous disons que l'homme réalise sa nature dans la Cité, nous devons nous rappeler que, pour Aristote, cela ne concerne pas les femmes et les esclaves.

La communauté, la société, n'est donc pas quelque chose d'extérieur à l'être humain. La communauté est une condition nécessaire pour que les êtres humains puissent réaliser leurs plus hautes capacités. En d'autres termes, le concept de base est l'homme-dans-la-communauté, non l'individu considéré séparément de la société, ni la société (l'État) considérée séparément de l'individu. La cité-État est autosuffisante, pas l'individu. L'homme atteint la réalisation de soi en étant acteur dans la vie civique, en étant un être social. Aristote conçoit donc l'homme comme un «animal politique» (en grec : *zoon politikon*). Mais, en même temps, il pense que Platon va trop loin en soulignant que l'être humain est une part de la communauté. «La cité est par nature», dit Aristote, «une pluralité», «une pluralité d'individus»[1]. C'est-à-dire que, en théorie, et dans la pratique politique, il ne faut pas généraliser ; on ne doit pas imposer une unité plus grande qu'il n'est naturel. Nous avons dit que le principe de vie spécifiquement humain est la raison, au sens large. Les humains doivent vivre en communauté principalement pour réaliser leur aptitude à raisonner. L'accomplissement satisfaisant de la raison suppose que la Cité soit bonne. Le *logos* et la *polis* sont liés. La nature humaine *ne* se manifeste *pas* en ceux qui vivent de façon irrationnelle, sans raison et sans logique, ni en ceux qui ne font pas usage en compagnie des autres de leur «âme» spécifiquement humaine, mais seulement en ceux qui vivent dans une communauté sociale et rationnelle.

Certains ont affirmé qu'Aristote s'était montré peu clair quant à la question de savoir si la vie bonne est une vie dans l'activité théorique ou une vie dans une communauté politique rationnelle. Mais quand on en arrive à la relation entre la communauté politique rationnelle et le travail productif nécessaire, il est clair qu'il pense que la première est bonne pour les êtres humains, qu'elle est un but en elle-même, mais que le travail physique et les loisirs qui en sont le pendant ne représentent pas la vie bonne et n'ont pas de valeur intrinsèque. Par conséquent ceux qui font ce travail, esclaves ou non, ne peuvent réaliser la vie humaine en sa meilleure acception. Les différences de classes à l'époque d'Aristote prennent la forme d'une distinction entre ceux qui font un travail manuel et ceux qui pratiquent une activité intellectuelle et politique. Aristote pense que ce processus de formation qu'est l'«humanisation» a d'abord lieu dans une activité intellectuelle et politique, non dans un travail physique[2].

---

1. *La politique*, 1261a 10 sq., trad. Tricot, Vrin.
2. Cette vision entre en conflit avec, notamment, les opinions de Hegel et de Marx pour lesquels le *travail* représente dans l'histoire la formation, l'«humanisation» : «le maître» est nécessaire, mais seulement comme catalyseur ; ce n'est

Les différences de conception de l'homme et de la société entre Aristote et Platon deviennent claires quand il s'agit des femmes. Alors que Platon distingue nettement sphère privée et sphère publique, et tend à se débarrasser de la première en faisant de l'État une grande famille qui a en commun propriétés et enfants, Aristote pense que la famille et l'État satisfont à des fonctions différentes. La famille fournit une structure où se rencontrent les besoins premiers, comme la nourriture, la reproduction et l'éducation des enfants. C'est grâce à l'État que les citoyens mâles peuvent se réaliser politiquement et intellectuellement. Il y a des transitions positives du privé au public : en plus de la socialisation qui a lieu au sein de la famille dans la sphère privée, on est plus encore formé dans le village, et finalement par la vie dans la Cité, dans la sphère publique. Il n'y a donc pas d'opposition entre privé et public, mais plutôt une connexion interne. La famille ne doit par conséquent pas être abolie. Elle est au contraire une institution fondamentale de socialisation et de communication. Corrélativement, Aristote ne peut accepter la nette distinction que fait Platon entre le biologique et le culturel. Pour lui, les humains sont des êtres spirituels qui, *en même temps*, possèdent tous les principes animaux de vie.

Aristote est donc plus proche que Platon des opinions qui prévalent à son époque. Il partage la vision traditionnelle selon laquelle les hommes sont supérieurs aux femmes, et il use même d'arguments biologiques pour la soutenir. Ainsi croit-il que c'est le sperme de l'homme qui donne à l'enfant sa forme, alors que la femme contribue seulement à la matière. Cette utilisation spécifique des concepts aristotéliciens de forme et de matière était possible parce que l'on ne savait pas alors que les propriétés génétiques proviennent à la fois du sperme et de l'œuf. On a cru pendant longtemps que le sperme de l'homme contenait de microscopiques êtres humains. (Dans l'Antiquité, il y avait cependant des théories rivales concernant la reproduction, et Platon soutint un temps l'idée selon laquelle hommes et femmes y

---

pas le maître, mais « l'esclave » qui, par le travail, acquiert de la connaissance et du savoir, fait l'histoire, et façonne l'humanité. Mais les positions ne sont bien sûr pas faciles à comparer sur ce point, car Aristote vivait au début d'un développement historique que Hegel et Marx avaient derrière eux et sur lequel ils pouvaient réfléchir. Nous verrons plus loin comment Hegel et Marx reprennent l'idée selon laquelle les êtres humains deviennent d'abord eux-mêmes par un développement social ; mais ils voient ce dernier comme un développement *historique*, c'est-à-dire un développement qui se déroule sur plusieurs générations, et non seulement comme le développement de chaque personne individuelle.

contribuent également)[1]. Aristote croit aussi que les femmes ont une température corporelle inférieure à celle des hommes, et de plus, en accord avec les idées alors dominantes, que les créatures chaudes sont supérieures aux créatures froides. Donc selon lui la femme est inférieure à l'homme.

La vie bonne

Quand on en arrive à sa conception de l'éthique, Aristote se distingue de Platon sur plusieurs points. Nous avons vu qu'il critique la théorie de Platon selon laquelle les Idées ont une existence indépendante par rapport aux choses. Cette critique s'applique également à l'idée du Bien. Le Bien, qui est le but de la vie humaine, n'est pas pour lui quelque chose d'indépendant de l'homme. Il se trouve *dans* la manière dont vivent les êtres humains. Pour Aristote, le Bien est le bonheur ou la félicité (en grec : *eudaimonia*), un état qui requiert précisément que les gens réalisent leurs plus hautes capacités dans une communauté, par les trois étapes de la socialisation, de façon à ce que chaque personne trouve sa place dans la société, c'est-à-dire devienne vertueuse. Aristote pense qu'une vie d'activité théorique est particulièrement propre à apporter le bonheur, surtout pour ceux qui ont de bonnes capacités en la matière. Mais des personnes différentes ont des capacités et des potentiels différents. Par conséquent, la vie bonne n'a pas à être la même pour tous. De plus, Aristote pense que l'on ne peut être heureux si l'on vit affligé de souffrances physiques sévères (douleur). Il se distingue ici de Platon (Socrate), qui semble penser que plaisir et souffrance n'ont rien à voir avec le bonheur.

Les existentialistes ont souvent un point de vue *héroïque* sur la vie : « ou bien… ou bien ». « Ce que tu es, sois-le pleinement, totalement, pas par fragments et partiellement »[2]. Ce qui signifie : concentrez-vous sur une capacité, et réalisez-la entièrement – même si c'est au détriment d'autres capacités. Pour Aristote, la vie bonne, la vie grecque, est harmonieuse. Chaque capacité, qu'elle soit intellectuelle, athlétique, politique, personnelle ou artistique doit être entretenue et réalisée de manière équilibrée, selon la prédisposition de chaque personne. Aristote prône également la modération, c'est-à-dire la réalisation

---

1. Voir Anna Dickason, « Anatomy and Destiny : the Role of Biology in Plato's Views of Women », dans *Women and Philosophy*, sous la direction de Carol C Gould et Mary W. Wartofsky, Putnam, 1976, p. 45 -53.
2. Henrik Ibsen, *Brand*, Acte I, tr. Régis Boyer, Gallimard, 2006.

harmonieuse de toutes les bonnes capacités. Ainsi le courage est-il une vertu, parce que c'est le juste milieu entre couardise et témérité[1].

L'amitié (en grec : *philia*), dit Aristote, est l'une des vertus dont on peut le moins se passer. Elle implique une bonne volonté réciproque et franche. Ainsi est-elle une attitude mutuelle entre personnes. On peut, par exemple, « aimer l'argent », mais l'argent ne nous aime pas. On peut également être amoureux d'une personne sans la connaître et sans qu'elle le sache. De son côté, l'amitié exige une connaissance et une reconnaissance mutuelles. Elle a besoin de temps pour se développer, de temps pour la camaraderie, laquelle en est à la fois un but et une condition. L'amitié est un but en soi. Elle est pervertie si elle est utilisée comme moyen pour autre chose. Développer une amitié – devenir vertueux dans cette relation – va au-delà de la simple justification des normes qui peuvent servir à évaluer les actions. Développer ses capacités et acquérir l'attitude qui est condition d'un choix correct entre diverses actions en sont les tâches principales. Cela signifie qu'il faut acquérir un sens moral. La connaissance théorique des normes et des valeurs n'est pas identique à cette sagesse pratique (*phronesis*). La sagesse pratique provient d'une compétence éthique acquise par expérience personnelle en suivant les conseils de personnes expérimentées. Elle donne le discernement nécessaire à une évaluation raisonnable des différentes situations (souvent ambiguës) dans lesquelles nous nous trouvons. Ce qui est raisonnable dans chaque cas ne s'apprend que par cette forme de pratique réfléchie. Ce qu'on appelle le juste milieu renvoie à cette acquisition de la compétence morale qui permet de faire la distinction, dans les situations concrètes, entre le raisonnable et le déraisonnable.

La société juste

Aristote, comme Platon, est préoccupé par le concept de *justice*. Il distingue la justice qui repose sur le droit existant et celle qui repose sur les principes d'égalité. Celle qui repose sur *le droit existant* recourt à la fois aux notions implicites et explicites de justice que l'on trouve dans une société. Cela recouvre à la fois les lois existantes, la tradition juridique *et* les traditions quant à ce qui est juridiquement acceptable. La justice qui repose sur *les principes d'égalité* s'appuie sur la conviction selon laquelle tous les cas d'un même type doivent se traiter de

---

1. C'est une idée typiquement grecque. Même l'idéaliste Platon souligne que l'éducation doit commencer avec la *gymnastique* et la *musique,* et finir par les *devoirs pratiques* : toutes les capacités doivent se développer harmonieusement.

la même manière. C'est lié à une exigence de cohérence : si nous ne traitons pas des cas semblables de la même manière, nous sommes incohérents et, par conséquent, à la fois irrationnels et injustes. Ce qui fait intervenir dans le principe de justice un élément de « droits naturels » : la justice est vue comme quelque chose d'universellement valide, au-delà de la pratique juridique en vigueur (voir chapitre 5, « Le stoïcisme »).

En fait d'égalité, Aristote distingue deux types de justice : ce que l'on peut appeler justice en tant qu'égalité dans le commerce et justice en tant qu'égalité dans la répartition. L'égalité dans le commerce existe au niveau économique sur l'ensemble du marché. Un commerce équitable est un commerce dans lequel on reçoit en tout et pour tout autant que l'on donne. (Voir l'idée de valeur commerciale égale et donc équitable sur le marché, chapitre 13, « Le libéralisme économique ».) Au niveau juridique, il faut restaurer l'équilibre quand une personne a infligé à une autre un dommage ou une blessure. Une restitution équitable fait office de dédommagement pour le tort causé. Une punition équitable vise à infliger un dommage / une perte équivalant en quantité, mais non en qualité. Aristote n'est pas partisan du principe « œil pour œil, dent pour dent ».

Il y a dans une société ordonnée non seulement des échanges commerciaux et des décisions de justice, mais aussi des règles régissant la répartition des droits et des devoirs, de la prospérité et des charges. Que faut-il répartir ? Et auprès de qui ? Ce qu'il faut répartir, ce peut être les taxes et les redevances, les bénéfices matériels et le pouvoir légitime, le droit de vote et les devoirs militaires. Le point important ici est ce qu'il faut entendre quand on dit que les choses sont réparties équitablement en l'étant également : également au regard de quoi ? « À tous selon l'effort » ou « à tous selon le besoin » ? Ou également au regard du pouvoir, ou de la richesse, ou de la vertu ? Ou une part égale à chaque personne (« Un homme, une voix ») ? En fait de répartition, Aristote se fait l'avocat à la fois de règles égalitaires (des parts égales pour chaque personne) et de règles hiérarchiques (des parts égales au regard des fonctions et rôles spécifiques).

Aristote distingue disciplines pratiques et disciplines poétiques, et il inclut l'éthique (théorie morale) et la politique (théorie de l'État) parmi les premières. La *praxis* serait un comportement qui est un but en soi et la *poièsis* un comportement dont le but (de préférence quelque chose de nouveau créé par ce comportement) diffère du comportement lui-même[1]. En d'autres termes, des enfants qui jouent réalisent (approximativement) le concept de *praxis*, et le candidat aux élections qui boit une tasse de café dans une maison de retraite pour gagner des voix représente (approximativement) le concept de *poièsis*. Si nous nous faisons des amis pour en tirer des bénéfices, nous pervertissons quelque chose qui devrait être un but en soi, à savoir l'amitié, en l'utilisant pour parvenir à autre chose. Tout ce que nous faisons représente la *praxis* et la *poièsis* à des degrés et des proportions variés.

Quand Aristote caractérise en premier lieu la politique et l'éthique par la *praxis*, et non par la *poièsis*, cela signifie que pour lui ce sont de fait des types de comportements qui sont une fin en eux-mêmes : celle de l'interaction sociale rationnelle, dans laquelle les gens, en communauté, traitent de divers problèmes. La société ne devrait pas être tellement étendue, géographiquement ou démographiquement, que les gens ne s'y connaissent pas tous et ne puissent traiter de leurs problèmes en commun. Et elle ne devrait pas être complexe au point que l'on ne sache pas *ce que* l'on fait quand on le fait ; c'est-à-dire que les actions ne doivent pas se perdre dans une société opaque et compliquée, où tant d'actions différentes se recoupent que les gens ne sont plus à même de voir les conséquences de leurs actes. Mais en même temps il est clair que, déjà dans la Cité à l'époque d'Aristote, il était difficile à la politique d'être une *pure praxis*. Quand les citoyens tentaient de résoudre les problèmes en discussion, ils devaient approuver des actions dans lesquelles choses et gens, à des degrés divers, étaient utilisés comme moyen de réaliser autre chose, c'est-à-dire des actions de la *poièsis*. Par exemple, on pouvait prendre la décision d'employer des travailleurs pour porter des amphores de vin à bord d'une galère, qui serait alors mue par des esclaves jusqu'aux côtes de la Mer Noire, où le vin serait échangé contre des graines[2].

---

1. *Poièsis* signifie *création de chose nouvelle*. Ainsi la poésie est-elle une *poièsis*, non une *praxis*.

2. Le regard sur la politique, à la lumière de la distinction entre *praxis* et *poièsis*, a varié avec les changements dans la forme de la société. Peut-être pouvons-nous en faire l'ébauche comme suit : avec la transformation des cités-États en un grand empire hellénique, en raison de l'absence de droits politiques dans cet immense État despotique, se développèrent l'indifférence politique et une certaine dépolitisation. Mais l'introduction de la monarchie absolue après la Renaissance, quand les rois nationaux restructurèrent les aristocraties féodales, mena à la vision de la politique comme *Realpolitik*, comme manipulation (Machiavel), c'est-à-dire comme *poièsis* selon la terminologie aristotélicienne. Plus tard, la société se complexifia de plus en plus, au rythme de l'industrialisation : la découverte d'or en Amérique pouvait entraîner du chômage à Londres. La société n'était plus immédiatement transparente à ses membres. Des spécialistes capables d'expliquer les conséquences

D'après son expérience de la Cité, Aristote pouvait considérer la politique et l'éthique comme une interaction largement rationnelle et libre, comme une *praxis*; et la rhétorique et la poésie comme une *poièsis* entreprise pour influencer les gens (et pour créer quelque chose de nouveau). La théorie de l'État selon Aristote, la politique, n'inclut pas la manipulation politique ou la sociologie empirique. Pour lui, la politique en tant que discipline est avant tout une science politique normative classificatoire, organisée comme suit :

1. collecter et classer des informations sur les différentes cités-États;
2. souligner les règles et les manières de vivre qui mènent à la vie la meilleure pour les citoyens.

Aristote dirigea la collecte des descriptions de cent cinquante-huit cités-États grecques, et ce matériau fut classé selon le schéma suivant :

Loi	Monarchie	Aristocratie	Démocratie limitée
Absence de loi	Tyrannie	Oligarchie	Démocratie extrême[*]
	Un seul	Quelques-uns	Beaucoup

Aristote discuta des meilleures formes d'État et s'intéressa notamment à la stabilité politique : les opinions des gens doivent être entendues; sinon, l'État sera instable. Et l'État doit être gouverné par la loi; sinon il sera peu sûr pour les citoyens, corrompu et soumis aux caprices arbitraires des dirigeants. Ainsi faut-il une société gouvernée par les lois et dans laquelle les gens peuvent exprimer leurs opinions. De plus, au contraire de Platon, Aristote croit que l'opinion publique peut exprimer des pensées pertinentes et réfléchies. Pour Platon, les « experts » ont *toutes* les pensées qu'il vaut la peine d'avoir. L'opinion publique est tout simplement inférieure. Aristote pense que le gouvernement d'un « bon tyran » n'est jamais l'un des termes d'une alternative véritable, l'autre terme étant une société gouvernée

---

des actions des gens devinrent nécessaires : le résultat en fut le développement de la sociologie empirique (Comte). Mais progressivement, avec la croissance de la bureaucratisation et de la manipulation (Max Weber), il y eut une réaction, par laquelle on chercha notamment à donner une place plus importante à la *praxis*, à une interaction rationnelle portant son sens en elle. La distinction aristotélicienne entre *praxis* et *poièsis* est donc redevenue commune dans une société complètement différente de la Cité grecque.

* Démocratie : gouvernement par le peuple; ploutocratie : gouvernement par ceux qui ont la puissance économique; oligarchie : gouvernement par un petit groupe de personnes toutes-puissantes; monarchie : gouvernement par un seul dirigeant.

par des lois. Être subordonné à un autre humain, c'est ne pas être libre mais asservi. Une autre personne décide quel « style de vie » (en grec : *éthos*) nous devrions avoir. Mais vivre avec vertu et dignité, c'est réaliser personnellement sa propre vie, ne pas être « dressé » par les autres comme un animal. Si nous vivons sous une loi commune, nous pouvons réaliser en toute sécurité – dans les limites de la loi – nos capacités dans la société. Pour Aristote, un gouvernement par les lois est une condition nécessaire pour que les gens puissent réaliser leurs capacités de la manière la meilleure. Il soutient alors l'idée selon laquelle l'opinion publique doit être entendue, et selon laquelle l'État devrait être gouverné par les lois. Sur ces deux points, ses conceptions se distinguent de l'État idéal selon *la République* de Platon. Mais même pour Aristote la loi n'est pas universelle : c'est l'ensemble des traditions établies et des règles qui s'appliquent aux hommes grecs libres. Les esclaves et les barbares ne sont pas concernés, puisque la loi ne s'applique pas de manière universelle[1].

Comme nous l'avons dit, Aristote traite notamment de la question de l'égalité : l'égalité au regard du *nombre* mène à la démocratie, au gouvernement par le peuple. L'égalité au regard de la *propriété* mène à la ploutocratie, au gouvernement par les riches. Aristote voit là des exigences de pouvoir contradictoires. Que sont alors des exigences justes ? Comment peuvent-elles s'équilibrer ? La propriété donne des responsabilités, selon Aristote, et cela est bon pour l'État. Et la propriété montre (dans la plupart des cas) la présence de capacités appréciables. Dans l'idéal, c'est la sagesse et la vertu qui devraient avoir le plus d'importance, mais il est difficile de les chiffrer. Quant à la richesse, elle peut être mesurée. Mais l'opinion publique, le nombre de gens dans un groupe, doivent également compter. On peut trouver de bonnes idées dans les masses, et le gouvernement peut devenir instable si les masses en sont exclues. Aristote dit que chaque chose doit compter pour quelque chose. La propriété, l'éducation, la naissance, les contacts – et le nombre –, tout doit « un peu » compter dans la répartition du pouvoir.

Après de longues discussions, Aristote en vient à la conclusion qu'une démocratie limitée est le meilleur État que nous puissions

---

1. À cet égard, Aristote ne se fait pas l'avocat des droits naturels. D'un autre côté, il plaide pour certaines normes de relations interpersonnelles qui sont objectivement considérées comme les meilleures. Ainsi pense-t-il que la *justice*, qui pour lui se caractérise par la loi et par un traitement égal pour tous, est un principe de base valide. Si nous soulignons qu'il reconnaît des principes éthiques et politiques universellement valides, nous pouvons dire que la théorie des droits naturels trouve ses racines chez Aristote (tout comme chez Platon).

espérer. Cet État est gouverné par la loi et c'est un «gouvernement mixte», avec le principe démocratique de quantité (nombre) et le principe aristocratique de qualité. La politique repose sur les lois de sorte que chacun est libre, et que beaucoup de citoyens ont voix au chapitre sur ce qui se passe – beaucoup, mais pas tous. De nouveau, Aristote évite l'extrême. C'est la «classe moyenne» qui doit avoir le plus de pouvoir. Elle n'est ni riche, ni pauvre. Elle compte suffisamment de membres pour que l'État ait un large appui parmi le peuple, et suffisamment peu pour assurer une transparence de base au sein de la Cité. Cette forme de gouvernement fournit le meilleur équilibre entre l'opinion publique et une administration intelligente. Pour Aristote, il est important que cette forme de gouvernement soit la plus *réalisable*. Il dit peu de bien de l'État idéal impraticable de Platon[1].

ART – IMITATION ET CATHARSIS

Avec ses quatre causes (ou principes), Aristote est capable de faire la distinction entre les choses de la nature et celles de la culture. Les choses (substances) qui possèdent en elles les quatre causes, y compris la cause motrice (efficiente) et la cause finale, sont les choses de la nature. L'exemple habituel est la graine qui, dans des conditions normales de développement, croîtra pour devenir la plante qu'elle est censée être, sans l'interférence d'êtres humains, qui ne fournissent ni cause efficiente ni finalité au processus. Par contre, les choses qui pour subir un changement exigent l'interférence d'un humain, à la fois en guise de cause efficiente et de cause finale, sont les choses de la culture. L'exemple habituel est ici le morceau d'argile transformé en vase.

Les choses de la culture sont liées aux actes créateurs des humains. Ces actes peuvent être de deux sortes. Il peut s'agir de l'obtention de quelque chose que la nature ne fournit pas, mais qui est utile au bien-être des humains, comme dans la production d'outils. Ou bien il peut s'agir d'imitation de la nature, de la création d'une copie de quelque chose que l'on trouve dans la nature, comme l'image d'un

---

1. Il vaut la peine de noter qu'Aristote considère comme allant de soi qu'il y a *peu* de riches et *beaucoup* de pauvres. Que l'inverse soit théoriquement possible n'est pas intéressant pour qui aborde les réalités de l'époque de ce philosophe. Aristote considère le profond fossé entre riches et pauvres comme *politiquement* dangereux (il amène des conditions instables) et *moralement* déplorable. Comme Platon, il pense que le principal but de l'État doit être *éthique* : la vie bonne.

cheval de race, c'est-à-dire un travail artistique qui nous donne de la joie, sans être utile. Ces deux sortes d'actes sont inclus dans le mot grec signifiant art, *téchnè*. Mais c'est le second qui correspond à ce que l'on entend aujourd'hui par art. L'art en ce sens se caractérise pour Aristote par deux éléments : il se rattache à la copie, ou à l'*imitation*, et il se rattache à ce qui donne du plaisir en soi, indépendamment de son utilité. Ce qui est utile est bon pour quelque chose d'autre, et ce « quelque chose » est un bien en soi. Or l'art représente quelque chose qui est précisément bon en soi. Pour Aristote, l'essence de l'art est celle de la copie qui donne du plaisir par elle-même.

L'idée de base de l'art en tant que copie (ou imitation) est un héritage de Platon. Mais puisqu'Aristote réinterprète la théorie des Idées, il considère également l'art comme imitation (et connaissance) d'une manière différente de Platon. Pour lui, les formes sont *dans* les choses particulières. Les choses perceptibles ont alors un statut plus élevé (eu égard aux formes) que pour Platon. L'art comme copie de choses perceptibles a donc plus de valeur pour Aristote que pour Platon. En même temps, Aristote considère de manière plus démocratique la compréhension nécessaire pour guider la société et pour vivre une vie vertueuse. Par conséquent, il fait une évaluation (cognitive et politique) plus positive des diverses formes d'art.

Aristote fait preuve de plus de discernement analytique que Platon. Il distingue, par exemple, la *théoria* (la métaphysique, les mathématiques, la philosophie de la nature), la *praxis* (l'éthique, la politique), et la *poièsis* (action dont le but est séparé de l'action elle-même [voir *téchnè*]). Les différentes activités se distinguent les unes des autres à un plus haut degré. Cela permet pour chacune une plus grande « auto-détermination » (à partir de ses propres prémisses). Ainsi l'activité esthétique peut-elle être évaluée comme telle dans une mesure bien plus large que chez Platon. Voir l'art comme copie est lié à l'idée selon laquelle les êtres humains ont par nature le désir de connaître et d'expérimenter du plaisir dans l'apprentissage et la perception. Esthétique vient du mot grec *aisthanésthai*, qui signifie percevoir. Les imitations du réel nous apprennent à percevoir les choses d'une manière particulière. Nous voyons par exemple de nouveaux côtés des choses ; ou nous faisons d'une nouvelle manière l'expérience de quelque chose que nous avons déjà vu ; ou nous reconnaissons quelque chose que nous avons déjà vu ou dont nous avons déjà fait l'expérience. La perception esthétique est agréable à la fois pour le « producteur » (l'artiste) et pour le « consommateur » (la personne qui fait l'expérience de l'œuvre d'art), au sens où l'expérience est bonne en soi (et pas seulement utile à autre chose). Mais les artistes n'ont pas seulement besoin d'imiter quelque chose qui existe vraiment. Ils peuvent également imiter ce qui devrait être, et ce qui devrait ne pas être. Un poète peut, par exemple, présenter des personnes bonnes et mauvaises, des héros et des criminels. Par conséquent, il y a aussi chez Aristote une transition de l'esthétique à l'éthique. Pour lui, la fonction de l'art est également morale : il peut purifier, ou nettoyer. Plus précisément, sa fonction est la *catharsis*[1], purification et nettoyage qui rendent meilleur.

L'idée de l'art comme catharsis est liée aux notions d'harmonie inhérentes à la culture grecque : l'univers, le *cosmos* (la racine de notre mot *cosmétique*), est par essence harmonieux, et donc beau. Le laid et le mauvais sont disharmonieux, déséquilibrés. Ainsi la maladie est-elle comprise comme un déséquilibre entre les différents fluides corporels. La saignée est donc une thérapie appropriée. Tenter de briser l'équilibre et l'harmonie de la nature représente de l'arrogance (*hubris*) et sera puni par les dieux. La société bonne est celle qui est en harmonie avec elle-même ; c'est-à-dire celle qui subvient à ses besoins et est autonome. En résumé, elle se tient dans les limites imposées par la nature. La vie bonne est la réalisation harmonieuse des capacités que nous possédons. Nous sommes alors vertueux. Nous devrions réaliser notre potentiel de manière équilibrée. C'est précisément à cause de cela que nous devons éviter les extrêmes, comme cultiver certains côtés de notre personnalité au détriment d'autres, ou d'une manière telle que nous dépassions nos capacités et potentiel naturels ou abusions des ressources fournies par la nature. Les conséquences écologiques sont ici assez claires. La notion de croissance exponentielle pourrait servir d'exemple de base à la folie destructrice.

En accord avec ces points de vue, Aristote assigne à l'art la fonction de recréer un équilibre spirituel. En faisant l'expérience des œuvres d'art, comme dans la musique ou le théâtre, nous pouvons restaurer l'harmonie et la paix, et finalement ennoblir notre esprit. Voici deux interprétations :

1. l'art est une *catharsis* au sens où nous pouvons « décompresser ». En faisant l'expérience du théâtre, avec des héros, des méchants et des sentiments élevés, nous pouvons trouver un soulagement dans la libération de passions refoulées et de sentiments incontrôlables, de façon à recouvrer notre harmonie et à nous remettre à vivre selon l'idéal du « *juste milieu* ». C'est l'interprétation thérapeutique, dans la lignée de la thérapie médicale reposant sur la

---

1. Du grec *katharizo* : « je nettoie ».

théorie des fluides ; ceux qui ont des sentiments extrêmement élevés et intenses peuvent trouver un soulagement par l'art et peuvent ainsi expérimenter une sorte de saignée spirituelle. Et ceux dont les sentiments sont trop fragiles peuvent être emplis d'une dose modérée d'émotions ;

2. l'art est une *catharsis* au sens où, en tant qu'humains, nous sommes purifiés et éduqués par notre rencontre avec lui. Ce qui compte n'est pas que nous nous débarrassions de certaines émotions (comme dans la saignée spirituelle), mais que, par l'expérience, nous *ennoblissions* notre esprit. Nous aspirons à une croissance personnelle au-delà de l'ordinaire.

Pour Aristote, l'art est un bien (ou un but) en soi pour la personne qui fait l'expérience de l'œuvre d'art. Le processus créatif peut également, pour l'artiste, être un bien en soi ; mais en même temps, le but du processus créatif est aussi de parvenir à un produit, l'œuvre d'art. Le processus créatif est donc prédéterminé par un but qui se distingue du processus lui-même. À cet égard, il est normal de mentionner le traitement que fait Aristote de la rhétorique comme moyen d'acquérir un auditoire. Ici, comme dans l'art en général, il a une attitude plus positive que Platon. D'après lui, la rhétorique a sa place dans le débat public[1].

QUESTIONS

Expliquez la théorie des Idées selon Platon et la théorie des substances selon Aristote ; vous traiterez de la relation entre ces deux théories. Analysez leurs similarités et leurs différences.

Expliquez comment Aristote conçoit ce qui existe et ce qu'est la connaissance, et comparez cette conception avec celle de Platon.

Dans la philosophie d'Aristote, nous rencontrons les concepts de forme et de matière, de puissance et d'acte. Expliquez ce qu'il entend par ces concepts et quel rôle ils jouent dans sa philosophie. Donnez des exemples.

Comparez la conception de la nature d'Aristote et celle de Démocrite. En quel sens peut-on dire que la première est écologique ?

Étudiez la relation entre l'ontologie et l'éthique chez Aristote.

---

1. Voir la place de la rhétorique dans la tradition universitaire (chapitre 6).

Décrivez les conceptions platonicienne et aristotélicienne de la femme, et expliquez comment chacune est liée aux concepts de base de leur philosophie respective.

Suggestions de lecture complémentaire

Sources

Aristote, *Éthique à Nicomaque,* Vrin, 1990, tr. fr. Jules Tricot.

Aristote, *Seconds analytiques*, Vrin, 2000, tr. fr. Jules Tricot.

Aristote, *Métaphysique* (deux volumes), Vrin, 2000, 2002, tr. fr. Jules Tricot.

Aristote, *Rhétorique,* Garnier Flammarion, 2007, tr. fr. Pierre Chiron.

Aristote, *De l'âme,* Vrin, 1988, tr. fr. Jules Tricot.

Commentaires

Jaeger, W., *Aristote. Fondements pour une histoire de son évolution,* éditions de l'Éclat, Paris, 1997, tr. Olivier Sedeyn.

Aubenque, P., *le Problème de l'Être chez Aristote*, PUF, coll. «Quadrige», Paris, 2004.

CHAPITRE 5

La fin de l'Antiquité

ASSURER LE BONHEUR DE L'INDIVIDU

De la cité-État grecque à l'empire hellénistique

Platon considérait que la société pouvait faire l'objet d'une étude rationnelle et être influencée par un gouvernement intelligent. Pour Aristote, elle se définissait par les rapports entre ses membres, libres et moralement égaux ; elle devait être gouvernée par la loi, et le gouvernement devait reposer sur une libre discussion, et non sur la force seule. Ces idéaux allaient connaître une longue existence, même après l'assimilation des cités-États grecques par l'empire hellénistique, bien qu'il devînt alors plus difficile de les réaliser. Aristote et Platon comprenaient que la sorte de politique qu'ils prônaient supposait une société relativement petite. Pour le premier, il fallait que la cité-État, la *polis*, eût une taille raisonnable : elle ne devait pas être petite au point de dépendre des autres ni grande au point que les habitants ne se connussent pas ou que la discussion devînt difficile dans de vastes assemblées. Comme nous le savons, le second soutenait (dans *les Lois*) que la cité-État devait comprendre cinq mille quarante citoyens (maisons). Tous deux pensaient qu'elle devait être une unité indépendante. Mais les cités-États grecques individuelles dépendaient les unes des autres, ainsi que du monde qui les entourait. Et, vers la fin du quatrième siècle avant Jésus-Christ, un nouvel État se forma : l'empire hellénistique. Cette transition de la cité-État à l'empire entraîna des changements sur les plans tant institutionnel qu'intellectuel.

Pendant toute la période hellénistique et romaine, de 300 av. J.-C. à 400 ap. J.-C. environ, les États étaient vastes, à la fois en étendue et en population, incluant des peuples dont différaient culture, religion et langue. La communauté locale, à laquelle tous pouvaient participer, était affaiblie, même si les cités, durant les périodes hellénistique et romaine, disposaient d'une certaine autonomie intérieure et pouvaient parfois s'affirmer politiquement. Il en résultait de vastes États au pouvoir concentré dans certains organismes centraux, que le gouvernement fût une monarchie ou une république. Le roi, en tant que moyen visant à garder unie une nation faite d'une mosaïque de groupes ethniques différents sans solidarité naturelle, était parfois dépeint comme divin : cette politique renforçait l'autorité centrale de l'État. La dissolution des petits États relativement autonomes et la tendance à la concentration du pouvoir impliquaient une impuissance politique croissante des peuples. Les *femmes* et les *esclaves* avaient moins encore voix au chapitre que les hommes *libres*, eux-mêmes déjà relativement impuissants.

De nouvelles constellations : individu et loi universelle

La majeure partie de ce qui fut écrit durant la période hellénistique et romaine est perdue ; la reconstruction présentée dans ce chapitre demeure donc hypothétique. Avec cette réserve, nous pouvons néanmoins dire que cette impuissance politique de la population au début de l'hellénisme se reflétait au niveau intellectuel par une tendance à s'abstenir de toute réflexion philosophique sur la société – « On ne peut pas y faire grand-chose ! » – et à se concentrer sur une seule chose : comment une personne peut-elle assurer son bonheur ? Par exemple, sans tenir compte de la façon dont épicurisme et stoïcisme différaient, ni des divergences à l'intérieur de ces deux écoles, nous pouvons dire, pour faire simple, que chacune de ces philosophies, qui dominèrent la période hellénistique et romaine sous de nombreux aspects, se concentrait sur la seule question de savoir comment assurer le bonheur de l'individu. Les réponses différaient, mais la question fondamentale était, dans son essence, la même.

Nous pouvons prendre pour hypothèse d'ensemble un changement universel : l'intérêt que portait auparavant la philosophie à l'homme-dans-la-communauté se tourne désormais vers l'individu privé isolé. Pour le dire brièvement, dans les cités-États grecques, les gens étaient généralement considérés comme une part organique de la société. Chacun était censé trouver sa place et se réaliser en prenant part aux diverses activités publiques. La nature et la valeur de chaque personne étaient donc liées à la communauté. Quand les cités-États déclinent et que la période hellénistique et romaine commence, nous rencontrons à la fois

1. l'idée de loi universelle valable pour tout être humain et incarnée dans chaque individu ;
2. l'idée d'un individu privé ayant en lui-même une valeur de base, indépendante de son éducation et de son statut social particuliers.

C'est bien sûr une simplification. Chez certains philosophes présocratiques, nous trouvons déjà une tendance à considérer l'individu comme un être autonome, alors que nous trouvons en même temps les traces d'une idée selon laquelle il existe des normes et principes universels s'appliquant à chacun. Peut cependant être recevable l'hypothèse selon laquelle le concept et la réalité de *l'individu particulier* seraient apparus environ en même temps que ceux de *l'État universel*. La notion grecque classique d'« homme-dans-la-communauté », liée à la cité-État, avait perdu du terrain. D'un côté, il y avait l'individu particulier, de l'autre, un empire – d'un côté, la vertu et le bonheur de l'individu, de l'autre, le concept de loi universelle, valable pour tous et en tout lieu. C'est comme s'il y avait eu une dichotomie entre le particulier et l'universel :

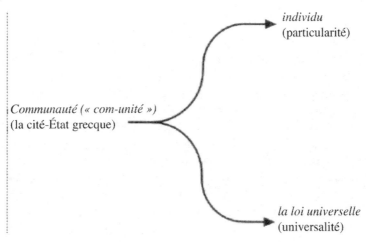

Pour la plupart des Grecs, la loi ne s'appliquait qu'à la population d'une communauté locale. Mais, comme contrepartie dialectique à cette idée de l'être humain comme individu, nous voyons maintenant la loi comme s'appliquant universellement à toute personne sans considération de nationalité ou de statut social. C'est l'une des racines du concept de droit naturel : il existe une *loi normative universelle* au-dessus de toutes les lois existantes et qui s'applique à chacun. Il s'ensuit que tous les hommes sont, en principe, soumis à la même loi, et qu'il est possible de faire appel à cette loi naturelle universelle contre toute loi en vigueur dans une société.

Nous reviendrons au concept d'individu quand nous traiterons du libéralisme au dix-huitième siècle. Il suffit pour l'instant de signaler que ce changement de l'homme-dans-la-communauté à l'individu et à la loi universelle coïncida avec une perte de l'implication dans la politique et avec le développement d'un idéal d'unicité de la personne et de bonheur privé sous une loi commune. L'unité grecque de l'éthique et de la politique avait volé en morceaux, et l'éthique en un sens privé prenait le pas tandis que le politique reculait à l'arrière-plan. Seuls les stoïciens romains prisèrent la politique. Mais le mot *politique* prit un sens différent de celui de Platon et d'Aristote : il en vint à signifier avant tout les principes juridiques généraux de gouvernement d'un empire, et non la discussion rationnelle régulant l'activité publique dans la communauté locale d'une *polis*.

L'épicurisme – Assurer le bien-être de l'individu

Le terme *épicurisme* dérive d'Épicure (341-271 av. J.-C.). Dans son école, le Jardin, connu pour son atmosphère amicale et cultivée, les femmes et les esclaves étaient aussi les bienvenus, pratique inhabituelle dans l'Antiquité.

L'épicurisme répondait comme suit à la question de savoir comment assurer le bonheur de chaque personne : savourez la vie, mais avec discernement. C'est-à-dire qu'une vie bonne est une vie de bien-être, sans douleur ni souffrance. Pour atteindre durant notre vie au bien-être le plus grand et à la souffrance la plus petite, nous devons *calculer*. Par exemple, devrais-je rechercher maintenant un plaisir bref et intense, en courant le risque de souffrir plus tard, ou devrais-je maintenant différer un plaisir dans l'espoir d'atteindre plus tard à un plaisir plus durable ? Nous devons peser les profits et les pertes de chacun de ces choix. Recherchez le plaisir, mais que ce soit un plaisir calculé. Pour dire la chose brutalement, ne vous impliquez pas dans la politique ni dans d'autres domaines entraînant soucis et risques. Vivez plutôt dans un cercle protégé où vous pouvez savourer votre fromage et votre vin dans la paix et la sérénité. Les épicuriens n'étaient donc pas des sensualistes qui plongeaient aveuglément et sans réserve dans une vie immorale. Au contraire, Épicure recommandait la prudence et la réflexion dans notre vie, parce que seul le plaisir que nous *contrôlons garantit* le bonheur. Nous pouvons résumer en deux points la philo-sophie épicurienne de la vie :

1. le seul bien qui existe est le plaisir ;
2. pour assurer le plaisir le plus grand, nous ne devons jouir que des plaisirs que nous pouvons contrôler.

La doctrine qui considère le plaisir (en grec : *hedone*) comme le (seul) bien le plus élevé s'appelle « hédonisme », c'est-à-dire philosophie du plaisir. Nous pourrions dire que l'épicurisme est un hédonisme informé de précaution et de réflexion. Les épicuriens ne considéraient pas comme plaisir au premier chef un désir sensuel temporaire ; l'épicurisme prônait des formes plus sûres et plus raffinées de bien-être, telles que l'amitié et les études littéraires. Si nous voulons assurer notre bonheur privé, nous devons rechercher ces plaisirs plus certains et plus raffinés.

Dans le même temps, l'épicurisme désapprouvait l'activité politique, qui pouvait causer bon nombre de tracas et peu de plaisir certain. Il ne considérait pas l'État ou la société comme quelque chose ayant de la valeur en soi[1]. Seul a de la valeur en soi le plaisir – et le plaisir est nécessairement celui de l'individu. L'État et la société ne sont bons que lorsqu'ils favorisent le plaisir de l'individu et empêchent sa douleur. Lois et conventions n'ont de valeur que comme moyen de favoriser les intérêts individuels[2]. Ce qui retient les gens d'enfreindre la loi, c'est la peur de la punition, c'est-à-dire de la douleur. Tout repose sur le plaisir individuel. Une morale bonne ou un bon système de lois est ce qui maximise le plaisir individuel. Le droit et la morale n'ont pas d'autre fondement. (Mais *qui* détermine que le plaisir de dix personnes dépasse *mon* déplaisir ? Et comment puis-je *comparer* différents types de plaisir[3] ?)

---

1. Valeur en soi : valeur « autotélique » : du grec « *auto* » : « soi », « *télos* » : « fin », « but ».

2. Lois et conventions ont une valeur « hétérotélique », c'est-à-dire qu'elles ont une valeur en étant le moyen *pour une autre chose* qui est une fin en soi.

3. À la fin du dix-huitième siècle, l'utilitariste Jeremy Bentham proposa une méthode pour évaluer les différents types de plaisirs. Nous reviendrons sur ces

La philosophie de la nature que nous trouvons dans l'épicurisme – et qui semble dans une large mesure correspondre à la théorie matérialiste des atomes selon Démocrite – encourageait, d'une certaine manière, cette philosophie de la vie : comme tout est matériel, y compris l'âme et les dieux lointains et indifférents, nous ne devrions pas nous laisser effrayer par les préceptes religieux.

Au contraire de l'enseignement d'Épicure, un hédonisme radical, pour lequel le plaisir/la jouissance physique est la *seule* chose qui compte dans la vie, peut plaire à des personnes ayant un accès relativement facile à tous les biens et services, et qui peuvent espérer que le plaisir et la jouissance excèderont le besoin et la souffrance. Mais, pour la grande majorité des gens de l'Antiquité, une telle théorie aurait facilement pu avoir des conséquences fatales : si la plupart d'entre eux avaient tenté de « calculer » la balance entre souffrance et plaisir, la réponse moyenne aurait pu se révéler négative. La somme de souffrance aurait facilement excédé la somme de plaisir. Selon cet hédonisme radical, une telle vie ne vaudrait pas la peine d'être vécue. Le philosophe hédoniste Hégésias, au troisième siècle avant Jésus-Christ, recommandant le suicide, ne faisait pas preuve d'une simple excentricité. Pour les gens condamnés à souffrir d'un cruel destin, un hédonisme pur pouvait devenir plaidoyer en faveur du suicide.

LE STOÏCISME – ASSURER LE BONHEUR DE L'INDIVIDU

Principes généraux du stoïcisme

Les stoïciens étaient en général moins convaincus que les épicuriens de notre capacité à contrôler le bien extérieur. Pour eux, chaque personne devait donc devenir indépendante des facteurs extérieurs. Si nous voulons assurer notre bonheur, nous devons apprendre à être aussi indépendants que possible des choses extérieures incontrôlables, et à vivre dans notre moi intérieur, que nous pouvons contrôler. Les stoïciens soutenaient que le bonheur ne dépend vraiment d'aucun bien extérieur. Leur position était la même que celle de Socrate et Platon : la seule condition du bonheur d'une personne, c'est de mener une vie vertueuse, et la vertu repose sur la connaissance. Les stoïciens soutenaient cette position avec une parfaite cohérence. Vivre vertueusement est le seul bien possible pour un être humain. Ne pas

---

problèmes dans la partie qui lui est consacrée, au chapitre 14.

vivre vertueusement est le seul mal. En dernière analyse, quand il est question de vivre heureux, tout le reste est dénué de pertinence ou d'importance. La vie, la santé, la prospérité – ou la mort, la maladie, la douleur et la pauvreté – ne peuvent affecter le bonheur d'une personne sage et vertueuse. Les différences que nous trouvons dans les situations extérieures des gens n'indiquent pas s'ils sont heureux ou malheureux. Faire face à l'adversité dans notre vie, atteindre la réussite à l'extérieur et connaître honneurs et reconnaissance, cela n'a pas d'importance – pas plus que d'être riche ou pauvre, maître ou esclave. La distinction décisive est celle que nous rencontrons entre ceux qui sont sages et vertueux et ceux qui ne le sont pas. Les premiers sont heureux ; non les seconds. Connaissance, vertu et bonheur sont liés à la vie intérieure, et indépendants de toute circonstance extérieure.

Quelle idée et quelle vertu sont susceptibles de rendre une personne indifférente à tous les décrets du destin ? Les stoïciens soutenaient que la vertu existe en accord avec la raison, avec le *logos*. Le *logos* est le premier principe du cosmos, ainsi qu'Héraclite le disait. Ils appelaient également ce principe Dieu, le feu divin, ou le destin. Les hommes peuvent s'ouvrir au *logos* afin que leur âme devienne harmonieuse et ordonnée en accord avec le cosmos. D'une certaine manière, l'âme reflète alors l'ordre et l'harmonie qui gouvernent le cosmos. L'idée la plus importante est probablement de réaliser que toute chose est ordonnée avec sagesse, et qu'il n'est ni possible ni désirable d'interférer dans le cours des évènements. Tout est guidé par le *logos*, ou Dieu. La tâche de l'homme est d'apprendre à accepter avec joie tout ce qui a lieu. « Ce qu'il y a de grand, c'est une âme ferme et sereine dans l'adversité, qui accepte tout accident comme si elle l'eût désiré ; et l'on eût dû le désirer, si l'on eût su que tout arrive par les décrets de Dieu »[1]. Les stoïciens prêchaient donc une morale ascétique par rapport au monde extérieur et une éducation tournée vers la force intérieure de caractère. La personne doit faire montre d'une sérénité stoïque, c'est-à-dire dépourvue de passion (apathie), face aux décrets du destin.

À cette position du stoïcisme sur la manière d'assurer notre bonheur, on pourrait objecter qu'il peut être tout aussi difficile de maîtriser la sphère « intérieure » que de maîtriser les nombreuses conditions extérieures. C'est évidemment une objection de poids. Mais, en même temps, nous devrions nous rappeler que la capacité à maîtriser la nature (maladies, mauvaises récoltes, etc.) était relativement mince durant la période hellénistique et romaine. Si, pour nous, il semble

---

1. Sénèque, *Questions naturelles III, Œuvres complètes* volume 2, Hachette, 1914, tr. J. Baillard.

plus facile de retirer l'appendice que de maîtriser notre colère, il en allait tout autrement durant l'Antiquité. Il était donc assez réaliste pour les stoïciens de recommander aux hommes de maîtriser ce qui pouvait l'être, à savoir leur propre esprit. Conformément au changement de l'homme-dans-la-communauté à l'individu privé, l'*esprit* en vint à être compris comme quelque chose d'intime, séparé à la fois de la nature et du monde social. En un sens, cela était non grec : l'éthique était maintenant séparée du politique. Chaque personne devait cultiver son moi, indépendamment de la société et du milieu. C'est l'idée d'une morale privée, séparée de la société. Il se peut que l'épicurisme n'ait jamais connu beaucoup d'adhérents. Le stoïcisme, quant à lui, eut de nombreux partisans et une grande influence, en particulier à l'époque romaine. Et les idées tant éthiques que légales du stoïcisme eurent un impact sur la philosophie médiévale. Mais ce ne fut pas un mouvement homogène. Un développement fondamental eut lieu en son sein, des stoïciens grecs aux stoïciens romains.

Les cyniques

Les cyniques formaient dans l'Antiquité l'une des écoles dites socratiques, adjectif qui souligne un certain lien entre Socrate (et les sophistes) et les tendances philosophiques de l'époque hellénistique et romaine.

On peut dire que les cyniques représentaient les hommes possédant peu de biens. Plutôt que d'inciter ces derniers à une rébellion futile, les cyniques les encourageaient à apprendre à se satisfaire sans les biens qu'ils ne pouvaient de toutes façons posséder. Les cyniques vivaient retirés de la société, d'une vie simple et relativement primitive – qu'ils considéraient comme une manière naturelle de vivre (s'opposant directement à la compréhension aristotélicienne de la nature humaine). C'est ainsi que le cynique Diogène de Sinope (404-324 av. J.-C.), qui vivait dans un tonneau, louait le naturel et méprisait l'artificiel. Si l'hédonisme cultivé n'était qu'un escapisme[1], et si les hédonistes individuels (Hégésias) prêchaient une idéologie de l'effacement, les cyniques enseignaient aux défavorisés à se satisfaire de ce qu'ils avaient, même s'ils avaient bien peu.

Le stoïcisme hellénistique grec

Avec les philosophes hellénistiques grecs Zénon (env. 326-264 av. J.-C.), Cléanthe (331-233 av. J.-C.) et Chrysippe de Soles (env. 278-204

---

1. Escapisme : fuite face à la réalité.

av. J.-C.), le stoïcisme se tourna en quelque sorte vers la « classe moyenne » : il mit l'accent sur le devoir et le développement du caractère, et non plus simplement sur un retrait ascétique du monde. De plus, les stoïciens commencèrent à formuler une loi naturelle s'appliquant à tous. Le stoïcisme changea encore plus après être graduellement devenu une idéologie pour les classes supérieures de la société : car l'accent stoïcien mis sur le devoir, le développement du caractère et la croyance en la loi universelle plut aux classes supérieures romaines. Celles-ci firent pour finir du stoïcisme une sorte d'idéologie d'État. En même temps, les caractéristiques de renoncement au monde du cynisme, qui s'adressait aux classes inférieures, furent supprimées pour faire place à une morale soutenant l'État, reposant sur le devoir et le développement d'un caractère fort et responsable. Il ne resta qu'un vestige du retrait originel du monde : la distinction entre d'une part l'intérieur et le privé et de l'autre l'extérieur et le public. En privé, les stoïciens écrivaient leurs pensées les plus intimes (Marc Aurèle était philosophe), alors qu'en même temps, dans la sphère publique, ils remplissaient leurs devoirs envers la société (Marc Aurèle était empereur).

Le stoïcisme romain

Avec les stoïciens romains – Cicéron (106-43 av. J.-C.), Sénèque (4 av. J.-C. - 65 ap. J.-C.), Épictète (50-138 ap. J.-C.) et Marc Aurèle (121-180 ap. J.-C.) –, le retrait ascétique et individualiste du monde déjà mentionné se mua en tension entre retrait et devoir politique. Nous pouvons chez eux suivre la trace du changement que nous avons postulé auparavant dans les concepts politiques grecs : pour faire bref, il signifiait qu'une personne n'était plus considérée comme une partie organique d'un groupe, mais comme un individu vivant sous un code juridique et un système de gouvernement universels. En principe, tous les individus étaient égaux devant la loi, et leurs droits n'étaient pas déterminés par leur fonction, mais par la loi universelle qui s'applique en tout lieu et à tout moment. Nous nous trouvons ici face à l'idée de *loi naturelle* dans sa forme la plus développée.

De même que le monde d'une personne fait partie du cosmos, sa raison fait partie de la raison universelle. En conséquence, les lois humaines sont des aspects de la loi éternelle qui s'applique au cosmos tout entier. C'est pourquoi nous sommes en principe capables de distinguer les lois de la société qui sont en accord avec la loi éternelle et celles qui ne le sont pas, et donc de distinguer les lois valides en vertu de leur conformité à la loi éternelle et celles qui ne se prétendent telles que parce qu'elles existent, sans être valides d'après la loi naturelle universelle. La raison humaine qui, dans ses diverses formes, trouve son fondement dans la raison commune du monde, est un donné, quelque chose qui existe. C'est un point essentiel de la théorie de la loi naturelle : les lois juridico-politiques reposent sur une loi universelle de la nature. Le fondement des lois n'est pas créé par les individus ou par les groupes, ni par des hommes de pouvoir décidant de ce qu'est la loi et de ce qui est juste (« La force, c'est le droit »). Les lois valides existent. Et, parce qu'elles existent, nous pouvons les découvrir, les expliquer, et faire connaître ce que nous avons découvert. Mais nous ne pouvons inventer de lois. Le fondement de la loi est donc placé au-dessus des désirs arbitraires de l'humanité. Il est également placé au-dessus de la diversité des codes juridiques réellement existants, partiellement contradictoires. Le fondement de la loi n'est donc pas relatif. Et parce que tous les individus participent de la raison universelle et de la loi commune, tous sont fondamentalement semblables. La loi naturelle s'applique à tous les peuples et en tout lieu. Les caractéristiques de base de la vision stoïcienne du droit furent largement adoptées à Rome par les hommes d'État et les juristes tels que Cicéron, homme éclectique dont les travaux furent amplement lus durant les siècles suivants. Les stoïciens se distanciaient de la position de certains sophistes qui soutenaient qu'un droit ou une morale universellement valides n'existent pas, et que les lois ne sont que relatives. De la même manière, ils s'opposaient à la conception épicurienne selon laquelle les lois ne sont valides que tant qu'elles promeuvent les désirs individuels des hommes. En rejetant le relativisme et en soutenant l'existence d'un droit universellement valide, les stoïciens s'accordaient avec Platon et Aristote. Mais sur la source de la loi et sur la manière dont il est possible de justifier les principes juridiques, leur interprétation différait de celle d'Aristote. Selon ce dernier, les principes juridiques fondamentaux sont liés à la société humaine, à commencer par la cité-État. Ils y sont présents en puissance et, à un certain degré, en acte. En recueillant des informations sur les codes juridiques de diverses cités-États et en les systématisant, nous pouvons découvrir les règles les meilleures pour la société. C'est ainsi que nous trouvons les normes juridiques qui existent dans une société bonne. Nous pouvons identifier par comparaison avec ces dernières ce qui est mauvais dans le code en vigueur, et nous pouvons formuler de nouvelles lois. Par exemple, selon Aristote, la richesse de la société devrait être distribuée plus harmonieusement : de grandes disparités entre les hommes sont causes de tension. Un certain degré d'égalité entre les citoyens est nécessaire à une société saine. Par conséquent, c'est un but important du code juridique que de créer une distribution relativement équilibrée des biens. Cela signifie qu'Aristote plaide en faveur d'un *certain* nivellement des différences sociales, encore qu'il n'encourage en aucune manière une égalité complète. Il accepte notamment l'esclavage et les divisions de classes, et il critique les démocrates pour leur vision trop simpliste de l'égalité. Le point de départ de la conception stoïcienne de la loi n'est pas, comme chez Aristote, la cité-État et l'homme-dans-la-communauté, mais la raison universelle, présente en chaque individu : en chaque personne, il y a une étincelle du «feu divin», un autre mot pour la raison. Pour les stoïciens, c'est la vraie nature de la personne, la nature humaine commune. Les stoïciens font remonter la loi naturelle à la raison universelle. Cette nature commune, la raison universelle, est la source de la loi, pour utiliser une expression de Cicéron.

L'être humain n'est pas, avant tout, un être social, comme chez Aristote, mais un individu possédant une étincelle du *logos* universel. Cela permet aux humains de fonder la société, de formuler un code juridique et de promulguer des lois. Ceux qui sont le plus à même de faire des lois justes sont les hommes les plus sages. La raison est présente en eux sous sa forme la plus pure. «Ainsi donc la pensée se confond avec la Loi suprême ; quand la raison parfaite se réalise dans l'homme, elle réside dans la pensée du sage», écrit Cicéron[1]. Nous voyons chez lui comment la vision stoïcienne de la loi naturelle, qui soutient qu'il existe un code juridique universel et invariable au-dessus de tous les systèmes juridiques donnés et variables, peut également s'utiliser pour appuyer les lois en vigueur. Cicéron affirme donc que les vieux «droits patriciens» romains expriment largement la loi universelle, et que la loi en vigueur et les inégalités existantes sont justifiées par la loi naturelle. Ce qui souligne un élément tout à fait ambigu de la théorie de la loi naturelle : elle peut s'utiliser pour légitimer la loi en vigueur comme pour la critiquer. Elle peut fonctionner dans une société aussi bien comme force conservatrice que comme force de changement. (Voir au chapitre 6 la relation entre l'Église et l'État.)

Mais la loi naturelle stoïcienne ne soutient-elle pas une *égalité* fondamentale de tous les humains ? Comment peut-on alors accepter les différences existantes ? La réponse se trouve en partie dans une certaine ambiguïté de la vision stoïcienne de l'égalité : chacun participe du *logos* commun, et, en ce sens, tous les hommes sont égaux ; mais, en même temps, une vie bonne et heureuse n'a rien à voir avec le fait d'être riche

---

1. Cicéron, *Traité des Lois*, Livre III, V, Belles Lettres, 1959, tr. G. de Plinval.

ou pauvre, roi ou esclave. Le but principal n'est donc pas d'intervenir dans le monde pour le changer ; c'est de faire face à tous les décrets du destin avec une parfaite sérénité. En d'autres mots, il n'est pas évident que l'égalité fondamentale soit influencée par les différences sociales réelles, ni qu'elle requière la réalisation de l'égalité dans les sphères matérielle et politique. Pour Cicéron, en tant qu'homme d'État, la réponse peut également se trouver dans les conditions de la *realpolitik* : indépendamment de l'égalité fondamentale des êtres humains, les sociétés existantes ne fonctionnent que par les différences, qui sont inévitables. Cicéron ne voit donc pas la nécessité d'un code juridique pour assurer une distribution raisonnable de la propriété. Selon lui, ne pas blesser les autres, par exemple ne pas voler leurs biens, et tenir ses promesses sont des principes de base. Il souligne ainsi avec force que le droit de propriété doit être respecté et les contrats honorés.

Par les écrits de Cicéron, en particulier *le Traité des Lois*, *les Devoirs* et *la République*, la pensée stoïcienne acquit une grande influence sur la pensée romaine du droit. « La vraie loi, c'est la droite raison, conforme à la nature, répandue dans tous les êtres, toujours d'accord avec elle-même, non sujette à périr, qui nous appelle immédiatement à remplir notre fonction, nous interdit la fraude et nous en détourne. [...] Ni le sénat, ni le peuple ne peuvent nous dispenser de lui obéir. [...] Cette loi n'est pas autre à Athènes, autre à Rome, autre aujourd'hui, autre demain, c'est une seule et même loi éternelle et immuable, qui régit toutes les nations et en tout temps. [...] Qui n'obéit pas à cette loi s'ignore lui-même et, parce qu'il aura méconnu la nature humaine, il subira par cela même le plus grand châtiment, même s'il échappe aux autres supplices »[1].

L'idée de droits individuels innés et inviolables et celle de loi universelle et éternelle sont liées. De telles pensées correspondent bien à l'Empire romain, avec ses différentes populations : de telles idées furent à la base d'une certaine tolérance – du moins comme idéal, si ce n'est toujours comme réalité.

D'une certaine manière, les stoïciens romains avaient un sens universel de la responsabilité collective qui manquait fort aux Grecs. Les stoïciens défendaient une solidarité et une humanité cosmopolites. Ils avaient une conviction religieuse selon laquelle les hommes partici-pent d'un tout cosmologique et moral. Mais l'idée d'une telle fraternité cosmopolite peut également être considérée comme une tentative de surmonter, en théorie, le manque d'intimité de l'empire romain : la distance était grande de Bethléem à Rome, grande également de

---

1. Cicéron, *La République*, Livre III, XXII, Classiques Garnier, 1954, tr. C. Appuhn.

l'individu à l'empereur. Pour surmonter cette distance, les stoïciens postulaient une harmonie entre l'individu et l'univers. Ils parlaient du feu présent en Dieu et en l'homme, et qui répondait donc de la fraternité entre les hommes.

Les stoïciens parlaient également d'un feu qui détruit tout à intervalles réguliers, comme à Armageddon, après quoi le monde recommence, mais le nouveau monde répète ce qui a eu lieu dans le précédent. Ce nouveau monde perdure jusqu'à ce qu'un nouveau feu le dévore ; alors le processus se répète, avec de nouveaux mondes et de nouveaux feux. Les stoïciens avaient donc une vision *circulaire* de l'histoire du monde. Le monde ne va pas de l'avant – ni vers le haut ou vers le bas –, pas de façon linéaire, mais *circulaire*. Tout se répète, comme les quatre saisons. Ces idées cosmologiques sur le feu fonctionnaient probablement comme justification de la philosophie stoïcienne de la vie. Si tout se répète, il n'est pas possible d'améliorer le monde. Nous ne pouvons que supporter du mieux que nous le pouvons. Telle personne est empereur, telle autre esclave. Nous n'y pouvons rien. Nous ne pouvons que jouer le rôle qui nous est échu avec autant de dignité que possible. Une telle philosophie cyclique de l'histoire peut donc être fataliste et antirévolutionnaire. Mais ce n'est pas absolument indispensable. Qu'en est-il si ce processus cyclique inclut l'idée que, à un certain point, nous nous révoltons ou menons des réformes sociales ? Pour certains stoïciens romains, il existe bien la trace d'un désir de réforme sociale. Par opposition aux cyniques – qui pensaient simplement que les hommes étaient égaux mais que nous ne pouvons rien changer –, ces stoïciens pensaient que tous les hommes étaient égaux devant la loi en principe, mais pas en réalité : l'égalité n'existe pas pour le moment, mais elle est une fin. Législation et politique humaines sont des moyens de réaliser cet idéal, du moins si cela peut, à un certain degré, avoir lieu.

Il existe également une critique sociale en germe dans le fait que la loi naturelle et les lois de l'État romain n'étaient évidemment pas identiques. Et cette dichotomie entre l'universel de fait (les lois de l'empire) et l'idéalement universel (la loi naturelle) devint une base théorique pour distinguer l'empereur et le pape, comme nous le verrons ultérieurement. On peut dire que le droit, comme discipline autonome, a été fondé par les juristes romains, dont la pensée était généralement proche de celle des stoïciens.

Tous les mouvements que nous avons mentionnés sont parfois nommés écoles socratiques puisque chacun à sa manière prolongeait l'héritage de Socrate. Ils partageaient l'opinion socratique selon laquelle la vertu est le bonheur et peut, en un certain sens, être apprise. Si nous nous en tenons à l'idée que nous avons développée, en disant que ces mouvements tentaient de répondre à la question de savoir comment il est possible d'assurer le bonheur d'une personne, nous pouvons probablement conclure qu'aucune de ces philosophies de la vie n'a fourni de réponse satisfaisante. Certaines de leurs réponses présupposaient la richesse matérielle – or relativement peu d'hommes étaient riches dans l'Antiquité. Et toutes les réponses reflétaient la vision commune selon laquelle les hommes ne pouvaient pas toujours échapper au malheur : même les stoïciens les plus convaincus ne parvenaient pas toujours à se sentir heureux quand ils étaient frappés par une maladie douloureuse ou mortelle. En ce sens, aucune de ces doctrines des philosophies de la vie ne pouvait garantir le bonheur d'une personne. C'est la conclusion qui s'était imposée à la fin de l'Antiquité : ces doctrines, créées par l'homme pour l'homme, ne pouvaient tenir ce qu'elles avaient promis. Alors, comment assurer son bonheur? La réponse était à portée de main : par des moyens surnaturels, par la religion. Vers la fin de l'Antiquité, le désir de religion augmenta.

LE NÉOPLATONISME

Le néoplatonisme tenta de répondre au désir de religion qui émergea à la période hellénistique. La doctrine néoplatonicienne place l'individu dans un tableau cosmologique plus large, et décrit le mal comme privation, comme non-être, le corps (la matière) étant considéré comme non-être et l'âme comme être. Le but est de libérer l'âme de son cadre mortel (le corps), afin que l'âme personnelle puisse faire l'expérience d'une union totale avec l'âme du monde. Plotin (205-270 ap. J.-C.), qui vécut en Égypte à Alexandrie, développa une interprétation du platonisme qui déviait de la théorie dualiste des Idées et qui concevait plutôt l'univers comme une interaction hiérarchique de lumières et de ténèbres. Le cœur de l'univers est dit être l'« Un » indicible que nous pouvons approcher par la raison, mais non décrire : c'est la base ultime de l'univers, son principe premier. Il diffuse l'Être à tout ce qui est, comme une source de lumière illuminant les environs de telle façon que les rayons lumineux diminuent au fur et à mesure qu'ils diffusent depuis la source, jusqu'à ce qu'ils s'éteignent dans les ténèbres. Cette doctrine de diffusion, ou d'émanation, implique que le principe premier spirituel est l'Être dans sa puissance la plus élevée, le centre du pouvoir qui soutient toute chose, alors que la matière est conçue comme non-être. Par conséquent, il existe une hiérarchie, du principe premier (l'Un), immatériel et indicible, aux phénomènes les plus matériels et périssables. Il existe ainsi une tension entre l'âme et le corps : en tant qu'être corporel, l'homme participe du non-être de la matière ; mais, par leur nature spirituelle, les humains peuvent tenter d'approcher l'Un, avec pour but une union de l'âme et des forces de la lumière qui proviennent de ce principe premier. Cette union ne pouvant s'exprimer par des mots, c'est donc une union indicible, une *unio mystica*.

Le néoplatonisme se concentre sur des forces surnaturelles. Mais c'est toujours une *doctrine*, et non la *vie* – même si certains en firent l'expérience comme d'une réalité concrète. Ce n'est qu'avec le christianisme, avec son message d'un Dieu personnel et vivant et d'un paradis du rachat, que le désir religieux trouva une réponse satisfaisante aux yeux d'un grand nombre de gens. Au quatrième siècle, le christianisme devint la religion officielle de l'Empire romain. L'Antiquité refluait et le Moyen Âge s'apprêtait à la remplacer.

LE SCEPTICISME

Les sceptiques de l'Antiquité, tels que Pyrrhon (env. 360-270 av. J.-C.), Carnéade (env. 213-128 av. J.-C.) et Sextus Empiricus (aux alentours de 200 ap. J.-C.), s'intéressaient avant tout aux questions épistémologiques ; ils tendaient généralement à adopter un point de vue prudent ou négatif sur celles de la vérité et de la justesse. Ils appartenaient donc à la tradition épistémologique des sophistes grecs – tout comme épicuriens et stoïciens avaient adopté et développé la tradition de la philosophie morale de Socrate.

Néanmoins, en un sens épistémologique, le scepticisme est un concept ambigu[1]. Il peut par exemple être utile de distinguer le type de sceptique qui soutient directement ou indirectement que nous ne pouvons rien savoir (voir notre interprétation de Gorgias) et celui qui ne le soutient pas mais qui recherche encore, sans prendre position (en grec : *scéptikos* : « qui recherche »). Nous soulignerons certaines

---

1. Voir Arne Naess (*Scepticism*, Routledge, 1969, p. 2-7) qui, à partir du débat à l'intérieur du scepticisme antique, nomme les sceptiques qui formulent et défendent une position sceptique des « académiques », et ceux qui n'ont pas de telles prétentions mais poursuivent leurs enquêtes philosophiques des « sceptiques ». La manière dont Naess traite de Pyrrhon (s'inspirant de Sextus Empiricus) est une étude du scepticisme en ce dernier sens.

interprétations modernes des arguments sceptiques majeurs, issus du scepticisme hellénistique.

Les sens ne nous donnent pas une connaissance certaine

Les impressions sensibles qu'une personne perçoit des objets du monde dépendent non seulement des objets mais aussi de la relation de l'objet à la personne qui fait l'expérience sensible (de sa distance, par exemple), de la condition des organes des sens et de la condition générale de cette personne (si elle est éveillée ou endormie, à jeun ou ivre, etc.)[1].

Nous reconnaissons ces problèmes parce qu'il peut arriver à nos sens de nous « tromper », comme lors des divers états émotionnels, à diverses distances, sous divers angles de vision et à travers diverses sortes de milieux, tels que l'eau, le brouillard, la vapeur, etc. Tout cela influence nos impressions sensibles. De plus, il y a des différences de perception entre les individus ; ce qui est sucré ou froid pour l'un peut ne pas l'être pour l'autre.

Les sceptiques soulignent que jamais nous ne pouvons nous sortir de ces difficultés : elles s'appliquent, en principe, à toutes nos expériences des objets extérieurs. Il n'y a donc pas d'accès neutre aux objets qui nous permettrait de les percevoir tels qu'ils sont vraiment. Ou bien, pour le dire autrement, il n'y a pas d'autorité garantissant qu'une impression sensible reflète fidèlement la réalité, qu'elle correspond réellement à l'objet en question.

Certes, la plupart des gens s'accordent généralement sur le fait qu'ils ont les mêmes impressions sensibles de choses données. Mais pour les sceptiques, cette constatation ne résout pas les problèmes épistémologiques dont il est ici question : rien ne nous garantit que nous ne sommes pas tous dans l'erreur. De plus, il est souvent difficile de savoir si les gens veulent dire la même chose quand ils disent percevoir le même objet.

Il est tout à fait méritoire de recommander dans l'observation une attitude impartiale. Mais cela ne nous avance pas plus, parce que cela

---

1. On trouve des arguments similaires chez Démocrite (et Protagoras) : l'expérience sensible que fait un être humain des objets extérieurs a lieu par la transmission qu'assurent des atomes médiateurs, de l'objet aux organes sensoriels humains. Mais, comme toute notre connaissance des choses extérieures ne dépend que des impressions sensibles qui naissent dans nos organes sensoriels, nous n'avons aucune garantie que nos impressions sensibles donnent un rapport fidèle des objets extérieurs. L'impression sensible dans les organes sensoriels dépend bien sûr *à la fois* de l'impression fournie par les objets *et* de la condition de ces organes.

ne change rien aux difficultés fondamentales, même si une telle attitude impartiale peut nous aider en pratique. La difficulté épistémologique fondamentale, selon cet argument sceptique, c'est qu'une impression sensible est toujours le résultat de nombreux facteurs qui influent sur le résultat de diverses manières, et non d'un signal pur, n'ayant pas subi d'influence, provenant de l'objet. En d'autres mots, les humains sont incapables de reconnaître la vraie nature d'un objet. Nous n'avons pas de méthode d'acquisition de la connaissance susceptible de nous faire sortir de ce dilemme. Distinguer les impressions sensibles vraies et fausses pose donc problème, c'est-à-dire que les sens ne nous mènent pas à une connaissance vraie et certaine.

Il convient de remarquer que les sceptiques, avec cet argument, ne semblent pas avoir voulu dire que nous devrions ignorer au quotidien ce que nos sens nous disent. Pour survivre, nous devons, en pratique, prendre note de nos impressions sensibles. Ce que les sceptiques pensent que nous devrions rejeter, c'est la croyance que nos sens nous donnent une connaissance certaine du monde objectif. Les observations montrant que le sel donne toujours un goût salé (pour la plupart des gens) et que le feu brûle toujours (pour presque tout le monde) nous mènent à une certitude subjective, mais cela ne nous donne le droit de rien soutenir sur la vraie nature d'un objet.

L'induction n'est pas une inférence valide

L'induction permet d'inférer de la constatation d'une propriété dans un nombre *fini* de cas d'une certaine sorte que cette propriété s'applique à *tous* les cas de la sorte : «Toutes les mules observées jusqu'à maintenant, soit 45987 spécimens, étaient gris-brun ; donc toutes les mules sont gris-brun». Mais ce n'est pas une inférence qui s'impose, parce que rien ne garantit que ne se présentera pas un jour une mule d'une couleur différente. L'induction peut donc mener à des affirmations qui sont plus fortes qu'il n'est justifié. Par conséquent, l'induction n'est pas une inférence valide.

Les déductions ne mènent pas à une connaissance nouvelle

La déduction permet, à l'aide de règles déterminées, d'inférer un énoncé spécifique d'un ensemble d'énoncés donnés (les prémisses). Et la conclusion est vraie si les énoncés donnés sont vrais et les règles de déduction valides. Si nous savons que tous les humains sont capables de parler et que Socrate est un humain, nous pouvons en conclure que Socrate peut parler. Mais cela ne nous mène pas à une connaissance nouvelle. La déduction ne dit rien de nouveau par rapport à ce qui est déjà impliqué dans les prémisses. Les déductions sont en un sens stériles et tautologiques. Ou, pour le dire autrement, dans la mesure où nous pouvons soutenir l'affirmation selon laquelle tous les humains peuvent parler, nous devons commencer par confirmer que tous les humains, y compris Socrate, peuvent effectivement parler. Si nous pouvons soutenir un énoncé si général (« Tous les humains peuvent parler »), c'est que nous y avons déjà inclus Socrate. Par conséquent, il n'y a rien de nouveau dans l'affirmation dérivée (« Socrate peut parler »).

Les déductions ne prouvent pas leurs propres présupposés

Toutes les déductions prennent leurs propres prémisses (et les règles de déduction) comme allant de soi. C'est toujours l'énoncé dérivé qui est prouvé, jamais les prémisses. Il est certain qu'une prémisse peut en principe être prouvée par déduction dans un nouveau syllogisme. Mais il y a alors de nouvelles prémisses qui font partie de cette déduction, prémisses demeurant elles-mêmes non prouvées dans cette déduction.

Ce qui signifie que nous sommes ici face à un « trilemme » : soit nous poursuivons dans un processus infini d'établissement des prémisses (« régression *ad infinitum* »), soit nous sommes pris dans des cercles logiques (« cercles vicieux »), soit nous rompons l'enchaînement de preuves en un point logiquement arbitraire (« décisionnisme »). Il n'existe aucune autre solution pour les conclusions déductives. Par conséquent, en dernière instance, aucun principe de base ne peut être prouvé par la déduction[1].

Des opinions contraires sont également valables

De plus, à l'instar de Protagoras, les sceptiques de l'Antiquité pensaient que nos opinions de nature plus générale, comme celles portant sur les sujets politiques et sociaux, se caractérisent par des points de vue contradictoires dont les arguments pour et contre sont

---

1. Mais n'est-ce pas une assertion remarquable ? Voir l'argumentation réflexive (autoréférentielle) (chapitre 15, « la connaissance transcendantale », et chapitre 27, « Hannah Arendt »).

également recevables. Une opinion est tout aussi bien fondée qu'une autre. Elles sont en partie l'expression d'habitudes et d'usages (de traditions) variables, non d'une compréhension vraie.

Nous pouvons donc en conclure que la critique des sceptiques était dirigée contre la validité de l'expérience sensible, de l'induction et de la déduction, ce qui signifie que nous ne pouvons avoir de connaissance certaine des choses extérieures ou des principes universels (affirmations universelles ou présupposés universels). Les sceptiques différaient par le degré auquel ils poussaient une telle critique. Pyrrhon, généralement considéré comme le fondateur du scepticisme, pensait que les objections à la possibilité d'une connaissance allaient si loin que la seule position tenable était de n'en avoir aucune. D'autres, comme Carnéade, s'appliquaient surtout à éclaircir les différents degrés de compréhension.

L'affirmation poussée à son extrême par les sceptiques selon laquelle la connaissance est impossible se mine d'elle-même. Une telle position est bien évidemment incohérente. Par conséquent, le scepticisme radical est paradoxal, donc intenable. Aussi est-il important pour interpréter les sceptiques de savoir ce qu'ils affirmaient réellement : à quel point leur doute était-il global et absolu, et en quel sens prenait-il la forme d'un énoncé non prouvé qui se prétendait vrai ?

Nous pouvons peut-être interpréter la position des sceptiques comme signifiant que, pour des raisons pratiques, ils vivaient en accord avec leurs impressions sensibles et l'avis commun, mais ne prenaient pas position quant à la vérité possible de ces avis et impressions, à peu près comme des étudiants qui apprennent leurs cours sans se demander si ce qui est écrit est vrai ou non. Par conséquent, les sceptiques considéraient que nous avons raison de nous abstenir de prendre position sur la vérité des divers énoncés. Une personne qui fait preuve de scepticisme n'accepte ni ne refuse jamais un point de vue comme vrai ou faux. Elle se contente d'observer, sans prendre position.

Quand les autres philosophes énonçaient un fait, les sceptiques ne le niaient pas au sens où ils auraient affirmé autre chose. Ils se contentaient de montrer qu'il est problématique d'affirmer une connaissance vraie et certaine sur la question. Ils tentaient de montrer qu'il est problématique d'affirmer quoi que ce soit en la matière – sans eux-mêmes prendre position. La question demeure de savoir d'où les sceptiques pouvaient avoir acquis cette connaissance selon laquelle il est juste de s'abstenir de prendre position. Est-ce une connaissance vraie et valide ?

Quelle que soit la manière dont les sceptiques peuvent le mieux être traités eu égard à cette question, ils semblent avoir pensé qu'ils avaient quelque chose d'important à dire au sujet de la vie humaine. Par exemple, si les croyances religieuses mènent à l'inquiétude et à l'angoisse, les sceptiques nous rappellent que nous ne pouvons rien savoir de certain sur de telles choses, et que nous ne devrions donc pas nous en soucier. L'attitude sceptique devrait donc donner à une personne la paix de l'esprit. Tout comme les stoïciens trouvaient une voie vers le bonheur et la paix de l'esprit en s'affranchissant des besoins extérieurs, et tout comme les épicuriens recherchaient la même chose par la joie dans le plaisir calculé, de même les sceptiques cherchaient-ils à se libérer des croyances et des convictions métaphysiques et religieuses : puisque, au fond, nous ne savons rien, et que tout est donc également valide, rien ne devrait troubler la paix de notre esprit.

Alors que Pyrrhon adoptait une position sceptique plus radicale – nous ne pouvons rien savoir –, Carnéade développa le scepticisme comme doctrine des degrés de connaissance, ou comme doctrine de ce qui est probable, un « probabilisme » doté d'un certain accent empiriste. Bien que Carnéade pensât que nous manquons de critères pour déterminer la vérité d'une proposition, il estimait que nous pouvons toujours évaluer la probabilité du contenu propositionnel d'un énoncé. Par exemple, quand plusieurs expériences sensibles différentes mais également harmonieuses soutiennent notre conception d'un phénomène, nous avons plus de raisons d'accepter cette conception que si les expériences sensibles se contredisent. Plus nous avons d'impressions sensibles qui correspondent harmonieusement les unes avec les autres, plus probable est l'image d'ensemble que nous nous faisons. C'est ainsi que l'harmonie entre les impressions de plusieurs observateurs fournit également une image plus probable que si différents observateurs ont des impressions contradictoires.

Avec un nombre croissant d'impressions qui s'harmonisent entre elles, celles d'un observateur unique comme celles de plusieurs, l'image composite apparaîtra plus probable – même si nous ne pouvons pas croire que ce que nous voyons fournit une représentation vraie du monde. En pratique, cela est pourtant suffisant, comme quand un juge évalue la manière dont plusieurs témoignages s'harmonisent entre eux et fournissent ainsi une base suffisante pour rendre un verdict : même si nous ne trouvons pas la vérité, nous pouvons évaluer notre soutien à un verdict.

Avec ce scepticisme modéré, qui met en avant le probable, nous ne sommes pas loin de la recommandation de collecter systématiquement de nouvelles informations, d'analyser systématiquement harmonies et dissonances à l'intérieur du matériau recueilli. À partir de là, il est facile de franchir le pas et de passer à la recherche empirique. Mais Carnéade ne semble pas être allé plus loin que de conseiller la mise à l'épreuve de l'information reçue. Le désir ou le besoin d'une collecte systématique de nouvelles informations ne semble pas lui être venu. Cependant, chez lui, l'accent est placé sur l'importance de la mise à l'épreuve constante de la probabilité des énoncés, en fonction de l'expérience et de la cohérence. Nous avons ici les moyens d'atteindre une meilleure connaissance pratique, même si la véritable essence des choses nous demeure inconnue.

Nous avons dit que le scepticisme de l'Antiquité trouvait ses racines chez les sophistes. Il se manifesta ensuite sous différentes formes, comme chez le théologien et philosophe du début du Moyen Âge Augustin, chez le rationaliste Descartes et chez les empiristes Locke et Hume au début de l'ère moderne.

LES SCIENCES DANS L'ANTIQUITÉ

Nous avons dit que, dans l'Antiquité, les frontières entre philosophie et science n'étaient pas rigides. Jusqu'ici, nous avons surtout souligné les contributions philosophiques. Dans cette section, cependant, nous nous attacherons à la façon dont se sont constituées et développées certaines des branches principales de la science pendant cette période. Pour des raisons pratiques, nous ne pourrons en fournir que de brefs aperçus.

Histoire

Dans la tradition cosmologique spéculative, dont la tendance principale est de rechercher l'immuable, se trouvent aussi les historiens Hérodote et Thucydide, qui mirent plus l'accent sur l'*expérience* que sur la spéculation cosmologique, et firent de *ce qui change* un objet de recherche.

Hérodote (484-425 av. J.-C.) et Thucydide (460-400 av. J.-C.) traitaient d'évènements qu'ils déterminaient par leur temps et leur lieu, par opposition aux évènements mythologiques qui sont généralement sans localisation temporelle ni géographique (« Il était une fois… »). Ils recherchaient des causes relativement démontrables aux évènements éphémères du passé, telles que des facteurs psychologiques et des conflits de pouvoir entre États. Bien sûr, le divin intervient dans le tableau que dresse Hérodote, en particulier sous la forme du destin comme l'imprévisible que nous devons prendre en compte quand nous en venons aux évènements historiques.

Toujours est-il qu'Hérodote et Thucydide ont fait partie du mouvement vers une pensée scientifique. Au contraire de la plupart des philosophes grecs de la nature, ils considéraient l'éphémère et le changeant comme un domaine de recherche valable, et ils furent donc de première importance dans l'affermissement de l'idéal scientifique empiriste. Ils mirent en avant l'observation et la description de la réalité changeante telle qu'elle est, par opposition aux spéculations rationnelles mais souvent indéfendables sur l'élément non changeant derrière tout changement.

Médecine

Au regard des spéculations des philosophes présocratiques de la nature, nous pouvons dire qu'Hippocrate (env. 460-375 av. J.-C.) plaidait au sein de la médecine pour un idéal empirico-scientifique correspondant à celui que prônaient Hérodote et Thucydide dans l'écriture de l'histoire : l'accent était mis sur l'observation et l'expérience pratique, non sur la spéculation. Hippocrate fait donc partie, dans l'Antiquité, d'un courant se basant sur les faits et l'expérience. Il est probablement plus connu aujourd'hui pour sa formulation du code médical de l'éthique qui porte son nom, le serment d'Hippocrate :

> Je jure par Apollon, médecin, par Esculape, par Hygie et Panacée, par tous les dieux et toutes les déesses, les prenant à témoin que je remplirai, suivant mes forces et ma capacité, le serment et l'engagement suivant : je mettrai mon maître de médecine au même rang que les auteurs de mes jours, je partagerai avec lui mon avoir et, le cas échéant, je pourvoirai à ses besoins ; je tiendrai ses enfants pour des frères, et, s'ils désirent apprendre la médecine, je la leur enseignerai sans salaire ni engagement. Je ferai part de mes préceptes, des leçons orales et du reste de l'enseignement à mes fils, à ceux de mon maître et aux disciples liés par engagement et un serment suivant la loi médicale, mais à nul autre.

> Je dirigerai le régime des malades à leur avantage, suivant mes forces et mon jugement, et je m'abstiendrai de tout mal

et de toute injustice. Je ne remettrai à personne du poison, si on m'en demande, ni ne prendrai l'initiative d'une pareille suggestion; semblablement, je ne remettrai à aucune femme un pessaire abortif. Je passerai ma vie et j'exercerai mon art dans l'innocence et la pureté. Je ne pratiquerai pas l'opération de la taille. Dans quelque maison que je rentre, j'y entrerai pour l'utilité des malades, me préservant de tout méfait volontaire et corrupteur, et surtout de la séduction des femmes et des garçons, libres ou esclaves.

Quoi que je voie ou entende dans la société pendant, ou même hors de l'exercice de ma profession, je tairai ce qui n'a jamais besoin d'être divulgué, regardant la discrétion comme un devoir en pareil cas. Si je remplis ce serment sans l'enfreindre, qu'il me soit donné de jouir heureusement de la vie et de ma profession, honoré à jamais des hommes; si je le viole et que je me parjure, puissé-je avoir un sort contraire[1].

Cette version du code de l'éthique médicale est devenue un classique. Elle fournit une conception morale réfléchie de la relation entre docteur et patient et entre docteur et société. De plus, elle montre la prudence qu'Hippocrate enjoint dans la pratique médicale : le docteur ne doit pas immédiatement se saisir du couteau et opérer. Pour Hippocrate, le docteur doit avant tout être un médecin qui prescrit un traitement plutôt qu'il n'intervient brutalement. Derrière cela se trouve l'idée selon laquelle le docteur doit travailler *avec* la nature, et non *contre* elle. Le but est de restaurer l'équilibre et l'harmonie de la nature en stimulant ses propres processus. Si cela nous semble de nos jours un comportement bien trop passif, il peut s'avérer utile d'éclaircir deux points. Tout d'abord, les procédures chirurgicales étaient plus dangereuses dans l'Antiquité qu'elles ne le sont aujourd'hui grâce à des facteurs comme l'antisepsie et les équipements techniques. Ensuite, Hippocrate avait une conception de la nature semblable à celle d'Aristote. Toute chose recherche son lieu, et les humains, dotés et d'un esprit et d'un corps, recherchent la santé, c'est-à-dire qu'ils recherchent la régulation des fonctions et capacités naturelles, ainsi qu'un équilibre harmonieux. Dans ce processus, le docteur peut agir tant comme un conseiller qui recommande tel régime ou tel genre de vie que comme un médecin, puisque c'est la personne «entière» qu'il faut rendre saine.

---

1. Le serment d'Hippocrate, traduit par Émile Littré en 1839.

Les chirurgiens grecs pratiquaient la dissection et même la vivisection humaine (sur les prisonniers condamnés à mort), et ils amélioraient de ce fait leurs connaissances anatomiques et physiologiques : ils furent ainsi capables de décrire plus en détail les organes internes et de découvrir les relations fonctionnelles entre eux, par exemple ce qui lie l'œil, le nerf optique et le système nerveux central. Une telle connaissance est nécessaire si nous voulons non seulement décrire la progression de diverses maladies et expérimenter des traitements en rapport avec l'observation des symptômes extérieurs, mais aussi expliquer pourquoi les choses adviennent.

Galien (env. 130-200 ap. J.-C.) fut un disciple d'Hippocrate, et un aristotélicien. Il souligna également que les choses naturelles recherchent l'harmonie, et que le docteur doit, avec prudence, aider au processus. Il s'opposa à la théorie selon laquelle les atomes matériels sont les éléments de base de la nature. Selon lui, un tel point de vue déforme les processus vitaux. Il rejeta donc le concept de thérapie médicale reposant sur les théories de la nature proposées par Démocrite et Épicure. Il connut finalement une gloire considérable et fit autorité en médecine jusqu'à la fin de la Renaissance.

En accord avec les conceptions de son époque selon lesquelles l'état physique du corps est gouverné par une relation équilibrée entre les différents fluides corporels, Galien tenta de rendre compte des différents tempéraments par une théorie sur les déséquilibres dans cette relation : la personne sanguine a trop de sang (en latin : *sanguis*), le flegmatique a trop de phlegme (en grec ; *phlégma*), le colérique a trop de bile jaune (en grec : *cholè*), et le mélancolique a trop de bile noire (en grec : *mélaina cholè*). Nous retrouvons donc ici les idées grecques classiques d'équilibre et d'harmonie.

Droit

Depuis les sophistes en passant par Platon et Aristote et par toute l'école stoïcienne, les réflexions sur la justice occupent une place centrale. Cela s'applique aux questions théoriques de base sur la source et la justification de la loi : la loi a-t-elle une base universellement valide et contraignante, ou n'est-elle finalement que l'expression du pouvoir et de la tradition ? Nous avons suivi ce débat depuis Thrasymaque et Socrate, puis avec la version stoïcienne de la théorie de la loi naturelle. Nous poursuivrons son étude à travers la théologie chrétienne du Moyen Âge, jusqu'au traitement moderne de la question.

À des réflexions théoriques plus avancées sur la loi appartient une compilation de calculs d'utilité, comme dans l'épicurisme ; cette méthode traite des effets des décisions juridiques. Ce problème sera étudié ultérieurement dans la tradition utilitariste par des penseurs comme Bentham et Mill, qui essaieront progressivement d'acquérir une connaissance de la société afin de déterminer si les lois fonctionnent comme prévu. Durant l'Antiquité, dans les réflexions théoriques sur la loi, plusieurs discours se confrontaient pour savoir quels genres de conditions mènent au déclin social, généralement sous la forme de théories de la naissance, du développement, de la maturation, de la dégénérescence et de la dissolution des États, théories inspirées de la biologie. Nous trouvons par exemple de telles théories du déclin et de la chute des États chez Aristote et Platon. Ces auteurs offrent diverses observations des développements de certaines sociétés, et des discussions classiques pour savoir quelles démarches, juridiques notamment, il faudrait entreprendre pour influencer le processus.

Il vaut la peine de se souvenir à quel point les Grecs étaient impliqués dans la sphère politique et légale, et aussi que beaucoup des principaux stoïciens romains étaient des hommes d'État ayant une connaissance de première main du système juridique ; Marc Aurèle fut empereur, Sénèque sénateur, et Cicéron homme d'État à de nombreux niveaux de responsabilité. La loi romaine devint ensuite la base de la loi européenne ; elle allait grandement se développer, non seulement grâce à son héritage théorique, mais aussi parce que les Romains cherchaient à créer un système juridique commun pour un empire comprenant de nombreux groupes ethniques et culturels différents. Pour créer un système juridique commun dans une société si diverse (sans imposer de conformité culturelle), il faut élever le niveau d'abstraction et formuler des règles générales pouvant servir à tous de dénominateur commun.

Nous pouvons donc dire que le droit se développa en une herméneutique (du grec : *hermèneuein* : « interpréter ») professionnelle et normative, c'est-à-dire qu'un corps professionnel fut formé à statuer sur les cas particuliers à la lumière de lois et règles universelles et normatives. La formation s'intéressa alors non seulement à la connaissance des lois écrites (et à la manière dont est bâtie une société bonne), mais également au jugement pratique requis pour reconnaître un cas nouveau comme cas d'un type particulier (qui dépend d'une loi particulière). C'est le type de sagesse pratique à laquelle Aristote faisait référence dans ses études sur l'éthique et la politique, c'est-à-dire une compétence permettant d'interpréter la loi à la lumière des conceptions juridiques héritées et politiquement approuvées.

Mathématiques

De Pythagore à Platon, nous avons vu à quel point les formes mathématiques de la pensée ont été centrales dans la philosophie. Les réflexions sur les Idées platoniciennes et leur existence peuvent à juste titre être vues comme des réflexions sur les problèmes fondamentaux des mathématiques. Ce débat s'est poursuivi des philosophes grecs à la querelle des Universaux au Moyen Âge – et il n'est toujours pas clos. Les problèmes de la connaissance objective, de la déduction valide et de la démonstration sont également des problèmes de base des mathématiques.

Les mathématiciens grecs tels que Pythagore ont précisément encouragé le côté formel et opérationnel des mathématiques en développant pour leurs énoncés le concept de démonstration, à savoir la démonstration mathématique consistant en déductions logiquement correctes à partir d'axiomes évidents en soi. Un système déductif axiomatique est formé d'axiomes, de règles de déduction (règles d'inférence) et d'énoncés démontrés (théorèmes) qui s'obtiennent au moyen de ces règles et axiomes.

Euclide, qui vécut à Alexandrie aux alentours de 300 av. J.-C., écrivit sur cette base théorique un manuel de mathématiques qui demeura fondamental en la matière jusqu'à une époque récente. Newton l'utilisa dans sa physique, tout comme Descartes et d'autres philosophes avaient utilisé son système de raisonnement comme modèle de pensée rigoureuse.

Physique et chimie

Nous avons vu comment les premiers philosophes de la nature avaient développé des concepts menant à la théorie mécaniste des atomes (Démocrite, Épicure), laquelle aurait ensuite, pendant la Renaissance, une grande influence sur la mise en place des sciences de la nature expérimentales mathématiquement formulées. Mais, dans l'Antiquité, cette théorie sembla trop spéculative à la plupart des observateurs. Elle parlait de choses que, après tout, nous ne pouvons percevoir. Ce fut donc la conception aristotélicienne de la nature qui fut admise ; la vertu cardinale en était sa perspective de description de la nature telle que nous en faisons l'expérience, et sa perspective écologique de l'interaction entre espèces et environnement, dans un contexte non-évolutionniste.

Les Grecs avaient donc développé les bases de nombre de concepts qui seraient décisifs dans la mise en place de la science de la nature empirique moderne. Désormais, rétrospectivement, nous pouvons dire que ce dont ils manquaient était une méthode expérimentale. Mais ce n'est pas complètement juste. Ainsi Archimède (287-212 av. J.-C.) réalisa-t-il bel et bien des expériences scientifiques. Il était né dans la ville grecque de Syracuse en Sicile, mais avait étudié à Alexandrie. Il est connu en particulier pour son principe sur la poussée subie par un corps plongé dans un fluide. Il est intéressant de noter qu'il travaillait en même temps comme inventeur technique, ou ingénieur. Une telle proximité entre travail intellectuel et travail pratique était inhabituelle dans l'Antiquité, où le travail manuel, qui reposait en majeure partie sur l'esclavage, était méprisé. Archimède était également un grand mathématicien, et il développa peut-être plus encore ce domaine que celui de la physique. Peut-être fut-il un mathématicien plus important même qu'Euclide, sur les écrits duquel il a effectivement fait reposer son travail. Quand l'armée romaine prit possession de Syracuse en 212 av. J.-C., il était plongé dans ses pensées, considérant quelques figures géométriques qu'il avait tracées dans le sable. Comme des soldats romains approchaient, il les repoussa avec irritation, en disant : « Ne marchez pas sur mes figures ! » Ils répondirent en le tuant.

Astronomie

L'étude de l'astronomie commença au tout début de la philosophie grecque de la nature. Nous avons mentionné que Thalès avait prédit une éclipse solaire, et nous avons indiqué l'importance que les pythagoriciens attribuaient à l'harmonie entre les corps célestes. Nous trouvons chez Aristote une vision du monde complètement développée dans laquelle la voûte céleste couvre toute chose avec ses sphères et ses lois spécifiques. Le « céleste » est au-dessus du « terrestre », non seulement selon l'espace, mais aussi selon la qualité. Nous voyons ici un mélange d'observation et de spéculation. Mais d'autres hommes éprouvaient également le plus grand intérêt pratique pour l'astronomie : les marins, qui naviguaient selon les étoiles et les planètes, les astrologues et ceux qui étudiaient la mesure du temps et le calendrier.

Ptolémée, qui vécut à Alexandrie aux environs de 100 av. J.-C., systématisa et perfectionna l'état de la connaissance astronomique disponible en son temps, sur la base d'une conception aristotélicienne de la terre, des étoiles et des planètes, c'est-à-dire qu'il développa une conception *géocentrique* du monde. Ce modèle de l'univers, avec la terre en son centre et une hiérarchie qualitative du terrestre au céleste, domina jusqu'aux travaux de Copernic et de Kepler, après le Moyen Âge.

Mais, de nouveau, il vaut la peine de noter que le modèle héliocentrique avait déjà été proposé dans l'Antiquité. Aristarque, qui vécut aux environs de 270 av. J.-C., posait que la terre est une sphère qui se meut sur un cercle autour du soleil. Cette théorie subit le même sort que celle des atomes de Démocrite : elle fut considérée par ses contemporains comme trop spéculative. Elle semblait contredire l'expérience immédiate que nous avons des étoiles et des planètes se déplaçant autour de nous, autour d'une terre immobile. Il y avait également des raisons théoriques de ne pas accepter le modèle héliocentrique : l'aristotélisme tenait à l'époque le haut du pavé et enseignait qu'il était dépourvu de sens de soutenir que la terre est en mouvement, puisque le mouvement naturel de toute chose se produit par rapport à la terre. Par conséquent, quand Copernic commença sa lutte contre la conception géocentrique du monde, il s'avéra du même coup nécessaire de remettre Aristote en question. La théologie chrétienne médiévale s'impliqua finalement dans la controverse, puisque l'Église considérait que la vision géocentrique provenait de la Bible. C'est pourquoi la controverse sur l'astronomie à la Renaissance devint particulièrement âpre : elle menaçait les convictions religieuses établies.

Philologie

À partir d'un travail intense sur les écrits antérieurs, les Grecs développèrent une grande compétence dans l'interprétation des textes, ou herméneutique. C'est ainsi qu'Aristote faisait souvent référence dans ses propres interprétations aux philosophes qui l'avaient précédé. Peu à peu, avec le passage du temps, le besoin se fit sentir de rassembler, de classer et d'expliquer les textes classiques. Cela se produisit à Alexandrie, où fut créée une vaste bibliothèque. Des textes tels que les écrits d'Aristote furent organisés en un système, et l'exégèse philosophique se développa. Alexandrie devint un grand centre d'enseignement.

Le philosophe juif Philon, qui vécut à Alexandrie de 25 av. J.-C. environ à 45 ap. J.-C., est l'un de ces exégètes qui cherchèrent à relier les diverses langues et traditions, à commencer par la philosophie grecque et l'Ancien Testament hébreu. Nous verrons au chapitre 6 comment la théologie chrétienne naquit du besoin de relier la philosophie grecque et l'interprétation chrétienne de la Bible : l'exégèse se développa par les commentaires juifs et chrétiens de la Bible, et les commentaires islamiques du Coran. Il faut remarquer que ce n'était plus seulement la langue grecque qui prévalait, mais également le latin et l'hébreu, et plus tard l'arabe. Depuis l'Antiquité et durant le Moyen Âge, ce furent là les langues de l'enseignement. Quand les universités se mirent en place au Moyen Âge, ce rôle fut tenu par le latin en Occident, l'arabe au sud (à partir de l'Espagne), et le Grec en Orient. Partie intégrante des activités philologiques de l'Antiquité, le champ de la grammaire se développa également. Il y eut aussi un travail sur la rhétorique, s'appuyant en particulier sur Aristote.

Les femmes de science de l'Antiquité

Dans l'Antiquité, les femmes étaient exclues des activités philosophiques et scientifiques, avec peu d'exceptions comme l'école épicurienne. Au centre d'enseignement d'Alexandrie, cependant, il y eut une célèbre femme de science, Hypatie (env. 370-415 ap. J.-C.). C'était une philosophe platonicienne compétente en mathématiques et en astronomie. Réputée pour ses connaissances et ses autres capacités intellectuelles, elle fut tuée en se rendant à la bibliothèque, durant une période d'émeutes. Ce fut un tournant pour Alexandrie en tant que centre d'enseignement, et par conséquent pour toute la vie intellectuelle de l'Antiquité. Les anciennes institutions commencèrent à décliner, les érudits à migrer. L'Antiquité, les temps anciens, était en route vers ce que l'on apprendrait plus tard à appeler le Moyen Âge, c'est-à-dire la période entre l'ère ancienne et l'ère moderne.

QUESTIONS

Expliquez les concepts moraux de base de l'épicurisme et du stoïcisme. Comparez ces deux philosophies morales et soulignez les similarités et les différences.

Quelles étaient les questions dont traitaient les sceptiques ? Pouvons-nous douter de tout ?

Expliquez les idées principales du néoplatonisme (Plotin).

Suggestions de lecture complémentaire

Sources

Marc Aurèle, *Pensées,* les Belles Lettres, Paris, 1975, tr. J.-P. de Joly.
Marcus Tullius Cicéron, *Correspondance,* les Belles Lettres, Paris, 2002, tr. J. Beaujeu.

Commentaires

E. Brehier, *la Philosophie de Plotin,* Vrin, 2000.
P. Hadot, *Qu'est-ce que la philosophie antique ?,* Gallimard, 1995.
A. Naess, *Scepticism,* Routledge, 1969.
P. Veyne, *L'empire gréco-romain,* Seuil, 2005.

CHAPITRE 6

Le Moyen Âge

CHRISTIANISME ET PHILOSOPHIE

L'Empire romain fut divisé au quatrième siècle après Jésus-Christ, et, juste avant l'an 400, le christianisme en devint la religion dominante. Au cinquième siècle, l'invasion par les tribus germaniques s'amplifia, et l'Empire romain d'Occident s'effondra ; l'Antiquité touchait à sa fin et le Moyen Âge pouvait commencer[1]. Notre étude portera d'abord sur certains des changements qui eurent lieu quand le christianisme fut devenu la religion dominante de l'Empire romain. Elle abordera ensuite quelques modifications qui survinrent lors de la transition de cet Empire à la société médiévale. Nous avons dit que les conditions sociales de la période romaine hellénistique avaient probablement mené à une certaine résignation politique et à un manque d'intérêt pour la philosophie théorique. La philosophie se concentra en particulier sur l'éthique individuelle. Mais, pendant l'Antiquité tardive, cette philosophie de la vie fut ressentie comme insuffisante, et beaucoup commencèrent à rechercher une réponse *religieuse*. Le néoplatonisme et, dans une certaine mesure, le stoïcisme tardif exprimèrent ce renou-

---

1. Le nom de « Moyen Âge », *medium aevium*, fut donné rétrospectivement par ceux qui regardaient la période allant de l'Antiquité (« les temps anciens ») à la Renaissance (« re-naissance » de la culture de l'Antiquité) comme des « temps obscurs ».

veau du désir religieux. Ainsi le christianisme trouva-t-il un terreau propice à son développement.

Le christianisme faisait appel à *chacun* ; il proclamait l'*espoir* pour chacun. Malgré l'impuissance politique et les souffrances matérielles, malgré le mal et la faiblesse de la volonté, il y a de l'espoir pour chacun. Nos vies font partie d'un processus historique dramatique à la fin duquel nous pouvons attendre une juste récompense pour les souffrances et les injustices que nous avons connues. Par-dessus tout, il existe un Père céleste qui peut étendre le pardon et le salut aux pécheurs autant qu'aux hommes pieux.

La rencontre des premiers Chrétiens avec les intellectuels hellénistiques eut sans doute lieu de la façon suivante. Les intellectuels étaient éduqués dans la philosophie grecque et hellénistique et vivaient dans un monde conceptuel différent de celui de la Bible. Comment les Chrétiens devaient-ils leur répondre ? En tentant de « traduire » la Bible dans leur langage afin de les convertir au christianisme ? Ou en condamnant toute philosophie comme folie païenne et en parlant aux intellectuels, comme aux autres, le langage de la Bible ?

Il y eut donc ici deux stratégies différentes. Avec un certain anachronisme, nous pourrions appeler la première « catholique » (la foi et la tradition). Cette stratégie acceptait que la tradition philosophique eût également été créée par Dieu. Les Chrétiens devaient donc répondre positivement à cette tradition et ne pas avoir peur d'exprimer les croyances chrétiennes à l'aide de la philosophie. La seconde stratégie pourrait être appelée « protestante » (la foi seule) : elle soutenait que la vérité chrétienne se trouvait dans la Bible, et dans la Bible seule, et ne devait pas être contaminée par des traditions païennes comme celles de la philosophie grecque. La première stratégie se trouva être la plus efficace, et le résultat en fut une *théologie* chrétienne qui, à l'aide de la philosophie grecque et hellénistique, tenta de rendre le message biblique plus compréhensible. La théologie chrétienne fut par conséquent d'abord apologétique, c'est-à-dire qu'elle fut une défense du christianisme contre les objections des intellectuels non-chrétiens de son temps. Il y eut donc d'abord surtout une synthèse entre le christianisme et le néoplatonisme, bien que le stoïcisme tardif eût également joué un rôle. Cette synthèse théologique prédomina du quatrième au treizième siècle, et couvrit la plus grande partie du Moyen Âge. Au treizième siècle, le monde chrétien occidental redécouvrit Aristote, et nous trouvons alors une synthèse du christianisme et de l'aristotélisme. Cette synthèse théologique devint ensuite la philosophie dominante de l'Église Catholique Romaine.

Au Moyen Âge, la philosophie et la théologie étaient les deux branches principales de l'enseignement, elles déclaraient mener à la connaissance vraie. La science de la nature telle que nous la connaissons dans notre façon de comprendre le monde n'existait quasiment pas dans la culture européenne avant la fin de cette période. Il est donc naturel que la relation entre foi et raison ait alors été centrale. Les deux disciplines, philosophie et théologie, devaient trouver leur place en relation l'une avec l'autre : quelles questions appartiennent à la philosophie, quelles questions à la théologie ? L'intime relation qui existait entre elles est souvent présentée comme si la théologie, en un sens, tenait la philosophie d'une poigne de fer, c'est-à-dire comme si la philosophie était la « victime ». Mais nous pouvons tout aussi bien retourner cet argument et dire que c'est la philosophie grecque et hellénistique qui a porté atteinte à la théologie (au christianisme) : les doctrines théologiques (la théologie dogmatique), comme la Trinité ou la supériorité de l'âme sur le corps, étaient formulées dans un langage qui convenait aux philosophes hellénistiques (les néoplatoniciens). Mais la théologie resta piégée par cette terminologie philosophique, même après que l'on eut cessé de penser en termes néoplatoniciens. Ce fut donc la théologie qui « souffrit » de cette coexistence avec la philosophie.

Il ne nous appartient pas de déterminer qui « soumit » l'autre. Cependant, il peut être judicieux de mettre en garde contre des leçons de morale quant aux décrets historiques du destin, puisque nous pouvons aisément négliger la « nécessité » historique des évènements. Posons plutôt cette question : qu'a apporté comme nouvelles opinions le christianisme à l'environnement philosophique et intellectuel ? Énoncés simplement, les nouveaux concepts étaient les suivants :

1. une vision anthropocentrique du monde ;
2. une vision linéaire de l'histoire ;
3. une conception de Dieu comme personne et créateur.

Les philosophes grecs avaient tendance à considérer l'homme comme une créature parmi d'autres dans le cosmos ; certes, une créature de rang élevé, mais dont la position n'est cependant pas unique. Il y a les pierres et la terre, les plantes et les animaux, les êtres humains et les dieux – tous à l'intérieur d'un même univers fini. Avec le christianisme, il en va autrement : Dieu est une personne qui existe par-delà le monde, et le monde – avec les pierres, les plantes, les animaux et l'homme – fut créé par Dieu de telle sorte que l'homme pût être sauvé. Par rapport à l'homme et à Dieu, l'univers est secondaire. Tout dans la création est centré sur le combat de l'humanité pour son salut terrestre.

Les notions de salut et de péché s'implantèrent aux dépens des conceptions grecques traditionnelles de la morale, comme la vertu ou la réalisation d'une vie bonne. Et le salut concerne chacun. Les êtres humains ont une valeur infiniment plus élevée que quoi que ce soit d'autre dans la création, et tous ont, en principe, cette même valeur élevée. Cela signifie aussi que les idées stoïciennes sur les lois naturelles, la fraternité universelle et l'égalité coïncidaient avec les concepts chrétiens : il existe une loi universellement valide, à savoir la parole de Dieu, et tous les êtres humains sont égaux parce qu'ils ont tous été créés par Dieu à Son image.

Selon un regard tant cosmologique qu'axiologique, l'homme est au centre. En même temps c'est l'histoire qui est essentielle, non la nature. Et l'histoire n'est pas circulaire comme pour les stoïciens, mais linéaire. Elle va *de l'avant* : la création, la chute de l'homme, la naissance du Christ, sa vie et sa résurrection, le combat contre le péché, le salut, tout cela dans l'attente du Jugement Dernier.

Le pape et le roi : deux chefs pour un État

Le Moyen Âge, qui s'étend environ de 400 à 1500 ap. J.-C., ne se caractérise pas par un système social homogène et statique. Les différences géographiques peuvent également être considérables. Dans les grandes lignes, nous pouvons cependant noter que le principal système de gouvernement à cette époque est un système *féodal*, sous des formes variées. Nous entendons par là une société dans laquelle la relation entre le roi (ou l'empereur) et la noblesse prend la forme d'un contrat mutuel par lequel le roi garantit des fiefs aux nobles (ses vassaux), ces derniers lui promettant en retour soutien militaire et revenus des taxes. Il existe aussi un contrat entre les vassaux et les paysans, par lequel le vassal s'engage à protéger la population de son fief, laquelle, en échange, s'engage à lui donner une partie des récoltes.

Le système féodal s'accommode de royaumes forts aussi bien que de faibles. Aux environs de l'an 1000, la tendance générale est à un renforcement du pouvoir de l'État, même si l'équilibre du pouvoir entre le roi et ses vassaux peut varier. Mais, à la fin du Moyen Âge, c'est dans une large mesure le roi qui domine : nous sommes face à des États centralisés dans lesquels, au dix-septième siècle, tout le pouvoir juridique se concentre en la personne du roi, devenu monarque absolu.

Après que le christianisme fut devenu la religion dominante, des changements politiques radicaux eurent lieu, dont l'impact fondamental sur la vie et la pensée politiques dura tout le Moyen Âge. Deux autorités se partageaient le pouvoir, l'une séculière, l'autre ecclésiastique. Elles se développèrent du quatrième siècle à la fin du Moyen Âge, et les relations entre elles se modifièrent. Nous ne traiterons pas dans ces pages des différentes phases de ce développement historique, mais seulement de certains points théoriques en rapport avec la comparaison historique de ces deux autorités rivales.

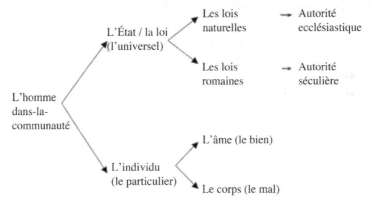

Nous avons dit qu'une sorte de dichotomie était apparue entre l'individu (le particulier) et l'État/la loi (l'universel) durant la transition des cités-États grecques à l'Empire romain hellénistique, et qu'une dichotomie se développait au niveau de l'universel entre les lois naturelles et les lois existantes de l'Empire. Nous pouvons interpréter cette dernière comme une tentative de justification des lois existantes. C'est une position assez largement partagée que de soutenir que, pour justifier une norme morale (N_2), une norme plus fondamentale (N_1) est nécessaire, qui peut servir de prémisse à une déduction logique conduisant à la première (N_2).

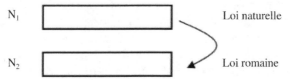

Afin de justifier les lois existantes qui prétendent à une validité universelle (N_2), nous pouvons donc faire appel à une loi absolue (N_1) qui serait à leur base et dont elles seraient l'expression. De cette manière, la loi naturelle pourrait justifier les lois romaines en vigueur.

Mais cette justification est une arme à double tranchant, car la loi naturelle peut également servir à contester les lois existantes. Des hommes se prétendant les interprètes légitimes de la loi naturelle peuvent condamner les lois en vigueur comme une violation de cette dernière. En d'autres mots, la question est de savoir *qui* sont les interprètes légitimes de la loi naturelle.

Tant que les empereurs romains furent omnipotents, y compris dans l'interprétation de la loi naturelle, tout demeurait sous contrôle. Un changement immense se produisit quand ces dirigeants acceptèrent l'Église Romaine comme interprète de cette loi. Au lieu de maintenir sa divinité personnelle et, par conséquent, son droit à interpréter la loi, l'empereur eut la possibilité d'en confier l'interprétation à une autre autorité, le pape et l'Église. Tant que l'Église demeura en harmonie avec l'État, la situation resta satisfaisante, du point de vue de l'État. Mais précisément parce que l'Église, en tant qu'institution relativement indépendante, était autorisée à se prononcer sur des questions éthiques et religieuses fondamentales, il en naquit une situation de conflits potentiels entre les autorités ecclésiastique et séculière.

Il faut donc modifier l'idée selon laquelle l'Église se soumit à l'État. Parce que l'Église était devenue l'interprète autorisé de l'éthique et de la religion, les gens disposaient d'un certain espace de critique légitime des chefs séculiers. Ce point fut sans doute important pour l'idée de liberté en Europe.

Il est vrai que l'Église eut tendance à prêcher l'obéissance aux chefs séculiers. Après tout il est écrit : « Que tout homme soit soumis aux autorités qui exercent le pouvoir, car il n'y a d'autorité que par Dieu, et celles qui existent sont établies par lui. Ainsi, celui qui s'oppose à l'autorité se rebelle contre l'ordre voulu par Dieu, et les rebelles attireront la condamnation sur eux-mêmes » (Romains 13, 1 – 2). On peut voir cette exhortation à obéir aux meneurs de ce monde comme la solution à un dilemme stratégique (et théologique) qui se posait aux premiers Chrétiens. Devaient-ils éviter la moindre question sur la société et mettre toute leur foi en leur vie à venir ? Dans ce cas, le christianisme aurait pu aisément développer des caractéristiques anarchistes menant au conflit avec les dirigeants. Ou bien les Chrétiens devaient-ils accepter un compromis dans lequel l'Église serait autonome dans le domaine spirituel et soumise dans le domaine séculier ? Nous trouvons précisément cette stratégie dans l'enseignement de Gélase (voir *infra*) sur les deux pouvoirs (autorités), base de la coexistence entre l'État et l'Église durant le Moyen Âge.

Mais cet appel ecclésiastique à l'obéissance aux chefs séculiers était ambigu puisque l'Église pouvait le suspendre s'il se trouvait que les autorités supérieures ne satisfaisaient pas aux critères éthiques et religieux. Le fait est que l'Église, en tant qu'autorité relativement indépendante, disposait parfois du pouvoir politique nécessaire à de telles sanctions. En théorie, Église et État étaient censés coopérer. Mais, puisqu'ils étaient des autorités relativement indépendantes dont les sujets étaient les mêmes, la loyauté des gens se trouvait souvent divisée dans les moments où il était difficile de rendre son dû à la fois au pape et à l'empereur. Et en pratique, il était difficile de distinguer nettement pouvoir séculier et pouvoir ecclésiastique : ceux qui ne disposaient que d'un pouvoir spirituel devaient bénéficier, pour leur mission, d'une certaine base économique. Ils devaient avoir un certain poids dans le pouvoir séculier. Et ceux qui détenaient le pouvoir séculier devaient posséder une certaine autorité spirituelle.

Le christianisme devint la religion dominante dans une société gouvernée par deux autorités, l'État (*regnum*) et l'Église (*sacerdotium*). Tous les membres de la société étaient soumis à chacune et avaient une loyauté double. Mais la relation entre les deux était pleine de conflits. Le pape Gélase 1er (à la fin du cinquième siècle) défendit sa position contre l'Empire byzantin, et par là même, en réalité, il soutenait l'Église, en déclarant que les deux pouvoirs (*potestates*) provenaient *tous deux* de Dieu et étaient donc également légitimes. Les deux autorités étaient également censées avoir des tâches différentes : spirituelles pour l'Église, et mondaines pour l'État. Et les deux autorités se devaient mutuellement assistance. Durant huit ou neuf cents ans, cette doctrine fut acceptée par les représentants de l'Église comme de l'État. Mais cet accord se révéla bientôt plus théorique que réel. La doctrine des « deux épées » était sujette à différentes interprétations. On peut difficilement blâmer Gélase de ce que cette doctrine se soit avérée vague et ambiguë. Cette ambiguïté avait ses racines dans la situation réelle qu'aucune doctrine ne pouvait changer, même si son propos était de rendre la coexistence possible et de la légitimer par une réponse à la question des limites séparant chacun des pouvoirs.

Administrer les sacrements et prêcher l'Évangile sont des tâches spirituelles. Mais ces actes spirituels supposent un certain droit sur le contrôle de biens tels que des monastères et des églises. C'est-à-dire que le pouvoir spirituel doit nécessairement disposer d'un certain poids dans le pouvoir séculier. D'un autre côté, s'impliquer dans la politique séculière, c'est agir sur la base de certaines valeurs. Et si le pouvoir spirituel inclut l'autorité sur la morale et les valeurs, il devient impossible de s'engager dans la politique séculière sans intervenir dans le domaine spirituel.

AUGUSTIN – FOI ET RAISON

Biographie. *Augustin naquit à Thagaste, en Afrique du Nord, en 354 ap. J.-C. Sa mère était chrétienne, mais non son père. Augustin vécut une jeunesse mouvementée à Carthage. Il se joignit d'abord à l'un des mouvements religieux alors populaires, le* manichéisme, *qui professait un strict dualisme entre le bien et le mal dans l'univers, et qui soutenait que l'homme a deux âmes, l'une bonne et lumineuse, l'autre mauvaise et ténébreuse. Les actions d'un homme résultent du conflit entre ces deux âmes. Augustin se reconnaissait dans cette doctrine : elle expliquait le bien et le mal.*

Mais l'adhésion d'Augustin au manichéisme ne dura pas, son enseignement ne menant pas à la vie morale que recherchait le jeune homme et le laissant intellectuellement insatisfait. Augustin fut alors attiré par le scepticisme, mais il ne trouva pas non plus celui-ci acceptable. Il se tourna ensuite vers le néoplatonisme (Plotin). Il pensait avoir trouvé là une réponse satisfaisante à la question du mal. La vision néoplatonicienne des choses spirituelles comme vraies rencontrait son approbation. Il trouva dans Platon et Plotin une paix intellectuelle.

Mais l'expérience personnelle d'Augustin entrait en conflit avec la confiance néoplatonicienne en la raison : la pensée correcte mène aux actions correctes. Augustin s'était en fait rendu compte qu'il lui était impossible de vivre de la manière qu'il savait correcte. En même temps, il pensait que les Chrétiens menaient une vie plus morale que lui, même si leurs connaissances théoriques étaient plus faibles. Il commençait à sentir que le christianisme offrait une meilleure doctrine de salut, bien que du point de vue théorique il ne l'aimât pas. C'est à ce moment-là que, attiré par les sermons d'Ambroise, il vint à Milan en tant que professeur de rhétorique. Et, vers l'âge de trente ans, il se convertit au christianisme. Il revint en Afrique du Nord où il fut nommé évêque. Le reste de sa vie fut consacré au service ecclésiastique et spirituel. Il mourut en 430, environ au moment où les Vandales dévastèrent l'Empire romain d'Occident.

Augustin écrivit un grand nombre de textes, tous en latin. Nous ne mentionnerons que quatre des plus célèbres. Dans Contra Academicos *(« Contre les Académiciens »), il traite de son passé de sceptique en tentant de réfuter le scepticisme. Dans* De Libero Arbitrio *(« Du Libre Arbitre »), il a pour objet le problème du mal et du libre arbitre. Dans* Confessiones *(« les Confessions »), il décrit les combats qui se livrent dans son âme. Ce texte illustre le développement de la haute Antiquité grecque jusqu'à l'Antiquité chrétienne tardive : il ne nous présente pas un citoyen grec sobre et rationnel, mais plutôt une personne typique déchirée par un combat intérieur entre l'âme et le corps, chez qui les émotions surgissent avec plus de force que la raison. Dans* De Civitate Dei *(« La Cité de Dieu »), Augustin développe sa théorie de l'histoire et par là la doctrine des deux « cités », la cité terrestre et la cité de Dieu.*

Philosophie et théologie

Augustin vécut après que le christianisme fut devenu la religion dominante, après que l'Empire romain eut été divisé et juste avant que les invasions des tribus germaniques eussent ravagé l'Empire romain d'Occident. Pendant la destruction de l'Empire romain, les institutions ecclésiastiques se développèrent. Elles endossèrent finalement la tâche de perpétuer l'héritage culturel des mondes grecs et latins. De plus, l'Église, comme les principautés byzantines et teutoniques, se vit, avec le déclin du pouvoir de l'Empereur, attribuer certaines responsabilités politiques. Les théologiens chrétiens devinrent donc également des idéologues politiques.

Augustin apparaît comme l'un des premiers grands théologiens à assurer la transition entre l'Antiquité et l'ère chrétienne qui s'ensuivit : il synthétisa christianisme et néoplatonisme. Nous trouvons donc chez lui les premiers concepts chrétiens déjà cités : l'homme est au centre, l'histoire suit un développement linéaire, et un Dieu personnel a créé l'univers à partir de rien. Ces concepts y sont mêlés à la philosophie de l'Antiquité : non seulement tout est centré sur l'homme en ce sens que Dieu a créé toute chose *pour* l'homme et que l'homme, créé à l'image de Dieu et promis au salut, est le parangon de la création ; mais en raison de sa réfutation du scepticisme, Augustin soutient que la *connaissance la plus fiable* vient de l'être *intérieur* de l'homme. L'introspection (qui porte sur notre vie intérieure) mène à une connaissance plus certaine que l'expérience sensible. L'être intérieur de l'homme a la priorité dans le domaine de l'épistémologie. L'argument, c'est que dans l'introspection sujet et objet « coïncident », alors que l'expérience sensible demeure toujours incertaine parce que sujet et objet y diffèrent. Et pour Augustin, l'être intérieur est plus le terrain sur lequel s'affrontent divers sentiments et élans de la volonté qu'une région de calme rationalité. L'être intérieur est le lieu où se rencontrent les élans irrationnels, le péché, la culpabilité et le désir de salut. Mais Augustin, au contraire des stoïciens, ne croit pas que, par notre seule force, nous soyons capables de gouverner cette vie intérieure : nous avons besoin du secours de la grâce et d'une assistance supra-humaine. De fait, Augustin soutient que nous disposons du libre arbitre, mais il soutient en même temps que nous sommes totalement soumis aux desseins de Dieu pour la prédestination de notre salut.

De plus, Augustin partage dans une large mesure la conception néoplatonicienne de la liaison de l'âme et du corps : l'âme représente la part divine en l'homme, le corps est la source du péché. Nous devons, dans la mesure du possible, nous libérer du corps et nous concentrer sur l'âme, sur l'être intérieur, afin de nous approcher de la source spirituelle de l'existence dans l'univers, Dieu. Mais pour le Chrétien qu'est Augustin, à cela s'ajoute l'idée de péché originel : l'âme aussi est (directement) affectée par le péché.

Augustin interprète le combat entre Dieu et le mal comme ayant lieu en chacun, et il considère qu'il en va de même à un niveau historique dans l'opposition entre la cité de Dieu (*civitas Dei*) et la cité terrestre (*civitas terrena*). De même que chaque vie individuelle est un combat entre le salut et le péché, l'histoire est un combat entre un bon État et un mauvais État.

La doctrine augustinienne de la cité de Dieu et de la cité terrestre ne définissait pas clairement une théorie politique, en premier lieu parce qu'Augustin pensait théologie et non politique. Il se préoccupait relativement peu de la manière dont des systèmes politiques particuliers pouvaient s'actualiser. Avec cette réserve, on remarque cependant que la présentation augustinienne du combat entre les deux « États » était probablement influencée par sa propre situation politique : on accusait les Chrétiens d'être la cause de la chute de l'Empire, et Augustin avait à faire face à de telles accusations. Selon l'*une* des interprétations *possibles*, Augustin pensait que l'Église représentait d'une certaine manière l'« État » divin et l'Empire l'« État » terrestre, encore qu'il laissât ce point dans l'ombre. Mais il ne considérait pas l'État terrestre comme accidentel et non nécessaire. Au contraire, à cause de la nature corrompue de chaque personne (la Chute), un État terrestre fort est nécessaire au contrôle du mal en l'homme. L'État terrestre est donc un mal nécessaire, tant que se prolonge le conflit historique entre le bien et le mal – c'est-à-dire durant la période séparant la Chute du Jugement dernier.

Il faut distinguer cette idée d'un État terrestre des conceptions aristotéliciennes et thomistes sur la relation entre l'homme et la société, conceptions selon lesquelles l'homme est un être naturellement social. On remarque qu'elle se distingue aussi de la conception platonicienne de l'État comme éducateur éthique en vue d'une vie parfaite. Platon recherche l'idéal, alors qu'Augustin a déjà assez de problèmes à garder le mal sous contrôle.

Augustin ne fait pas de distinction bien nette entre politique d'une part et morale/religion de l'autre, entre le prince (le politicien) et le prêtre : la politique a une fonction directement morale. Elle est un moyen autoritaire de contrôle du mal moral. Plus exactement, c'est là une simplification de la conception augustinienne de l'État et de la politique *après* la Chute. *Avant* que le péché ne fût présent dans le monde, les êtres humains étaient égaux ; et Augustin suppose qu'ils étaient alors, par nature, des êtres sociaux. Mais le péché a rendu nécessaire le système d'État organisé, avec l'usage de la force et un partage marqué de l'autorité entre les dirigeants et les sujets – à la fois comme punition et mesure de sécurité. Cependant, même sans le péché, il serait toujours nécessaire de disposer d'une certaine quantité d'ordre dans la société, donc d'une certaine forme de gouvernement, mais la contrainte ne serait pas nécessaire. Dans un État où existe le péché, les dirigeants sont désignés par Dieu pour maintenir l'ordre ; ils ne tirent par conséquent pas leur autorité du peuple. Les dirigeants de cet État sont des hommes de Dieu, et les citoyens ont le devoir de leur obéir comme ils obéissent à Dieu.

Mais comment un État mauvais peut-il corriger le mal en l'homme ? C'est là qu'intervient l'État bon[1] : l'Église en tant qu'organisation est nécessaire au salut de l'âme, à la fois en éduquant l'âme dans la morale et la religion et en gardant un œil attentif sur l'État terrestre et ses mesures correctrices. Tout cela devint ultérieurement un dogme central : l'Église en tant qu'organisation est nécessaire au salut. Et l'Empire était maintenant un État chrétien, dans le sens où chacun de ses membres était à la fois sujet de l'empereur et du pape.

Nous avons déjà montré l'importance des questions épistémologiques aux yeux des sophistes et de Socrate, de Platon et d'Aristote. Dans l'Antiquité tardive, l'épistémologie joue un rôle majeur pour les sceptiques. Avec la montée du christianisme, le domaine des questions épistémologiques s'étend : en plus des questions précédentes sur ce que nous pouvons savoir, il se pose des questions sur ce que nous pouvons croire en un sens religieux, c'est-à-dire sur la relation entre foi religieuse et sagesse séculière, entre révélation chrétienne et pensée grecque. Comme nous l'avons mentionné plus haut, c'est le point de départ de la théologie chrétienne : certains Chrétiens voient la foi biblique et la pensée grecque comme différentes par essence. Ainsi les Chrétiens n'ont-ils pas à tenter de justifier et de comprendre la foi chrétienne avec l'aide de la philosophie et de la raison. Tertullien

---

1. Nous interprétons ici l'État ecclésiastique comme identique à l'État bon (celui de Dieu).

(env. 160-222 ap. J.-C.) est un représentant de cette attitude dépréciant la philosophie. La formule *credo quia absurdum* («Je crois parce que c'est absurde ») exprime cette position. Elle signifie que la foi est indépendante de la raison. Si la raison devait affirmer que la foi est dépourvue de signification, cette affirmation serait par conséquent sans rapport avec la foi. Cela représente une position extrême de la relation entre la foi religieuse (chrétienne) et la sagesse mondaine.

Selon une autre position il existe un certain domaine commun à la foi et à la raison. Parmi les premiers théologiens, elle se formule habituellement dans l'idée selon laquelle la foi « a la priorité » en un sens épistémologique : si un conflit surgit entre la foi et la pensée, la foi l'emporte. C'est la thèse fondamentale de la plupart des théologiens chrétiens, d'Augustin à Thomas d'Aquin. Mais sous cette dernière position, on peut encore distinguer plusieurs nuances. Selon l'une, la foi a la prééminence dans la mesure où c'est en vertu de la foi que la pensée est possible : *credo ut intelligam* («Je crois pour comprendre»). Cela signifie que, sans la révélation et la foi, les hommes seraient aveugles aux principaux aspects de la vie. Augustin partage ce point de vue. Selon une autre conception, la foi a la prééminence, mais seulement en ce qui concerne les révélations fondamentales du christianisme qui reposent sur elle[1] : la foi et la raison sont dans une large mesure indépendantes et à un même niveau. Elles ont des aspects qui leur sont particuliers et des aspects communs, mais dans l'aire qu'elles partagent règne entre elles l'harmonie.

Réfutation du scepticisme

Les sceptiques avaient affirmé que la connaissance certaine ne nous est pas accessible (voir chapitre 5). Augustin pensait pouvoir réfuter cette affirmation, précisément en montrant la possibilité de cette connaissance. Nous mentionnerons ici les quatre domaines dans lesquels il croyait à cette possibilité :

1. même quand nos sens nous trompent, et que nous disons que tout ce dont nous faisons l'expérience est douteux, nous ne pouvons douter de notre propre doute, et donc de notre propre existence. Puisque je doute, je dois alors, étant celui qui doute, nécessairement exister. Il y a donc ici une vérité irréfu-

---

1. Par exemple la divinité du Christ, sa naissance dans l'histoire, sa mort et sa résurrection.

table, qui s'élève au-dessus de tout doute possible : à savoir qu'une personne qui doute existe. On prouve ainsi qu'il y a une connaissance certaine dans ce domaine. Par cette preuve, le scepticisme est réfuté. Nous négligeons ici l'idée selon laquelle il peut exister des formes plus modérées de scepticisme que cet argument ne réfute pas. La manière de penser d'Augustin fait penser à la formulation bien connue de Descartes, douze siècles plus tard : *cogito, ergo sum* («Je pense, donc je suis») (voir chapitre 9). Considérer la certitude immédiate du sujet sur le soi comme base de connaissance certaine est un trait «moderne» de la pensée augustinienne ;

2. si nous étendons le doute aussi loin que possible, nous en arrivons non seulement à l'idée de «j'existe», mais également à celle de «je veux», «je pense», «je ressens» et «je sais». En bref, nous en arrivons à plusieurs connaissances indubitables sur nous-mêmes en tant qu'êtres connaissants : quand le soi connaissant affirme qu'il est conscient de son propre état mental, c'est une idée certaine. Quand je veux, quand j'aime, quand je doute, et que je sais tout cela (que je veux, que j'aime, que je doute), je peux, avec une certitude totale, affirmer que j'ai une connaissance certaine. Ainsi Augustin pense-t-il pouvoir réfuter le scepticisme par la prise en compte de nos états internes. L'introspection, par opposition à l'expérience sensible des choses extérieures et des évènements extérieurs, mène à une connaissance certaine. Nous pouvons ici souligner l'objection selon laquelle les sceptiques n'auraient probablement pas nié que les formulations instantanées de nos états mentaux du moment peuvent raisonnablement présenter une connaissance certaine – du moment que nous ne commettons pas d'erreur quand nous utilisons le langage pour exprimer ce dont nous faisons alors l'expérience. La question est de savoir si l'on peut reconnaître pour vrais de tels énoncés momentanés après que, avec le temps, a passé l'état dont on a fait l'expérience. Augustin semble penser que même alors ces énoncés sur notre propre état interne représentent une connaissance certaine. Cela signifie que nous pouvons avoir une connaissance certaine de nous-mêmes par-delà la connaissance momentanée. Mais dans ces cas-là nous devons nous fier à notre mémoire, qui est faillible ; et nous devons nous fier aux expressions linguistiques qui, en principe, peuvent toujours nous tromper. Augustin est cependant convaincu de pouvoir démontrer que l'introspection nous fournit bien une connaissance certaine, même par-delà les expériences momentanées, ou du moins qu'elle nous fournit une

idée plus certaine de notre vie intérieure que les sens ne nous en fournissent des évènements extérieurs ;

3. le troisième domaine dans lequel Augustin pense pouvoir trouver une connaissance certaine et réfuter le scepticisme, ce sont les mathématiques. Nous reconnaissons par exemple que l'énoncé $3 + 3 = 6$ est une connaissance certaine. Les mathématiques représentent des vérités qui ne peuvent être mises en doute. Nous y trouvons des vérités nécessaires et invariables, par opposition à ce que nous reconnaissons par nos sens trompeurs ;

4. enfin, Augustin soutient que certains principes logiques ne peuvent être mis en doute. Les sceptiques les utilisent eux aussi pour soutenir leurs démonstrations, présupposant par exemple que la connaissance ne peut pas, en même temps et dans le même sens, être certaine et incertaine. Ce qui signifie qu'ils présupposent le principe dit de contradiction (voir Aristote, chapitre 4, « Connaissance et *praxis* »). Il ne nous appartient pas de décider ici de la mesure dans laquelle un sceptique doit présupposer la vérité de tels principes, ni s'il est possible de faire reposer la pensée sur de tels principes pris comme hypothèses. Du moins Augustin se sert-il de cet argument contre les sceptiques de son temps afin de démontrer que, même dans ce domaine, il existe une connaissance certaine.

Par de tels arguments, Augustin tente non seulement de réfuter le scepticisme en montrant la possibilité d'une connaissance certaine concernant la réflexion sur soi et l'introspection, les mathématiques et les principes logiques, mais aussi de souligner la prééminence épistémologique de la vie intérieure et des formes logiques sur les sens et le monde extérieur. Ce qui nous mène à l'un des traits les plus importants de la philosophie augustinienne, sa grande proximité avec la pensée néoplatonicienne (chapitre 5) : l'âme individuelle et sa vie spirituelle sont plus lumineuses et plus nobles que les choses sensibles extérieures, et plus élevées encore sont les formes pures des mathématiques et de la logique que nous « saisissons » par la pensée. En d'autres termes, ce dont nous avons la connaissance la plus certaine – notre vie intérieure et les formes pures – est également ce qui est le plus essentiel et le plus réel dans l'univers. C'est ainsi que s'harmonisent l'épistémologie et l'ontologie (la doctrine de la connaissance et celle de l'être). De plus, pour Augustin, en tant que Chrétien, les arguments en faveur d'une connaissance certaine de notre vie intérieure et des formes pures représentent simultanément un soutien universel pour la foi en une vérité éternelle qu'est l'être suprême, à savoir Dieu. Il s'agit par conséquent d'une version chrétienne du néoplatonisme. C'est le cœur de la philosophie augustinienne.

Augustin ou le néoplatonisme chrétien

Pour le néoplatonicien Plotin, l'univers est l'expression d'une création intemporelle, ou d'une émanation de l'existence, à partir de l'Un ineffable, de sorte qu'il peut être disposé selon des degrés variés d'existence et de rang, dépendants de la distance à partir de l'Un. Cette émanation se perd finalement dans le non-être, qui est la matière.

Augustin opère une synthèse du néoplatonisme et de la foi chrétienne. L'Un est réinterprété comme le Dieu chrétien. La révélation, à travers la vie du Christ et la Bible, représente une proclamation historique, à destination de l'homme, de l'essence et du dessein de Dieu. Par la révélation du Christ, et par leur croyance en elle, les Chrétiens acquièrent un certain accès à ce qui, pour Plotin, était l'Un ineffable. La foi donne au Chrétien la lumière qui lui rend possible d'entrevoir la source de cette lumière. Ainsi, au plus haut niveau, la foi acquiert une préséance épistémologique sur la sagesse séculière, sagesse séculière que par là même elle éclaire (*credo ut intelligam*, «je crois pour comprendre»).

Les néoplatoniciens pensaient la relation entre l'Un et le monde comme quelque peu statique et impersonnelle. Ici, les lois éternelles qui gouvernent sont impersonnelles. La compréhension de l'Un qu'a une personne sage, par l'*unio mystica*, peut avoir lieu à tout moment pour qui a la force de s'élever à une telle hauteur. Cette compréhension la plus élevée n'est donc pas conditionnée par l'histoire. Pour Augustin, en tant que Chrétien, la révélation trouve ses racines dans l'histoire par la naissance du Christ et son enseignement. La communion de l'homme avec Dieu dans la foi est alors historiquement conditionnée. Il en va de même pour la création de l'univers par Dieu ; la création a une origine première et connaîtra une fin. L'existence de l'univers est, de manière fondamentale, historiquement changeante et précaire. De plus, le Dieu chrétien n'est pas un principe impersonnel, mais un Dieu vivant et personnel, que les humains peuvent aimer et craindre, qu'ils peuvent prier, et envers qui ils répondront personnellement de leurs actes. Les lois de l'univers ne sont pas impersonnelles ; elles sont l'expression d'une volonté personnelle qui crée et gouverne toute chose. Ainsi, non seulement le changement et l'historicité prennent-ils sens comme traits fondamentaux de l'univers, mais aussi la vie spirituelle et intérieure de l'homme est-elle mise en évidence, et d'une manière telle que la source de l'univers est essentiellement comprise comme volonté – volonté que l'homme ne peut que partiellement reconnaître par la révélation de la Parole de Dieu, c'est-à-dire par le Christ et la Bible. De plus, nous rencontrons ici une conception judéo-chrétienne de la création qui dit que Dieu a créé l'univers à partir de rien (*creatio ex nihilo*). C'est une conception radicale de l'antique question du changement.

L'univers n'est donc pas conçu à la manière des néoplatoniciens, pour qui il est émanation éternelle à partir de l'Un de sorte qu'il est réellement l'Un et que l'émanation se perd dans la matière comme non-être. Pour Augustin, Dieu est la puissance indépendante et spirituelle qui a créé l'univers, le spirituel comme le matériel, et Il l'a créé à partir de rien. Cela signifie que toutes les choses ne sont pas au même niveau, que Créateur et créé sont séparés l'un de l'autre. Le panthéisme est donc exclu.

Parce que Dieu et le monde sont ainsi séparés, Augustin ne peut accepter l'idée d'une union mystique avec Dieu, idée selon laquelle un être humain, dans l'extase, peut parvenir à l'union avec l'Un. Dieu, dans son indépendante majesté, ne peut jamais faire un avec le monde. La communion d'un être humain avec Dieu par la foi est une communion entre deux personnes ; cela ne signifie pas que l'âme humaine pénètre le monde spirituel. D'un autre côté, Augustin partage l'idée selon laquelle c'est par notre vie intérieure que nous entrons en contact avec Dieu. En tant qu'êtres spirituels créés à l'image de Dieu, nous pouvons intérieurement par la foi être en communion avec Lui. Pour Augustin, la présence de Dieu dans notre vie intérieure est quelque chose dont les croyants ont connaissance par l'introspection, même si Dieu est et demeure inaccessible à notre raison mondaine. Le principe de « création à partir de rien » signifie également que le corps, le matériel, n'est pas simplement le résultat d'une émanation dont l'existence se perd dans le non-être. Pour Augustin, les choses physiques et sensibles sont une réalité créée ; le mal ne se trouve donc pas simplement dans notre attirance pour le matériel. Le mal moral est avant tout un mésusage de la volonté, non un défaut d'être. Néanmoins, Augustin tente de comprendre le mal métaphysique comme une privation d'existence, dans le prolongement de la pensée néoplatonicienne.

Les changements dans les concepts néoplatoniciens de base qu'opère ainsi Augustin impliquent un changement dans la manière dont ces concepts sont utilisés, et un changement d'atmosphère intellectuelle. Des concepts tels que création, personne, volonté, amour, péché et salut deviennent des concepts métaphysiques fondamentaux. Ce qui est cosmologiquement important, ce n'est pas la nature, ni les idées pures, mais plutôt la relation entre Dieu et l'homme, une relation de type personnel. Avec le christianisme, l'homme se retrouve donc au centre de l'univers. Non seulement il est une créature noble, mais aussi l'univers a été principalement créé pour lui, pour qu'il consacre sa vie aux desseins et aux lois de Dieu. Cela s'applique en principe à tous les êtres humains, dans la mesure où tous ont été créés à l'image de Dieu. Et cette consécration à Dieu est une relation qui varie de l'un à l'autre et dans laquelle la volonté et la foi, la passion et le péché, et l'amour, la punition et le salut ont tous un rôle[1].

Selon Augustin, la relation entre les êtres humains, que ce soit dans la réalité ou dans l'idéal, se caractérise par les mêmes concepts. Les sentiments et la volonté, le péché et la punition occupent une place centrale. À cet égard, la relation entre l'homme et la femme est de manière intéressante une relation de tension : selon les fondements de la conception néoplatonicienne, qui est celle d'Augustin, le spirituel est au-dessus du physique. Par conséquent, l'amour spirituel entre un homme et une femme est noble. Mais l'amour physique est quelque chose d'inférieur.

Connaissance et volonté

La volonté joue un rôle important dans la philosophie d'Augustin. Elle est considérée comme un facteur décisif de notre vie spirituelle. La raison et la connaissance ont bien sûr un rôle à jouer, lorsqu'il s'agit de faire des choix par exemple, mais la volonté a toujours la préséance sur la raison. L'importance que donne Augustin à la volonté et aux sentiments signifie qu'il soutient une conception de la foi que nous pourrions qualifier d'existentialiste, par opposition à une autre que nous pourrions appeler intellectualiste : croire n'est pas simplement accepter quelque chose comme vrai ; c'est affirmer, passionnément et intensément, que quelque chose est vrai (voir Søren Kierkegaard, « la subjectivité est vérité », chapitre 19).

L'importance qu'Augustin donne à la volonté contient également une opposition à la conception grecque commune de la volonté comme force employée à atteindre ce que la raison a reconnu bon. Les Grecs avaient en général une conception intellectualiste de l'homme (la raison a la préséance sur la volonté), alors qu'Augustin

---

1. Voir la manière dont la Bible proclame que les plus grandes vertus sont « la foi, l'espérance et la charité » (où l'espérance est également espérance de salut).

en a une vision volontariste (la volonté a la préséance sur la raison). En accord avec ce point de vue volontariste, et en harmonie avec la pensée chrétienne commune, Augustin soutient également que les sentiments jouent un rôle décisif. Il estime qu'ils ont en fait un rôle plus important dans la vie humaine que beaucoup d'intellectuels ne le pensent, et, de plus, que nombre d'entre eux sont éthiquement valables. Sur cette base, il attaque l'attitude froide des stoïciens, en soutenant qu'une personne bonne (un bon Chrétien) *devrait* éprouver de l'amour et de la compassion, de la honte et du regret. La personne bonne est par-dessus tout emplie d'amour, pour Dieu et pour les autres – pas seulement une bonne volonté amicale, mais un amour brûlant et sincère. La manière dont Augustin conçoit la volonté et la question de ce qu'est un choix éthique correct est également liée à sa conception philosophique et théologique du libre arbitre de l'homme, du péché originel et du problème du mal.

Au début, Augustin pensait pouvoir attribuer à l'homme un libre arbitre absolu : nos actions dépendent dans une large mesure de notre propre volonté. Nous pouvons donc désirer rechercher Dieu et suivre sa Parole, ou nous pouvons délibérément ne pas la suivre, c'est-à-dire que nous pouvons choisir le péché. Ce n'est que par le libre arbitre que nous pouvons pécher. Le mal provient donc du libre arbitre de l'homme, tourné vers le mésusage volontaire par l'homme de sa volonté. En plus de cela, Augustin pensait que certaines formes du mal sont des expressions de l'absence absolue de l'« Être » et, par conséquent, du « Bien » – au sens néoplatonicien. En d'autres mots, les êtres humains sont libres, et ce n'est qu'en choisissant librement ce qui est mal qu'ils peuvent pécher. Mais pourquoi les êtres humains choisissent-ils librement de pécher ? Et pourquoi Dieu les a-t-il créés capables de pécher par un acte de la volonté ?

Plus tard cependant, Augustin adopta une doctrine presque diamétralement opposée : la liberté de la volonté n'est attribuée qu'au premier homme, à Adam. Lui pouvait librement choisir de pécher ou de ne pas pécher. Mais puisqu'il a choisi de pécher, la nature humaine est devenue profondément corrompue, et cela concerne toute l'humanité. Aucun autre humain ne peut éviter de pécher. Le choix et la liberté ne semblent plus être présents. Comme tous les hommes doivent pécher, et qu'ils le font effectivement, Augustin pensait également que tous méritent la damnation éternelle. Mais Dieu, par la grâce, permet encore à une minorité d'hommes d'échapper à la damnation. Puisque chacun est pécheur, le choix de ceux qui seront sauvés ne dépend pas de leur propre mérite ou vertu. Puisque nous sommes tous, par essence, également pécheurs, ce choix est arbitraire. La grande majorité sera damnée, et une minorité arbitrairement choisie sera éternellement bénie. De plus, Augustin soutenait que tout ce processus était par avance prévu par Dieu. Ceci est au cœur de la doctrine augustinienne de la prédestination. Tout ce qui advient a été prédéterminé par Dieu.

D'un côté, Dieu sait tout par avance. D'un autre côté, les humains agissent librement. N'est-ce pas une contradiction ? Dieu connaît par avance les actes des hommes, mais ils demeurent libres, déclare Augustin. Et il suggère qu'il y a deux sortes de perspectives sur le temps. D'une part, nous vivons dans un temps « temporel ». D'un autre côté, Dieu transcende cette conception du temps, puisqu'il a créé le temps avec l'univers. Selon cette perspective, Dieu ne connaît pas à l'avance une action humaine au sens où il percevrait, en un point antérieur dans le temps à l'intérieur du cadre temporel de référence, ce que sera toute action à venir. Dieu connaît à l'avance une action humaine dans le sens où il est *par-delà* le temps temporel, et où il existe alors simultanément au temps. La prescience de Dieu ne prédétermine donc pas l'action humaine – tout comme on ne peut pas dire, quand nous nous rappelons une action du passé, que nous déterminons cette action. Dieu connaît toute chose par avance parce qu'il voit tout ce qui advient, puisqu'il est lui-même par-delà le temps ; mais son rôle déterminant est alors aussi mince que le nôtre lorsque nous nous souvenons d'une action passée.

Ce sont des concepts difficiles. Certains penseront qu'ils contredisent ce qu'Augustin développe par ailleurs sur le libre arbitre. Il est bon de mentionner qu'il a soutenu ces idées dans un débat théologique contre les manichéens. Peut-être dans le feu de la discussion s'est-il avancé plus qu'il ne l'aurait normalement fait. Mais, de façon générale, on peut considérer que ces conceptions sont liées à sa propre expérience du combat désespéré de l'homme contre le péché, avec pour seul espoir la miséricorde divine.

Selon une perspective chrétienne, l'idée de prédestination doit toujours apparaître problématique[1]. S'il est décidé par avance qui sera sauvé et qui sera damné, pourquoi Dieu a-t-il révélé sa Parole dans l'Incarnation du Christ historique ? Qui le Christ est-il alors venu sauver ? L'Incarnation et toutes les œuvres et souffrances du Christ – c'est-à-dire le cœur même du christianisme – ne sont-elles pas, au fond, superflues ? Ou encore tout cela montre-t-il justement que la sagesse mondaine ne peut se saisir des vérités chrétiennes de la foi ? Ou peut-être la morale est-elle que si nous étions capables, par notre

---

1. Calvin traitera des mêmes questions.

seule raison, de comprendre les œuvres de Dieu, la révélation et le christianisme ne nous seraient pas nécessaires.

Pour Augustin, la relation entre les vérités chrétiennes reposant sur la foi et la connaissance mondaine, c'est que certaines vérités révélées peuvent être saisies par la raison, alors que d'autres dépassent notre entendement ; en même temps, aucune vérité reposant sur la foi ne peut en dernier ressort entrer en conflit avec la raison quand celle-ci est correctement comprise. Parmi les vérités révélées qu'Augustin pense nous être compréhensibles, il y a celles de l'existence de Dieu et de l'immortalité de l'âme humaine.

LA QUERELLE DES UNIVERSAUX ET LES SCOLASTIQUES

Le terme de « querelle des Universaux » fait référence au débat médiéval sur la question de savoir si les concepts universels, ou Universaux, existent ou non, et, s'ils existent, de savoir quelle est leur forme d'existence. Mais cette discussion n'est pas propre au Moyen Âge. On trouve les principaux points de la querelle des Universaux dans le débat entre platonisme et aristotélisme, et le conflit est aussi présent aujourd'hui qu'il l'était alors.

Voici les deux termes généralement employés dans la controverse : 1) *universalia* (singulier : *universale*) dénotait les concepts universels, c'est-à-dire les propriétés comme brun, rond, etc., et les espèces comme l'être humain, le cheval, etc. ; 2) *particularia* (singulier : *particulare*) dénotait les objets particuliers, c'est-à-dire cette porte brune, cette lampe ronde, etc. Les Idées de Platon sont intimement liées aux *universalia*. (Cependant elles ne sont pas seulement des concepts universels, mais aussi des idéaux.) De plus, dans la philosophie de Platon, les *particularia* sont les objets périssables du monde de l'expérience sensible. De l'autre côté, chez Aristote, les *particularia* correspondent aux substances, aux objets particuliers qui existent de façon indépendante, et les *universalia* correspondent aux formes universelles des substances.

Les divers points de vue de la querelle des Universaux sont déterminés par la réponse que nous donnons à la question de la mesure dans laquelle les *universalia* existent : ceux qui soutiennent que les *universalia* sont *réels* sont appelés les « *réalistes* » (ou « réalistes conceptuels »). Ceux qui soutiennent que les *universalia* n'existent pas réellement mais ne sont que des *noms* (en latin : *nomina*) sont appelés les « *nominalistes* ». Ce sont les deux positions extrêmes. Mais il existe de nombreuses variantes de ces deux points de vue, et des positions intermédiaires.

Le réalisme platonicien

Platon soutenait que les Idées (*universalia*) possèdent la forme la plus élevée et la plus réelle d'existence, et qu'elles existent donc indépendamment à la fois de notre compréhension et du fait qu'il y ait ou non des phénomènes sensibles pour les refléter. Cette position est le *réalisme extrême* (réalisme platonicien) : l'universel de « Justice » existe, selon ce réalisme extrême, indépendamment de notre compréhension de ce qu'est la justice, et indépendamment de l'existence de sociétés justes. En d'autres mots, les *universalia* possèdent une existence complètement indépendante : si une catastrophe nucléaire balayait toute population et toutes choses, les *universalia* continueraient d'exister. Au Moyen Âge, ce réalisme extrême était souvent caractérisé par l'expression *universalia ante res*, c'est-à-dire que les *universalia* sont antérieurs aux choses. Le terme « antérieur » (*ante*) montre que les *universalia* existent indépendamment des choses, puisque les choses, y compris les êtres humains, sont créées par Dieu à partir de ses pensées (*universalia*).

Le réalisme aristotélicien

Aristote soutenait que les *formes* (*universalia*) existent *dans* les choses particulières (*particularia*). À travers ces *particularia*, nous pouvons, à l'aide de la pensée, reconnaître les *universalia*, mais ils n'existent pas indépendamment des choses : selon Aristote, il n'existe pas de « justice » universelle, indépendante d'une personne juste ou d'une société juste. La justice ne possède pas d'existence indépendante, elle n'existe que *dans* les sociétés justes et les individus justes. Cette position est aussi une forme de réalisme puisque les *universalia* sont dits exister, être réels. Mais ici, ils ne sont pas censés posséder une forme d'existence plus élevée que les *particularia* ; de plus, on ne dit pas que l'existence des *universalia* est totalement indépendante des *particularia*. Au Moyen Âge, cette position était caractérisée par l'expression *universalia in rebus*, les Universaux dans les choses. L'universel (la forme) du « cercle » existait avant les humains, et existera après leur disparition ; mais l'existence de l'universel du « cercle » est dépendante des objets ronds.

Cependant, d'autres penseurs soutenaient que les Universaux (comme la justice) n'existent ni dans les choses ni indépendamment d'elles, mais qu'ils ne sont que des noms employés pour des raisons pratiques pour désigner des choses qui se ressemblent. Au lieu de faire la liste des noms propres de tous les chevaux, nous parlons de « cheval », c'est-à-dire que nous employons un nom commun, un universel. Ce *nominalisme* était en général caractérisé par l'expression *universalia post res* : les Universaux existent postérieurement aux choses. Ce qui signifie que nous prenons d'abord connaissance des choses particulières, et que nous leur attribuons ensuite des noms communs (*universalia*) quand il est pratique de le faire. Les nominalistes pouvaient dire que les concepts existent *dans* les consciences individuelles, et non comme quelque chose d'indépendant d'elles.

Il existe diverses positions intermédiaires entre les points de vue mentionnés. Au Moyen Âge, par exemple, certains soutenaient que les *universalia* sont *ante res* (« antérieurs aux choses »), si on les considère *selon la perspective de Dieu*, qui a créé les choses d'après ses pensées propres. Mais ils sont *in rebus* (« dans les choses »), si on les considère *selon les choses* telles qu'elles sont vraiment ; en même temps, les *universalia* sont *post res* (« postérieurs aux choses »), si on les considère *selon la connaissance humaine*, qu'il faut ici comprendre comme un processus qui débute avec l'expérience sensible des objets particuliers. On peut dire que Thomas d'Aquin soutenait cette position, qui est donc une sorte de synthèse harmonisant les différentes conceptions.

Nous avons mentionné ici diverses réponses à la question fondamentale de la querelle des Universaux. Nous avons précédemment esquissé certains de ces arguments, chez Aristote et chez Platon, et nous avons signalé comment les différentes réponses ont des conséquences différentes : le réalisme par exemple rend possible d'affirmer qu'il existe une moralité objective accessible à la raison. De plus, au Moyen Âge, de nombreux philosophes pensaient que le réalisme s'harmonisait au mieux avec la théologie chrétienne. Les nominalistes étaient à certaines périodes considérés comme hérétiques.

Nous allons voir que les conceptions de la relation entre foi et raison, qui diffèrent généralement dans le catholicisme et le protestantisme, sont liées à la position prise dans la querelle des Universaux. Dans la philosophie du haut Moyen Âge, le réalisme dominait. Durant le bas Moyen Âge, chez Thomas d'Aquin (1250), nous rencontrons un réalisme modéré : les *universalia* existent dans la pensée de Dieu (*ante res*), dans les choses particulières (*in rebus*), et comme des abstractions dans la pensée humaine (*post res*). Pendant le Moyen Âge tardif, le nominalisme prit de l'ampleur, avec, par exemple, Guillaume d'Occam et, plus tard, Martin Luther.

La philosophie médiévale, souvent appelée « scolastique » – c'est-à-dire la philosophie apprise à l'« école » – est généralement divisée en trois périodes :

1. la haute scolastique correspond habituellement à la période qui va d'Augustin, approximativement 400 ap. J.-C., à 1200 ap. J.-C., et se caractérise sous de nombreux aspects par la pensée d'Augustin et le néoplatonisme par lequel il était influencé. Très importants pour cette époque sont le moine irlandais Jean Scot Érigène (au neuvième siècle), Anselme de Canterbury (1033-1109), connu pour sa preuve ontologique de l'existence de Dieu (voir dans ce chapitre, « Dieu et le monde »), et Pierre Abélard (au douzième siècle), sceptique à l'esprit large, qui contribua particulièrement à mettre en forme la méthode scolastique typique qui consiste à discuter des questions philosophiques ;
2. la période de la scolastique centrale dura environ des années 1200 jusqu'au début du quatorzième siècle. C'est l'époque des grands systèmes et des grandes synthèses, avec des hommes comme Albertus Magnus (Albert le Grand, mort en 1280), son élève Thomas d'Aquin, et le principal adversaire philosophique de celui-ci, John Duns Scot (mort en 1308) ;
3. la scolastique tardive dura du début du quatorzième siècle jusqu'à la Renaissance. Le principal philosophe en est l'Anglais Guillaume d'Occam, qui déclara que la foi et la raison sont différentes par essence, qui défendit le nominalisme et le tournant empirique, et qui annonça donc la naissance de la philosophie de l'ère nouvelle.

D'un point de vue théologique, le problème des Universaux était un débat portant sur la relation entre foi et raison. Comme la tradition qui va de Tertullien à Luther, les nominalistes chrétiens soulignaient le caractère unique de la foi et de la révélation, que la raison ne pouvait comprendre. Pour eux, si la raison pouvait comprendre ce que la révélation nous enseigne à travers la Parole de Dieu et la foi, tout ce que représente l'Incarnation se trouverait affaibli. Les réalistes chrétiens voyaient cela différemment. Ainsi, les Chrétiens influencés par le néoplatonisme, qui proposait par la raison d'approcher Dieu (la source primordiale), ne pouvaient agir de la sorte que si les concepts de notre esprit correspondent à quelque chose de réel. Cela présuppose une ontologie (théorie de l'être) et une épistémologie (théorie de la connaissance) qui se rattachent à la position sur le problème des Universaux que l'on a appelée réaliste.

La doctrine du péché originel (selon laquelle l'homme, en tant qu'espèce, hérite d'une nature pécheresse), le mystère de l'Eucharistie (selon lequel le pain et le vin deviennent le corps et le sang du Christ), la doctrine de la Trinité (selon laquelle Dieu est simultanément une substance et trois personnes, le Père, le Fils et le Saint-esprit) et la doctrine de la rémission de nos péchés (selon laquelle le Christ peut racheter la faute des hommes et rendre ainsi le salut possible pour tous), tous ces dogmes étaient considérés par de nombreux Chrétiens comme des vérités de foi comprises plus facilement du point de vue du réalisme conceptuel.

THOMAS D'AQUIN – HARMONIE ET SYNTHÈSE

Biographie. *Thomas d'Aquin naquit en 1225 près de la ville d'Aquin, pas très loin de Naples. Il étudia à l'abbaye bénédictine de Monte Cassino, puis à l'Université de Naples, avant de rejoindre malgré l'opposition de sa famille l'ordre nouvellement créé des dominicains. Vers l'âge de vingt ans, il alla étudier à Paris où il rencontra Albert le Grand, puis il étudia sous sa direction à Cologne, avant de revenir à Paris. Sa vie fut une vie de travail et de voyages dans les lieux d'enseignement, dont il résulta une prodigieuse collection d'écrits, bien qu'il mourût avant même ses cinquante ans (1274). Il fut canonisé en 1323, quarante-neuf ans seulement après sa mort. L'Église Catholique adopta sa philosophie en 1879.*

Les travaux les plus connus de Thomas d'Aquin sont sans doute la Summa Theologiae (« Somme Théologique ») *et la* Summa de Veritate Catholicae Fidei contra Gentiles (« Somme contre les Gentils »). *La première était à l'intention des écoles, la seconde visait à assister les missionnaires. En plus de ces thèses vastes, quoique rapidement terminées, il écrivit une série de textes à contenu philosophique et théologique : des commentaires de la* Bible, De Regimine Principium (« De la Royauté ») *et* Quaestiones Disputatae (« Questions Disputées »), *traitant du mal, de la vérité, de l'âme et d'autres thèmes.*

Justice et loi

La plupart des travaux d'Aristote demeurèrent longtemps inconnus de la chrétienté d'Occident. Il fut redécouvert aux alentours de 1200.

Comme il était païen, l'Église lui fut d'abord hostile : en 1210, elle interdit l'aristotélisme à l'Université de Paris. Mais il se révéla bientôt qu'Aristote ne pouvait être banni, et Thomas d'Aquin fit une synthèse théologique du christianisme et de l'aristotélisme. Celle-ci s'avéra si fondamentale que l'Église Catholique Romaine adopta finalement le thomisme comme philosophie privilégiée.

La plupart des concepts aristotéliciens réapparurent chez Thomas, mais réinterprétés dans un cadre chrétien. Thomas « christianisa » Aristote. La cause première d'Aristote fut remplacée par le Dieu chrétien. Mais Thomas se distingua également d'Aristote quand il en vint à l'examen de la *loi*. Il ne vivait pas dans une cité-État mais dans une société féodale. Puisque nous avons déjà traité d'Aristote, nous commencerons par souligner les traits particuliers à Thomas liés à la relation entre foi et raison d'une part, à la loi d'autre part.

La synthèse thomiste du christianisme et de l'aristotélisme a pour caractéristique l'*harmonisation* : harmonisation de Dieu et du monde, de la foi et de la raison. Dans le problème des Universaux, Thomas accepte un réalisme conceptuel modéré (aristotélicien) : les concepts existent, mais seulement *dans* les objets. Notre connaissance commence avec les impressions sensibles, mais nous reconnaissons par abstraction les principes universels dans les objets (*universalia*). Pour Thomas, cela a des implications théologiques : par la raison naturelle, nous pouvons reconnaître beaucoup des principes de l'univers, y compris la preuve de sa création par un Être Supérieur (preuves de l'existence de Dieu selon Thomas). En d'autres termes, la raison et la révélation (la foi) sont mêlées.

impressions sensibles / raison

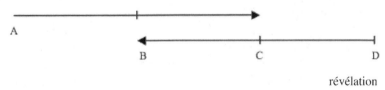

A

B   C   D

révélation

Il y a des vérités chrétiennes que la raison ne pourra jamais appréhender (telle que l'essence de Dieu, C – D). Mais elle peut nous mener à Dieu. Et de certaines vérités (B – C), nous pouvons avoir à la fois une connaissance appréhendée par la raison et une appréhendée par la foi (selon Thomas, la connaissance de l'existence de Dieu en fait partie).

Pour Thomas comme pour Aristote, l'univers est hiérarchiquement ordonné, mais avec cette différence que la cause première selon Aristote est remplacée par un Dieu personnel.

Dieu
anges
hommes
animaux
plantes
rochers, terre

À l'instar d'Aristote, Thomas considère l'homme comme un être social. Que les êtres humains vivent en société est une condition de leur capacité à se réaliser. La politique est donc une activité naturelle qui permet la réalisation des attributs humains. Ce qui signifie que la science politique est en grande partie indépendante de la révélation : même les païens peuvent dans une large mesure vivre une vie bonne. Nous voyons là de nouveau une harmonisation des pensées grecque et chrétienne : il est vrai que les humains peuvent mener une vie heureuse et vertueuse sans la révélation. Et c'est la tâche de l'homme d'État que de préparer la voie à cette réalisation, que cet homme d'État (le Prince) soit chrétien ou pas. Mais par-delà la vertu et le bonheur se trouve le but final : le salut. Et c'est la tâche du prêtre que de l'encourager. Ainsi la tâche de l'homme d'État se mêle-t-elle naturellement à celle du prêtre, puisqu'une vie civilisée (vertu et bonheur) est la base du salut. La scène politique et éthique est dans une certaine mesure indépendante de la scène religieuse, alors qu'elle est en même temps le premier pas vers cette dernière.

Aristote considérait la cité-État comme l'ultime étape de la réalisation de soi. Pour Thomas, qui vivait dans une société féodale chrétienne, le but final est le salut éternel dans la vie à venir, et l'environnement social le plus élevé est la société chrétienne réglée par la loi. Pour Aristote, la vertu est la réalisation de soi dans une société locale fermée, par une participation active à la vie civile. Pour Thomas, la vertu est la réalisation de soi par une manière morale de vivre, à l'intérieur d'une hiérarchie sociale stable régie par la loi, dans laquelle chacun trouve sa place mais où seul un petit nombre d'hommes participe à l'activité politique – une minorité gouverne et la majorité est gouvernée.

Pour Thomas, la *loi* est un *décret de la raison* pris par un dirigeant pour le bien commun de ceux qui sont assujettis à celle-là et pour qui elle a été promulguée. Ainsi la loi est-elle normative. Thomas traite de différentes lois liées entre elles : la loi éternelle est un décret de la raison exprimant le projet divin de toute la création. Puisque toute chose est sujette au projet divin, toute chose est sujette à la loi éternelle. Mais les créatures rationnelles sont sujettes à la loi éternelle de manière encore plus précise que les autres. Elles font elles-mêmes partie du projet divin ; elles pourvoient à leurs propres besoins comme à ceux des autres. Elles participent de la raison éternelle puisque par nature elles peuvent elles-mêmes réaliser des actions bonnes et rechercher de bonnes fins. Cette actualisation de la loi éternelle dans les créatures rationnelles est la loi naturelle. C'est ainsi que les créatures rationnelles peuvent utiliser leur raison, ou *lumen naturale* (« lumière naturelle ») afin de distinguer le bien et le mal. En d'autres mots, nous reconnaissons la loi naturelle par la réflexion rationnelle. C'est une capacité dont disposent tous les êtres rationnels, païens comme Chrétiens. Thomas pense donc que l'on peut reconnaître le bien et le mal indépendamment de la révélation, que cette loi est quelque chose d'évident, qui existe objectivement et qui est universellement valide. La loi naturelle est une et identique pour tous. Thomas donne ainsi une version théologique de la théorie de la loi naturelle.

L'avantage que les Chrétiens ont sur les autres est la connaissance de la loi divine grâce à la révélation. Mais la loi divine s'applique fondamentalement au salut. Quand on en arrive à ce qui doit être fait pour mener une vie bonne, les non-Chrétiens peuvent aussi avoir une connaissance suffisante grâce à une reconnaissance rationnelle de la loi naturelle. De nouveau nous assistons à une harmonisation : une indépendance relative de la vie politico-éthique quand, dans le même temps, toute chose est finalement sujette à l'ordre divin.

Les théologiens qui pensent que la volonté est l'essence de Dieu comprennent le bien comme ce que veut Dieu de tout temps. Ainsi, si nous ne connaissons pas la volonté divine, nous ne pouvons savoir ce qu'est le bien. Et si Dieu l'avait désiré, il aurait pu édicter des critères du bien différents. Les Chrétiens, qui connaissent la volonté divine, sont donc dans une position unique en ce qui concerne l'idée du bien. Et reconnaître le bien n'est pas tant une question de réflexion rationnelle que de vraie foi, c'est-à-dire que c'est une conséquence de la révélation et de la grâce. Pour Thomas, Dieu est avant tout rationnel, désirant ce qui est rationnel et ce qui est bien. Dieu ne peut désirer le mal. Il désire ce qui est bien précisément parce que c'est le bien ; le bien n'est pas le bien parce que Dieu le désire. (La question de l'omnipotence divine et de la relation au mal d'un Dieu immensément bon et tout puissant est une extension de ce problème.)

Pour Thomas, la loi humaine est l'ensemble des lois en vigueur dans la société. Il distingue raison pratique et raison théorique. Toutes deux reposent sur des principes non prouvés, comme le principe de contradiction selon Aristote. Mais alors que la raison théorique se conforme aux choses de la nature pour atteindre la connaissance, la raison pratique concerne les règles et les normes du comportement humain. Alors que, pour la raison théorique, c'est l'objet qui nous donne la connaissance, la raison pratique prescrit ce que notre comportement devrait être. Comme les conditions de notre vie active ne sont ni universelles ni nécessaires, mais individuelles et arbitraires, la capacité à formuler des jugements pratiques devrait faire partie de la raison pratique. Selon Thomas, rien d'autre n'est requis. En d'autres termes, la méthode doit être appropriée à la matière traitée. Par conséquent, il y a différentes méthodes pour différentes conditions. Et toutes les méthodes n'ont pas besoin d'être également strictes. Thomas plaide donc en faveur d'une conception flexible des critères adéquats dans les questions éthiques et politiques.

Pour Thomas, la raison sert donc d'intermédiaire entre les lois naturelles et le comportement humain (voir les stoïciens). Par la vertu de la raison, nous suivons volontairement la loi. Par conséquent, seuls les êtres rationnels sont assujettis à la loi et, à strictement parler, eux seuls peuvent actualiser la raison. L'exercice du pouvoir et de la punition par les dirigeants est nécessaire quand quelqu'un viole la loi. Les contrevenants doivent être contraints à un comportement respectueux des lois afin de ne nuire ni à eux-mêmes ni à autrui. Éviter le dommage est le but fondamental de la loi. Mais au-delà il y a la réalisation concrète d'une vie bonne. Ici, ce qui nous guide est la vertu, et pas seulement la loi. En plus des vertus cardinales de sagesse, de courage, de modération et de justice, Thomas mentionne les vertus chrétiennes de foi, d'espérance et de charité. Comme nous l'avons déjà mentionné, pour Thomas le salut est la vertu ultime, une extension de la dimension juridico-morale.

Dans sa manière de considérer la relation entre l'État et l'Église, Thomas est un partisan modéré du pape : il pense que l'Église est au-dessus de l'État, et que le pape peut excommunier un roi tyrannique. Mais, dans le même temps, il accepte la doctrine gélasienne des deux pouvoirs, et il ne pense pas que la supériorité morale de l'Église doive se développer en supériorité légale. De plus, en tant qu'aristotélicien, il pense que la société est donnée par la nature ; aucune direction ecclésiastique n'est nécessaire dans les affaires de l'État. Mais il n'y a pour autant aucune distinction entre la société (la raison) et le christianisme (la foi) – les tâches spirituelles et mondaines se confondent dans une certaine mesure.

Ontologie

Thomas visait à une synthèse de la foi et de la raison sous la forme d'une harmonisation de la révélation chrétienne et de la philosophie grecque, en particulier de l'aristotélisme. Mais cette synthèse incluait également l'influence du néoplatonisme, transmise par Augustin. Et l'héritage d'Aristote atteignit Thomas par l'intermédiaire de philosophes arabes tel qu'Averroès (voir dans ce chapitre, «Philosophie et science arabes»).

Esse *et* ens

La philosophie thomiste peut se caractériser comme une philosophie de l'*Être*, une philosophie de l'existence – non seulement de celle des personnes, mais de l'existence en général. Le concept d'«être» (en latin : *esse*) occupe une position fondamentale chez Thomas[1]. Le thomisme est essentiellement une «ontologie», une théorie de l'être. Ce concept fondamental de la philosophie thomiste, *esse*, n'est pas directement identique à Dieu. En fin de compte, ce que nous pouvons comprendre par notre esprit est cet *esse* fondamental. Par-delà ce qui *est*, nous ne pouvons rien imaginer. Que suppose alors cet *esse*, cet Être ? En premier lieu, nous pouvons dire que toute chose particulière qui *est* est une chose existante, un étant (*ens*), comme ce livre, cet arbre, cette chaise, cette personne, etc. D'un autre côté, l'*esse*, ou l'Être, n'est pas l'une de ces choses particulières. L'*esse* représente le fait d'être, l'«est-ité» qui est commune à tout étant. L'*esse*, pourrions-nous dire, est ce qui fait qu'un étant est un étant. C'est l'Être des étants. L'Être est donc lui-même «une non-chose», il n'est pas un étant parmi les autres, mais ce qui est particulier à tout étant dans la mesure où il existe. L'Être (*esse*) est donc plus fondamental que n'importe quel étant particulier (*ens*).

Selon Thomas, nous pouvons cependant, par la pensée, saisir l'Être dans et par les phénomènes existants particuliers. Mais dépasser l'Être pour connaître Dieu ou la signification de l'Être, toujours par la pensée, ne nous est pas possible. Par la pensée, nous pouvons accéder à l'Être comme à quelque chose qui est sans limite et sans défaut, comme à quelque chose d'infini et de parfait, mais nous ne pouvons pas, par elle seule, saisir ce qu'il signifie. L'Être marque donc la limite de la connaissance humaine. Tout ce qui peut être pensé, y compris la pensée elle-même, est déterminé par l'Être. Ainsi l'Être

---

1. Voir le mot *intérêt*, qui dérive de *inter-esse*, «être entre».

représente-t-il le grand mystère de la philosophie ; que quelque chose *soit* est le mystère même de l'Être.

Si nous tournons alors notre attention vers les diverses choses existantes, vers les divers phénomènes existants, nous pouvons d'abord mentionner que Thomas fait une distinction entre le fait qu'une chose est et ce qu'est une chose, entre l'existence (*existentia*) et l'essence (*essentia*). Ce qui peut être déterminé d'une chose, ce qui peut être limité et conceptuellement compris, et donc défini, est l'essence de la chose – sa « quiddité ». Mais le fait qu'elle est, son existence, ne peut être appréhendé que directement et intuitivement ; il ne peut être expliqué ni défini plus complètement.

LES CATÉGORIES

Parmi les nombreuses définitions qui peuvent être formulées sur diverses choses et sur leur manière d'être (certaines choses sont rondes, d'autres plates, d'autres lisses, etc.), il y en a qui s'appliquent à toute chose et à tout phénomène, à tout étant. De telles définitions universelles sont appelées catégories. Il existe par exemple les catégories de qualité, de quantité, de relation, d'action et de passion, ainsi que celles de temps, d'espace et de position (pour les choses extérieures)[1].

ACTUS ET POTENTIA

Parmi ces caractéristiques fondamentales communes à tout être, il y a l'*actus* et la *potentia* – paire conceptuelle qui rappelle l'acte et la puissance d'Aristote. Pour celui-ci comme pour Thomas, cette paire indique une épaisseur de l'univers : dans chaque créature il y a une interaction dynamique entre ce qui apparaît réel (actuel) et ce qui est latent (actualisable). Le changement survient quand les possibilités latentes sont actualisées. Chez les êtres vivants, comme les plantes, les animaux et les humains, le désir de changer peut être motivé de l'intérieur, alors que chez les êtres inorganiques comme la pierre, la terre et l'eau, le changement est causé par les conditions extérieures. La notion de changement est donc liée à la doctrine d'*actus* et de *potentia*, comme chez Aristote. Et, pour Thomas comme pour Aristote, l'univers est hiérarchiquement ordonné selon les divers degrés d'*actus* et de *potentia*. À partir de Dieu comme *actus purus*, toutes les potentialités sont actualisées, du haut vers le bas, vers la *materia prima*, qui

---

1. Ici de nouveau, Thomas est redevable à Aristote (comme c'est si souvent le cas). Voir également la discussion des catégories kantiennes (chapitre 15 note 4).

représente le concept de pure puissance sans actualisation (voir dans ce chapitre, « Dieu et le monde »)[1].

CAUSES

La doctrine de l'acte et de la puissance, et donc du changement, est également liée à celle des quatre causes ou principes (de nouveau comme chez Aristote) : *la matière*, ou ce dont la chose est faite ; *la forme*, ou ce par quoi la matière se caractérise ; *la cause efficiente*, qui forme la matière par les influences extérieures ; *la fin*, qui donne une direction ou un but au processus.

FORME ET MATIÈRE

Quand un étant particulier (*ens*) se tient dans la tension entre puissance et acte, tension où le changement peut faire office d'intermédiaire et dont les quatre « causes » forment la base, nous faisons également une distinction entre la forme et la matière (par exemple l'aspect et le matériau). Comme chez Aristote, cela donne une base à l'ordre hiérarchique de tous les êtres (voir ce chapitre, « Justice et loi ») – selon la forme qu'ils actualisent : les choses inorganiques, les plantes, les animaux, les êtres humains et les anges – du plus bas au plus haut, de la puissance pure à l'acte pur, de la matière pure sans la moindre forme à la forme pure sans la moindre matière. L'acte pur (*actus purus*) a actualisé toutes les puissances qu'il possède, et ne peut par conséquent être changé. L'acte pur demeure donc éternellement le même. Pour Thomas, cela désigne Dieu et montre qu'il est rationnel de croire qu'Il existe, mais ne nous donne aucune idée de ce qu'Il est dans son essence.

Ce sont des notions qui ressemblent à celles d'Aristote. Mais elles présentent également des parallèles manifestes avec le néoplatonisme et sa vision d'un monde hiérarchisé dans lequel la source première est celle de l'Être, qui émane de lui-même, et va graduellement vers l'obs-

---

1. Selon Thomas, chaque créature possède la puissance de devenir un être *particulier*, comme un être humain (et non un chien) ou un cheval (et non un chat). Quand une créature a actualisé sa puissance (*potentia*), elle est *in actu*. Si une créature, par l'actualisation de sa puissance, devient ce qu'elle est « censée être », comme quand un veau devient vache, cette possibilité peut être appelée possibilité *positive*. Mais un veau peut également devenir viande, et on appelle cela possibilité *négative*. Quand les possibilités positives d'une créature ne sont pas actualisées, quelque chose fait *défaut* (à la créature). Ainsi la capacité à voir fait-elle défaut à l'aveugle. Ce défaut est différent de celui dû au défaut générique d'une certaine puissance, comme le cheval incapable de voler comme un oiseau.

curité et le non-être. Mais alors que Thomas et Aristote commencent en un sens à la base et s'élèvent pas à pas, nous pouvons dire des néoplatoniciens qu'ils commencent par la source première (Dieu, les Idées) et descendent à partir d'elle. Les premiers tentent d'éclairer les principes les plus élevés à partir des phénomènes sensibles ; les seconds tentent d'éclairer les phénomènes sensibles à partir du domaine le plus élevé.

Cette différence nous montre précisément la divergence fondamentale entre ces deux types de philosophie, le néoplatonisme et l'aristotélisme. Elle se manifeste dans la conception divergente des *universalia* : le réalisme conceptuel radical (platonisme) considère que la pensée peut rapidement pénétrer l'essence de l'univers par la compréhension des caractéristiques universelles de tous les êtres, alors qu'un réalisme conceptuel modéré (aristotélisme) s'attache plus à aller des formes dans les phénomènes particuliers vers les caractéristiques les plus universelles.

ÂME ET CORPS

Dans la vision hiérarchique du monde, les êtres les plus bas sont les choses inorganiques (les rochers, la terre, l'air, etc.). Ils sont dépourvus d'activité intrinsèque et d'unité organique. Ils sont donc passifs et ne sont changés que sous la pression de l'extérieur (d'une cause efficiente). Les plantes sont au-dessus des choses inorganiques parce qu'elles ont une activité intrinsèque et une structure organique propres. Elles peuvent changer par leur propre puissance végétative (cause finale). Ensuite viennent les animaux, qui ont un degré d'activité intrinsèque et de structure organique plus élevé que les plantes. En conséquence, les animaux les plus élevés peuvent activement poursuivre un but (quand par exemple un renard chasse un lièvre). Chez l'homme, l'activité personnelle est plus libre, et la structure organique plus avancée. Les êtres humains peuvent en toute indépendance et en toute liberté se proposer des buts et les poursuivre activement.

Pour Thomas, l'être humain est le plus élevé des êtres matériels. Il est à la fois un corps et une âme. Cela s'oppose à la vision néoplatonicienne du corps comme enveloppe non-réelle de l'âme, considérée comme l'être humain authentique. Ce qui signifie également que l'amour charnel, dans le mariage, avec la reproduction pour but, a un statut positif pour Thomas, contrairement à la conception augustinienne. Cette vision positive du corps matériel contraste aussi avec la distinction radicale entre le corps et l'âme que nous trouverons chez Descartes.

Le thomisme soutient également que l'âme est une et indivisible, et qu'elle ne disparaît pas quand le corps meurt. L'âme est immortelle. En fin de compte, l'âme humaine occupe une position indépendante par rapport au corps. Pour Thomas, elle a deux fonctions principales, la connaissance et la volonté. La volonté doit être comprise comme une force active qui suit la connaissance. Celle-ci appréhende ce qui est bien en tant que but, et la volonté entreprend alors l'action pour atteindre ce but. La connaissance est donc le composant premier, et il faut comprendre la volonté comme une impulsion qui dépend de ce qui est placé devant elle en tant que but. Par conséquent, le thomisme représente une forme d'intellectualisme par sa manière de voir les êtres humains et leur comportement : la raison a la préséance sur la volonté. La position opposée, le volontarisme, soutient que la volonté a la préséance sur la raison (voir ce chapitre, « Connaissance et volonté »).

Épistémologie

Thomas incorpora la théorie de la connaissance à sa philosophie générale. Sous de nombreux aspects, c'était l'habitude : les rationalistes (tel que Descartes) et les empiristes (tel que Locke) n'avaient pas encore placé l'épistémologie au centre. La conception thomiste de la connaissance peut se caractériser comme réaliste dans le sens où elle postule que nous pouvons acquérir une connaissance du monde. Elle s'oppose donc au scepticisme épistémologique. Thomas soutient en outre que nous acquérons la connaissance par l'expérience sensible et par la réflexion sur ce dont nous faisons l'expérience. Cela s'oppose à la conception platonicienne qui souligne une voie indépendante vers l'intellection des Idées, et à la conception kantienne qui souligne que le sujet connaissant donne fondamentalement forme aux impressions sensibles provenant du monde extérieur. En d'autres termes, Thomas soutient que la connaissance commence avec l'expérience sensible. Rien n'est dans l'intellect qui ne soit auparavant dans les sens. L'expérience sensible s'applique aux phénomènes concrets et particuliers. Par elle, nous recevons des impressions directes de ces phénomènes perceptibles. Nous ne créons pas ces objets. À partir des impressions sensibles des phénomènes perceptibles, nous pouvons, grâce à l'intellect, reconnaître les traits communs aux divers phénomènes et formuler des concepts.

Nous rencontrons ici de nouveau les problèmes de base de la querelle des Universaux, dans laquelle Thomas soutient une position réaliste modérée. Il vaut cependant la peine de remarquer que sa position peut s'interpréter et être tirée vers le nominalisme : si nous disons que non seulement la connaissance commence avec l'expérience sensible des choses particulières, mais aussi que pour lui les choses particulières (*particularia*) sont ontologiquement les plus importantes, et que les concepts (*universalia*) n'en sont que des abstractions humaines, nous en arrivons en effet au nominalisme. C'est précisément l'interprétation qui apparaît après le thomisme et la haute scolastique, chez Guillaume d'Occam par exemple. Mais une interprétation raisonnable de Thomas serait celle d'un réalisme modéré : bien que la connaissance commence avec l'expérience sensible des choses particulières, cela ne signifie pas que l'expérience sensible directe ait un statut plus élevé que la reconnaissance des concepts par l'intellect. Toute connaissance commence avec l'expérience sensible des choses particulières, mais les concepts universels que nous en dérivons n'ont pas pour autant à être compris comme pures abstractions créées par les êtres humains. On peut dire que les concepts ont un statut épistémologique indépendant, que nous sachions ou non si nous pouvons les connaître dans le contexte de l'expérience sensible. Thomas soutient qu'ils *existent* dans les choses, et que, par la pensée, nous ne reconnaissons que ceux qui s'y manifestent. Ce qui est reconnu par la suite, dans le temps (*post rem*), n'est inférieur ni par le rang ontologique ni par le statut épistémologique. Les *universalia* existent dans les choses de manière indépendante et, en reconnaissant les *universalia*, nous acquérons l'idée des traits fondamentaux de la réalité.

Pour Thomas, et les choses particulières (*particularia*) et les formes ou concepts qu'elles incluent (*universalia*) sont créés par Dieu. Tout comme l'expérience sensible et la pensée sont toutes deux des capacités cognitives de l'homme données par Dieu, choses et concepts ont une origine commune en Dieu. Le réalisme modéré, qui met en jeu un certain agencement équilibré de *particularia* et d'*universalia*, trouve ainsi un fondement dans la théologie chrétienne, à savoir dans l'idée de Dieu comme créateur usant de *particularia* autant que d'*universalia*. De plus, cela signifie que Dieu, d'une certaine manière, a garanti une correspondance entre notre connaissance et le monde extérieur. Nos capacités sensorielles ont été créées de manière telle que nous pouvons reconnaître la création sensible qui nous entoure. Et nos capacités cognitives ont été créées de manière telle que nous pouvons reconnaître les formes universelles qui nous entourent. Dieu, en tant que créateur, semble être ici comme garant de la possibilité d'une connaissance fiable. Il est donc compris comme un Dieu rationnel et bon, et non comme un « esprit malin » qui nous trompe ou agit de manière irrationnelle. (Sur Dieu comme garant, voir chapitre 9, «Descartes – le doute méthodique».)

La façon dont Thomas conçoit les sciences peut s'éclairer sur la base de ce que nous venons de mentionner : toute la connaissance humaine se construit sur l'expérience sensible des choses particulières. Mais ces dernières ont deux aspects que nous pouvons distinguer par la pensée, à savoir la forme et la matière. La matière est une condition du mouvement et du changement. De plus, c'est elle qui individualise les choses particulières, c'est-à-dire qui rend possible que deux choses aient la même forme sans être identiques, puisque la matière de chaque chose occupe un espace que celle d'une autre chose ne peut occuper en même temps. Quand nous reconnaissons telle chose dans un objet, c'est la forme que nous reconnaissons. La forme est ce qui rend la chose reconnaissable, elle est la structure et l'apparence de la chose ; elle rend possible de caractériser la chose par ce qu'elle est – ronde ou ovale, verte ou jaune, etc.

La connaissance des choses matérielles et extérieures s'acquiert, selon Thomas, quand nous ignorons quelque chose afin de nous concentrer sur quelque chose d'autre. La connaissance exige qu'il soit fait abstraction de quelque chose. Par les divers degrés d'une telle abstraction apparaissent les diverses sciences, comme la philosophie naturelle, les mathématiques et la métaphysique.

Dans la *philosophie naturelle*, nous étudions les choses matérielles comme les arbres, les chevaux et les tables. Mais notre sujet d'étude est ce qui fait d'elles un arbre, un cheval ou une table, c'est-à-dire leur forme, leur essence, et non ce qui fait d'elles cet arbre particulier, ce cheval particulier ou cette table particulière. En d'autres mots, nous regardons par-delà ce qui individualise, c'est-à-dire que nous faisons abstraction de la matière dans la mesure où elle individualise. Mais nous n'en faisons pas abstraction dans la mesure où elle rend l'objet perceptible, parce que ce dont la philosophie naturelle cherche à connaître la nature, c'est des choses perceptibles. Dans la philoso-phie naturelle, nous faisons donc abstraction de la matière en tant que principe individuant, mais non en tant que ce qui rend possible l'expérience sensible. Nous recherchons l'essence d'une chose dans la mesure où elle est perceptible, mais non en tant que chose distincte et particulière.

En *mathématiques*, nous faisons abstraction de la matière en tant que facteur individuant et en tant qu'elle rend possible l'expérience sensible. Le mathématicien étudie les propriétés mesurables et les structures d'une chose. Les aspects individuants du cheval et le fait que c'est un objet perceptible sont ici abstraits. Ils sont sans intérêt pour les mathématiciens, qui ne s'attachent qu'aux ensembles et aux relations dans leur aspect purement quantitatif.

En *métaphysique*, nous rencontrons le troisième degré d'abstraction, le plus élevé. Ici aussi nous partons des choses perceptibles simples. Mais nous faisons abstraction non seulement des aspects individuants et des aspects perceptibles, mais aussi des attributs quantitatifs. En métaphysique, ce n'est que l'*esse* de la chose, son Être, qui est intéressant – *ce* qu'elle *est*, ainsi que les formes fondamentales liées à l'*esse*, à savoir les catégories.

Selon Thomas, c'est ainsi que les trois genres de sciences théoriques sont apparues – comme en donnent l'exemple la philosophie naturelle, les mathématiques et la métaphysique. Les objets de ces sciences apparaissent lorsque nous faisons abstraction des choses particulières et perceptibles. Les sciences théoriques n'ont pas d'objets propres, comme par exemple des essences ou Idées qui existeraient de manière indépendante. Les objets des sciences théoriques existent dans les objets matériels. L'épistémologie de Thomas et sa doctrine des sciences sont donc liées à sa perspective tournée vers l'expérience, ainsi qu'à son réalisme conceptuel modéré.

Anthropologie et philosophie morale

L'anthropologie et la philosophie morale de Thomas, comme son ontologie et son épistémologie, ont des traits aristotéliciens manifestes. S'opposant à la tradition néoplatonicienne (à Augustin par exemple), Thomas pense que la vie mondaine et sociale, comme le corps et ses fonctions, sont des choses naturelles et fondamentalement positives. Sur le plan théologique, cela signifie que ces choses sont considérées comme aussi créées par Dieu. De même qu'il pense que les hommes peuvent naturellement reconnaître, en dehors de la révélation et de la foi chrétiennes, les aspects importants de la création, Thomas pense que, en dehors du christianisme, ils peuvent vivre une vie sociale bonne et acquérir dans une large mesure une connaissance des normes éthiques de la vie. Étant créés par Dieu, nous avons une capacité à connaître, en dehors des paroles du Christ et de la révélation. Nous avons notre *lumen naturale*, notre lumière naturelle. De plus, nous pouvons vivre une vie rationnelle et sociale en dehors des paroles du Christ et indépendamment de la discipline chrétienne. Ainsi Thomas ne partage-t-il pas la manière augustinienne volontariste et pessimiste de voir l'homme.

Comme la pensée de Thomas repose dans une large mesure sur celle d'Aristote, des aspects importants de la doctrine thomiste de la nature humaine deviennent une théorie purement philosophique, sans éléments chrétiens ni bibliques. Cette distinction entre sagesse mondaine et foi chrétienne n'est pas un problème pour Thomas, mais elle forme au contraire un élément décisif de sa conception de la relation entre philosophie et christianisme, et entre connaissance séculière et foi chrétienne. Selon un point crucial de sa philosophie morale, les êtres humains ont des capacités (puissance) qu'ils peuvent réaliser (actualiser) de diverses manières. Les actions bonnes sont celles qui, au degré le plus élevé, réalisent les capacités spécifiquement humaines qui satisfont au mieux à la nature humaine.

Dans sa manière de voir l'essence de la nature humaine, Thomas suit également le point de vue aristotélicien : l'homme est un être à la fois rationnel et spirituel. Il s'ensuit que les actions bonnes réalisent en particulier ses capacités rationnelles et spirituelles. Mais Thomas, à l'instar d'Aristote, ne rejette pas la notion de l'homme comme créature mondaine, ni l'idée que des personnes différentes ont des capacités différentes. En conséquence, diverses manières de vivre s'offrent à nous, par exemple la vie contemplative et la vie active. Mais quels que soient les choix que nous opérons sur la base de nos capacités et de notre position, Thomas nous recommande, comme Aristote, d'agir avec modération. L'excès n'est pas naturel et ne repose pas sur le bien.

La philosophie morale de Thomas se construit sur l'idée que les actions ont une visée. Nous aspirons tous à un certain but. Celui-ci est avant tout d'actualiser nos capacités spécifiquement humaines. Notre tâche est de réaliser notre variante propre de ces capacités dans la situation où nous nous trouvons. Pour nous aider dans cette manière de vivre orientée vers un but, nous pouvons nous reposer sur la raison. Le but est surtout de devenir rationnel, mais en même temps, le moyen de le réaliser passe par la raison. Cette réalisation a lieu quand nous sommes formés à la sagesse pratique, et quand des personnes matures nous donnent des conseils sur ce qui est nécessaire et sur les actions appropriées dans diverses situations. Que l'homme soit capable d'actions tournées vers un but est considéré par Thomas comme allant de soi : la raison a la préséance sur la volonté. Nous faisons ce que la raison reconnaît comme bon, nous aspirons aux buts qu'elle désigne.

Thomas postule l'*universalité* des normes ou lois morales. Ce sont des principes moraux invariables et universellement contraignants. Que les hommes puissent comprendre lois et principes de diverses manières ne prouve pas que ceux-ci sont relatifs, mais seulement que notre capacité à les comprendre est faillible. Thomas est donc un représentant de la tradition des droits naturels. Sur le plan philosophique, c'est une conséquence de sa perspective aristotélicienne. Sur le plan théologique, c'est une conséquence de sa manière de considérer Dieu : Dieu, qui nous a créés, désire le bien. Le bien n'est pas relatif à la volonté divine, mais Dieu veut le bien. S'opposant à cela, il y a la vision volontariste de Dieu selon Luther. Cependant Thomas ne pense pas que raison et capacité mondaines nous soient suffisantes. Le but le plus élevé de l'homme est le salut, et ce qu'il requiert dépasse ce qui est nécessaire à une vie moralement et socialement acceptable. C'est pourquoi sont nécessaires au salut la révélation et la foi. La foi est nécessaire pour éclairer en nous le but qu'est le salut, et la foi et la pratique répétée sont nécessaires pour nous aider à atteindre ce but suprême[1].

Nous voyons ici la transition dans l'anthropologie et la morale thomistes de ce que nous pourrions appeler un aristotélo-christianisme à un christianisme proprement dit. Nous voulons dire par là que Thomas estime que l'aristotélisme est dans une large mesure en harmonie avec le christianisme, mais souligne en même temps que le but ultime du Chrétien dépasse l'aristotélisme. Cela signifie que la morale n'est pas indépendante de la religion. Selon Thomas, même les non-Chrétiens peuvent trouver les normes morales correctes et vivre une vie vraiment morale. C'est parce qu'ils sont créés par Dieu, avec la raison et la capacité à mener une vie rationnelle et sociale. Mais ils ne peuvent parvenir au salut, parce que celui-ci présuppose la révélation chrétienne.

La vision positive qu'a Thomas des relations entre séculier et éthique se manifeste également dans sa conception de l'État et de la société : l'homme est un être social. Thomas considère l'État et la société, de même que des structures telles que la famille, la profession et les biens, comme des aspects naturels de l'être humain. Il ne voit pas dans l'État un instrument nécessaire de discipline, comme le fait Augustin. L'État séculier et ses institutions sont bons et rationnels dans et par eux-mêmes. Mais l'État ne devrait pas devenir un but en lui-même. Et l'État séculier et ses institutions peuvent bien sûr décliner et se corrompre de bien des manières.

---

1. Remarquons la différence dans la manière dont les actions bonnes sont considérées par Thomas (il leur attache de l'importance quand on en vient à l'espoir de salut pour l'homme) et par Luther (il met l'accent sur la seule grâce divine).

Dieu et le monde

La plupart des scolastiques pensaient possible de donner des arguments rationnels en faveur de l'existence de Dieu. Ces arguments sont souvent appelés «preuves de l'existence de Dieu». Le mot *preuve* peut ici être trompeur ; ce ne sont pas des preuves au sens déductif, des démonstrations (voir chapitre 7, «La controverse sur la méthode»). De fait, les preuves déductives ne peuvent prouver leurs propres prémisses, de telles tentatives revenant soit à une régression à l'infini, soit à un cercle vicieux, soit à une interruption arbitraire de la chaîne déductive. Ce ne sont pas non plus des preuves au sens de confirmation empirique, comme dans les sciences expérimentales. Les preuves dont il est ici question sont philosophiques. Elles se présentent comme prouvant que l'expérience sensible désigne, au-delà d'elle-même, quelque chose que nous pouvons appeler Dieu.

Il faut également noter que nous parlons de justifier notre foi en *l'existence* de Dieu – que Dieu *est* – et non de savoir comment est Dieu. Quand on en vient à la question de l'essence ou des propriétés de Dieu, Thomas soutient que nous ne pouvons répondre à cette question que par la révélation et la foi, et non par la raison mondaine. Il vaut enfin la peine de noter que ces arguments sur l'existence de Dieu ne sont pas décisifs pour le croyant chrétien. La révélation et la foi sont les moyens appropriés de la relation à Dieu. Mais ces arguments sont utiles, en particulier contre les incroyants.

Quand nous parlons de ces preuves de l'existence de Dieu sous forme d'argumentation rationnelle, il est évident que ce qui compte comme raisons suffisantes et convaincantes varie selon les conceptions philosophiques de base. Néoplatoniciens, thomistes, sceptiques et successeurs de Luther en ont de différentes ; par conséquent ils réagissent différemment à la question de ce que sont les raisons suffisantes en la matière. Pour dire la chose avec plus de précision, les néoplatoniciens n'utilisent pas vraiment ces preuves de l'existence de Dieu puisqu'ils partent pour ainsi dire de la source première, de Dieu, puis descendent jusqu'au monde. Pour eux, c'est plutôt l'existence du monde qui a besoin de preuve ! Les nominalistes (successeurs de Luther) n'exigent pas non plus réellement de preuves de l'existence de Dieu, puisqu'ils pensent que la raison ne peut s'élever au-dessus des choses particulières perceptibles ; au-delà, il n'y a que la foi et la révélation, et donc pas d'arguments rationnels de l'existence de Dieu. Seuls les aristotéliciens, au sens large, admettent des preuves de l'existence de Dieu puisqu'ils assignent à la raison un champ opératoire plus vaste que les choses particulières perceptibles (réalisme conceptuel), et qu'ils prennent ces dernières pour point de départ, puis s'élèvent à partir d'elles (réalisme conceptuel modéré).

Dans la suite, nous traiterons d'abord des arguments soutenus par Anselme et appelés arguments ontologiques de l'existence de Dieu. Nous étudierons ensuite les « cinq voies » – cinq preuves de l'existence de Dieu soutenues par Thomas.

L'argument ontologique de l'existence de Dieu selon Anselme

L'argument d'Anselme en faveur de l'existence de Dieu s'établit succinctement ainsi : notre idée de Dieu est une idée de perfection (l'Être Suprême). Nous ne pouvons imaginer perfection plus grande. L'existence indépendante est plus parfaite que l'existence relative (comme celle de la fiction). Ainsi, en tant que perfection la plus élevée, Dieu doit exister de manière indépendante. L'essentiel de cet argument, c'est que l'idée de perfection est elle-même parfaite, et que la perfection doit exister puisque la perfection sans existence est moins parfaite que la perfection avec existence (voir l'argument de Descartes sur l'existence de Dieu, chapitre 9, « Descartes – Le doute méthodique et la confiance dans la raison »).

Ce que nous appelons la preuve ontologique de l'existence de Dieu était déjà critiquée du vivant d'Anselme (1033-1109). (Elle fut ensuite attaquée, notamment par Kant qui, sur la base de sa philosophie, critiqua toutes les tentatives de preuve pour ou contre l'existence de Dieu : voir chapitre 15, « La philosophie transcendantale – la théorie de la connaissance »). La critique repose en partie sur l'idée que nous ne pouvons tirer du concept de Dieu l'existence de Dieu. Il pourrait y avoir ici une tonalité nominaliste. Les critiques soutenaient par exemple que le concept de perfection n'a pas besoin d'être parfait, tout comme le concept de brun n'a pas lui-même besoin d'être brun. À ceux qui objectaient que, de l'idée d'une chose, nous ne pouvons tirer son existence, Anselme pouvait répondre avec des arguments conceptuellement réalistes sur l'existence des phénomènes immatériels. Si nous avons une idée claire du théorème de Pythagore, nous savons, en accord avec le réalisme conceptuel, que ce théorème existe. Et Dieu est immatériel. Il n'est donc pas pertinent d'introduire des arguments qui s'appuient sur les idées de phénomènes matériels, tandis qu'il est pertinent d'en introduire sur les idées de phénomènes immatériels, comme les concepts mathématiques. Par conséquent, les arguments pour et contre doivent s'évaluer à la lumière des différentes positions philosophiques de base. Cela montre en même temps à quel point la formation philosophique est nécessaire dans les discussions théologiques, même dans les cas où nous rejetons la capacité de la philosophie à répondre aux questions religieuses.

L'ARGUMENT COSMOLOGIQUE DE L'EXISTENCE DE DIEU SELON THOMAS

Ce qui est appelé l'argument cosmologique selon Thomas s'établit succinctement ainsi : l'univers contient du changement. Les graines deviennent des arbres, les enfants grandissent, etc. Mais chaque changement dans un phénomène montre quelque chose de plus que ce simple changement, quelque chose qui est l'origine du changement. Chaque phénomène qui change montre donc un autre phénomène qui a provoqué son changement. L'important est qu'un changement ne peut être sa propre cause. Un autre phénomène est nécessaire pour que le changement ait lieu. De cette manière, nous pouvons passer de ce qui change à la cause de ce changement, et, de nouveau, de cette cause à sa cause, etc. Nous serons donc capables de remonter de plus en plus haut. Cette reconstruction trouve un exemple concret dans le processus qui part chronologiquement des enfants et remonte aux parents. Mais nous ne pouvons imaginer que cette reconstruction du mû au moteur puisse se poursuivre à l'infini. Il doit y avoir une première étape. Il est inimaginable qu'il en soit autrement. Il doit donc y avoir une cause première qui n'est pas elle-même causée mais qui est l'origine de tout changement et de tout mouvement. La cause première est le moteur premier, et, selon Thomas, c'est ce que nous appelons Dieu. Il faut remarquer qu'il ne dit pas que la cause première est Dieu, mais qu'elle est ce que « nous appelons Dieu ». Cette ligne de raisonnement entend donc démontrer qu'il est raisonnable de soutenir que Dieu existe, mais l'argument n'a pas pour but de démontrer ce qu'il est, à part le fait qu'il est la cause première.

Plusieurs objections contre cet argument de l'existence de Dieu ont été présentées : certains récusaient la prémisse selon laquelle toute chose qui change doit nécessairement recevoir d'une autre chose une impulsion qui la pousse à changer. Les choses ne peuvent-elles changer d'elles-mêmes ? Cela nous mène à discuter ce qu'est une chose et de quelle manière elle est liée aux forces de changement. Le point de vue de Thomas repose sur la doctrine de l'*actus* et de la *potentia*, et des quatre causes. Selon une autre objection, que nous ne puissions imaginer une régression à l'infini ne nous contraint pas rationnellement à soutenir qu'il doit y avoir une cause première. L'univers ne peut-il être infini au sens où il n'a pas de point de départ ? Enfin, il a été soutenu que ce n'est pas l'existence du Dieu chrétien qui a été rendue probable mais, au mieux, celle d'une cause première qui n'a pas besoin d'être une personne, encore moins le Dieu chrétien. Il nous faut d'autres raisons pour pouvoir soutenir que la cause première est identique au Dieu du christianisme. Les propres formulations de Thomas nous montrent qu'il était conscient de cette difficulté, et qu'il n'avait donc pas l'intention de pousser ce raisonnement trop loin.

L'ARGUMENT CAUSAL DE L'EXISTENCE DE DIEU SELON THOMAS

L'argument causal est similaire à l'argument cosmologique, mais il se construit plus particulièrement sur le rapport entre la cause et l'effet : chaque effet d'une cause renvoie à cette cause, qui elle-même renvoie à une cause antérieure, etc. Alors que le premier argument cosmologique de l'existence de Dieu repose sur la doctrine de l'acte et de la puissance et sur les quatre sortes de cause selon la conception du changement au sens large, cet argument causal de l'existence de Dieu repose sur le rapport direct particulier entre la cause et l'effet.

L'ARGUMENT SELON THOMAS DE L'EXISTENCE DE DIEU REPOSANT SUR LA NÉCESSITÉ

L'argument de l'existence de Dieu reposant sur la nécessité s'établit succinctement ainsi : toute chose sur terre est fondamentalement contingente au sens où son existence n'est pas nécessaire. Elle aurait pu être différente de ce qu'elle est. Au lieu de ce qui existe de fait, d'autres choses et d'autres phénomènes auraient pu exister. Cela s'applique aux choses, aux évènements et aux personnes. Il n'est pas nécessaire que vous ou moi existions. Ou que Paris ou Oslo existent. Mais il est inimaginable que toutes choses soient contingentes. Il doit donc exister quelque chose de nécessaire. Et c'est ce que, selon Thomas, « nous appelons Dieu ».

L'ARGUMENT SELON THOMAS DE L'EXISTENCE DE DIEU REPOSANT SUR L'IDÉE D'UN DEGRÉ SUPRÊME DE PERFECTION ET D'ÊTRE

Le quatrième argument de l'existence de Dieu selon Thomas s'établit succinctement ainsi : nous voyons que tout ce qui existe est plus ou moins parfait et a plus ou moins d'être. Par conséquent, nous pouvons imaginer une gradation d'être et de perfection. Cet ordre hiérarchique dépasse le terrestre et atteint quelque chose qui est parfait et qui est Être absolu – et c'est ce que, selon Thomas, « nous appelons Dieu ».

Cette ligne de raisonnement repose sur la conception hiérarchique thomiste du monde déjà mentionnée.

L'ARGUMENT TÉLÉOLOGIQUE DE L'EXISTENCE DE DIEU SELON THOMAS

Ce qui est appelé l'argument téléologique (ou physico-téléologique) de l'existence de Dieu selon Thomas s'établit succinctement ainsi : nous faisons l'expérience de l'ordre dans la nature (*physis*) et, de là, nous apercevons un but (*télos*) derrière celui-ci. L'univers nous apparaît ordonné et structuré. Cet ordre du monde et ses nombreuses et subtiles relations nous montrent un modèle fondamentalement rationnel et bon, qui nous montre à son tour l'esprit rationnel qui a créé ce modèle et qui l'actualise dans l'univers – et cet esprit qui « modèle », selon Thomas, est ce que « nous appelons Dieu ».

Cette ligne de raisonnement repose sur la doctrine de la cause finale, ou dessein. Cette notion de cause finale devient matière à controverse pour les partisans d'une vision mécaniste du monde, qui rejette de telles causes téléologiques (voir chapitre 7).

LE PROBLÈME DU MAL

Si Dieu est la cause de toute chose, est-il également la cause du mal ? Nous présenterons rapidement, pour finir, certains des arguments de Thomas sur le problème du mal.

Une partie de ce que nous appelons le mal est nécessairement une conséquence du fait que nous vivons dans un univers fini. Ainsi les choses sont-elles limitées dans le temps et dans l'espace. Les choses ne durent pas toujours mais sont périssables – hommes compris. Ces limitations, et le mal qu'elles entraînent, sont donc nécessaires, même dans l'univers le plus parfait. Elles ne peuvent donc être imputées à la volonté divine[1].

La plus grande part de ce que nous croyons être le mal ne fait que nous sembler tel de notre position finie. Vu dans une perspective plus large, ce mal apparent disparaîtrait. Certes, une partie du mal est réelle et causée par Dieu : c'est le mal qu'il nous inflige en punition de nos péchés. Cependant, ce mal n'est pas au départ causé par Dieu, mais, au contraire, par le péché humain. Le péché de l'homme, le mal réel, ne provient pas de Dieu mais des libres actions de l'homme. Il est vrai

---

1. Voir la *théodicée* selon Leibniz (argument selon lequel ce monde est le meilleur des mondes possibles), chapitre 10.

que Dieu a donné à l'homme le libre arbitre, pour vivre droitement ou pour pécher. Mais le mésusage de fait du libre arbitre, l'action mauvaise, n'est pas causé par Dieu. Le mal est le mal précisément au sens de non-être, en tant que privation de bien et de Dieu. Et ce non-être n'*est* pas, et par conséquent n'a pas de cause, pas même en Dieu.

MARSILE DE PADOUE ET GUILLAUME D'OCCAM – DE LA SYNTHÈSE AU SCEPTICISME

La synthèse thomiste, avec son harmonisation de la foi et de la raison, de l'Église et de l'État, représente un sommet dans la pensée du haut Moyen Âge (treizième siècle). La société était relativement stable, avec une unité culturelle et religieuse, malgré les divisions régionales – une *universitas hominum*, une communauté humaine, en dépit de la hiérarchie féodale. Il existait une culture chrétienne universelle, avec l'homme au centre, mais il faut remarquer que l'homme était pensé comme une partie de la société et comme une créature dont la *raison d'être*[1] était Dieu. Durant cette période, le pape et l'Église étaient à l'apogée de leur puissance. La lutte entre le pape et l'empereur avait été remportée par le pape.

Durant les papautés d'Innocent III, de Grégoire IX et d'Innocent IV (1198-1254), l'Église atteignit l'apogée de son pouvoir séculier. Les papes avaient résolu à leur avantage le conflit avec les empereurs Otto IV et Frédéric II ; ils s'étaient assurés une autorité considérable, incluant le contrôle des nominations et des traités, une voix au chapitre dans les questions de guerre et de paix, la supervision de la prise en charge des veuves et des orphelins, la direction de la persécution des hérétiques, le droit de confisquer leurs biens et celui d'intervenir dans les révoltes contre l'Église et l'ordre social. Mais cette *universitas hominum* avec suprématie ecclésiastique n'allait pas durer toujours. Autour de l'année 1300, il apparaît que les ecclésiastiques français se comportaient comme des Français, et non comme des serviteurs du pape. La loyauté envers son propre pays était devenue plus forte que la fidélité envers le pape. L'État national (en l'occurrence la France) était devenu une entité politique plus forte que la communauté chrétienne universelle, même parmi le clergé.

Le développement d'un État national organisé mena à une coopération chargée de tension entre le roi et l'aristocratie, une tension qui

---

1. En français dans le texte

se réfléchit, idéologiquement, dans le conflit entre absolutisme et constitutionnalisme. La question du rapport entre dirigeants et sujets fut alors étudiée avec plus d'attention : si le roi a un pouvoir absolu, ses sujets doivent faire montre d'une obéissance absolue. N'est-il alors *jamais juste* de se rebeller contre un dirigeant injuste et tyrannique ? De la même manière s'éleva la question de la légitimation du pouvoir absolu et du pouvoir constitutionnel : le roi a-t-il le pouvoir absolu par la grâce de Dieu ? Les assemblées nationales ont-elles un droit légitime au pouvoir en vertu de leur nature représentative ? Ce sont en un sens des problèmes traditionnels, mais ils devinrent alors dans une plus large mesure sujets à controverse. Au quatorzième siècle, le conflit idéologique se centra sur la question du rapport entre le roi et ses sujets, et entre le pape et les Chrétiens. Le roi (ou le pape) devrait-il avoir un pouvoir absolu, ou le pouvoir devrait-il également résider dans les assemblées représentatives traditionnelles et être sujet aux anciennes lois et coutumes ?

Marsile de Padoue (1275/80-1342), auteur du *Defensor Pacis* (1324), était un opposant aristotélicien au pape. Mais, de plus, il soutenait des positions annonçant la Réforme et le protestantisme. Comme Thomas, Marsile considérait que la société peut se suffire à elle-même, c'est-à-dire qu'elle n'a pas besoin de justification théologique ou métaphysique. Pour Thomas, la foi et la raison étaient en harmonie, comme l'étaient le sacré et le séculier ; cette société autosuffisante demeurait donc fondée en Dieu. Cependant, Marsile affirmait que la société est *indépendante* de l'Église.

La dichotomie radicale de Marsile entre politique et religion, État et Église, était liée à sa conception nominaliste de la foi et de la raison. Il rejetait l'harmonie thomiste des vérités chrétiennes et rationnelles (séculières), et soutenait qu'il y a une distinction radicale entre les vérités de la foi et celles de la raison : la raison (comme la société) se suffit à elle-même dans son domaine, la foi se construit sur la révélation (telle que celle de la Bible) et s'applique à l'au-delà, non à la politique. Marsile ne rejetait pas la religion (chrétienne). L'athéisme est essentiellement une invention française du dix-huitième siècle. Mais il « intériorisait » la religion dans la mesure où elle devenait pratiquement quelque chose de suprarationnel réservé à l'au-delà, quelque chose de personnel et d'apolitique. La religion devenait donc une question « privée », et l'Église, dans sa théorie, une organisation presque apolitique à laquelle on était libre d'adhérer ou non[1].

---

1. C'est la conception de Marsile. Mais, nous le savons, l'Église n'était pas alors une organisation apolitique à laquelle on était libre d'adhérer ou non. Dans les pays de la Réforme, les princes remplissaient largement le vide politique apparu quand

Selon Marsile, toutes les activités sociales devaient être sous le contrôle de l'État. Et il considérait le clergé comme un groupe social qui ne devait avoir d'autres droits ou privilèges que ceux accordés par l'État. Il ne devait pas y avoir un droit particulier à l'Église (droit canon) ; et les prêtres, comme le pape, devaient être nommés et démis par la société. Dans la sphère de l'Église, il ne devait pas y avoir de vérités rationnelles dont la nature religieuse les rendît si difficiles à comprendre qu'elles dussent être interprétées par certaines personnes hautement qualifiées. La foi et la raison sont séparées. Et la Bible est donc la seule source de pensée religieuse. Dès lors, il n'y a aucune raison d'accorder plus de créance aux paroles du pape qu'à celles d'autres Chrétiens. Par conséquent, selon Marsile, il devait y avoir des conciles de l'Église pour décider des questions de foi.

Il y a donc dans la pensée de Marsile à la fois sécularisation et protestantisme : *sécularisation*, parce qu'il met l'accent sur les buts naturels – les fonctions biologiques de la société, ses fonctions utiles – au détriment des buts religieux et éthiques ; et *protestantisme*, parce qu'il décrète que la religion est privée, faisant une distinction très nette entre foi et raison. En même temps, en tant que volontariste, il accorde plus d'importance à la volonté qu'à la rationalité. Mais, comme les premiers réformateurs, il conçoit encore une foi chrétienne universelle *une*.

Guillaume d'Occam (1285-1349), un franciscain, était un défenseur politiquement conservateur de la constitution médiévale contre la « monarchie absolue » du pape. Sur le plan philosophique, c'était un nominaliste et un volontariste, et, dans la perspective d'une histoire des idées, un prédécesseur de Martin Luther et du protestantisme.

Thomas était un réaliste conceptuel. Les concepts et les principes *existent* dans l'univers. En réfléchissant sur eux, nous pouvons acquérir une idée vraie de problèmes tels que l'origine de l'univers (Dieu comme créateur). Occam était un *nominaliste conceptuel* : les seules choses qui existent à l'extérieur de notre conscience (extramentales) sont les choses perceptibles (*particularia* physiques). Les concepts n'existent que dans notre esprit, en tant que phénomènes particuliers (*particularia* mentaux). Nous pouvons raisonner sur les *particularia* tant perceptibles que mentaux. Il n'y a donc pas de fondement à une spéculation théologique sur les *universalia*. La théologie et notre relation à Dieu reposent avant tout sur la Bible et sur notre foi en ce qui y est écrit. Le nominalisme mène donc à une certaine relation entre la

---

Rome eut à se retirer. Et la règle était que les citoyens devaient suivre la foi de leur prince (*cujus regio, ejus religio*). Le choix personnel de la religion n'était plus « privé ».

raison et la foi. La métaphysique et la théologie spéculative sont, en un sens, exclues. Cela signifie que l'activité intellectuelle s'écarte de la philosophie et se tourne vers les sciences expérimentales.

Puisque la révélation (la Bible) est la seule source de vérité chrétienne, il est difficile de justifier une hiérarchie ecclésiastique avec le pape pour chef absolu : la foi chrétienne et la capacité à lire les Écritures sont généralement réparties plus démocratiquement que l'éducation théologique. Occam s'opposait donc à la thèse selon laquelle le pape devait avoir le dernier mot dans les questions religieuses. Il proposait que fussent établies des assemblées (conciles) pour limiter et censurer le pouvoir du pape. Mais il savait aussi que les conciles sont faillibles. Cependant, Occam ne devint pas un sceptique – une évolution courante aux seizième et dix-septième siècles en France. Il pensait qu'une critique éclairée menée par des conseils représentatifs mènerait à la vérité. Et il ne semblait pas douter que la vérité fût *une*.

MARTIN LUTHER – VOLONTARISME ET NOMINALISME : LA FOI SEULE

Au seizième siècle, la division de l'Église Catholique devint officielle. Même si, pour commencer, les réformateurs ne voulaient qu'une réforme de l'Église, leur originalité théologique et leurs relations politiques menèrent à une révolution qui renversa totalement la conception qu'avait l'Église de la tradition, de la foi et du salut. Sur le plan théologique, Martin Luther (1483-1546) se fit l'avocat de la Bible et de la foi de l'individu contre la tradition et le pape. L'individu devint alors plus isolé dans sa relation à Dieu, sans la médiation de la tradition et de l'Église. En même temps, les mouvements de la Réforme adoptaient une position critique face à la vision traditionnelle du salut. Les sectes puritaines radicales rejetaient le salut ecclésiastique et sacramentel comme touchant à la magie et à la superstition. Ce qui eut pour résultat que la Réforme participa au processus historique qui exclut la magie du monde (Voir Max Weber sur « le désenchantement du monde », chapitre 24).

Sur la question théologique, Luther suit, bien que de manière différente, la voie moderne (*via moderna*), c'est-à-dire le nominalisme d'Occam. En pratique, cela se traduit par une certaine attitude critique envers la conception de la philosophie médiévale d'un cosmos raisonnable et ordonné. Il est également difficile de déceler dans la pensée de Luther des traces de l'anthropologie aristotélicienne que nous trouvons dans la tradition thomiste. L'anthropologie pessimiste de Luther rappelle Augustin et annonce Hobbes, Nietzsche et Freud. Dans la lignée de Guillaume d'Occam, Luther donne à la foi la primauté sur la raison. Tout ce que l'homme a besoin de savoir sur les questions relevant de la foi se trouve dans les Écritures. Les Chrétiens n'ont besoin ni des Pères de l'Église, ni des conciles, ni du pape pour leur dire ce qu'il faut croire. Luther n'a pas non plus confiance en une interprétation allégorique ou philosophique de la Bible. Par là, il est aveugle à ses propres présupposés sur l'interprétation biblique (voir sa conception de «l'Écriture comme seule autorité»). La seule chose que nous ayons besoin de savoir est que Dieu se révèle à l'homme, qui est le récipient passif de la *grâce* divine. La foi nous donne un contact direct, immédiat, à Dieu. Pour Luther, la foi seule (*sola fide*) est pour l'homme l'unique moyen de justification : «Souvenez-vous de ce qui a été dit, à savoir que la foi seule, sans les œuvres, justifie, libère et sauve»[1]. D'un autre côté, il soutient que la raison guidée par la foi peut être la servante de la théologie. Mais quand la raison s'établit en juge des articles de foi indépendamment de la foi, elle est l'œuvre du diable. Une telle arrogance est impardonnable et doit être éliminée en obligeant la raison à accepter pour vérité ce qui, selon une perspective philosophique, apparaît faux ou absurde. Par conséquent, la raison ne peut être la base d'un code éthique. Le fidéisme luthérien peut ainsi aisément tomber dans l'irrationalisme.

La théologie de Luther a également un intéressant caractère volontariste. Quand Dieu trace une frontière entre le bien et le mal, le bon et le mauvais, il le fait en tant qu'acte de volonté souveraine. Le bon et le bien ne sont pas bon et bien parce que Dieu est lié par des critères moraux, mais parce qu'Il *veut* qu'ils soient ainsi. Il aurait pu en principe tracer une autre ligne de démarcation (omnipotence divine). Il est Dieu, selon Luther, et nous ne pouvons donc pas appliquer de règle ou de mesure à Sa volonté, qui est la règle de toute chose : «Ce qu'il veut n'est pas droit parce qu'il doit ou a dû le vouloir ainsi ; au contraire, c'est parce que lui-même a voulu qu'il en soit ainsi que ce qui arrive ainsi doit être droit»[2]. Nous ne pouvons placer les règles et les normes au-dessus de la volonté divine. Si nous le faisons, nous plaçons un créateur au-dessus du Créateur (voir la critique de ce volontarisme selon Hugo Grotius, chapitre 8).

La pensée de Luther semble donc se confondre avec le nominalisme d'Occam et le volontarisme éthico-théologique : dans une perspective

---

1. Martin Luther, *de la Liberté du Chrétien* (1520), tr. Philippe Büttgen, Seuil, 1996, p. 35.

2. Martin Luther, *le Serf Arbitre*, tr. Georges Lagarrique, Folio essais, 2001, p. 292.

nominaliste, Luther a pu réfuter la vision selon laquelle il existe des principes éthiques auxquels Dieu également doive se soumettre. Le volontarisme ancre également l'éthique chrétienne dans la volonté décisionniste de Dieu[1]. Nous devons donc comprendre Dieu comme majesté non liée et absolue. Dans un contexte politique, nous rencontrons cet argument dans la légitimation de la monarchie absolue par Hobbes. En un sens, il est possible de dire que et le monde et les critères moraux sont, pour Luther, contingents – ils auraient pu, en principe, être différents de ce qu'ils sont.

La pensée politique de Luther tournait autour du rapport entre pouvoir spirituel et pouvoir séculier. Il défendait dans sa théorie ce qui allait devenir la distinction moderne entre l'Église et l'État ; en pratique, l'Église souffrait d'un certain manque d'autorité face à l'État. Pour Luther, nous avions là deux règnes fondés en Dieu, mais avec des fonctions différentes. Le règne séculier était institué pour maintenir le droit et l'ordre dans la société. Il utilisait l'épée («L'épée de l'État doit être rouge et ensanglantée»). Le règne spirituel utilisait la parole et faisait appel à la conscience à la fois des sujets et des chefs.

La doctrine du règne séculier est liée à l'anthropologie pessimiste de Luther : l'être humain est en réalité un animal féroce qui doit être contenu par des chaînes et des liens[2]. Une société sans règne séculier sera par conséquent chaotique, une guerre de l'homme contre l'homme (voir Thomas Hobbes, chapitre 8). Parce que nous sommes des pécheurs et des hommes mauvais, Dieu nous garde sous contrôle avec la loi et par l'épée, pour qu'il ne nous soit pas facile de mal nous conduire. Pour Luther, les êtres humains ne sont pas les êtres sociables et politiques qu'ils étaient pour Aristote et Thomas d'Aquin. L'harmonie et la synthèse médiévales se sont définitivement effondrées.

La doctrine des deux règnes selon Luther implique une importante distinction entre personne intérieure et personne extérieure. Le règne séculier se limite aux actions extérieures. Il régule vie, propriétés et biens terrestres, mais il ne peut légiférer sur la personne intérieure. Ici, Dieu seul commande. Ainsi la personne intérieure n'appartient-elle pas à la sphère séculière du pouvoir. Par conséquent, Luther déclare que l'hérésie ne peut être arrêtée par l'épée. La parole de Dieu doit être l'arme : «L'hérésie est affaire spirituelle ; on ne peut la pourfendre par le fer, ni la brûler par le feu, ni la noyer par l'eau. Seule, la parole

---

1. Décisionnisme : détermination par une *résolution* libre, une décision, et non selon un critère universel.

2. Martin Luther, «De l'autorité temporelle, et dans quelle mesure on lui doit obéissance», *Luther et les problèmes de l'autorité civile*, Aubier-Montaigne, Paris, 1973, tr. Joël Lefebvre, p. 139.

de Dieu est là pour cela»[1]. Cela permet en principe une importante distinction dans la philosophie du droit entre attitudes intérieures et actions extérieures. Nous voyons également ici se dessiner une distinction entre morale et légalité. Le règne séculier ne peut punir que les actions extérieures, non la pensée intérieure. Ce n'est que bien plus tard que cette idée aura des conséquences pratiques.

Puisque le règne séculier est fondé par Dieu, l'insurrection contre l'État est en même temps insurrection contre Dieu. L'insurgé devient un ennemi de Dieu. Quand l'État brandit l'épée, c'est donc, selon Luther, «pour le service de Dieu». Ainsi, dans le conflit entre les paysans et les princes (la guerre des paysans de 1524-1525 en Allemagne), Luther attaque violemment les paysans : «C'est avec le poing qu'il faut répondre à ces gueules-là, à leur faire sortir le sang par le nez»[2]. Comme Luther pense que l'État est une autorité fondée par Dieu, il peut reconnaître la légitimité des chefs du régime séculier comme «des geôliers et des bourreaux au service de Dieu»[3]. À la lumière de son époque et de la tradition théologico-politique, une telle justification se comprend. D'un autre côté, à la lumière de l'histoire contemporaine de l'Allemagne, ce principe d'obéissance inconditionnelle aux chefs s'est avéré un héritage discutable.

L'âpreté de Luther est également manifeste dans ses œuvres antisémites (par exemple «des Juifs et leurs mensonges» [1543]). Il soutient là notamment qu'il est du devoir du Chrétien de brûler les synagogues, de détruire les demeures juives et d'assujettir la jeunesse juive aux travaux forcés. Au regard de l'antisémitisme et du nazisme du vingtième siècle, de tels textes portent des associations déplaisantes, en particulier parce qu'ils purent si facilement être utilisés par la propagande nazie. Mais il serait cependant déraisonnable de tracer une descendance directe de Luther à Hitler. D'un autre côté, il semble manifeste qu'une partie seulement de la pensée de Luther est utile aujourd'hui – que ce soit en théologie ou en politique.

---

1. *Id.*

2. Martin Luther, «Missive sur le dur opuscule contre les paysans», *Luther et les problèmes de l'autorité civile*. Le style de Luther dans cette œuvre mérite la plus grande attention : «Les paysans non plus ne voulaient rien entendre ; on ne pouvait rien leur dire et il a fallu leur ouvrir les oreilles à coup d'arquebuse et faire voler les têtes… Celui qui ne veut pas écouter la parole de Dieu dans la douceur devra écouter le bourreau et ses arguments tranchants» (p. 269). «Que personne n'ait pitié des paysans entêtés, obstinés et aveuglés, qui ne veulent rien entendre ; que tous, à qui mieux mieux et par tous les moyens, pourfendent, percent, égorgent et assomment sans ménagement, comme on fait avec des chiens enragés» (p. 289).

3. Martin Luther, «De l'autorité temporelle, et dans quelle mesure on lui doit obéissance», *Luther et les problèmes de l'autorité civile*, p. 137.

La tradition universitaire

Les plus vieilles universités européennes peuvent faire remonter leurs origines au Moyen Âge. Il est toujours difficile de dire précisément quand une université fut fondée, parce que les sources sont limitées et que le concept même d'université était alors peu clair. On a par exemple soutenu que l'Université de Paris était la continuation de l'Académie de Platon, qui, via Rome, fut transférée à Paris. Historiquement bien sûr, c'est peu probable, mais il y a là cependant une part de vérité : les universités européennes qui émergèrent à la fin du douzième siècle trouvaient en partie leurs racines dans le système éducatif de l'Antiquité. Elles adoptèrent l'idée gréco-romaine des *sept arts libéraux* qu'il incombait à l'homme libre de connaître. Ils peuvent se diviser en deux groupes. Le premier, le *trivium* ou triple voie, comprenait la grammaire, la rhétorique et la logique : nous trouvons ici les disciplines qui, dans l'Antiquité, étaient considérées comme nécessaires à l'orateur et à l'homme d'État. Le second groupe, le *quadrivium* ou quadruple voie, comprenait la géométrie, l'arithmétique, l'astronomie et la musique ; c'était les disciplines que Platon et les pythagoriciens avaient mises au centre de leur système éducatif. Nous pouvons dire que, de bien des façons, les arts libéraux de l'Antiquité, ou *artes liberales*, en particulier les disciplines du *trivium*, formèrent la base de la tradition universitaire médiévale.

Cette continuité entre l'Antiquité et le Moyen Âge n'a pas toujours été aussi évidente. La plupart des historiens des dix-huitième et dix-neuvième siècles pensaient que la culture de l'Antiquité avait disparu au début du Moyen Âge pour ne reparaître qu'à la Renaissance. Le tableau apparaît aujourd'hui plus complexe. Nous savons que le Moyen Âge a connu trois cultures intellectuelles relativement indépendantes les unes des autres mais qui toutes, chacune à sa manière, assimilèrent l'héritage de l'Antiquité, à savoir Byzance, les monastères latins et les centres culturels arabes. Tout au long du Moyen Âge, en Orient, il exista dans la ville de Byzance un centre d'enseignement de langue grecque. (Constantinople ne tomba aux mains des Turcs qu'en 1453). En Europe occidentale, une partie de la sagesse antique « hiberna » dans les monastères. En un sens, seuls le christianisme et l'Église survécurent à la chute de l'Empire romain (476). L'art de la lecture et de l'écriture ne fut préservé que dans les institutions ecclésiastiques. À partir du sixième siècle, les monastères furent en Occident la source première d'études littéraires et d'enseignement pour les hommes et les femmes. Dans une Europe divisée, avec plusieurs langues et plusieurs populations, l'Église était la seule institution unie et centralisée capable de préserver une culture européenne commune.

La culture monastique était de langue latine. La langue grecque tomba rapidement en désuétude. Ainsi se perdit la clé de la science grecque et de ses perspectives méthodologiques. D'un autre côté, la culture arabe préserva l'enseignement de l'Antiquité. Les travaux les plus importants furent très tôt traduits en arabe. Dans une large mesure, l'Europe de langue latine se familiarisa de nouveau avec la littérature scientifique par le contact avec la culture islamique du dixième siècle, en particulier à Cordoue.

En Europe occidentale, une partie de l'enseignement de l'Antiquité fut préservée dans les monastères. Ce qui restait de la rhétorique et de la logique grecques et romaines survécut comme cadre d'un contenu nouveau. Le moine, le prêtre et le missionnaire étudiaient la rhétorique avec la Bible pour manuel, les arts libéraux demeurant la base intellectuelle. Les siècles « obscurs » ne furent pas non plus dépourvus d'érudits éclairés tels que Grégoire de Tours (env. 538-594), Bède le Vénérable (env. 673-735) et Isidore de Séville (env. 560-636). Dans les arts libéraux, l'intérêt fut d'abord centré sur le premier groupe (*trivium*, les « disciplines littéraires »). Les disciplines du second groupe, appelé *quadrivium*, n'étaient pas très importantes au début du Moyen Âge. Les moines n'accordaient pas non plus beaucoup de valeur aux études scientifiques de l'Antiquité. L'enseignement de l'Antiquité ne redevint pertinent en Europe que lorsque le savoir put s'intégrer à la société grâce au développement de l'État et de la culture urbaine. Nous en trouvons des traces dans la renaissance carolingienne (vers 800) : le puissant empire de Charlemagne manquait de structure administrative efficace. De là naquit le besoin d'un nouveau système éducatif. Furent alors créées les écoles monastiques et épiscopales, à partir desquelles se développèrent les premières universités.

Par de nombreux aspects, l'université fut à la fin du douzième siècle une création nouvelle, socialement et intellectuellement. Dans ce système, le mot *universitas* fait référence à une confrérie d'étudiants ou de professeurs. L'usage moderne du terme ne devint courant qu'au quinzième siècle. Les premières universités avaient en commun une importante caractéristique : elles se trouvaient toutes dans une ville, grande ou petite. Les écoles monastiques rurales ne purent suivre le rythme de « l'explosion éducative ». Aucune université médiévale ne se développa à la campagne. Seules les villes avaient la capacité de recevoir les populations estudiantines croissantes.

Nous voyons déjà, dans les premières universités, une tentative de spécialisation. À Salerne et à Montpellier, les étudiants se spécialisaient en médecine. Bologne devint l'un des premiers centres d'études juridiques. Au nord des Alpes, l'école épiscopale de Chartres devint un centre d'étude des *artes liberales*. À la fin du douzième siècle, Paris émergea comme un centre important d'études théologiques. L'université d'Oxford fut très tôt reconnue pour ses recherches scientifiques. Ces institutions d'enseignement acquirent rapidement un statut international. Elles recevaient des étudiants de toute l'Europe et leur dispensaient un enseignement en médecine, en droit et en théologie. En un sens, c'est le bénéfice que la société en tirait qui fut à la base du succès des universités. Un *studium generale* qui spécialisait par exemple dans le droit satisfaisait à un besoin social. Il y avait à la fois dans l'État et dans l'Église un besoin urgent de juristes qualifiés.

La spécialisation menait également de nombreux étudiants à compléter leur formation dans une autre université. Si l'on étudiait à Paris en vue de devenir évêque, il fallait alors, en plus de la théologie, une connaissance de la loi et du canon. Pour cela, on devait se rendre à Bologne. Les étudiants itinérants étaient une caractéristique importante de la société médiévale. Ils avaient une dure vie de voyages à pied, voyages qui duraient des mois, voire des années.

L'université prit rapidement une position centrale dans le paysage citadin. Aux environs de 1200, on pense que Paris comptait une population avoisinant les cinquante mille habitants. Sur ce nombre, dix pour cent étaient des étudiants. Un groupe si vaste était à la fois un ferment d'agitation sociale et une importante source de revenus pour les logeurs et les marchands. Les rapports entre les étudiants et le reste de la population n'allaient pas toujours sans heurts. La violence n'était pas rare. Après de nombreuses années de révoltes estudiantines et de boycott, la bulle papale *Parens Scientiarum* de 1231 – la « Magna Carta » de l'Université de Paris – marqua un tournant considérable. Elle posait que l'université avait le droit de créer ses propres statuts, règles, programmes et titres universitaires. Dans le même temps, les diplômes de diverses universités furent conçus comme équivalents, ou du moins « convertibles ». L'université fut finalement reconnue comme une corporation, une institution disposant d'une certaine autonomie : elle avait le droit de décider du contenu et des formes de l'enseignement, sans interférences extérieures. C'est de cette manière que l'université acquit graduellement la liberté d'enseigner, indépendamment de l'Église et de l'État. Elle avait ses propres privilèges et son autonomie. Ainsi eut lieu, dans l'institution universitaire, un important développement.

Au treizième siècle déjà, l'université était divisée en quatre facultés : la théologie, le droit, la médecine et les *artes* (où étaient enseignés les sept arts libéraux). Les trois premières comprenaient les facultés « supérieures ». La faculté des arts était une préparation d'enseignement général. Il était exigé de tous les étudiants qu'ils commençassent par elle. Ils devaient y rester plusieurs années afin d'être capables d'étudier dans l'une des autres facultés. Une période si longue de préparation peut sembler excessive, mais nous devons nous souvenir que les étudiants d'alors commençaient leurs études à l'âge de quatorze ou quinze ans, si bien qu'ils avaient probablement besoin d'un minimum d'enseignement général.

La division entre les facultés nous montre déjà qu'il était difficile de trouver une place aux mathématiques et aux disciplines scientifiques au sein de l'université médiévale. Les disciplines du *quadrivium* semblent au premier chef avoir été difficiles à insérer. Au treizième siècle, peu de cursus d'études offraient des disciplines telles que les mathématiques, la géométrie et l'astronomie. Mais il nous faut noter ici que plusieurs universités avaient alors des érudits qui étudiaient les sciences sans avoir de charges d'enseignement. À Oxford et à Paris, Robert Grosseteste (1175-1253) et Roger Bacon (1215-1294) firent de grands progrès en optique. Au quatorzième siècle, les mathématiques acquirent par exemple une position centrale au Merton College d'Oxford. Une renaissance semblable des mathématiques eut lieu à Paris au milieu du quatorzième siècle sous l'égide de Nicole Oresme (env. 1320-1382).

La disputation formelle était une caractéristique importante de l'université médiévale. On y affûtait ses instruments logiques et on y apprenait à apprécier les bons arguments. De tels discussions et débats étaient souvent inspirés par la forme d'argumentation logique de Pierre Abélard (1079-1142), *Sic et non*. À côté des cours (*lectio*), la disputation (*disputatio*) était un élément important du système éducatif et de la pédagogie du Moyen Âge (de nos jours encore, le candidat au doctorat doit soutenir une disputation longue et ardue). Les exercices de disputation pouvaient être assez subtils : « Un monstre né avec deux têtes doit-il être baptisé en tant que une ou deux personnes ? »

Les études dans les universités médiévales portaient avant tout sur les textes. L'étude de la médecine était par exemple avant tout celle des textes des autorités grecques, latines et arabes. Nous avons la description du programme de Bologne d'un cursus de quatre ans. Il y avait quatre conférences par jour. La première année était consacrée au philosophe arabe Avicenne (Ibn-Sinâ) et à son manuel de médecine. Les deuxième et troisième étaient consacrées à Galien, Hippocrate et Averroès (Ibn-Rushd). La quatrième visait principalement à la révision du programme. Les premières autopsies humaines eurent lieu à Bologne aux environs de 1300. En 1396, le roi de France donna à l'Université de Montpellier l'autorisation de disséquer des cadavres. Les étudiants en médecine de cette Université devaient se rendre à l'hôpital pour observer et pratiquer la chirurgie. L'observation personnelle est importante, disait-on, parce que la chirurgie est avant tout affaire d'audace. Une fois, comme le *magister* trépanait (opération au niveau du crâne), un étudiant perdit connaissance en voyant la pulsation du cerveau. Le commentaire du *magister* peut être intéressant pour les nouveaux étudiants en médecine : «Mon conseil, en l'occurrence, est que personne ne devrait pratiquer une opération avant que d'avoir lui-même vu pratiquer l'intervention».

L'université médiévale n'allait pas sans une certaine démocratie estudiantine. En bien des lieux, les étudiants avaient plus de pouvoir et d'influence qu'aujourd'hui. À Bologne par exemple, il y avait des confréries d'étudiants qui élisaient et renvoyaient présidents et professeurs. Les étudiants pouvaient punir d'une amende un professeur s'il commençait son cours en retard, s'il ne s'en tenait pas au programme d'études ou s'il sautait les passages difficiles du texte. Si les étudiants boycottaient un professeur, celui-ci perdait son emploi. La position forte des étudiants de cette université tenait au fait qu'ils venaient de familles riches et payaient les salaires des professeurs. La ville de Bologne ne se mit à verser un salaire aux professeurs que vers 1350.

La tradition de l'université du Moyen Âge était une tradition formée par les hommes. On sait peu de choses de la contribution des femmes à la vie intellectuelle de la société médiévale, bien qu'elles tinssent une position centrale dans les monastères et les hôpitaux. De récentes recherches ont montré qu'au cours du Moyen Âge plusieurs femmes jouèrent un grand rôle en philosophie et en théologie. (On parle d'ailleurs souvent d'une «tradition féminine cachée».) La plus connue d'entre elles fut sans doute Hildegarde de Bingen (1098-1179), qui fonda un cloître près de Bingen, en Allemagne. Elle écrivit plusieurs ouvrages, dont *Scivias* («*Sache les Voies ou Livre des Visions*»). Elle initia la féminisation du concept de Dieu. De même, Julienne de Norwich (env. 1342-1416) parla de Dieu comme de «notre Mère».

La plus grande partie du conflit intellectuel dans l'université médiévale concerne le nominalisme et le réalisme. Au quatorzième siècle, le nominalisme acquit au sein des universités une place prééminente, et les diverses tentatives pour arrêter sa progression échouèrent. En philosophie, le nominalisme devint «la voie moderne», et le réalisme traditionnel devint «la voie ancienne». La voie moderne se tournait vers Luther pour la théologie et vers l'empirisme anglais pour la philosophie.

Philosophie et science arabes

La plus grande partie de l'héritage philosophique et scientifique des Grecs fut perdue en Occident durant la période qui s'étend de la chute de l'Empire romain à la grande renaissance culturelle des douzième et treizième siècles. Durant les «temps obscurs», cependant, la philosophie et la science grecques furent conservées dans la sphère culturelle arabo-islamique. Il est important de souligner que les Arabes ne furent pas des réceptacles passifs de la culture et de la science grecques. Il est plus correct de dire qu'ils acquièrent activement l'héritage de l'hellénisme et le portèrent avec créativité. Cette acquisition fut source d'une nouvelle tradition scientifique qui allait dominer l'activité intellectuelle jusqu'à la révolution scientifique des seizième et dix-septième siècles.

Même si les dynasties arabes étaient venues au pouvoir dans des régions autrefois sous domination romaine, il n'y eut pas d'interruption dans la vie intellectuelle d'Égypte ou de Syrie, d'Irak ou d'Iran. En Syrie, en Iran et dans d'autres contrées existait une tradition hellénistique vivante en philosophie et en science. Les travaux d'Aristote et d'autres philosophes grecs y furent très tôt traduits en syriaque. La grande percée de la transmission culturelle eut cependant lieu avec les califes abbassides de Bagdad. Le règne d'Haroun al-Rachid (786-809) marqua le début de la première renaissance hellénistique du monde arabe. Elle débuta sous la forme d'un vaste projet de traduction. Une grande partie du travail fut initialement accomplie par des Chrétiens ayant le syriaque pour langue culturelle. Al-Rachid aida activement les érudits qui étudiaient le grec et qui traduisaient les travaux philosophiques et scientifiques. Il envoya également des émissaires en Occident afin d'acquérir des manuscrits grecs.

Une partie notable du travail de traduction consista en un élargissement du vocabulaire arabe et en un développement des concepts philosophiques et scientifiques correspondant aux concepts grecs. Hunayn ibn Ishaq (808-873) joua un rôle important dans ce processus. Des parts significatives de la culture grecque furent intégrées à ce langage enrichi – à l'exception de la rhétorique, de la poésie, du théâtre et de l'histoire, qui présentaient peu de valeur aux yeux des Arabes. Leur intérêt se concentrait sur la philosophie (Aristote, Platon et le néoplatonisme), la médecine, l'optique, les mathématiques, l'astronomie et les disciplines occultes comme l'alchimie et la magie. À la fin du neuvième siècle, Bagdad s'était constitué comme centre arabe d'enseignement. Les Arabes n'acquièrent pas seulement la culture hellénistique ; il y avait à l'Est d'importants contacts avec l'Iran, l'Inde et la Chine. Dès le neuvième siècle, le mathématicien Al-Khwarizmi (env. 800-847) utilisa les chiffres indiens – que l'on qualifie d'arabes – dans les calculs arithmétiques.

La grande tâche de traduction et de médiation culturelle donna naissance à de nouvelles bibliothèques, habituellement associées aux mosquées et aux *madrasas* (écoles islamiques). Aux dixième et onzième siècles, il y avait déjà des centaines de bibliothèques à travers le monde arabe, avec de grandes collections d'ouvrages. On a dit de la bibliothèque de Bagdad qu'à son apogée elle abritait environ cent mille ouvrages. En comparaison, la Sorbonne comptait au quatorzième siècle deux mille manuscrits, à peu près autant que la bibliothèque du Vatican à Rome à la même époque. Il vaut également la peine de mentionner qu'au huitième siècle les Arabes avaient appris des Chinois la fabrication du papier. Au dixième siècle, l'usage du papier était si répandu que celui du papyrus comme support d'écriture disparut. La production de papier en Europe ne commença que vers 1150 et il est caractéristique que les pionniers en furent les Arabes d'Espagne.

Les contributions les plus importantes des Arabes au développement des sciences eurent lieu dans les domaines de la médecine, de l'astronomie et de l'optique. Le médecin et philosophe arabe Abu Bakr Al-Razi, plus connu sous le nom de Rhazes (865-925), est considéré comme le premier à avoir étudié les maladies infantiles telles que la rougeole et la varicelle. Il écrivit plusieurs manuels qui se répandirent largement, non seulement parmi les Arabes mais aussi en Occident. Ses travaux furent traduits en latin au dix-septième siècle.

Ibn Sinâ, ou Avicenne (980-1037), poursuivit les travaux de Rhazes. En tant que médecin, il fut grandement influencé par Galien (voir chapitre 5, « Les sciences dans l'Antiquité »). Son œuvre principale, *les Canons ou préceptes de Médecine*, était une vaste synthèse du meilleur de la médecine grecque et arabe. Elle fut utilisée comme manuel de base dans l'enseignement de la médecine des universités européennes du seizième siècle[1]. Avicenne était également un grand philosophe. Comme nombre de théologiens chrétiens le firent pour la Bible, il tenta de formuler les vérités de l'Islam selon les concepts de la logique aristotélicienne et de la métaphysique grecque tardive (néoplatonisme). Pour lui, Dieu était la cause première, ou le Créateur. Le monde créé devrait être compris comme une suite d'émanations à partir de Dieu : l'émanation de la lumière divine a créé l'âme humaine,

---

1. Nancy Siraisi, *Avicenne in Renaissance Italy : « the Canon » and Medical Teaching in Italian Universities after 1500*, Princeton University Press, 1987.

et la vie humaine devrait être un voyage pour revenir à la lumière, Dieu. Le point décisif de la philosophie d'Avicenne réside dans sa conception de la matière. Fidèle à Platon et Aristote, il semblait rejeter l'idée selon laquelle Dieu a créé la matière *ex nihilo* : les émanations de la lumière divine ont empli la matière, mais ne l'ont pas créée. Ce fut le point de départ d'un âpre conflit lors des débuts de la philosophie islamique. Le néoplatonisme d'Avicenne fut attaqué dans de nombreux travaux par Al-Ghazali (1058-1111), l'un des plus grands mystiques et théologiens islamiques, dont l'argument principal était que le Dieu des philosophes n'est pas le Dieu du Coran. Quand la philosophie entre en conflit avec le Coran, elle doit s'incliner. Comme nous le savons, vers la même époque, des conflits similaires eurent lieu dans le monde chrétien.

Le défi d'Al-Ghazali fut relevé par Ibn Rushd, ou Averroès (1126-1198). Il est souvent considéré en Occident comme le plus influent des penseurs arabes. Il naquit à Cordoue et reçut une éducation poussée dans les disciplines scientifiques de son époque. Il fut un temps juge à Séville et à Cordoue, et il termina sa carrière comme médecin personnel du calife de Marrakech. En Europe, il fut plus particulièrement connu pour ses analyses détaillées de Platon et d'Aristote. Il exerça une influence considérable sur Thomas d'Aquin, et l'averroïsme marqua la scolastique jusqu'au dix-septième siècle. Dans le conflit avec Al-Ghazali, Averroès soutenait qu'il ne pouvait y avoir de contradiction entre les conclusions philosophiques et le Coran : « Puisque donc cette Révélation est la vérité, et qu'elle appelle à pratiquer l'examen rationnel qui assure la connaissance de la vérité, alors nous, Musulmans, savons de science certaine que l'examen par la démonstration n'entraînera nulle contradiction avec les enseignements apportés par le Texte révélé : car la vérité ne peut être contraire à la vérité, mais s'accorde avec elle et témoigne en sa faveur »[1].

Comment expliquer alors les apparentes contradictions ? Averroès introduisit ici un principe d'interprétation qui joua également un rôle notable dans la philosophie occidentale : il expliqua que tout, dans le Coran, ne doit pas être pris à la lettre. Quand une interprétation littérale de versets du Coran semble en conflit avec la raison, ceux-ci doivent alors être interprétés de manière métaphorique ou allégorique. De cette brève présentation du conflit entre Al-Ghazali et Averroès, il apparaît évident que le fondamentalisme ne date pas d'hier. C'est

---

1. Averroès, *Discours décisif*, Garnier-Flammarion, Paris, 1996, tr. Marc Geoffroy, § 18, p. 119.

un affrontement ancien et bien connu au sein de la philosophie, tant musulmane que chrétienne.

Les scientifiques arabes apportèrent en de nombreux domaines de remarquables contributions ; parmi eux, Ibn al-Haytham, ou Alhazen (965-1039), occupe une position unique. Son travail dans le domaine de l'optique marqua une percée dans cette discipline. Il permit également de grands progrès dans l'étude des lentilles et des miroirs sphériques et paraboliques. De plus, il fut un représentant éminent de l'approche expérimentale des phénomènes optiques, et il fit une analyse approfondie de la manière dont les yeux fonctionnent. Il est aujourd'hui considéré comme le plus grand physicien arabe. Il influença considérablement de nombreux scientifiques occidentaux, dont Roger Bacon, Johannes Kepler et Isaac Newton.

Les Arabes étaient également très avancés dans le domaine de l'astronomie. Ils travaillaient en particulier sur le développement de modèles mathématiques pour résoudre les problèmes de l'écart entre théorie et observation. À l'observatoire de Meragha en Iran, Ibn al-Shatir (1304-1375) avait corrigé puis développé le système ptolémaïque de telle sorte qu'il devint dans une large mesure mathématiquement équivalent à ce que serait le système copernicien[1]. Jusqu'à Copernic, les modèles astronomiques arabes restèrent bien plus développés que ceux d'Occident.

Dans presque tous les domaines de l'astronomie, des mathématiques, de la médecine et de l'optique, les scientifiques arabes étaient, au Moyen Âge, parmi les plus avancés. Pendant plus de six siècles, les Arabes furent techniquement et scientifiquement en avance sur l'Occident. Comment se fait-il que la science arabe n'ait pas donné naissance à la science *moderne* ? Pourquoi la révolution scientifique eut-elle lieu en Europe aux seizième et dix-septième siècles, et pas dans le monde arabo-islamique ? Plus surprenant encore, pourquoi la science arabe *déclina*-t-elle après le quatorzième siècle ? Pourquoi la philosophie et la science arabes stagnèrent-elles ? Il n'est pas possible ici de répondre complètement à ces questions. Nous indiquons simplement une réponse possible.

Les philosophes et les scientifiques arabes que nous avons mentionnés étaient tous des Musulmans. Leurs travaux reposaient sur la philosophie et la science grecques, mais sans que problèmes et résultats fussent « islamisés ». Ce fut d'abord toléré ; mais ces hommes subirent de la part des chefs religieux une critique croissante. Aux

---

1. Victor Roberts, « The Planetary Theory of Ibn al-Shâtir », *Isis*, 57 (1966), p. 365-378.

douzième et treizième siècles, la pression religieuse s'amplifia. Les sciences dites étrangères ne pouvaient compter sur un soutien que si elles pouvaient se justifier religieusement, ou avoir une fonction religieuse : astronomie, géométrie et arithmétique étaient importantes parce que les Musulmans devaient connaître pour prier l'heure exacte et la direction de la Mecque. Mais, dans une perspective religieuse, de nombreuses disciplines étaient critiquées comme n'étant pas utiles ou sapant la vision du monde selon le Coran. L'islamisation croissante des sciences grecques semble avoir mené à une restriction des domaines de recherche. Elle fut peut-être l'un des plus importants facteurs de la stagnation et du déclin au cours du quinzième siècle.

De plus, le manque de fondement *institutionnel* des sciences dans la culture arabe présenta un sérieux problème. La principale institution arabe d'enseignement était la *madrasa*. Ces collèges, qui commencèrent à fleurir au onzième siècle, étaient la première institution culturelle de l'Islam. Ils étaient avant tout consacrés aux sciences religieuses ou islamiques. Tous les domaines d'enseignement se consacraient à l'étude du Coran, à la vie de Mahomet et de ses successeurs, et à la loi musulmane (*sharia*). La philosophie et les sciences de la nature ne faisaient pas partie des programmes d'étude, mais les textes principaux étaient copiés dans les écoles et ajoutés dans les bibliothèques. Beaucoup de philosophes et de scientifiques travaillaient comme professeurs dans les *madrasas*, mais ils n'y donnaient pas de cours sur la philosophie et la science grecques. L'implication dans les « sciences étrangères » devenait donc affaire d'activité privée ou était liée aux mosquées (astronomie) ou aux cours royales (médecine). La science arabe indépendante ne fut jamais institutionnalisée ni reconnue par l'élite religieuse et politique arabo-islamique. L'Islam médiéval n'a pas non plus reconnu les confréries et corporations. Il devint donc difficile de légitimer et de développer des groupes professionnels d'étudiants et d'enseignants. Le résultat en fut qu'il devint presque impossible d'établir des institutions académiques autonomes se gouvernant elles-mêmes de l'intérieur – ce qui fut caractéristique des universités européennes de la fin du Moyen Âge. Peut-être la cause la plus importante de la stagnation du quatorzième siècle réside-t-elle dans ce fait que le monde arabe ne développa jamais d'universités indépendantes tolérées ou encouragées par les officiels, qu'ils fussent séculiers ou religieux.

Questions

Expliquez les points principaux de la conception de Dieu, de l'être humain et du monde selon Augustin. Décrivez également sa doctrine des deux États et de l'histoire.

Comment Augustin conçoit-il le rapport entre connaissance et foi religieuse?

Montrez comment Thomas d'Aquin tenta d'harmoniser philosophie et christianisme. Référez-vous à sa conception de la connaissance naturelle.

Expliquez la conception thomiste de la loi et de son fondement.

Expliquez les différentes positions dans la «querelle des Universaux». Expliquez en particulier la position de Thomas d'Aquin et celle de Luther.

Décrivez le nominalisme et le volontarisme de Luther (si vous préférez : comparez sa position avec celle de Thomas d'Aquin).

Suggestions de lecture complémentaire

Sources

Saint Augustin, *La Cité de Dieu*, tr. Jean-Yves Boriaud, Bibliothèque de la Pléiade, Paris, 2000.

Saint Augustin, «Contre les académiciens», tr. Jean-Louis Dumas, *Confessions*, tr. Patrick Cambronne, *les Confessions – Dialogues philosophiques*, Bibliothèque de la Pléiade, Paris, 1998.

Thomas d'Aquin, *Somme Théologique*, Editions du Cerf, Paris, 2004.

Martin Luther, *Luther et les problèmes de l'autorité civile*, Aubier-Montaigne, Paris, 1973, tr. Joël Lefebvre.

Commentaires

L. Chestov, *Sola Fide – Luther et l'Eglise*, Presses Universitaires de France, Paris, 1957, tr. S. Sève.

E. Gilson, *Christianisme et Philosophie*, Librairie Philosophique Vrin, Paris, 2003.

D. Urvoy, *Histoire de la pensée arabe et islamique*, Editions du Seuil, Paris, 2006.

A. Vauchez, *La spiritualité du moyen âge occidental*, Presses Universitaires de France, Paris, 1975.

CHAPITRE 7

La constitution des sciences de la nature

LA CONTROVERSE SUR LA MÉTHODE

Retour à la culture de l'Antiquité, la Renaissance a été d'une importance particulière pour la constitution des sciences expérimentales. À la chute de l'Empire romain d'Orient en 1453, nombre d'érudits se réfugièrent en Occident. Leur arrivée conduisit à une redécouverte de la philosophie grecque de l'Antiquité, en particulier de Platon – de même que les Arabes, quelques siècles auparavant, avaient rendu possible un renouveau de la connaissance d'Aristote. Cette importation des théories des Grecs contribua à créer au quinzième siècle les conditions qui permirent de jeter les bases de la science expérimentale. Il y avait d'une part *les concepts et les théories appropriés* – provenant de la philosophie grecque – ainsi qu'*une méthode logique* – provenant de la pratique de la philosophie scolastique au Moyen Âge –, et d'autre part, un éveil récent de *l'intérêt pour l'exploitation et le contrôle de la nature*.

Nous avons indiqué précédemment que la transition du réalisme conceptuel au nominalisme qui s'effectua à la fin du Moyen Âge marqua d'une certaine façon un déplacement de l'intérêt vers des questions concrètes, et que cela pouvait avoir joué un rôle pour faciliter la montée des sciences expérimentales. Mais les théories grecques *spéculatives* eurent aussi leur importance ; par exemple, la théorie atomiste mécaniste de Démocrite, et – par-dessus tout – la philosophie réaliste des mathématiques, néoplatonicienne, qui exerça une grande influence, entre autres, sur le penseur des débuts de la Renaissance Nicolas de Cues (1401-1464), et plus tard sur Kepler et Copernic. Mais quelle que soit la place de ces divers facteurs, la combinaison de la théorie et de l'intérêt pratique fut une singularité de la Renaissance. Ce fut la première fois dans l'Histoire qu'apparaissait une telle combinaison. La plupart des cultures manifestaient de l'intérêt pour l'emploi des objets, mais les théories et les conditions sociales appropriées faisaient défaut. Le résultat en était la magie et les sorciers, non la science et la technologie. Les Grecs de l'Antiquité étaient de bien des façons uniques. En peu de mots : ils avaient les théories, mais aucun intérêt pour l'exploitation de la nature. Pour les philosophes grecs, les théories avaient de la valeur en elles-mêmes.

Ce que nous venons d'écrire simplifie bien sûr exagérément les choses. La constitution des sciences de la nature à la Renaissance fut le résultat d'un long processus, dont font partie tant le développement de concepts scientifiques au sein de la philosophie médiévale que le développement de la technologie au sein de l'artisanat et de l'agriculture[1]. Moyennant cette réserve, nous pouvons écrire que les sciences de la nature n'ont pas surgi de la théorie seule, ni de l'intérêt pratique seul. Les deux facteurs devaient exister simultanément. Et c'est ce qui advint à la Renaissance.

À la fin du dix-septième siècle, la mécanique classique, fondement des sciences mathématiques expérimentales, était en place. Il y avait maintenant trois activités intellectuelles qui s'occupaient de la vérité : la théologie, la philosophie, et la science de la nature – alors qu'il n'y en avait que deux au Moyen Âge : la théologie et la philosophie. Il devint donc important pour la philosophie de déterminer sa place par rapport à la science : les rationalistes Descartes et Leibniz, les empiristes Locke et Hume, et le philosophe transcendantal Kant y travaillèrent. Il n'est pas juste pour autant de dire que la philosophie délaissa la théologie au profit de la science de la nature. La théologie chrétienne resta longtemps l'arrière-plan indiscutable de la plupart des philosophes, dont Descartes, Locke et Berkeley.

Il ne fut pas facile à la science expérimentale de se mettre en place. Au Moyen Âge, la scolastique avait connu de vastes débats. Intellectuellement, le haut Moyen Âge fut une période de rationalité. Cependant, les arguments portaient principalement sur d'autres arguments, non sur la nature. Les érudits savaient convoquer des arguments de poids pour les opposer à leurs adversaires. Mais

---

1. Sur la relation entre science et pratique, voir J. D. Bernal, *Science in History* (I-II).

maintenant, la tâche était de comprendre et de maîtriser la nature. Comment le faire ? Comment l'entreprendre ?

La réponse nous paraît simple. Elle se trouve dans n'importe quel manuel de science de l'enseignement secondaire. Mais à l'époque, elle était tout sauf évidente. Il fallut au moins deux siècles avant que l'on trouvât les bonnes questions à poser, les concepts et les méthodes appropriés. Cette période (quinzième et seizième siècles), qui peut se caractériser par l'expression de « controverse sur la méthode », fut de bien des façons une période de confusion intellectuelle. Ce fut l'ère de l'alchimie, l'ère de Faust. On éprouvait un intérêt ardent pour la maîtrise de la nature, pour la transmutation du plomb en or, pour la découverte de l'élixir de l'éternelle jeunesse. Mais nul ne savait comment réaliser tout cela.

La Renaissance ne fut pas seulement la période du retour de la lumière – par opposition au Moyen Âge vu comme les « Temps Obscurs ». Ce fut même en général un temps où la lumière était presque éteinte. De bien des façons, la philosophie de la Renaissance souffrit bien plus de confusion intellectuelle que la philosophie médiévale[1]. Nous ne devons pas cependant commettre l'erreur de nous contenter d'inverser l'image habituellement positive de la Renaissance. La confusion intellectuelle de la Renaissance venait d'un essai d'innovation radicale, et du fait qu'il fallut un peu de temps aux innovateurs pour trouver leur voie.

Pendant le dix-septième siècle, les sciences expérimentales commencèrent à prendre forme. La confusion intellectuelle de la Renaissance représentait une phase de transition nécessaire pour que la vie intellectuelle pût prendre un nouveau départ.

Le nouvel apport de la philosophie grecque était particulièrement riche en éléments provenant de la pensée de Démocrite – la nature se compose de petites particules matérielles qui circulent dans le vide – et des enseignements de Platon et des pythagoriciens – les mathé-

---

1. En gardant à l'esprit le style calme et rationnel de Thomas d'Aquin, nous pouvons citer les propos sur la matière que l'un des philosophes de la Renaissance, Giordano Bruno, s'autorise à mettre dans la bouche de l'un des protagonistes d'un dialogue : « dans le premier livre de la Physique […], voulant élucider le problème de la matière Aristote prend comme miroir le sexe féminin ; sexe, dis-je, capricieux, fragile, inconstant, mou, chétif, infâme, ignoble, vil, abject, méprisable, indigne, faux, sinistre, éhonté, futile, vicieux, vide, vain, confus, insane, perfide, paresseux, fétide, malpropre, ingrat, tronqué, mutilé, imparfait, ébauché, inachevé, coupé, amputé, atténué ; rouille, vermine, ivraie, infection, corruption, mort – dis-je » (*Cause, Principe et Unité*, Quatrième dialogue, PUF, 1982, tr. Émile Namer, p. 161). Cela peut servir à nous rappeler à quel point est discutable la pratique courante qui consiste à surévaluer la Renaissance aux dépens du Moyen Âge.

matiques sont la clé des processus naturels. On vit se développer une science qui employait, avec le langage des mathématiques (formules, modèles et inférences), des concepts quantitatifs (masse, force, accélération, etc.) auxquels la mécanique classique nous a accoutumés. Ce n'était ni une science purement déductive, ni une science purement inductive, mais une science hypothético-déductive.

Afin d'apprécier ce changement, nous devons garder à l'esprit quelques points élémentaires de méthodologie. En mathématiques et en logique, nous partons de certaines prémisses (les axiomes), et avec l'aide de règles de déduction nous arrivons à démontrer des énoncés (les théorèmes). Nous appelons cette forme de raisonnement la méthode *déductive* (voir Euclide). À la déduction s'oppose l'*induction* : c'est une forme de raisonnement qui consiste à appliquer un énoncé vrai dans un nombre *fini* de cas d'un certain type à *tous* les cas de ce type.

Supposons par exemple que nous ayons observé pendant huit ans les cygnes sur les bords du Lac de Genève, et que tous ceux que nous ayons vus aient été blancs. Nous en concluons que «tous les cygnes sont blancs». Nous faisons ainsi une affirmation trop forte, parce que nous n'avons pas observé *tous* les cygnes. Il est parfaitement possible qu'il y ait des cygnes sur les bords du Lac de Genève que nous n'ayons pas vus, nous n'avons pas non plus vu tous ceux qui se trouvent ailleurs, ni bien sûr tous ceux qui ont existé avant notre naissance, ni tous ceux qui vivront à l'avenir. La relation entre nos observations et la conclusion que nous en avons tirée est semblable à la relation entre un nombre fini et l'infini. Naturellement, nous pouvons *mettre à l'épreuve* cette conclusion obtenue par induction, «tous les cygnes sont blancs», en faisant de nouvelles observations et en rassemblant des informations fournies par d'autres qui ont observé des cygnes en d'autres lieux et en d'autres temps. Si quelqu'un a vu un cygne qui n'était pas blanc, notre conclusion sera *réfutée*. Mais quel que soit le nombre d'observations de cygnes blancs auxquelles nous nous sommes livrés, la relation entre ce nombre et celui des observations *possibles* sera toujours semblable à la relation entre un nombre fini et l'infini. Les conclusions obtenues par induction peuvent ainsi se réfuter, mais *elles ne peuvent jamais complètement se confirmer*.

Dans la controverse sur la méthode à la Renaissance, il devint nécessaire d'un point de vue stratégique de libérer la recherche de l'idéal scientifique déductif qui avait virtuellement dominé la philosophie scolastique du Moyen Âge (mais pas la philosophie grecque). Une déduction purement logique ne conduit tout simplement pas à une connaissance (logiquement) *nouvelle*. La conclusion à laquelle nous parvenons est déjà implicite dans les prémisses. Les réponses déductives sont certaines, mais stériles pour ceux qui cherchent de *nouvelles* connaissances. Et à la Renaissance, c'est précisément de nouvelles connaissances que l'on cherchait. L'inconvénient de la déduction n'est pas le risque qu'elle courrait d'être incorrecte, mais sa stérilité.

C'est pourquoi l'un des idéologues de ce conflit épistémologique, Francis Bacon (1561-1626), attaqua l'idéal scientifique de la déduction. Il semble pourtant clair que la déduction a tenu une place importante dans la nouvelle science. Ce qui était nouveau de manière décisive, ce fut une combinaison dynamique d'hypothèses, d'inférences déductives et d'observations. Cette combinaison nouvelle est connue comme la méthode *hypothético-déductive*.

Quand nous généralisons inductivement en passant de l'énoncé : « Les 7465 cygnes que j'ai observés sur les bords du Lac de Genève sont blancs » à l'énoncé : « Tous les cygnes sont blancs », nous n'introduisons pas de nouveaux concepts. Nous parlons toujours de cygnes blancs. En outre, nous sommes coupables de tirer une conclusion qui n'est pas logiquement valide. La défense par Bacon de la méthode inductive pose donc un problème logique. Mais si nous proposons l'hypothèse selon laquelle les boules qui roulent sur cette table suivent la formule $F = ma$ (la force est égale à la masse multipliée par l'accélération), nous *sautons* de concepts qui se situent au niveau de l'observation – boules, tables, etc. – à des concepts exprimés dans la formule qui se situent au niveau de l'abstraction – la force, la masse, l'accélération. Nous ne *voyons* jamais la « force, la « masse » ou l'« accélération ». Ce sont des concepts construits en liaison avec une hypothèse, et ils sont tous formulés dans le langage des mathématiques. En d'autres termes, nous ne concevons pas une formule du type $F = ma$ par induction. Formuler une hypothèse, souvent dans le langage mathématique, est autre chose qu'une induction. Nous *inventons* la formule. *Comment* nous l'obtenons est à cet égard dépourvu de pertinence. Elle pourrait parfaitement bondir hors de notre tasse de café.

Qu'une hypothèse soit ou non tenable se décide en la mettant à l'épreuve. Nous déduisons de l'hypothèse certains énoncés sur les choses qui doivent se produire si elle est vraie, et nous essayons de déterminer si ces choses se produisent. La déduction est ainsi une part de la mise à l'épreuve d'une hypothèse[1]. C'est pourquoi nous appelons cette méthode hypothético-déductive.

---

1. Voir entre autres Karl Popper, *La logique de la découverte scientifique*. Popper affirme que les théories qui *ne peuvent être falsifiées* ne sont pas des théories *scientifiques* (chapitre 26).

déduction

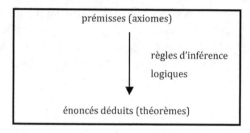

induction

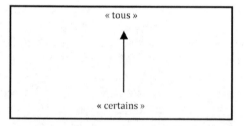

méthode hypothético-déductive

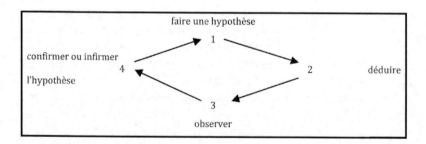

Si une hypothèse est convenablement mise à l'épreuve, et si la mise à l'épreuve ne l'infirme pas, elle devient une théorie – qui peut conduire à une connaissance nouvelle. Cette connaissance n'est pourtant pas absolument certaine. Il est toujours possible que des observations futures infirment cette théorie. Ainsi, en pratique, la recherche hypothético-déductive implique une alternance perpétuelle entre des hypothèses que l'on avance et des déductions suivies de mises à l'épreuve et d'observations. Le processus de recherche devient donc une spirale sans fin.

Puisque la mise à l'épreuve requiert souvent la construction de conditions spéciales – boules parfaitement sphériques, tables entiè- rement lisses, pas le moindre souffle d'air pour perturber ce qui se passe –, nous avons besoin d'expériences complètement contrôlées. La mise à l'épreuve doit se faire de manière systématique, et pour la mener convenablement il faut tout particulièrement mettre l'accent sur les caractéristiques qui pourraient affaiblir l'hypothèse.

Avec la méthode hypothético-déductive, nous pouvons prédire, et ainsi peut-être contrôler, les processus de la nature. Nous avons là fusion de la théorie et de l'application pratique. C'est-à-dire que la connaissance qui s'appuie sur la méthode hypothético-déductive peut nous donner à la fois une vision en profondeur et un contrôle des phénomènes naturels. Savoir, c'est pouvoir (Francis Bacon).

Nous avons ici mentionné trois méthodes – la déduction, l'induction et la méthode hypothético-déductive – et nous avons indiqué qu'il était habituel, au moment où furent jetées les bases des sciences de la nature, de mettre l'accent sur le conflit entre induction et déduction, puisque les nouvelles sciences n'étaient pas encore conçues comme hypothético-déductives. C'est la façon dont fut perçu le problème méthodologique dans la perspective des sciences de la nature. Toutefois, pendant la Réforme, une importance renouvelée s'attacha à l'analyse des textes, et donc à une autre sorte de méthode. Les protestants voulaient revenir à la Bible. Mais comment fallait-il la comprendre ? De nombreux siècles avaient passé depuis sa rédaction ; comment les gens de la Réforme pouvaient-ils pleinement saisir un texte structuré par la tradition judaïque antique ? Aucune des trois méthodes que nous avons mentionnées ne pouvait y aider. L'explication des textes d'une culture étrangère n'est pas un problème de contrôle au sens technologique, mais de pénétration de l'horizon de compréhension à partir duquel écrivait l'auteur. La méthode interprétative, l'herméneutique, acquit ainsi un nouvel intérêt pendant la Réforme, quoique l'herméneutique fût fondamentalement aussi ancienne que la philosophie elle-même.

De même que certains philosophes étaient fascinés par les *concepts* employés en mécanique classique, certains étaient aussi fascinés par sa *méthode*. Mais il y avait parmi eux des opinions différentes sur ce en quoi consistait cette méthode. Ainsi, les uns pensaient que ce qu'il y avait de nouveau et d'essentiel pouvait se trouver dans l'attitude sceptique. Nous le voyons en particulier chez les empiristes anglais (Locke, Berkeley et Hume), qui mirent l'accent sur l'emploi de l'expérience dans la critique de la connaissance. D'autres pensaient que la déduction et les mathématiques étaient essentielles. Nous le voyons en particulier chez les rationalistes classiques (Descartes, Spinoza et Leibniz), qui mirent l'accent sur les systèmes déductifs. Nous reviendrons sur ces deux branches principales de la philosophie aux dix-septième et dix-huitième siècles, et les suivrons jusqu'à la philosophie transcendantale de Kant.

Francis Bacon, défenseur de la méthode inductive, écrivit à la fois sur la nouvelle science (*Novum Organum* [*Le nouvel outil*]), qui nous donnerait le pouvoir sur la nature, et sur la nouvelle société (*Nova Atlantis* [*La Nouvelle Atlantide*]) qui, grâce à la nouvelle science, serait un paradis terrestre. Il exprima le rêve du contrôle technologique de la nature. La rationalité technologique est la discipline qui devrait nous conduire à cette nouvelle société. En d'autres termes, les problèmes méthodologiques et politiques étaient placés en étroite relation les uns avec les autres, et seule la science nous fournirait les moyens de maîtriser la nature en vue de créer la société bonne. Il est clair aujourd'hui que les affirmations de Bacon étaient largement correctes. La science hypothético-déductive a rendu possible l'amélioration de nos conditions de vie, et cette science a joué un rôle dans le processus de formation par lequel l'homme est devenu autonome[1].

Bacon se démarque à la fois d'Aristote – qui pensait que la société bonne avait besoin principalement d'une bonne *praxis* – et du Moyen Âge – pour lequel le paradis se trouvait dans l'au-delà, et qui voyait ce monde comme pratiquement immuable. Bacon dépeint dans ses écrits une *utopie* politique qui, par opposition avec l'État idéal statique de Platon, est plongée dans un développement historique progressif. Il s'agit d'un développement séculier. C'est la société qu'il faut changer, et le but est *ici-bas*, ce n'est pas l'au-delà. En d'autres termes, la foi moderne dans le progrès a commencé à prendre forme. L'histoire divine du salut n'est plus au cœur de l'histoire ; elle a été remplacée par l'aptitude de l'homme à utiliser et à contrôler la nature. L'histoire va de l'avant, mais l'homme la dirige.

Bacon est un précurseur des Lumières en ce qu'il a voulu aider ses frères humains à progresser vers des visions plus vraies et des attitudes plus saines. Il a ainsi essayé de montrer comment les pensées

---

1. Le processus qui permet de devenir autonome ne s'applique pas seulement à l'aptitude à faire plus de choses (construire des ponts et des stations spatiales) ; la science, dès la Renaissance et les débuts de l'ère moderne, tendait à rendre les gens autonomes en leur donnant une *vision libératrice* des relations significatives pour l'image de soi d'une personne et pour sa conception du monde, sans que cette vision eût toujours une application pratique, du moins à l'époque. Un exemple d'une telle vision est celle que l'on atteint par l'exploration spatiale.

et les attitudes pouvaient facilement être déformées et limitées. Il a discuté quatre types de préjugés :

1. les idoles de la tribu (*idola tribus*) sont des erreurs qui proviennent de la nature humaine, par exemple les vœux pieux, la confusion entre abstractions et choses réelles, l'acceptation de l'expérience immédiate en se dispensant de creuser les choses plus en profondeur ;
2. les idoles de la caverne (*idola specus*) sont des erreurs qui proviennent des dispositions propres de chacun, de son éducation et de son environnement. Nous interprétons tous les évènements selon nos propres perspectives ;
3. les idoles du forum (*idola fori*) sont les déformations dues au langage. Nous employons des mots comme « destin » ou « premier moteur » comme s'ils étaient dépourvus d'ambiguïté et avaient un référent clair ;
4. les idoles du théâtre (*idola theatri*) sont des erreurs qui proviennent de la tradition philosophique.

Il y a là tout un programme d'éducation et de lutte contre l'ignorance et les préjugés par lequel la pensée de Bacon préfigure les Lumières du dix-huitième siècle.

L'astronomie – Copernic et Kepler

Les sciences et le concept d'expérience

Le bouleversement scientifique qui a peut-être le plus affecté l'image de soi de l'individu ordinaire a été le passage en astronomie d'une vision du monde géocentrique à une vision du monde héliocentrique. Les astronomes ont eux aussi employé la méthode hypothético-déductive et les concepts de corps matériels et de mouvement. Toutefois, leur base expérimentale immédiate fut l'observation systématique plutôt que l'expérimentation. Il peut donc être utile de mettre en évidence trois conceptions différentes de l'expérience.

1. Quand nous parlons d'*expérience de vie*, nous n'entendons par là ni l'observation systématique ni l'expérimentation, mais la formation et l'éducation d'une personne par son expérience indi-

viduelle. En psychologie, nous employons cette conception de l'expérience quand nous parlons de la socialisation des enfants. Nous parlons ici de développer des concepts et de construire une compétence. Quand des enfants, par exemple, apprennent à jouer un rôle, ils ont développé la capacité à distinguer la réalité de l'apparence, et à employer cette distinction dans des situations sociales. Cette sorte d'expérience de vie met en jeu quelque chose qui ne peut être transmis à d'autres, à moins qu'eux-mêmes n'aient eu des expériences semblables. Il y a par conséquent ici un élément de « connaissance tacite » qui ne peut être communiqué par les mots seuls. Nous avons en général ces expériences de vie en compagnie des autres, qui souvent nous aident à obtenir cette compréhension. Ce type d'expérience personnelle est donc accessible aux autres.

2. En science, nous faisons des expériences sous la forme d'*observations systématiques*. Nous observons et enregistrons certains types d'évènements, suivant des concepts particuliers. Sur la base des conceptions de la science politique, nous observons par exemple la cité-État grecque, et nous enregistrons le résultat sous une forme compréhensible à d'autres qui s'intéressent au même sujet (voir Aristote). Ou nous observons les caractéristiques anatomiques variées des reptiles et des oiseaux des îles Galápagos (voir Darwin). Ou nous observons les planètes en mesurant leurs positions et leurs mouvements (voir Tycho Brahe). Nous ne nous contentons pas de « voir », mais nous percevons également au moyen de certains concepts ; nous n'essayons pas de tout voir, mais seulement certaines caractéristiques qui se trouvent dans le champ d'étude que nous avons choisi. Le résultat est alors enregistré de manière à être utile à d'autres et à pouvoir être assimilé par eux. C'est pourquoi il peut y avoir un contrôle interpersonnel de cette sorte d'expérience. En mesurant et en employant des concepts mathématiques pour décrire les observations, nous facilitons aux autres la tâche de comprendre avec précision ce que nous disons. Sur la base de ces expériences, nous pouvons formuler des hypothèses que de nouvelles observations vont renforcer ou affaiblir ; nous pouvons en d'autres termes conduire une recherche au moyen de la méthode hypothético-déductive.

3. Toutefois, dans certains cas, nous pouvons *influencer les conditions* des expériences que nous faisons. Par exemple, les observations aléatoires d'objets en chute libre ne nous satisfont pas ; nous concevons alors des épreuves dans lesquelles nous faisons

tomber les objets appropriés d'une hauteur convenable. Nous pouvons ainsi faire continuellement de nouvelles expériences aux moments qui nous conviennent et aussi souvent que nous en avons besoin. Nous parvenons de cette façon à déterminer les facteurs que nous voulons garder constants et ceux que nous voulons modifier. Ainsi nous est-il possible de faire systématiquement varier le poids et le volume des objets en chute libre, ou de faire varier pour un même objet la longueur de la chute. En bref, nous pouvons *expérimenter* comme les scientifiques le font aujourd'hui, dans des champs qui s'étendent de la physique à la psychologie. En astronomie, nous avons la possibilité de modifier notre situation d'observation, en changeant notre équipement par exemple, mais non d'expérimenter avec les objets sur lesquels porte notre recherche, comme le Soleil, la Terre et les autres corps célestes. Toutefois, nous pouvons bâtir des expériences de pensée et construire des modèles techniques et théoriques des mouvements des étoiles et des planètes.

Toutes les sciences font usage de l'expérience au sens de l'observation systématique (sens 2 ci-dessus), mais seules certaines d'entre elles ont recours à une expérimentation avec les objets sur lesquels porte la recherche (sens 3). Nous pouvons aussi dire que toute activité scientifique exige de l'interaction (entre les chercheurs) comme dans le type d'apprentissage que nous avons appelé socialisation ou formation des êtres humains (sens 1) : l'apprentissage d'une science n'est pas seulement l'acquisition de la connaissance de certains faits ; il est aussi dépendant de la manière dont ces faits ont été découverts, c'est-à-dire qu'il nécessite que l'on soit introduit à certains modes de pensée et d'action. La controverse sur la vision du monde dans l'astronomie du seizième siècle peut se clarifier en s'appuyant sur ces remarques. Les évènements sont bien connus. Nous mettrons ici l'accent sur quelques points qui présentent un intérêt philosophique.

Copernic et le système héliocentrique

Nicolas Copernic (1473-1543) développa un modèle astronomique avec le Soleil au centre du système des planètes. Ce système héliocentrique entrait en conflit avec le système géocentrique en place qui remontait à Ptolémée et avait la bénédiction de l'Église. Le modèle copernicien était une construction hautement rationnelle disposant d'un soutien observationnel assez faible. Il apparaissait plus simple et plus facile à utiliser que le modèle ptoléméen. Mais son principe n'avait rien de nouveau : l'astronome grec Aristarque de Samos avait longtemps auparavant déjà proposé un modèle héliocentrique. Néanmoins, avec sa théorie, Copernic contestait l'Église et la tradition aristotélicienne. Il commençait ainsi un conflit qui allait durer pendant toute la Réforme et la Renaissance, mais qu'il n'avait pas cherché : il publia *De la révolution des sphères célestes* (« *De revolutionibus orbium coelestium* ») avec réticence, à la fin de sa vie. Mais sa théorie ne tarda pas à avoir un effet important sur le climat intellectuel de son temps. Le système héliocentrique était révolutionnaire, et pas seulement pour l'Église et pour la tradition ptolémaïque aristotélicienne. Il révolutionnait aussi l'expérience de vie immédiate. Copernic invitait ses lecteurs à s'imaginer eux-mêmes hors du centre : l'homme, en tant que sujet, devait donc faire preuve de la capacité de voir l'univers, de se voir lui-même, de voir l'humanité, selon une perspective différente, complètement nouvelle. Cette prise de distance réflexive, ce changement de perspective, a été appelée *la Révolution Copernicienne*. Kant a utilisé cette révolution pour interpréter la connaissance humaine d'une façon nouvelle. Elle fut perçue par d'autres comme une critique réaliste d'une foi trop optimiste en la raison humaine et en la position unique de l'homme dans l'univers. L'homme avait auparavant perçu le monde à partir de son propre point de vue. Il devait maintenant abandonner cette fausse exaltation de soi et se voir comme une simple poussière dans l'univers. Plus tard, avec la théorie darwinienne de l'évolution et la théorie freudienne de l'inconscient, la foi vaniteuse en la raison humaine fut finalement ramenée à sa juste valeur. Ces théories devinrent une source habituelle de critique de la confiance traditionnelle en la raison humaine et en la supériorité de l'homme dans l'univers. Mais cette critique présuppose bien sûr que le pessimisme à l'égard de l'homme dont font preuve ses auteurs repose sur de bonnes raisons – et s'ils sont capables de trouver ces raisons, les choses ne vont pas si mal.

La théorie héliocentrique, qui s'appuyait sur des observations systématiques et des modèles mathématiques, représentait ainsi un défi à une expérience de vie éprouvée par le temps. Cela mit en crise la perception que l'homme avait de lui-même. Nous ne pouvons pas faire confiance au témoignage immédiat de nos yeux qui nous dit que la Terre est au repos et que le Soleil se déplace à travers le firmament. Par référence à notre discussion des divers types d'expérience, nous pouvons dire que de nouvelles théories fondées sur l'expérience scientifique (type 2) transformèrent l'expérience de vie de l'homme (type 1). En d'autres termes, la vision que l'homme avait de lui-même devint scientifique.

Mais ce changement dans la vision que l'homme avait de lui-même fut ambigu. Il ne représenta pas seulement une sorte de dégradation cosmique de l'homme, il lui donna aussi une conscience de soi nouvelle et positive : la nouvelle vision du monde sapa la croyance en l'unicité des sphères célestes et en leur supériorité par rapport à la partie de l'univers habitée par l'homme. En outre, le progrès que l'homme avait accompli en découvrant l'univers lui ouvrait la possibilité d'une nouvelle image de soi positive ; on trouve là les racines de la foi séculière dans le progrès, basée sur la science, qui se développa au moment des Lumières. C'était peut-être une vision de soi présomptueuse, mais certainement pas négative.

Kepler et les orbites des planètes

Comme bien d'autres pionniers plus récents, Johannes Kepler (1571-1630) vécut dans la tension entre l'ancien et le nouveau[1]. Il rejeta l'idée selon laquelle les sphères célestes sont qualitativement différentes de la Terre, et il chercha des explications mécanistes aux orbites des planètes. Mais pour lui les lois mathématiques du mouvement des planètes étaient incorporées dans une dimension profondément métaphysique. Ce mélange de mathématiques et de métaphysique montre une relation avec une pensée plus ancienne, qui remonte jusqu'aux pythagoriciens. Kepler était convaincu que Dieu était un mathématicien, et que les formes mathématiques prédominaient dans le monde périssable des sens. Simultanément, l'intérêt porté à des explications mécanistes de tout ce qui existe dans l'univers, sur la Terre comme au ciel, aida à jeter les bases des nouvelles sciences de la nature.

Kepler adapta le modèle de Copernic : les orbites des planètes ne sont pas des cercles sur lesquels les corps se meuvent à vitesse constante, mais des *ellipses* dont le Soleil est l'un des foyers. Un corps céleste se déplace à une vitesse qui varie en fonction de sa distance au Soleil. Kepler trouva cette adaptation avec l'aide des observations de l'astronome danois Tycho Brahe (1546-1601). Ainsi put-il formuler les lois des mouvements planétaires. De cette façon, il fut capable de grandement simplifier le modèle de Copernic. La question du modèle

---

1. Arthur Koestler, *Les somnambules*, quatrième partie, Calmann-Lévy, 1960, tr. Georges Fradier.

qui convenait le mieux à la réalité n'en fut posée qu'avec plus de vigueur. Le modèle héliocentrique n'est-il pas non seulement «plus économique» (plus simple), mais *vrai*? Dès lors, le conflit avec l'Église s'intensifia. Quand la théorie newtonienne de la force de gravitation devint plus tard à même d'expliquer pourquoi les planètes se déplaçaient selon des orbites elliptiques à des vitesses variables, la cause du système héliocentrique en fut renforcée en conséquence : la théorie copernico-keplerienne obtint un appui de poids d'une autre théorie centrale de la science.

Vers la fin de sa vie, Kepler devint l'astrologue en chef du Général Wallenstein et lui tira des horoscopes. Il dut aussi s'engager dans une lutte acharnée pour défendre sa mère de l'accusation de sorcellerie.

Les lois de Kepler du mouvement des planètes

1. Les planètes se déplacent suivant des orbites elliptiques dont l'un des foyers est le Soleil.
2. Le rayon vecteur liant le Soleil et une planète balaie des aires égales en des temps égaux.
3. Les carrés des périodes de révolution de deux planètes quelconques sont dans le même rapport que le cube de leurs distances moyennes au Soleil. (La distance moyenne est la moitié de la longueur du grand axe de l'ellipse.)

Physique – Galilée et Newton

Il est naturel de voir Galileo Galilei (1564-1642), dit Galilée, et Isaac Newton (1642-1727) comme représentatifs des sciences de la nature mathématico-expérimentales. La nouvelle physique commence à prendre forme dans leur travail, en conflit avec la tradition aristotélicienne. Nous avons déjà mentionné les concepts de particules matérielles, d'explications causales mécanistes et de méthode hypothético-déductive, qui tous entrèrent dans cette nouvelle science de la nature expérimentale, formulée mathématiquement.

Biographie. *Galilée naît à Pise en 1554. Il meurt en 1642, l'année même de la naissance de Newton. Il étudie la médecine, les sciences de la nature, et les mathématiques. Il est également versé dans les humanités, et il a une bonne connaissance des littératures grecque et latine. En 1589 – à 25 ans –, il devient professeur de mathématiques à Pise, sans avoir obtenu un seul diplôme universitaire. Deux ans plus tard, il obtient une chaire prestigieuse à Padoue. En même temps, il cultive son intérêt pour l'humanisme. Il fait par exemple une conférence sur la position de l'enfer dans la* Divine Comédie *de Dante et écrit plusieurs essais sur des thèmes littéraires. C'est aussi un maître du dialogue à la manière de Platon. Nous pouvons mentionner parmi ses principaux ouvrages* Le Messager des étoiles *(1610),* Dialogue sur les deux grands systèmes du monde *(1632), et* Discours concernant deux sciences nouvelles *(1638).*

Nouvelles découvertes

En 1609, Galilée entendit parler d'une nouvelle invention aux Pays-Bas : un tailleur de lentilles avait construit le premier télescope. Encouragé par cette information, Galilée réalisa à son tour un télescope. Bien qu'il n'en fût pas l'inventeur, il fut le premier à l'utiliser – et à utiliser la connaissance qu'il acquit grâce à lui – dans la controverse entre les théories héliocentrique et géocentrique. Il ne suffit pas de faire des observations au hasard, puis des découvertes ; il faut aussi comprendre ce que signifient ces dernières et trouver leurs consé-quences *théoriques*. Ce fut la force de Galilée.

Avec son nouveau télescope, Galilée fit de nombreuses découvertes intéressantes : sur la Lune, il observa des montagnes et des vallées. La Lune n'était par conséquent pas une sphère parfaite, comme on le croyait auparavant. En apparence, elle ressemblait physiquement à la Terre. Galilée découvrit aussi que la planète Vénus avait des phases similaires à celles de la Lune, et il ne vit pas moins de quatre lunes en orbite autour de Jupiter. Il détecta aussi à la surface du Soleil des taches sombres, les taches solaires. Toutes ces observations pouvaient s'interpréter comme des arguments *contre* Aristote et Ptolémée et *en faveur de* Copernic et Galilée. La tradition aristotélico-ptolémaïque en astronomie avait postulé la perfection de tout ce qui se passait dans le firmament, dans le monde appelé *supralunaire* («le monde au-dessus de la lune»). Les observations de Galilée montraient que ni la Lune ni le Soleil n'avaient une surface parfaite, ni la forme d'une sphère parfaite. Dès lors, Ptolémée avait tort ! Les phases de Vénus suggéraient que cette planète tournait autour du Soleil, et non de la Terre comme le prétendait la théorie géocentrique. Dans le système géocentrique, la Terre occupait une position unique. Elle était censée être le seul corps céleste à avoir un satellite, à savoir la Lune. Puisque nous savions que la Lune tournait autour de la Terre, nous avions des raisons de croire que les autres corps célestes faisaient de même. Ainsi la découverte des lunes de Jupiter affaiblit-elle les arguments en faveur du géocentrisme. De la même façon, Galilée établit une suite de preuves indirectes qui peu à peu démolirent la théorie géocentrique. Il publia ses découvertes les plus importantes dans son court écrit *Le Messager des étoiles* (1610).

On dit souvent que Galilée avait pour lui les meilleures observations et les meilleurs arguments, et que ses adversaires ne représentaient qu'une réaction irrationnelle à la nouvelle astronomie. Cette interprétation de la controverse est intenable et anachronique. Au début du dix-septième siècle, les bons arguments se répartissaient à peu près également entre les deux camps. Le plus grand astronome traditionnel du temps, Tycho Brahe, avait plaidé en faveur d'un compromis entre les systèmes héliocentrique et géocentrique, et nul astronome n'avait fait de meilleures observations des positions et des mouvements des étoiles et des planètes que les siennes. Son système donnait probablement de meilleures prédictions que celui de Copernic.

Le plus grand problème de l'astronomie copernicienne était cependant le fait que ses hypothèses de base semblaient si mal correspondre à notre expérience quotidienne. Nous ne pouvons pas percevoir le mouvement de la Terre : notre expérience sensible n'appuie pas de façon immédiate l'hypothèse héliocentrique. Si la Terre non seulement tourne à grande vitesse sur son axe d'ouest en est, mais encore fait le tour du Soleil selon une orbite gigantesque, nous devrions percevoir ce mouvement dans notre vie quotidienne. Mais nous n'en remarquons rien. Si l'hypothèse de Copernic était correcte, nous devrions nous attendre par exemple à ce que les objets mobiles à la surface de la Terre soient repoussés, comme l'eau l'est d'une meule en rotation. Et nous devrions nous attendre à ce que le vent souffle d'est en ouest, à ce que les nuages aillent toujours vers l'ouest. Heureusement, il n'en est rien. La théorie de Copernic semblait vouloir dire que l'on pouvait projeter les boulets de canon plus loin vers l'ouest que vers l'est. Là encore, il n'en est rien. Si la Terre tourne, pourquoi une pierre lâchée du haut d'une tour élevée tombe-t-elle tout droit ? Pourquoi sa trajectoire ne s'incline-t-elle pas vers l'arrière (si nous définissons la direction du mouvement de la Terre comme l'avant) ? Jusqu'à Newton, il n'y eut pas d'explication convenable à ces phénomènes.

Au début du dix-septième siècle, ces exemples fournirent des arguments à l'encontre de la théorie héliocentrique. En apparence, ils réfutaient l'hypothèse de Copernic. En conséquence, l'adhésion aux conceptions d'Aristote et au géocentrisme n'était pas complètement irrationnelle. Galilée lui-même dut avoir des doutes. Il avait plus de cinquante ans quand il défendit publiquement le système héliocentrique. Et sa compréhension de l'héliocentrisme était loin d'être sans défauts. Comme Copernic, il soutenait que les planètes décrivaient des cercles parfaits autour du Soleil. L'hypothèse circulaire est une conception traditionnelle. Les tenants de l'astronomie géocentrique avaient aussi soutenu que les orbites des planètes étaient circulaires. Quoique Galilée connût l'œuvre de Kepler, il ne pouvait accepter l'idée que l'orbite d'une planète est une ellipse dont le Soleil occupe l'un des foyers. Descartes non plus ne le pouvait pas. C'est un détail important à garder à l'esprit quand nous examinerons les actions de l'Inquisition contre Galilée.

L'affaire Galilée

En 1615, Galilée se rendit à Rome pour montrer son télescope au pape. Il avait à l'époque des partisans à la fois parmi les jésuites et parmi les augustiniens, et le pape n'était pas directement opposé à son travail. Mais il y avait selon l'Église une objection majeure, tirée des Écritures : d'après les avis les plus autorisés, la Bible soutenait le système géocentrique. C'était bien sûr une *interprétation* de la Bible, mais elle trouvait dans le texte un appui solide, et elle avait été approuvée par les Pères de l'Église. On se référait par exemple souvent au livre de Josué (10 : 12-13), à ce miracle par lequel Dieu arrêta le Soleil :

> Alors Josué parla au Seigneur en ce jour où le Seigneur avait livré les Amorites aux fils d'Israël et dit en présence d'Israël : «Soleil, arrête-toi sur Gabaon, Lune, sur la vallée d'Ayyalôn!» Et le Soleil s'arrêta et la Lune s'immobilisa jusqu'à ce que la nation se fût vengée de ses ennemis. [...] Le Soleil s'immobilisa au milieu des cieux et il ne se hâta pas de se coucher pendant près d'un jour entier.

Comment la théorie de Copernic pouvait-elle expliquer ce texte?
Toutes les parties de cette controverse admettaient que la Bible était infaillible, mais que ses interprètes pouvaient se tromper. L'Église acceptait que de nombreuses affirmations de la Bible ne pussent s'interpréter littéralement. Ainsi les Pères de l'Église avaient-ils développé des interprétations allégoriques et morales des passages qui posaient problème. C'était une conception de l'interprétation que Galilée aussi pouvait accepter, à savoir «que jamais l'Écriture Sainte ne peut mentir ou errer, mais que ses décrets sont d'une vérité absolue et inviolable.

J'aurais seulement ajouté que si l'Écriture ne peut errer, certains de ses interprètes et commentateurs le peuvent, et de plusieurs façons, dont une des plus communes et des plus graves serait de s'en tenir toujours au sens littéral »[1]. D'après Galilée, nous devrions par-dessus tout éviter d'interpréter littéralement les énoncés astronomiques et cosmologiques de la Bible.

Galilée savait que le message littéral de la Bible est géocentrique. Il l'expliquait par ce qu'on a appelé la théorie de l'*accommodation* : le langage et les formulations de la Bible sont adaptés aux besoins de gens simples et ignorants. Pour éviter toute confusion, elle s'appuie sur une vision du monde géocentrique. En principe, la Bible peut aussi se concilier avec la conception copernicienne. Mais elle n'est pas un manuel d'astronomie. Galilée le faisait remarquer : elle ne mentionne même pas les noms de toutes les planètes. Sa tâche, disait-il, est de nous apprendre comment atteindre le Paradis, non comment se meuvent les corps célestes. Même si la théorie de l'adaptation est aujourd'hui acceptée par la plupart des Chrétiens, c'était à l'époque de Galilée une position controversée, la moindre des raisons n'en étant pas qu'elle avait été développée par Jean Calvin et était largement soutenue dans le monde protestant.

Cette controverse était aussi liée à la question de ce qui devait être adapté, et pour qui ce devait l'être (et comment). De ce fait surgirent des questions compliquées sur les sciences de la nature et l'interprétation de la Bible. Galilée partit de l'idée que la connaissance scientifique ne pouvait jamais entrer en conflit avec une interprétation correcte de la Bible. Dieu se révèle à nous à la fois par la Bible et par le livre de la nature ; Il est l'auteur des deux. Et Il ne peut se contredire. D'après Galilée, harmoniser les vérités de la Bible et celles de la nature est par conséquent toujours possible. Les membres les plus éclairés de l'Église acceptaient cette conception. Mais les idées de Galilée sur la façon dont cette adaptation et cette harmonisation pouvaient se faire posaient plus de problèmes. D'après lui, les théories scientifiques devaient nous servir d'outils pour interpréter les Écritures[2]. L'interprétation de la Bible doit donc s'adapter aux sciences de la nature. Les scientifiques sont par conséquent dans une meilleure position pour comprendre la Bible que les théologiens. L'Église Catholique ne pouvait bien sûr pas accepter cette conception. C'eût été renoncer à son autorité dans les questions religieuses. Luther et le protestantisme avaient montré où cela pouvait mener.

---

1. Galilée à Gastelli, 21 décembre 1613. tr. Paul-Henri Michel dans *Galilée, dialogues et lettres choisies*, Hermann, 1966, p. 385.

2. *Idem*, p. 386.

On voit facilement pourquoi la position de Galilée était inacceptable pour l'Église. Premièrement, elle constituait implicitement une attaque contre l'autorité des théologiens dans l'interprétation des Écritures. Deuxièmement, Galilée mettait en question la compétence des théologiens à résoudre les conflits entre science et religion. Troisièmement, il était le représentant d'une position herméneutique selon laquelle le scientifique pouvait déterminer l'interprétation correcte de la conception biblique du cosmos, position que beaucoup considéraient comme une tendance dangereusement individualiste – une pente glissante vers le protestantisme : l'interprétation de la Bible ne devait pas être abandonnée à chaque individu – et moins qu'à tout autre aux scientifiques !

Sa visite à Rome en 1615 fut conçue par Galilée comme une croisade scientifique. Il voulait mettre en évidence ses nouvelles découvertes et rompre une lance en faveur de la conception copernicienne, mais aussi se défendre contre des accusations d'hérésie. En ce qui le concerne, sa démarche fut couronnée de succès : l'Inquisition retira ses accusations. Toutefois, le pape transmit les questions portant à controverse sur l'astronomie et la théologie à une commission spéciale de théologiens. C'est là que commencèrent tous les problèmes. Le 24 février 1616, la commission jugea à l'unanimité que le système de Copernic était insoutenable scientifiquement et philosophiquement, et qu'il était hérétique. En même temps, l'Inquisition interdit de propager la conception copernicienne. Ce fut une grande défaite pour Galilée.

À la fin des années 20, la situation théologique et politique avait un peu changé. Le nouveau pape, Urbain VIII, était un homme éclairé et libéral, et Galilée pensa que les temps étaient mûrs pour une nouvelle offensive. Mais comment pouvait-il contourner l'interdiction d'argumenter en faveur de la conception copernicienne ? Il décida d'écrire un livre sous la forme d'un dialogue platonicien, mais sans conclusion dogmatique, de sorte qu'il ne pourrait être tenu pour responsable des opinions exprimées. Ce livre s'intitule *Dialogue sur les deux grands systèmes du monde*. Il fut présenté au pape en 1630, et obtint l'imprimatur en 1632.

Il se présente sous la forme d'un dialogue entre trois personnes : Simplicio est un aristotélicien qui défend la conception du monde géocentrique de Ptolémée, Salviati un porte-parole du système copernicien, et Sagredo un étudiant qui cherche à être éclairé. Le dialogue défend indirectement le copernicianisme. L'ouvrage suscita une grande agitation et provoqua une violente réaction théologique. Au printemps 1633, Galilée fut convoqué devant le tribunal de l'Inquisition à Rome. Sous la menace de tortures, il dut abjurer la conception selon laquelle la Terre tourne, et il fut condamné à la prison à vie (peine ensuite commuée en une assignation à résidence). Le *Dialogue sur les deux grands systèmes du monde* fut mis à l'index – il y resta jusqu'en 1835. La condamnation de Galilée devait se révéler catastrophique pour l'Église Catholique, puisqu'elle la fit apparaître sous un jour peu favorable et qu'elle entrava l'avancée des sciences dans le monde catholique.

À la fin de sa vie, Galilée fut autorisé à vivre dans sa villa près de Florence. Il était alors aveugle et sourd, mais il dicta à ses plus proches amis son dernier livre, *Discours concernant deux sciences nouvelles*, qui fut imprimé aux Pays-Bas en 1638.

Déconstruction du cosmos et mathématisation de la nature

Galilée a joué un rôle considérable dans l'histoire des sciences. Entre autres réussites, il a trouvé les lois de la chute des corps et du mouvement uniformément accéléré. On a aussi raconté qu'il avait « découvert » la nouvelle méthode expérimentale. En outre, il occupe une place importante dans l'histoire de la philosophie comme rénovateur du platonisme[1].

Aujourd'hui, cette image de Galilée est quelque peu modifiée. Son statut de grand expérimentateur a été mis en question. On a même prétendu qu'il trichait dans ses comptes-rendus d'observations, et qu'il devait souvent se replier sur de la rhétorique et des arguments douteux. Il présente dans ses écrits une suite d'« expériences de pensée », mais cela ne montre pas qu'il les a réalisées (ou qu'elles étaient réalisables). On devrait toutefois souligner qu'il a bel et bien réalisé des expériences, et qu'il a fait d'importantes découvertes de nature pratique. Mais aussi bien comme philosophe que comme physicien, il était plus rationaliste qu'empiriste : il se rendait parfaitement compte que la physique aristotélicienne était plus proche de l'expérience quotidienne que la nouvelle physique, et à l'instar de Platon il plaçait la raison et les mathématiques au-dessus de l'expérience sensible.

Sa contribution la plus importante *à la philosophie* fut la « déconstruction » du cosmos aristotélicien et la dissolution de la vieille conception téléologique de la nature. L'univers aristotélicien fut remplacé par un univers géométrique, euclidien. Ce qui veut dire qu'un cosmos hiérarchique et limité fut remplacé par un univers ouvert et infini. La vieille distinction entre « monde infralunaire » et « monde supralunaire »

---

1. Cette interprétation de Galilée a particulièrement été développée par l'historien des sciences français Alexandre Koyré dans ses *Études Galiléennes* (Hermann, 1939). Notre interprétation de Galilée est profondément influencée par la sienne.

fut démolie. Pour Galilée, tous les phénomènes se situent au même niveau ontologique : les mêmes lois de la nature sont valides à travers tout l'univers. L'astronomie et la physique se fondent sur les mêmes principes. Avec Galilée, toute une conception du monde s'effondra. Une nouvelle approche de la nature était en route. L'attitude naturelle de notre vie quotidienne fut remplacée par une approche méthodologique que l'on peut difficilement appeler « naturelle ». Nous allons maintenant jeter un coup d'œil à la façon dont Galilée a révolutionné notre conception du monde. La physique aristotélicienne était de bien des façons une interprétation non mathématique poussée de la nature. Ses observations de base étaient simples et convaincantes : il nous semble « naturel » que les objets lourds tombent « vers le bas ». Nous serions aussi surpris qu'Aristote si un objet lourd, tel qu'une grosse pierre, s'élevait soudain du sol. Cela nous semblerait « contre-nature ». Si nous enflammons une allumette, nous nous attendons à ce que la flamme s'oriente « vers le haut », non « vers le bas ». La physique aristotélicienne explique ces phénomènes. À cet égard, l'idée cruciale est que toutes les choses ont leur lieu naturel. Toute chose a, conformément à sa nature, une place déterminée dans le cosmos. Il y a une place pour chaque chose, et chaque chose a une place naturelle, son lieu naturel. Quand tout est à sa place, la nature nous apparaît comme un cosmos harmonieux. Dans notre monde empirique, nous percevons bien sûr que des objets se meuvent et changent de place. Ces mouvements et ces changements sont ou l'expression d'un désordre cosmique, un mouvement *forcé*, comme quand nous jetons une pierre en l'air, ou un mouvement *naturel*, quand la pierre retourne à son lieu naturel. Le mouvement naturel a une fin déterminée et naturelle. Tout cela n'est vrai, toutefois, que pour le « monde infralunaire ». Le « monde supralunaire » se caractérise par un mouvement circulaire éternel, comme celui des planètes qui tournent autour de la Terre.

Avec la nouvelle physique, la conception aristotélicienne du mouvement s'effondre complètement. Dans le vide, il n'y a pas de « lieu naturel », et un corps ne « saura » jamais où aller. Nous ne pouvons pas non plus, à strictement parler, placer des objets concrets observables dans un espace géométrique, qui ne peut contenir que des phénomènes idéalisés. Seuls des corps géométriques peuvent se situer dans un espace géométrique.

Il n'est plus possible à Galilée de concevoir que toutes les choses cherchent leur lieu naturel, les lourdes en bas et les légères en haut. Cela n'a plus de sens de penser à un mouvement naturel qui s'arrête de lui-même. D'après le principe d'inertie, tous les objets restent dans leur état de repos ou de mouvement linéaire uniforme aussi longtemps qu'aucune force extérieure n'intervient. À ce point, Aristote objecterait certainement que personne n'a jamais vu de mouvement linéaire uniforme. Et Galilée serait d'accord : un tel déplacement n'est possible que sous des conditions idéales. C'est là que les mathématiques entrent en scène : des objets en mouvement linéaire dans le vide ne sont pas des objets physiquement observables, mais des solides géométriques se mouvant dans un espace géométrique. Cette forme d'idéalisation ignore aussi délibérément des facteurs comme les frottements, la résistance, et le caractère non-euclidien de tous les phénomènes physiques.

Pour Galilée, la lutte pour la nouvelle physique devient aussi une lutte pour une nouvelle *ontologie*. Avant toute recherche empirique et expérimentale sur la nature, il met en évidence un problème philosophique de base : quel est le rôle des mathématiques dans les questions que nous soulevons en ce qui concerne la nature ? Il répond que toutes ces questions doivent être posées dans le langage des mathématiques, parce que c'est dans ce langage qu'est « écrit » le livre de la nature : « La philosophie est écrite dans ce livre gigantesque qui est continuellement ouvert à nos yeux (je parle de l'Univers), mais on ne peut le comprendre si d'abord on n'apprend pas à comprendre la langue et à connaître les caractères dans lesquels il est écrit. Il est écrit en langage mathématique, et les caractères sont des triangles, des cercles, et d'autres figures géométriques, sans lesquelles il est impossible d'y comprendre un mot »[1]. C'est de cette façon que Galilée plaide pour une *ontologie mathématique*. L'essence la plus intime de la réalité est mathématique. Ce qui dans tout changement ne change pas, ce sont les formes mathématiques.

La conception qu'a Galilée de la nature et des mathématiques le situe dans une tradition issue des pythagoriciens et de Platon : les nombres sont l'essence ultime de la nature. Nos sens ne nous donnent pas un accès immédiat à cette dimension de la réalité. La science mathématique de la nature n'explore pas la nature qualitative aristotélicienne dont nous avons l'expérience, puisque son objet se trouve « au-dessous » de la nature perceptible. Il appartient à un « monde des Idées » idéalisé. C'est ce qui fait de Galilée un platonicien. Dans le *Dialogue sur les deux grands systèmes du monde*, c'est l'aristotélicien Simplicio qui doute du rôle des mathématiques dans l'étude de la nature. Pour Simplicio, « dans les choses de la nature, on ne doit pas toujours chercher la nécessité des démonstrations mathématiques »[2] :

---

1. Galilée, *Il Saggiatore*, sixième question, tr. Christiane Chauviré, *L'Essayeur*, Les Belles-Lettres, 1980.
2. Galilée, *Dialogue sur les deux grands systèmes du monde*, p. 51.

les processus naturels sont toujours qualitatifs et individualisés ; deux phénomènes ne sont jamais absolument identiques. Dans la nature dont nous avons l'expérience, il n'y a ni cercle, ni triangle ni ligne droite, il n'y a rien qui corresponde aux concepts géométriques ou mathématiques. Les processus de la nature ne sont donc pas quantifiables. La physique n'est pas de la géométrie « appliquée ».

L'approche aristotélicienne n'est pas déraisonnable. En un certain sens, nous ne pouvons pas quantifier les qualités. La science de la nature de Galilée n'a donc pas de place pour des qualités sensibles telles que la couleur, l'odeur et le goût. Elles n'appartiennent pas à la nature « objective » et ne font pas partie de l'essence de la réalité. Les qualités sensibles sont « subjectives » et se situent dans le sujet qui vit l'expérience. Cette théorie du caractère subjectif des qualités sensibles, qui trouve son origine chez Démocrite, a plus tard été acceptée par Descartes et par les empiristes anglais. Pour Galilée, la théorie du caractère subjectif des qualités sensibles signifie que l'expérience des sens ne peut être la plus importante source de connaissance. Elle doit au moins être guidée par la raison mathématique. Là encore, il y a des parallèles avec les pythagoriciens et Platon : la raison mathématique est le seul outil qui nous permette de saisir l'essence de la nature. C'est pourquoi Galilée est plus un rationaliste qu'un empiriste. En même temps, ce rationalisme se combine avec un *examen expérimental* de la nature. En pratique, cela veut dire que Galilée essaie de trouver des solutions mathématiques à des problèmes physiques concrets – des questions liées aux mouvements des objets en chute libre, des projectiles et des pendules.

Galilée comprend les vérités mathématiques comme trouvant leur justification strictement en elles-mêmes, sans quoi il ne pourrait y en avoir de connaissance. En mathématiques, écrit-il, nous avons la même certitude absolue que celle que la nature peut seule avoir. Nous nous élevons à un niveau divin où s'unissent la connaissance humaine et celle de Dieu : « la connaissance qu'a l'intellect humain du petit nombre [des propositions mathématiques] qu'il comprend parvient à égaler en certitude objective la connaissance divine »[1]. Dans le domaine des mathématiques, il n'y a donc pas de place pour le compromis ou la négociation. Qui oserait corriger Dieu ?

Galilée pense que la compréhension des relations mathématiques est innée. C'est aussi l'opinion platonicienne et rationaliste. Platon a argumenté de façon similaire dans son *Ménon*. Pour Platon comme pour Galilée, la connaissance mathématique est quelque chose que

---

1. *Id.*, p. 129.

nous possédons tous, mais qui chez la plupart d'entre nous est « profondément enfoui ». On peut toutefois se souvenir de ce qui a été oublié (chez Platon, c'est l'anamnèse, la « réminiscence »). Le processus qui permet de se souvenir peut se comparer à celui du réapprentissage d'un langage oublié ; dans ce cas, d'un alphabet de cercles, triangles, etc. C'est typiquement au moyen d'un *dialogue* que nous parvenons à nous souvenir de ce qui a été oublié. Cette stratégie aussi, Galilée la partage avec Platon.

C'est pourquoi la géométrie allait jouer un rôle crucial dans la fondation des nouvelles sciences de la nature. Dans le langage de la géométrie, les phénomènes peuvent se décrire de façon mesurable. Le langage géométrique facilite par conséquent des solutions techniques : il est par exemple plus facile de construire des maisons et des murs avec des briques aux angles droits, aux surfaces planes et aux dimensions uniformes qu'avec des pierres brutes aux formes et aux dimensions variées. De même, nous pouvons employer des concepts géométriques pour décrire des systèmes mécaniques de roues, des mouvements circulaires et des transitions entre mouvements linéaires et circulaires. Ces appareils devaient permettre d'exploiter l'énergie naturelle de l'eau et du vent. La théorie spéculative pythagoreo-platonicienne, selon laquelle les mathématiques – ici la géométrie – sous-tendent tous les phénomènes, a pu ainsi se révéler fructueuse à la fois pour les nouvelles sciences expérimentales et pour le développement de la technologie. Avec le développement des procédures expérimentales, la technologie a ainsi été introduite dans le travail scientifique. La conception pythagoreo-platonicienne, en apparence éloignée de la vie, a de la sorte trouvé une application pratique grâce à des pionniers comme Galilée. En outre, la géométrie n'a pas seulement influencé la vision du monde, les concepts et méthodes de la science, et le développement pratique de la technologie, mais aussi l'art de l'époque, comme dans l'emploi de la perspective en peinture et, en architecture, dans celui des formes géométriques pour des raisons esthétiques.

Newton : le triomphe de la physique

Sir Isaac Newton, fils d'un propriétaire terrien, devint professeur de mathématiques à l'Université de Cambridge et président de la *Royal Society*. Il fut un pionnier de la physique, et plus généralement un géant de l'histoire intellectuelle occidentale. Son ouvrage principal, *Philosophiae naturalis principia mathematica*, fut publié en 1687. On le sait, il élabora les trois lois du mouvement et la loi de la gravitation, la théorie du calcul infinitésimal (en même temps que Leibniz mais indépendamment de lui) et celle de la décomposition de la lumière. Ses théories physiques renforcèrent des théories antérieures, à la fois en astronomie (loi du mouvement des planètes de Kepler) et en mécanique (lois de la chute des corps de Galilée). Dans la physique de Newton, nous trouvons une recherche hypothético-déductive, expérimentale pour l'essentiel, et nous trouvons, exprimée en langage mathématique, une conception à base de particules matérielles, de vide et de forces mécaniques agissant à distance. L'idée d'action à distance rompt avec la façon coutumière de penser de, entre autres, Galilée et Descartes (que Newton avait soigneusement étudié dans ses jeunes années).

Newton souligne le rôle des mathématiques, en particulier de la géométrie, dans la nouvelle science physique. Sur la base de mesures, la géométrie nous autorise à user de nombres pour traiter avec précision des figures comme les droites et les cercles. C'est par conséquent la tâche de la physique d'explorer les forces de la nature en employant le concept de mouvement ainsi clarifié, et d'expliquer les autres phénomènes de la nature sur la base de ces forces. Les célèbres lois newtoniennes du mouvement et de la gravitation sont les suivantes :

Première loi de Newton : un corps au repos reste au repos et un corps en mouvement reste en mouvement rectiligne uniforme à moins que n'agisse sur lui une force extérieure.
Deuxième loi de Newton : l'accélération d'un corps est directement proportionnelle à la force qui lui est appliquée et est dans la direction de la droite selon laquelle cette force agit.
Troisième loi de Newton : pour chaque force, il y a une force égale et opposée, ou réaction.
Loi de la gravitation newtonienne : deux corps s'attirent mutuellement avec une force proportionnelle au produit de leurs masses et inversement proportionnelle au carré de leur distance.

Newton s'intéressait aussi à la théologie (il a beaucoup écrit sur ce sujet) et à l'alchimie. Il essaya d'obtenir la transmutation d'une substance en une autre. Ses efforts en chimie eurent moins de succès que ses travaux en physique et en mathématique.

Avec Newton, la physique devint un exemple du triomphe de la science sur la tradition et les préjugés, et il fut l'un des principaux prédécesseurs des Lumières. De même que la science de la nature émergente avait auparavant inspiré les philosophes, en partie pour la formation d'une conception mécaniste du monde, en partie en faveur de positions aussi bien rationalistes qu'empiristes, Newton donna une impulsion nouvelle à la philosophie. Nous verrons en particulier son influence sur Kant, qui chercha à établir les bases épistémologiques de la nouvelle physique. D'après Kant, non seulement l'espace et le temps sont fondés sur des caractéristiques inaltérables de notre expérience, mais, puisque la catégorie de causalité est nécessairement présente dans notre cognition, la nouvelle science nous fournit aussi une ligne de défense contre l'objection sceptique selon laquelle nous ne pouvons être sûrs que les principes gouvernant ce qui arrive aujourd'hui façonneront également ce qui arrivera demain, objection qui semble détruire les fondements de la méthode expérimentale, laquelle présuppose une certaine constance de l'univers.

Comme fondateur principal de la nouvelle physique, Newton est resté un symbole de la réussite humaine : le lien s'est fait entre la science et l'idée de progrès. Dans les temps qui l'ont suivi, la conception de Francis Bacon du savoir comme pouvoir, comme source de prospérité et de progrès, devint largement accepté et fut mise en pratique. C'est la science et non la théologie qui émergea comme l'autorité légitime dans les questions de vérité ; elle devint le moyen qui permit à l'homme de contrôler les processus de la nature. Religion et philosophie durent trouver leur place par rapport aux nouvelles sciences. D'où l'importance sociale et intellectuelle de l'émergence des sciences de la nature mathématiques et expérimentales.

LES SCIENCES BIOLOGIQUES

Nous avons vu comment la nouvelle astronomie et la nouvelle physique ont surgi en conflit, aux niveaux théorique et institutionnel, tant avec les traditions académiques antérieures qu'avec les intérêts et les notions établis en philosophie et en théologie. Dans la tradition universitaire de la fin du Moyen Âge, c'était la théologie, le droit et la médecine qui constituaient l'enseignement supérieur et conduisaient aux professions académiques : il y eut aussi des développements et des conflits internes au sein de ces disciplines pendant la transition vers l'ère nouvelle. En théologie, il y eut le mouvement de la Réforme, dont les racines remontaient aux conceptions nominalistes (directement à Luther et indirectement à Occam). En droit, il y eut des débats sur une sécularisation de la politique des institutions juridiques et sur diverses versions de théories du contrat ou du droit naturel, débats qui se poursuivirent d'Althusius et Grotius aux Lumières et aux déclarations des droits de l'homme (en Amérique du Nord et en France) en passant par Hobbes et Locke. En médecine, il y eut notamment la transition vers un point de vue scientifique moderne dont la théorie de la circulation du sang de Harvey, dans la première moitié du dix-septième siècle, peut servir de modèle. Nous jetterons un coup d'œil sur le développement des disciplines biologiques, en prenant la médecine comme point de départ.

Mais il peut d'abord être judicieux de noter que les trois disciplines universitaires supérieures d'alors – la théologie, le droit et la médecine – étaient des disciplines herméneutiques normatives : la théologie interprétait les Saintes Écritures, le droit interprétait la loi et les affaires juridiques, et la médecine interprétait la maladie. L'aspect normatif se trouvait dans la révélation pour la théologie, dans la loi naturelle et la jurisprudence pour le droit, et dans l'idée de promouvoir la santé et la longévité pour la médecine.

Inspirée par la vision du monde mécaniste, la médecine elle aussi rechercha des explications mécanistes. Un conflit se développa entre la conception aristotélicienne traditionnelle des phénomènes biologiques et le nouvel idéal scientifique galiléo-newtonien.

Paracelse (1493-1541) – aussi connu sous le nom de Theophrastus Bombastus von Hohenheim – était un médecin et scientifique suisse. Il se situait encore fondamentalement dans la tradition aristotélicienne, aussi liée à Hippocrate et Galien : la maladie était un déséquilibre des éléments de base du corps. Pour Paracelse, ces éléments de base étaient le sel, le soufre et le mercure ; il se rattachait par là à la tradition alchimique de son temps. Il nous est facile aujourd'hui de mettre en évidence le caractère acritique de ses spéculations. Cependant, les alchimistes ont développé des techniques de laboratoire, et ils ont ainsi joué un rôle dans l'émergence de la chimie : ils en ont jeté les bases. C'est pourquoi le médecin Paracelse cherchait aussi des ingrédients particuliers dans les herbes afin de guérir certaines maladies. Nous trouvons dans sa recherche les traces d'une méthode scientifique fructueuse, même si ses idées sur la question de savoir quels ingrédients avaient quels effets étaient souvent plutôt fantaisistes. On peut dire que Paracelse est typique de la tradition médicale hippocratique en ce sens qu'il met l'accent sur la pratique médicale et l'expérience, par opposition à des tendances vers une médecine plus interprétative (dans laquelle les médecins s'intéressent plus à interpréter les maladies qu'à les guérir ou à les expliquer). Les limites de la profession médicale, toutefois, étaient vagues. Ainsi les opérations étaient-elles dans une large mesure l'œuvre de « barbiers », non de médecins.

La transformation de la médecine en science se fit sous l'influence de la nouvelle physique, et en fin de compte sous celle de la nouvelle chimie – ce processus s'accéléra au dix-neuvième siècle. Mais il demandait une connaissance accrue de l'anatomie et de la physiologie. Cela voulait dire qu'il fallait enfreindre l'interdiction de la dissection humaine pour que les médecins pussent bénéficier de l'héritage de l'Antiquité. Léonard de Vinci (1452-1519) fut un pionnier de la recherche anatomique au moyen de la dissection. Il faut aussi mentionner André Vésale (1514-1564).

William Harvey (1578-1657) était un anatomiste anglais dont les recherches conduisirent au concept révolutionnaire de la circulation du sang. Il vit le système cardiovasculaire comme un système fermé dans lequel le cœur fonctionne comme une pompe. Cette brillante explication causale mécanique était bien meilleure que la vieille théorie selon laquelle le sang disparaissait et était recréé. C'est pourquoi la médecine prit graduellement la forme d'une discipline scientifique, en accord avec le développement de l'anatomie d'un côté, de la physique et de la chimie de l'autre.

Le conflit entre les points de vue aristotélicien et galiléo-newtonien s'exprima dans l'opposition entre le vitalisme et la conception mécaniste des sciences biologiques : tous les aspects de la nature organique (vivante) peuvent-ils se saisir avec les mêmes concepts mécanistes et matérialistes que nous trouvons dans les nouvelles sciences physiques, ou les disciplines biologiques requièrent-elles des concepts spécifiques pour que soient compris les processus de la vie ? Les tenants de cette seconde position sont appelés habituellement « vitalistes », et ses adversaires souvent « réductionnistes ». Ces derniers essaient d'expliquer les processus vitaux de la même façon que les phénomènes de la nature inorganique ; c'est pourquoi ils « réduisent » la biologie à la physique (voir le problème de la réduction chez Hobbes, chapitre 8). Ainsi les aristotéliciens sont-ils vitalistes, tandis que les tenants de la conception galiléo-newtonienne de la science en biologie sont réductionnistes.

Dans la pratique médicale, un docteur doit en même temps examiner scientifiquement le patient et prendre en compte son image de soi et son contexte social. Nous pouvons par exemple rejeter la conception selon laquelle une perspective mécaniste est suffisante pour tous les problèmes médicaux mais conserver un point de vue mécaniste dans l'*explication scientifique* des phénomènes biologiques. Nous pouvons raisonner comme suit : nous avons de fait une expérience tout à fait spécifique de notre propre corps comme corps vivant. Ceux qui considèrent leur sexualité uniquement en termes biochimiques sont mentalement dérangés. Il est ici nécessaire de reconnaître l'existence de processus psychosomatiques. Mais la question reste pendante : quelles observations ou quelles explications scientifiques devraient de ce fait être différentes dans les sciences biologiques ?

Ce conflit a maintenant perdu un peu de son intensité, mais dans les débats sur la nature de l'homme en relation avec l'évolution, ou sur ce que l'on appelle médecine holistique, des problèmes similaires peuvent surgir. Il en est de même dans une certaine mesure dans le débat sur l'écologie.

L'HOMME COMME SUJET (*SUB-JECTUM*)

Il est aujourd'hui banal quand on se réfère à la Renaissance de parler de révolution dans des conceptions fondamentales, de *changement paradigmatique*[1]. Nous allons illustrer ce point en nous référant à trois sciences différentes : l'astronomie, la mécanique et l'optique.

Le changement de paradigme en astronomie

Commençons par un rappel : la conception prédominante en astronomie jusqu'à la Renaissance s'appuyait sur l'idée que la Terre était au centre de l'univers et que le Soleil, les étoiles et les planètes tournaient autour. Elle était liée à des conceptions théologiques et philosophiques de la Terre, maison de l'homme, comme centre de la création. C'est la conception du monde géocentrique. On lui opposa avec une intensité croissante que ce n'est pas la Terre qui est au centre, mais le Soleil. C'est la conception héliocentrique. Le passage de l'une à l'autre se fit en relation avec une formulation précise des orbites des planètes. Cependant la conception géocentrique n'avait

---

1. Aujourd'hui, les théoriciens des sciences qui insistent le plus sur les caractéristiques fondamentales de ces changements de paradigme en histoire des sciences tendent à concevoir le changement comme quelque chose de presque irrationnel au regard du développement interne de la science. Il est ainsi devenu problématique de parler de progrès scientifique. Les paradigmes changent. Mais la science avance-t-elle ? Voir Thomas S. Kuhn, *La Structure des révolutions scientifiques*. Sur Kuhn, voir chapitre 26. Voir aussi Paul Hoyningen-Huene, *Reconstructing Scientific Revolutions. Thomas S. Kuhn's Philosophy of Science*, University of Chicago Press, 1993. Sur l'astronomie à la Renaissance, voir A. Koyré, *Du Monde clos à l'univers infini*, Gallimard, collection Tel, 1988, et S. Toulmin et J. Goodfield, *The Fabric of the Heavens*, University of Chicago Press, 2000.

pas été réfutée par les nouvelles observations. Elle pouvait aussi rendre compte de celles-ci, mais pour pouvoir les embrasser toutes, la théorie devait devenir de plus en plus compliquée. L'opinion des scientifiques était partagée. Tous ne pensaient pas que la conception héliocentrique fût correcte. Quelle théorie était alors la bonne ? Nous pourrions dire : les deux, et aucune. D'un point de vue cinématique, que nous considérions la Terre ou le Soleil, ou n'importe quel autre point de l'univers, comme « le point privilégié » dépend seulement du choix de notre cadre de référence. Dans cette optique, on peut rendre compte de toutes les données indépendamment du cadre de référence choisi[1].

Ce conflit entre les conceptions du monde géocentrique et héliocentrique illustre la façon dont des théories différentes peuvent rendre compte des mêmes données. C'est ce qu'on appelle pluralisme théorique, au sens où l'on reconnaît une pluralité d'explications. Cette remarque présente un intérêt épistémologique, puisqu'elle signifie que même si on a développé une théorie pour expliquer un problème donné, on ne peut exclure la possibilité d'en trouver d'autres qui conviennent également. Il y a en d'autres termes de bonnes raisons d'être tolérant à l'égard de théories scientifiques en compétition. Il peut y avoir différentes conceptions au niveau théorique, et l'idée d'*une seule* vraie synthèse de toute compréhension scientifique, l'idée de *la* conception du monde scientifique, devient ainsi problématique.

Que se passa-t-il donc pendant la transition de la conception du monde géocentrique à la conception héliocentrique ? En termes modernes, nous pourrions dire qu'il y eut un « changement de paradigme », un changement de point de vue et de prémisses, qui ne peut s'expliquer comme une falsification de la théorie supplantée. Un tel changement survient quand un cercle de scientifiques qui ont développé une nouvelle théorie de base supplante l'école scientifique qui dominait le champ précédemment. Dans ce cas, l'opposition est fondamentale au point qu'il y a de grands problèmes de communication entre les écoles en compétition.

Pendant la Renaissance, la controverse entre les conceptions du monde géocentrique et héliocentrique eut un profond impact sur la conception de l'homme. Après avoir vécu au centre d'un univers fini, l'homme se trouvait lui-même sur une petite planète parmi d'autres dans un univers infini. Le monde perdit de son caractère de « maison ». Le philosophe et physicien français Blaise Pascal exprima en peu de

---

1. Logiquement, on a le choix. L'argument (perspectiviste) ci-dessus s'appuie sur un point de vue cinématique.

mots cette expérience scientifique *et* existentielle : « Le silence éternel de ces espaces infinis m'effraie »[1] (voir aussi chapitre 9).

Le changement de paradigme en mécanique

Il y eut aussi un changement de paradigme en mécanique, mais ce fut là dans une large mesure une transition d'une théorie incapable de rendre compte des données d'observation à une autre qui en était capable : la transition d'une mécanique aristotélicienne à une mécanique galiléo-newtonienne. Aristote essayait d'expliquer les mouvements des objets inorganiques – comme les pierres, les chariots et les flèches – à partir de la théorie selon laquelle toutes les choses cherchent leur lieu naturel : les lourdes (les pierres) tombent parce que leur lieu naturel est proche de la surface de la Terre, les légères (la fumée) s'élèvent parce que leur lieu naturel est élevé. Les mouvements des objets inorganiques s'expliquent ainsi, en un certain sens, par leur but : ils cherchent leur lieu naturel. Il est évident que les objets inorganiques ne possèdent aucune notion de but, et il est tout aussi évident qu'ils ne font rien par eux-mêmes afin d'atteindre un but. Mais dans la conception hiérarchique de l'univers d'Aristote, des choses différentes appartiennent naturellement à des niveaux différents.

C'est pourquoi d'une certaine façon Aristote trouvait facile d'expliquer le mouvement de chute : il est donné dans ses prémisses que les choses lourdes tombent. Le problème de la physique aristotélicienne, en relation avec la chute, est celui de la vitesse. Aristote pensait que les objets lourds tombent plus vite que les légers. D'après la nouvelle mécanique, tous les objets tombant en chute libre le font avec la même vitesse. On présente parfois cette observation comme si les physiciens aristotéliciens négligeaient les observations. Si seulement ils avaient regardé, ils auraient corrigé leurs conceptions ! La question est plus compliquée. Aristote avait une théorie de l'espace différente de celle de la nouvelle mécanique. Pour lui, l'espace est toujours plein. Il rejetait l'idée d'un espace vide, sans frottements. Il faut comprendre l'espace comme un élément analogue à l'air et à l'eau. C'est pourquoi le milieu dans lequel les objets tombent exerce toujours de la résistance. Par conséquent, si nous lâchons une bille de plomb et une plume d'oie dans un espace rempli d'air, la bille de plomb tombera bien sûr plus vite.

---

1. Pascal, *Pensées*, § 91.

La mécanique newtonienne s'appuie sur des prémisses complètement différentes : l'espace est vide, donc en particulier dépourvu de résistance. Les objets restent dans le même état de mouvement (même vitesse, même direction) jusqu'à ce qu'ils entrent en collision, changeant par là même leur vitesse et leur direction. Cette conception de base ne s'harmonise pas avec notre expérience quotidienne des objets, mais représente un modèle conceptuel hardi. Ce n'est que dans des circonstances particulières, quand par exemple la résistance des matériaux ou de l'air est éliminée, que nous pouvons mettre empiriquement cette théorie à l'épreuve. On peut par conséquent établir un lien entre de tels modèles abstraits et des expériences systématiques.

Du point de vue d'Aristote, il était difficile d'expliquer comment une flèche pouvait poursuivre sa trajectoire dans une direction presque horizontale. Pourquoi la flèche ne cherchait-elle pas immédiatement son lieu naturel ? Dans la pensée d'Aristote, il fallait expliquer le mouvement horizontal. Le mouvement vertical, la chute, est donné dans les prémisses. En mécanique newtonienne, le mouvement horizontal de la flèche s'explique : qu'un objet reste dans sa condition pour ce qui concerne la vitesse et le mouvement est précisément la supposition fondamentale. Mais pourquoi alors la flèche tombe-t-elle vers le sol ? Ici, c'est la chute elle-même qu'il faut expliquer. La gravité en est la cause : les objets s'attirent mutuellement. La diminution de la vitesse horizontale doit aussi s'expliquer : l'explication réside dans le frottement. En d'autres termes, sans nier que les fondements empiriques de la nouvelle mécanique sont plus certains que ceux de la mécanique aristotélicienne, nous pouvons faire remarquer que ces deux théories illustrent un aspect intéressant de la pluralité des théories : ce qui pourrait en gros être vu comme le même état de choses – ici, le mouvement – s'explique par des théories différentes où les prémisses de la première théorie sont ce qu'il faut expliquer dans la seconde, et vice-versa.

Quel fut le changement de paradigme dans la transition de la mécanique aristotélicienne à la mécanique galiléo-newtonienne ? Ce fut entre autres une transition vers une science de la nature plus systématique et plus expérimentale, dans laquelle les mathématiques d'une façon ou d'une autre jouaient un rôle dans les théories et les observations. Ce fut une transition vers des conceptions purement mécaniques, puisque tout point de vue téléologique avait été exclu. Ce dernier élément n'est pas le moins important pour notre compréhension tant de l'homme que de la nature. Le conflit entre des explications causales mécaniques et des explications téléologiques continue de nos jours, par exemple dans la discussion sur les aspects spécifiques des sciences sociales.

Le changement de paradigme en optique

Nous pouvons dire que le changement de paradigme à la Renaissance s'est traduit par la transformation des choses en *objets* et des êtres humains en *sujets*. Afin de rendre cela plus clair, arrêtons-nous un instant sur l'*optique*. Auparavant, elle était conçue comme la science de la vision. Par conséquent, elle étudiait les êtres humains, en tant qu'êtres voyants et connaissants. À la Renaissance, elle devint la science des rayons lumineux, de la réfraction et des lentilles, sans référence à l'œil qui voit. L'œil devint alors un objet que nous regardons. L'œil qui perçoit l'œil n'était plus du domaine de l'optique. L'œil qui voit et l'être humain qui connaît devinrent de la compétence de l'épistémologie philosophique.

Les objets de la science devinrent ainsi de purs objets, des objets dotés de propriétés mesurables quantitativement et vidés de toute subjectivité. La cognition et la pensée ne furent pas seules éliminées, mais aussi la couleur, l'odorat, le goût, etc. – les qualités dites sensibles – qui furent interprétés comme quelque chose qu'un être humain, le sujet, rajoute aux impressions sensibles de l'objet.

Nous avons là une façon radicalement nouvelle de percevoir les choses et les êtres humains. La hiérarchie traditionnelle des diverses formes de l'être, des choses inorganiques aux plantes, aux animaux puis à l'homme – chacune dotée de capacités spécifiques – avait été réduite à un simple dualisme : les *objets* avec des propriétés quantitatives que nous discutons et expliquons, et les *sujets* qui, par la pensée et l'action, étudient les objets. Les objets relèvent de la science, tandis que le sujet acquiert un double statut ambigu : d'un côté, nous pouvons étudier scientifiquement l'être humain, le sujet. Ainsi un être humain est-il une sorte d'objet. De l'autre côté, l'être humain reste celui qui connaît la science. Il y a donc un « reste » épistémologique dans le sujet. Mais la façon dont il fallait comprendre cela, ontologiquement et épistémologiquement, devint bientôt un point de controverse – le résultat en fut un débat sur la relation entre l'âme et le corps, et entre les diverses théories de la connaissance, celles des rationalistes, des empiristes, et des philosophes transcendantaux.

Même la terminologie représentait quelque chose de nouveau. Le mot *sujet* dérive du latin *sub-jectum*[1], ce qui est étendu dessous, le fondement. Avant la Renaissance, l'homme n'était pas le véritable *sujet*. Ce qui est étendu dessous (à rapprocher de *sub-stance*, ce qui se tient dessous), ce pouvait tout aussi bien être des choses. Que l'homme devienne un sujet, et que les choses dans leur diversité deviennent des objets qui se présentent eux-mêmes au sujet connaissant, était ainsi nouveau et révolutionnaire : l'être humain était maintenant dans une large mesure compris comme ce qu'il y avait de fondamental (comme *subjectum*), et les choses étaient de diverses façons comprises comme objets de connaissance pour le sujet connaissant (elles étaient pensées comme objets). La philosophie des dix-septième et dix-huitième siècles, de Descartes et Locke jusqu'à Kant, reflète la façon dont l'épistémologie, fondée sur les êtres humains, était maintenant devenue la base commune de la philosophie. La philosophie de cette époque est ainsi qualifiée à juste titre de philosophie de la subjectivité. Dans la pensée de Descartes, les doutes et les certitudes de l'individu constituent le point de départ ; dans la pensée de Locke, ce sont ses expériences et ses pensées. Le point de départ commun est l'homme comme sujet[2].

Que l'homme devienne sujet et la nature objet est ainsi lié au changement de paradigme en science. Ce processus qui fait de l'homme un sujet et de la nature (et de l'homme) un objet implique en même temps une relation d'exploitation, de pouvoir du sujet sur l'objet. Les sciences explicatives causales donnent au sujet un pouvoir sur les objets. Cette relation de pouvoir prend la forme de prédictions et de maximes techniques qui peuvent servir de moyen pour obtenir des fins données. Le développement technoscientifique s'est accéléré. L'être humain a cessé d'être, idéalement, un être social, *zoon politikon*, vivant en harmonie avec une maison, *oikos*, au sein d'une communauté raisonnable, *polis* et *logos*. Il est devenu un *sujet* qui, avec une connaissance technique, a assumé la souveraineté d'un univers d'*objets*. La Renaissance n'est pas tant une renaissance qu'une naissance, hors de la tradition, de quelque chose de radicalement nouveau – un tournant de l'histoire.

---

1. Pour l'homme conçu comme « *sub-jectum* » au sens de fondement (*hypokeimenon*), voir Martin Heidegger, « L'époque des conceptions du monde », *Chemins qui ne mènent nulle part*, Gallimard, collection Tel, 1986, tr. Wolfgang Brokmeier.

2. En histoire de la philosophie, on a l'habitude de montrer les *oppositions*, comme celles entre Platon et Aristote, entre les stoïciens et les épicuriens, ou entre le rationalisme et l'empirisme. Mais ces oppositions n'en sont qu'au regard de certains problèmes communs. Que nous choisissions de souligner les oppositions ou les parallélismes en révèle autant sur nous que sur le sujet que nous traitons.

QUESTIONS

Décrivez le conflit entre les conceptions du monde géocentrique et héliocentrique.

Expliquez ce que nous entendons par conception du monde mécaniste. Comparez cette conception à celle d'Aristote. Discutez la différence entre une conception du monde téléologique et une mécaniste.

Expliquez aussi ce que nous voulons dire par « mathématisation de la nature ».

Expliquez ce que nous entendons par « la controverse sur la méthode ».

Décrivez les divers changements de paradigme de la Renaissance.

SUGGESTIONS DE LECTURES COMPLÉMENTAIRES

SOURCES

Newton, I., *Principia. Principes mathématiques de la philosophie naturelle*, Dunod, 2005, tr. Émilie du Châtelet.

Galilée, *Dialogue sur les deux grands systèmes du monde*, Seuil, 1992, tr. René Fréreux avec le concours de François de Gandt.

COMMENTAIRES

Bernal, J. D., *Science in History*, vols I-IV, MIT Press, 1971.

Koyré, Alexandre, *Études galiléennes*, Hermann, 1986.

Kuhn, T. S., *La structure des révolutions scientifiques*, Flammarion, Collection Champs, 2008, tr. Laure Meyer.

CHAPITRE 8

La Renaissance et la *Realpolitik*[1] – Machiavel et Hobbes

MACHIAVEL – LA POLITIQUE COMME MANIPULATION

Nicolas Machiavel (1469-1527) vécut en Italie à la fin de la Renaissance. Dans ses œuvres *Il Principe* («le Prince») et *Discorsi sopra la prima deca di Tito Livio* («*Discours sur la première décade de Tite-Live*»), il traite de l'ascension et de la chute des dirigeants politiques, et des meilleurs moyens de conserver le pouvoir. Il préconise une monarchie absolue dans *le Prince*, et une république dans les *Discours sur la première décade de Tite-Live*. Mais ces deux textes expriment la conception du gouvernement selon un *politicien réaliste* : les résultats politiques sont tout ce qui compte.

Aux seizième et dix-septième siècles, le roi tendait à toujours étendre la base de son pouvoir afin de diriger en tant que monarque

---

1. *Realpolitik* : terme allemand. Politique fondée sur les facteurs matériels (« real »), en tant qu'ils se distinguent en particulier des objectifs éthiques. Politique par l'utilisation du pouvoir, y compris la manipulation – au mépris des considérations morales. Le but de la *realpolitik* est la puissance politique, le même que celui d'un État en politique étrangère. Les moyens utilisés pour atteindre ce but ne sont évalués qu'en fonction de leur efficacité, et non selon des critères éthiques indépendants.

absolu. Durant cette période existait un soutien mutuel entre le roi et l'ensemble des citoyens. Il est probablement tout aussi correct de dire que le roi d'une nation soutenait les citoyens et la libre entreprise que de dire que la libre entreprise, par l'intermédiaire des citoyens, soutenait le roi de la nation. Quoi qu'il en soit, avec l'absolutisme du dix-septième siècle, les débuts du capitalisme et l'apparition de citoyens libres, la société féodale finit par s'écrouler. Mais ce fut un long processus, et il n'eut pas lieu partout de la même manière. La transition d'une économie féodale au capitalisme ne fut pas abrupte, mais progressive. Nous nous contenterons ici d'en souligner quelques points.

Au Moyen Âge, beaucoup considéraient comme allant de soi qu'il existait une loi naturelle objective donnant la norme du bien et du mal ; et cela s'appliquait également aux rois et aux empereurs. Il y avait donc des limites à l'exercice du pouvoir. Et la société était considérée comme une vaste communauté dans laquelle les devoirs mutuels visaient à satisfaire les besoins des êtres humains. Il est vrai qu'il y avait différents états, et que certaines personnes étaient pauvres et d'autres riches. Mais la société était généralement considérée comme une communauté reposant sur un contrat mutuel. Et c'est elle qui était souveraine, non le chef de l'État. L'homme était vu comme une créature morale et religieuse. En fin de compte, la tâche de l'État était morale. Et l'Église et l'État devaient s'occuper de leurs sphères respectives.

Grosso modo, on peut dire qu'au moment où le pouvoir d'État centralisé se renforçait, les êtres humains recouvraient leur individualité, tout comme durant la transition de la cité-État à l'empire : le point de départ n'était pas la communauté mais l'individu. Et l'individu était généralement considéré comme égoïste. Pour empêcher les luttes intestines était nécessaire un prince puissant, au pouvoir sans limites. En d'autres mots, la société se divisait en individus isolés auxquels faisait face le pouvoir absolu de l'État. Mais à la fin de la Renaissance, l'individualisme était souvent fondé sur la biologie et le matérialisme (Hobbes), et le pouvoir absolu de l'État reposait entre les mains d'un homme, monarque de cet État national et non d'un empire cosmopolite.

Machiavel était italien. Au contraire de l'Espagne, de la France et de l'Angleterre, l'Italie était divisée en de nombreux petits États, en conflit permanent les uns contre les autres. Milan, Venise, Naples, Florence et l'État du Vatican intriguaient les uns contre les autres, ainsi que contre les États étrangers. Le pape avait dans ce jeu le même rôle qu'un roi local italien. Et la vie sociale était sous de nombreux aspects caractérisée par un égoïsme débridé. Pour Machiavel, créer un État stable devenait un but.

Machiavel vécut durant la transition du Moyen Âge au début de l'ère moderne. Sa conception de la citoyenneté était intimement liée à certaines des idées du Moyen Âge : l'honneur et la gloire étaient fondamentaux. Sa méthode était en accord avec l'approche humaniste de l'époque : l'utilisation d'exemples historiques pour éclairer les affaires courantes. Et cette manière de penser sécularisée présentait une relation avec les aspects de la vie intellectuelle des dix-septième et dix-huitième siècles.

La théorie politique de Machiavel est une doctrine de la mécanique du gouvernement. Superficiellement, c'est une « théorie des jeux » diplomatique à l'usage des princes absolus. Elle s'applique directement aux querelles politiques entre les petits États de l'Italie de l'époque. En même temps, elle comprend des caractéristiques typiques de la Renaissance, qui la distinguent des théories politiques tant de la Grèce antique que du Moyen Âge. Selon un présupposé machiavé-lien, l'homme est égoïste. Il n'y a pratiquement aucune limite à son désir de choses et de pouvoir. Comme les ressources sont rares, il y a conflit. L'État repose sur le besoin de l'individu d'être protégé contre l'agression des autres. Sans l'application de la loi, il y a anarchie. Par conséquent, un dirigeant puissant est nécessaire pour assurer la sécu-rité du peuple. Machiavel considère ce fait comme allant de soi, sans entrer dans une analyse philosophique de l'essence de l'homme. Un dirigeant doit donc considérer que les êtres humains sont mauvais ; il doit être fort et cynique pour assurer la sécurité de l'État, et par suite de la vie et de la propriété du peuple.

Même si les êtres humains sont toujours égoïstes, les degrés de corruption varient. Machiavel traite des bons et des mauvais États, des bons et des mauvais citoyens, et il s'intéresse aux conditions précises qui rendent possibles une bonne société et de bons citoyens. Les bons États sont ceux qui maintiennent un équilibre entre les différents intérêts égoïstes, et qui sont donc *stables*. Les mauvais États sont ceux dans lesquels les intérêts égoïstes sont en conflit ouvert. Et le bon citoyen est patriote et sujet combattant. En d'autres mots, un bon État doit être stable ; la *fin* en politique n'est pas de vivre une vie bonne, comme dans la Grèce antique ou au Moyen Âge, mais de prendre et de garder le pouvoir, et d'assurer ainsi la stabilité. Tout le reste n'est que moyen – y compris la morale et la religion.

Machiavel distingue ceux qui *œuvrent* à prendre le pouvoir et ceux qui l'*ont déjà pris*. La différence entre *le Prince* et le *Discours sur la première décade de Tite-Live* réside, à un certain niveau, dans l'expression de cette distinction entre le problème de la création d'un État stable et celui de la conservation du pouvoir. Machiavel pense que la république romaine antique et la Suisse de son époque sont des exemples d'États stables et de sociétés relativement peu corrompues. Il estime que le peuple y peut dans une large mesure se gouverner. Aucun despote n'y est nécessaire. Mais dans l'Italie de son siècle, la tâche est de *créer* un État. Ainsi un prince puissant et impitoyable est-il nécessaire. Et Machiavel est probablement plus connu pour ses théories sur la manière dont un prince peut se saisir du pouvoir dans une société corrompue. Son intérêt pour le problème du pouvoir n'est donc ni immoral ni amoral, mais il est moral dans la mesure où l'objet en est d'empêcher le chaos. Le but est l'État bon, ou plus précisément, le meilleur État possible – vu la nature de l'homme (selon Machiavel).

Pour Machiavel, le politicien qui poursuit un tel but crée virtuellement l'État : en faisant les lois et en les appliquant, le prince institue l'ordre politique. Nous voyons de nouveau le contraste avec le Moyen Âge et l'Antiquité grecque. Pour Machiavel, la loi en vigueur et la morale ne sont pas absolues et universelles, mais elles sont instituées par un dirigeant. C'est la théorie selon laquelle le prince souverain est à la base de l'État national. « *L'État, c'est moi* »[1]* (Louis XIV).

Comme la loi et la morale sont fondées par le prince, il est lui-même au-dessus d'elles. Il n'y a pas de critère moral ou légal selon lequel il puisse être jugé. Les sujets ne peuvent que faire montre de la plus grande obéissance envers leur dirigeant puisque c'est lui qui *définit* la loi et la morale. Mais si l'un des sujets parvient à prendre le pouvoir, c'est *à lui* que tous devront obéir, y compris le prince destitué.

On a accusé Machiavel d'avoir un double critère : c'est au prince à imprimer au peuple la morale et la vertu, mais lui-même devrait ne s'occuper que de la prise de pouvoir. Il y a donc une distinction entre morale publique et morale privée. Les sujets ont une morale et le prince une autre. Mais en fait, selon les présupposés machiavéliens, le critère n'est pas double. Il n'y a qu'une morale : le vouloir du prince. Le prince désire créer un État stable, accroître son pouvoir, et le garder. Et il est implicite dans la pensée de Machiavel que c'est la seule manière de protéger les citoyens des agressions mutuelles. Comme les humains sont fondamentalement égoïstes et comme la morale n'est rien de plus que le vouloir du prince, les accusations de double critère disparaissent. D'autre part, on peut dire de la distinction entre morale privée et morale publique qu'elle montre un certain réalisme politique : si l'on veut comprendre comment fonctionne la

---

1. En français dans le texte (NdT).

politique *dans les faits*, il faut être conscient qu'elle se sert souvent de catégories autres que celles de la vie privée. Ce qui a nom « tuer » dans la vie privée s'appelle en politique « infliger une lourde perte à l'ennemi ». La politique a ses propres catégories, sa propre morale – sa propre « *raison d'État* »[1]. En d'autres termes, parler de meurtre en état de guerre ordinaire est aussi inapproprié que de parler d'échec et mat au rami – c'est confondre deux jeux différents. On peut critiquer ce point de vue, mais Machiavel a largement raison de souligner que c'est fréquemment ainsi que les choses se passent.

Un peuple conquis a des attitudes et des opinions morales *avant* que le prince ne se mette à réorganiser la société. En ce sens, la morale est sans valeur normative – pour le prince. Ce dernier doit cependant considérer la morale existante comme l'un des divers facteurs qu'il doit prendre en considération. La morale que le prince imprime finalement au peuple ne doit pas non plus avoir de valeur normative pour lui ; cela fait également partie des moyens de la stratégie politique. Mais en fin de compte, le propre comportement politique du prince a un noyau moral : celui d'assurer la stabilité de la société.

Nous pouvons donc dire que Machiavel soumet la morale à la politique au sens où il considère la morale, aussi bien celle dont le peuple a hérité que celle que le prince établit pour ce peuple, selon une perspective stratégique dans laquelle le but du prince est de s'assurer d'un État stable. La morale privée, au sens de morale des citoyens, est donc subordonnée à la morale publique, au sens de but fondamental du prince, analogue au but fondamental de l'État. Il convient ici de souligner que Machiavel et les théoriciens médiévaux s'intéressaient à des questions différentes. Au Moyen Âge, la théorie politique s'était avant tout concentrée sur des buts idéaux, sans toujours chercher à expliquer comment on pourrait les réaliser. Machiavel, de son côté, s'intéresse aux moyens, à la façon dont est menée la politique ici et maintenant. Il fournit une description empirique, journalistique, de la manière dont fonctionne la politique de son temps. En un certain sens, il distingue morale et politique – les buts qui valent la peine d'être poursuivis et les moyens politiques qui ne sont d'eux-mêmes et en eux-mêmes ni bons ni mauvais, mais simplement plus ou moins efficaces pour un prince œuvrant à la réalisation de ses buts. Machiavel tente de décrire les moyens politiques effectivement utilisés en politique, sans chercher à savoir s'ils sont bons ou désirables.

La distinction nette entre les fins et les moyens est quelque chose de relativement nouveau. La plupart des philosophes grecs et des

---

1. En français dans le texte (NdT).

théologiens chrétiens considéraient comme allant de soi que certaines actions (moyens) étaient blâmables, comme le vol et le meurtre, quand bien même elles mèneraient à des fins désirables. À partir de cette distinction marquée entre fins et moyens, Machiavel peut soutenir que *la fin justifie les moyens* : il était juste et bon que Romulus tuât son frère Remus parce que cela menait à un bien universel.

Il va de soi que la religion n'est pas tenue en grande estime dans la pensée de Machiavel. Tous les intérêts et tous les buts sont sécularisés. Le seul rôle laissé à la religion est d'instaurer l'unité du groupe. Pour Machiavel, il peut donc être bon pour le peuple d'être religieux. Et le prince peut tout aussi bien donner l'impression d'être pieux si cela est susceptible de lui être utile.

Machiavel s'intéresse surtout au jeu purement politique. Il se préoccupe relativement peu des conditions économiques requises pour l'exercice du pouvoir. De plus, son anthropologie est anhistorique : la nature humaine est immuable. Par conséquent, on peut apprendre à dominer les situations politiques contemporaines en étudiant celles des époques passées (voir les *Discours sur la première décade de Tite-Live*). On peut donc, dans une large mesure, avoir une science politique intemporelle dans laquelle le propos n'est pas de comprendre l'essence de la politique mais d'apprendre à s'emparer du pouvoir. C'est-à-dire que la méthode de Machiavel est « anhistorique » selon *nos* termes. Mais, considéré en son temps, Machiavel pense de manière historique : à l'instar des humanistes, il écrit l'histoire en se fondant sur des exemples, et il utilise les histoires individuelles pour expliquer sa propre époque.

Aristote considérait l'éthique et la politique comme une unité, la *praxis*. Machiavel les *distingue* ; et en politique, la fin justifie les moyens. Ces moyens tiennent de la manipulation et de l'amoralité, par-delà toute évaluation morale. De plus, ils peuvent faire l'objet d'une étude empirique. En fin de compte, le but est de maintenir l'ordre et la paix. Aristote présupposait des normes universelles et une forme de gouvernement constitutionnelle. Pour Machiavel, c'est le vouloir du prince qui définit la loi et la morale – mais la fin ultime est déjà donnée : la stabilité politique. Au moment où la politique devenait manipulation se fit sentir le besoin d'une science sociale donnant aux dirigeants autorité sur les actions des autres. Machiavel plaidait à la fois pour une étude empirique de la politique et pour une politique manipulatrice. Avec le temps, il devint plus connu, voire tristement célèbre, pour sa doctrine de la politique comme manipulation, pour son amoralité politique que beaucoup (dont Mussolini) interprétèrent comme justification à un exercice excessif du pouvoir.

Machiavel cherchait à connaître la politique à partir des évène-ments particuliers du passé et du présent. Par leur étude, il pensait acquérir une connaissance pratique susceptible de conseiller tous ceux qui dirigeaient un État ou souhaitaient prendre le pouvoir. Cette connaissance se voulait de type « si – alors » : *si* nous agissons de telle façon, *alors* telle chose aura lieu. Il présupposait que la nature humaine demeure fondamentalement inchangée tout au long de l'histoire ou, plus précisément, que l'homme et l'histoire sont sujets à des changements cycliques, par exemple sous la forme de la nais-sance, de la prospérité et du déclin des États. Donc, pour Machiavel, on peut bâtir des généralisations universelles à partir de divers cas isolés. Si une telle connaissance ne s'est après tout pas toujours avérée pertinente, c'est parce qu'une incertitude inévitable, la *Fortune*, limite notre capacité à contrôler les évènements.

Il y a une objection courante à l'encontre de cette approche : si l'on part de ce qui est tenu pour les attributs immuables de l'être humain, nous avons de grandes difficultés à saisir ce qui est radicalement changeant, l'élément créatif de la société. Machiavel expliquait divers évènements de son époque au moyen de concepts psychologiques, comme l'égoïsme, à l'aide de concepts politiques simples et d'une conception cyclique de l'histoire, mais il ne disposait pas des outils suffisants pour saisir des changements socio-historiques plus profonds.

LA POLITIQUE DU CONTRAT ET CELLE DU DROIT NATUREL – ALTHUSIUS ET GROTIUS

À partir du début du dix-septième siècle, la théorie politique se détache de plus en plus de la théologie. Ainsi l'Allemand Johannes Althusius (1557-1638) établit-il une théorie du contrat qui se construit non sur la religion, mais sur les groupes sociaux. Ici la notion de contrat est utilisée pour expliquer à la fois les groupes sociaux et la relation dirigeant/dirigé. Les divers groupes – famille, corpora-tion, communauté locale, nation – ont des tâches différentes et sont constitués par des *contrats différents*. La souveraineté réside toujours dans le peuple, c'est-à-dire non dans des individus mais dans des communautés organiques, toutes hiérarchiquement ordonnées dans la société, de la famille jusqu'à l'État. Le peuple donne le pouvoir au roi et aux fonctionnaires à la condition qu'ils honorent leur part du contrat. Althusius est ainsi capable d'expliquer comment le roi et l'administration détiennent un certain pouvoir alors que la souveraineté réside toujours dans le peuple. Tout cela s'explique par le *consentement*, le contrat entre les groupes, et non par des concepts spécifiquement religieux.

Quand les États nationaux se furent établis se posa la question de la relation *entre* ces États indépendants. Il n'y avait plus d'institutions à même de réguler les relations entre eux ; de plus, les conceptions du droit que l'on trouvait dans les États nationaux reposaient sur l'idée de lois créées par un roi national et s'appliquant donc à *son seul État*. Le juriste hollandais Hugo Grotius (ou de Groot, 1583-1645) proposa une solution juridique au dilemme en retournant à l'idée de droit naturel : il existe certaines lois *supérieures* aux États nationaux individuels et régulant les relations entre eux. En développant l'idée de droit naturel, il fournit la base d'une loi internationale supérieure à celle des États particuliers. Ses efforts sur ce point ont été largement approuvés et intégrés au concept de droit international dont les résultats ont été la Société des Nations, le procès de Nuremberg et les Nations Unies. Grotius vécut durant la guerre de Trente Ans (1618-1648). À cause des conflits politico-religieux, il fut condamné à la prison à vie en 1618, mais il s'évada (caché dans une bibliothèque) et gagna la France de Louis XIII où, entre autres activités, il entra au service de la Suède en tant que diplomate (1634). Mais quand la reine Christine lui ordonna de venir en Suède, le rude climat eut raison de sa santé fragile (voir le décès malheureux de Descartes en ce même pays cinq ans plus tard). La guerre de Trente Ans stimula son idée d'établir un code juridique auquel seraient soumis les États en conflit. Cette guerre mena également à l'idée d'une division entre d'une part les questions politiques et juridiques, qui sont publiques, et d'autre part les questions religieuses, qui sont privées. Grotius exprima ces deux idées. Il adapta l'idée de droit naturel, qui depuis le stoïcisme s'était développée dans la théologie chrétienne, de façon à séparer la loi de tout lien avec le théologique et le confessionnel. Ce ne fut pas l'expression d'une conception anti-ecclésiastique, mais l'adaptation du droit naturel à une situation nouvelle dans laquelle les aspects politiques et juridiques étaient plus séparés du religieux. Si le droit international devait s'appliquer à chacun, son fondement dans le droit naturel devait être indépendant de la théologie chrétienne. Entre États et dans les États, on cherchait donc à donner à l'accord politique et juridique une base plus séculière. En ce sens, Grotius mit à jour l'idée de droit naturel en l'adaptant à une situation nouvelle.

L'œuvre la plus connue de Grotius est *Le droit de la guerre et de la paix* (« *De jure belli ac pacis* »). Comme l'indique le titre, il y traite de l'idée d'un droit s'appliquant en toutes conditions, y compris en temps de guerre : Dieu a donné aux hommes un besoin naturel de société (*appetitus societatis*), ce que tous peuvent reconnaître, indépendamment de toute révélation ou théologie. Le besoin de coexistence pacifique est fondamental, et pour qu'il soit satisfait, certaines lois doivent être respectées par chacun. Ainsi les promesses doivent-elles être tenues et l'égalité doit-elle régner. Cette théorie du droit naturel implique un rejet de la conception volontariste de Dieu comme Créateur et Législateur (voir Luther). Les choses ne sont pas telles que le disent les volontaristes, à savoir que de tout temps ce que Dieu *veut* est juste par définition ; au contraire, Dieu veut le juste parce qu'il est juste. Le juste est donc durable et universel, et il peut être reconnu par chacun.

Grotius mentionne quelques conditions que doit remplir un État pour être un membre égal aux autres au sein de la communauté internationale : il est sans importance qu'il soit grand ou petit, mais il doit être stable et à même d'honorer ses traités. Ce sont des critères toujours en vigueur de nos jours. Bien sûr, le problème est qu'il n'y a pas d'institution capable de faire appliquer ce droit international. Dans une certaine mesure, une telle institution existait au Moyen Âge, l'Église. Mais après la Réforme, l'Église fut divisée et largement intégrée dans les États particuliers.

HOBBES – INDIVIDU ET CONSERVATION DE SOI

Biographie. *L'Anglais Thomas Hobbes (1588-1679) vécut au temps de la Grande Rébellion. Il apprit le grec et le latin dès l'âge de six ans et commença très jeune ses études à l'université d'Oxford. Il fut associé à Lord Cavendish et voyagea beaucoup à titre officiel. C'est ainsi qu'il rencontra des personnalités importantes de son temps, comme Galilée. Durant la première phase de la Grande Rébellion, Hobbes trouva refuge à Paris, mais il revint en Grande-Bretagne sous Cromwell. À l'âge de quatre-vingt-huit ans, il traduisit Homère en anglais. Son œuvre la plus célèbre est* le Léviathan *(Léviathan, Traité de la matière, de la forme et du pouvoir de la république ecclésiastique et civique) (1651). Parmi ses autres travaux se trouvent* De Cive *(« le Citoyen ou les fondements de la politique ») (1642),* De corpore *(1655) et* De homine *(« De la nature humaine ») (1658).*

De la société comme mécanisme d'horlogerie

Hobbes vécut en des temps politiques instables, ceux de la guerre civile entre royalistes et parlementaires. Ses écrits politiques mettent en avant le besoin d'un gouvernement fort pouvant assurer la paix et l'ordre. Il soutint donc la monarchie absolue, mais ce soutien idéologique est ambigu. Pour Hobbes, la paix et l'ordre sont essentiels, mais que le gouvernement soit ou non une monarchie héréditaire est de peu d'importance. Sa théorie politique peut se lire au premier regard comme fortement individualiste et absolutiste. Ici comme dans de nombreux autres cas, il n'y a pas de contradiction. L'atomisation sociale et une intervention politique stricte peuvent aller de pair : quand les gens ne sont pas rattachés les uns aux autres par des liens sociaux, il peut devenir nécessaire d'utiliser une force extérieure pour prévenir l'anarchie.

Dans le cas de Hobbes, cette conjonction d'individualisme et de gouvernement absolu peut s'interpréter comme l'expression de la situation historique à une étape instable précoce du développement de l'État national et de l'économie de marché : l'État avait besoin d'un roi puissant à même d'abolir les anciens privilèges de la noblesse et d'assurer la paix et l'ordre, ainsi que de garantir que clients et rivaux tinssent leurs engagements commerciaux. En situation de compétition universelle entre l'homme et l'homme pour la survie, le seul moyen d'assurer la vie et la propriété est un gouvernement fort dirigé par un monarque absolu.

Hobbes semble partager certaines des positions de Machiavel : société et politique doivent être comprises rationnellement et scientifiquement, et la nature humaine est fondamentalement immuable et anhistorique. Mais il ne se contente pas d'une simple méthode descriptive, avec des généralisations reposant sur l'étude d'évènements particuliers, comme le fit Machiavel. Il recherche une méthode plus sûre ; il tente d'atteindre un niveau de compréhension plus profond, en remontant jusqu'à une origine qui offre une meilleure explication des phénomènes sociaux immédiats.

Hobbes est l'un de ces philosophes que les nouvelles sciences inspirent, et sa philosophie de la nature porte clairement la marque de cette influence : l'univers est en fin de compte composé de particules matérielles, qui se meuvent mécaniquement. La philosophie de Hobbes est donc finalement une théorie du mouvement. Le parallèle avec la mécanique est manifeste.

Mais Hobbes est en même temps un métaphysicien rationaliste. Il recherche comme les philosophes rationalistes qui l'ont précédé un principe fondamental pour expliquer les divers évènements super-ficiels et changeants. Il recherche une base absolue et immuable. En philosophe de la fin de la Renaissance, c'est dans l'homme qu'il la recherche. L'homme est le *sub-jectum*, la base à partir de laquelle la société devrait être expliquée.

Comment s'y prend-il ? C'est dans le *De cive* (« *le Citoyen* ») qu'il commente sa méthode. L'analogie repose ici sur l'horloge. Si nous voulons comprendre comment fonctionne une horloge, nous la démontons. Nous examinons les divers composants et leurs propriétés. Puis nous la remontons, et c'est en rassemblant les différentes parties de façon à ce qu'elle fonctionne de nouveau que nous compre-nons comment les parties sont liées les unes aux autres et comment l'ensemble fonctionne. Nous avons alors compris ce qu'est une horloge.

Son idée est de diviser de la même manière la société en ses parties, de les examiner, puis de les assembler de nouveau pour qu'il soit possible de voir comment elles sont liées les unes aux autres et comment elles fonctionnent. En agissant ainsi, nous comprenons ce qu'est la société. Cela ne peut avoir lieu en divisant réellement la société, mais seulement en l'imaginant. Cet exemple illustre plusieurs points importants de la méthode « résolutive – compositive » de Hobbes, laquelle commence par diviser le phénomène, puis le recompose. C'est une méthode d'*analyse* et de *synthèse*. La société s'explique donc sur la base des parties qui la composent. Mais cela ne signifie pas que Hobbes pense que la société est composée de ses parties *seulement*. Ce n'est pas ainsi que l'horloge est composée. Quand les différentes parties sont assemblées, quelque chose de qualitativement nouveau apparaît, qu'il s'agisse de l'horloge ou de la société. Hobbes ne réduit donc pas le tout à ses parties. Mais il dit qu'on ne peut comprendre le tout que par ses parties et leurs propriétés, *ainsi que* par leur union fonctionnelle. Cette méthode vise donc à expliquer la chose donnée en se référant à ses éléments sous-jacents. Nous pouvons dire que Hobbes recherche un principe explicatif qui se trouve à un niveau plus profond que celui de l'observation.

Si nous revenons à l'exemple de l'horloge, nous pouvons ajouter que Hobbes recherche une explication fonctionnaliste : comprendre l'horloge signifie comprendre comment elle fonctionne. Les seules propriétés des parties qui présentent de l'intérêt sont celles qui sont importantes pour sa capacité à fonctionner : que le ressort soit tendu et qu'il entraîne le mécanisme, que l'engrenage ait des dents qui peuvent s'engrener dans d'autres dents et transmettre le mouvement. Que le ressort soit vert ou rouge est sans rapport avec l'horloge en tant que système qui fonctionne. Il n'est pas non plus utile de diviser plus encore les parties : nous comprenons ce qu'est l'horloge à partir de l'assemblage des ressorts, engrenages, etc., sans qu'il soit nécessaire de rien savoir de la structure atomique de ces parties. Il est vrai que le ressort et l'engrenage sont ce qu'ils sont, en tant que parties qui fonctionnent, à cause des particules matérielles qui les constituent. Mais nous n'avons rien besoin de savoir à ce propos pour comprendre ce qu'est une horloge. Un horloger n'a pas besoin d'être un physicien.

Bien sûr l'horloge est faite par quelqu'un. Elle est utilisée pour dire l'heure, ou comme accessoire de décoration, ou symbole de statut. Mais dans l'exemple de Hobbes, nous n'avons pas besoin de savoir pour qui ni pourquoi a été faite l'horloge, ni quel usage en est fait. Comprendre l'horloge, c'est comprendre ses parties dans leur inter-action fonctionnelle ; c'est comprendre comment marche l'horloge, comment elle fonctionne. Ce fonctionnement est déterminé par le mouvement mécanique de ses parties. En ce sens, nous pouvons qualifier l'explication de Hobbes de *fonctionnaliste*.

Nous pouvons dire de l'exemple de Hobbes qu'il est orienté vers un modèle cybernétique. Ce n'est pas seulement que toutes les parties s'ajustent dans un tout fonctionnel dans lequel chacune suppose les autres. C'est aussi que certaines d'entre elles entraînent le mécanisme, que d'autres le guident. Si nous pensons aux anciennes horloges avec le poids et le balancier, nous pouvons dire que le poids est la force motrice qui fait marcher l'horloge, le balancier étant ce qui régule ou discipline la force motrice de façon à ce que l'horloge fonctionne à un rythme régulier. Sans le poids, il n'y a pas de mouvement. Sans le balancier, le mouvement n'est pas ordonné[1].

Si maintenant nous appliquons ce raisonnement à la société, nous pouvons dire que Hobbes rejette toute tentative d'explication des phénomènes sociaux au moyen de phénomènes sociaux. Il faut tenir compte des éléments fondamentaux. Il rejette également l'idée d'une explication de la société au moyen d'une divinité ayant un but à son endroit (téléologie). Il recherche la connexion fonctionnelle entre les parties, mais il ne réduit pas la société à ses parties isolées. De même ne divise-t-il pas les parties plus qu'il n'est nécessaire pour expliquer leur connexion sociale fonctionnelle. Selon cette interprétation, dire de Hobbes qu'il est simplement un réductionniste est beaucoup trop réducteur.

Comment Hobbes parvient-il aux parties qui composent la société et comment les comprend-il ? Il utilise une sorte d'*expérience de pensée* : imaginons que l'État n'existe pas ; à quoi ressemblerait alors la vie de

---

1. Au lieu de *poids* et *balancier*, on pourrait dire *ressort* et *mouvement*.

l'être humain ? C'est de cette façon que Hobbes essaye de trouver ce qui fait que l'État est possible, ce qui explique et justifie notre existence dans une société politique, dans un État. Il se demande donc à quoi ressemblerait notre vie si l'État *n'existait pas*. Pour comprendre ce que signifie vivre dans un État, nous devons être capables de comprendre ce que c'est que de vivre sans. Hobbes utilise sa doctrine de l'*état de nature* pour illustrer ce à quoi ressemblerait notre vie sans État. En utilisant des concepts comme celui d'individu, de la peur que chacun a de tout autre, et du contrat entraînant l'abandon de la liberté individuelle, Hobbes tente de comprendre des phénomènes tels que l'État, l'autorité et le pouvoir.

Hobbes soutient que des humains sans État ne se sentiraient pas en sécurité. Sans l'État, nous aurions à nous débrouiller par nous-mêmes. Mais puisque nous avons besoin de biens matériels pour survivre et puisque ces biens nécessaires sont rares, alors même que tous, par nature, nous tentons de survivre, nous serions certainement en compétition les uns contre les autres pour leur acquisition. Personne n'est en sécurité dans cette lutte individuelle pour la survie parce que personne n'est invulnérable, et parce qu'il y a parmi les humains une répartition relativement égale de force et de sagacité. Le conflit sera donc permanent. C'est ce que l'on appelle l'état de nature, dans lequel tous sont en guerre contre tous. Les composantes en sont donc les êtres humains particuliers, ou *individus*. Leur but principal est la *conservation de soi*. C'est le résultat de l'analyse par laquelle Hobbes vise à expliquer les phénomènes sociaux.

C'est ce qu'affirme Hobbes, l'exemple de l'horloge servant de modèle : les phénomènes sociaux, comme la solidarité, l'interaction, la liberté, etc. peuvent s'expliquer par le désir de l'individu de se conserver. Il ne pense pas que la solidarité se limite à ce désir de conservation de soi, mais il pense qu'un phénomène social comme celle-là requiert une explication, et qu'elle ne peut s'expliquer d'elle-même ou par un autre phénomène social, mais seulement par le désir de conservation de soi de l'individu. Selon ce modèle explicatif, tout ce dont nous faisons immédiatement l'expérience, comme les liens positifs et concrets entre êtres humains (par exemple l'amour, l'empathie et les liens au foyer ou à la communauté) doit se comprendre à la lumière du désir fondamental de conservation de soi de l'individu. La société peut s'expliquer par une reconstruction fondée sur des éléments sous-jacents et des forces motrices. Selon cette perspective, nous pouvons dire que Hobbes ne nie pas l'existence de l'unité sociale et de l'empathie, mais qu'il tente de déterminer ce que sont effectivement ces facteurs. De plus, nous voyons qu'il n'a pas besoin d'aller plus loin que le désir de conservation de soi. Alors qu'il est vrai que les humains sont faits de petites particules matérielles en mouvement mécanique, celles-ci ne sont pas plus incluses dans l'explication de la société que la structure atomique n'est une partie nécessaire de l'explication de l'horloge. On n'a pas besoin de connaître la structure interne de la matière pour comprendre la société.

L'exemple de l'horloge implique que l'idée d'état de nature n'est pas considérée comme renvoyant à un évènement du passé[1]; c'est une idée qui résulte d'une analyse, d'une expérience de pensée dans laquelle l'État est éliminé. L'idée d'état de nature n'est pas une hypothèse historique sur quelque chose qui a eu lieu, mais une thèse sur ce qui est nécessaire pour que la société soit possible. Nous pouvons dire que Hobbes tente d'expliquer les phénomènes sociaux au moyen de notions psychologiques. Il peut être objecté que c'est prendre le problème à l'envers, et que, au contraire, ce sont les phénomènes sociaux qui devraient former la base d'une explication des phénomènes psychologiques. La question de ce qui requiert une explication et de ce qui en offre une est donc sujette à controverse. Comment résoudre scientifiquement cette querelle? Cependant pour Hobbes, philosophe de la Renaissance, *l'individu* est la base de l'explication, l'individu compris sur la base de la conservation de soi. C'est-à-dire que l'individu rend compte de trois sources de conflit : la compétition, l'incertitude, et la soif d'honneurs. En fait de motivation, la peur est la plus importante. Elle est ce qui mène l'être humain à une société politiquement ordonnée. À l'intérieur d'une telle société, la guerre de tous contre tous est abolie au profit de la sécurité de la vie, mais la compétition financière et la soif d'honneurs peuvent perdurer.

Comment Hobbes rassemble-t-il les parties de façon à permettre l'émergence d'une société ordonnée? Il souligne que, dans l'état de nature, chacun vit dans un continuel état de peur, en dernière instance dans la peur d'une mort soudaine. Mais tant que chacun est emprisonné dans un état de méfiance mutuelle et de conflit pour les bénéfices matériels, il n'y a rien que personne puisse faire pour changer la situation. La raison dit spontanément à l'individu ce

---

1. Si nous soulignons ici que l'idée de Hobbes d'un état de nature est un principe explicatif et non une thèse empirique (historique), il serait judicieux de rappeler au lecteur que Hobbes avait à son époque une base expérimentale sur laquelle il s'appuyait : une grande partie de la population était alors très pauvre et misérable; pour ces gens, la simple survie était un combat, en particulier pendant la Grande Rébellion. Et dans les relations internationales, les nations étaient toujours (potentiellement) en guerre.

qui est le mieux pour garantir la vie et l'intégrité physique, et c'est l'autodéfense ; il s'agit de prendre part à la guerre contre les autres.

Cependant il serait profitable à chacun que tous s'accordassent pour ordonner la société différemment, en établissant un pouvoir qui assurerait la vie et la santé de chacun. Comment parvient-on à ce résultat ? C'est le point crucial de la théorie de Hobbes. Il est certain que l'état de nature représente manifestement, pour l'intérêt égoïste de l'individu à garantir sa vie et sa bonne santé, une solution moins satisfaisante que la société nationale ordonnée. Mais la raison sous sa forme spontanée n'est qu'une aide dans la lutte pour la vie. Elle dit à juste titre qu'il vaut mieux pour l'individu se préparer au risque récurrent de discorde. L'individu ne peut rien y changer. Mais Hobbes compte en même temps sur un intérêt personnel éclairé d'un type plus réfléchi et plus tourné vers l'avenir. L'intérêt personnel dit que le mieux est une société ordonnée. Le point crucial est la manière dont les divers individus peuvent se mettre d'accord pour suivre la raison réfléchie et tournée vers l'avenir plutôt qu'une raison spontanée et à court terme ; c'est-à-dire dont ils peuvent s'unir pour créer un État commun[1].

Si nous prenons la société comme un fait et disons que c'est l'expression d'un accord entre individus égoïstes dicté par l'intérêt commun de chacun, éclairé et à long terme, nous pouvons essayer de comprendre la société comme reposant sur un *contrat social* reconnu par la raison. Le contrat social est ce qui constitue la société. Il explique les phénomènes sociaux en politique et dans la vie sociale en général. C'est par ce contrat que l'État s'établit. Selon Hobbes, le contrat repose sur l'idée que chacun renonce à sa liberté au profit du corps de l'État. L'État se caractérise par le fait que toute la force physique légitime est rassemblée en un seul corps. Sans la force physique, le contrat pourrait être rompu. La force physique est la seule chose qui peut empêcher le peuple de rompre le contrat conclu pour la sécurité de la vie et de la santé de chacun.

Utilisant l'horloge comme modèle cybernétique, nous pouvons dire qu'il est possible de comparer le désir de conservation de soi au poids (ou au ressort) – la force de la nature – et le dirigeant au balan-

---

1. Ce qui est problématique n'est pas tant qu'il soit possible de s'interroger sur la manière dont une telle unité et un tel accord pourraient se produire. Nous traitons ici de la théorie de l'état de nature comme modèle non historique d'explication. Le problème est la manière dont nous pouvons employer ce modèle pour comprendre le passage *de* l'anarchie *à* une société ordonnée, puisque la raison (prévoyante), qui indique un au-delà de l'état de nature, est en réalité impuissante tant que la population vit dans l'état de nature.

cier (ou au mouvement) – le facteur qui discipline et qui guide. Le pouvoir doit être uni, être *un*. Pour Hobbes, c'est une certitude. Que cette unité se situe dans un roi ou dans un parlement est secondaire. L'important est qu'il y ait un corps avec un pouvoir physique pouvant exercer la souveraineté de l'État. Une distribution de pouvoir ou un gouvernement populaire décentralisé impliqueraient la dissolution de l'unité qui rend l'État possible : le pouvoir en un seul corps. Hobbes n'entend pas le contrat créant l'État comme un contrat entre le roi et le peuple. C'est un contrat entre individus. La personne qui devient la tête de l'État n'est pas personnellement partie du contrat. Par conséquent, le dirigeant *ne peut pas* rompre sa part du contrat parce que, en tant que dirigeant, il n'est pas partie du contrat. Le dirigeant est donc absolument souverain. Jusque-là, Hobbes apporte un soutien total à l'absolutisme.

Il est vrai que Hobbes pense que le dirigeant ne devrait pas interférer dans les droits de l'individu à vendre et acheter librement ou à passer des accords avec d'autres. Il mentionne également que le dirigeant ne peut ordonner aux individus de se tuer ou de se blesser eux-mêmes – ce qui irait à l'encontre de l'essence de l'individu : la conservation de soi. Mais ce sont des mots creux tant qu'il n'y a pas de pouvoir capable d'empêcher le dirigeant d'interférer dans ces domaines. De plus, Hobbes donne pleinement au dirigeant le droit d'utiliser la censure. Le dirigeant peut légitimement décider quels points de vue sont nocifs et quels peuvent être présentés au peuple. Jusque-là, Hobbes semble soutenir l'absolutisme sans réserve. Mais ce soutien est soumis à condition. Si le roi absolu perd le contrôle de la société, c'est-à-dire s'il n'est plus capable d'assurer la sécurité des individus, chacun doit de nouveau s'en remettre à ses propres forces. Nous retournons à un état d'anarchie, à une guerre civile universelle, dont doivent émerger un nouveau contrat et un nouveau dirigeant. Cela signifie qu'un roi détrôné n'a aucun droit à la reconquête de la couronne. Pour un roi absolu, une idéologie qui soutient la position héréditaire du roi est préférable. Une combinaison du droit d'héritage et de la grâce divine est le meilleur soutien du monarque absolu.

De plus, pour Hobbes, ce qui est fondamental est *l'individu*, non le roi. La lutte entre individus égoïstes et isolés est la base de l'État et de la monarchie, qui ne sont que des moyens d'assurer la conservation des individus. Ainsi Hobbes n'apporte-t-il qu'un maigre soutien à un absolutisme royal.

Avec son modèle explicatif, Hobbes n'a pas grand-chose à dire sur les relations entre classes. Ce que nous avons pour base d'explication, ce sont l'individu égoïste et l'État qui constitue la société. Les classes et les groupes ne sont pas des principes explicatifs : ils sont à expliquer. Un modèle explicatif de société qui a pour présupposé fondamental des agents rationnels égoïstes transcende les problèmes de l'absolutisme et annonce l'avenir, en tant que précurseur des modèles explicatifs de la théorie politique et économique de la tradition libérale naissante. C'est ainsi que Hobbes devient le porte-parole de ce qu'on appelle individualisme méthodologique.

L'État, fondé sur le contrat et soutenu par la force physique, est la base de tous les phénomènes sociaux. Il n'y a donc pas de distinction réelle entre lui et la société, entre les corps administratifs et la communauté immédiate. Les liens sociaux se constituent d'intérêts personnels éclairés, transmis par l'État. Hobbes se détache ici nettement des conceptions antérieures, telles que celles de Platon et d'Aristote, qui voyaient les humains comme des êtres sociaux dotés d'une capacité naturelle à la sociabilité. Pour Hobbes, on peut faire remonter à l'État tout ce qui concerne la société, et plus loin encore au désir de conservation de soi de l'individu. Les individus sont fondamentalement asociaux, et en fait la société n'est pour eux qu'accessoire. L'État et la société ne font pas un avec l'essence de l'individu, comme c'était le cas pour Platon et Aristote, mais ils sont quelque chose que les êtres humains ont créé au moyen d'un contrat reposant sur des intérêts personnels convergents.

La loi naturelle comme règle de la raison

Hobbes traite des *lois de Nature* en lien avec le comportement humain et conclut qu'il existe des normes ou des règles générales que l'on atteint par la raison. Selon la loi naturelle fondamentale et première, chacun devrait tenter de vivre en paix, dans la mesure du possible. Et tout le concept de droit naturel se trouve dans la règle suivante : si l'on ne peut parvenir à la paix, il faut se pourvoir de tous les dispositifs et armes de guerre. Un *droit* est une liberté d'agir ou de s'en abstenir. Une *loi* prescrit ce que l'on doit faire ou non.

Dans l'état de nature, la règle est le droit naturel, donc la liberté d'agir sans scrupule pour se défendre, laquelle repose sur le désir de conservation de soi reconnu par la raison. Quand un État est établi, les lois naturelles entrent en vigueur ; ce sont des règles de la raison qui reposent sur ce que tous les individus, guidés par leur intérêt personnel éclairé et prévoyant, comprennent qu'ils doivent faire afin de préserver la vie et les conditions sociales d'une vie en sécurité. Pour Hobbes, les règles de la raison sont des normes de type *si – alors* : si nous vivons dans un état de nature, alors nous devons employer tous les moyens possibles pour nous protéger. Si nous vivons dans une société ordonnée, alors nous devons soutenir la paix. Dans les deux cas, les règles de la raison reposent sur l'instinct fondamental de l'homme, la conservation de soi. De ces deux possibilités, la seconde est la meilleure.

Dans la philosophie classique du droit naturel, la loi naturelle est quelque chose d'idéal, pour ainsi dire au-dessus de l'homme : les normes que nous devrions essayer d'atteindre. Pour Hobbes, les normes du droit naturel sont dictées par les facteurs matériels, les instincts et l'intérêt personnel éclairé. Le droit naturel et les lois naturelles s'expliquent par la nature égoïste de l'individu.

Théorie du mouvement

Nous avons jusqu'ici étudié la philosophie politique de Hobbes sans traiter de sa philosophie de la nature. Nous allons maintenant en esquisser une interprétation fondée sur cette dernière ; c'est-à-dire une interprétation matérialiste mécaniste radicale. Cependant, de ce qu'il dit de sa méthode et de la direction qu'il prend dans sa philosophie sociale, nous aurions peu de raisons d'affirmer qu'il se contente de *réduire* les phénomènes sociaux à des phénomènes matérialistes mécanistes, ou en d'autres mots, qu'il soutient que les phénomènes sociaux sont du même type que les particules matérielles qui suivent les lois de la mécanique. Mais une interprétation si radicalement matérialiste et réductionniste n'est pas rare, et elle nous permet d'illustrer certains points philosophiques intéressants.

Nous pouvons dire que le concept fondamental de Hobbes est en dernière instance le mouvement, utilisé pour expliquer tout le reste. Le concept de mouvement se comprend quantitativement, selon la conception matérialiste mécaniste du monde : *ce qui* se meut, ce sont les particules matérielles, qui changent leur position spatiale en se poussant les unes les autres. L'opposition à Aristote est manifeste. Pour Aristote, le concept fondamental de changement comprend l'actualisation de la puissance, et il y a à la fois une cause efficiente et une cause finale. Pour Hobbes, tout changement doit s'expliquer par un mouvement physique, et il n'existe qu'une cause, la cause efficiente.

Nous pouvons dire qu'Aristote tente d'expliquer le mouvement physique au moyen d'une conception qualitative du changement, alors qu'Hobbes tente d'expliquer le changement qualitatif à l'aide d'une conception quantitative du mouvement. Quand la couleur d'une pomme passe du vert au rouge, Aristote l'explique comme un changement par lequel la puissance de la pomme de se colorer en rouge s'actualise par le processus de maturation. La pomme verte est la cause matérielle de la pomme rouge, et ce changement comprend à la fois une cause efficiente et une cause finale, ainsi qu'une cause formelle. Pour Hobbes, ce changement s'explique lui aussi par les mouvements des particules matérielles.

Si les lois des mouvements des particules peuvent expliquer toute chose, il n'y a aucun fondement à une explication téléologique. Tout ce qui arrive doit s'expliquer par les mêmes causes mécaniques que dans le cas idéal de l'interaction mécanique entre des balles parfaitement rondes sur une surface plane sans frottements. Tout ce qui se produit se produit nécessairement. Même les actions humaines sont déterminées. La société peut alors s'interpréter comme une diversité d'atomes humains qui tourbillonnent et se heurtent. Et nous pouvons imaginer deux formes de société : l'une avec du désordre et des collisions brutales entre humains, c'est-à-dire l'anarchie, et l'autre dans laquelle les atomes humains se meuvent harmonieusement parce qu'une force unificatrice coordonne les mouvements, c'est-à-dire une société au vrai sens du mot.

On peut donc faire remonter les relations politiques et sociales aux relations psychologiques individuelles, et celles-ci de nouveau aux conditions physiologiques, que l'on fait remonter à leur tour à la mécanique. Telle est l'analyse : réduire la société aux éléments matériels de base et à leurs mouvements mécaniques. Et une fois déterminés les forces et éléments sous-jacents, il est possible de reconstruire la société. Il y a une synthèse, de la mécanique jusqu'à la politique. Tout, absolument tout devrait finalement s'expliquer par la mécanique, c'est-à-dire par des concepts matérialistes mécanistes. Malgré les problèmes que pose la réduction des phénomènes sociaux et mentaux à des phénomènes physiques (réduction des actions aux évènements), le matérialisme mécaniste est également fascinant quand il s'applique à la théorie politique : tentative est faite d'expliquer toute chose par des principes simples. Il n'y a dans la société aucun autre principe ou force que ceux de la mécanique. Seule la complexité est plus grande dans ces constellations de particules que l'on appelle société. Tout ce qui arrive peut se comprendre par la simple théorie du mouvement.

Libéralisme politique et libéralisme économique

La théorie politique de Hobbes n'est pas seulement une doctrine cohérente : elle est également pertinente en tant que description simplifiée de la situation des citoyens à l'aube du capitalisme : un ensemble d'atomes humains qui se battent chaque jour pour survivre dans un monde où les biens matériels sont rares. Les liens qui réunissent ces atomes humains sont les intérêts personnels éclairés, et ils ont besoin de l'État, avec un gouvernement absolu, comme moyen de s'assurer que seront respectés les accords commerciaux. L'État existe pour les individus. Il n'a pas de valeur en lui-même. En même temps, cela est vu comme une vérité éternelle : telle est, à travers les âges, l'essence de l'homme et de l'État.

Si par libéralisme nous entendons une théorie politique qui prône la tolérance, Hobbes n'est pas un libéral. Il est alors naturel de faire remonter le libéralisme à Locke, par exemple (en latin : *libertas*, « liberté »). Mais si l'on définit le libéralisme par les concepts de base que sont l'*individu*, le *contrat* et l'*État*, et non par des attitudes psychologiques et des valeurs morales, Hobbes peut en être considéré comme un précurseur. Cette terminologie exige que soient clairement distingués le *libéralisme économique* – concepts de base : individu, contrat, État – et le *libéralisme politique* – en tant qu'attitude positive et morale en faveur de la tolérance et des libertés juridiques. Par cette terminologie, on peut dire que Hobbes est « économiquement libéral » mais politiquement non libéral, alors que Locke est libéral à la fois politiquement et économiquement ; ainsi les socialistes peuvent-ils être libéraux politiquement, non économiquement.

Avec cette terminologie, on peut décrire certaines connexions intéressantes entre idéologies aux différentes étapes de la modernité : du capitalisme naissant, avec d'âpres conflits pour la survie et le besoin d'un monarque absolu (Hobbes), par un capitalisme mieux établi, quand il est important pour les citoyens de défendre des droits inaliénables vis-à-vis des monarques absolus (Locke), jusqu'à un capitalisme privé bien établi et au libéralisme du *laissez-faire*[1] (Adam Smith). Les concepts fondamentaux – l'individu et l'État – semblent être largement les mêmes durant ces différentes phases du libéralisme. Mais entre le capitalisme naissant et le capitalisme bien établi, un certain changement a lieu dans la manière de considérer la nature humaine – depuis la conservation de soi, par les droits inaliénables,

---

1. En français dans le texte (de même pour toutes les occurrences de *laissez-faire* dans la suite du livre) (NdT).

jusqu'au plaisir et au profit (voir l'utilitarisme, chapitre 14). On peut dire que le concept de liberté suppose qu'il y ait un agent ou un sujet qui soit libre. La liberté n'est pas un concept qui coule de source. Une philosophie de la liberté suppose nécessairement une doctrine de ce qui *est* libre (et de la façon dont s'exerce la liberté). Pour les libéraux économiques, c'est l'*individu*, compris comme agent autonome, rationnel et égoïste. Il n'est donc pas arbitraire de définir le *libéralisme économique* comme une forme d'*individualisme*. Le libéralisme économique ne peut se comprendre sans la philosophie sociale ou l'ontologie qu'il présuppose – tout comme aucune autre doctrine de la liberté ne peut se comprendre sans la doctrine corrélative sur *ce qui* est libre, et par rapport à quoi.

Il faudrait souligner cependant que le terme *libéralisme* est habituellement utilisé pour désigner les théories politico-économiques qui considèrent la liberté comme valeur fondamentale, et l'intérêt personnel éclairé de l'individu comme force motrice sous-jacente, où l'État a la tâche de rendre sûr le champ d'action des agents indépendants : c'est-à-dire qu'il doit garantir la paix et l'ordre, et le droit à la propriété, de telle sorte que les actions rationnelles prévisibles deviennent possibles ; mais il doit y avoir de claires restrictions quant à toute autre intervention de sa part[1]. À cause de l'usage courant du mot – selon lequel les libertés individuelles sont cruciales et l'État doit agir de manière prévisible –, il est faux de dire de Hobbes qu'il est un libéral[2].

QUESTIONS

Quelles sont les nouvelles idées sur l'homme, la société et l'État que développent Machiavel et Hobbes ?

« Chez Aristote, l'éthique et la politique sont liées l'une à l'autre, alors que Machiavel les distingue. » Discutez cette assertion, et précisez la conception machiavélienne de la politique.

« Platon et Machiavel ont des conceptions fondamentalement différentes de la morale et de la politique. » Discutez cette assertion.

---

1. Habermas, « Transformation des structures sociales de la sphère publique » dans *l'Espace public*, Payot, 1998, tr. Marc B. de Launay.

2. Définir l'*individualisme* et le *libéralisme* comme ayant des significations équivalentes est contraire à l'usage normal de la langue : même si toute forme de libéralisme peut être dite appartenir à l'individualisme, cela ne signifie pas que toute forme d'individualisme appartienne au libéralisme (voir les caractéristiques individualistes de la culture du surhomme selon une fraction de l'extrême droite).

Hobbes prône une conception mécaniste du monde et emploie les concepts de la mécanique classique pour expliquer les phénomènes sociaux. Expliquez sa théorie politique à partir de cette pensée. Expliquez en particulier sa légitimation d'un pouvoir étatique sans limite.

Suggestions de lecture complémentaire

Sources

Machiavel, *Œuvres*, Editions Robert Laffont, 1996, tr. Christian Bec.

Thomas Hobbes, *Le Citoyen ou les fondements de la politique*, Flammarion, 1982, tr. Samuel Sorbière.

Thomas Hobbes, *Léviathan*, Editions Sirey, 1983, tr. François Tricaut.

Commentaires

J. Habermas, « La doctrine classique de la politique dans ses rapports avec la philosophie sociale », dans *Théorie et pratique*, Payot, Critique de la politique, 2006, tr. Gérard Raulet.

C. B. MacPherson, *La théorie politique de l'individualisme possessif – de Hobbes à Locke*, Editions Gallimard, 2004, tr. Michel Fuchs.

Q. Skinner, *Machiavel*, Editions du Seuil, 2001, tr. Michel Plon.

J. Watkins, *Hobbes' System of Ideas*, Hutchinson, 1965.

CHAPITRE 9

Le doute et la croyance –
L'homme au centre

DESCARTES – LE DOUTE MÉTHODIQUE ET LA CONFIANCE DANS LA RAISON

Biographie. *Le philosophe français René Descartes (1596-1650) étudia la philosophie scolastique à l'école jésuite de La Flèche, mais il commença rapidement à douter de la valeur de l'enseignement qu'il recevait : selon lui, la plupart des disciplines étaient sans fondement solide. Il abandonna ses livres et commença à voyager. Il combattit un moment au côté des protestants dans la guerre de Trente Ans. Pendant ses quartiers d'hiver, en Allemagne, en 1619, il développa les idées de base de la méthode qu'il allait utiliser. Il avait vingt-trois ans. Dix ans plus tard, il partit pour les Pays-Bas afin d'y vivre et d'y étudier tranquillement. En 1649, il alla s'installer à la cour de la reine Christine à Stockholm, mais il ne put s'habituer au climat rude de la Suède où il mourut en février 1650.*

Descartes écrivit en français et en latin. Ses œuvres centrales comprennent le célèbre Discours de la méthode *(1637) et les érudites* Méditations métaphysiques *(1641); le* Discours de la méthode *est l'une des premières œuvres philosophiques en français. Il écrivit aussi les* Principes de la philosophie *et les* Règles pour la direction de l'esprit.

Cogito, ergo sum

Descartes est à la fois le porte-parole d'un nouveau courant et un représentant de l'ancien. Il veut repartir à zéro et fonder la philosophie sur une base nouvelle et sûre, mais en même temps il est profondément enraciné dans la tradition scolastique, comme le montre notamment son argument en faveur de l'existence de Dieu.

Descartes remarque qu'en philosophie existent des conflits interminables. La seule méthode certaine étant la méthode mathématique déductive, il fait son idéal scientifique du *système déductif*, qui devient le facteur déterminant de sa philosophie. Si la philosophie doit être un système déductif, comme la géométrie d'Euclide, nous devons chercher des prémisses (axiomes) *absolument certaines et vraies*, puisque dans un système déductif les conclusions (théorèmes) ont peu de valeur si les prémisses sont incertaines et seulement à moitié vraies. L'idéal scientifique que Descartes emprunte à la mathématique et aux éléments déductifs de la méthode scientifique conduit ainsi à la question de savoir comment nous pouvons trouver des prémisses absolument certaines pour ce système philosophique déductif.

C'est à ce point que le *doute méthodique* entre en scène. Le doute méthodique est un moyen de filtrer toutes les propositions dont nous *pouvons logiquement* douter, afin de trouver celles qui sont logiquement indubitables – et nous pouvons utiliser *celles-ci* comme prémisses du système déductif. Son but est ainsi de déterminer, non ce dont il est *raisonnable* ou *déraisonnable* de douter, mais ce dont il est *logiquement possible* de douter. Le doute méthodique est une méthode d'élimination de toutes les propositions qui ne peuvent être les prémisses d'un système philosophique déductif. Mais pour Descartes le doute méthodique a des présupposés bien précis. Le sujet singulier pensant qui pose des questions est l'individu, et non, par exemple, une communauté de chercheurs. Il n'est donc pas surprenant que la solution, la certitude qui, pour Descartes, va mettre fin au doute, soit la certitude de l'individu pensant. Ce résultat, la fin définitive du doute, est en quelque sorte intégré à la manière dont est posée la question[1].

---

1. L'individu pensant pris comme point de départ épistémologique est une caractéristique d'une grande partie de la philosophie du début de l'époque moderne, comprenant à la fois les rationalistes et les empiristes. L'idée que la connaissance puisse être intersubjective apparut plus tard, avec la philosophie de Hegel orientée vers l'histoire et avec Peirce qui s'intéressait à la communauté des chercheurs et au progrès de la connaissance scientifique. En même temps, une plus grande importance fut accordée à l'idée que la connaissance puisse être associée à l'action, à ce que nous faisons (de Hegel et Marx à Wittgenstein, en passant par Peirce). Dans les temps modernes, de Nietzsche à ce que l'on appelle post-modernistes,

Descartes traite de différents genres de connaissance et il les met à l'épreuve du doute méthodique.

1. Premièrement, il traite de la tradition philosophique. Est-il, en principe, possible de douter de ce que les philosophes ont dit? Oui, dit Descartes, puisqu'ils ont été et sont en désaccord sur beaucoup de sujets.

2. Mais qu'en est-il de nos sens? Est-il logiquement possible de douter d'eux? Oui, dit Descartes. Et son argument est le suivant. C'est un fait que nous sommes parfois sujets à des illusions et des hallucinations. Par exemple, une tour peut apparaître ronde, puis s'avérer carrée. Donc, nous avons deux impressions sensibles contraires d'une même chose. Mais dans la pratique, nous mettons notre confiance dans l'une des impressions plutôt que dans l'autre. Par exemple, nous maintenons que la tour est en réalité carrée parce qu'elle a l'air carrée quand nous sommes proches d'elle, bien qu'elle parût ronde quand nous étions loin. De plus, dans la pratique, nous pouvons demander à d'autres personnes de confirmer ce que nous pensons avoir vu. C'est pourquoi, en pratique, nous ne trouvons généralement pas difficile de savoir si la tour est en fait ronde ou carrée. Mais cet exemple nous montre que nos sens peuvent se tromper et que nous ne pouvons vérifier une impression sensible que par une autre. Mais si une impression *peut* être fausse, alors il en est de même de celle que nous utilisons pour vérification. Et si nous voulons vérifier cette impression sensible qui nous sert à vérifier, nous devons utiliser de nouveau une impression qui peut aussi, en principe, être fausse. Et ainsi de suite, à l'infini. C'est pourquoi, logiquement, il est possible de douter de toute impression sensible. Ainsi, nos sens ne peuvent nous fournir des prémisses *absolument certaines* pour un système philosophique déductif.

3. Descartes mentionne comme argument particulier qu'il n'a aucun critère pour déterminer s'il est éveillé ou s'il rêve, et que, pour cette raison aussi, il peut douter par principe de ce qui est apparemment une impression sensible. Cet argument du rêve est semblable à celui mentionné ci-dessus (la séquence de la vérification des impressions sensibles). Dans les deux cas Descartes demande un critère absolument certain, et dans les deux cas il déduit qu'il ne peut trouver un tel critère : le critère que nous

les critiques contre la croyance en la raison et le progrès se sont développées, que l'on pensât cette croyance ancrée dans des sujets autonomes ou dans une libre communauté de chercheurs.

avons pour déterminer si une impression sensible est bonne est
une *autre* impression sensible ; mais si une impression peut être
fausse, *le critère*, c'est-à-dire d'autres impressions sensibles, *peut*
aussi être faux. Le critère dont nous disposons pour déterminer
si nous sommes éveillés est que nous *pensons* être éveillés, mais
nous pouvons aussi rêver que nous pensons être éveillés.

4. Finalement, Descartes traite de logique. De nouveau, il applique
le doute méthodique au *critère*. Nous ne pouvons vérifier une
chaîne d'argumentation que par d'autres chaînes d'argumentation. Et si la première chaîne d'argumentation est, par principe,
faillible, il est possible, par principe, que les autres le soient
également. C'est pourquoi, par principe, nous *pouvons* douter
des arguments logiques. Il est évident que douter de la validité
des chaînes d'argumentation n'est pas tout à fait pareil que
douter des impressions sensibles, puisque c'est *en vertu de* telles
chaînes d'argumentation que Descartes soutient que des chaînes
d'argumentation sont, par principes, faillibles.

Mais il n'est pas nécessaire ici de considérer plus avant l'argument
de Descartes. Il nous suffit d'affirmer que Descartes essaie de découvrir non ce dont il est raisonnable de douter, mais ce dont il est
logiquement possible, par principe, de douter. Et nous avons vu
qu'avec cette stricte exigence, Descartes a rejeté la philosophie, la
perception sensible et le raisonnement logique. Aucune de ces sortes
de connaissance n'est si absolument certaine qu'on puisse l'utiliser
pour fonder le système philosophique déductif que Descartes veut
créer. Nous pouvons ajouter ici que Descartes propose l'expérience
de pensée suivante pour justifier la mise en doute de tout ce que nous
pensons savoir : imaginez qu'il y ait un démon puissant et malicieux,
un *malin génie*[*1], qui nous abuse de sorte que nous nous trompions
sans en être conscients – c'est-à-dire qu'il y ait un « esprit malin » qui
nous nourrisse d'opinions fausses sans se faire remarquer. Nous ne
pourrions pas alors faire confiance à ce que nous pensons savoir. La
question est : comment pouvons-nous savoir que ce n'est pas le cas ?
Comment pouvons-nous savoir que nous ne sommes pas abusés par
un tel démon ?

Quelque chose peut-il réussir l'épreuve ? Descartes dit que oui : en
principe, il ne peut pas douter du fait qu'il est lui-même conscient et
qu'il existe. Même s'il doute de tout, il *ne peut pas* douter *qu'il doute*,
c'est-à-dire qu'il existe et qu'il est conscient. Ainsi avons-nous un

---

1. En français dans le texte (NdT).

«candidat» qui réussit l'épreuve, qui est, dans la formulation cartésienne, «*je pense, donc je suis*» (*cogito, ergo sum*).

La proposition *cogito, ergo sum* représente, pour l'homme qui
l'énonce, une connaissance qu'il ne peut rejeter. C'est une connaissance réflexive qu'on ne peut récuser : celui qui doute ne peut pas,
en tant qu'il doute, douter (ou nier) qu'il doute, et ainsi qu'il existe.
Ce n'est pas une inférence logique (de prémisse à conclusion) mais
une idée que celui qui doute ne peut rejeter[1]. Même si l'esprit malin
devait nous embrouiller, nous ne pourrions douter de notre propre
doute. C'est un petit début pour tout un système déductif, mais
Descartes établit alors une sorte de preuve de l'existence de Dieu. Il
passe de la conception de quelque chose de parfait à l'existence d'un
être parfait, Dieu.

Dieu et le rationalisme

Le point de départ de Descartes est qu'il a la conception d'un être
parfait. Il suppose de plus que cette conception de quelque chose de
parfait est elle-même parfaite, et qu'il n'est pas lui-même parfait,
puisqu'il est rempli de doute et d'incertitude. En outre, il suppose que
l'effet ne peut pas être plus grand que la cause. (Lorsqu'une chose est
cause d'une autre, il est impossible d'avoir plus dans ce qui est causé
que dans ce qui en est la cause, parce que sinon, ce qui est causé aurait
pu venir de rien; mais aucune chose ne peut être causée par rien.)
Puisque Descartes considère la conception de la perfection comme
parfaite, il en conclut que la conception d'un être parfait ne peut être
causée par quelque chose d'imparfait. Étant lui-même imparfait, il ne
peut pas être la cause de cette conception. La conception parfaite de
quelque chose de parfait ne peut être causée que par un être parfait.
C'est pourquoi lorsque Descartes a une telle conception parfaite d'un
être parfait, cette conception doit être causée par un être parfait, c'est-
à-dire Dieu. Ainsi, l'être parfait existe, Dieu existe.

Un Dieu parfait ne tromperait pas l'homme. Cela nous donne
confiance au critère que voici : tout ce qui est aussi évident que la
proposition *cogito, ergo sum* représente une connaissance certaine.
Nous voyons là le point de départ de l'épistémologie rationaliste de

---

1. L'idée inhérente au «*cogito, ergo sum*» ne doit pas être comprise comme une
conclusion obtenue à partir de prémisses données. Cet «*ergo*» ne se réfère pas à une
inférence logique partant de «*cogito*» (comme prémisse) et allant à «*sum*» (comme
conclusion). C'est une idée qu'on ne peut rejeter, qui signifie que le «je», en tant
que celui qui doute, pense («*cogito*») et en même temps est («*sum*»).

Descartes : le critère d'une connaissance valide ne s'appuie pas sur l'expérience (comme dans l'empirisme), mais sur le fait que les idées apparaissent *clairement et distinctement* à notre raison.

Descartes affirme qu'il est tout aussi évident pour lui qu'il existe un être pensant (l'âme) et un être étendu (la matière) qu'il existe lui-même et est conscient. Descartes postule par conséquent la doctrine de la *res cogitans* (l'âme) et de la *res extensa* (la matière) comme deux phénomènes fondamentalement différents et comme les deux seuls phénomènes qui existent (à part Dieu) : l'âme est seulement consciente, non étendue. La matière est seulement étendue, non consciente. La matière se comprend uniquement au moyen de la mécanique (vision du monde matérialiste, mécaniste), tandis que l'âme est libre et rationnelle. Nous reviendrons aux problèmes logiques qui apparaissent avec ce dualisme.

L'existence d'un Dieu qui ne nous trompe pas réfute l'idée d'un malin génie, étant donné qu'un Dieu parfait est un Dieu puissant. Mais étant donné un tel Dieu, comment est-il possible que nous nous trompions si souvent ? La réponse en est que nous nous trompons encore parce que nous ne procédons pas de manière systématique et critique dans l'analyse de ce qui se présente à nos pensées et à nos sens. Aussi devons-nous saisir ce qui est clair et distinct ; de plus, nous devons utiliser notre raison de manière critique pour distinguer entre ce qui est une croyance vraie et ce qui ne l'est pas. L'un dans l'autre, cela veut dire que nous pouvons encore avoir confiance en notre raisonnement, ainsi qu'en nos impressions sensibles, à condition d'être critiques et méthodiques dans l'usage de ces sources de connaissance. Dans ce contexte, Descartes revient aux types d'idées qu'il avait rejetées plus tôt comme faillibles *par principe,* en les reconnaissant comme utiles *en pratique.* Mais cette « réhabilitation » ne s'applique cependant pas à la philosophie antérieure[1].

1.

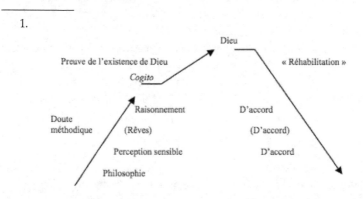

Ainsi Descartes développe-t-il son argumentation en se demandant d'abord s'il est logiquement possible de douter des thèses philosophiques, de la perception sensible, des rêves et du raisonnement logique (le doute méthodique), de sorte qu'il arrive finalement à l'idée réflexive qu'au minimum, il est impossible de douter de son propre doute (*cogito, ergo sum*). Toutes les prétentions de connaissance aussi nécessairement certaines que celle-ci doivent également être acceptées comme vraies. Descartes a ainsi découvert un critère de vérité. Il passe ensuite à la preuve de l'existence de Dieu sur la base de sa conception de la perfection – conception à laquelle il ne peut pas lui-même, en tant qu'être imparfait, avoir donné naissance. Dieu doit être à l'origine de cette conception. Dieu existe, en tant qu'être parfait, et donc ne peut pas nous tromper : ce que nous considérons, au moyen d'une évaluation critique, comme absolument clair et distinct doit donc être quelque chose en quoi nous pouvons avoir confiance. Par conséquent, Descartes réhabilite nos arguments théoriques (dont il avait douté auparavant), et il pense aussi qu'après l'avoir mis à l'épreuve de manière appropriée au moyen de la raison, nous devrions pouvoir faire confiance au témoignage de nos sens. De cette manière, il descend, de façon critique, vers une fondation solide (*cogito*, Dieu), puis trouve une nouvelle confiance critique dans notre connaissance théorique et sensible.

Le *critère de vérité* cartésien est ainsi *rationaliste*. Ce que la raison (*ratio*) atteint comme clair et distinct au moyen d'un raisonnement systématique et circonspect peut être accepté comme vrai. Les expériences sensibles devraient être soumises à une vérification par la raison ; elles inspirent essentiellement moins confiance que la raison[1].

La majeure partie de la philosophie de Descartes est consacrée à trouver des prémisses acceptables. Descartes ne va jamais jusqu'au développement d'un système strictement déductif, au contraire de Spinoza, son successeur rationaliste, qui mettra principalement l'accent sur le système déductif lui-même.

Nous pouvons ajouter qu'on connaissait bien, à l'époque de Descartes, le doute au sujet des critères de la connaissance certaine[2]. Le conflit entre catholiques et protestants était lié, entre autres, à la question du *critère* de la vérité chrétienne. Les protestants n'acceptaient pas le critère de la

---

1. Voir plus loin la conception de l'expérience chez les empiristes, Hume par exemple, qui comprennent l'expérience comme une perception interprétée à son tour comme simple impression sensible. Pour les empiristes, c'est la base de la connaissance. Voir aussi Hegel, qui concevait l'expérience comme expérience de vie.

2. Voir R. H. Popkin, *Histoire du scepticisme d'Érasme à Spinoza*, PUF, Léviathan, 1995, tr. Ch. Hivet.

tradition ecclésiastique : ils s'opposaient à ce que la doctrine chrétienne soit déterminée par un appel à la tradition. En général, ils ne mettaient pas en doute que ce que les catholiques disaient serait reconnu comme vrai *si* la tradition était acceptée comme critère (ou comme cour d'appel) ; ils doutaient de ce critère même. Comment savons-nous que la tradition est un critère vrai de la vérité chrétienne ? Les protestants posaient un autre critère : *la Bible seule, Sola Scriptura,* alors que les catholiques avaient la Bible et la tradition. Mais les Chrétiens n'étaient pas d'accord entre eux sur la manière d'interpréter la Bible. Le point de vue des protestants sur la Bible se formulait souvent ainsi : *la Bible, de la façon dont ses enseignements apparaissent à ma conscience.* La conscience individuelle devint le critère. Mais les catholiques répliquèrent que cela est plus arbitraire que la tradition : comment savons-nous que la conscience individuelle est un critère vrai de la vérité chrétienne ? Luther et Calvin, comme nous le savons, postulèrent des enseignements partiellement différents. Si la conscience individuelle doit être un critère, la doctrine chrétienne ne sera-t-elle pas dissoute dans une infinité d'opinions privées, et l'Église ne se dispersera-t-elle pas en une multitude de petites sectes ? Ce conflit entre le protestantisme et le catholicisme conduisit à l'un des problèmes fondamentaux de la philosophie : la question de la justification du critère de la vérité[1]. Comment justifions-nous les principes fondamentaux ? À l'époque de Descartes, beaucoup de catholiques français étaient devenus sceptiques à la suite de ce débat : *que sais-je ?*[2] (Montaigne, 1533-1592). Ils trouvaient impossible de justifier les premiers principes, les critères que nous utilisons pour justifier d'autres propositions. C'est pourquoi ils pensaient qu'il n'était pas possible de choisir entre les critères conflictuels qui divisaient catholiques et protestants. Mais cela signifie aussi qu'il n'était pas possible d'argumenter contre la foi qu'ils avaient alors – ainsi, ces sceptiques français restaient des catholiques.

On pense généralement que Descartes n'avait pas de théorie politique. Cependant, dans son *Discours de la méthode* (deuxième partie), il dit, en parlant de l'architecture, qu'une cité devrait être conçue par une seule personne, à partir d'une perspective unifiée. Cela donnera de meilleurs résultats que si les maisons se construisent peu à peu, selon le style de différents constructeurs et sans plan. Le point de vue que Descartes exprime ici semble, entre autres, clairement contraire à la conception de Burke d'une sagesse de la tradition qui se développe par l'expérience des générations et des conditions de la vie locale. Burke déteste ceux qui se proposent de raser d'un trait de plume ce qui

---

1. Sur la preuve aristotélicienne des premiers principes, voir Aristote, *Métaphysique* 1005b5-1006a28.
2. En français dans le texte.

existe déjà et de tout remodeler selon leur propre raison. Pour que la conception cartésienne de l'architecture et de l'urbanisme soit réalisée, il faudrait une personne compétente qui ait le pouvoir d'obtenir la terre, les matériaux, l'équipement et les travailleurs pour construire les nouvelles maisons. Cela semble nécessiter une sorte d'absolutisme éclairé : la concentration du pouvoir dans les mains d'une personne compétente, ainsi que l'impuissance et l'obéissance du peuple.

La vision mécaniste du monde et la relation entre l'âme et le corps

Les adeptes de la vision mécaniste du monde concevaient l'univers comme composé d'un nombre infini de petites particules matérielles indivisibles, ayant des propriétés exclusivement quantitatives, qui se déplaçaient dans l'espace et ne se heurtaient que selon les lois de la mécanique, sans intention ni but. Ces concepts se révélèrent fructueux en mécanique et fascinèrent bon nombre de philosophes – tels Hobbes, Descartes, Leibniz et Spinoza – à tel point que ceux-ci, de différentes façons, appliquèrent ces mêmes concepts à la philosophie[1].

Mais le fait que certains concepts sont fructueux quand on les applique à un aspect de la réalité ne signifie pas qu'ils donnent une image vraie de *tout* phénomène de l'univers. Le transfert de concepts de la mécanique classique, qui est une théorie scientifique, à la conception mécaniste du monde, qui est une théorie philosophique, présentait des défis intéressants : la théorie philosophique était beaucoup plus ambitieuse que la théorie scientifique. Ainsi la conception mécaniste du monde, en tant que théorie philosophique, se heurtait-elle à des difficultés philosophiques, comme nous l'avons déjà vu avec la théorie des atomes de Démocrite. Si ces concepts quantitatifs doivent donner une image vraie de toute chose, comment expliquer notre expérience des couleurs, des odeurs, de la douleur, etc., c'est-à-dire des qualités, et comment expliquer la distinction entre phénomènes matériels et mentaux ? À ceux qui sont fascinés par les concepts matérialistes et mécanistes se pose le dilemme suivant : d'un côté, nous faisons l'expérience des qualités (qualités sensibles : odeur, couleur, goût) et des phénomènes mentaux (*je* et *tu*, par opposition à *ça*) ; d'un autre côté, les qualités ou les phénomènes mentaux ne peuvent pas exister

---

1. Il y avait cependant, parmi les adeptes d'une vision mécaniste du monde, différents points de vue, concernant la manière dont la substance, les forces et l'espace devaient être compris. Newton, par exemple, pensait que le vide absolu existe, alors que Descartes et Hobbes rejetaient cette notion.

si ces concepts matérialistes et mécanistes sont les seuls vrais. Il y a différentes solutions à ce dilemme, qui dépendent toutes de notre niveau de croyance dans la conception mécaniste du monde.

Il est permis d'estimer que Hobbes est le matérialiste le plus orthodoxe. Dans une certaine mesure, on peut dire qu'il affirme que les qualités et les phénomènes mentaux sont « au fond » matérialistes et mécanistes. Lorsque ce point de vue est cohérent, il est appelé monisme matérialiste.

Descartes essaie de jouer sur les deux tableaux : la nature (*res extensa*) est conforme aux concepts matérialistes, mais l'âme (*res cogitans*) ne l'est pas. Ce point de vue est habituellement appelé dualisme psychophysique. Descartes définit ces deux domaines, *res extensa* et *res cogitans*, comme des contraires logiques. Mais, en même temps, il prétend qu'ils s'influencent mutuellement et que cette influence mutuelle requiert une *identité* entre cause et effet (voir sa preuve de l'existence de Dieu). Il est donc pris dans une contradiction logique, puisqu'il postule une identité entre deux facteurs définis comme logiquement différents. C'est là un problème philosophico-logique, un problème conceptuel et non un problème résoluble par une recherche empirique.

Ni l'un ni l'autre de ces philosophes ne doute de ce dont nous faisons l'expérience, c'est-à-dire de la corrélation entre ce qui se passe dans le corps et ce qui se passe dans l'âme. Au contraire, cette corrélation est leur point de départ. Leur problème est de savoir comment elle peut *s'expliquer* théoriquement. Dans leurs tentatives d'explication, ils utilisent de manière cohérente des concepts mécanistes. Nous pouvons par exemple essayer d'éviter la contradiction du dualisme cartésien en niant qu'il y ait une véritable connexion causale entre le corps et l'âme : quand deux horloges marquent la même heure, ce n'est pas parce qu'elles ont une influence l'une sur l'autre, mais parce qu'elles ont été faites et réglées pour marquer la même heure. Il en est de même avec le corps et l'âme. Quand je veux lever mon bras et que mon bras se lève, ce n'est pas ma volonté qui guide mon bras, mais le corps et l'âme sont dans une telle harmonie que cette action a lieu parallèlement. Ou bien nous pouvons dire que le corps et l'âme ne sont que deux manifestations de la même réalité. Ce point de vue peut être appelé parallélisme psychophysique (voir Spinoza).

Monisme matérialiste – Hobbes
Dualisme psychophysique – Descartes
Parallélisme psychophysique – Spinoza

PASCAL – LA RAISON DU CŒUR

Blaise Pascal (1623-1662) avait déjà écrit à l'âge de seize ans un traité de géométrie qui l'avait rendu célèbre. Mais il se consacra bientôt à la foi chrétienne et à la théologie, après une conversion personnelle dramatique. Il y a une ligne directe, passant par Pascal, d'Augustin aux philosophes existentialistes chrétiens modernes. Dans la vie culturelle française, Pascal et Descartes sont aux antipodes l'un de l'autre : ils représentent deux traditions opposées.

Dans ses *Pensées*, Pascal plaide pour la raison du cœur, alors qu'en même temps, il affirme qu'on ne peut ni prouver ni réfuter les croyances religieuses, et que, pour ce seul motif, nous avons tout à gagner et rien à perdre à croire en Dieu. Questions et choix essentiels – ici, choisir le Dieu de la Bible – sont les thèmes fondamentaux que Pascal partage avec les philosophes existentiels de notre époque[1].

On peut dire que Pascal appartient au rationalisme, puisque son désespoir existentiel dû à l'incertitude de nos connaissances représente une sorte de rationalisme inversé : plus précisément, il partage l'horizon des rationalistes. Il a les mêmes idéaux de connaissance, qui requièrent une certitude sur les grandes questions religieuses et métaphysiques. Mais il ne croit pas que l'on puisse répondre à ces questions au moyen du rationalisme. Il en arrive ainsi à un désespoir existentiel qui représente une opposition mesurée à la confiance rationaliste en nos capacités cognitives.

---

1. *Pensées* :

« L'homme n'est qu'un roseau, le plus faible de la nature ; mais c'est un roseau pensant. Il ne faut pas que l'univers entier s'arme pour l'écraser. Une vapeur, une goutte d'eau suffit pour le tuer. Mais quand l'univers l'écraserait, l'homme serait encore plus noble que ce qui le tue, puisqu'il sait qu'il meurt ; et l'avantage que l'univers a sur lui, l'univers n'en sait rien » (§264).

« Ne cherchons donc point d'assurance et de fermeté. Notre raison est toujours déçue par l'inconstance des apparences ; rien ne peut fixer le fini entre les deux infinis ». (§84)

« Le cœur a ses raisons, que la raison ne connaît point » (§477).

« La foi est un don de Dieu. Ne croyez pas que nous disions que c'est un don de raisonnement » (§480).

« C'est le cœur qui sent Dieu, et non la raison » (§481).

« Qu'il y a loin de la connaissance de Dieu à l'aimer ! » (§476).

VICO – L'HISTOIRE COMME MODÈLE

La nouvelle conscience historique, qui atteignit son apogée au dix-neuvième siècle, a été clairement annoncée par le philosophe italien de l'histoire, Giambattista Vico (1668-1744). Le *magnum opus* de Vico, ses *Principi di una scienza nuova* (1725), est d'un abord difficile et fut peu connu de son vivant, mais son idée principale est facile à saisir : selon Vico, nous ne pouvons connaître d'une manière claire et certaine que ce que nous avons créé[1]. Vico a surtout réfléchi sur la société et l'histoire, mais aussi sur les institutions et les décrets qui constituent une société. Ce que l'homme a créé est fondamentalement différent de ce qui est créé par Dieu, c'est-à-dire la nature. Puisque la nature n'est pas créée par l'homme, mais par Dieu, seul Dieu peut la comprendre entièrement. Nous pouvons décrire ses processus et élucider comment les phénomènes physiques adviennent dans les situations expérimentales, mais nous ne pouvons jamais savoir *pourquoi* elle se comporte comme elle le fait. L'homme ne peut connaître la nature que de l'extérieur, du point de vue d'un observateur. Nous ne pouvons jamais comprendre la nature de l'intérieur, comme le fait Dieu. Les seules choses qui sont entièrement compréhensibles et intelligibles sont celles que nous comprenons de l'intérieur, quand

---

1. L'idée principale de Vico était déjà, en un sens, formulée par Hobbes. Voir « Six leçons aux professeurs de mathématiques », dans Molesworth, W. (éd.), *English Works*, vol. 7, p. 183-184 : « Parmi les arts, certains sont démontrables, d'autres indémontrables. Sont démontrables ceux dans lesquels la construction du sujet est au pouvoir de l'artiste lui-même qui, dans sa démonstration, ne fait rien d'autre que déduire les conséquences de sa propre opération. La raison en est que la science de chaque sujet dérive d'une pré-connaissance de ses causes, de sa génération et de sa construction, et par conséquent, là où les causes sont connues, il peut y avoir démonstration, mais non là où les causes sont à chercher. C'est pourquoi la géométrie est démontrable, car nous traçons nous-mêmes et décrivons les lignes et les figures à partir desquelles nous raisonnons, et la philosophie civile est démontrable puisque nous faisons le monde commun nous-mêmes. Mais puisque nous ne connaissons pas la construction des corps naturels, mais que nous la cherchons à partir des effets, il n'y a pas de démonstration de ce que les causes cherchées sont seulement de ce qu'elles peuvent être ». Pour Hobbes, ce principe n'a aucune conséquence pour l'histoire en tant que science. Kant aborde aussi l'idée principale de Vico, mais il n'établit aucune distinction entre les sciences de la nature et les sciences humaines. Il dit, concernant le spécialiste des sciences de la nature : « La raison n'aperçoit que ce qu'elle produit elle-même » (*Critique de la Raison Pure*, Préface de la seconde édition, B XIII). On ne trouve pas avant Herder, Droysen et Dilthey une thématisation de l'histoire et des sciences de l'esprit qui suive la tentative faite par Vico d'établir une nouvelle science humaine.

nous reconnaissons que l'homme en est le créateur[1]. Pour Vico, par conséquent, la distinction entre ce qui est construit et ce qui est donné par la nature a d'importantes implications épistémologiques.

Premièrement, la *scienza nuova* représente un correctif au cartésianisme. Descartes avait affirmé que les études humanistes ne pouvaient pas nous apporter des connaissances sûres. De plus, les humanités ont un statut inférieur : pourquoi étudier les conditions sociales de la Rome antique, demandait Descartes ironiquement, si nous ne pouvons apprendre rien de plus que ce que savait la bonne de Cicéron ? Comme on le voit, Vico renverse cet argument : nous ne pouvons avoir de connaissances certaines que dans les sciences où l'homme lui-même a créé l'objet de la recherche. Cela s'applique à la fois à la géométrie (où nous « fabriquons » définitions, axiomes, et règles d'inférence) et à l'histoire. Nous ne pouvons jamais atteindre le même degré de certitude dans le domaine des sciences de la nature.

Deuxièmement, Vico anticipe le débat contemporain à l'intérieur de la philosophie des sciences sur la relation entre sciences humaines et sciences de la nature. Pour lui, la différence entre ces deux domaines n'est pas seulement l'affaire d'une différence de méthodes, mais aussi d'une différence de relations entre le sujet et l'objet de la connaissance. Selon Vico, la société, la culture et l'histoire sont des produits de l'esprit humain[2]. Ainsi, dans la « science nouvelle », le chercheur essaie de comprendre la société et la culture comme expressions des intentions, motivations et désirs humains. Dans les sciences humaines, nous ne sommes pas concernés par la distinction cartésienne entre sujet et objet. Ici l'objet de connaissance est lui-même un sujet (les êtres humains et les sociétés qu'ils créent), et le chercheur participe en un certain sens à la vie et aux activités d'autres êtres humains. Par

---

1. G. Vico, *La science nouvelle* (1725), p. 108 (Livre I, « Des principes ») : « Et pourtant, du milieu de cette nuit profonde et ténébreuse qui enveloppe l'antiquité, dont nous sommes si éloignés, nous apercevons une lumière éternelle, et qui n'a pas de couchant, une vérité que l'on ne peut aucunement révoquer en doute : *Ce monde civil a certainement été fait par des hommes*. Il est donc possible, car cela est utile et nécessaire, d'en retrouver les *principes* dans les *modifications mêmes de notre esprit*. En réfléchissant à ce sujet, nous nous étonnons en vérité de l'entreprise des *philosophes* qui s'efforcèrent d'acquérir la *science de ce monde naturel*. *Dieu* seul qui l'a *fait* en *connaît* et en *possède* la *loi*. Ces mêmes philosophes négligèrent de méditer sur le monde des nations, ou *monde civil* ; et cependant, celui-ci, *fait par les hommes*, pouvait être connu et expliqué par la *science humaine* ».

2. La principale thèse de Vico joue un rôle central dans l'interprétation, donnée par Wilhem Dilthey, de la philosophie des sciences de l'esprit. Voir son *Édification du monde historique dans les sciences de l'esprit*, p. 102 : « L'esprit ne comprend que ce qu'il a créé [...] Tout ce sur quoi l'homme, en agissant, a imprimé sa marque constitue l'objet des sciences de l'esprit ».

ailleurs, le chercheur restera toujours un observateur de la nature. C'est là le contexte qui requiert des méthodes différentes dans les sciences humaines et dans celles de la nature.

Les réflexions épistémologiques de Vico touchent aussi à l'une des questions fondamentales de l'histoire : comment pouvons-nous comprendre aujourd'hui ce que des époques historiques anciennes et des cultures étrangères ont créé ? Lorsque les historiens et les philosophes s'expriment à propos du passé, déclare Vico, ils le font sans conscience historique. Ils attribuent aux siècles passés une connaissance qui n'est présente qu'à leur propre époque. Or les conceptions intellectuelles et mentales de l'homme varient d'une époque à l'autre. La connaissance qui était formulée et appliquée à une certaine époque pourrait difficilement être formulée ou appliquée à une autre. Vico souligne par exemple que l'on commet un anachronisme en supposant que nos droits de l'homme existaient dans l'enfance de l'humanité. Des penseurs des droits de l'homme, comme Hobbes et Grotius, ont oublié qu'il « a fallu plus de deux mille ans de philosophie [...] pour donner naissance à des philosophes [c'est-à-dire à des penseurs qui développent la théorie moderne du droit naturel] »[1]. Nous devons surtout nous garder de croire que dans le passé les gens avaient élaboré une langue, un art poétique et une rationalité correspondant à ceux de notre époque.

Si nous voulons comprendre les hommes du passé, nous devons travailler à partir de leur langue ; la philologie est donc importante. Nous devons nous placer dans leur situation et apprendre à voir les choses de leur point de vue. De nos jours, nous le tenons pour acquis, mais ce n'était pas le cas à l'époque de Vico. Nous avons quelque chose que Vico s'efforce d'atteindre, que nous appelons aujourd'hui « la conscience historique ».

Mais comment se plonger dans des cultures et des époques étrangères ? Vico critique le point de vue des penseurs radicaux des Lumières voyant dans la Bible un simple compendium de mythes et de légendes qui seraient en fait des « préjugés » et une « falsification » entretenus par les ecclésiastiques. Les mythes sont plutôt la preuve que l'homme des temps anciens organisait ses expériences en schémas conceptuels qui se distinguent de ceux des époques plus tardives. Les anciens voyaient le monde à travers les lunettes mythologiques. Leur monde ne peut se reconstruire qu'en utilisant notre imagination ou notre empathie. Par l'imagination, la *fantasia*, nous pouvons nous mettre à la place des autres ; par elle, nous pouvons participer

---

1. G. Vico, *La science nouvelle* (1725), p. 107 (Livre I, « Des éléments », CXIV).

à leurs vies et comprendre leur monde de l'intérieur. La *fantasia* est la capacité à imaginer différentes façons de catégoriser le monde. Si nous rejetons les mythes comme des « préjugés », nous perdons la capacité à comprendre tant les pensées des hommes du passé que leur manière d'agir à partir d'une compréhension mythique de la réalité, et ainsi à savoir comment ils se transformèrent eux-mêmes et transformèrent leur monde. Vico pense que nous pourrons apprendre à utiliser l'imagination méthodiquement pour étudier le passé si nous pouvons nous rappeler ce que nous ressentions lorsque nous étions enfants. Nous nous étonnons souvent devant la combinaison étrange de mots et les associations faites par un enfant, devant sa « poésie », son « irrationalité » et son incapacité à tirer des conclusions logiques. Selon Vico, la mentalité primitive et prélogique des premiers êtres humains a dû aussi ressembler à tout cela. De même que l'enfant devient un adulte, un individu rationnel et moral, les premiers peuples développèrent progressivement leur capacité à penser rationnellement. Vico voit une analogie entre le développement d'un peuple et celui d'un individu ; la phylogenèse (développement des espèces) ressemble à l'ontogenèse (développement de l'individu). Tous les peuples ont une enfance, une jeunesse, un âge adulte, une vieillesse et une mort. Ce processus implique une structure cyclique qui se répète sans fin.

Pour Vico, la connaissance à laquelle nous parvenons à l'aide de notre imagination n'est pas une connaissance basée sur les faits au sens normal ; ce n'est pas non plus une connaissance basée sur les relations entre concepts. Elle ressemble plutôt à la connaissance que nous pensons avoir du caractère et du comportement d'un ami intime. Vico affirme que, puisque nous partageons une même nature humaine, nous pouvons comprendre de l'intérieur d'autres êtres humains. En d'autres mots, nous pouvons interpréter leurs actions comme l'expression d'intentions, de désirs et de raisons. Nous commençons à approcher une telle connaissance lorsque nous essayons de savoir comment les gens vivaient dans l'Athènes de Platon ou la Rome de Cicéron. Selon Vico, nous ne parvenons à une telle connaissance qu'en utilisant l'empathie ou la *fantasia*. De cette manière, Vico tente d'identifier une idée ou une connaissance qui n'est ni déductive ni inductive (ni hypothético-déductive). C'est pourquoi il veut nourrir les études humanistes d'un programme de recherche et de nouveaux principes de méthode.

La *Scienza nuova* est une synthèse de philologie, de sociologie et d'histoire. Vico met l'accent sur ce que nous pouvons appeler compréhension d'époque. De ce point de vue, l'histoire se compose de trois époques principales : 1) l'âge des dieux, 2) l'âge des héros, et 3) l'âge des hommes. Pour Vico, il s'agit là de l'«histoire idéale éternelle» que traversent toutes les nations. Il ne pense évidemment pas que l'histoire suive le même chemin partout. Mais les différentes nations approchent plus ou moins une structure historique archétypique : une nation naît, se développe et meurt. Les nouvelles nations répètent le même cycle. Vico sait qu'on ne peut pas faire complètement remonter une «histoire idéale éternelle» aux intentions d'individus particuliers, et que les actions d'une personne ont souvent des conséquences imprévues. À cet égard, il parle des chemins de la providence divine qu'on ne peut chercher dans l'histoire. Toutefois, il distingue sa position à la fois de la conception du destin par les stoïciens et de celle de la nécessité par Spinoza. Dieu, ou la providence divine, n'intervient pas directement dans l'histoire, mais réalise plutôt, par les actions humaines, quelque chose que nul n'avait imaginé[1].

À la lumière de ce modèle «idéal-typique», nous pouvons approcher davantage la conception de l'histoire selon Vico : l'homme des premiers âges était rempli d'horreur et de peur lorsqu'il était confronté aux forces de la nature ; il attribuait à la nature intention et but. L'existence entière était en un certain sens sacrée. Les hommes n'avaient pas encore développé les concepts universels et le langage articulé des âges suivants. Leur vision du monde reposait sur une pensée analogique et associative[2]. Ils imaginaient que les traditions, les coutumes et les institutions étaient déterminées par les dieux. La justice et la vérité s'obtenaient par l'intermédiaire des oracles. Le premier «droit naturel» fut considéré comme garanti par les dieux. La forme de gouvernement était théocratique. Ainsi, dans ce mode de vie, tout était interconnecté et conditionné par la «nature» (mentalité) primitive de l'homme. Selon le schéma de Vico, c'était *l'âge des dieux*. Dans cette phase, l'homme développa la religion, l'art et la poésie conformément à son mode de vie et à son niveau affectif. Dans la deuxième phase, *l'âge des héros,* les pères puissants devinrent les chefs de familles et de tribus. Les individus faibles cherchèrent une protection et devinrent esclaves. Selon Vico, on trouve une image de

---

1. Les êtres humains étant créés par Dieu, ils ne pourront jamais comprendre complètement comment ils entrent dans Son plan, comment Il utilise la nature humaine pour réaliser Son projet concernant l'homme. À partir d'un point de vue légèrement différent, nous pouvons dire que les disciplines qui voient l'homme respectivement comme «nature» et comme «esprit» sont radicalement différentes (voir la distinction faite par Vico entre sciences de la nature et humanités).

2. Selon Vico, on peut encore trouver des traces de cette vision du monde dans notre propre langage : nous ne croyons plus qu'un fleuve peut avoir des bouches même quand nous parlons des «bouches du Rhône»; pour nous, le cyclone n'a pas d'œil, mais nous nous référons généralement à «l'œil du cyclone».

cette époque dans l'*Iliade* d'Homère[1]. Les héros d'Homère chantent ; ils ne parlent pas en prose. Les métaphores l'emportent sur les termes techniques. La sagesse de l'époque est « poétique », non philosophique ou discursive. Dans cette période existe également une connexion interne entre vision du monde, poésie et mode de vie.

La différenciation sociale crée une dynamique interne à l'âge des héros. La vie des esclaves et ce qu'ils produisent sont aux mains des maîtres[2]. Progressivement, les esclaves commencent à se rendre compte de leur propre force et ont moins besoin de protection. Ils se sont « humanisés », apprennent à discuter et exigent des droits. Le défi des esclaves oblige les maîtres à employer la force pour réprimer la révolte des opprimés. Ce conflit est la source de l'aristocratie et de la monarchie. Pour Vico, Solon (env. 630-560 av. J.-C.) fut le premier porte-parole d'un nouvel égalitarisme.

Solon encouragea les opprimés à réfléchir et à réaliser qu'« étant de même nature que les nobles, ils devaient jouir comme eux des droits civils »[3]. Vico anticipe ainsi la dialectique du maître et de l'esclave de Hegel (voir chapitre 17). Lorsque ceux qui sont gouvernés sont reconnus égaux à ceux qui gouvernent, dit Vico, il est inévitable que la forme de gouvernement change. Ainsi, l'État passe d'une aristocratie à une démocratie. Dans cette période de transition, le langage aussi change de caractère. Nous entrons dans un âge « prosaïque ». Les êtres humains apprennent à utiliser les abstractions et les concepts universels. La sagesse philosophique remplace la sagesse poétique. Les « modernes » font la distinction entre le profane et le sacré, entre le temple et la taverne. Dans cette troisième époque historique que Vico nomme *l'âge des hommes*, l'*individu* apparaît pour la première fois, ainsi que l'*individualisme*. L'individualisme et l'égoïsme créent des tendances à la désintégration et à la dissolution. Les derniers êtres humains « modernes » de l'Antiquité sont les cyniques, les épicuriens et les stoïciens. Le déclin se termine dans la barbarie, et le Moyen Âge déclenche un nouveau cycle.

Selon Vico, tous les peuples passent par une telle structure cyclique (*corsi e ricorsi*). Il n'est pas facile de savoir s'il interprète ce processus historique comme un « éternel retour » ou comme une structure

---

1. Vico souligne que l'*Iliade* et l'*Odyssée* ont été composées par plus d'un auteur (il soutient que six siècles séparent la composition des deux livres) ; et que l'*Iliade* n'est pas l'œuvre d'un seul homme, mais le produit d'un peuple (voir la poésie populaire). Il entame ainsi une controverse sur la « question homérique ».

2. G. Vico, *La science nouvelle* (1725), p. 239 (Livre II, « De la politique poétique »).

3. *Ibid.*, p. 151 (Livre II, « Corollaires sur le langage par caractères poétiques des premières nations »).

dialectique en spirale. Le moteur de ce processus est l'homme lui-même ; par la guerre et le conflit, il crée de nouveaux modes de vie et des institutions qui reflètent à nouveau sa vision de l'existence. C'est pourquoi Vico annonce la vision dialectique de l'histoire de Hegel et de Marx. Le spécialiste de Vico qui le caractérisa comme « matérialiste historique imaginatif » n'était pas loin de la vérité (Isaiah Berlin).

En un certain sens, nous pouvons dire aussi que Vico a introduit ce qu'on appelle principe historiciste d'individualité : chaque culture et chaque époque est particulière et unique (voir chapitre 16). Les nouveaux modes de vie ne sont ni meilleurs ni pires que ceux du passé ; ils sont simplement différents. Conformément à ce principe d'individualité, Vico nie qu'il y ait des critères esthétiques absolus. Chaque époque a sa propre forme d'expression. Ce que nous appelons l'épopée d'Homère est ainsi l'expression d'un âge héroïque et d'une classe dirigeante barbare – puisque seules des conditions semblables pouvaient produire la vision de la vie et de l'homme que nous trouvons dans l'*Iliade* et l'*Odyssée*. Les époques suivantes, selon Vico, n'auraient pu créer de telles épopées, puisque les gens vivants à l'époque d'Homère voyaient littéralement des choses que nous ne pouvons plus voir. De la même manière, il faut considérer des personnages héroïques et démocratiques (tels que, respectivement, Moïse et Socrate) comme des expressions spécifiques et caractéristiques des mentalités et des pensées de deux époques différentes. De façon semblable, les cruautés raffinées de Néron sont un exemple d'un âge de déclin et de dissolution. Conformément à ce principe d'individualité, Vico affirme que la forme dominante de gouvernement est conditionnée par le caractère du droit naturel de l'époque. La conception du droit naturel est également ancrée dans la morale et les coutumes qui reflètent finalement la vision de la réalité et le mode de vie de l'époque. Nous pouvons ainsi trouver une véritable *unité* dans les institutions d'une société donnée. Cette unité est l'expression des ressources de l'homme et de ses modes de pensée. C'est pourquoi Vico développe un principe historiciste d'individualité que nous retrouverons plus tard chez Herder et Hegel, ainsi que dans l'érudition allemande des sciences de l'homme (en allemand : *Geisteswissenschaft,* c'est-à-dire littéralement : science de l'esprit).

Questions

Expliquez le rôle du doute méthodique dans la philosophie de Descartes.

Comment Descartes est-il arrivé à «*cogito, ergo sum*»? Quel rôle joue cette proposition dans sa pensée?

Expliquez la preuve cartésienne de l'existence de Dieu.

Expliquez le point de vue de Descartes sur la relation entre l'âme (*res cogitans*) et le corps (*res extensa*). Expliquez les problèmes inhérents à ce point de vue.

Exposez la conception qu'avait Vico des sciences de l'homme.

SUGGESTIONS DE LECTURE COMPLÉMENTAIRE

SOURCES

Descartes, R., *Discours de la Méthode*, Vrin, 1992.

Descartes, R., *Méditations métaphysiques*, PUF, 2000.

Pascal, B., *Œuvres complètes*, Gallimard, Pléiade, 1954.

Vico, G., *La science nouvelle* (1725), Gallimard, collection Tel, tr. Christina Trivulzio princesse de Belgiojoso.

COMMENTAIRES

Marion, J.-L., *Sur l'ontologie grise de Descartes. Science cartésienne et savoir aristotélicien dans les Regulae*, Vrin, 1975.

Paoli, M., *Les Principes de la Philosophie de Giambattista Vico. Exposés more geometrico*, «Chroniques italiennes», XXVII (1991), p. 43-52.

Rodis-Lewis, G. *Descartes*, Calmann-Lévy, 1995

Sacy, S.S. de, *Descartes*, Seuil, 1996.

G.B.Vico et la naissance de l'anthropologie philosophique, L'art du comprendre, avril 1998.

CHAPITRE 10

Le rationalisme comme système

SPINOZA – DIEU EST LA NATURE

Biographie. *Baruch Spinoza (1632-1677) naquit à Amsterdam dans une famille juive qui avait fui l'inquisition portugaise. Enfant, il étudia la philosophie rabbinique et la théologie, et il était considéré comme un candidat prometteur au rabbinat. Mais encouragé par l'étude des sciences de la nature et de la philosophie de Descartes, il fit bientôt preuve de liberté d'esprit. Son attitude, indépendante et ne se satisfaisant pas de réponses faciles, le mit en conflit avec la communauté juive. Quand prières et menaces échouèrent à le détourner de son hérésie, Spinoza, alors âgé de vingt-quatre ans, fut expulsé de cette communauté et frappé d'anathème. Il se retira du monde et se consacra à une vie simple et paisible. Il gagna sa vie en polissant des lentilles pour des instruments d'optique. Ainsi était-il libre et indépendant. Il refusa plus tard l'offre d'une chaire dans une université afin de pouvoir se consacrer totalement à ses recherches philosophiques. Malgré le conflit que suscita sa philosophie, malgré les accusations d'athéisme et de matérialisme, personne ne pouvait critiquer sa manière de vivre. Son existence sereine, à l'écart des passions et des ambitions du monde, fut celle d'un philosophe élevé qui montre une complète harmonie entre vie et doctrine. Spinoza souffrait d'une maladie de poitrine, et il mourut à l'âge de quarante-cinq ans.*

Spinoza écrivait en latin. La plupart de ses écrits furent publiés après sa mort. Son Court Traité de Dieu, de l'Homme et de la Béatitude

(« Tractatus brevis de Deo et homine ejusque felicitate ») *montre par son titre les thèmes majeurs de sa philosophie : Dieu, l'homme, et le bonheur de l'homme. Parmi les écrits de Spinoza, mentionnons le* Traité de la Réforme de l'Entendement (« Tractatus de intellectus emendatione »), *publié anonymement en 1670, et le* Traité Théologico-politique (« Tractatus theologico-politicus »). *Son œuvre majeure est l'*Éthique démontrée selon la méthode géométrique (« Ethica ordine geometrico demonstrata »).

La substance et l'attribut

Spinoza, qui appartient à l'école classique du rationalisme aux côtés de Descartes et Leibniz, est l'un des grands bâtisseurs de système. En tant que bâtisseur rationaliste de système, il s'inspire comme Descartes de la géométrie euclidienne. Il a la plus grande confiance en la capacité de la raison humaine à atteindre une connaissance absolument certaine à l'aide d'axiomes et d'inférences déductives. Nous pouvons mentionner certains des thèmes de l'histoire des idées auxquels il se rattache : sa philosophie morale présente des parallèles avec le stoïcisme, sa théorie de la Nature est liée au panthéisme, ses idées religieuses à la libre critique de la Bible, et sa philosophie politique à l'exigence de tolérance, nouvelle en son temps.

Dans son *Traité de la Réforme de l'Entendement*, Spinoza traite de la question éthique fondamentale du bien suprême, rejetant comme bien inférieur les choses que la plupart des gens recherchent, par exemple les honneurs, les richesses et les plaisirs. Pour lui, la question du bien suprême est liée à celle de la forme suprême de connaissance. Or il dénombre quatre voies vers la connaissance :

1. nous acquérons une connaissance par ouï-dire mais sans expérience personnelle en la matière. C'est ainsi par exemple que nous apprenons notre date de naissance ;
2. nous acquérons une connaissance par expérience directe, personnelle ;
3. nous acquérons une connaissance à l'aide d'inférences logiques puisque, au moyen de méthodes déductives, nous inférons des assertions vraies à partir d'autres assertions que nous savons être vraies. Cette voie d'acquisition de la connaissance est sûre, mais elle suppose que nous ayons déjà des énoncés vrais dont nous pouvons tirer des inférences ;
4. la quatrième et dernière voie d'acquisition de la connaissance est l'intuition directe. C'est la seule qui nous donne une connaissance

claire et certaine et qui nous mène à l'essence des choses. Nous voyons ici des similarités avec la façon dont Descartes aborde l'intuition et l'évidence.

La première voie d'acquisition de la connaissance est de seconde main et peu sûre. La deuxième est aussi, en principe, peu sûre, dans la mesure où il est toujours possible de mal interpréter ce dont nous faisons l'expérience (voir les arguments de Descartes sur la faillibilité de l'expérience sensible). La troisième suppose, comme nous l'avons mentionné, que les points de départ soient bien-fondés. Par conséquent, si nous voulons avoir une connaissance adéquate, il doit y avoir une quatrième voie, celle de la connaissance directe, intuitive. Et l'on ne peut nier, sans finir dans un scepticisme qui se dissout de lui-même, que, d'une manière ou d'une autre, nous avons des connaissances adéquates – par exemple, nous devons être capables de dire que nous avons une connaissance adéquate du fait que nous ne pouvons pas avoir une connaissance adéquate par les trois premières voies, assertion qui suppose que nous possédions déjà le quatrième genre de connaissance. C'est ainsi que nous pourrions argumenter en faveur du rationalisme de Spinoza.

Dans son *Traité Théologico-Politique,* Spinoza discute de la recherche biblique historique, dans l'idée que la philosophie et la théologie sont, en principe, des choses différentes. La philosophie est une science dont le but est la vérité, mais la théologie n'est pas une science, et son but est la conduite pratique requise pour une vie pieuse. Cette œuvre causa un grand choc.

Dans ce traité, Spinoza souligne la question de la tolérance. Les différentes sortes de gouvernements peuvent avoir de bons et de mauvais côtés, mais le point décisif réside dans le fait qu'il doit y avoir liberté de croyance, liberté de pensée et liberté d'expression. Spinoza cherche à justifier son idée du politique par sa théorie de la nature humaine. Pour lui, l'essence de l'homme est la volonté de vivre et de préserver la vie. Mais pour comprendre ce que cela entraîne, nous devons en apprendre plus sur sa philosophie.

Son *magnum opus, l'Éthique démontrée selon la méthode géométrique,* est une étude à la fois éthique et métaphysique. Dans sa structure, cette œuvre a pour modèle les systèmes géométriques. Spinoza commence par huit définitions et sept propositions, dont il déduit plusieurs conclusions éthiques et métaphysiques. Même si l'on peut s'interroger sur la validité des inférences en un sens strictement logique, il ne fait pas de doute que cet ouvrage représente un système philosophique complet et unifié. L'*Éthique* semble aride et abstraite. Mais derrière son aspect formel, il y a des idées qui donnent à réfléchir sur la condition humaine, avec des suggestions sur la manière d'échapper aux peurs et aux passions d'une vie obscure et sans intérêt pour aller vers une vie sereine et libre dans laquelle nous pourrions considérer la vie et l'univers selon une perspective éternelle, *sub specie aeternitatis*. Cela signifie connaître et reconnaître les lois sous-jacentes de la Nature, et, en se rendant compte de leur nécessité, acquérir la paix de l'âme et la liberté. Derrière la forme mathématique se trouve donc une vision de la place de l'homme dans l'univers. La première partie de l'*Éthique*, «De Dieu», concerne la structure de base de l'univers. L'homme a une position subordonnée, mais grâce à la raison, il peut reconnaître le divin et parvenir ainsi au bien suprême. La deuxième partie, «De la Nature et de l'Origine de l'Esprit», traite également de la doctrine plus métaphysique de l'univers et de l'homme. Mais dans la partie III, «De l'Origine et de la Nature des Sentiments», et dans la IV, «De la Servitude Humaine, ou des Forces des Sentiments», la doctrine des sentiments est centrale. Le grand obstacle qui nous empêche d'atteindre le vrai bonheur et la vraie sérénité est l'ensemble des passions, des sentiments. Nous nous laissons sans cesse influencer par diverses forces externes. L'esprit est déséquilibré, et nous réalisons des actions qui nous mènent au malheur. Les passions nous contrôlent et nous affaiblissent; elles nous rendent esclaves des désirs de richesse, d'honneur, de plaisir. Dans la cinquième partie, «De la Puissance de l'Entendement, ou De la Liberté Humaine», on parvient, dans ce jeu des passions, à la rédemption : c'est la manière dont l'homme sage pense l'essence nécessaire de l'univers et l'oblitération de la distance entre soi et le reste de l'univers. Mais l'étude sans passion des passions par Spinoza n'entraîne pas un rejet de tous les sentiments ou affections du corps. Il distingue entre sentiments bons et nuisibles. Les bons sont ceux qui accroissent notre activité, les nuisibles ceux qui nous rendent passifs. Quand nous sommes actifs, nous sommes nous-mêmes, à un degré supérieur, l'auteur de nos actions. Nous agissons plus par nous-mêmes et nous sommes plus libres, selon la définition spinoziste de la liberté.

L'activité ne doit pas être comprise comme le négoce ou comme une action frénétique tournée vers l'extérieur. Ce pour quoi il vaut la peine de tendre ses forces est notre libération d'une influence extérieure arbitraire en permettant à notre pouvoir spirituel, à notre essence vraie, de façonner nos actions et nos vies. Notre essence vraie repose dans une connaissance intellectuelle active qui contribue à mettre fin à notre isolement et qui nous permet de nous identifier avec la Nature (Dieu). Ainsi le cinquième et dernier chapitre de l'*Éthique* s'appelle-t-il «De la Puissance de l'Entendement, ou de la

Liberté Humaine». Par notre entendement, par une connaissance intellectuelle active de la connexion de toute chose avec Dieu, nous devenons nous-mêmes libres parce que notre identité embrasse maintenant le Tout et n'est plus un ego étroit et frustré par ce qui périt et change dans des évènements isolés. Par cette connaissance, nous parvenons au bonheur suprême grâce à l'amour intellectuel de Dieu (*amor intellectualis Dei*). En même temps, cet amour humain de Dieu est causé par Dieu. L'amour intellectuel de Dieu est par conséquent non seulement notre amour pour Dieu, mais aussi un amour *de la part* de Dieu. Notre amour de Dieu est l'amour de Dieu pour lui-même (chapitre V, proposition 36) : «L'amour intellectuel de l'esprit envers Dieu est l'amour même de Dieu, dont Dieu s'aime lui-même […] l'amour intellectuel de l'esprit envers Dieu est une partie de l'amour infini dont Dieu s'aime lui-même».

Spinoza est un rationaliste dans le sens où il pense que l'on peut acquérir une connaissance de l'essence d'une chose au moyen de l'intuition rationnelle ; il est aussi un déductiviste puisque, comme Descartes, il part des mathématiques en tant qu'idéal de la science. Mais alors que Descartes travaille plus particulièrement à découvrir des axiomes absolument sûrs de sorte que la déduction elle-même reste à l'arrière-plan, Spinoza part des axiomes et met l'accent sur les inférences, sur le système. Ainsi, dès la première page de l'*Éthique*, on trouve la définition du concept de base de *substance* : «Par substance, j'entends ce qui est en soi et conçu par soi, c'est-à-dire ce dont le concept n'a pas besoin du concept d'autre chose pour être formé». Qu'est-ce que la *substance*? Nous avons déjà, par exemple, utilisé ce mot dérivé du latin pour désigner un concept de la philosophie aristotélicienne. La substance est ce qui existe en toute indépendance. Pour Aristote, il s'agissait de choses particulières comme des portes brunes et des tours rondes, par opposition à des propriétés comme le brun ou le rond. Ces propriétés n'ont d'existence que relative puisqu'on ne peut les trouver que comme propriétés de choses particulières. On peut approcher le concept de la substance selon Spinoza en disant qu'il représente une sorte d'absolutisation de la définition aristotélicienne : la substance doit exister *seule* en soi, absolument seule, et doit se comprendre *seule* en soi, absolument seule. Dire que la substance est ce qui existe de manière totalement indépendante et qui doit se comprendre par soi seul, sans la participation de rien d'autre, c'est dépasser le concept de substance comme concept de chose particulière. Une porte brune n'existe que parce que quelqu'un l'a faite, et le concept de porte brune suggère déjà le cadre de la porte et des actions telles qu'ouvrir et fermer la porte. Autrement dit, la porte n'existe pas de manière totalement indépendante des autres choses ; et elle ne peut se concevoir sans le concept d'autre chose qui n'est pas elle. Par conséquent, la porte, selon cette nouvelle définition absolue, n'est pas une substance.

On peut procéder de manière correspondante pour analyser d'autres objets particuliers, des choses créées par l'homme, des organismes et des choses inorganiques. Dans tous les cas, les choses particulières doivent être délimitées les unes des autres, ce qui implique déjà qu'aucune d'entre elles ne peut être conçue de manière totalement indépendante de tout le reste : la limite elle-même, et le fait que la limite soit frontière d'autre chose, doivent tôt ou tard devenir une partie de la définition de la chose. Cela signifie qu'aucune chose particulière, délimitée des autres de quelque manière que ce soit, ne peut se concevoir comme substance sur la base de cette nouvelle définition. Mais sur cette base, qu'est-ce que la substance ? Nous devons dire qu'elle est *une* et *infinie* puisque, dans sa définition même, toute délimitation est exclue. Elle est *une* car il ne peut y avoir plus d'une substance dans le monde ; autrement, la relation de la première substance à la deuxième substance (aux autres substances) aurait à être incluse dans notre compréhension complète de la substance – ce qui contredit la définition. Et elle est *infinie* dans le sens où les limites, temporelles ou de toute autre nature, ne s'appliquent pas à elle. De même rien d'autre ne peut être la cause de la substance puisqu'il faudrait alors inclure cette autre chose si nous voulions intégralement comprendre la substance ; et, selon la définition, la substance ne se conçoit que par soi, et par soi seule. Ce que Spinoza exprime en disant que la substance est *causa sui* (« *cause de soi* »).

S'il y a un Dieu, Il ne peut être quelque chose qui diffère de la substance dans la mesure où la relation à cet autre, à Dieu, doit alors être incluse dans notre compréhension de la substance. Ainsi, la substance ne peut se distinguer de Dieu. La substance est *Dieu*. De la même manière, la substance ne peut se distinguer de la Nature. La substance est la *Nature*. La doctrine de la substance selon Spinoza est ainsi du monisme : tout est un, et tout se conçoit sur la base de cet un. Puisque Dieu et la Nature sont tous deux substance, nous arrivons au *panthéisme* : Dieu et la Nature se confondent. Et, comme la substance n'est pas créée, et que la Nature est la substance, on ne peut pas dire que Dieu a créé la Nature. Les attaques de certains cercles juifs et chrétiens contre la philosophie de Spinoza deviennent alors compréhensibles.

Mais alors *qu'est-ce* que la substance ? Si par cette question nous demandons une réponse que nous puissions *imaginer*, que nous puissions nous représenter de quelque manière que ce soit, nous avons posé une question inadéquate. Nous pouvons, par exemple, imaginer un triangle, un carré, etc. parce que nous pouvons nous en former une image mentale. Il se peut que nous soyons capables de poursuivre un temps dans cette voie : une figure à dix côtés, une figure à onze côtés ? Mais tôt ou tard nous ne serons plus capables de continuer. Nous ne pouvons imaginer, au sens propre du mot, une figure à mille et un côtés et une figure à mille et deux côtés. Mais nous pouvons y *penser* en ce sens que nous possédons les concepts de figure à mille et un côtés et de figure à mille et deux côtés. Autrement dit, il y a beaucoup de choses auxquelles nous pouvons penser, que nous pouvons conceptualiser, mais que nous ne pouvons imaginer, au sens où nous ne pouvons nous en faire une image mentale.

Si l'on ne peut imaginer la substance dans ce sens, on ne peut attribuer à Dieu des attributs que nous pouvons imaginer. Mais peut-on penser la substance, en avoir un concept ? Oui, en un sens. Elle nous apparaît de deux manières, soit comme étendue soit comme pensée. Elle a un nombre infini de manières de se manifester, mais ce sont les deux manifestations sous lesquelles elle nous apparaît. Spinoza parle de deux *attributs* : l'attribut de la pensée et l'attribut de l'étendue. Ce sont les deux formes également valables de l'apparence de la substance une et fondamentale.

Les choses étendues particulières, comme ce livre, sont des modes sous l'attribut de l'étendue, tout comme les pensées particulières sont des modes sous l'attribut de la pensée. Ce avec quoi nous sommes immédiatement en contact, ce sont les différents modes des deux attributs de la substance. Nous n'avons pas d'accès direct à la substance. Nous pourrions essayer de clarifier ce point par l'exemple suivant. Imaginez que vous regardez quelque chose à travers des verres colorés, par exemple une lentille verte et une lentille rouge, de façon à ce que l'objet soit perçu non pas directement, mais respectivement en vert et en rouge. Et quand il y a une corrélation entre la chose verte (un mode) dans la lentille verte (un attribut) et la chose rouge (un autre mode) dans la lentille rouge (un autre attribut) – c'est-à-dire quand il y a une correspondance entre les deux modes, sous l'attribut de la pensée et sous l'attribut de l'étendue –, ce n'est pas parce qu'il y a une connexion causale entre les lentilles (les deux attributs), ou entre la chose vue verte et la chose vue rouge (les deux modes), mais parce que c'est la même chose (la substance) que nous voyons par deux lentilles différentes (les attributs). Les phénomènes particuliers, individus compris, sont ainsi des modes plus ou moins complexes sous les deux attributs de la substance. En fin de compte, tout est, pour ainsi dire, lié à la substance. Tout (sauf la substance) a une existence relative et limitée par rapport à la substance. L'étendue et la pensée ne sont pas deux éléments de base indépendants, comme elles le sont pour Descartes (voir sa *res cogitans* et sa *res extensa*); les deux attributs, l'étendue et la pensée, représentent deux aspects de la même substance.

La nécessité et la liberté

La relation entre la substance et les différents attributs n'est pas une relation de cause à effet. Il n'y a pas quelque chose qui se produit d'abord dans la substance puis qui cause les évènements correspondants dans chacun des deux attributs. Ce qui a lieu a lieu dans la substance, mais se révèle sous deux aspects, la pensée et l'étendue. La relation entre la substance et les attributs a un caractère de stricte nécessité, puisque les attributs représentent les deux manifestations de la substance. Cependant, il n'est pas vraiment correct de parler de relation *entre* la substance et les attributs, comme si nous parlions de deux phénomènes en relation l'un avec l'autre. Les attributs ne sont que la manière d'apparaître de la substance. Pour la même raison, on ne peut parler de *contrainte* si par contrainte nous voulons dire qu'*un* premier phénomène en influence *un autre* en s'opposant à son essence ou à sa volonté, parce que, au fond, il n'y a qu'un phénomène, la substance. Ce qui se produit dans le domaine de la pensée et de l'étendue ne peut être le résultat d'une contrainte exercée par la substance, dans la mesure où tout cela est simplement la forme de l'apparence de ce qui se produit dans la substance.

Cette conception concerne également les conditions politiques. Les êtres humains apparaissent précisément comme modes des deux attributs, comme un corps étendu et comme une âme pensante. Non seulement ce qui se produit dans l'âme et dans le corps est toujours coordonné sans qu'il y ait la moindre influence de l'un sur l'autre, puisque ce sont deux manifestations du même évènement dans la substance, mais aussi ce que nous faisons et pensons est nécessairement déterminé par la substance, sans la moindre forme de contrainte, puisque nous sommes fondamentalement des aspects de la substance. Nous voyons ici comment la question de la liberté est déterminée par celle de savoir comment nous comprenons la nature humaine. Pour Spinoza, puisque l'être humain ne fait fondamentalement qu'un avec la substance, dire que l'être humain est *libre* de la substance n'a pas de sens, comme de dire que l'être humain est contraint par elle, si les mots liberté et contrainte sont employés de manière à supposer une relation entre deux phénomènes relativement indépendants.

Spinoza accepte la perspective mécaniste en ce qui concerne l'attribut de l'étendue. Ce qui a lieu dans le domaine de l'étendue est causalement déterminé. Mais les êtres humains ne sont pas causalement déterminés par la substance. La détermination causale est incluse dans la forme de l'apparence que les évènements de la substance prennent dans le domaine de l'étendue.

Si tout dans les deux attributs s'ensuit de la nature infinie de Dieu tout aussi nécessairement qu'il s'ensuit de la nature du triangle que la somme des trois angles fait toujours cent quatre-vingts degrés, qu'est-ce que la nature infinie de Dieu, ou de la substance ? La substance ne fait qu'une avec les lois de la Nature. Mais Spinoza semble considérer ces dernières à la lumière de la géométrie plutôt qu'à celle de la physique. La substance et ce qui a lieu en elle – c'est-à-dire ce qui a véritablement lieu – doivent être pensés fondamentalement en terme de structures logiques et intemporelles. L'univers n'est pas un conglomérat de phénomènes physiques et psychiques, séparés les uns des autres et déterminés par les changements et les situations dans l'espace et dans le temps. L'univers, la substance, est plutôt un tout intemporel et statique qui d'une certaine manière repose sur sa propre structure logique.

Mais Spinoza nie-t-il que l'individu existe ? Et nie-t-il que l'individu puisse plus ou moins être libre ? À un niveau fondamental, seule existe la substance. La personne individuelle est un mode de la substance. Mais à un niveau relatif, les personnes particulières ont chacune leur existence et leur liberté propres, selon le degré auquel elles peuvent agir sur la base de leur propre nature. La liberté est donc une tâche qui exige que nous connaissions précisément notre propre nature. Pour Spinoza, comprendre notre propre nature, c'est dire que nous nous comprenons en tant qu'aspects du tout, en tant que modes de la substance. Pour l'exprimer plus simplement, nous comprendre implique également comprendre les relations et les connexions dans lesquelles nous vivons. Nous comprendre, c'est comprendre plus que nous-mêmes en un sens étroit. C'est nous comprendre comme partie d'une situation, à l'intérieur d'un tout. Pour le dire en termes plus sociaux, nous devons nous comprendre comme déterminés par la communauté, comme intérieurement déterminés dans notre identité, dans notre essence, par la socialisation et l'interaction au sein d'une société donnée. Plus nous réussissons à nous libérer des frustrations et des attaches mesquines et futiles, plus nous réussissons à nous reconnaître comme intérieurement déterminés par une réalité globale sociale et physique, plus libres nous sommes. Il en est ainsi parce que, quand dans ce sens nous parvenons à élargir et à approfondir notre compréhension de nous-mêmes, ce qui arrive est compris comme appartenant à notre être propre. Quand notre identité se concevra ainsi comme plus globale, la contrainte sera moindre puisque peu d'évènements nous apparaîtront comme quelque chose d'autre. Mais nous n'atteignons une telle identité « contenant toute chose » que quand nous reconnaissons solennellement cette réalité. Nous devons personnellement reconnaître la vérité de notre connexion interne avec « tout ce qui est ». Une identité comme celle-ci ne peut être atteinte que si l'on reconnaît cette connexion pour vraie.

Que la vérité nous rende libres est donc une idée que nous rencontrons chez Spinoza, comme nous la rencontrons sous diverses formulations chez Socrate et dans le stoïcisme, dans la pensée chrétienne, dans la philosophie des Lumières, chez Freud et dans la critique moderne de l'idéologie. Mais ce qu'est la vérité et comment elle peut nous libérer est bien sûr le point controversé fondamental.

Pour Spinoza, la vérité qui libère et qui rachète est quelque chose qui naît de la *(re) connaissance* de notre connexion avec la totalité, une (re) connaissance qui entraîne en même temps une expansion de notre identité en liaison avec la substance.

Pour Spinoza, nous pouvons dire que ce qui compte, c'est que nous ne pouvons comprendre aucune chose, pas même nous-mêmes, sans la voir dans une interconnexion plus large, selon une perspective correcte. Comprendre ce que signifie être humain, c'est comprendre en quoi nous sommes en adéquation avec la Nature. Nous comprendre, c'est toujours comprendre plus que nous-mêmes. Nous devons comprendre correctement la situation dans laquelle nous vivons. L'éthique, ainsi que la compréhension de soi qui libère et forme l'identité, tend ici vers une compréhension de la totalité, ou de la substance. Par conséquent, *l'éthique* est nécessairement *la métaphysique*.

LEIBNIZ – LES MONADES ET L'HARMONIE PRÉ-ÉTABLIE

Biographie. *Gottfried von Leibniz (1646-1716) était allemand, mais en philosophe du siècle de Louis XIV, il écrivait en français et en latin. Son style de vie s'opposait entièrement à celui de Spinoza. Alors que Spinoza vécut en reclus, Leibniz mena une vie publique et développa son talent dans les domaines les plus divers, tant théoriques que pratiques. Il s'intéressa par exemple à l'exploitation minière, aux réformes politiques, aux finances*

de l'État, à la législation, à l'optique, aux problèmes de transport et à l'établissement d'institutions scientifiques. De plus, il voyagea beaucoup, et il
laissa un ensemble de plus de quinze mille lettres. Il fut également en contact
avec diverses cours royales et avec plusieurs princes. Quant à la théorie, il
traita de philosophie, de théologie, de droit, de physique, de mathématiques,
de médecine, d'histoire et de philologie. On le connaît en particulier pour
avoir élaboré le calcul infinitésimal (à peu près en même temps que Newton,
mais indépendamment de lui).

Nous mentionnerons trois de ses œuvres. Les Essais de Théodicée
(1710) étudient la question de la relation entre Dieu et le mal. Leibniz y tente
d'innocenter Dieu du mal dans le monde : ce monde est le meilleur de tous
les mondes possibles. La Monadologie (1714) traite de la constitution de
l'univers, dont les éléments ultimes et fondamentaux sont les « monades ».
Leibniz écrivit également une analyse critique de l'épistémologie de Locke,
Nouveaux Essais sur l'Entendement Humain (1703).

L'intention et la cause – Une nouvelle synthèse

Leibniz tente de réconcilier la vision mécaniste du monde avec
l'idée d'un univers téléologique. En bref, il le fait en acceptant les
explications mécanistes comme superficielles, tout en déclarant que
l'univers, à un niveau plus profond, est intentionnel et téléologique
et que les causes, apparemment aveugles et mécanistes, trouvent en
fin de compte leur source dans une intention divine. De la même
manière, pour lui, les choses qui, en surface, donnent l'impression
d'être matérielles et passives, sont par essence des forces. Nous verrons
brièvement comment il entend construire un « fondement » téléologique et non matérialiste sous un univers mécaniste et matérialiste.

Les choses particulières peuvent être divisées jusqu'à ce qu'on
atteigne certains éléments physiques indivisibles de base qui peuvent
se caractériser comme centres de force. Leibniz les appelle des *monades*.
Les monades sont donc les éléments de base sur lesquels l'univers est
bâti. Elles ont différents degrés de conscience, qui vont des éléments
inorganiques à l'âme humaine. Elles forment ainsi une hiérarchie. En
même temps, une monade n'est pas affectée par les autres. Les monades
sont pour ainsi dire « sans porte ni fenêtre » : elles ne communiquent
pas entre elles, elles ne s'influencent pas.

Que cependant elles se meuvent en mesure, de sorte qu'il y a une
corrélation entre les évènements mentaux et physiques, est dû au fait
que toutes sont, d'une certaine manière, également « programmées »
– elles sont toutes mises en mouvement selon un plan commun, celui

de Dieu. Dieu est ainsi une sorte d'ingénieur universel qui s'assure que les monades agissent en mesure ; par exemple, il s'assure de la coordination de l'âme et du corps. Toutes les choses, toutes les monades communiquent en ce sens à travers Dieu. Et c'est ici que l'on découvre l'aspect téléologique de l'univers. Pour Leibniz, les monades font partie d'une harmonie pré-établie.

Le meilleur des mondes possibles

Dieu étant à la fois bon et raisonnable, s'Il est l'ingénieur qui dirige tout ce qui a lieu dans l'univers, comment le mal peut-il exister ? Leibniz fait la distinction entre deux types de vérité, les vérités nécessaires et celles qui auraient pu être différentes. Les vérités nécessaires (logiques) ne peuvent être niées par Dieu. En ce qui concerne les vérités qui auraient pu être différentes (les conditions empiriques), Dieu a choisi, en être bon et raisonnable, la combinaison la meilleure possible. Il semble aux hommes que, considérées isolément, certaines conditions auraient pu être meilleures ; mais si comme Dieu nous étions capables de voir l'ensemble, nous saurions que, tout bien considéré, le monde dans lequel nous vivons, c'est-à-dire la combinaison qu'Il a choisie, est la meilleure combinaison possible.

Leibniz peut donc dire que toute chose a sa raison d'être : soit comme logiquement nécessaire, soit comme justifiée telle qu'elle est afin que l'ensemble soit le meilleur des mondes possibles. Par conséquent, nous vivons dans le meilleur de tous les mondes possibles. De cette manière, la philosophie de Leibniz représente une justification du monde que Dieu a choisi. Dieu est justifié en ce qui concerne le mal dans le monde. En termes politiques, on peut dire que cela représente en même temps une justification de la société telle qu'elle est. Si nous vivons dans le meilleur des mondes que l'on peut imaginer, et si la souffrance et le besoin auxquels nous devons faire face sont les moindres maux possibles que nous ayons à subir, il y a peu de raison de vouloir changer la société. Cette théodicée fonctionne donc comme une légitimation à la fois de la forme actuelle de la société et des inégalités qui existent dans les conditions de vie et la distribution du pouvoir.

Sur le plan politique, on peut dire que la philosophie de Leibniz est clairement un *individualisme* : chaque monade est singulière, et elle ne subit pas l'influence des autres. En effet, il ne peut y avoir deux monades (individus) identiques, parce que Dieu choisit ce qui est possiblement le mieux, et qu'il est impossible de choisir rationnellement entre deux phénomènes complètement identiques (puisque les raisons de choisir l'un sont tout aussi bonnes que celles de choisir l'autre). Puisque Dieu *a* choisi et que le choix est rationnel, il ne peut y avoir d'individus (de choses) parfaitement semblables. Un individualisme métaphysique extrême s'ensuit : l'univers est composé d'un nombre infini de substances individuelles. En même temps, ces individus différents demeurent les uns envers les autres dans une relation harmonieuse, sans s'influencer directement : ils interagissent indirectement, pour ainsi dire, par l'harmonie pré-établie. D'un point de vue politique, on peut interpréter ceci en disant que Leibniz ne pense pas les êtres humains comme maîtres et esclaves au sens féodal, selon lequel l'identité d'une personne se définit par sa relation à une autre, quand l'un donne des ordres à l'autre. Pour lui, l'interaction entre les gens a lieu sans violence particulière, le comportement spontané de l'individu reposant sur des normes intégrées (un ordre pré-établi). Ceci semble s'appliquer à des agents sur le marché économique, où personne n'agit sur la base d'une violence apparente, mais selon les principes de l'économie de marché, que chacun a intégrés[1].

QUESTIONS

Décrivez les idées de base de l'éthique de Spinoza.

Expliquez les idées de base de la philosophie de Leibniz selon laquelle nous vivons dans le meilleur des mondes possibles.

SUGGESTIONS DE LECTURE COMPLÉMENTAIRE

SOURCES

Spinoza, Baruch, *L'Éthique*, Gallimard, 1954, tr. R. Caillois.

Leibniz, Gottfried, *Essais de théodicée*, Flammarion, 1969, tr. J. Brunschwig.

Leibniz, Gottfried, *La Monadologie*, Flammarion, 1996.

COMMENTAIRES

Matheron, A., *Individu et communauté chez Spinoza*, Minuit, 1969.

John Elster, *Leibniz et la formation de l'esprit capitaliste*, Aubier, 2001.

---

1. John Elster, *Leibniz et la formation de l'esprit capitaliste*, Aubier, 2001.

CHAPITRE 11

Locke – Vers les Lumières et l'égalité

Biographie. *John Locke (1632-1704) est le fils d'un puritain avocat au Parlement. Jeune homme, il réagit contre la philosophie scolastique tout en s'intéressant aux sciences de la nature, en particulier à la médecine et à la chimie. Il considère que sa vocation est de mener une « purification » intellectuelle, c'est-à-dire une mise à l'épreuve critique de notre connaissance. Il affirme que ce sont les débats interminables sur les questions morales et religieuses qui l'ont poussé à se demander si nombre de nos concepts ne seraient pas désespérément obscurs et inadéquats. Il a le sentiment que les philosophes devraient progresser graduellement et de manière conjecturale, comme on le fait dans les sciences de la nature. Avant de pouvoir traiter des grandes questions, il nous faut examiner nos outils, c'est-à-dire les concepts. Locke commence donc par une critique de la connaissance et une analyse du langage. Mais son intérêt pour les « outils » ne l'empêche pas de se sentir concerné par les problèmes de son temps : il est un penseur classique dans le domaine de la pédagogie et de la théorie politique.*

Les Deux traités du gouvernement civil *(1690) fut appelé la bible du libéralisme. Le premier traité attaque l'un des idéologues de l'absolutisme, Sir Robert Filmer (1588-1653). Le second, parfois édité seul sous le titre* Traité du gouvernement civil, *développe les propres idées de Locke sur l'État et les droits naturels. Cette œuvre est considérée comme une défense de la monarchie constitutionnelle de Guillaume d'Orange, mais, en France et en Amérique du Nord, ses idées vont prendre une implication révolutionnaire. Locke écrit également des œuvres telles que* Lettre sur la Tolérance *(1689-1692),* Quelques pensées sur l'éducation *(1693), et* Le Christianisme raisonnable *(1695), ainsi que l'*Essai sur l'entendement humain, *au contenu épistémologique.*

ÉPISTÉMOLOGIE ET CRITIQUE DE LA CONNAISSANCE

Clarification conceptuelle

John Locke est une figure de transition dans l'histoire des idées. Ses racines remontent tout autant à la théorie des droits naturels qu'au nominalisme (Ockham). Il est influencé par le rationaliste Descartes, mais s'oppose en même temps par des raisonnements empiristes au rationalisme cartésien. C'est un précurseur des Lumières, mais aussi un pionnier de l'empirisme anglais, position philosophique qui mène en fin de compte à une critique aiguë d'importants aspects de la philosophie des Lumières (voir la critique par Hume du concept de raison).

Les rationalistes pensent que des concepts clairs nous donnent une idée des aspects essentiels de la réalité : si nous disposons d'un concept clair, nous disposons également d'une connaissance certaine. Ces penseurs ont une grande confiance dans notre capacité à acquérir ce type d'idées certaines (du moment que la raison est utilisée correctement). Il est vrai que le rationaliste Descartes a recours au doute, mais c'est avant tout pour s'assurer d'un point de départ correct. Cependant les divers rationalistes ne s'accordent pas sur ce qu'il faut considérer comme clair et distinct, c'est-à-dire comme vrai. Cela constituera un terreau fertile pour les réfutations du rationalisme. L'argument habituel, de Locke à Kant, est que la connaissance des concepts ne donne pas nécessairement une connaissance de la réalité : même une conception claire d'un chat parfait capable de lire et d'écrire ne signifie pas qu'un tel chat existe. Et même si nous avons une conception claire d'un être parfait, Dieu, nous ne pouvons être certains de Son existence. Il n'est pas possible, du concept, d'inférer l'existence.

Locke est partisan du doute, non comme position provisoire avant l'acquisition d'une connaissance infaillible, mais comme attitude permanente de mise à l'épreuve. Ce processus cognitif ne mène pas à une certitude absolue mais à une connaissance partielle. Notre tâche est d'améliorer notre connaissance, progressivement et de manière critique, comme c'est le cas dans les sciences de la nature naissantes. Ces dernières mènent donc, pour Locke, à des attitudes et à des idéaux de connaissance qui diffèrent de ceux des rationalistes Descartes, Spinoza et Leibniz. Il peut être utile de rappeler que Locke s'intéresse particulièrement à la médecine, science empirique dans laquelle observation et classification jouent un rôle de première importance. Dans l'Antiquité déjà, il y avait un lien entre la science médicale et la philosophie tournée vers l'expérience, sceptique à l'égard des théories (Hippocrate).

Comme la majorité des philosophes des dix-septième et dix-huitième siècles, tant rationalistes qu'empiristes, Locke s'intéresse à l'épistémologie. Il cherche à savoir ce que la connaissance humaine peut accomplir, et surtout quelles en sont les limites. En découvrant ces dernières, nous pouvons nous libérer de ce qu'à tort nous croyons vrai. Mais alors que l'épistémologie n'est pour les rationalistes, avec leur critique de la connaissance, qu'un tremplin vers de nouveaux systèmes philosophiques, la force thérapeutique qu'apporte à la connaissance la critique de celle-ci est pour Locke et les empiristes un but indépendant. C'est naturellement lié au fait que l'analyse de la connaissance par les empiristes implique un regard plus attentif sur nos capacités cognitives. Une idée que nous acquérons par les seuls concepts est limitée et pose des problèmes ; une bonne acquisition de la connaissance se fait comme dans les sciences empiriques, par mises à l'épreuve et par améliorations progressives.

Dans son travail épistémologique de « purification », Locke voit plus loin que la connaissance philosophique seule. Son but n'est pas seulement de savoir ce qu'est la connaissance, mais aussi de promouvoir son acquisition, de faire en sorte que sa croissance se poursuive dans les sciences. La philosophie n'est pas une science supérieure, mais elle peut servir les sciences, par exemple en clarifiant des concepts ou en dénonçant des pseudo-connaissances. La clarification conceptuelle est nécessaire pour plusieurs raisons. Si nous n'employons pas des concepts clairs, il est impossible que les autres nous comprennent. Si ce que nous disons peut s'interpréter de différentes manières et qu'il y a des raisons pour soutenir que telle interprétation est vraie et telle autre fausse, nous ne pouvons prendre position sur la formulation originelle avant d'avoir clarifié de quelle interprétation nous parlons. Il est donc impératif, dans toute discussion intellectuelle ou recherche scientifique, de disposer de termes précis.

Selon Locke, le langage académique peut facilement glisser dans des abstractions vagues, qui semblent exprimer une profonde sagesse mais ne sont en réalité qu'un mésusage de la langue. Le langage peut donc nous tromper. Cela concerne et le locuteur et l'auditeur. Souvent, ceux qui s'expriment par des concepts vagues et abstraits le font de bonne foi, et souvent il est difficile de leur faire comprendre qu'ils font un mauvais usage de la langue. Le discours philosophique traditionnel, avec des termes tels que « substance », « principes innés », « infini », etc., est pour Locke l'exemple typique de la manière dont l'imprécision peut passer pour une profonde sagesse. Éliminer les abstractions trompeuses est donc une importante activité thérapeutique. Les utilisateurs du langage peuvent donc se libérer de ces illusions. Le lien avec les Lumières est ici manifeste : la clarification linguistique nous libère des illusions dont nous avons hérité. Elle nous prévient du fanatisme qui repose sur des idées obscures et faussées. Elle aide à la possibilité d'un comportement raisonnable dans la discussion publique et le travail scientifique.

On peut dire qu'être rationnel implique une volonté de recherche de la vérité, ce qui implique également une volonté de mettre à l'épreuve nos conceptions, de les mettre à l'épreuve des opinions des autres dans une discussion ouverte et libre. La recherche de la vérité présuppose donc liberté et tolérance intellectuelles. Nous discutons avec les autres de thèmes politiques et intellectuels controversés parce que nous n'excluons pas la possibilité qu'ils *puissent* avoir raison et que nous puissions apprendre quelque chose d'eux. Une discussion suppose donc une certaine attitude ouverte et non dogmatique : nous maintenons ce que nous pensons juste sur la base des arguments disponibles, mais nous changeons de conception en fonction de nouveaux arguments – nous changeons de conception quand les arguments l'exigent, mais dans ce cas seulement. Cela indique une certaine relation entre l'épistémologie et la philosophie sociale. Mais qu'est-ce qu'un argument convaincant ? Même aujourd'hui, la question reste très discutée[1].

Locke est le porte-flambeau d'une nouvelle culture scientifique qui trouve son expression chez les citoyens britanniques éclairés et progressistes de la fin du dix-septième siècle : il inaugure les Lumières. Nous verrons plus tard comment il élabore une philosophie politique en accord avec ces idées. Mais voyons d'abord plus attentivement ses conceptions épistémologiques.

---

1. Voir en philosophie des sciences, en plus de Apel et Habermas (chapitres 26 et 27), le débat qui commence avec le positivisme logique, la thèse de Popper sur la falsification, et les discussions qui s'ensuivent autour de Kuhn.

De l'origine de la connaissance

La critique de la connaissance qu'opère Locke implique une exigence de clarification de la langue et de justification par l'expérience. Elle est liée à sa conception générale de ce qu'est la connaissance. Quant à savoir quelles sont les sources de notre connaissance, Locke écrit : « D'où puise-t-elle [l'âme] tous ces *matériaux* qui font comme le fond de tous ses raisonnements et de toutes ses connaissances ? À cela je réponds en un mot, de *l'Expérience* : c'est là le fondement de toutes nos connaissances ; et c'est de là qu'elles tirent leur première origine »[1].

Locke déclare donc que les *matériaux* du raisonnement et de la connaissance proviennent de l'expérience. Par conséquent, nous devons en inférer que ce qui ne se construit pas sur ce matériau n'est pas vraiment connaissance. Dans de telles circonstances, nous utilisons les mots sans le soutien de l'expérience, et ce que nous disons ne peut être accepté comme connaissance. Mais qu'est-ce que l'expérience ? Ce mot en lui-même est ambigu. Nous parlons par exemple de l'expérience religieuse, de l'expérience professionnelle et de la pure expérience sensible. Locke distingue l'expérience comme perception externe (*sensation*) et comme perception interne de nos opérations et conditions mentales (*réflexion*). Et ce dont nous faisons l'expérience n'est en fait qu'un ensemble d'impressions (*idées*) simples.

Selon Locke, ces expériences de base s'acquièrent en général passivement. Ces *idées simples* passivement acquises sont alors de différentes manières activement traitées par l'esprit. C'est ainsi que se développe la grande diversité de nos *idées complexes*. D'une part, les idées simples qui apparaissent régulièrement ensemble mènent à des représentations composées, comme quand, alors qu'apparaissent régulièrement les idées simples des côtés d'une maison, elles conduisent à la représentation de la maison elle-même. D'autre part, l'esprit travaille de manière plus créative quand il forme des idées complexes, comme les idées de centaure, de substance ou de propriété privée.

Il est important de savoir dans quelle mesure le raisonnement et la connaissance, qui prennent pour matériau l'expérience, c'est-à-dire les idées simples, représentent quelque chose de différent et de plus que ces idées mêmes. Autrement dit, nous devons nous demander si la connaissance ne serait rien de plus que la somme des idées de

---

1. Locke, *Essai sur l'entendement humain*, Livre Deux, « Sur les Idées », chapitre 1, « Des Idées en général, et de leur origine », § 2.

perception sur laquelle elle se construit, ou s'il y a quelque chose de plus.

Le problème de la réduction est ici le même que dans le cas de Hobbes : peut-on réduire une horloge à ses éléments ? Si l'on répond que la connaissance est réductible à ses éléments, on se retrouve dans une position empiriste radicale : la connaissance n'est que ce qu'il est possible de faire remonter à l'expérience. De plus, quand l'expérience s'interprète comme l'ensemble des idées simples de perception, la thèse veut que la connaissance ne soit que ce qui peut s'analyser entièrement et intégralement selon les idées simples de perception (extérieures et intérieures). Cependant, si l'on répond que la formation de la connaissance débute par les idées simples de perception – en ce sens, l'expérience est le matériau de la connaissance – mais que la connaissance comprend encore quelque chose de qualitativement différent de la somme de ces idées, il s'agit d'une autre thèse. Une formulation plus précise de cette conception dépendra de la manière dont on comprend la formation de la connaissance comme reposant sur le matériau des idées simples.

Le premier terme de l'alternative entraîne de délicats problèmes ; par exemple, celui de l'autoréférence : cette thèse elle-même peut-elle être réduite à des idées simples de perception ? Cette interprétation empiriste radicale mettrait en totale opposition l'épistémologie de Locke et sa théorie politique, qui contient clairement des éléments rationalistes (comme la notion de droits de l'homme). On a donc de bonnes raisons de choisir le second terme si l'on veut traiter de la conception de Locke : la connaissance naît de l'expérience, des idées simples de la perception et de la réflexion, mais l'esprit utilise activement ce matériau de manière telle que la connaissance qui en naît représente quelque chose qui diffère qualitativement des idées simples. (Voir Hobbes : l'horloge est quelque chose qui diffère qualitativement de ses éléments, bien qu'elle en soit composée.) Selon cette interprétation de l'épistémologie de Locke, l'esprit humain joue un rôle actif dans la formation de la connaissance. Quant à la question de la validité des idées complexes, l'épreuve consiste à rechercher si l'on peut faire remonter leurs différents éléments aux idées simples de perception. Mais cette épreuve ne signifie pas que les idées complexes *sont* fondamentalement la somme des idées simples de perception ; elle signifie simplement que les expériences simples distinctes, *en tant que* matériau de la connaissance, représentent une condition nécessaire mais non suffisante de la connaissance. Si cette condition nécessaire n'est pas remplie, il n'y a pas connaissance.

Locke prend pour exemple la notion d'*infini*. Représente-t-elle une connaissance ou une pseudo-connaissance ? Pour le découvrir, il faut examiner la façon dont elle s'est formée. Nous découvrirons alors, selon Locke, que nous ne faisons jamais directement l'expérience de l'infini. Ce dont nous faisons l'expérience, ou plus exactement ce que nous percevons, c'est que, par exemple, différentes longueurs peuvent toujours être légèrement prolongées. Si l'on imagine ce processus comme perpétuel, avec une prolongation continuelle de la portion précédente de la droite, on atteint le concept de droite infinie. On peut utiliser un argument correspondant pour le temps. Ceci nous montre, selon Locke, que notre notion d'infini est largement valide – si nous ne faisons pas entrer dans cette notion plus que ce que nous pouvons soutenir par l'expérience ; c'est-à-dire qu'il ne s'agit pas de déclarer que quelque chose d'infini *existe*, mais seulement qu'il est possible, par une généralisation des expériences données, d'imaginer l'infini. On peut alors utiliser cette notion d'infini.

Qu'une notion d'infini soit *claire* ne garantit pas son acceptabilité épistémologique. C'est une critique de la conception de Descartes selon laquelle le fait qu'une notion soit claire et distincte implique l'existence de ce qu'elle désigne. Ce n'est qu'en établissant une preuve empirique que l'on peut réellement parler de ce qui existe. La preuve de la connaissance repose sur la justification empirique, non sur l'expérience personnelle. Que nous fassions personnellement l'expérience de quelque chose comme clair ne suffit pas. La preuve par la perception ou l'introspection est nécessaire.

Selon la théorie de Locke concernant la formation de la connaissance, nous sommes à la naissance comme une feuille blanche (*tabula rasa*) – il n'y a pas de « principes innés » – ; les objets extérieurs nous fournissent les idées simples de perception, qui sont un composé des propriétés vraies des choses extérieures et des qualités sensibles que nous leur ajoutons ; et par des opérations et conditions mentales, nous avons des idées simples de réflexion. À partir de ce matériau, l'esprit forme les diverses sortes d'idées complexes, comme nous l'avons dit. Nous acquérons ainsi une connaissance qui se construit sur des idées simples de perception et des idées simples de réflexion, sans y être réductible.

Il est habituel à l'époque de Locke de distinguer qualités premières et secondes. Dans la conception mécaniste du monde, on a l'habitude de dire que les objets extérieurs n'ont que des propriétés comme l'étendue, la forme ou la solidité – ce qu'on appelle qualités premières, sans lesquelles les choses ne peuvent être imaginées. Ces qualités premières sont en principe transcrites de manière adéquate sur nos organes des sens, sous la forme des idées correspondantes. Mais de plus, nous faisons l'expérience des objets extérieurs au moyen des organes des sens ; nous percevons par exemple le goût, l'odeur, la couleur et la chaleur. Ce sont des qualités secondes qui ne tirent pas directement leur origine de qualités premières correspondantes qui se trouveraient dans les choses. Elles ne s'y rencontrent que sous la forme de forces et de conditions quantitatives qui, par leur influence sur nos organes des sens, nous fournissent les qualités sensibles, ou secondes. C'est la thèse de la *subjectivité des qualités sensibles* ; les qualités sensibles dépendent de nous, du sujet.

On peut se demander si cela a un sens de distinguer les qualités sensibles comme la couleur des qualités premières comme l'étendue. Peut-on imaginer l'étendue sans la couleur ? Si l'on répond que non, et si l'on pense que la couleur est une propriété qui dépend du sujet connaissant, il est difficile de soutenir que les qualités premières (comme l'étendue) sont indépendantes des êtres humains. Mais si *toutes* les propriétés, y compris celles que l'on nomme qualités premières, dépendent du sujet connaissant, il ne reste que l'idéalisme : on ne peut plus parler de propriétés existant objectivement dans la nature, c'est-à-dire de propriétés des choses indépendantes du sujet. C'est le genre de problème qui conduit à un développement autocritique de l'empirisme britannique, de Berkeley à Hume[1].

On peut également se demander comment il est possible de connaître les choses extérieures s'il est vrai que les impressions sensibles sur la rétine (et sur les autres organes des sens) sont la base ultime de notre connaissance. Si nous ne voyons pas l'arbre dans la forêt à l'extérieur de nous, mais seulement les « images de l'arbre » sur la rétine, à coup sûr nous ne pouvons pas *savoir* qu'il y a un arbre dans la forêt. Le modèle qui repose sur un accès épistémologique sous la forme des impressions sensibles des choses extérieures dans nos organes des sens pose donc problème.

Ce que nous venons d'identifier représente la critique habituelle du réalisme représentatif, c'est-à-dire de la théorie épistémologique selon laquelle les choses extérieures existent indépendamment de notre conscience (réalisme épistémologique) mais ne nous sont accessibles que par le biais d'images, de représentations, dans nos organes des sens. Ce modèle de la connaissance, qui a pour but d'expliquer comment nous reconnaissons le monde extérieur, inclut visiblement notre incapacité à atteindre ce monde extérieur.

---

1. Voir le débat en philosophie analytique sur les « *sense data* », par exemple dans *The Foundations of Empirical Knowledge*, Alfred Jules Ayer, Macmillan, 1964.

De plus, on ne sait même pas clairement ce qu'est une idée simple sensible. Quand je lis ce livre, ce qui constitue l'idée simple sensible est-il la totalité du livre, de la page, une ligne, un mot, une lettre, une partie de lettre – ou autre chose ? En outre, on souligne habituellement que Locke emploie le mot *idée* de manière ambiguë, en partie au sens de « concept » et en partie au sens d'« impression sensible immédiate ».

En principe, les idées complexes sont de deux sortes : celles qui sont censées s'appliquer à un état de choses dans le monde et celles qui ne s'appliquent qu'aux relations entre concepts. Pour cette dernière sorte d'idées complexes, le critère de la connaissance est une question de cohérence, de la mesure selon laquelle les concepts se correspondent mutuellement. Pour la première sorte se pose également la question de la correspondance avec les idées simples.

Selon Locke, les axiomes éthiques et mathématiques peuvent être mis à l'épreuve[1]. De plus, il autorise le concept de Dieu et celui de substance. Mais il maintient que tous les concepts qui représentent des idées complexes nécessitent une analyse. Cela s'applique aux mots comme « vertu », « devoir », « force », « substance ».

L'analyse par Locke du concept de *substance* est particulièrement bien connue : nous constatons souvent que certaines idées simples fonctionnent ensemble, de manière bien déterminée. Nous disons alors qu'elles appartiennent à une chose unique et nous leur donnons un même nom. C'est ainsi que les propriétés « rond », « vert », « aigre », « dur », etc. apparaissent en lien avec ce que nous appelons une pomme pas mûre. Dans la vie quotidienne, nous considérons la pomme pas mûre comme une chose. Par l'analyse, nous comprenons que cette idée complexe se compose d'un ensemble de propriétés qui apparaissent ensemble de manière régulière. Mais quand nous parlons d'une pomme pas mûre comme de quelque chose qui existe d'une manière transcendant les propriétés perceptibles particulières, nous parlons de ce dont nous ne pouvons avoir d'impressions sensibles. Ceci, qui d'une certaine manière sous-tend les propriétés et les lie entre elles, est souvent appelée substance (le substrat). Nous pouvons dire que, selon Locke, il ne s'agit pas de cesser de parler des substances ou des choses – lui-même en parle –, mais que, par l'analyse, nous devons comprendre que nous avons là des concepts d'un genre complètement différent de ceux que nous avons quand nous parlons de propriétés simples de perception. Selon cette interprétation, le but de Locke n'est pas de critiquer notre usage de la langue, mais de nous rendre plus

---

1. Locke, *Essai sur l'Entendement Humain*, Livre Quatre, « De la connaissance », chapitre 3, « De l'étendue de la connaissance humaine », § 18.

conscients de ce que nous disons réellement quand nous utilisons de tels concepts complexes.

En ce sens, Locke ne prend pas une position empiriste radicale, si nous nous référons par là à la conception selon laquelle n'est connaissance que ce que nous pouvons faire remonter aux impressions simples de l'expérience. Sa position tient en partie d'un empirisme modéré (voir sa critique des concepts de substance et d'infini), et en partie d'un certain rationalisme (voir sa position selon laquelle nous pouvons rationnellement reconnaître l'existence de droits de l'homme inaliénables). Par conséquent, il n'est pas entièrement correct d'appeler Locke le père de l'empirisme si nous entendons par empirisme un empirisme épistémologique radical. Du moins a-t-il contribué à la fondation d'une tradition qui va de Berkeley et Hume au positivisme logique notamment – et, chez Hume et les positivistes logiques, nous trouvons des considérations empiristes plutôt radicales.

Le mot *empirisme* s'applique également aux attitudes et conceptions qui ne se caractérisent pas par une position strictement épistémologique mais qui expriment plutôt une attitude positive face aux sciences expérimentales et une attitude de doute face aux systèmes spéculatifs d'une nature logiquement obscure et empiriquement invérifiable. Une telle attitude sceptique et ouverte, ainsi qu'un désir de clarification intellectuelle et de contrôle par l'expérience, eut une grande influence sur la vie intellectuelle du dix-huitième siècle, particulièrement en Grande-Bretagne. Et si nous appelons cette attitude empirisme, il est clair que *cet* empirisme ne fut pas touché par les arguments mentionnés en relation avec la version radicale de la théorie empiriste de la connaissance. Selon la terminologie pour laquelle l'empirisme consiste en cette attitude, nous pouvons dire sans réserve de John Locke qu'il est empiriste – bien qu'il soit douteux que nous puissions l'appeler en même temps le père de cet empirisme, puisqu'une certaine attitude empiriste peut également se trouver chez des philosophes antérieurs. Il nous est loisible d'ajouter que cette attitude empiriste fait aujourd'hui de diverses manières partie intégrante de notre civilisation scientifique[1].

---

1. Locke est le Thomas d'Aquin de son époque au sens où, comme Thomas, il tenta de saisir de manière conceptuelle l'esprit de son temps. L'ambiguïté de la philosophie de Locke peut donc être liée à l'ambiguïté de son temps : non seulement la pensée philosophique présentait différentes formes, mais la société elle-même était fragmentée et dans une phase de transition. Les conceptions ambiguës de Locke sur l'esprit et l'expérience font qu'il est possible de le lire à la fois selon un regard « du passé », c'est-à-dire selon la perspective de Thomas d'Aquin – l'esprit forme des abstractions sur la base du matériau fourni par les sens –, et selon un

Nous pouvons également distinguer en liaison avec l'empirisme ce que nous appellerons un empirisme de concept et un empirisme de vérification. En bref, l'empirisme de concept est la position épistémologique selon laquelle les concepts naissent de l'expérience, et l'empirisme de vérification celle selon laquelle les assertions sont finalement confirmées par l'expérience (observation)[1]. Les deux positions peuvent être présentées de différentes manières, selon les diverses notions d'expérience, de concept, de vérification et de falsification des énoncés. L'empirisme de concept a pour but de clarifier ce qui rend les concepts pourvus de signification. (Un emploi des concepts pourvu de signification est une condition nécessaire mais non suffisante à la vérification d'un énoncé.) L'empirisme de vérification a pour but de clarifier la manière dont nous confirmons ou infirmons les énoncés – la manière dont nous pouvons savoir qu'ils sont vrais ou faux –, qu'ils soient théoriques ou d'observation.

Théorie politique – Les individus et leurs droits

Locke, à l'instar de Hobbes, conçoit l'*individu* comme un élément de base, et il considère que l'État est créé par un contrat social entre individus, de sorte que l'état de nature se trouve ainsi aboli. En ce sens, la doctrine de l'état de nature n'est pas considérée comme une doctrine portant sur la naissance de l'État, sur la manière dont il émerge effectivement, mais comme une doctrine qui explique ce qu'il est, et par conséquent le légitime. Mais ces concepts ont un caractère plus modéré dans la pensée de Locke : au contraire de chez Hobbes, ils n'impliquent ni le combat de tous contre tous, ni l'absolutisme, ni un principe rigide de conservation de soi. Il y a des citoyens libres qui, grâce à un intérêt personnel éclairé, vivent dans une société gouvernée par la loi et par un gouvernement représentatif, une société où chaque citoyen se voit garantir certains droits, en particulier celui de propriété.

L'état de nature selon Locke n'est pas un état anarchique de guerre, mais une forme de vie dans laquelle les individus disposent d'une liberté illimitée. Les êtres humains y sont égaux, par nature. Nous pouvons reconnaître cette liberté par notre seule réflexion. L'égalité signifie la liberté d'être son propre maître, tant que l'on ne nuit à personne. De plus, cette égalité et cette liberté signifient que nous

---

regard « de l'avenir », c'est-à-dire selon une perspective kantienne – l'esprit forme activement le matériau de l'expérience.

1. Sur ce dernier point, voir le positivisme logique, chapitre 26.

disposons librement de notre propre corps et par conséquent de ce que nous accomplissons par son moyen, c'est-à-dire du résultat de notre travail, qui devient donc notre propriété. Quand les individus tentent de passer de l'état de nature à une société politiquement ordonnée, ce n'est pas par peur de la mort, mais parce qu'ils réalisent qu'ils sont plus en sécurité dans une société ordonnée que dans l'état de nature.

Nous pouvons dire qu'ici Locke, au contraire de Hobbes, distingue la *société*, qui fonctionne spontanément, de manière régulée, et qui peut exister dans l'état de nature, et l'*État*, qui représente un arrangement politique, et qui est le produit d'un contrat politique. Une société politiquement ordonnée, pour Locke, ne signifie pas un despotisme. C'est un État soumis au règne de la majorité, sujet à certaines régulations : chaque individu possède des droits inaliénables, auxquels aucun dirigeant ne peut toucher. C'est donc un régime constitutionnel. Pour Locke, la maximisation de la liberté individuelle et un gouvernement constitutionnel reposant sur les droits individuels sont les deux côtés d'une même pièce. Pour Hobbes, le but de l'État est d'assurer la paix, de protéger la survie de l'individu. Pour Locke, c'est par-dessus tout de protéger la propriété privée. Sa position s'oppose ici très certainement à l'opinion communément partagée durant l'Antiquité et au Moyen Âge selon laquelle la tâche de l'État est avant tout *éthique* : rendre possible une vie bonne, permettre à l'homme une réalisation de soi politique et éthique au sein de la communauté. Selon cette conception traditionnelle, garantir la propriété privée est moins important que cette tâche éthique fondamentale. Protéger la propriété n'est un but que dans la mesure où cette protection est nécessaire pour que les hommes mènent une vie digne. La manière dont Locke souligne l'idée que l'État doit avant tout protéger la propriété est donc surprenante, d'un point de vue traditionnel. Il est alors tentant de considérer la primauté que Locke accorde à ce point comme un reflet de la manière de considérer les choses à son époque, selon laquelle protéger la propriété privée est primordial.

Locke élabore également une théorie sur la relation entre le travail et les droits de propriété. Dans l'état de nature, avant que la société ne s'établît, les gens pouvaient user librement de tout ce qui se trouvait autour d'eux. Mais quand l'individu travaille une chose naturelle, par exemple en transformant un arbre en bateau, il y met quelque chose de lui-même : il gagne un intérêt personnel à la chose, qui est devenue propriété privée. Et quand les individus passent de l'état de nature à la société grâce à un contrat, il est implicite que la société doit protéger cette propriété privée[1].

Locke ne se fait pas l'avocat d'un *laissez-faire* libéral, c'est-à-dire d'un système économique dans lequel l'État ne joue qu'un rôle minimal et où rien ne bride les riches. Comme la plupart de ses concitoyens – les Britanniques de la fin du dix-septième siècle –, Locke plaide en faveur d'un système économique dans lequel l'État adopte un rôle protectionniste pour favoriser l'industrie locale par rapport aux industries semblables des autres États. L'État doit protéger la propriété privée, maintenir l'ordre et assurer une politique commerciale protectionniste face aux autres États, mais non superviser ni contrôler le commerce et l'industrie. L'économie devrait reposer sur le capital privé. L'État ne devrait pas non plus intervenir dans les problèmes sociaux, par exemple en régulant les revenus personnels et en améliorant les conditions de vie des pauvres. Dans ce domaine, Locke adopte un libéralisme radical : le travail personnel de l'individu est fondamental ; l'État doit s'assurer de l'égalité en droit des citoyens, mais non de leur égalité sociale ou économique. Comme dans le *laissez-faire* libéral, Locke semble penser qu'il existe une harmonie naturelle entre l'égoïsme de l'individu et le bien commun[2].

Selon Locke, ce sont les citoyens qui, en commun, sont investis de la souveraineté. Mais puisqu'ils ont approuvé le contrat social, ils doivent accepter la volonté de la majorité. Il s'oppose donc clairement à l'absolutisme : c'est la volonté de l'ensemble des citoyens qui est souveraine, et non celle du roi de droit divin. Mais il est difficile de dire pourquoi la majorité devrait diriger, une fois le contrat social approuvé. Pourquoi une minorité serait-elle exclue de l'usage pratique de la souveraineté à laquelle en principe elle a part ? La réponse est pragmatique : pour que la société fonctionne, il est nécessaire que la minorité se soumette à la majorité. Mais cette réponse n'est pas satisfaisante. La société ne peut-elle fonctionner avec une minorité forte au pouvoir ?

Cependant la manière dont Locke met en avant la majorité est conforme à l'égalité devant la loi que recherche alors l'ensemble des citoyens – contre les privilèges traditionnels de la noblesse. Mais Locke

---

1. Comme nous le verrons ultérieurement, les théories de la valeur (Adam Smith et Karl Marx) naissent avec l'idée que la valeur d'un produit est le travail qui y est inclus.

2. C'est vers le milieu du dix-neuvième siècle qu'a lieu une première transition du *laissez-faire* libéral au libéralisme social, quand on se rend compte qu'en règle générale l'initiative privée sans limite, sans égalité sociale ou économique, ne mène pas au meilleur résultat possible pour chacun.

n'est pas en faveur d'une majorité dirigeante au sens d'un gouvernement représentatif avec le droit de vote accordé à tous. Il ne soutient pas que chacun devrait avoir le droit de vote. Il se trouve satisfait du système politique établi en 1689 limitant le droit de vote aux classes possédantes : la classe moyenne et la noblesse. La démocratie civile libérale est, pour Locke, une démocratie de bourgeois. Il ne faut par conséquent pas prendre au pied de la lettre ce que nous avons dit de la volonté de la majorité dans sa théorie.

Par-delà ces thèses, il vaut la peine de remarquer que Locke se préoccupe de la limitation du pouvoir des dirigeants. Les pouvoirs exécutif et législatif ne doivent pas résider dans le même corps. Locke soutient ici le principe de séparation des pouvoirs (voir Montesquieu). Pour lui, la notion de droits naturels repose sur l'idée de droits de l'homme inaliénables pour tous. Cette idée joue chez lui un rôle important : ces droits doivent protéger des interférences de l'État l'individu et la propriété privée. Cette version des droits naturels est importante dans la défense politique du citoyen contre l'absolutisme[1].

Cependant, dans cette présentation de la philosophie de Locke, il demeure un conflit entre d'un côté la thèse selon laquelle tous les hommes ont les mêmes droits, et de l'autre la défense d'un ordre politique où le pouvoir est entre les mains de ceux qui détiennent de la propriété. Comment ce conflit peut-il être résolu ?

Pour traiter de ce problème, il faut remonter à la théorie de l'état de nature selon Locke et au contrat volontaire sur lequel repose la société. Liant ce point à l'état de nature, Locke souligne que tous les hommes sont égaux : « Cet état est aussi un état d'égalité ; en sorte que tout pouvoir et toute juridiction est réciproque, un homme n'en ayant pas plus qu'un autre. Car il est très évident que des créatures d'une même espèce et d'un même ordre, qui sont nées sans distinction, qui ont part aux mêmes avantages de la nature, qui ont les mêmes facultés, doivent pareillement être égales entre elles sans nulle subordination ou sujétion »[2]. Mais en même temps, se référant toujours à l'état de nature, il déclare : « Ainsi, l'herbe que mon cheval mange, les mottes de terre que mon valet a arrachées, et les creux que j'ai faits dans des lieux auxquels j'ai un droit commun avec d'autres, deviennent mon bien et mon héritage propre, sans le consentement de qui que ce

---

1. Si Locke était un empiriste radical, il y aurait contradiction entre une épistémologie empiriste et une théorie politique soutenant la notion de droits naturels. Comment un empiriste pourrait-il *savoir* que l'individu a des droits inaliénables ? Et quelle impression sensible simple pourrait lui dire que nous ne *devons* pas violer ces droits ?

2. Locke, *Traité du gouvernement civil*, § 4.

soit»[1]. Le valet n'est-il donc pas un homme à l'égal des autres ? Bien au contraire, dans cette dernière citation, il est mis au même niveau que le cheval. Le travail que fournissent le valet et le cheval devient « ma » propriété. Ceci nous montre que le valet n'était pas, à l'époque de Locke, compris comme membre de la communauté politique : quand on parlait de l'homme, de l'individu, on faisait généralement référence aux hommes de la classe moyenne et de la noblesse[2].

Pour Locke, les individus sont des personnes adultes qui concluent volontairement des accords, des *contrats*, les uns avec les autres. Les arrangements sociaux justes sont ceux que l'on peut reconstruire comme résultat de ces contrats. C'est un point de vue moderne : les individus, c'est-à-dire les personnes adultes – sans liens féodaux ni arrangements hiérarchiques – déterminent librement, selon un intérêt personnel éclairé, de quelle manière la société devrait être organisée. Locke applique également au mariage cette conception du contrat dans les relations interpersonnelles : « La société conjugale a été formée, par un accord volontaire, entre l'homme et la femme ; et bien qu'elle consiste particulièrement dans le droit que l'un a sur le corps de l'autre, par rapport à la fin principale et la plus nécessaire, qui est de procréer des enfants »[3]. Cette manière d'analyser tant de relations interpersonnelles par l'idée de contrat volontaire peut rétrospectivement sembler simpliste, mais il est important de comprendre que, à l'époque de Locke, des concepts tels que « individu » et « contrat » représentaient des perspectives nouvelles et exaltantes sur l'homme et sur les relations interpersonnelles, que ce soit en politique, en économie ou dans le mariage. Nous suivrons cette ligne de pensée sur l'individu et le contrat – dans la théorie du droit et la théorie politique, dans la pensée économique et dans la théorie de la sphère privée (les relations entre hommes et femmes, entre parents et enfants) – jusqu'à la montée de la critique de la pensée du contrat et de sa foi en la rationalité individuelle du choix. Ainsi David Hume remplacera-t-il l'idée de contrat par les émotions et les conventions et Edmund Burke en appellera-t-il à la tradition ; quant à Hegel, il soulignera le processus mutuel de formation inhérent à la socialisation et critiquera par exemple l'idée du mariage comme contrat que l'on trouve chez Kant.

---

1. *Ibid.*, § 28.

2. Dans le libéralisme de l'époque, le concept d'*individu* ne s'applique pas en règle générale aux enfants, aux femmes et aux domestiques, mais uniquement au *pater familias* : disposant d'un capital privé, c'est lui qui souscrit des contrats et qui, sur une base rationnelle, maximise profits et plaisirs. Les attributs que le libéralisme impute à l'individu ne s'appliquent pas tout à fait à la femme de chambre ou au garçon d'écurie.

3. Locke, *Traité du gouvernement civil*, § 78.

En gardant à l'esprit cet ensemble de problèmes, nous allons mentionner trois points de la théorie de Locke concernant l'état de nature :

1. à l'origine, tous les êtres humains possédaient tout en commun, mais l'individu avait le devoir de se prendre en charge et donc de travailler. « Chacun pourtant a un droit particulier sur sa propre personne, sur laquelle nul autre ne peut avoir aucune prétention. Le travail de son corps et l'ouvrage de ses mains, nous le pouvons dire, sont son bien propre. Tout ce qu'il a tiré de l'état de nature, par sa peine et son industrie, appartient à lui seul : car cette peine et cette industrie étant sa peine et son industrie propre et seule, personne ne saurait avoir droit sur ce qui a été acquis par cette peine et cette industrie »[1]. Le travail de l'individu lui confère le droit de *posséder* le produit qu'il a créé. Cela signifie que la propriété devient finalement propriété *privée*, et que l'*héritage* en tant que tel ne donne pas le droit de propriété. Tout cela s'applique à l'état de nature. Avec le passage à une société politiquement ordonnée, le droit de posséder, comme droit de propriété privée, est maintenu ; en même temps, Locke accepte le principe de propriété par héritage – principe qui n'est pas compatible avec sa première thèse selon laquelle la propriété privée résulte du travail propre de l'individu ;

2. l'individu a le droit de posséder autant de propriété qu'il peut lui-même en faire usage. Il *n'a pas* le droit de gaspiller les choses qu'il possède en vertu de son propre travail. Puisque Locke parle ici d'une économie reposant sur l'échange, il pense que le droit de posséder est naturellement limité pour chacun. Les récoltes qu'a produites une personne et qu'elle utilise personnellement sont sa propriété privée. Mais nul n'a le droit de laisser des récoltes se gâter ;

3. enfin, Locke estime qu'il y a *suffisamment* de ressources pour satisfaire les besoins vitaux de *toute* l'humanité. Il le justifie en disant qu'il y a suffisamment de terre pour chacun et de plus que travailler la terre est essentiellement ce qui ajoute de la valeur à la propriété. Quant à l'étendue des ressources, il déclare notamment : « il y a assez de terre pour autant encore d'habitants qu'il y en a »[2]. À cette époque, la population comptait environ un demi milliard d'individus. À peine deux cents ans

---

1. *Ibid.*, § 27.
2. *Ibid.*, § 36.

plus tard, le chiffre avait doublé. Aujourd'hui, il a été multiplié par plus de dix.

Or, d'après Locke, puisque chaque personne vit de son travail sans gaspiller, puisqu'il y a assez de ressources pour tous, il règne une certaine égalité harmonieuse entre les hommes. Cette version de l'état de nature se caractérise donc par une économie d'échange, dans laquelle la propriété privée est créée et limitée par les efforts individuels et la consommation privée. Mais «l'accord qu'ont fait les hommes au sujet de la valeur de l'argent monnayé [leur a servi] pour acheter de grandes et vastes possessions, et en être les seuls maîtres»[1]. En d'autres termes, à un certain degré, avant qu'il n'y ait contrat social politique, les hommes entrent dans un «consentement mutuel et unanime»[2] afin d'introduire la *monnaie*. Et avec elle apparaît une distribution injuste de la terre. Car avec la monnaie, avec l'argent et l'or, un homme peut «posséder justement, et sans que personne puisse se plaindre qu'on lui fait tort, plus de choses qu'on en peut consumer pour sa subsistance propre, et que ce moyen c'est l'or et l'argent, lesquels peuvent demeurer éternellement entre les mains d'un homme, sans que ce qu'il en a, au-delà de ce qui lui est nécessaire, soit en danger de se pourrir»[3]. On peut mettre la monnaie en réserve sans qu'elle ne se corrompe ni ne se gâte, ce qui n'est pas le cas des récoltes. La monnaie ne se détruit pas, même quand on en acquiert d'énormes quantités. Il n'y a plus par conséquent de limitation naturelle à ce que chaque personne peut légalement posséder. Locke développe ces idées en présupposant qu'il y a suffisamment de ressources pour tous, et que la propriété privée est le résultat du travail propre à chaque individu.

Ainsi avec la monnaie une inégalité matérielle se développe-t-elle. Certains possèdent plus, d'autres moins. Mais cette inégalité trouve son origine dans un contrat *volontaire* entre les individus, par l'introduction de la monnaie. Les grandes propriétés se sont donc développées légalement. Les pauvres n'ont par conséquent pas de raison de se plaindre parce que tous, selon Locke, ont conclu l'accord qui a introduit la monnaie. À ce stade, la société au sens politique n'a pas encore été fondée. Nous sommes toujours dans un état de nature. Il n'y a donc aucune raison de rendre la société au sens politique responsable de l'inégalité matérielle qui apparaît avec la monnaie.

---

1. *Id.*
2. *Ibid.*, § 50.
3. *Id.*

La société politique est censée avoir été fondée par un nouveau contrat, le véritable contrat social. Mais pourquoi ce contrat serait-il nécessaire ? Dans cet état de nature modifié, monétaire, les choses ne peuvent-elles d'elles-mêmes fonctionner correctement ? Il y a deux raisons d'abandonner cet état de nature : chacun trouve un intérêt à protéger sa vie, et ceux qui détiennent de la propriété trouvent un intérêt à protéger cette propriété. Chacun trouve donc un intérêt dans ce contrat social, même si les prémisses sont différentes.

La société politique à laquelle nous aboutissons est pour l'essentiel la société britannique de l'époque de Locke, c'est-à-dire de la période de guerre civile du milieu du dix-septième siècle. C'est un État où le pouvoir politique est entre les mains des propriétaires et où certains droits juridiques sont partagés par tous les citoyens. Comment la théorie de Locke, qui commence en posant que tous sont égaux, peut-elle légitimer une société reposant sur une inégalité économique et politique ? Et comment une théorie politique peut-elle offrir des droits inaliénables pour chacun tout en légitimant l'inégalité économique et en réservant le droit de vote aux seuls propriétaires ?

Nous avons vu comment Locke attribuait l'inégalité économique non à un défaut de la société mais à un accord volontaire librement consenti par les individus.

Locke soutient également que ceux qui détiennent de la propriété sont ceux qui, dans la société, mettent en pratique la raison. Puisque ceux qui votent et exercent un pouvoir politique doivent être raisonnables, cela signifie que le droit de vote et les autres droits politiques doivent être réservés aux seuls propriétaires. Cela signifie que l'inégalité matérielle, c'est-à-dire l'inégalité de propriété, correspond à une inégalité dans la raison et dans le pouvoir politique. L'accord volontaire quant à l'introduction de la monnaie eut hélas de nombreuses conséquences ! Et les défavorisés ne peuvent reprocher ni à la société ni aux nantis ces inégalités, qui découlent de fait de cet accord volontaire. Mais même ceux qui n'ont rien sont potentiellement raisonnables. Même eux peuvent améliorer leur situation et atteindre la rationalité. Nous voyons ici les graines de la foi dans le progrès que l'on trouve dans les Lumières : par le progrès matériel et culturel, chacun peut en principe finir par devenir un citoyen raisonnable. La foi dans le progrès peut donc faire accepter plus facilement les inégalités présentes : chacun sera finalement satisfait.

Avec cette interprétation de sa théorie politique, Locke apparaît comme le défenseur du *statu quo* dans la Grande-Bretagne de son temps ; il en légitime les inégalités politiques et économiques par les principes universels et humains des droits inaliénables des individus, dans lesquels l'élément médiateur est la notion de contrat volontaire. Mais les mêmes idées prennent une implication différente et socialement plus critique dans des pays comme la France. Et avec les philosophes français des Lumières et la Révolution Américaine (les pères fondateurs)[1], les idées politiques de Locke vont avoir une grande influence sur les développements à venir.

En bref, nous pouvons dire que Locke est un idéologue représentatif du libéralisme dans cette phase du capitalisme où les citoyens n'avaient pas besoin d'un monarque absolu pour contenir la noblesse et unir l'État national mais souhaitaient au contraire éliminer ce monarque absolu et contrôler directement le gouvernement. Le libéralisme de Locke part de l'idée d'un contrat social et de droits individuels inaliénables et d'un idéal politique de souveraineté entre les mains du peuple. Le pouvoir législatif devrait être exercé par une assemblée nationale représentant la bourgeoisie et les propriétaires terriens, et le pouvoir exécutif résider dans un gouvernement respectant les droits inaliénables de l'individu.

---

1. Voir l'usage que fait Thomas Jefferson (1732-1826) des termes «lois de la nature» et «évidentes pour elles-mêmes» :
DÉCLARATION UNANIME
DES TREIZE ÉTATS UNIS D'AMÉRIQUE RÉUNIS EN CONGRÈS
4 juillet 1776
Lorsque, dans le cours des évènements humains, il devient nécessaire pour un peuple de dissoudre les liens politiques qui l'ont attaché à un autre et de prendre, parmi les puissances de la Terre, la place séparée et égale à laquelle les lois de la nature et du Dieu de la nature lui donnent droit, le respect dû à l'opinion de l'humanité oblige à déclarer les causes qui le déterminent à la séparation.
Nous tenons pour évidentes pour elles-mêmes les vérités suivantes : tous les hommes sont créés égaux ; ils sont doués par le Créateur de certains droits inaliénables ; parmi ces droits se trouvent la vie, la liberté et la recherche du bonheur. Les gouvernements sont établis parmi les hommes pour garantir ces droits, et leur juste pouvoir émane du consentement des gouvernés. Toutes les fois qu'une forme de gouvernement devient destructive de ce but, le peuple a le droit de la changer ou de l'abolir et d'établir un nouveau gouvernement, en le fondant sur les principes et en l'organisant en la forme qui lui paraîtront les plus propres à lui donner la sûreté et le bonheur. La prudence enseigne, à la vérité, que les gouvernements établis depuis longtemps ne doivent pas être changés pour des causes légères et passagères, et l'expérience de tous les temps a montré, en effet, que les hommes sont plus disposés à tolérer des maux supportables qu'à se faire justice à eux-mêmes en abolissant les formes auxquelles ils sont accoutumés.

QUESTIONS

Comment Locke conçoit-il la relation entre connaissance et expérience sensible (perception)? Comment cette conception peut-elle mener à une critique de la connaissance?

Expliquez en quoi le concept de contrat social est fondamental dans la philosophie politique de Locke, et analysez sa conception des droits de l'individu.

Analysez les caractéristiques fondamentales des théories politiques de Hobbes et de Locke et discutez l'affirmation suivante : « Les théories modernes de l'état de nature et du contrat social représentent une coupure radicale avec les concepts politiques de base de l'Antiquité (comme ceux de Platon et d'Aristote, par exemple) ».

SUGGESTIONS DE LECTURE COMPLÉMENTAIRE

SOURCES

Locke, J. *Traité du gouvernement civil*, 1992, Garnier-Flammarion, tr. David Mazel.

Locke, J. *Essai sur l'entendement humain*, 2004, Honoré Champion, tr. Pierre Coste.

COMMENTAIRES

Macpherson, Crawford B. *La théorie politique de l'individualisme possessif, De Hobbes à Locke*, Paris, Gallimard, Folio, 2004, tr. Michel Fuchs.

Yolton, J.W. *John Locke and the Way of Ideas*, Clarendon Press, 1956.

CHAPITRE 12

Empirisme et critique de la connaissance

BERKELEY – L'EMPIRISME CRITIQUÉ DE L'INTÉRIEUR

Biographie. George Berkeley (1685-1753) était un philosophe anglo-irlandais qui devint évêque anglican de Cloyne. Ses travaux les plus connus sont Principes de la connaissance humaine *(1710) et* Trois dialogues entre Hylas et Philonous *(1713).*

« Esse » *est* « percipi » – *L'empirisme idéaliste*

Berkeley se considérait à la fois comme un avocat plaidant *pour* le bon sens *contre* la métaphysique et *pour* une conception théiste (chrétienne) *contre* l'athéisme et le matérialisme. Il pensait pouvoir réconcilier ces deux points de vue, le bon sens et la foi chrétienne, en affirmant que la matière n'existe pas et que Dieu communique directement avec nous par l'intermédiaire de nos perceptions. Il énonçait ces conceptions à partir d'un développement critique des idées épistémologiques fondatrices des empiristes antérieurs, Locke par exemple.

Locke avait fait la distinction entre qualités premières et secondes. Nous appréhendons les qualités premières – étendue, forme, solidité – telles qu'elles sont dans les choses elles-mêmes : les qualités premières des choses sont représentées par les impressions sensibles que nous avons de celles-ci. De leur côté, les impressions de couleur, d'odeur, de goût, etc. dont nous pensons qu'elles proviennent des choses ne signifient pas que les mêmes propriétés s'y trouvent. Mais les choses causent ces impressions en influençant nos organes des sens.

C'est la thèse de la subjectivité des qualités sensibles : nous appréhendons les choses extérieures par l'influence de certains stimuli qui en proviennent, des qualités comme la couleur et le goût : c'est-à-dire des attributs qui ne peuvent se trouver dans les choses elles-mêmes, mais que produisent en nous les impressions venant de celles-ci.

C'est pourquoi Locke fait la distinction entre le monde tel qu'il nous apparaît (idées, impressions sensibles) et le monde tel qu'il est vraiment, indépendamment de nos sens, et dont nous ne pouvons qu'inférer la nature. Berkeley rejette cette distinction : ce que nous percevons par les sens est le seul monde réel. Il n'y a pas d'objets imperceptibles qui se situeraient (pour ainsi dire) par-delà notre perception et qui causeraient le monde dont nous faisons l'expérience. L'argument de Berkeley est qu'il est dépourvu de signification de conserver cette distinction : pouvons-nous imaginer l'étendue (une qualité première) sans la couleur (une qualité sensible)? Non, dit Berkeley. L'idée d'étendue, d'une rose par exemple, ne peut s'imaginer séparée d'une idée de couleur quelle qu'elle soit. Il est vrai qu'au moyen d'une expérience de pensée nous pouvons éliminer la couleur rouge de la rose. Mais quand nous pensons à l'étendue de la rose, nous pensons à elle comme étant blanche ou grise, ou visible de quelque façon, c'est-à-dire comme se distinguant de son environnement en raison de sa couleur. L'étendue de la rose est imaginée par opposition à son environnement grâce au contraste de couleur. Nous devons au moins tracer les frontières de la rose, par exemple en traçant une ligne noire sur un fond blanc.

Mais si nous ne pouvons faire de distinction entre les propriétés qu'ont les choses indépendamment de nous et celles qui dépendent de nous, nous devons dire que toutes sont en réalité subjectives : la couleur, l'odeur, le goût et la chaleur sont des propriétés dont nous pouvons montrer qu'elles dépendent de nous; si toutes les propriétés doivent être d'une seule sorte, l'étendue, la forme et le poids doivent aussi en dépendre.

La thèse des qualités secondes est étroitement liée à la conception mécaniste du monde. Si nous soutenons que les concepts de la mécanique révèlent fidèlement les choses – et c'est précisément l'idée philosophique que nous appelons conception mécaniste du monde –, il est tentant d'essayer d'expliquer les propriétés restantes selon une perspective subjective. Mais la notion de qualité seconde peut aussi surgir indépendamment de cette conception mécaniste du monde ; on peut montrer par exemple que certaines propriétés dépendent de la condition de l'observateur. Elles sont relatives à celui-ci. Ainsi la même eau peut-elle paraître chaude quand nous y plaçons une main froide, et froide quand nous y plaçons une main chaude. Est-elle alors chaude ou froide ? Ou est-elle à la fois l'un et l'autre ? Si nous répondons affirmativement à la dernière question, nous devons assigner à une même chose des propriétés contradictoires. Certains penseurs ont soutenu que la meilleure réponse est que la chose en elle-même n'est ni froide ni chaude, mais que ces qualités sont en quelque façon relatives au sujet percevant. On peut avancer des arguments semblables de relativité en ce qui concerne la perception de la couleur, de l'odeur et du goût. Toutefois, le fait que nous puissions montrer que certaines propriétés sont relatives ne signifie pas que nous *devions* affirmer qu'elles n'appartiennent pas à la chose elle-même. La dernière affirmation sur la subjectivité des qualités sensibles est néanmoins l'*une* des façons d'expliquer leur relativité.

Mais les qualités premières, et indirectement aussi les qualités sensibles, ne sont-elles pas liées aux choses extérieures, aux substances matérielles ? C'est précisément ce qui pour Berkeley relève de la spéculation métaphysique. Que *savons*-nous vraiment de ces substances matérielles ? Si tout ce que nous savons provient des impressions sensibles, nous ne pouvons rien en savoir du tout. Leur idée est une construction métaphysique. La conception quotidienne de la matière, par laquelle nous pouvons dire par exemple qu'un morceau de fromage est matériel, n'est pas la même que la conception philosophique de la matière, dans laquelle « matière » est un nom général pour toutes les choses matérielles, un nom censé se référer à des substances invisibles. La conception de la matière que Berkeley rejette n'est pas la conception quotidienne habituelle, mais la conception philosophique. Il interprète donc la conception courante comme une collection d'impressions sensibles : un morceau de fromage est l'ensemble des impressions que sous des conditions normales nous comprenons comme morceau de fromage. La première étape de l'immatérialisme de Berkeley consiste donc en un rejet de l'idée que la matière est quelque chose de différent des propriétés, la deuxième en une interprétation des propriétés comme impressions sensibles.

Mais ne devons-nous pas imaginer d'un côté le sujet de pair avec les organes des sens, et de l'autre les choses matérielles, de sorte que les impressions sensibles des choses extérieures sont captées par nos organes des sens ? Non, dit Berkeley. Tout ce modèle épistémologique de *réalisme représentatif*[1] s'appuie sur le postulat de l'existence des choses matérielles extérieures. C'est quelque chose dont, à strictement parler, nous ne pouvons rien savoir sur la base du modèle lui-même, puisque la seule chose que nous sachions vraiment sur cette base est que nous avons différentes impressions sensibles. Ces dernières sont la base ultime de la connaissance, et la seule. Et à partir de cette base, il est impossible de savoir quoi que ce soit sur ce qui l'a causée, à savoir les prétendues choses matérielles extérieures.

Mais cela ne signifie-t-il pas que nous ne pouvons plus faire la distinction entre réalité et illusion ? Non, répond Berkeley. Les impressions sensibles qui apparaissent régulièrement et indépendamment de notre volonté représentent la réalité. Celles qui apparaissent irrégulièrement, et peut-être par notre volonté, ne sont pas dignes de confiance à cet égard. Nous avons des impressions sensibles régulières de ce que nous appelons le *mur*, et nous ne les avons pas par notre propre volonté. Nous savons que nous n'irons nulle part en essayant de traverser le mur. C'est une réalité. Toutefois, nous pouvons dans une certaine mesure invoquer à volonté l'idée d'un farfadet. Ce n'est pas la réalité. Un cauchemar n'est pas non plus déterminé par notre volonté, mais il apparaît de manière irrégulière, en particulier en liaison avec des expériences que nous avons eues d'autres choses dans d'autres circonstances. Il n'y a par conséquent aucune base pour dire que ce dont nous faisons l'expérience pendant un cauchemar est réel.

Berkeley pense donc que nous pouvons conserver la distinction entre réalité et illusion[2]. Que voulons-nous dire quand nous parlons de réalité ? Et bien, nous voulons dire que nous avons des impressions sensibles régulières qui n'apparaissent pas à notre guise. C'est tout ce que nous voulons dire, et pouvons vouloir dire, par le mot *réalité*. Ajouter que ces impressions proviennent d'une substance matérielle non sensible n'est pas fournir une meilleure explication, mais seulement créer de la confusion avec des constructions métaphysiques.

---

1. *Réalisme* : les choses extérieures existent, et elles sont *présentées* au sujet par les impressions sensibles qui les représentent.

2. La distinction que fait Berkeley entre réalité et imagination repose sur une distinction entre les idées qui sont claires et distinctes et celles qui ne le sont pas, et entre les idées qui ne sont pas soumises à notre volonté et celles qui le sont. Des idées fortes et distinctes qui sont vigoureuses, bien ordonnées et qui de surcroît ne sont pas soumises à notre volonté représentent la réalité. *Appréhender*, percevoir – avoir des idées –, cela englobe pour Berkeley aussi bien avoir des sensations que penser, penser à la fois en tant que *conceptualiser* et qu'avoir des *idées « illustrées »*. Nous pourrions objecter qu'avoir la sensation d'une souris est différent d'imaginer une souris. Et imaginer un cercle au sens d'en avoir une image mentale est différent de penser au concept de cercle.

Dire qu'une chose *existe* est la même chose que dire qu'elle est appréhendée : *esse* est *percipi*. Mais cela veut-il dire que le mur disparaît quand je me retourne et ne le perçois plus ? Que le mur existe veut dire qu'il est senti (ou appréhendé) quand nous nous tournons vers lui, dans des conditions normales de visibilité. Exister, c'est donc être perceptible par un être conscient. Qu'une chose existe ne signifie donc pas qu'elle est perçue en acte, mais qu'elle peut être perçue dans des circonstances normales. Énoncé négativement : ce que nous ne pouvons pas percevoir n'existe pas.

La substance sort, Dieu entre !

Toutefois, Berkeley ne pense pas qu'exister, ce ne soit rien d'autre qu'être perçu : il pense que le principe selon lequel *être* c'est *être perçu* implique qu'il y a *quelqu'un* qui perçoit. Le concept de perception est nécessairement lié à celui de sujet (d'âme). Il doit exister quelqu'un qui perçoit. Pour ce sujet, il est vrai qu'exister c'est *percevoir* ; *esse* est égal à *percevoir*. C'est là que la conscience humaine, le sujet, entre en scène. Mais pour Berkeley, il y a aussi une conscience qui englobe toute la réalité, une conscience qui perçoit toujours tout ce qui est perceptible. C'est Dieu. Dieu est ce qui conserve toute chose. Par conséquent, *esse* est égal à *percipi* : toute chose existe pour autant qu'elle est appréhendée par Dieu.

Dieu est l'être qui assure la régularité, la mise en ordre, de l'expérience, c'est-à-dire de la réalité. Les connexions nécessaires entre les évènements proviennent de Dieu.

La preuve de l'existence de Dieu selon Berkeley est la suivante. Il y a des idées (c'est-à-dire des impressions sensibles) que je peux produire et dissiper par ma seule volonté, et il y en a qui ne sont pas soumises à ma volonté. Les dernières doivent avoir une cause extérieure à moi. Qu'est-ce qui peut les causer ? Pas la matière, puisqu'elle n'existe pas. Pas d'autres idées, puisque les idées sont passives. Par conséquent, ce doit être un autre esprit (sujet). Puisqu'il peut causer tout cela, il doit être puissant. Et puisqu'il peut créer un tel ordre régulier, il doit être bon et sage. Cet esprit est le Dieu chrétien.

Puisque Dieu n'est pas une idée, nous ne pouvons Le percevoir. En ce sens, Il n'est pas dans le monde, c'est-à-dire qu'Il n'est pas une idée parmi les idées. Mais qu'il y ait un monde, une diversité ordonnée d'idées, montre qu'il doit y avoir un Dieu. Dieu joue à peu près pour Berkeley le même rôle que la matière pour Locke et que la chose en soi (*Ding an sich*) pour Kant. Il est la cause non perçue de toute perception. Il a un double rôle par rapport aux impressions sensibles : Il est la cause de nos impressions sensibles, et Il perçoit lui-même toutes les impressions sensibles.

Mais qu'avons-nous gagné à substituer l'idée de Dieu à la conception philosophique de la matière ? La réponse peut se trouver dans l'idée que la matière est morte, alors que Dieu est créateur, qu'Il conserve et qu'Il donne. À l'idée qu'Il est la cause de toutes les impressions sensibles, nous pouvons objecter qu'elle ressemble à la théorie de Locke de la matière comme cause de toutes les impressions sensibles. À l'idée qu'Il perçoit toutes les impressions sensibles, nous pouvons objecter que personne d'autre que nous ne peut percevoir nos impressions sensibles. Il y a quelque chose de choquant dans l'idée que quelque chose d'essentiellement privé puisse être partagé avec les autres.

Nous avons vu comment Berkeley, à partir d'un développement critique de l'épistémologie empiriste, atteint une forme d'*idéalisme*, puisqu'il fait remonter les propriétés et l'existence au sujet, et arrive au *théisme*, puisque Dieu est en réalité *Celui* qui conserve tout. Cette position est-elle aussi une expression du bon sens ? Il s'agit bien sûr d'une autre question. Et Berkeley rencontre quelques problèmes difficiles ; par exemple celui de la façon dont nous percevons et appréhendons *les mêmes choses*, dans la mesure où les impressions sensibles sont privées et où il n'y a pas d'objets extérieurs. Même si nous disons que Dieu nous imprègne tous, qualitativement, avec les mêmes impressions sensibles d'un mur, il y a encore deux impressions sensibles différentes que vous et moi avons respectivement « du mur ». Il est probablement acceptable pour le bon sens que deux personnes qui boivent du même vin ou sentent la même rose aient chacune ses propres impressions sensibles, mais il est difficilement acceptable de prétendre que deux personnes qui voient un mur, parce qu'elles ont des impressions sensibles différentes, ne voient pas le même mur.

Ainsi, en partant de la position épistémologique de Berkeley, nous arrivons à un dualisme des formes d'être : conscience et impressions, ce qui appréhende et ce qui est appréhendé. De cette façon, Berkeley accepte comme Locke qu'il y ait des substances mentales, et comme lui il fonde son système à la fois sur les sujets humains et sur Dieu. Mais par opposition à Locke, il rejette sans hésiter l'idée d'une substance matérielle extérieure. Nous verrons que Hume développe un empirisme dans lequel même l'existence des substances mentales est rejetée. Seules restent les *impressions*[1].

---

1. Le débat concernant les impressions immédiates et le problème du monde extérieur s'est poursuivi jusqu'à nos jours ; nous le trouvons par exemple chez G.E. Moore, A.J. Ayer et d'autres. L'*un* des exposés du problème est le suivant. Il

Berkeley critique l'emploi de concepts généraux, arguant qu'imaginer quelque chose, c'est en avoir une image visuelle : nous pouvons de cette façon former des représentations des centaures et des farfadets, c'est-à-dire que nous pouvons employer les impressions sensibles pour créer de telles combinaisons imaginaires. Ce sont des combinaisons faites à partir d'impressions sensibles simples, mais d'une façon qui n'est pas crédible. Selon Berkeley, seules les impressions sensibles simples, ou celles qui sont combinées de la façon dont elles apparaissent régulièrement, peuvent normalement être conçues comme crédibles. Nous pouvons avoir connaissance des combinaisons crédibles en percevant leurs occurrences stables et régulières. Mais nous *ne pouvons* percevoir *l'homme, la matière, la vie*, etc. : c'est-à-dire que nous ne pouvons percevoir les idées universelles.

Ainsi, à partir d'un nominalisme conceptuel, Berkeley rejette la conception philosophique de la matière : la matière est considérée comme un concept universel, mais nous ne pouvons pas nous représenter ces concepts. Puisque n'existe que ce que nous pouvons imaginer, la matière n'existe pas. Nous employons des mots comme « cheval » et « être humain » comme des abréviations, pour parler plus facilement. Mais employer le langage de cette manière ne doit pas nous conduire à croire par erreur à l'existence de concepts universels, comme ceux de « cheval » et de « maison ». Dans la théorie du langage de Berkeley, les mots renvoient à des impressions sensibles. Les impressions sensibles sont les significations des mots. Le mot « pomme » renvoie aux impressions sensibles qui indiquent une pomme ; c'est-à-dire que la signification du mot « pomme » est le faisceau d'impressions des sens que nous avons de la chose. Le mot « matière » est dépourvu de signification puisqu'il ne renvoie pas à de telles impressions sensibles.

---

est habituel d'affirmer que les énoncés empiriques ne peuvent être absolument certains (voir par exemple le doute cartésien). Si nous sommes désireux de trouver des énoncés d'observation *absolument* certains, il est tentant de dire que ceux qui se limitent à notre expérience immédiate satisfont à cette exigence. Quand nous percevons une surface rouge, et énonçons notre perception de cette surface, l'énoncé est absolument certain. Nous n'avons pas dit alors qu'il y a quelque chose qui *est* rouge et que les autres seraient aussi capables de percevoir par les sens. Cette *impression sensible immédiate*, qui ne requiert rien de plus que ce qui est perçu ici et maintenant par une personne, est souvent appelée un *sense datum*. Mais ces *sense data* n'existent que pour le sujet percevant. De quel droit pouvons-nous parler d'objets extérieurs ? Les problèmes des *sense data* nous conduisent donc à ceux de l'empirisme idéaliste de Berkeley : pouvons-nous avoir connaissance d'un monde extérieur, et pouvons-nous connaître quelque chose des autres sujets ? Est-il pourvu de signification de parler de quelque chose d'extérieur, au-delà des *sense data* ?

HUME – L'EMPIRISME COMME CRITIQUE

Biographie. *David Hume (1711-1776) a vécu au siècle des Lumières et fut contemporain de Voltaire et Rousseau. Il a tôt développé ses idées philosophiques de base. Il publia à l'âge de vingt-huit ans son* Traité de la nature humaine. *Il s'attendait à ce qu'une grande agitation en suivît la publication, mais l'ouvrage, au début, attira peu l'attention. Cependant, la philosophie de Hume en vint pour finir à susciter un très grand intérêt, et il est maintenant considéré comme l'un des principaux empiristes. Ses œuvres philosophiques les plus importantes sont le* Traité de la nature humaine *(1739),* Essays Moral and Political *(1741) (repris et traduits en français dans* Essais moraux, politiques et littéraires*), et* Enquête sur l'entendement humain *(1749). Il a aussi écrit une* Histoire de l'Angleterre *en plusieurs volumes (1754-1762).*

Pour Thomas d'Aquin, la théorie de la loi naturelle s'enracinait dans un ordre objectif créé par Dieu. Pour Locke, elle était liée à l'homme en tant que sujet agissant ; les droits inaliénables étaient ceux de l'individu. Tout au long du dix-huitième siècle, elle fut en butte à la fois aux tenants du romantisme et à ceux de l'empirisme. Les premiers attaquaient son universalisme, en affirmant que *tous* les peuples ont des lois spécifiques déterminées par le développement historique particulier qu'ils ont connu ; les seconds l'attaquaient par une analyse épistémologique qui les amenait à conclure que nous ne pouvons avoir la connaissance normative qu'elle présuppose.

Épistémologie empiriste – « Idées » et « impressions »

Les philosophes des Lumières en appelaient à la raison. Elle était l'arme qui devait vaincre l'irrationalité des préjugés et des traditions. Mais en même temps, cette conception de la raison n'était rien moins que claire. L'Écossais David Hume était un empiriste, au sens épistémologique. Pour lui, il n'y avait que deux sortes de connaissance : celle fondée sur l'expérience, en dernière instance la perception sensible, et celle fondée sur des règles conventionnellement conçues portant sur les rapports entre concepts, telles que nous en trouvons, selon l'interprétation empiriste, en mathématiques et en logique. Nous ne pouvons avoir de connaissance qui aille au-delà de ces deux types. Nous ne pouvons avoir de connaissance sur ce dont nous ne pouvons faire l'expérience, comme Dieu ou les normes objectives.

Cette épistémologie empiriste a des conséquences importantes non seulement pour la théologie et pour l'éthique, mais aussi pour les sciences expérimentales. Selon cette théorie, il n'y a au sein des sciences de la nature aucun noyau, comme une loi de causalité, qui se situerait au-dessus de tout doute possible. C'est l'un des points de la théorie de Hume auxquels réagit Kant. Nous verrons plus tard comment ce dernier essaya de réfuter cette théorie, mais nous essaierons ici d'esquisser l'argument sur lequel Hume fondait sa position. Nous examinerons tout d'abord la version de Hume de l'empirisme en tant que théorie de la connaissance, qui est proche de ce que nous avons appelé empirisme radical quand nous avons traité de John Locke[1].

Sur la question de l'origine de la connaissance, Hume fait une distinction entre ce qu'il appelle les «impressions» et les «idées». Les *impressions* sont des perceptions fortes et vives, dont les perceptions sensibles immédiates, comme les images et les sons. Mais des expériences psychologiques immédiates comme la haine ou la joie sont aussi des impressions. Les impressions englobent ainsi à la fois des perceptions internes et externes. Hume conçoit les *idées* comme des images mentales qui s'appuient sur ces perceptions sensibles immédiates, ou sur les *impressions*. Les idées s'appuient donc sur les impressions, et la relation entre *impressions* et *idées* est telle que des idées ne peuvent surgir sans que des impressions les précèdent[2].

Nous combinons et ordonnons les *impressions* sensibles que nous recevons de telle manière qu'elles créent nos diverses *idées*. Les idées en ce sens peuvent être n'importe quoi, de l'idée d'une maison à celle d'une loi fondamentale ou d'une figure géométrique[3]. Toutes ces idées proviennent en dernière instance des impressions internes et externes. Les frontières de la connaissance se trouvent entre les idées que l'on peut faire remonter à de telles impressions et celles pour lesquelles ce n'est pas possible. C'est la distinction entre ce qui représente de la connaissance et ce qui n'en représente pas. La question est pour ainsi

---

1. Chapitre 11, «Épistémologie et critique de la connaissance». Pour le dire sans nuances, cet empirisme affirme que la *connaissance* s'appuie seulement sur l'*expérience*, que l'*expérience* doit se comprendre comme *sensation* (perception sensible) et que la *sensation* doit se concevoir comme consistant en dernière instance en *impressions sensibles simples*.

2. Nous avons donc la méthode suivante : «Quand [...] nous soupçonnons qu'un terme philosophique est employé sans aucun sens [...], nous n'avons qu'à rechercher *de quelle impression dérive cette idée supposée*». (*Enquête sur l'entendement humain*, section II, «Origine des idées», p. 68.)

3. Hume écrit que «cette connexion des différentes idées les unes avec les autres» se fait par «les principes d'association». (*Id.*, section III, «L'association des idées», p. 71-72.)

dire de savoir si les idées ont leur «pedigree» en ordre, c'est-à-dire s'il est possible de faire remonter tous les éléments d'une idée à des impressions internes ou externes. Là où il n'est pas possible de le faire, nous avons des idées inadéquates. L'épistémologie devient ici une critique de la connaissance puisqu'elle rejette ces idées-ci comme inacceptables et intenables. Hume est radical dans sa critique de la connaissance : sur cette base – nous le verrons – il rejette l'idée de substance matérielle (en accord avec Berkeley) aussi bien que celle de substance spirituelle, y compris l'idée de Dieu (en opposition à Berkeley), et il attaque le concept de causalité. C'est sur cet arrière-plan que, dans son interprétation des sciences de la nature et des mathématiques, il attaque la métaphysique : pour lui, les idées mathématiques ne révèlent rien sur la réalité. Elles ne font qu'éclairer les relations entre concepts. On peut donc les dire «analytiques». Il n'y est par conséquent pas question d'une possible correspondance avec des impressions internes ou externes, mais seulement de relations logiques entre concepts. (Remarquez qu'il s'agit d'une interprétation nominaliste des concepts mathématiques, par opposition aux interprétations réalistes ou platoniciennes; voir chapitre 6, «La querelle des Universaux»). On peut d'autre part faire remonter les idées des sciences expérimentales à de telles impressions. On peut donc qualifier ces idées de «synthétiques», au sens où elles révèlent quelque chose sur la réalité. Ce processus qui consiste à faire remonter les idées aux impressions s'avérera pour ces premiers cas largement couronné de succès, mais il n'en sera pas toujours ainsi, comme nous le verrons quand nous traiterons dans le prochain paragraphe de la façon dont Hume attaque le principe de causalité.

On prétend que les idées métaphysiques révèlent certains aspects de la réalité, quoiqu'on ne puisse les faire remonter seulement à des impressions internes et externes. Elles sont donc passibles de la critique empiriste de la connaissance. Hume considère par conséquent que les idées de substance matérielle et de substance spirituelle sont des exemples d'illusions métaphysiques. Il suit Berkeley dans son attaque de l'idée d'une substance matérielle : nos impressions sensibles ne dérivent que des diverses propriétés sensibles. Nous ne ressentons aucune substance matérielle qui se trouverait prétendument derrière ces impressions sensibles. Nous faisons par exemple l'expérience de cette table, au sens où nous en avons des impressions visuelles variées, auxquelles peuvent s'ajouter d'autres impressions sensibles si nous la touchons, la frappons, etc. Mais nous n'avons pas d'impression sensible de quelque chose qui serait le «porteur» de ces impressions. Il est vrai que toutes ces impressions sensibles apparaissent en groupes constants, au sens où elles apparaissent régulièrement dans des associations déterminées. Nous appelons ces groupes stables d'impressions une table, une chaise, etc. Cela suffit. Nous n'avons pas d'impressions d'une substance matérielle sous-jacente « derrière » ces groupes de propriété, et nous n'avons pas besoin de postuler une telle substance. L'idée de substance matérielle est par conséquent une idée métaphysique intenable.

Hume emploie un argument similaire contre l'idée d'une substance spirituelle ou mentale : nous n'avons accès qu'à des impressions internes. Elles apparaissent souvent dans des associations déterminées plus stables. Nous parlons par conséquent d'un ego qui se trouverait « derrière » les impressions et les unirait. Mais en réalité cet ego est aussi une illusion métaphysique puisque nous ne pouvons avoir d'impression interne d'aucune substance qui se tiendrait derrière ces impressions de propriétés et associations diverses. Et il n'est pas non plus nécessaire de postuler quoi que ce soit qui y ressemble. Il suffit de maintenir ces propriétés dans leurs diverses associations. L'idée d'un ego sous-jacent repose sur l'association des propriétés qui apparaissent ensemble avec cohérence. C'est tout.

La critique empiriste de la connaissance – La notion de causalité

À la lumière de la présentation de l'épistémologie empiriste de Hume, nous jetterons un regard plus étroit sur ses attaques à l'encontre du concept de causalité. On pourrait affirmer que, quand nous avons observé d'innombrables fois comment des boules de billard s'influencent mutuellement au moyen de forces mécaniques, nous pouvons à partir de cette expérience *connaître* la façon dont elles se comporteront à l'avenir. Nous pouvons détecter des lois de connexion causale, à propos par exemple de ce qui arrive sur une surface plane quand la boule A ayant telle ou telle vitesse et telle ou telle masse heurte la boule B ayant telle ou telle vitesse et telle ou telle masse. Les lois de la connexion entre la cause et l'effet nous disent quel effet se produira *nécessairement* si telle cause intervient. Hume traite de ce type de conceptions et demande sur la base de sa théorie *empiriste* de la connaissance si nous pouvons vraiment *connaître* de telles lois causales. Quand nous parlons de *causes*, dit-il, nous pensons :

1. que quelque chose suit quelque chose d'autre ;
2. qu'il y a un contact entre deux phénomènes ;
3. que ce qui arrive après ce contact arrive nécessairement.

En d'autres termes, *le concept de cause*, selon Hume, a les caractéristiques suivantes :

1. succession ;
2. contact ;
3. nécessité.

Mais comment en avons-nous *connaissance* ? Qu'est-ce qui nous donne cette idée ? D'après l'épistémologie empiriste, n'est connaissance que ce qui s'enracine dans l'expérience. Une *succession* d'évènements peut être *vue* ; c'est-à-dire que l'idée de succession est une *connaissance* parce qu'elle s'appuie sur l'expérience. Le *contact*, par exemple entre la boule *A* et la boule *B*, peut également être *vu*. Là aussi, par conséquent, nous avons une connaissance. En outre, nous pouvons *voir* que la succession et le contact sont répétables maintes et maintes fois quand sans cesse nous nous livrons à de nouveaux essais. En d'autres termes, nous avons connaissance d'une *répétition constante*. Jusque-là, tout va bien. Mais comment avons-nous *connaissance* que ce qui arrive a lieu par *nécessité* (quand une balle en frappe une autre) ? Quelle expérience nous dit que c'est *nécessaire* ? Pouvons-nous *voir* la nécessité ? Comment le pourrions-nous ? Comme une lueur rose ? Évidemment pas. Pouvons-nous *entendre* la nécessité ? Comme un faible bourdonnement, par exemple ? Évidemment pas. La nécessité n'est rien non plus que nous puissions goûter ni renifler, ou dont nous puissions d'une autre façon avoir des impressions sensibles simples. Par conséquent, nous ne pouvons avoir aucune connaissance de la nécessité.

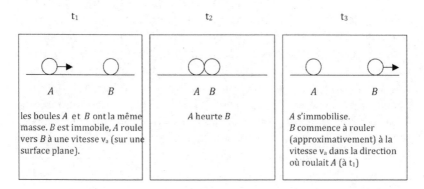

On pourrait objecter que, bien que nous ne puissions avoir connaissance par des impressions sensibles simples de la nécessité de la relation entre la cause et l'effet, nous pourrions encore acquérir par induction une connaissance de cette nécessité : quand une boule roulant sur une surface plane en frappe une autre immobile (et de la même masse), nous avons toujours observé que la boule en mouvement s'immobilisait, et que celle qui était immobile commençait à se déplacer à la vitesse de la première. Nous pouvons répéter cette expérience et observer de nombreuses fois cet exemple de connexion causale. Par conséquent, nous en inférons par induction que cela arrivera toujours, que ce doit toujours être le cas. Ainsi cette connexion causale arrive-t-elle par nécessité, et nous avons *connaissance* par conséquent qu'à l'avenir des «collisions» identiques auront toujours le même effet. La réponse de Hume est simple : nous n'avons *connaissance* que de ce dont nous avons fait l'expérience. Mais nous n'avons pas fait l'expérience de tous les cas passés et présents, et nous n'avons aucune expérience de l'avenir. Par conséquent, nous ne pouvons pas dire que nous avons *connaissance* que quelque chose va arriver à l'avenir.

Il est important de garder à l'esprit ce que Hume dit et ce qu'il ne dit pas. Il n'affirme pas qu'il n'y a pas de connexion nécessaire entre la cause et l'effet, mais seulement que nous ne pouvons avoir aucune *connaissance* de cette éventuelle nécessité. En d'autres termes, sa thèse est épistémologique, pas ontologique. En outre, il ne dit pas que nous ne devrions pas nous attendre à ce que les boules se comportent à l'avenir de la même façon qu'elles l'ont fait jusqu'à maintenant. Il dit seulement que nous ne pouvons pas en avoir connaissance, au sens qu'il donne au mot *connaissance*. Il ne penserait pas bien sûr qu'il serait sage pour nous de nous jeter du haut de la Tour Eiffel dans l'espoir, plutôt que de nous écraser au sol comme cela est précédemment arrivé à ceux qui l'ont fait, de flotter en douceur vers l'autre rive de la Seine. («Nous n'avons pas *connaissance* que nous ferons une chute mortelle à l'*avenir*; tout ce dont nous avons connaissance, c'est que *jusqu'à maintenant* cela a toujours été le cas pour ceux qui ont essayé».) Le propos de Hume est épistémologique : nous devons faire la distinction entre différentes sortes de connaissance.

1. *Expérience directe*. Nous avons connaissance de ce dont nous faisons ou avons fait l'expérience directement. Mais une telle expérience singulière ne nous dit pas que des connexions causales *doivent* entrer en vigueur. Et cette sorte d'expérience n'a aucun rapport avec l'*avenir*;

2. *Induction*. Si sur la base d'un nombre fini d'expériences directes nous prétendons que quelque chose doit arriver à l'avenir, nous en disons *plus* que ce dont nous pouvons vraiment *avoir connaissance*.

Mais ce qui précède *ne veut pas* dire qu'il n'est pas sage de nous attendre à ce que cela arrive.

Hume trouve d'une importance cruciale de faire une distinction nette entre connaissance logique et connaissance par expérience. Si nous disons : « A > B et B > C, donc A > C », nous savons avec une certitude complète qu'il doit en être ainsi. Il est logiquement nécessaire que « A > C », étant données les prémisses et les règles d'inférence habituelles[1]. La connaissance logique est donc certaine à cent pour cent. Il n'en est pas de même avec la connaissance par expérience. Il est en un sens imaginable que la boule A frappant la boule B (avec les mêmes conditions initiales) conduise à l'occasion à des résultats différents – par exemple que la boule B bondisse à la verticale au lieu de commencer à rouler sur la surface[2] – et il est imaginable que les boules puissent à l'avenir se conduire différemment de ce qu'elles ont fait jusqu'à maintenant. Il est aussi imaginable que de nouvelles expériences viennent montrer que les observations antérieures étaient erronées.

Voici notre conclusion : la connaissance logique est certaine à cent pour cent, mais elle ne nous dit rien sur le monde. La connaissance par expérience nous dit quelque chose sur le monde, mais sans être certaine à cent pour cent.

En résumé, il *n'y* a pour Hume *que* ces deux sortes de connaissance :

1. la connaissance logique, qui porte sur les relations entre concepts (non sur le monde) ;
2. la connaissance par expérience, qui s'appuie sur les impressions sensibles simples (internes et externes).

Et selon Hume, le concept de causalité se compose des éléments suivants :

$$
\left.\begin{array}{l} \text{1 succession} \\ \text{2 contact} \\ \text{3 nécessité} \end{array}\right\} \text{répétition}
$$

---

1. C'est-à-dire : si A est plus grand que B et B plus grand que C, alors A est plus grand que C.

2. Mais si nous imaginons que les deux boules A et B sont des corps solides et comprenons qu'elles occupent ainsi un espace déterminé qu'aucun autre corps solide ne peut remplir (sans que les boules ne soient déformées), nous pouvons probablement dire que nous avons connaissance qu'un impact aura lieu si nous poussons lentement l'une des boules dans la direction de l'autre. Du moins en avons-nous connaissance au sens où nous avons connaissance que certaines choses *ne* se produiront *pas* : par exemple, la boule que nous poussons ne roulera pas à travers celle qui est immobile, comme une ombre qui en traverse une autre.

Si cette conception de la causalité doit représenter une connaissance du monde, *tous* ses éléments doivent découler de l'expérience. Il se révèle que ce n'est pas le cas pour le point 3 du diagramme, la nécessité. L'idée de nécessité ne peut découler d'impressions sensibles simples, et une inférence inductive – par exemple que l'avenir sera comme le passé observé – ne nous donne pas de connaissance au sens authentique du terme.

Pour Hume, par conséquent, la question qui vient ensuite est celle-ci : comment pouvons-nous avoir une conception de la causalité dont une composante ne représente pas une connaissance au sens empirique ? La réponse en est pour finir psychologique : quand des évènements arrivent maintes et maintes fois de la même manière, nous formons des *attentes* qu'à l'avenir le même processus se produira à l'identique. Ce sont ces attentes que nous avons qui créent l'idée d'une nécessité en relation avec les connexions causales[1]. Nous voyons de cette façon comment l'épistémologie de Hume s'oppose à l'idée selon laquelle les sciences expérimentales nous donnent une connaissance certaine à cent pour cent des lois universelles qui doivent s'appliquer dans l'avenir aussi bien que dans le passé : il n'y a selon lui aucune raison, aucune intuition rationnelle, qui nous donne accès à des principes nécessaires et immuables de la nature – de même qu'il n'y a pas de raison qui nous donne accès à des normes morales universelles. Nous pouvons conclure que ce que nous connaissons des relations causales s'appuie sur l'expérience (perception sensible). De cette source de connaissance, nous ne pouvons pas avoir *connaissance* de ce que les connexions causales arrivent par nécessité, parce que nous ne percevons pas la « nécessité ». Et nous ne pouvons pas non plus avoir connaissance (c'est-à-dire avoir connaissance avec certitude) de ce que les conditions observées dans le passé s'appliqueront aussi à l'avenir.

Hume, toutefois, n'en reste pas à cette analyse empiriste critique des concepts de cause et de raison. En accord avec la théorie selon laquelle nos attentes nous conduisent à l'idée que des évènements arriveront nécessairement, il souligne ce qu'on appelle *croyance naturelle*. En raison de la croyance naturelle, nous ordonnons le monde et les évènements qui nous entourent de telle façon que nous nous débrouillons parfaitement bien dans nos vies – même si la raison et ce que nous pouvons connaître au sens strict du terme ne nous sont pas d'un aussi grand secours que le pensaient nombre des philosophes antérieurs. La notion humienne de connaissance pratique courante,

---

1. Hume parle « d'une tendance de l'esprit à passer, par une *transition coutumière*, de l'apparition de l'un à la croyance en l'autre » (*Enquête sur l'entendement humain*, section VIII, « Liberté et nécessité », Première partie, p. 161).

ou de croyance naturelle, est une notion de base qui revient à la fois dans sa théorie de la connaissance, dans sa philosophie morale et dans sa théorie politique (en termes de sympathie et de sentiments impartiaux courants). Il est important d'ajouter ici que Hume, en philosophe du dix-huitième siècle, voit favorablement la recherche et le progrès scientifiques. Quoique dans son épistémologie il rejette l'idée que soient accessibles des résultats absolument certains, il souligne la valeur dans les sciences expérimentales d'une progression pas à pas autocorrective[1].

Philosophie morale – La distinction entre « être » et « devoir être »

Comme la notion de droits naturels repose sur l'idée que certaines normes ou valeurs sont universellement valides, Hume, en tant qu'empiriste, nie qu'elle représente une connaissance : valeurs et normes ne sont pas des expressions de la connaissance, mais des sentiments, lesquels ne peuvent être ni vrais ni faux. Nous pouvons reconstruire son propos comme suit : nous sommes témoins d'une action moralement abjecte, un meurtre par exemple. Nous voyons l'assassin lever le couteau, nous voyons le couteau pénétrer dans le corps de la victime, nous entendons un hurlement. Nous faisons l'expérience de tout cela. Nous le voyons ou l'entendons. Et quand nous le rapportons, ce que nous disons est vrai, tant que nous ne mentons pas délibérément. Nous pouvons aussi dire de bonne foi quelque chose de faux parce que nos sens nous ont trompés, ou parce que sans le savoir nous avons été témoins d'un meurtre fictif, comme sur un plateau de cinéma. L'important est qu'ici nous pouvons employer les concepts de vérité et de fausseté. Ce dont nous parlons est quelque chose qui s'applique à une action de la sorte, ou qui le pourrait. Mais selon Hume, nous ne pouvons de la même façon faire l'expérience de l'action comme moralement répugnante. L'aspect de l'action que nous considérons comme moralement répugnant n'en est pas une propriété au même titre que celles que nous venons de mentionner. De même que la nécessité n'est rien dont nous fassions l'expérience quand la boule *A* frappe la boule *B* mais plutôt quelque chose qui s'enracine dans nos attentes, le fait qu'une action soit moralement répugnante n'est rien qui se trouve dans l'évènement lui-même,

---

1. Voir l'idée de Popper selon laquelle le progrès scientifique est à la fois désirable et possible, à savoir en tant que processus faillible mais autocorrectif (chapitre 26).

un meurtre par exemple, mais c'est quelque chose qui se trouve en nous. L'idée de répugnance morale s'enracine dans les sentiments que nous éprouvons à propos de l'affaire. Nous éprouvons de la répugnance morale. L'action en tant qu'elle est perçue n'est ni morale ni immorale. La répugnance morale n'est rien que nous percevions. Elle est liée à nos sentiments. Nous faisons l'expérience d'actions et d'attitudes comme moralement bonnes ou mauvaises, et nous pensons que certaines choses devraient être faites et que d'autres devraient ne pas l'être. Tout ce qui a à voir avec de telles évaluations, normes et valeurs morales provient de nos sentiments, non des actions dont nous faisons directement l'expérience.

Pour prendre un exemple moins extrême, si nous disons : « Paul a des cheveux blonds », nous pouvons déterminer si cet énoncé est vrai ou faux en *regardant* les cheveux de Paul. Mais si nous disons : « Paul doit faire ses devoirs », que devrions-nous regarder pour découvrir si l'énoncé est vrai ou faux ? Il n'y a rien que nous puissions *regarder* pour déterminer la vérité ou la fausseté de cette affirmation. Puisque l'empirisme affirme que nous ne pouvons connaître quelque chose que par l'expérience, c'est-à-dire par l'expérience sensible, nous ne pouvons ni confirmer ni infirmer le dernier énoncé. (Toutefois, un rationaliste comme Platon affirmerait que par l'intuition rationnelle nous pouvons avoir connaissance de la vérité ou de la fausseté de certains énoncés éthiques ou politiques.)

Schématiquement, nous pouvons exprimer l'opposition comme suit. D'un côté, nous avons des énoncés qui portent sur l'*être*, ou énoncés descriptifs, comme : « Paul a des cheveux blonds ». Ces énoncés peuvent être vrais ou faux. De l'autre, nous avons des énoncés qui portent sur le *devoir être*, ou énoncés normatifs, comme : « Paul doit faire ses devoirs ». Ces derniers ne peuvent être ni vrais ni faux puisqu'ils n'affirment pas quelque chose sur la réalité, ni sur des concepts. Ils expriment des sentiments. Et les sentiments, par opposition à la raison, nous *incitent* à agir.

Le normatif – les buts, les valeurs, les normes – ne peut être ni vrai ni faux. La question de savoir si un énoncé est vrai ou faux est déterminée par un emploi de la raison fondé sur l'expérience, comme dans les sciences empiriques. Mais cet emploi de la raison fondé sur l'expérience, appelé ici « raison », ne peut évaluer les buts, les valeurs et les normes. C'est-à-dire que la « raison », en ce sens, peut bien sûr évaluer quels *moyens* conduiront le mieux à un but donné, et ce que nous devrions faire ou non afin d'atteindre ce but. Et elle peut en principe nous dire si un but est accessible ou non[1]. Bien sûr, elle peut aussi, dans certains cas, nous montrer que nous poursuivons des buts intérieurement en conflit. Mais l'emploi de la raison fondé sur l'expérience *ne peut* nous dire quels buts fondamentaux et quelles valeurs fondamentales nous devons poursuivre, puisque ces questions normatives tombent en dehors des frontières de la « raison », en dehors des frontières de l'emploi de la raison fondé sur l'expérience. Ces questions normatives ne peuvent être ni vraies ni fausses. Les normes et les valeurs, en dernière instance, s'enracinent dans les sentiments, non dans la raison. Cette distinction entre le descriptif et le normatif, entre la raison et les sentiments, est ce à quoi se réfère Hume quand il écrit par exemple : « Il n'est pas contraire à la raison de préférer la destruction du monde entier à une égratignure de mon doigt »[2].

Hume toutefois ne pense pas que tout soit « subjectif et relatif », puisque les buts et les valeurs de base s'enracinent dans les senti-ments. Il se distingue ici de certains sophistes qui affirmaient aussi que le normatif s'enracine dans les émotions, mais qui en tiraient des conclusions relativistes et sceptiques : ils pensaient que les sentiments varient d'une personne à une autre, et que le normatif ne peut en conséquence être tenu pour universel. Hume, au contraire, table sur une certaine base commune pour le normatif, bien que celui-ci s'enracine dans les émotions : nous pouvons prendre une position impartiale et désintéressée sur ce qui se produit, et quand nous le ferons, nous aurons tous les mêmes sentiments à l'égard d'une action particulière donnée. Et ce sentiment commun de dégoût ou d'admiration entraîne un accord universel sur les questions normatives. Par conséquent :

1. nous prenons une position *impartiale* ;
2. nous aurons alors *tous* les *mêmes* sentiments envers l'action ;
3. en nous appuyant sur ce sentiment, nous ferons une évaluation *correcte*[3].

---

1. Remarquez qu'ici le mot *raison* est ambigu : Hume attaque la façon dont les rationalistes comprennent la raison, mais il parle en même temps de la raison dans un autre sens, semblable à un emploi de la raison fondé sur l'expérience.

2. *Traité de la nature humaine*, livre II : « Les passions », troisième partie : « La volonté et les passions directes », section III : « Motifs qui influencent la volonté ».

3. Les commentaires supplémentaires qui suivent peuvent ici se trouver à leur place. Hume part des sentiments. Et les *sentiments*, pour commencer, ne sont ni rationnels ni irrationnels. Bien sûr, ils peuvent aussi être inappropriés ou dérai-sonnables, comme quand nous avons mal compris une situation et avons réagi émotionnellement à quelque chose, ce qui, examiné de plus près, se serait révélé une méprise – nous avons par exemple réagi avec colère à un meurtre fictif parce que nous ne nous sommes pas rendus compte que nous assistions au tournage d'un film et non à un vrai meurtre – ou quand nous sommes mentalement perturbés et réagissons avec des rires et de la joie là où les autres ont l'expérience d'une grande

Confiance pratique et conventions

Hume pense que nous avons des réactions émotionnelles non seulement aux actions, mais aussi aux attitudes de la personne qui agit. De l'observation du modèle des actions particulières à une personne, nous formons des attentes sur la façon dont elle se comportera dans de nouvelles situations. C'est ainsi que nous procédons à des évaluations morales sur les autres[1] et que nous nous formons des conceptions de leur caractère moral. Hume reconnaît par conséquent que nous pouvons parler en termes moraux non seulement des actions, mais aussi des personnes et de leur caractère.

Hume décrit les notions non seulement de sympathie et d'antipathie naturelles, mais aussi de ce que nous pourrions appeler des modèles de réactions culturellement déterminés, ces modèles qu'en grandissant nous apprenons par les traditions et mœurs de notre culture. Des vertus comme la justice et l'honnêteté sont ainsi liées à des conventions héritées de la société. Ce sont des vertus que nous apprenons par la socialisation et qui nous incitent à réagir émotionnellement. Elles ne sont pas quelque chose dont nous concevons l'idée et que nous décidons ensuite de suivre en coopérant avec les autres[2].

Il y a des sentiments agréables et désagréables. Les premiers sont selon Hume liés à ce qui *nous* est *utile*, ce qui nous incite à agir et à survivre. Sa philosophie morale contient par conséquent une composante utilitariste (voir Bentham et Mill) : l'ordre social est bon et juste quand il développe un bien-être général, qu'il assure la vie et le bien-être.

Hume met l'accent à la fois sur les émotions naturelles et sur les conventions apprises qui nous imprègnent de modèles émotionnels de réactions. Comme Edmund Burke, il s'oppose aux conceptions morales les plus rationalistes telles que la théorie du contrat social (exposée par exemple par Hobbes et Locke). Les conventions, la confiance accordée aux émotions naturelles et les modèles de réactions appris sont pour lui plus fondamentaux que les contrats et les accords. Les lois, les institutions et les gouvernements sont utiles aux gens

---

douleur. Dans le premier cas, nous avons compris de travers la réalité ; dans le second, nous ne sommes pas capables de réagir normalement et sainement. Dans les deux, nos sentiments sont déraisonnables et inappropriés.

1. Voir la façon dont Hume, dans son épistémologie, comprend la transition de l'observation des évènements singuliers à l'attente de connexions causales nécessaires.

2. Nombre des positions de Hume trouvent un prolongement dans la théorie politique « communautarienne » moderne ; voir par exemple, sous la direction de Michael Sandel, *Liberalism and its Critics*, New York University Press, 1984.

qui vivent en société. Leur légitimité s'enracine dans notre loyauté émotionnelle, qui est à nouveau une indication que, au travers des conventions apprises, nous les trouvons utiles.

La distinction entre énoncés descriptifs et normatifs, entre « être » et « devoir être » a un impact pratique : elle signifie notamment que nous ne pouvons jamais déduire des énoncés normatifs à partir d'énoncés descriptifs seuls. Dans l'énoncé : « Le plan du premier ministre fera croître le produit national brut de 0.5 pour cent ; donc il doit être approuvé », la conclusion est logiquement inadéquate. Nous ne pouvons dire : « donc... doit être » sans qu'il n'y ait d'énoncés normatifs dans les prémisses. Par exemple :

    a. le plan du premier ministre fera croître le produit national brut de 0.5 pour cent ;
    b. les plans qui font croître le produit national brut doivent être approuvés ;
    c. donc le plan du premier ministre doit être approuvé.

Les analyses dans lesquelles nous posons des questions sur les diverses façons de *confirmer* ou d'*infirmer* des énoncés sont importantes si nous voulons prendre position sur ce qui est dit. Une connaissance des méthodes de confirmation des énoncés, et ainsi de leurs méthodes de classification, ne présente pas seulement un intérêt théorique. Dans l'exemple ci-dessus, un énoncé normatif se dissimule dans les prémisses. Puisqu'il y a aujourd'hui différents groupes d'experts qui ont l'autorité de décider dans quelle mesure des énoncés descriptifs (comme *a*) sont vrais ou faux, la dissimulation de l'énoncé normatif dans les prémisses (comme *b*) reviendrait à saper le droit des gens à prendre des décisions dans les questions normatives. C'est-à-dire que le résultat restreint la démocratie au profit du pouvoir des experts. La distinction entre « être » et « devoir être », entre les faits décidés par les experts et les buts et les valeurs que nous décidons tous ensemble, est donc un point important pour la défense de la démocratie. Et il y a sans aucun doute quelque chose de juste dans cette distinction : si j'ai une bouteille de liquide, je peux demander à un scientifique si elle contient de l'eau, de l'alcool ou de l'acide – et si, en en buvant le contenu, j'assouvirai ma soif, me saoulerai ou mourrai. Mais si je demande si je *dois* boire le contenu, le scientifique, en tant que scientifique, ne peut me donner de réponse, car cela dépend de ce que je *veux* accomplir, et de ce que je *dois* vouloir accomplir.

La théorie politique de Hume, comme sa philosophie morale, en appelle aux attitudes et aux sentiments de base des gens, tels qu'il les conçoit : tous ont la capacité d'éprouver de l'empathie, tous ont de la sympathie pour leurs semblables, et cette empathie est la base d'une communauté ordonnée, de la société. La société ne se fonde donc pas sur un contrat, mais sur une convention de base – ou plus justement, une convention qui n'est pas le fruit d'une décision, mais de l'expérience immédiate des sentiments et intérêts courants. Les règles et les lois – et les conventions, en un sens plus superficiel – proviennent de ce sentiment de base de la communauté. Hume met si fortement l'accent sur l'importance de la stabilité, de l'ordre et de l'autorité que sa théorie politique acquiert une tonalité conservatrice : un conservatisme britannique libéral de bon sens, avec une inclination pour la liberté et les réformes, sur la base d'un ordre social hérité qui s'appuie en dernière instance sur la compassion.

Il est significatif que, en éthique et en politique, Hume donne aux sentiments, aux habitudes et aux conventions la place qu'il enlève à la raison. C'est l'une des objections de Kant quand il traite de la critique humienne de la raison. Mais en même temps ce sont des idées dont se réclament le romantisme et l'attitude conservatrice à l'égard des Lumières : en politique et en éthique, les conventions, les habitudes et les sentiments ont plus d'importance qu'une froide raison ; les sentiments et la tradition prennent le pas sur la raison, comme chez Edmund Burke. La position de Hume, selon laquelle les conventions sont bonnes quand elles produisent l'ordre et la stabilité, fait penser à une version conservatrice de l'utilitarisme : les conventions sont bonnes parce qu'elles sont utiles.

Dans sa théorie de la connaissance comme dans sa théorie des valeurs, Hume fait appel à la connaissance pratique commune, ou à la croyance naturelle ; à la confiance naturelle, et aux réactions et attitudes courantes. La base de cet appel n'est pas infaillible, mais elle est tout ce dont nous disposons, et selon Hume elle suffit à nos besoins.

Empirisme et rationalisme – Lignes de conflit

Pour finir, nous traiterons brièvement de certains des aspects principaux de ces deux positions épistémologiques que sont l'empirisme et le rationalisme. La position épistémologique du rationalisme se caractérise en gros par l'idée que nous avons *deux sortes de connaissance* : en plus de l'*expérience* des phénomènes singuliers du monde et de notre être interne, nous pouvons obtenir, sous la forme de vérités universellement valides, *une connaissance rationnelle* des propriétés essentielles. Le rationalisme et l'empirisme s'affrontent particulièrement sur cette sorte de connaissance. Les rationalistes[1] soutiennent que par *intuition rationnelle* nous acquérons la connaissance de vérités universellement valides sur (par exemple) Dieu, la nature humaine et la morale. Les empiristes[2] nient qu'il y ait une intuition rationnelle qui nous donne cette connaissance. Ils soutiennent la conception épistémologique selon laquelle nous acquérons de la connaissance seulement par l'*expérience* – qu'ils conçoivent en dernière instance comme l'expérience sensible. De plus, nous acquérons de la connaissance par l'analyse des concepts et la déduction, comme en logique et en mathématiques. Mais aucune de ces deux sortes de connaissance ne nous enseigne quoi que ce soit sur les propriétés essentielles.

Nous pouvons dire que les rationalistes pensent qu'il nous est possible de reconnaître la réalité au moyen des seuls concepts, tandis que les empiristes font remonter à l'expérience la connaissance de la réalité : en clarifiant différentes sortes de concepts, comme ceux de liberté, d'interaction, de vertu, de bien ou de Dieu, nous acquérons pour les rationalistes une connaissance de quelque chose de réel. La question devient complexe parce qu'empiristes et rationalistes comprennent quelque peu différemment les diverses formes de connaissance. Nous n'indiquerons ici que deux interprétations différentes du concept d'expérience : l'expérience peut s'interpréter comme un processus de perception passif dans lequel des impressions simples des choses externes sont fournies au sujet, qui combine alors ces impressions selon qu'elles se sont développées ensemble ou non, selon leur ressemblance ou leur dissemblance, etc. : une connaissance de ces choses peut ainsi se mettre en place (voir les empiristes). Ou l'expérience peut s'interpréter comme quelque chose de déjà structuré par la constitution humaine (voir Kant), ou par les intérêts et les activités des êtres humains (voir Marx et Habermas).

La connaissance des mathématiques et de la logique est aussi comprise différemment. Pour le réaliste conceptuel qu'est Platon, la connaissance mathématique renvoie à quelque chose qui existe (au plus haut degré) : les Idées mathématiques. Toutefois, les mathématiques peuvent aussi s'interpréter comme un jeu conçu par l'homme dans lequel nous établissons des relations entre concepts à partir de règles posées comme principes et de prémisses abstraites : elles ne représentent alors pas quelque chose qui existe objectivement (c'est l'interprétation nominaliste).

---

1. Du latin *ratio*, raison, d'où rationalisme.
2. Du grec *empiri*, expérience, d'où empirisme.

Nous venons d'indiquer certaines des façons dont on peut interpréter l'expérience et la connaissance mathématique. Cela suffit sans doute à montrer qu'il n'y a pas que dans leur conception de l'intuition rationnelle que les empiristes et les rationalistes diffèrent. De plus, empirisme et rationalisme ont des conséquences différentes. Une intuition rationnelle, par exemple, autorise la connaissance dans les questions normatives. Un point de vue purement empiriste nie l'existence de cette connaissance. Pourtant, tous – empiristes et rationalistes – sont d'accord pour dire que nous pouvons avoir une connaissance des questions normatives au sens où nous pouvons avoir connaissance que telle ou telle personne soutient que telle ou telle norme est correcte. Le désaccord porte sur la question de savoir si nous pouvons avoir une connaissance normative au sens où nous pouvons avoir connaissance que telle ou telle norme est correcte.

Un empiriste n'est pas un scientifique qui travaille empiriquement. Un empiriste soutient l'empirisme comme position philosophique (épistémologique). Un scientifique empirique peut tout aussi bien être un rationaliste qu'un empiriste, au regard de la façon dont les termes sont définis ici.

Nous avons vu comment la question de l'origine de la connaissance a surgi sur l'arrière-plan des nouvelles sciences de la nature, et nous avons mentionné deux types de réponses – rationaliste et empiriste – dont les conséquences sont quelque peu différentes. Mais il faut en dire plus sur les arguments *pour et contre* ces deux positions.

L'empirisme peut être vu comme une réaction au rationalisme, l'argument sous-jacent à cette réaction étant que l'emploi de l'intuition rationnelle n'a pas conduit aux *mêmes* résultats les divers rationalistes, comme Descartes, Spinoza et Leibniz. En d'autres termes, les empiristes s'emparent des propres *désaccords* des rationalistes quant à ce qui est intuitivement rationnel. Et à *quoi* pouvons-nous alors en appeler? À une *nouvelle* intuition rationnelle? Par conséquent, disent les critiques du rationalisme, il n'est pas possible d'acquérir une connaissance vraie par l'intuition rationnelle.

Cet argument a beaucoup de poids. Mais les rationalistes peuvent répliquer aux empiristes que la thèse empiriste ne s'entend pas elle-même comme une vérité *analytique* qui ne révèle rien sur la réalité, du type de ce qu'exprime l'énoncé: «Un célibataire est un homme non marié». Mais la thèse empiriste selon laquelle toute connaissance découle de l'expérience est-elle *elle-même* une vérité d'*expérience*[1]? Sur

---

1. Voir Arne Naess, «Reflections about Total Views», *Philosophy and Phenomenological Research*, 25, p. 16-29, 1964.

quelle sorte d'expérience pourrait-elle s'appuyer ? Il semble clair qu'elle n'est pas elle-même une vérité d'expérience, mais une thèse *sur* toutes les vérités d'expérience et sur la distinction entre les énoncés qui sont pourvus de signification et ceux qui en sont dépourvus. Elle ne peut donc appartenir à aucun des deux types de connaissance qu'accepte l'empirisme, à savoir la vérité analytique et la vérité empirique. Ce qui veut dire qu'elle déclare elle-même indirectement son impossibilité. Pour l'exprimer autrement : la thèse empiriste ne peut offrir une connaissance vraie que s'il y a une intuition rationnelle de la justesse de l'empirisme, mais l'empirisme nie l'existence d'une telle intuition. Si les empiristes peuvent accuser les rationalistes d'être dogmatiques dans la défense d'une doctrine discutable – « les rationalistes sont eux-mêmes en désaccord sur ce qui est intuitivement rationnel » –, les rationalistes peuvent accuser les empiristes de saper eux-mêmes leurs propres fondations – « la thèse empiriste rend l'empirisme impossible ».

Il y a encore d'autres formes d'opposition entre rationalisme et empirisme. Les deux mouvements cherchent la *clarté,* mais ils en ont des conceptions différentes. Les rationalistes cherchent ce qui est « clair » au sens où « son évidence va de soi ». C'est là qu'intervient l'intuition rationnelle : quand quelque chose apparaît complètement clair, d'une évidence qui va de soi pour cette intuition, ce que cette intuition nous dit est vrai.

Les empiristes cherchent ce qui est « clair » au sens d'« observable », de « susceptible d'être mis à l'épreuve de l'expérience », et au sens de « en accord avec l'usage linguistique normal »[1]. Ils sont sceptiques à l'égard de ce qui est dit être clair, au sens où son évidence irait de soi. Pour les empiristes, la tâche est d'éclaircir le langage afin, entre autres choses, de présenter les concepts de telle manière qu'ils puissent être mis à l'épreuve de l'expérience.

Les rationalistes et les empiristes contribuèrent les uns et les autres à leur manière propre à encourager l'attention portée à la clarté – donnant un élan non négligeable aux Lumières du dix-huitième siècle.

---

1. Voir « l'usage linguistique normal » comme base de l'analyse et de la critique philosophiques dans la philosophie analytique moderne (*philosophie du langage ordinaire*).

QUESTIONS

Discutez l'idéalisme empiriste (immatérialisme) de Berkeley.

Expliquez la critique épistémologique (empiriste) que fait Hume du principe de causalité.

Donnez un résumé des principaux points de la philosophie de Hume. Commentez cet énoncé : « Hume donne aux sentiments le pas sur la raison ».

SUGGESTIONS DE LECTURE

SOURCES

Berkeley, George, *Principes de la connaissance humaine*, Garnier-Flammarion, 1993, tr. Dominique Berlioz.

Hume, David, *Enquête sur l'entendement humain*, Garnier-Flammarion, 2006, tr. André Leroy.

Hume, David, *Traité de la nature humaine*, Aubier, 1946 (deux volumes), tr. André Leroy.

Hume, David, *Dialogues sur la religion naturelle*, Vrin, 2005, tr. Michel Malherbe.

Hume, David, *Enquête sur les principes de la morale*, Garnier-Flammarion, 1999, tr. Philippe Saltel.

COMMENTAIRES

Brykman, Geneviève, *Berkeley. Philosophie et apologétique*, Vrin, 1984.

Kemp Smith, Norman, *The Philosophy of David Hume*, Macmillan, 2005.

Price, Henry Habberley, *Hume's Theory of the External World*, Clarendon Press, 1940.

Stewart, John B., *The Moral and Political Philosophy of David Hume*, Columbia University Press, 1963.

CHAPITRE 13

Les Lumières – Raison et progrès

MODERNISATION ET SCIENCE

Durant la seconde moitié du dix-septième siècle, la Grande-Bretagne exerça une grande influence sur le débat politique. Mais après l'instauration de la monarchie constitutionnelle, la discussion théorique y perdit du terrain. Les efforts se tournèrent vers l'activité politique concrète – la politique intérieure se consacra aux réformes, la politique étrangère à la construction de l'Empire. Durant la première moitié du dix-huitième siècle, le débat politique qui couvait en Grande-Bretagne embrasa la France. La théorie politique du dix-huitième siècle fut profondément marquée par les philosophes français des Lumières.

Durant le règne de Louis XIV (1638-1715), la monarchie absolue s'établit fermement en France : l'Assemblée nationale fut dissoute, les nobles furent dans une large mesure réduits au rôle de fonctionnaires et de courtisans du roi, et le gouvernement fut centralisé. Mais à la fin de son règne, Louis XIV fut finalement dépassé par les difficultés politiques, et dans leur sillage se développa le débat politique. C'est la réaction du peuple à la mauvaise gestion du gouvernement qui le déclencha. L'absolutisme était critiqué comme n'étant pas suffisamment efficace et rationnel. Ces critiques ne visaient pas cependant à une nouvelle forme de gouvernement, mais à une monarchie absolue plus éclairée et plus efficace. À cette époque, la France ne disposait pas d'institutions viables datant d'avant la monarchie absolue susceptibles de « résister à la critique ». Il était donc difficile de rendre en douceur ce gouvernement plus efficace à l'aide d'institutions relativement représentatives, telles que le parlement britannique. Il fallait qu'un changement advînt, sous la forme d'un soulèvement politique. Ce soulèvement survint en 1789 avec la Révolution française.

Les Français ne manquaient pas seulement d'institutions politiques. La tradition de la théorie politique avait été nettement abandonnée. Le résultat en fut que, au début du dix-huitième siècle, les Français importèrent à grande échelle les idées britanniques, en particulier celles de Locke et de Newton – le nouveau libéralisme et la nouvelle science. Les penseurs français des Lumières prirent pour modèle la forme britannique de gouvernement. L'intelligentsia française était anglophile (« admiratrice de l'Angleterre »). Voltaire se rendit en Grande-Bretagne vers 1720, ainsi que Montesquieu dans les années 1730.

Les Lumières du dix-huitième siècle étaient donc liées aux changements sociaux et au progrès scientifique : d'importantes sociétés scientifiques, comme la *Royal Society* en Grande-Bretagne, étaient déjà bien établies au milieu du dix-septième siècle. À la même période apparurent les gazettes scientifiques et autres publications propageant ouverture d'esprit et désir de savoir. De vastes recueils de travaux sur tous les aspects de la connaissance contemporaine furent publiés (comme l'*Encyclopédie* en France). De même les universités se modernisèrent-elles durant tout le dix-huitième siècle, en particulier, plutôt vers sa fin, en Allemagne[1]. Leur développement académique connut un renouveau : entre autres sujets, les disciplines humanistes se développèrent remarquablement (voir chapitre 16). À la fin du siècle, une ère intellectuelle nouvelle était née. À l'approche du vingtième siècle, la scientifisation de la société s'était mise en place avec une force croissante – non seulement dans les affaires et l'administration, mais aussi dans les idées et les attitudes. Malgré les forces antagonistes, nombreuses et toujours changeantes, le programme des Lumières poursuivait son avancée.

Le débat politique français du dix-huitième siècle tirait sa source des salons littéraires de la classe moyenne urbaine. Dans ce cadre élégant, politique, philosophie et littérature se mêlaient aisément. Il se peut que ce débat n'ait pas mené à quelque chose de nouveau et d'original ; il s'agissait surtout d'idées anciennes s'appliquant à de

---

1. Ainsi Kant fut-il l'un des premiers grands philosophes à être professeur d'université.

nouveaux contextes. Mais quand on applique ainsi de vieilles idées, elles acquièrent souvent des conséquences différentes. Il en fut de même ici : la pensée politique britannique, alors plutôt conservatrice en Grande-Bretagne même, fonctionna comme critique de la société française soumise à la monarchie absolue. Ainsi l'idée de loi naturelle comme au-dessus du roi et attribuant à l'individu des droits inaliénables servait-elle en Grande-Bretagne la stabilité et le conservatisme social. Mais dans le contexte de l'absolutisme français, elle opéra comme une critique du régime. Et alors que parler de tels droits avait un sens concret en Grande-Bretagne – parce qu'ils y existaient –, l'idée en devint abstraite, spéculative et loin de la réalité dans le contexte français. Les Français importèrent le concept de Locke des droits de l'homme sans avoir l'expérience politique pratique de la Grande-Bretagne. L'idée des droits de l'homme était à la fois radicale – une attaque de la monarchie absolue – et spéculative, sans ancrage politique effectif. La version française des idées britanniques fut souvent amère et critique – et non marquée par le mélange britannique de conservatisme terre-à-terre et de réformisme plein de bon sens.

Le ton amer était également lié au fait que, en France, les différences entre classes étaient plus irréconciliables qu'en Grande-Bretagne. Le clergé détenait un cinquième de la terre et avait certains privilèges. La noblesse était également privilégiée, même si elle jouissait désormais de moins de pouvoir politique qu'auparavant. En même temps, la bourgeoisie était plus influente qu'en Grande-Bretagne. Les puissants marchands français avaient le sentiment de porter le fardeau des autres : la noblesse et le clergé étaient des parasites et des privilégiés, et le pouvoir du roi était inefficace. Les critiques les plus virulentes provenaient de la haute bourgeoisie. Et le conflit idéologique reposait sur la notion de droits de l'homme et de libéralisme (Locke), par opposition à la monarchie absolue et aux privilèges traditionnels de la noblesse. De plus, la science de la nature (Newton) était utilisée comme arme contre la religion et le pouvoir des prêtres. Les philosophes des Lumières opposaient *la raison à la tradition*, et au moyen de la raison, ils espéraient faire triompher le bonheur et le progrès en luttant contre les privilèges et l'ignorance.

La période des Lumières fut donc marquée par un optimisme progressiste à l'intérieur de la classe moyenne en expansion : une confiance nouvellement éveillée en la raison et en l'homme. Il y eut un messianisme sécularisé, dans lequel la raison supplanta l'Évangile. Grâce à la raison, l'homme allait maintenant découvrir l'essence la plus intime de la réalité et connaître le progrès matériel. L'homme deviendrait progressivement autonome, se passant d'une autorité infondée et d'une tutelle théologique. La pensée s'était libérée parce que l'homme se sentait soudain capable de se gouverner, indépendant de toute révélation ou tradition. L'athéisme devint à la mode.

Mais il s'avéra bientôt plus difficile de réaliser le progrès attendu que les philosophes français des Lumières du dix-huitième siècle ne l'avaient pensé. Certes, ces philosophes semblaient dans le vrai quand ils soutenaient que la raison (la science) pouvait mener à un grand progrès matériel, mais leur conception de la raison était bien trop ambiguë : elle incluait une connaissance logique, empirique et philosophique, ainsi qu'une compréhension à la fois descriptive et normative, sans égard pour les difficultés politiques à réaliser ce progrès.

Pour faire simple, voici les éléments fondamentaux de la philosophie des Lumières : l'homme est bon par nature. Le but de la vie humaine est le bien-être en ce bas monde, et non la béatitude dans l'autre. L'homme à lui tout seul peut atteindre ce but, en utilisant la science (savoir, c'est pouvoir). Les plus grands obstacles à la réalisation de ce but sont l'ignorance, la superstition et l'intolérance. Pour les surmonter, nous avons besoin de lumières (et non de révolution). Plus éclairé, l'homme devient automatiquement plus moral. Par conséquent, grâce aux Lumières, le monde allait progresser.

On peut aussi formuler les points suivants :

1. la raison est partagée par *tous* (et non par les seuls initiés, c'est-à-dire les privilégiés) ;
2. la loi naturelle assure les droits de l'individu (contre les privilégiés et la tyrannie) ;
3. la théorie morale de l'intérêt personnel éclairé soutient que nous devrions rechercher le meilleur pour nous-mêmes ;
4. sur le plan sociologique, il existe une harmonie des intérêts personnels : nous battre dans notre intérêt propre, c'est contribuer au bien-être de *chacun* ;
5. un État idéal assure les droits de propriété et la liberté individuelle, et il est efficace (au niveau national, capitalisme privé protégé par l'État ; au niveau international, protectionnisme et colonisation).

Les deux premiers points font partie d'une version de la philosophie des droits naturels (voir Locke), les trois derniers d'une version du libéralisme et de l'utilitarisme (voir Helvétius, Adam Smith et Jeremy Bentham).

LE BONHEUR DANS CE MONDE

Ce n'était pas des idées qui servaient la noblesse ou le souverain absolu, mais elles étaient adaptées à la classe moyenne en pleine expansion, désireuse de protéger et de garantir l'initiative privée et les droits à la propriété privée de sorte que le commerce et l'industrie pussent croître rapidement. Tout en indiquant le changement que constitue la notion de l'homme en tant qu'individu (une idée qui apparut chez Hobbes et se développa de Locke à Adam Smith), nous avons montré comment le libéralisme peut être présenté comme un *individualisme* socio-philosophique (voir chapitre 8, « Libéralisme économique et libéralisme politique », et chapitre 11, « Théorie politique – Les individus et leurs droits »). De plus, il peut se caractériser comme un rationalisme, dans la mesure où il considère l'individu comme un agent rationnel[1]. Cette confiance en la capacité de l'individu à faire un choix raisonnable des moyens pour la réalisation de résultats utiles se trouve dans le libéralisme et l'utilitarisme, ainsi que dans la philosophie des Lumières.

Le libéralisme politique de cette période soulignait le *plaisir* / le *bonheur* et l'*utilité* comme motivations et valeurs fondamentales. Nous voyons ici s'opérer un passage à l'*utilitarisme* (voir Bentham, chapitre 14). L'utilitarisme implique en partie une thèse psychologique sur ce qui nous motive, et en partie une thèse éthique sur la manière dont nous pouvons déterminer si une action est éthiquement bonne ou mauvaise. Cette dernière thèse souligne les conséquences de ce que nous faisons – si le résultat de notre action apporte du plaisir et de l'utilité à nous-même et/ou à autant d'autres personnes que possible – et non les attributs de l'agent, comme son état d'esprit, ou sa motivation et son attitude. Nous devons donc distinguer une éthique conséquentialiste (comme chez Helvétius et Bentham) et une éthique de la bonne volonté (comme dans l'éthique du devoir selon Kant).

Les utilitaristes cherchaient à établir un principe objectif pour déterminer si une action est juste ou non. Ils formulèrent comme suit le principe de leur philosophie du plaisir : une action est juste dans la mesure où elle contribue au plus grand bonheur du plus grand nombre.

---

1. Bien que les motivations fondamentales des actes d'un individu aient été interprétées différemment par les divers théoriciens libéraux, ces derniers considèrent tous l'individu comme un agent qui peut et doit choisir de façon cohérente et rationnelle entre différents moyens d'atteindre son but – ce que nous appelons généralement rationalité en finalité (voir Max Weber, chapitre 24).

Il est souvent objecté à l'utilitarisme qu'il n'est pas possible de comparer des valeurs différentes (états de bonheur différents); comment pouvons-nous par exemple comparer objectivement le bonheur que nous tirons de la lecture d'un livre et celui que nous tirons d'un bon repas? Mais, en pratique, l'utilitarisme est avant tout centré sur les valeurs *négatives,* c'est-à-dire qu'il s'agit d'*empêcher* la souffrance et le malheur sous leurs diverses formes. Il s'attache plus à prévenir la douleur qu'à rechercher le plaisir. Et nous pouvons soutenir qu'il existe en pratique un accord général sur ce qui devrait être considéré comme une privation (le manque de protéines ou d'air frais par exemple), bien qu'il y ait désaccord sur ce qu'est le meilleur repas ou le meilleur sport. Ce que nous pourrions appeler une priorité pratique du «négatif» peut donc affaiblir une part de la critique reposant sur la conception selon laquelle, les valeurs étant incommensurables, aucun consensus n'est possible sur la question de la valeur.

Mais pourquoi ne suis-*je* pas plus important que les autres? Ou plutôt le bonheur et la douleur de chaque individu sont-ils *également* importants? Il nous suffira ici de souligner que l'utilitarisme en tant qu'idéologie politique se construit sur une philosophie de l'égalité, l'égalitarisme, qui considère comme allant de soi qu'aucun individu n'a (en tant que tel) de position particulière au-dessus des autres.

Selon une autre objection, nous ne pouvons savoir à l'avance quel sera le résultat final de l'action : si l'utilitarisme doit fonctionner comme critère objectif en situation de choix, nous devons savoir quel terme de l'alternative donnera pour finir le meilleur résultat avant même que nous n'agissions. Mais nous ne pouvons pas toujours le savoir. Nous pourrions répondre ici que l'opinion bien fondée de l'agent est suffisante. Mais nous renonçons alors à l'objectivité que vise l'utilitarisme : le critère de l'action bonne n'est plus le résultat objectif, mais les délibérations optimales de l'agent.

Il peut être également objecté que l'utilitarisme en tant que libéralisme se concentre trop sur l'individu et qu'il néglige l'importance de l'interaction sociale complexe des institutions et traditions. À cela, on peut répondre que le modèle de l'agent rationnel a contribué à jeter les bases de l'économie moderne (depuis l'époque d'Adam Smith), et qu'il constitue une tradition vitale de la sociologie moderne. Nous devons ici nous souvenir que libéralisme et utilitarisme, orientés vers l'individu, sont apparus *avant* le plein développement des sciences sociales, et que ces écoles sont à la base d'importantes traditions au sein de ces sciences.

Le libéralisme met l'accent sur la liberté d'expression et la liberté de parole. Ici convergent libéralisme politique et philosophie des Lumières. Cependant, la défense de ces vertus libérales repose sur la conception selon laquelle non seulement la tolérance est une vertu (un « bien »), mais aussi sur celle selon laquelle le débat libre et ouvert est une nécessité pour que nous soyons à même de parvenir à une connaissance authentique en science aussi bien qu'en politique. Le libéralisme politique est une condition de rationalité – y compris de notre propre rationalité. C'est une idée importante quant à ce qui caractérise une communauté scientifique de chercheurs. Le libéralisme politique comme condition de rationalité est aussi un élément important de la démocratie, à la fois pour la formation de l'opinion publique et pour la délibération éclairée.

MONTESQUIEU – DISTRIBUTION DES POUVOIRS ET INFLUENCE DU CLIMAT

Le juriste français Charles-Louis de Secondat (1689-1755), bientôt baron de Montesquieu, fut l'un des plus grands théoriciens politiques du dix-huitième siècle. Il est particulièrement célèbre pour deux contributions fondamentales : la théorie de la *séparation des pouvoirs* comme condition de la liberté, et la théorie sur l'effet que les différents *climats* ont sur la politique.

Dans *De l'esprit des lois* (1748), Montesquieu propose une double thèse sur les lois : une thèse des droits naturels selon laquelle les différentes lois ne sont que des formulations d'une seule et unique loi, et une thèse sociologique selon laquelle ces différentes formulations sont déterminées par les différents types de climat, tant social que naturel. Il évite donc à la fois le relativisme qui apparaît fréquemment lorsque l'idée de droits naturels est niée et le dogmatisme stérile qui naît quand on postule une loi naturelle et universelle sans expliquer comment elle est liée aux conditions concrètes. *De l'esprit des lois* développe cette relation entre les différents climats et les formulations spécifiques correspondantes de la loi.

L'idée de droits naturels elle-même n'était pas neuve, non plus que la thèse selon laquelle nous reconnaissons cette loi à l'aide de la raison commune. Ce qui est relativement nouveau, c'est la recommandation de Montesquieu d'étudier de manière empirique la relation entre les climats et la formulation des lois. Il ne s'agit pas cependant d'une nouveauté absolue : Aristote et Machiavel le recommandaient déjà. Montesquieu n'était pas non plus entièrement empirique dans sa façon de traiter des climats : que par exemple les conditions climatiques, le sol, les formes de commerce, les moyens de production et les coutumes aient une influence sur la politique et la législation était en grande partie lié à une intuition relativement correcte.

De plus, Montesquieu présenta une classification des trois formes de gouvernement (république, monarchie et despotisme) et des trois principes correspondants (vertu, honneur et crainte). Cette dernière division tripartite (qui rappelle Aristote) était probablement déterminée par les intérêts politiques de l'époque de Montesquieu : la république était l'image idéalisée de la Rome antique, le despotisme était l'image terrifiante de ce que la France aurait pu devenir, et la monarchie reflétait la conception de Montesquieu du gouvernement britannique comme un idéal pour la France. Même si Montesquieu ne réussit pas entièrement à satisfaire aux exigences qu'il avait lui-même posées pour la recherche scientifique, il fut néanmoins un précieux avocat de la liberté, du réalisme politique et de l'attitude scientifique. Il plaida pour les institutions britanniques et donc pour la liberté. Pour lui, il y avait en Grande-Bretagne une séparation des pouvoirs entre les institutions judiciaires, exécutives et législatives. Cette séparation prendrait tout son sens dans l'histoire des idées par les déclarations de liberté politique, en Amérique du Nord et en France, à la fin du dix-huitième siècle.

Le principe de la séparation des pouvoirs est une idée ancienne : nous la trouvons déjà dans *Les lois* de Platon et dans *La politique* d'Aristote, nous la trouvons dans une certaine mesure en acte dans les empires du Moyen Âge, et nous la retrouvons dans la pensée de Locke. Mais Montesquieu, en tant que juriste, en développa la thèse, et il mit l'accent sur un système de contrôle légal et sur un équilibre raisonnable entre les diverses branches du gouvernement. La séparation des pouvoirs doit s'appliquer au rapport entre fonctions judiciaire, exécutive et législative.

Helvétius – Individu et plaisir

Claude-Adrien Helvétius (1715-1771) entreprit d'expliquer l'homme sur la base de la science de la nature. Il n'acceptait que les explications scientifiques, soutenant qu'elles rendaient compte complètement de tous les phénomènes, même sociaux et psychologiques. Il ne commença pas par la conservation de soi comme Hobbes. Pour Helvétius, la force motrice est l'intérêt personnel. Les humains recherchent le plaisir et fuient la douleur. Plaisir et douleur sont par définition des facteurs individuels égoïstes : nous pouvons éprouver de l'empathie envers les autres, mais nous ne pouvons ressentir leur douleur. Helvétius explique en termes psychologiques simples comment fonctionnent ces forces motrices : tout comportement peut être réduit à l'automatisme de la recherche du plaisir et de la fuite devant la douleur[1]. Pour Helvétius, les humains agissent en accord avec un principe simple par lequel chaque choix d'action repose sur la recherche des moyens donnant le plus grand plaisir individuel. Ainsi Helvétius soutient-il une théorie de la motivation orientée vers une fin.

Helvétius nie qu'il y ait d'autre connaissance que celle reposant sur l'expérience. C'est-à-dire qu'il est empiriste. Ce qui implique qu'il ne peut accepter que nous ayons une connaissance des questions normatives. L'idée de droits naturels doit donc être rejetée. Pour compenser le manque de critère normatif de mesure, Helvétius propose une théorie selon laquelle les humains, *dans les faits*, recherchent le plaisir et fuient la douleur. Mais il présuppose que cela est *bon*. Dans la mesure où il est un empiriste épistémologique, il ne dispose pas de base pour soutenir ce dernier point. Il ne peut donc affirmer qu'il *a connaissance* que quelque chose est « bon », c'est-à-dire qu'il *a connaissance* que quelque chose est normativement valide.

En tant que penseur des Lumières, Helvétius soutient que les hommes n'ont besoin d'information que sur leur intérêt personnel : quand ils ont connaissance de ce qui mène au plaisir et de ce qui mène à la douleur, ils recherchent ce qui mène au plaisir. Et quand *chaque personne* recherche ce qui est bon, le résultat sera bon pour *chacun*.

Cette idée d'harmonie dans le rapport entre intérêt personnel et intérêt commun était essentielle pour les utilitaristes libéraux. En s'appuyant sur le principe selon lequel le but de la société est *le plus grand bonheur du plus grand nombre*, ils pouvaient avancer des propositions de réformes politiques en faveur et de l'intérêt personnel et du bien commun – puisqu'une maximisation du plaisir individuel mènerait automatiquement au plus grand bien universel, selon cette

---

1. Helvétius tente ainsi de comprendre les actes humains en fonction de la simple notion de motif, psychologiquement conçu. Il n'essaie pas de réduire toute chose à la mécanique pure. Il n'envisage pas non plus une rationalité autonome et discursive comme celle dont traitent des penseurs modernes comme Hannah Arendt et Jürgen Habermas (voir chapitre 27).

idée d'harmonie dans le rapport entre intérêt personnel et intérêt commun. Cependant, Helvétius ne fut pas un défenseur inconditionnel d'une telle politique libérale. Selon le principe du plus grand bonheur du plus grand nombre, il proposa entre autres choses une journée de travail de huit heures.

Nous voyons qu'Helvétius était un libéral selon notre définition : le concept fondamental est l'*individu*. Mais, pour lui, la conservation de soi n'était pas la chose la plus importante pour l'individu (comme chez Hobbes), non plus que les droits inaliénables (comme chez Locke) ; le plus important était la maximisation du plaisir. Et Helvétius était un *utilitariste*, un philosophe de l'utilité, en ce qu'il faisait reposer la mesure du caractère juste ou non d'une action sur celle de l'utilité ou de la nocivité de ses *conséquences*, c'est-à-dire du plaisir ou de la douleur qu'elle apportait aux individus concernés. Nous allons regarder de plus près la théorie d'Helvétius comme variante psychologique du libéralisme économique. Nous pouvons la résumer comme suit :

1. thèse psychologique : chacun cherche dans les faits à maximiser son plaisir ;
2. thèse éthique : cela est bien ;
3. thèse sociologique : si chacun cherche à maximiser son plaisir, nous obtenons le plus grand bonheur possible pour tous ;
4. thèse éthique : cela est bien.

Dans cette formulation rudimentaire, chacune des thèses pose problème :

1. la première thèse est soit empiriquement fausse soit vide de sens. Si les concepts sont utilisés de manière *normale*, nous pouvons rapidement établir que quelques personnes au moins n'agissent pas toujours pour maximiser leur plaisir propre : tel est par exemple le cas du moine bouddhiste s'immolant délibérément par le feu. La thèse est ici empiriquement fausse. Mais si nous définissons les concepts de telle sorte que « agir » soit identique à « rechercher le plaisir », ce contre-argument empirique n'a aucun poids. Même un moine bouddhiste qui s'immole par le feu pendant une manifestation politique agit par « plaisir », selon la présente définition. Mais une telle définition fait de la thèse une tautologie (de type « A = A »). Les arguments empiriques n'ont plus ici aucun poids, mais le prix à payer en est que l'énoncé est vide de sens. Il ne dit rien de la réalité. Et nous utilisons désormais un concept inhabituel du plaisir ;

2. la deuxième thèse est une thèse normative. Mais pour l'empirisme, les thèses normatives n'ont aucune valeur épistémologique. Dans la mesure où les libéraux sont des empiristes épistémologiques radicaux, ils n'ont pas le droit de soutenir cette thèse (en tant que vérité);

3. la troisième thèse est également empiriquement fausse (ou vide de sens). Le développement de la Grande-Bretagne au dix-neuvième siècle – avec les conditions misérables de la classe ouvrière – en fut un puissant contre-argument. (Et avec cette expérience en arrière-plan, le libéralisme britannique acquit une tendance au libéralisme social);

4. la quatrième thèse peut être réfutée de la même manière que la deuxième.

Nous verrons qu'il est possible d'analyser le libéralisme économique (*laissez-faire*) selon la même ligne, en remplaçant «plaisir» par «profit»[1].

Les Grecs avaient une vision cyclique de l'histoire, alors que le christianisme en introduisit une conception linéaire. Aux dix-septième et dix-huitième siècles, nous trouvons une version nouvelle et sécularisée de cette vision de l'histoire comme processus linéaire allant de l'avant. Dans les salons littéraires, l'intérêt passa de la poésie à la science et à la technologie. Tant que les protecteurs des salons parisiens considérèrent la littérature comme essentielle, il n'était pas raisonnable de dire que l'histoire allait de l'avant. Racine fut-il plus important qu'Homère? Tant que l'intérêt principal fut la littérature, l'histoire pouvait tout aussi bien être dite aller vers l'avant que vers l'arrière. Mais quand les salons s'intéressèrent avant tout à des choses comme la vitesse à laquelle une diligence pouvait aller d'Orléans à Paris, il devint raisonnable de parler de progrès. La diligence allait de plus en plus vite. Ainsi l'histoire sembla-t-elle aller de l'avant. Ce glissement d'intérêt ne fut bien sûr pas accidentel. Pour qu'une société industrielle fonctionne, l'intelligentsia doit dans une certaine mesure s'intéresser aux avancées technologiques et les approuver. Les philosophes des Lumières exprimaient cette foi dans le progrès : la connaissance serait cause de progrès et de bien-être.

---

1. Nous ne nions pas qu'il soit scientifiquement possible et souvent profitable d'utiliser le concept de l'«homme économique» comme une hypothèse, c'est-à-dire de procéder conjecturalement, dans la recherche et la pratique économique, en supposant que les êtres humains, statistiquement, sont motivés par le gain économique – mais sans soutenir que cela fasse partie de l'«essence (anhistorique) de l'homme».

Cette foi dans le progrès était un mélange de réalisme et de naïveté ; de réalisme parce que tout cela devenait de fait scientifiquement et technologiquement possible, et de naïveté parce que (entre autres) les philosophes des Lumières sous-estimaient les problèmes politiques. En fait, les Lumières s'avérèrent insuffisantes pour parvenir au bien-être général. Après la première guerre mondiale, si ce n'est plus tôt, la foi dans le progrès reçut un coup fatal. Aujourd'hui, presque personne n'est optimiste quant à l'avenir au sens naïf et innocent des Lumières du dix-huitième siècle.

Vers la fin du dix-huitième siècle, la nouvelle classe moyenne commença à se constituer en Europe occidentale – d'abord en Grande-Bretagne, puis en France, ainsi qu'en Allemagne. Cette transition eut lieu à plusieurs niveaux ; idéologique, politique et économique. Après l'instauration du capitalisme vint bientôt le libéralisme politique, comprenant la liberté de culte et de réunion. Il y eut une tendance à un système constitutionnel avec un gouvernement contrôlé par l'opinion publique lors d'élections régulières, même si le droit de vote était limité, et avec une autorité politique protégeant la vie et la propriété sans interférer dans la vie économique.

LIBÉRALISME ÉCONOMIQUE

Adam Smith

L'écossais Adam Smith (1723-1790) est considéré comme le fondateur de l'économie classique en tant que discipline indépendante. Son œuvre principale est *Recherche sur la Nature et les Causes de la richesse des nations* (1776). Mais son livre *Théorie des sentiments moraux* (1759) montre qu'il ne soutient pas la théorie de l'homme comme agent économique *seulement*.

Pour Smith, les marchandises et la production, et non la quantité d'or et d'argent, sont ce qui détermine effectivement la richesse d'une nation. Il attaque le protectionnisme économique : le gouvernement devrait se mêler aussi peu que possible du commerce et de l'industrie. C'est quand elle est le plus libre que l'économie fonctionne le mieux. Quand tous les industriels et tous les marchands cherchent à maximiser leurs propres profits, la prospérité générale sera également la plus élevée. S'il est ainsi permis à l'économie de fonctionner sans interférence du gouvernement, elle suivra les lois naturelles, puisque chacun cherche à maximiser son avantage économique. Les prix deviendront naturels, c'est-à-dire justes. Et le résultat en est la plus grande richesse possible pour le pays. Adam Smith est donc un libéral du *laissez-faire*[1].

Smith considère l'intérêt personnel comme la motivation de la vie *économique* de même que Bentham considère la recherche du plaisir comme la motivation fondamentale de l'homme.

Le « problème de Smith » est de réconcilier l'économie et la philosophie morale. En tant que philosophe moral, il défend l'idée selon laquelle nous devrions agir sur la base de la sympathie et de la sollicitude envers les autres. En tant qu'économiste, il soutient que l'homme d'affaires devrait suivre son intérêt personnel et chercher à s'enrichir – même aux dépens des autres. Selon Smith, la logique du marché implique que les vices privés puissent être transformés en vertus publiques grâce à la « main invisible » du marché. Selon une perspective morale, ceci présente tout de même des difficultés : ce qui est bon ne peut être promu par des actes immoraux sans que cela soulève des questions. Une réponse possible au problème de Smith requiert de distinguer la sphère économique / le marché et les interactions de la vie quotidienne. Néanmoins, Smith souligne que le marché doit être régulé par la loi et la justice. Cela signifie qu'il prend en considération dans ses travaux non seulement l'économie de marché, mais aussi le cadre juridique et la sphère des interactions entre personnes. Le problème de Smith est traité ultérieurement comme la question des rapports entre « système » et « monde vécu » par Jürgen Habermas (voir chapitre 27).

L'ontologie atomiste de Démocrite est fascinante parce qu'elle réduit toute chose en des termes simples ; cet atomisme économique (l'individualisme) fait de même. Les phénomènes sociaux compliqués deviennent simples et limpides. En principe, les individus recherchent toujours leur propre avantage économique ; et en principe, ils agissent d'une manière parfaitement rationnelle pour atteindre ce but. Nous pouvons donc prévoir ce que la personne intelligente fera dans diverses situations. Dans ce modèle, l'univers humain devient une sorte de billard économique dans lequel les individus recherchant des avantages manœuvrent en vue de contrats profitables. Nous pouvons donc ignorer les caractéristiques « irrationnelles » des êtres humains, des institutions sociales et des structures du pouvoir – ou, plus précisément, la tentative fut faite d'expliquer toute activité économique selon ce modèle. C'est d'après ces concepts que Smith et d'autres

---

1. L'expression *laissez-faire*, en français dans le texte, fait référence au libéralisme économique : « *laissez faire, laissez passer* », c'est-à-dire qu'il s'agit de permettre la libre création et le libre commerce des produits (« libre » signifiant « sans interférence du gouvernement »).

économistes libéraux créèrent et développèrent un modèle d'action rationnelle entre plusieurs individus – une théorie des jeux pour l'homme économique, *Homo economicus* –, et ils furent par conséquent les fondateurs de l'une des premières sciences sociales : l'économie classique. En d'autres mots, les concepts fondamentaux mentionnés dans l'économie de Smith correspondent aux concepts fondamentaux du libéralisme classique. Mais Smith ajoute aux concepts du libéralisme traditionnel une théorie du prix naturel : les individus se rencontrent sur le marché pour un échange mutuel de marchandises, et le prix d'un article est déterminé par le rapport entre l'offre et la demande. Cela suppose que le marché soit libre, c'est-à-dire que l'État et les institutions politiques n'interviennent pas en régulant les prix. Ce modèle d'explication de la régulation des prix suppose que nous soyons des individus atomisés qui pensent à leurs propres gains, et que les diverses marchandises soient indépendantes les unes des autres, de sorte que chacun des agents peut donner la priorité aux différents biens et donc choisir parmi eux. C'est le modèle du marché d'échange pur, d'où État et monopoles sont complètement exclus.

Bien sûr, Smith sait qu'influent sur les prix des facteurs autres que l'offre et la demande, comme les politiques gouvernementales et les privilèges héréditaires de la noblesse. Mais, de même que Bentham utilise son calcul du plaisir à la fois pour décrire et critiquer, Smith utilise son modèle comme critique autant que comme description. Ainsi attaque-t-il les facteurs qui interfèrent avec le marché libre. La théorie politique de Smith n'est pas seulement pure théorie mais également programme politique : les facteurs qui interfèrent avec le marché libre *devraient* être éliminés parce qu'ils font obstruction à l'ordre naturel. Comme les libéraux classiques en théorie politique, Smith l'économiste pense que l'individualisme libre mènera finalement à l'harmonie sociale, pour la plus grande prospérité matérielle possible.

Smith a en outre une *autre* théorie de la régulation des prix : une théorie des prix justes des marchandises. Selon cette seconde théorie des prix, la valeur d'une marchandise est égale au travail qui y est intégré. Si un charpentier met dix heures à fabriquer une chaise et un fermier cinq à produire un sac de pommes de terre, la chaise vaut deux sacs de pommes de terre. Si le prix est ainsi décidé, il sera juste puisque chacun reçoit autant qu'il a donné. Le commerce est juste parce que chaque commerçant reçoit autant qu'il donne.

Mais il reste difficile de déterminer la valeur du travail qui entre dans un produit. Le temps ne peut être le seul facteur déterminant : certains travailleurs sont vifs, d'autres indolents ; certains sont formés, d'autres non. De plus, cette théorie des prix est en opposition avec la théorie des prix selon l'offre et la demande : si le prix est déterminé par l'offre et la demande sur le marché libre, le prix d'une marchandise variera à cause du rapport entre offre et demande même si le travail intégré dans le produit demeure constant. Nous pouvons donc difficilement justifier que le prix soit fixé par l'offre et la demande en soutenant qu'il est égal à la quantité de travail intégré dans le produit.

Ricardo et Malthus

David Ricardo (1772-1823) et Thomas Malthus (1776-1834) théorisent à la suite de Smith le libéralisme économique du *laissez-faire*. Mais alors que celui-ci pense qu'un capitalisme libre et « naturel » bénéficiera à toutes les classes, ceux-là pensent que les classes laborieuses doivent nécessairement vivre près du minimum vital. Ricardo soutient néanmoins un *laissez-faire* radical : en l'absence d'interférence gouvernementale, la meilleure harmonie possible des intérêts personnels apparaîtra automatiquement, même si les travailleurs, malheureusement, doivent toujours vivre dans le besoin matériel.

La ligne de pensée derrière cette théorie est la suivante : Malthus soutient que la pauvreté des classes inférieures est inévitable parce que la population tend à augmenter exponentiellement, alors que la quantité de nourriture tend à n'augmenter que linéairement :

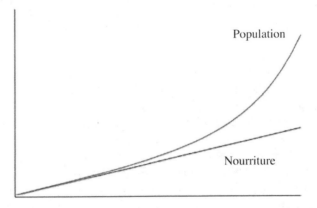

Par conséquent, l'accroissement de la population dépassera toujours celui de la quantité de nourriture. Pour le dire brutalement, une augmentation des salaires ne mènera pas à un niveau de vie plus élevé pour les classes inférieures, mais seulement à la croissance d'un plus grand nombre d'enfants. Les masses doivent donc toujours vivre avec le minimum vital, tant qu'il n'y a pas de normes morales ou sociales susceptibles de réduire le taux des naissances. Cette théorie semble prouver que la pauvreté des classes inférieures est une nécessité naturelle. Il est contre-nature que les capitalistes augmentent les salaires des travailleurs ou que l'État fournisse une protection sociale. Cela ne fera que mener à un accroissement non naturel de la population, c'est-à-dire à un accroissement de la population ne répondant à aucune demande (entendre : pour lequel il n'y a aucun travail disponible), et il n'en découlera que plus de famine et une mortalité plus élevée. Il faut donc autoriser l'économie à suivre ses propres lois. L'État ne devrait pas mener de réformes sociales.

Les bénéfices du travail peuvent être répartis en trois : les salaires pour les travailleurs, les profits pour les capitalistes, et les revenus fonciers pour les propriétaires terriens. Par conséquent, les salaires devraient être minimaux, c'est-à-dire tout juste suffisants pour que les travailleurs survivent et reproduisent la force de travail. Un autre conflit opposait capitalistes (industriels et marchands) et propriétaires terriens. Dans ce conflit, les libéraux soutenaient que les propriétaires terriens formaient un groupe *parasite*. Les propriétaires louaient leurs terres, mais ils ne produisaient rien. Par conséquent les capitalistes, étant productifs, auraient dû recevoir proportionnellement plus, et les propriétaires terriens proportionnellement moins. (Plus tard, Marx attaqua les capitalistes avec ce même argument. Pour lui, les capitalistes étaient les parasites, et les travailleurs les producteurs.)

La théorie selon laquelle les salaires tendent vers le minimum vital est donc en net désaccord avec celle qui dit que la libération représentée par le *laissez-faire* mène à une amélioration pour chacun. L'attente optimiste du progrès reçoit par conséquent un coup fatal : il n'est plus désormais possible de justifier l'inégalité d'aujourd'hui par l'espoir d'un avenir meilleur. Mais cette théorie des salaires justifie l'inégalité présente sur une base nouvelle : ce que nous avons est après tout la meilleure organisation possible ; elle est naturelle, et elle est ce que nous pouvons avoir de mieux ; toute autre donnera de plus mauvais résultats. En même temps, la théorie des salaires veut dire que nous ne pouvons penser seulement en termes d'individus : il y a ici des classes qui s'opposent. Selon Ricardo, en raison de l'accroissement de la population et de la quantité finie de l'espace disponible pour la production alimentaire, l'économie tendra sur le long terme vers la stagnation, avec salaires bas et profits bas (voir les théories ultérieures sur les crises inhérentes au système et la croissance zéro).

Ricardo et Malthus décrivent un capitalisme privé qui dépouille les travailleurs en prétendant qu'une telle exploitation est naturelle. Cette grossière doctrine du *laissez-faire* est le point culminant du libéralisme. À partir du milieu du dix-neuvième siècle, le libéralisme social influencera les théories politiques (John Stuart Mill) et mènera aux réformes sociales (lois industrielles, droit des travailleurs à s'organiser).

ROUSSEAU – RÉACTION CONTRE LA PHILOSOPHIE DES LUMIÈRES

Biographie. Jean-Jacques Rousseau (1712-1778) naquit à Genève dans un environnement calviniste. Sa mère mourut très tôt, et quand Jean-Jacques eut dix ans, son père dut fuir la Suisse. Le garçon fut élevé par des proches et commença très jeune une vie vagabonde, principalement en France et en Suisse francophone. Vers l'âge de trente ans, il s'installa temporairement à Paris et rencontra des philosophes des Lumières tels que Voltaire. Il envoya à l'orphelinat les enfants qu'il avait eus de Thérèse Levasseur. En 1750, il gagna un prix offert par l'Académie de Dijon pour un essai dont le sujet était : « si le rétablissement des sciences et des arts a contribué à épurer les mœurs ». Dans sa réponse, il s'opposait à l'optimisme dominant quant au progrès. Il eut autant de difficultés avec les philosophes des Lumières qu'il en avait avec les gens en général : il poursuivit sa vie d'errant, à la fois géographiquement et spirituellement. En 1766, il rencontra Hume à Londres, mais il se brouilla rapidement avec lui aussi. Rousseau mourut en 1778 et ses cendres furent plus tard transférées au Panthéon à Paris.

Ses travaux comprennent le Discours sur les sciences et les arts *(1750)*, le Discours sur l'origine et les fondements de l'inégalité parmi les hommes *(1755)*, Du Contrat social *(1762)*, Émile, ou De l'éducation *(1762)*, et Les Confessions *(1782)*.

Nous avons dit qu'il était possible d'interpréter la philosophie des Lumières en France comme une arme idéologique pour la bourgeoisie naissante du dix-huitième siècle, qui lutta contre l'absolutisme et les privilèges de la noblesse et du clergé afin d'obtenir du pouvoir pour elle-même. Dans cette lutte, les partisans français des Lumières utilisèrent souvent des notions comme l'individu, la raison et le progrès. Il est possible d'émettre des objections théoriques contre ces notions, et cette critique théorique s'éleva bientôt : une analyse philosophique du concept de *raison* (en particulier chez Hume, mais aussi chez Rousseau), une critique philosophique et sociologique du concept d'*individu* (chez Rousseau, mais aussi chez Burke) et une critique sociale de la *foi dans le progrès* (chez Rousseau).

Jean-Jacques Rousseau fut un homme et un penseur très complexe, et nous ne pouvons donner ici qu'*une* interprétation de certains aspects de ses écrits.

Parmi les penseurs des Lumières, la culture de la raison et de l'optimisme quant à l'avenir pouvait, dans ses formes extrêmes, être superficielle et peu claire. Il était par conséquent facile d'attaquer ces idées et de les transformer en leur *négation* afin de faire valoir la culture des sentiments et du pessimisme sceptique. Le tremblement de terre de Lisbonne en 1775 était suffisant pour ébranler l'optimisme de l'époque : si nous vivons dans un monde parfait, comment une telle catastrophe peut-elle avoir lieu ? Le sceptique Voltaire trouva une cible facile dans son conte philosophique *Candide* ; il prit comme sujet de plaisanterie les formes naïves de l'optimisme quant à l'avenir et la croyance pleine de suffisance selon laquelle nous vivons dans le meilleur des mondes possibles[1].

Rousseau poursuivit cette réaction purement négative à l'encontre de la philosophie des Lumières. Alors que les philosophes des Lumières ont pu pratiquer un culte aveugle de la raison, il s'égara dans le culte des sentiments. Là où les philosophes des Lumières rendaient hommage à l'individu et à l'intérêt personnel, il glorifiait la communauté et la *volonté générale*[2]. Là où les philosophes des Lumières glorifiaient le progrès, il prônait un « retour à la nature ». Cela ne signifie pas qu'il s'opposait aux Lumières sur tous les points. Souvent, il partageait pleinement les points de vue des philosophes des Lumières, comme la conception selon laquelle l'homme est fondamentalement bon. Mais alors que les philosophes des Lumières pensaient que le mal provient de l'ignorance et de l'intolérance entretenues par la tradition et les privilèges, et que par conséquent on en est guéri si on est éclairé – quand la raison et la science triompheront, le bien en l'homme apparaîtra dans la foulée des progrès de la civilisation –, Rousseau pensait que le mal provient de la civilisation. Ce fut cette partie de son essai, premier prix de l'Académie de Dijon, qui fit sensation : la civilisation avait mené à une vie artificielle et dégénérée. Nous trouvons ici dans la critique par Rousseau de la foi dans le progrès comme un prélude au romantisme : la civilisation et les sciences pervertissent le bien naturel en l'homme.

Par conséquent, Rousseau soutenait que nous devrions revenir à la *nature*. Par cela, il n'entendait pas qu'il est désirable de vivre primitivement. Il soulignait fortement le fait que l'être humain est

---

1. Voltaire attaquait en particulier Leibniz.
2. En français dans le texte.

une partie de la communauté. Il semble que, selon lui, nous devrions revenir à la nature au sens de « vivre dans la communauté une vie naturelle et vertueuse ». La thèse rousseauiste rejetait donc *à la fois* ce qu'il considérait comme une décadence trop raffinée et comme une vie primitive et non civilisée.

On peut interpréter l'attaque de Rousseau contre les philosophes des Lumières comme une réaction de la petite bourgeoisie *contre* les classes supérieures[1] : il opposait les vertus et valeurs simples des gens ordinaires – comme la vie en famille, la compassion, la dévotion religieuse et le travail consciencieux de l'artisan et de l'agriculteur – à la sophistication et à la raison froide et calculatrice des grands marchands et des scientifiques. Loin de vouloir retourner à des conditions primitives, il portait aux nues la vie simple de la petite bourgeoisie. Il défendait l'intuition morale simple et la foi sans condition du petit peuple contre l'esprit caustique des intellectuels, qui semblaient ne rien considérer comme sacré. Il représentait donc les classes moyennes irritées et déconcertées qui, convaincues de leur propre supériorité morale mais choquées par la critique intellectuelle de la foi et des coutumes que l'on honorait alors, craignaient que cette critique ne menaçât leurs valeurs les plus fondamentales. Et dans la mesure où la petite bourgeoisie manquait de l'instruction nécessaire à défendre rationnellement ses valeurs, elle répondait souvent par une condamnation générale de la raison et un éloge spontané des sentiments.

Comme le citoyen ordinaire de la petite bourgeoisie ne faisait personnellement aucun usage direct des avancées scientifiques et économiques, les changements dans la société ne lui apparaissaient pas toujours comme un « progrès ». Il était le plus souvent frappé par les aspects terrifiants de l'innovation, qui lui semblait immorale et inhumaine. Les citoyens de la classe supérieure glorifiaient l'individu et plaidaient pour la liberté du commerce et la liberté d'expression. Mais ce sont des vertus pour les forts. Pour les membres plus faibles de la société, les vertus sont plutôt celles de la solidarité et de la communauté. Rousseau, à l'instar du petit-bourgeois, glorifiait la vie en famille et l'intérêt général. Des vertus comme la solidarité étaient probablement réparties plus égalitairement que la capacité à faire des calculs rationnels et profitables. Par conséquent, la petite bourgeoisie (et les travailleurs) mettaient souvent l'accent sur l'égalité, et non sur la liberté individuelle et la carrière personnelle. La petite bourgeoisie

---

1. Il existe des parallèles entre les idées des *sans-culottes* (mouvement de masse radical pendant la Révolution française) et celles de Rousseau : leurs idéaux communs comprenaient la démocratie directe, l'égalité quant à la propriété, la souveraineté de la « volonté générale », et l'éducation publique pour tous les membres de l'État.

était souvent plus traditionaliste et conformiste, alors que les classes dirigeantes se concentraient sur l'intérêt rationnel et exigeaient le droit de choisir par elles-mêmes. Nous ne poursuivrons pas plus loin cette interprétation de Rousseau comme petit-bourgeois. Mais peut-être nous aide-t-elle à comprendre certaines de ses attitudes les plus importantes.

Depuis Rousseau, à travers Kant, la philosophie tend à être utilisée pour défendre la religion et la morale contre les tentatives visant à attribuer toutes les connaissances valides aux seules sciences de la nature. Et depuis Rousseau, à travers Burke et Hegel, il y a une tradition qui problématise le concept de l'individu, et qui essaie de concevoir la communauté et l'individu comme étroitement liés.

Pour Rousseau, il existe une certaine tension dans ce rapport entre individu et communauté. Nous nous concentrerons ici sur la critique par Rousseau de l'individualisme qui prévaut en son temps. Cet individualisme, qui, en passant par Locke, va de Hobbes jusqu'aux libéraux français et britanniques du dix-huitième siècle, conçoit l'individu comme un être totalement développé – avec un intérêt personnel, une capacité à calculer, des désirs de plaisirs et de profits, une certaine conception de la propriété, le langage et la capacité à commercer. Tout cela est antérieur au développement de l'État, considéré comme moyen de protéger l'initiative et la propriété privées. L'État n'a aucune valeur en lui-même.

En conformité avec les théories individualistes de l'État comme créé par un contrat, Rousseau suit une ligne d'argumentation qui commence par l'état de nature et finit avec le contrat social. Mais, pour lui, il ne s'agit pas simplement de deux notions différentes, l'état de nature et la société façonnée par l'État, et de la transformation de l'une en l'autre – la formation de la société par le contrat. L'expérience de pensée de Rousseau reconstruit le développement graduel de la société et de l'homme, dont le résultat final est la société politiquement organisée.

Nous pouvons ainsi dire que Rousseau n'est pas très éloigné de Platon et d'Aristote. Comme eux, il recherche l'origine des capacités humaines telles que le langage, la raison et la vertu. Et comme ces philosophes grecs, il la trouve dans la communauté : les êtres humains développent ces capacités par la vie en commun. L'être humain entièrement développé et la société ont donc le même âge. Fondamentalement, nous ne pouvons imaginer l'individu entièrement développé sans société. Rousseau fait encore un pas dans la lignée de Platon. Non seulement l'être humain entièrement développé est lié à la communauté de manière interne, comme citoyen-dans-lasociété, mais de plus la communauté a une valeur par elle-même. La communauté est faite de liens concrets, des sentiments étroits liant famille et amis. Rousseau attaque la conception selon laquelle l'intérêt nu et rationnel peut maintenir unie une société. Ce qui relie les êtres humains dans une communauté, ce sont des sentiments et des attitudes profondément enracinés, non des calculs superficiels de profits et de plaisirs. La communauté repose sur les sentiments, non sur la raison. Rousseau élabore ici une importante critique de l'individualisme libéral. Comme les Grecs anciens, il voit la société comme *petite*, à l'exemple de la « cité-État » de Genève.

Rousseau n'était pas un nationaliste, même si ses idées furent ensuite appliquées à l'État national. Pour lui, l'individualisme, comme le nationalisme ou le cosmopolitisme, était essentiellement une lointaine abstraction. Ce qui est réel et concret, ce sont la famille et la communauté locale où tous les citoyens se connaissent mutuellement et sont liés les uns aux autres. Ainsi Rousseau représentait-il une réaction conservatrice à l'individualisme et au nationalisme dont les classes supérieures se faisaient les championnes. Comme nous le verrons ultérieurement, les conservateurs comme les socialistes considérèrent les liens communautaires proches comme fondamentaux – par opposition à l'individualisme libéral.

L'individualisme comme le collectivisme *distinguent* deux facteurs, l'individu et l'État. Mais Rousseau, comme Platon avant lui, critiqua en particulier cette distinction elle-même : ce qui est fondamental, c'est l'homme-dans-la-communauté. Nous pourrions ajouter que Rousseau n'était pas un révolutionnaire : il soutenait le droit à la propriété privée – tout en critiquant l'inégalité dans les conditions d'accès à la propriété (dans son *Discours sur l'origine et les fondements de l'inégalité*).

Ainsi les idées de Rousseau prenaient-elles différentes directions. Il soutenait que la société est nécessaire et possède une valeur morale. Par conséquent, il n'était pas *contre* toute forme de civilisation ou *pour* un « retour à la nature » simpliste. Et dans la mesure où il pensait que chaque être humain constitue effectivement une part de la communauté, son emploi d'expressions comme « état de nature » et « contrat social » est quelque peu problématique. Mais il louait le mode de vie de l'individu dans l'« état de nature », et il condamnait la société de son temps pour avoir supprimé la vertu naturelle de l'homme, sa sagesse et son bonheur.

Rousseau pensait donc que nous devons éviter à la fois le primitivisme et la civilisation décadente, et lutter pour une communauté authentique. Mais qu'est-ce qu'une communauté authentique ? Les réalités politiques de son époque étaient marquées par l'individualisme et le nationalisme. Et quand les idées de Rousseau sur la communauté authentique furent reprises par d'autres, elles furent transformées en glorification tant de l'État national (séculier) que de l'État du « Führer » (Hitler) ou de l'État du parti (Lénine). Si la position de Rousseau contre la conception assez mécaniste et atomiste de la société soutenue par les libéraux est relativement claire, le lien de ses pensées avec le conservatisme politique et le socialisme est plus obscur.

Ainsi, le concept fondamental de la volonté générale du peuple est marqué par une définition peu claire. Cette volonté générale n'est pas la somme des points de vue des partis politiques ou des représentants à l'Assemblée nationale. Elle est, de manière quelque peu indéfinissable, la volonté authentique « du peuple ». Selon Rousseau, la volonté générale se compose des intérêts de la société, par opposition à tous les intérêts particuliers.

De plus, Rousseau soutient que la volonté générale « est toujours droite »[1]. Si des personnes veulent autre chose que la volonté générale, c'est-à-dire autre chose que ce que le peuple veut « vraiment », elles ne savent pas réellement ce qui est dans leur intérêt ou ce qu'elles veulent réellement. Par conséquent, il ne s'agit pas de contraindre chacun à se soumettre à la volonté générale. Selon Rousseau, où règne la volonté générale, il n'y a jamais de contrainte. Mais la question est de savoir comment nous allons trouver *ce qu'*est la volonté générale chaque fois que s'élève une question publique. Nous devons également nous demander *qui* a l'autorité (ou le pouvoir) d'établir ce qu'est la volonté vraie du peuple. De plus, que tous les désirs individuels coïncident réellement en *un unique* intérêt général peut bien sûr être mis en doute. Rousseau n'a pas précisément expliqué comment nous pouvons être sûrs, *institutionnellement*, qu'une oreille est prêtée « à la volonté générale », afin que des groupes au pouvoir illégitimes ne décident pas de ce qu'elle est. Il n'a pas non plus expliqué comment protéger les intérêts de la minorité.

Bien que la tradition libérale ait souvent ignoré les aspects organiques de la société, elle a néanmoins, de manière rassurante, fait en sorte de développer des modèles institutionnels à même de protéger le processus politique contre des abus de pouvoir flagrants. La vision organique de la société selon Rousseau néglige largement les problèmes institutionnels. À partir de la théorie de la volonté générale, un Hitler comme un de Gaulle peuvent se prétendre le vrai porte-parole des intérêts authentiques du peuple, placés bien au-dessus des divers

---

1. Rousseau, *Du contrat social*, Livre II, chapitre 3.

intérêts particuliers. Nous en arrivons ici à un problème à la fois institutionnel et théorique : si la manière dont la volonté générale doit s'exprimer institutionnellement demeure peu claire, nous courons le risque de voir des dirigeants arbitraires imposer leur volonté comme volonté générale.

Dans la communauté locale, le foyer et le village, il peut être relativement peu dangereux de suivre la volonté générale. Nous pouvons avoir ici une sorte de démocratie directe. Mais il est périlleux de faire reposer une société moderne sur cette volonté générale qui n'est pas garantie institutionnellement. La théorie organique de la société chez Rousseau, avec l'accent qu'elle met sur les liens émotionnels entre les gens et son manque d'intérêt pour les institutions, tend donc à résulter en un culte irrationnel et romantique de la communauté. Le manque de théorie des institutions chez Rousseau a eu pour conséquence que l'idée de volonté générale a servi et la révolution permanente (comme chez Robespierre ou Mao) – la volonté spontanée du peuple devrait guider le gouvernement – *et* l'État national stable (comme chez Burke) – la volonté du peuple se crée par une tradition continue.

EDMUND BURKE – LA RÉACTION CONSERVATRICE

Le philosophe d'origine irlandaise Edmund Burke (1729-1797) est souvent appelé le père du conservatisme, comme John Locke le père du libéralisme. Les ouvrages de Burke, par exemple ses *Réflexions sur la révolution de France* (1790), furent une réaction au déclenchement de la Révolution française et au culte de la raison développé par les philosophes des Lumières. Ces derniers plaçaient la raison au-dessus de la tradition, et l'individu anhistorique au-dessus de la communauté. Ce que Burke renversa : la tradition est plus sage que les théories des intellectuels. La communauté et l'histoire sont fondamentales, et non l'individu anhistorique isolé. Nous pouvons donc résumer le conservatisme de Burke comme un renversement négatif du libéralisme de l'époque des Lumières.

Libéralisme des Lumières	Conservatisme de Burke
La raison au-dessus de la tradition L'individu (et non la communauté ou l'histoire)	La tradition au-dessus de la raison La communauté et l'histoire (et non l'individu)

Nous pouvons ainsi dire qu'une réaction conservatrice s'incarne en Burke. Et elle n'apparaît pas seulement sur le plan théorique. Politiquement, Burke représente une réaction au radicalisme du peuple français pendant la Révolution : le roi, la noblesse et le clergé sont balayés de l'arène politique. D'un point de vue français, Burke est un défenseur de la noblesse contre les citoyens.

De la même façon que nous pouvons considérer le libéralisme comme l'idéologie de la haute bourgeoisie, nous pouvons interpréter le conservatisme comme l'idéologie de la noblesse. Les principaux idéologues du conservatisme français de cette époque, comme les royalistes catholiques Joseph de Maistre et Louis Bonald, correspondent bien à cette interprétation. Néanmoins, il est sans doute tout aussi correct de considérer les idéologies conservatrices de la fin du dix-huitième siècle (telles que celles de Hume et de Burke) comme l'expression d'une critique du libéralisme, laquelle émerge des citoyens eux-mêmes. Que ces idéologies conservatrices soient appropriées ou non à la noblesse est une autre question. Si nous prenons pour base le schéma suivant, le libéralisme et le conservatisme apparaissent comme des contraires tant théoriques que politiques.

	Libéralisme	Conservatisme
Ancrage social	La haute bourgeoisie	La bourgeoisie et la noblesse
Concept fonda-mental	L'individu (le contrat, l'État)	L'homme-dans-la-communauté
Caractéristiques	Égoïste individualiste anhistorique (maximisation du plaisir/profit, liberté individuelle à l'égard de la contrainte)	Historico-culturel : partage de valeurs communes (vie ayant un sens, réalisation harmonieuse des capacités dans une communauté historico-organique)

Le libéralisme et le conservatisme avaient en commun d'être ancrés tous deux dans les classes supérieures : le conservatisme dans certaines parties de la classe moyenne et dans la noblesse en déclin, autrefois dominante dans une économie antérieure et plus féodale ; et le libéralisme d'un bout à l'autre d'une classe moyenne florissante, soutenue par une économie capitaliste privée.

Comme la plupart des étiquettes politiques, le mot *conservatisme* s'utilise de différentes manières. Nous pouvons remarquer par exemple une conception *formelle* du conservatisme, défini comme « voulant conserver ce qui existe », sans précision spécifique quant à ce qui existe, que ce soit l'économie, l'environnement, la culture ou les formes de gouvernement, ou que ce soit une société féodale, capitaliste ou socialiste. Le contraire de *conservateur* en ce sens est *radical*, au sens de « voulant changer ce qui existe ».

C'est une définition qui néglige l'aspect historique dans la mesure où nous pouvons nous demander si Thomas d'Aquin, Joseph Staline ou George Bush étaient « conservateurs », chacun d'eux voulant conserver les aspects essentiels de sa propre société. Par opposition à cette conception formelle du conservatisme, nous pouvons considérer le conservatisme comme déterminé par son contenu ; nous le comprenons de la sorte comme la volonté de conserver quelque chose de particulier (que ce soit d'ordre culturel, social, politique ou économique). Il est alors naturel de parler d'un désir de conserver des valeurs particulières, telles que les formes de vie ayant du sens dans une communauté locale traditionnelle, ou la diversité écologique. Nous pouvons utiliser l'expression « *conservatisme des valeurs* » pour dénommer ce type de conservatisme déterminé par son contenu.

Comme les autres idéologies, le conservatisme est à la fois un phénomène *qui s'inscrit dans* la société, qui est déterminé par les conditions historiques et sociales, et une théorie qui déclare dire la vérité *à propos de* la société.

Si nous voulons raffiner le concept d'un conservatisme déterminé par son contenu, il peut être utile de commencer par la première phase du conservatisme (par exemple chez Edmund Burke), lorsqu'il s'opposait clairement au libéralisme de l'époque (pour Burke, l'adversaire principal, c'était les philosophes radicaux des Lumières françaises). Tandis que les libéraux s'appuyaient dans leur travail sur les concepts fondamentaux d'individu, de raison et de progrès et opposaient les individus égaux, libres et autonomes à la tradition et à ses structures et attitudes héritées, le conservatisme se concentrait sur la notion fondamentale de l'homme en tant qu'être inséparablement formé par ce qui lui a été légué, un héritage qui peut et doit être amélioré soigneusement, mais non aboli, sous peine de désastre. Alors que le libéralisme peut se définir comme un individualisme social et philosophique tirant ses origines d'individus isolés et libres, éclairés par l'intérêt personnel recherché par chacun – de sorte que la vie sociale apparaît issue de l'harmonie involontaire des actions égoïstes des individus –, nous pouvons dire que le conservatisme prend l'organisme comme modèle : la société est beaucoup plus complexe que ne l'envisagent les libéraux avec leurs modèles fascinants mais simplifiés. Pour les conservateurs, tout est lié, et si entrelacé que personne ne peut avoir une vue d'ensemble et apporter des améliorations par des mesures simples et radicales, c'est-à-dire par des changements révolutionnaires. La société est un organisme complexe qui se développe, et non un mécanisme que l'on peut changer du jour au lendemain par des ajustements simples. Des réformes seront souvent nécessaires et désirables pour préserver les aspects valables des structures existantes, mais elles doivent être menées avec soin, par étapes. Chaque individu et chaque parti doit reconnaître que la tradition incarne une sagesse plus profonde que la compréhension finie d'une seule personne. Et nous devons reconnaître qu'il n'y a pas de solutions simples et finales nous donnant le droit d'abolir notre héritage et d'introduire d'emblée quelque chose de nouveau et de meilleur. Une société repose sur une interaction entre groupes et générations. Le développement social prend du temps.

Ainsi, à l'instar du libéralisme, le conservatisme n'est pas seulement une théorie qui prône des institutions politiques bien déterminées, que ce soit des formes de gouvernement et de droits ou des systèmes juridiques et économiques. Il représente une conception fondamentale de ce que sont réellement la société et l'homme et de ce que nous pouvons en connaître. Il prétend avoir les moyens les plus adéquats de comprendre correctement la société, et donc d'agir correctement.

En cela, le conservatisme soutient également mieux savoir que les autres idéologies ce qui a de la valeur. Mais ce n'est pas seulement sur des questions de valeurs que les différentes idéologies ont des conceptions différentes, ce n'est pas simplement que ce que nous avons nommé conservatisme des valeurs donne, en un sens normatif, plus d'importance que le libéralisme à une vie historiquement située et pleine de sens (alors que le libéralisme, de son côté, met un poids normatif plus important sur les chances qu'a l'individu de maximiser ses bénéfices privés à partir de son intérêt personnel éclairé) : nous pouvons faire remonter les différences entre ces idéologies aux différences fondamentales dans la conception de ce que nous, en tant que créatures sociales, *sommes* et *pouvons savoir*.

Il n'est pas inhabituel de dire qu'une importante différence entre libéralisme et conservatisme concerne leur conception respective de la liberté – pour dire la chose brutalement, les conservateurs considèrent l'ordre et l'autorité comme plus importants que la liberté individuelle, alors que les libéraux considèrent la liberté individuelle comme plus importante, de sorte que l'ordre et l'autorité ne sont justifiés que quand ils la servent. Mais notre conception de ce que sont la liberté et sa valeur est liée à notre conception de ce que sont l'homme et la société, conceptions souvent passées sous silence dans le discours politique quotidien qui ne traite donc pas de la question de savoir dans quelle mesure elles sont tenables. Quand nous parlons de liberté, nous supposons qu'il y a *quelqu'un* qui est libre par rapport à quelque chose ou à quelqu'un ; en d'autres termes, nous avons nécessairement certaines positions fondamentales sur ce que sont réellement l'homme et la société (d'où les diverses thèses socio-philosophiques et épistémologiques sur les rapports entre l'individu, la communauté et la connaissance).

Le conservatisme peut s'accorder jusqu'à un certain point avec le socialisme dans l'opposition aux conceptions plus radicales de l'individu du libéralisme classique. Dans la lignée de cette attitude critique envers l'individualisme libéral et d'une conception plus positive de l'ordre et de l'autorité, les conservateurs ont également une vision du rôle de l'État dans la société plus positive (ou plus pragmatique) que le libéralisme classique (que celui-ci soit économique ou culturel). On peut distinguer le conservatisme d'une culture fasciste de l'ordre et de l'autorité en ce que les conservateurs soutiennent un ordre social qui croît organiquement, et qu'ils prennent leurs distances par rapport à une conception politique selon laquelle un ordre nouveau pourrait être créé par la contrainte et par la violence.

Dans une certaine mesure, Edmund Burke accepte la critique par Hume de la raison et de l'idée de droits naturels. Et il accepte massivement la critique par Rousseau de l'individualisme des Lumières. Comme Hume, Burke place sentiments, habitudes et conventions à l'opposé de la raison. Et, comme Rousseau, il oppose la communauté à l'individualisme. Mais il voit les sentiments, les habitudes, les conventions et la communauté sous un éclairage historique : l'histoire et la tradition sont sacrées et le plus grand respect leur est dû. Politiquement, cela signifie que Burke est contre toute réforme qui, selon ses conceptions, repose sur des constructions théoriques et n'a pas grandi organiquement en un long développement. Les changements révolutionnaires et la planification sociale réfléchie lui sont également suspects. La société doit croître comme une plante. Comme des jardiniers, nous devons cultiver avec modération (réforme politique), mais nous ne devons pas intervenir dans la croissance organique par des révolutions ou des planifications. Pour Burke, la tradition a en elle-même sa valeur et sa sagesse. Ainsi représente-t-il également un certain conservatisme formel : ce qui s'est trouvé conservé pendant une longue durée a le droit de vivre et doit être respecté. Mais si ce conservatisme formel est poussé trop loin, c'est alors le simple opportunisme que nous finissons par respecter, et nous soutiendrons toute forme de contrainte au nom du conservatisme, aussi longtemps qu'elle « existe » durablement. Même si Burke est clairement contre-révolutionnaire et chante sans ambiguïté les louanges de la continuité historique, il y a cependant des situations *particulières* qu'il souhaite préserver. Il serait faux de dire qu'il est un conservateur formel et opportuniste.

Burke argumente donc en faveur d'une société qui ne repose pas sur l'intérêt personnel calculé, mais sur les groupes organiques, tels que la famille et le voisinage. Dans ces groupes intimes, les gens sont liés les uns aux autres par des liens affectifs concrets, sans principes extérieurs ni exigences extérieures.

Cette communauté concrète varie quelque peu selon les peuples. Il n'y a pas un ensemble de coutumes et de conventions qui soit correct en tout lieu. Les différentes formes de vie reposent largement sur les *conventions*, et non sur la nature. Mais les conventions sont, *en tant que* telles, inévitables. C'est-à-dire qu'*il faut* qu'une forme de vie repose sur des conventions. Or par des changements drastiques dans les formes de vie, certains liens d'intimité dont naît la société peuvent se perdre. Nous devons donc respecter et protéger les diverses formes organiques de vie existantes. C'est sur cette base que Burke défend la culture et la religion de l'Inde contre les capitalistes britanniques. Sur ce point nous voyons que s'opposent ce qu'implique, d'un côté, un libéralisme radical qui soutient une conception abstraite de l'individu dans laquelle tous les individus sont en principe identiques, dans la mesure où ils sont tous dits ne rechercher que le plaisir et le profit, et d'un autre côté, un conservatisme des valeurs qui favorise la diversité historique et culturelle des formes de vie, de la richesse et de la complexité du comportement humain. Ce conservatisme des valeurs perçoit donc beaucoup de choses qu'avec ses «lunettes» atomistes le libéralisme mécaniste ne peut pas voir, telles que la communauté, l'histoire et la complexité sociale et humaine.

D'une certaine manière, le libéralisme radical présente le même avantage que la théorie atomiste de Démocrite : en simplifiant la réalité, il présente un modèle rationnel pour certains des aspects de celle-ci. Ainsi cette forme du libéralisme est-elle appropriée à la compréhension de l'économie de marché. Pour le conservatisme des valeurs, la situation est inversée. Sur le plan culturel, l'image théorique est plus adéquate, mais en même temps, toute cette complexité organique peut s'avérer *trop* immense. Le conservatisme des valeurs tend à soutenir que la société est si complexe qu'il est impossible de tout en comprendre. C'est typique de Burke : la société et l'histoire sont plus sages que les individus et leur supposée raison.

Mais cette conception modeste de notre capacité à saisir la société peut tourner en une sorte d'irrationalisme : les sentiments et les préjugés sont aussi peu fiables qu'une raison insuffisante[1]. Et cette conception peut en outre mener à la passivité politique : la société est trop complexe pour être comprise, elle l'est tellement que nous ne pouvons rien faire pour la changer. Ce n'est pas la conception de Burke. Burke veut *changer afin de préserver*. Mais cette tendance à une passivité politique pèse sur le conservatisme organique des valeurs. En pratique, elle pourrait soutenir indirectement les privilégiés et le libre développement des capitaux. En ce sens, le libéralisme du *laissez-faire* et le conservatisme des valeurs *peuvent avoir* les mêmes conséquences politiques.

Nous avons déjà signalé que le conservatisme des valeurs avait un ancrage culturel différent de celui du libéralisme radical (la critique par Burke de la Compagnie des Indes Orientales). Mais il avait aussi un ancrage social différent de celui du libéralisme du *laissez-faire*. Ses partisans souhaitaient souvent maintenir les systèmes hiérarchiques traditionnels, mais en même temps, ils manifestaient envers les rangs inférieurs une compassion paternelle digne des seigneurs féodaux. Disraeli et Bismarck par exemple affichaient ce sentiment – autorité paternelle et compassion envers ces enfants encore immatures.

Cette attitude paternelle ne signifie pas que Burke soutenait le suffrage universel ou l'abolition des droits de naissance (c'est-à-dire des privilèges). Il considérait avec suspicion autant les masses que l'individu. D'un autre côté, il avait confiance en la sagesse du peuple. Mais, comme dans le cas de la volonté générale rousseauiste, le problème était ici de savoir comment découvrir ce que le peuple pense vraiment – puisque l'on ne pouvait tenir d'élections générales. Burke se montrait là plus concret que Rousseau : il soutenait une monarchie constitutionnelle, contrôlée par une noblesse riche et héréditaire – qu'il pensait être un groupe relativement impartial et socialement conservateur –, une monarchie dont les institutions laisseraient s'exprimer la sagesse et les sentiments du peuple.

---

1. Beaucoup ont pensé que la raison représente quelque chose d'universel et de sûr, alors que les sentiments sont instables et varient d'un individu à l'autre : une morale reposant sur les sentiments est donc *relative*. Burke considère la chose différemment : nombre d'attitudes et de sentiments sont plus stables et plus universels que beaucoup de positions intellectuelles, qui peuvent souvent varier tout aussi rapidement que la mode du jour. Bien enracinés, les « préjugés » communs offrent une bonne garantie de stabilité morale.

Questions

Expliquez les idées fondamentales des Lumières. Expliquez également les idées qui sous-tendent la critique des Lumières par Rousseau et la critique conservatrice de la Révolution française par Burke.

Expliquez le rapport entre la théorie économique d'Adam Smith et les concepts fondamentaux de l'utilitarisme (chez Helvétius par exemple).

Suggestions de lecture

Sources

Burke, E., *Réflexions sur la Révolution de France*, Hachette, 2004, tr. P. Raynaud.

Helvétius, C.-A., *De l'homme* (deux volumes), Fayard, 1989.

Malthus, T., *Essai sur le principe de population*, Flammarion, 1992, tr. J.-P. Maréchal.

Montesquieu, *De l'Esprit des lois*, Gallimard, 1995.

Ricardo, D., *Principes de l'économie politique et de l'impôt*, Flammarion, 1993, tr. C. Soudan.

Rousseau, J.-J., *Du contrat social*, le Serpent à Plumes, 1998.

Rousseau, J.-J., *Rêveries du promeneur solitaire*, Livre de poche, 2001.

Rousseau, J.-J., *Discours sur l'origine et le fondement de l'inégalité parmi les hommes*, Gallimard, 2002.

Rousseau, J.-J, *Émile ou de l'éducation*, Garnier-Flammarion, 1999.

Smith, A., *Théorie des sentiments moraux*, PUF, 2003, tr. M. Biziou et C. Gautier.

Smith, A., *Recherche sur la Nature et les Causes de la richesse des nations*, Economica, 2000, tr. Baker, Bernard, Berthaud, Blanchon, Chrétien, Hadley-Péronnet, Parret, Prum et Jaudel.

Voltaire, *Candide et autres contes*, Gallimard, Folio, 1992.

Commentaires

Biziou, M., *Adam Smith et l'origine du libéralisme*, PUF, 2003.

Cassirer, E., *La philosophie des Lumières*, Fayard, 1997, tr. Pierre Quillet.

Habermas, J., *Archéologie de la publicité comme dimension constitutive de la société bourgeoise*, Payot, 2007, tr. Marc B. de Launay.

Koselleck, R., *Le règne de la critique*, Editions de Minuit, 1979, tr. Hans Hildenbrand.

CHAPITRE 14

Utilitarisme et libéralisme

JEREMY BENTHAM ET JAMES MILL – CALCUL HÉDONISTE ET RÉFORME JURIDIQUE

Bentham

Le juriste anglais Jeremy Bentham (1748-1832) fut l'un des philosophes dits radicaux qui firent pression pour des réformes juridiques de la société britannique. Il en critiqua donc certains aspects. Mais la critique doit avoir un critère normatif sur lequel s'appuyer. Conformément à la tradition utilitariste empiriste, Bentham n'accepta ni l'idée du droit naturel ni celle de la théorie du contrat. La seule justification possible de l'autorité et du changement politique est l'ensemble des besoins humains, à savoir l'*utilité* et le *plaisir*. Bentham suit ici Helvétius :

1. plaisir et douleur sont les *causes* de l'action humaine ; par conséquent, il est possible d'influer sur le comportement humain en changeant la relation entre plaisir et douleur ;
2. le plaisir est ce qui *justifie* le droit et l'autorité politique.

Nous avons déjà signalé que le premier point de ce schéma peut représenter une simplification inacceptable, et que le second peut contenir un court-circuit logique dans la mesure où l'on y considère qu'un élément normatif, la justification, découle d'un élément descriptif, l'assertion selon laquelle chacun recherche le plaisir.

Bentham suit Helvétius en ce qu'il tient pour critère normatif fondamental le principe utilitariste du plus grand bonheur (de la plus grande utilité) pour le plus grand nombre. Ce qui est nouveau dans la pensée de Bentham, c'est qu'il utilise ce principe comme guide pour des réformes juridiques de manière plus cohérente que ses prédécesseurs, et qu'il développe un système pour calculer ce qui procure le plus de plaisir.

Le calcul du plaisir et de la douleur selon Bentham prend en compte les divers facteurs déterminant les actions et situations qui dans leur ensemble apportent le plus de plaisir. Ce calcul met en jeu l'intensité du plaisir ou de la douleur, la durée de l'un ou de l'autre, le degré de la certitude avec laquelle l'un ou l'autre va avoir lieu, la durée de persistance de l'un ou de l'autre, le nombre de personnes impliquées et la manière dont les diverses expériences de plaisir et de douleur interfèrent entre elles.

Comme nous l'avons indiqué précédemment, il est peut-être plus raisonnable de parler du calcul de la douleur plutôt que de celui du plaisir, puisque ce que nos réactions et nos attitudes ont en commun, c'est plutôt d'éviter certains manques essentiels que de classer différentes activités positives ou différents bénéfices. En pratique, l'utilitarisme et le libéralisme sont plus une tentative d'éviter le négatif que de réaliser l'idéal.

Le calcul du plaisir et de la douleur conseillé par Bentham rappelle de façon frappante un calcul de profit. Mais alors que les profits se calculent en unités comparables, comme des livres sterling et des pennies ou des euros et des centimes, il est difficile de voir comment différentes expériences de plaisir et de douleur peuvent être comparables. Comment pouvons-nous comparer la valeur du plaisir dans la paisible jouissance d'un bon repas et dans la joie débordante à la réussite d'un examen ? Bentham ne réussit jamais à résoudre ce problème. Son calcul du plaisir est donc problématique. Toutefois, il s'exprime parfois comme s'il pensait vraiment que nous agissons sur la base de tels calculs rationnels.

Nous remarquons de nouveau que l'individualisme est d'une certaine manière intégré au concept de plaisir[1]. Le plaisir est individuel. État et communauté ne connaissent ni plaisir ni souffrance. Dans cette perspective, « le plus grand bonheur » se comprend comme « le plus

---

1. Voir l'individualisme dans l'épicurisme hédoniste, chapitre 5.

grand bonheur possible pour le plus grand nombre possible d'individus singuliers», puisque c'est en tant que plaisir que le bonheur se comprend le mieux.

Il faut cependant remarquer que le concept d'utilité n'est pas individualiste de la même manière que celui de plaisir. Alors que le concept de plaisir concerne les expériences individuelles, le concept d'utilité concerne les conséquences désirables. La philosophie de l'utilité, l'utilitarisme, est donc d'abord une éthique conséquentialiste : le critère des actions bonnes / désirables est à trouver dans le degré d'utilité des conséquences. À l'opposé se situe une éthique de la bonne volonté, dans laquelle le critère réside dans l'intention éthique de celui qui agit. L'utilitarisme a le mérite de correspondre apparemment aux situations communes de notre culture : nous choisissons souvent en évaluant les termes d'une alternative et leurs conséquences, et nous prenons ainsi certaines préférences comme allant de soi. Et quand les préférences sont celles que nous recherchons, la motivation s'explique facilement. Mais l'utilitarisme peut sembler en conflit avec le concept de justice : si dans une situation donnée déclarer coupable un innocent mène à l'utilité la plus grande (au bonheur le plus grand), ce serait éthiquement correct, selon une interprétation commune de l'utilitarisme. Or cette conception entre en conflit avec notre sens fondamental de la justice.

Pour Bentham, l'importance de l'individu est transférée dans le domaine de la philosophie du langage. Bentham soutient que, fondamentalement, seuls les mots qui font référence à des choses particulières ont du sens. Les mots qui ne font pas référence à des choses particulières – comme *droit, prospérité générale, propriété*, etc. – sont, en fin de compte, artificiels. Il pense que l'utilisation de mots comme *droit* et *principes* tend à cacher la réalité au lieu de la révéler – et la réalité sociale, selon Bentham, est finalement le plaisir et la douleur des individus singuliers.

Il est clair que des mots comme *honneur, patrie, progrès*, etc. sont *souvent* utilisés pour mystifier et manipuler. Il y a donc quelque chose de sain dans le nominalisme de Bentham[1]. Mais quand Bentham semble penser que tous les termes conceptuels nous mystifient, il risque lui-même de cacher certains aspects de la réalité, à savoir les liens sociaux. Il rejette tous ces termes avec une telle vigueur qu'il devient difficile de saisir les aspects spécifiquement sociaux de la société, comme les structures anonymes de pouvoir. Le prix à payer

---

1. Sur le terme *nominalisme*, voir chapitre 6, « La querelle des Universaux ». Sur l'utilisation de concepts généraux, voir chapitre 26, sur Wittgenstein et la philosophie du langage ordinaire.

pour son nominalisme risque donc d'être un certain aveuglement, et par là même une certaine impuissance, face à des tendances dominantes qui peuvent s'avérer irrationnelles et nuisibles.

Comme nous l'avons mentionné, Bentham utilise le principe du plus grand bonheur (du plus grand plaisir, de la plus grande utilité) pour le plus grand nombre comme critère permettant de critiquer les lois existantes. Au lieu de se demander quelle punition «mérite» un criminel, il se demande sur la base de ce principe quelles mesures mèneraient à l'avenir à une criminalité moindre et à une humanité meilleure. La punition d'un ou de quelques individus, qui en elle-même inflige de la douleur, n'est juste que si le résultat, dans l'ensemble, apporte un plaisir plus grand. Avec cette approche, Bentham contribue tout autant à humaniser le système pénal qu'à rendre la pratique judiciaire plus efficace et plus rationnelle. Mais même si les conséquences pratiques sont bonnes, ses réflexions théoriques s'avèrent quelque peu problématiques. Il néglige souvent la variété historique des valeurs et des motivations humaines. Pour lui, l'homme est fondamentalement anhistorique : de tout temps et en tout lieu, les hommes poursuivent les mêmes buts (le plaisir), menés par les mêmes forces (la recherche de plaisir). De même que le nominaliste Bentham néglige grandement les institutions sociales et ne considère que les individus, le libéral Bentham a tendance à négliger l'histoire et à réduire les êtres humains à une abstraction intemporelle. L'histoire est pour lui une collection de traditions, d'habitudes et de coutumes qui ne peuvent justifier leur existence que si elles peuvent résister à une enquête critique reposant sur le principe du plus grand bonheur du plus grand nombre. En ce sens, Bentham est en accord avec la critique de la tradition que développe la philosophie des Lumières.

Le radicalisme philosophique de Bentham est dirigé en particulier contre l'inefficacité et l'inhumanité du système pénal. Il se préoccupe beaucoup moins de réformes économiques. Au contraire, il pense que le droit à la propriété privée apporte de la sécurité, et donc du plaisir. Nous trouvons en cela un soutien au *statu quo* économique, bien qu'il y ait également ici le germe de l'exigence d'une répartition plus équitable de la propriété. Comme la plupart des libéraux, Bentham semble supposer une sorte d'harmonie entre les divers intérêts particuliers : quand tous recherchent à maximiser leur plaisir individuel, c'est à l'avantage de *tous* les individus. Mais Bentham *ne* pense *pas* qu'une telle harmonie apparaisse *automatiquement* : une législation active, reposant sur le principe d'utilité, est nécessaire.

James Mill

James Mill (1773-1836) fut un autre représentant du radicalisme philosophique britannique au tournant du siècle. Il soutenait l'idée d'un gouvernement fort sous le contrôle d'une assemblée représentative élue au suffrage universel. Il avait peu de sympathie pour les droits de la minorité, qui selon lui comprenait le clergé et la noblesse bardée de privilèges. Il prenait donc partie pour la majorité, pour un gouvernement représentatif, et plaidait pour l'instruction publique. Pour lui, tout le monde devait avoir la possibilité d'aller à l'école, l'instruction devait permettre une émancipation intellectuelle et éthique, et une majorité éclairée devait diriger. Tout cela est dans le droit fil de la philosophie des Lumières du dix-huitième siècle.

Comme les autres philosophes radicaux, James Mill contribua à une législation et à une administration plus efficaces et plus démocratiques en Grande-Bretagne. En même temps, ce fut manifestement l'influence de ces philosophes radicaux qui mena à l'introduction de certaines réformes sociales du milieu du dix-neuvième siècle (lois sur la pauvreté), c'est-à-dire aux lois mises en œuvre au bénéfice des défavorisés. Ainsi le radicalisme philosophique de Jeremy Bentham et de James Mill est-il lié au libéralisme social de John Stuart Mill et de Thomas Hill Green.

JOHN STUART MILL – LIBÉRALISME SOCIAL, ET LIBÉRALISME POLITIQUE COMME CONDITION DE RATIONALITÉ

Biographie. *John Stuart Mill (1806-1873), fils de James Mill, fut élevé en accord avec les principes de son père. Il commença l'étude du grec à trois ans, celle du latin à huit, et celle de l'économie politique et de la logique à douze. Ce n'est qu'après une crise personnelle qu'il fut capable de se libérer de l'emprise de son père (et de Bentham). Il tenta de formuler un libéralisme qui n'aurait pas les faiblesses qui lui semblaient exister dans le libéralisme antérieur. Il eut une relation suivie avec Harriet Taylor (1803-1859), qu'il épousa en 1851. Il écrivit des ouvrages tels que* De la liberté *(1859),* L'utilitarisme *(1863),* L'asservissement des femmes *(1869),* Principes d'économie politique *(1848), qui portent non seulement sur la théorie politique, mais aussi sur la logique et l'épistémologie.*

Le libéralisme économique du *laissez-faire*, dont Ricardo fournit l'exemple, atteignit son apogée en Grande-Bretagne avant 1850. Alors déjà, la colère grandissait à cause des conditions de vie misérables des travailleurs de l'industrie. Une politique sociale avait été mise en œuvre, en accord avec le réformisme social de Bentham. Mais il ne faudrait pas la comprendre simplement comme la conséquence de certains points théoriques, tels que l'utilitarisme de Bentham : il y eut en même temps une réaction politique spontanée, inspirée par la misère sociale grandissante des classes inférieures. Cette réaction des dirigeants pouvait en partie s'expliquer par la peur de troubles politiques, et en partie par de la compassion pour les travailleurs.

Les travailleurs eux-mêmes avaient à lutter sur deux fronts : contre les conservateurs, qui se concentraient autour de la noblesse terrienne, et contre les libéraux, qui se concentraient autour des industriels et des hommes d'affaire. Le but premier des travailleurs était d'assurer des revenus minima, des horaires de travail raisonnables et des contrats de travail durables. Le moyen en était la solidarité. La solidarité, et non la liberté individuelle, devint la pierre angulaire du mouvement ouvrier. Confrontés aux conservateurs et aux libéraux, il pouvait se faire que les travailleurs préférassent les conservateurs : un patriarche noble qui se sentait quelque peu responsable de « ses » gens pouvait être meilleur qu'un industriel libéral partisan du *laissez-faire*. En 1867, le gouvernement conservateur garantit le droit de vote à de nombreux travailleurs.

Dans cette situation, les libéraux anglais se trouvaient face à une alternative : soit devenir plus sociaux, soit perdre l'appui des travailleurs. Ils choisirent la première solution, et le libéralisme britannique fut finalement transformé en un libéralisme social avec certaines contraintes imposées par l'État, obtenant ainsi un large soutien du peuple. La doctrine libérale dut alors être revue. Il fallut réécrire les théories de Bentham, de Smith et de Ricardo sur les rapports entre État et individu, et entre liberté et contrainte. Cela signifie que la caractéristique de base du libéralisme tel que nous l'avons ici défini, à savoir l'individualisme, fut finalement modifiée par l'incorporation du concept de société et de la pensée des sciences sociales.

John Stuart Mill est un philosophe marqué par l'utilitarisme, le libéralisme et l'empirisme, mais il se montre également critique envers les versions antérieures de ces mêmes doctrines. Ainsi tente-t-il de modifier le libéralisme classique avec l'aide de la science sociale et, en théorie politique, il est un pionnier du libéralisme social qui rejette le *laissez-faire* et met l'accent sur une législation active.

Bien que John Stuart Mill soit devenu un partisan de l'utilitarisme, il se trouve lui-même critiquer la version de Bentham du calcul hédoniste, dans laquelle l'utilité s'identifie au plaisir, sans distinction qualitative entre les formes les plus élevées et les plus basses de celui-ci. Nous pourrions dire que Bentham tentait d'expliquer les aspects qualitatifs, c'est-à-dire ce qui est moralement et juridiquement une décision ou une action correctes, à l'aide d'une comparaison quantitative des divers états de plaisir et de douleur qui de différentes manières sont supposés découler de diverses actions mutuellement exclusives. John Stuart Mill réinterprète le concept d'utilité de manière à tenir compte de différentes formes *qualitatives* de plaisir et de douleur. La comparaison des différents états qualitatifs d'utilité est alors déterminée par le consensus ou par une décision majoritaire des personnes compétentes, c'est-à-dire des gens qui comprennent, à partir de leur expérience personnelle, les alternatives fondamentales.

Mill pense donc que nous devons dès le début distinguer des niveaux qualitativement différents, que nous devons faire la différence entre une expérience de joie moralement bonne et une moralement mauvaise (ou moins bonne). C'est raisonnable, au regard de l'usage linguistique courant : nous dirions en effet que le plaisir du sadique à malmener une victime est mauvais et que la joie de l'infirmière devant les progrès du patient est bonne, même si les expériences de plaisir du sadique et de l'infirmière sont égales en intensité, en durée, etc. Mais même en utilisant un calcul quantitatif du plaisir, cet élément qualitatif pourrait dans une certaine mesure être atteint quand toutes les parties impliquées au cours du temps sont prises en considération : le plus grand bonheur du plus grand nombre, considéré dans une perspective à long terme. Nous observerions alors probablement que le plaisir du sadique mène à des résultats plus négatifs que celui de l'infirmière, et que l'action de celle-ci est donc *meilleure*.

Parmi les valeurs les plus importantes, Mill inclut la liberté individuelle, le respect de soi, l'intégrité et le bien-être social. Il défend la liberté de parole, la liberté de la presse, etc., parce qu'il les considère comme des qualités désirables. Ces vertus libérales, cependant, sont également bonnes pour la rationalité et la recherche de la vérité : le libre débat sur la place publique – sans obstacles internes ou externes – est une condition pour parvenir à des points de vue raisonnables[1].

Pour Mill, cependant, l'opinion publique est un sujet ambigu. D'un côté, elle peut apparaître coercitive, supprimant les points de

---

1. Ainsi pouvons-nous aussi dire que la liberté est «utile» puisqu'elle nous permet de reconnaître ce qui est vrai.

vue soutenus par les groupes minoritaires. D'un autre côté, il considère qu'elle peut être formée et améliorée par une libre discussion entre individus raisonnables : cette discussion publique, tant qu'elle demeure ouverte et libre, peut avoir pour résultat de corriger les préjugés et les erreurs, et servir alors à éclairer les diverses opinions, même si elle ne mène pas à *une* vérité. Une discussion libre peut du moins permettre aux différents points de vue et perspectives de s'exprimer plus clairement, à la fois du côté de leurs partisans et de celui de leurs adversaires.

Ce n'est que lorsqu'un point de vue s'exprime publiquement, et peut donc être contredit et soutenu, qu'il est reconnu pour ce qu'il est. Cela signifie que nous ne savons pas vraiment nous-mêmes ce que nous pensons tant que nous n'avons pas entendu les arguments contraires. Pour que la vérité jaillisse aussi clairement que possible – afin que chacun de nous se fasse la meilleure idée possible de ce qu'il pense vraiment, en reconnaissant aussi clairement et équitablement que possible ce que pense son adversaire –, il nous faut un libre débat public. La liberté de parole et la liberté d'expression sont des conditions nécessaires à une discussion ouverte[1]. Nous pouvons dire que la libre expression des opinions est une condition de la rationalité.

En tant que philosophe social et réformateur politique, John Stuart Mill est connu pour son action en faveur des groupes méprisés et opprimés, depuis la condition des noirs en Amérique du Nord jusqu'au combat des travailleurs pour une représentation parlementaire en passant par la lutte contre la discrimination des femmes. Concernant l'oppression des femmes à son époque, il plaide pour le suffrage universel et pour que le droit de propriété soit reconnu aux femmes mariées. Cette lutte pour l'égalité et la libération fait partie du libéralisme progressiste dont Mill est un des champions : tous les adultes sont par principe égaux, à la fois politiquement et juridiquement. Nous avons tous le droit de réaliser notre potentiel, lorsque cela ne conduit pas à faire du tort aux autres. Dans ce contexte, ethnie, genre ou milieu social ne sont pas pertinents, dans la mesure où nous avons tous les mêmes droits politiques et juridiques, indépendamment des conditions biologiques et sociales. Mill travaille en relation étroite avec Harriet Taylor sur ces sujets.

En partant ainsi des droits inaliénables de l'individu, Mill se place dans une tradition moderne qui remonte à Locke, entre autres. De cette manière, il se distingue de Platon, qui pensait en termes d'homme-

---

1. Voir la conception de la discussion, du dialogue, comme chemin vers la vérité (ou, du moins, vers des opinions mieux informées) chez Platon, les philosophes des Lumières, Kant et Habermas.

dans-la-communauté. Mais, en même temps, il y a certains parallèles entre Mill et Platon dans leur conception de l'homme, puisque tous deux diminuent l'accent mis sur la biologie dans les questions politiques. Ils se situent ici en opposition avec Aristote. Les oppositions et parallèles entre ces philosophes – Platon, Aristote et Mill – se traduisent par leur point de vue sur les femmes : Aristote pensait les femmes à la lumière de la biologie et de leur position sociale à son époque. Platon les considérait comme êtres raisonnables, en principe élevées au-dessus de la biologie, mais ancrées dans la communauté de la cité-État ; Mill les considère du point du vue des droits universels de l'individu, de façon relativement indépendante de leur ancrage socio-biologique[1]. En accord avec ses idées sur les droits universels et individuels, il insiste sur le fait qu'elles ont le droit de choisir entre maternité et carrière. Cette liberté de choix fait partie de sa conception des droits politiques et économiques universels. Mais pour les femmes qui choisissent la maternité, il admet que leur rôle pratique dans la famille soit fixé par la norme de son temps. Il n'envisage pas de changements dans les rôles de la famille traditionnelle. De telles idées n'appartiennent qu'à notre époque.

Bien que Mill, dans sa pensée normative, ait insisté sur les principes universels fondés sur l'individu, il a conscience, dans sa conception de la société, de l'importance du milieu social pour la formation de l'individu. De là provient en particulier l'aspect *social*-libéral de sa pensée. Nous pouvons voir ici des parallèles avec le socialisme britannique et français antérieur, inspiré par des penseurs comme Owen, Saint-Simon et Fourier. John Stuart Mill prend ses distances avec la croyance de James Mill en un gouvernement majoritaire fort : la tyrannie ne s'exerce pas seulement d'un groupe minoritaire fort (une aristocratie) sur une majorité faible (le reste du peuple). Une majorité peut aussi tyranniser une minorité. Une forme représentative de gouvernement n'est pas suffisante pour garantir la liberté des groupes minoritaires et des individus. John Stuart Mill s'intéresse ainsi à la question de savoir comment une société peut garantir des conditions de vie décentes à des personnes libres et responsables, et à celle de savoir comment des attitudes sociales, comme l'intolérance et l'agressivité, peuvent réprimer une personnalité libre[2].

---

1. Voir Susan Moller Okin, « John Stuart Mill, Liberal Feminist », chapitre 9 de *Women in Western Political Thought*, Princeton University Press, 1979.

2. On peut ainsi comprendre que John Stuart Mill ait écrit un compte-rendu enthousiaste de l'ouvrage de Tocqueville *De la démocratie en Amérique*. Tocqueville s'intéressait particulièrement à l'oppression des individus aux opinions déviantes. Voir chapitre 24.

Sur ce point, John Stuart Mill dépasse le libéralisme classique : il reconnaît que des forces sociales anonymes influencent de façon décisive le mode de vie des gens. Il ne se contente pas d'explications en termes d'atomes humains asociaux et de système étatique extérieur. La société est aussi un domaine à analyser, en plus de l'individu et de l'État. Il ne pense pas toutefois d'une manière sociologique systématique, puisqu'à son époque la sociologie en est encore à ses débuts. Il apporte essentiellement une défense de principe de la liberté personnelle plutôt qu'un exposé structurel sur les forces de la société.

De plus, sa pensée se limite toujours, dans une certaine mesure, à la distinction classique : intérieur – extérieur, privé – social. Ainsi considère-t-il la liberté personnelle comme quelque chose qui appartient au domaine protégé de la vie privée et n'implique que la personne individuelle. Mais il ne donne pas un critère satisfaisant de cette distinction entre les sphères privée et sociale. Néanmoins, le facteur décisif est que la conception naïve de la contrainte comme ingérence extérieure du gouvernement, celle du libéralisme du *laissez-faire*, est rejetée. John Stuart Mill, le libéral social, reconnaît qu'il y a une contrainte et un pouvoir au-delà de l'État et des lois. Cela signifie que le niveau minimal de législation et d'ingérence gouvernementale n'est pas identique à la liberté maximale, contrairement à ce que pensent les libéraux du *laissez-faire*.

John Stuart Mill n'accepte pas les thèses des libéraux du *laissez-faire* sur les lois naturelles du marché et sur la concurrence autorégulatrice. Il préconise donc une critique du système économique. Le marché libre et ses lois ne sont pas une situation naturelle qu'on ne doit pas toucher. Si nous pensons qu'il y a une situation socio-économique indésirable dans un pays, nous pouvons intervenir par des réformes juridiques.

L'intuition éthique fondamentale exprimée par John Stuart Mill fut son indignation devant les aspects injustes et inhumains de la société britannique de son époque. Si sa théorie fut parfois problématique, ses écrits furent toujours inspirés par son sens de la responsabilité sociale et morale. Par sa défense de la liberté personnelle et sa revendication d'une législation active pour établir les bases de cette liberté, il contribua à la formation des attitudes fondamentales du libéralisme social, même si les forces sociales n'étaient pas à son époque reconnues de manière satisfaisante. La sociologie commençait tout juste à prendre possession de son domaine (A. Comte 1798-1857, E. Durkheim 1858-1917, et M. Weber 1864-1920), mais ce domaine émergent de la recherche sociale empirique attirait fortement John Stuart Mill.

Thomas Hill Green

La transformation du libéralisme en libéralisme social initiée par John Stuart Mill se poursuivit tout au long du dix-neuvième siècle. Le résultat en fut un libéralisme « à visage humain », qui impliquait la coresponsabilité éthique et la reconnaissance de l'individu comme être social, ainsi qu'une politique publique dirigée par des institutions sociales ; et qui signifiait donc la reconnaissance de la nécessité de notions sociologiques pour comprendre les êtres humains et la politique.

Thomas Hill Green (1836-1882) poursuivit la critique de la théorie psychologique et éthique simplifiée qui formait la base du libéralisme classique. Il souligna qu'une personne est nécessairement liée à la communauté sociale. En d'autres mots, pour lui, la critique interne de l'individualisme libéral avait détruit la position individualiste pour une position qui de bien des manières nous rappelle celle d'Aristote. Mais Green ne vivait pas dans une cité-État grecque. Il se distinguait d'Aristote à la fois en considérant la communauté comme une communauté chrétienne et en considérant la politique comme un moyen d'améliorer les conditions sociales afin de rendre possible une vie morale.

La liberté pour Green n'est pas seulement une liberté négative, opposée à la contrainte, mais une liberté authentique, au sens où la réalisation de soi est vraiment possible d'un point de vue économique et psychologique dans une communauté éthique. Des lois qui limitent les actions de certains sont nécessaires pour établir la liberté authentique de tous ; d'où l'importance de politiques sociales et éducatives. Le but de Green est une vie morale, non « la liberté » ou la maximisation du plaisir ou des profits. Par des réformes juridiques, la politique est le moyen de réaliser ce but. Le libéralisme est ici devenu humaniste et socialement conscient. Ce qui reste de l'individualisme libéral est, entre autres, la conception des êtres humains comme moralement égaux, égaux en valeur et en respect.

Si nous définissons le « libéralisme » comme une idéologie individualiste, Green n'est pas un « libéral », bien qu'il soit « politiquement libéral », c'est-à-dire tolérant et plein d'humanité. Le libéralisme de Green comprend des positions à la fois conservatrices et sociales-démocrates. Son appréciation des aspects éthiques et religieux de la vie ainsi que son insistance sur la nécessité de la sécurité et de la stabilité pour l'homme reflètent des idées conservatrices. En même temps, un thème ira se développant de Green aux principes de base

sociaux-démocrates et libéraux de la *Fabian Society* (créée en 1884) :
le socialisme réformiste sans la théorie de la lutte des classes. Le parti
travailliste britannique fut fondé dans cette tradition d'assistance sociale
et de contrôle de la vie économique, sans une gestion complète par
l'État et sans le dogme d'une inévitable lutte des classes, qui rejette
toute solution de compromis et toute coopération parlementaire
avec des partis conservateurs. En Grande-Bretagne, le socialisme
libéral (le parti travailliste) et le libéralisme social convergent dans
une large mesure.

À partir du début des années 1860 – après la parution de *L'origine
des espèces* de Darwin –, des parallèles furent faits entre un marché
libre, dans lequel la concurrence entre les agents détermine leur destin,
et les théories biologiques de « la survie du plus apte ». La thèse de la
survie du plus apte peut se voir comme une réinterprétation biologique et évolutionniste du libéralisme du *laissez-faire*. Tout comme la
concurrence naturelle pour la nourriture et pour les partenaires sexuels
permet aux animaux les plus aptes de vivre et de se reproduire de
sorte que les traits génétiques les plus favorables à la survie soient
préservés, une concurrence économique sans restriction permettra
aussi aux êtres humains les meilleurs de prospérer et de léguer leurs
traits génétiques supérieurs à une société future, alors que les traits
génétiques inférieurs seront éliminés. Toute aide sociale donnée aux
pauvres et aux « inadaptés » est indésirable puisqu'elle conduit à
une population aux traits génétiques inférieurs. Un tel libéralisme
du *laissez-faire* biologique entraîne certains problèmes théoriques.
Le premier est qu'il conçoit la société en termes biologiques et en
oublie ainsi les aspects spécifiquement sociaux. Le deuxième est qu'il
tente de déduire une *norme* d'un *fait* (prétendu) : de la théorie de la
préservation des traits génétiques favorables à la survie, il tente de
déduire ce qui conduira aux « meilleurs » résultats, aux « meilleurs »
individus, et donc ce qui « doit » dicter nos décisions politiques. Nous
pourrions aussi formuler les objections qui suivent. Ceux qui sont
les plus capables de survivre dans une économie de marché libérale
sont-ils à tous égards les meilleurs membres de la société, ceux qui
ont le plus de valeur ? Que dire d'un poète « inadapté », d'un scientifique incompris ou d'un idéaliste désintéressé qui se sacrifie ? Si
l'on définit « le meilleur » comme celui qui survit le mieux dans une
société donnée, cela peut facilement conduire à voir dans cette société
la « meilleure » société, puisqu'elle permet au « meilleur » de survivre !

John Maynard Keynes

John Maynard Keynes (1883-1946), l'un des plus éminents économistes britanniques de la période qui s'étend entre les deux guerres mondiales, est important en tant que, à la fois, praticien et théoricien de l'économie. Une de ses idées fondamentales est le rejet du libéralisme du *laissez-faire*[1] : le temps où le capitalisme pouvait être développé par de grands entrepreneurs est révolu. L'État doit maintenant jouer un rôle actif dans la vie économique. Mais Keynes n'est pas socialiste ; il ne pense pas que l'État doive prendre en main les activités qui ont été traditionnellement aux mains de personnes privées. L'État (le gouvernement) devrait exécuter de nouvelles tâches que n'assure pas le secteur privé, comme un contrôle bien pensé du crédit et du taux de change, l'établissement par la société tout entière du niveau de l'épargne et de l'investissement, et la régulation de l'effectif de la population. Et lorsque le chômage et la stagnation menacent, l'État devrait jouer un rôle actif dans la direction de l'économie.

En d'autres mots, Keynes est loin d'être un opposant au capitalisme. Il affirme cependant que le libéralisme et le capitalisme privé sont dépassés. Et il préconise des réformes qui pourraient conduire, pense-t-il, à un capitalisme moderne : un capitalisme caractérisé par une activité gouvernementale forte. Keynes est l'un des plus éminents défenseurs d'un capitalisme d'État. Ainsi critique-t-il à la fois le libéralisme du *laissez-faire* (le capitalisme privé) et le socialisme.

En 1936, après la Grande Dépression, il publie *La Théorie générale de l'emploi, de l'intérêt et de l'argent*. Ce livre devient un classique pour les économistes capitalistes modernes. Un des traits nouveaux de la théorie de Keynes est de mettre l'accent sur le problème du plein-emploi, problème que les économistes libéraux ont souvent « résolu » en considérant le plein-emploi comme un présupposé. Selon Keynes, le plein-emploi ne peut se réaliser qu'approximativement, par une politique économique bien conçue. Il n'est pas produit automatiquement par le libre jeu des forces du marché, qui serait comme une harmonie naturelle. Pour obtenir approximativement le plein-emploi, l'État doit exercer à un certain degré son influence sur la consommation, entre autres par la politique fiscale et l'investissement public – mais son intervention ne doit pas s'étendre au point de mettre en danger le droit à la propriété privée. Selon Keynes, le droit à la propriété privée

---

1. John Maynard Keynes, « La fin du laissez-faire », *Sur la monnaie et l'économie*, Payot, 2009, tr. Michel Panoff.

(le capitalisme) présente l'avantage décisif de reposer sur la décentralisation du pouvoir et sur l'intérêt particulier. Keynes considérait ses réformes comme nécessaires pour éviter les crises du capitalisme. Sans organisation gouvernementale, il ne pourrait y avoir de capitalisme.

Nous pouvons dire que l'importance de Keynes en théorie politique vient de ce qu'il représente l'idée que le libéralisme et le capitalisme privé devraient tirer des leçons des crises économiques. Il incarne la transition, dans la théorie, du capitalisme privé et du libéralisme du *laissez-faire* à un capitalisme organisé par le gouvernement, c'est-à-dire à un capitalisme aux caractéristiques sociales-libérales et sociales-démocrates qui se retrouvent ultérieurement dans la social-démocratie.

Questions

Décrivez ce que l'on entend par utilitarisme. Expliquez en particulier l'utilitarisme de Jeremy Bentham.

Expliquez les conceptions philosophiques sous-jacentes au libéralisme (de Locke à John Stuart Mill). Expliquez aussi les idées de John Stuart Mill sur la censure et la liberté d'expression.

Suggestions de lecture

Sources

Bentham, J. *Œuvres*, Aalen, Scientia Verlag, 1969, tr. P.E.L. Dumont et B. Laroche.

Keynes, John Maynard, *Sur la monnaie et l'économie*, Petite Bibliothèque Payot, 1996, tr. Michel Panoff.

Mill, J.-S., *De la liberté*, Gallimard, Folio, 1990, tr. Laurence Lenglet.

Mill, J.-S., *L'Utilitarisme*, Champs Flammarion, 1988, tr. Georges Tanesse.

Commentaires

Berlin, I., *Éloge de la Liberté*, Calmann-Lévy, 1988, tr. Jacqueline Lahana.

Boss, G., *John Stuart Mill – Induction et utilité*, 2009, Éditions du Grand midi.

Cléro, J.-P., *Bentham : Philosophe de l'utilité*, Ellipses, 2006.

Laval, C., *L'homme économique : essai sur les racines du néolibéralisme*, Gallimard, 2007.

Nemo, M. et Petitot, J. (sous la direction de), *Histoire du libéralisme en Europe*, PUF, 2006.

Vergara, F., *Les fondements philosophiques du libéralisme : libéralisme et éthique*, La Découverte, 2002.

CHAPITRE 15

Kant – « La révolution copernicienne » en philosophie

Biographie. *Emmanuel Kant (1724-1804) passa toute sa vie à Königsberg, aujourd'hui Kaliningrad, en Prusse orientale. Son père était un artisan piétiste, et Kant fut marqué de plusieurs manières par le protestantisme piétiste. Vue de l'extérieur, sa vie fut simple. Il débuta comme répétiteur et finit sa carrière comme professeur d'université. Son mode de vie était réglé, et invariable jusqu'à la pédanterie. Il consacra sa vie aux recherches théoriques. Ses trois critiques sont importantes :* la Critique de la raison pure *(1781),* la Critique de la raison pratique *(1788), et la* Critique de la Faculté de juger *(1790). Ont un intérêt pour sa théorie politique :* Fondements de la Métaphysique des mœurs *(1785) et* Projet de paix perpétuelle *(1795).*

LA PHILOSOPHIE TRANSCENDANTALE – LA THÉORIE DE LA CONNAISSANCE

Dans les pays germanophones, les Lumières représentèrent au départ plus un renouvellement culturel qu'un changement politique. Les idées s'en répandirent à la fois dans la haute société des fonctionnaires d'État et dans les classes moyennes, et la vie universitaire en fut renforcée à la fois intellectuellement et structurellement.

Kant s'inséra dans ce processus. Il chercha à établir l'autonomie de l'homme par un usage universel et éclairé de la raison. Il était proche des philosophes des Lumières, mais comme Rousseau il garda ses distances par rapport à leur athéisme intellectuel. En philosophe du dix-huitième siècle, il consacra son œuvre à une épistémologie reposant sur l'individu singulier. Sur ce point, il avait les mêmes bases que les empiristes et les rationalistes. À bien des égards, il se situait dans la tradition libérale ; en même temps, il représenta une rupture décisive avec les tendances empiristes et utilitaristes dominantes vers la fin du dix-huitième siècle. Cette rupture eut lieu lorsqu'il fit paraître sa philosophie transcendantale pour essayer de réfuter à la fois l'empirisme (Locke, Hume) et le rationalisme (Descartes).

Nous examinerons d'abord la philosophie transcendantale de Kant dans le contexte de sa théorie de la connaissance et de sa théorie morale avant d'en discuter les aspects qui s'appliquent à sa théorie politique.

Hume critiquait le concept de raison des Lumières en distinguant nettement le descriptif et le normatif. Il adopta le point de vue selon lequel la seule connaissance que nous pouvons avoir sur le monde et sur nous-mêmes, la connaissance fondée sur l'expérience, ne peut jamais être absolument certaine, puisqu'il est toujours théoriquement possible que de nouvelles impressions contredisent celles des expériences sur lesquelles nous avions jusqu'alors basé nos points de vue : ainsi, même les sciences de la nature ne sont pas absolument certaines. En d'autres mots, en dehors d'une connaissance de la relation entre concepts – qui, il faut le noter, ne nous fournit pas une connaissance de la réalité –, aucune connaissance n'est absolument certaine ; et il n'existe pas de connaissance en éthique. Après Hume, le monde apparut plus incertain. Le rôle que l'intuition rationnelle et la raison avaient joué à la fois pour les rationalistes classiques et pour les philosophes des Lumières fut dans une large mesure remplacé pour Hume par les sentiments et les habitudes.

Pour Kant, l'empirisme sceptique de Hume est un scandale : Hume sape à la fois la morale et les sciences de la nature[1]. Kant se donne pour tâche de prouver qu'il y a dans l'éthique et les sciences de la nature quelque chose de *proprement nécessaire et d'universellement valide* que nous pouvons reconnaître avec notre *raison*. C'est son point de départ. Il veut montrer que la pensée empiriste de Hume donne à la raison un rôle beaucoup trop modeste. Mais, en même temps, il ne

---

1. Toutefois, que les sciences de la nature nécessitent un fondement absolument certain, comme le pensait Kant, est controversé.

revient pas au rationalisme classique (tel celui de Descartes). Il tente d'ouvrir une troisième voie.

Le projet de Kant n'est pas seulement un débat avec Hume interne à la philosophie. En philosophe du siècle des Lumières, Kant s'intéresse aussi au progrès scientifique. Il semble considérer la physique newtonienne comme un triomphe durable de la science. Quelque chose d'indiscutablement vrai a été découvert. Par exemple, la physique newtonienne traite des concepts d'espace, de temps et de causalité. Elle est formulée mathématiquement et sa méthode est basée sur l'expérimentation. Kant veut placer la philosophie dans la même position sûre que celle des sciences de la nature ; en même temps, il considère qu'il est de son devoir de philosophe de démontrer pourquoi les bases de la science expérimentale sont inébranlables : quand nous faisons des expériences, nous isolons, combinons et faisons varier quelques conditions de manière systématique pour pouvoir observer et mesurer les propriétés des phénomènes qui en dépendent. Nous mesurons par exemple la pression d'un gaz à température constante en faisant varier le volume, comme le fit Robert Boyle. Puis nous supposons que d'autres peuvent faire la même chose, et que nous-mêmes pouvons refaire l'expérience à tout moment et en tout lieu. Si nous ne postulons pas que l'univers est uniforme dans l'espace et dans le temps, et que nous pouvons répéter une expérience, l'expérimentation n'aura pas de valeur, et la base méthodique de la nouvelle science expérimentale sera ébranlée. Bien sûr, de nouvelles expériences peuvent aboutir à des résultats différents, de sorte que les résultats précédents doivent être rejetés. C'est précisément ce qui caractérise la science expérimentale. De même, les facteurs que nous considérions comme constants pourraient se révéler variables. Cela fait aussi partie du processus expérimental de la science. Mais si nous doutons par principe de l'uniformité fondamentale de l'univers, l'élément essentiel de l'expérience disparaît – tout comme la notion de loi naturelle universelle.

Kant rejette ce genre de scepticisme, et il le fait en affirmant que les formes de la perception que sont l'espace et le temps, ainsi que certaines notions fondamentales, comme celle de causalité, sont inhérentes à l'esprit humain. La réaction de Kant à Hume se situe ainsi non seulement dans un débat philosophique interne, mais aussi dans un débat concernant notre confiance en la science.

Pour Kant, le rejet du scepticisme de Hume vient d'un changement de perspective épistémologique. Copernic et Kepler ont obtenu une meilleure compréhension des données astronomiques en niant la doctrine traditionnelle selon laquelle la Terre et l'homme sont au centre immobile de l'univers au profit de l'hypothèse selon laquelle ils tournent autour du Soleil. De même, Kant renverse l'opinion fondamentale selon laquelle la connaissance a lieu quand le sujet est influencé par l'objet, au sens où il inverse la relation et affirme que nous devons nous représenter que c'est l'objet qui est influencé par le sujet; c'est-à-dire que l'objet, en tant que nous le connaissons, est constitué par la façon dont le sujet vit ses expériences et pense. Ce changement de présupposé épistémologique s'appelle *la révolution copernicienne en philosophie*. Il est au cœur de la théorie de la connaissance de Kant.

Kant tente, d'une certaine façon, de créer une synthèse de l'empirisme et du rationalisme en essayant d'éviter ce qu'il considère comme un scepticisme empirique et un dogmatisme rationaliste. Au lieu d'une intuition rationnelle d'objets suprasensibles – tels que Dieu et les normes morales –, il introduit une connaissance réflexive des *conditions* fondamentales de l'expérience. La connaissance de telles conditions épistémologiques s'appelle la connaissance *transcendantale*. En discutant les caractéristiques centrales de la philosophie kantienne, nous éclaircirons ce que veut dire cette expression.

Le point de départ est que Hume a tort. Il y *a* un ordre nécessaire et universellement valide dans l'expérience; le principe de causalité, par exemple, est universellement valide. Quelque chose doit donc exister qui structure et ordonne notre expérience. Mais Kant reconnaît avec Hume que l'expérience immédiate et l'induction ne nous donnent pas de connaissance de ce qui est nécessaire et universellement valide. C'est pourquoi ce qui ordonne et structure notre expérience, quoi que ce soit, ne peut venir de l'expérience. Cette faculté qui ordonne et structure doit ainsi se trouver *en* nous.

En d'autres mots, Kant présuppose un dualisme du sujet et de l'objet : puisque la faculté ordonnatrice ne peut se trouver dans l'objet, elle doit être dans le sujet. C'est la révolution copernicienne de la théorie kantienne de la connaissance : quoi que ce soit qui ordonne et structure notre expérience afin que celle-ci soit soumise à des principes universellement valides, cela ne vient pas des choses qui sont les objets de notre connaissance, mais de nous-mêmes.

Kant *considère comme acquis* qu'il y a dans notre connaissance quelque chose de nécessaire et d'universellement valide. Il ne se demande pas s'il en est ainsi, mais *comment* il peut en être ainsi.

Mais en quel sens une telle faculté ordonnatrice peut-elle être « en nous »? Nous pouvons user d'une image : si nous portons toujours des lunettes dont les verres sont rouges, tout ce que nous verrons – maisons, rochers, arbres, etc. – paraîtra nécessairement rouge. Tout ce que nous regarderons aura toujours la couleur de nos verres. Si nous connaissons la couleur de nos verres, nous savons avec une certitude complète que ce que nous regarderons aura cette couleur, avant même de savoir de quoi il s'agira. Donc, en utilisant les catégories de contenu et de forme, nous pouvons dire que le contenu est déterminé par l'extérieur, mais que nous le marquons toujours de notre forme (en l'occurrence, la couleur rouge). La faculté ordonnatrice en nous ressemble aux verres de nos lunettes, et les diverses impressions qui « frappent » nos lunettes sont le contenu de l'expérience. Ce que nous voyons est la synthèse de l'impression sensible et de la couleur, le contenu marqué par la forme.

En ce sens, Kant reconnaît avec les empiristes que toute connaissance *commence* avec l'expérience, mais il affirme en même temps que toute connaissance est *formée par le sujet*. Toutes les impressions sensibles prennent la forme que nous leur imposons. Elles suivent les formes de la perception, c'est-à-dire de l'espace et du temps, et nous n'avons pas d'expériences vraiment ordonnées avant que les impressions sensibles ne soient conceptuellement conçues, en d'autres termes avant que, pour ordonner la diversité perçue, notre esprit ne se serve de ses catégories, comme le principe de causalité. Ainsi Kant a-t-il de l'expérience une conception assez différente de celle des empiristes.

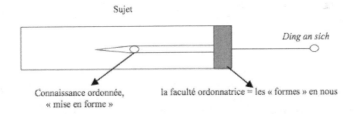

Kant présuppose aussi que *tout* être humain a les mêmes « formes » principales. *Toute* connaissance, pour *toute* personne, est ainsi *nécessairement* structurée par ces formes. En ce sens, elles sont universellement *valides* et *nécessaires*.

Les « formes » recherchées par Kant ne sont pas de nature psychologique. Par exemple, c'est un fait psychologique que des gens qui souffrent de paranoïa « voient » le monde (« forment » leur connaissance) de manière particulière. Mais les formes que recherche Kant sont les caractéristiques complètement générales de toute connaissance, comme l'*espace*, le *temps* et la *causalité*[1]. Ce sont des formes qui doivent être *présupposées* dans toutes les recherches empiriques ; c'est pourquoi elles ne peuvent être recherchées de façon critique par la psychologie empirique.

Mais pourquoi créer une théorie de la connaissance aussi complexe ? La réponse se trouve dans ce que l'on a déjà mentionné : Kant tient *pour acquis* qu'il y a quelque chose d'universellement valide et nécessaire dans notre connaissance, et sa théorie de la connaissance *explique* comment ce peut être possible[2].

Mais en quel sens est-il plausible de prétendre que l'espace, le temps et la causalité sont des formes universellement valides et nécessaires ? Kant répond que notre connaissance des choses *doit* toujours être marquée par l'espace et le temps (formes de la connaissance, ou formes de l'expérience sensible) et par la causalité (une des douze catégories)[3]. Nous pouvons essayer d'illustrer son propos par l'expérience de pensée suivante.

---

1. On peut dire que le psychologue Jean Piaget (1896-1980) a étudié la manière dont les enfants, par le processus de socialisation, acquièrent progressivement les « formes transcendantales ».

2. La réponse de Kant est subtile, et il faudrait voir cette subtilité en relation avec les difficiles problèmes qu'il essayait de résoudre : une justification simultanée de la causalité et de la liberté morale.

3. Kant essaie d'abord de montrer comment les impressions sont nécessairement mises en forme par l'espace et le temps (dans la *Critique de la Raison Pure*, « Esthétique transcendantale »). Il essaie ensuite de montrer comment les concepts sont liés aux impressions (qui sont mises en forme par l'espace et le temps ; *ibid.*, « Logique transcendantale », « Analytique transcendantale ») : la conscience entre dans le tableau comme un principe supérieur aux propositions (jugements) qui portent sur le contenu de l'expérience ; et les catégories, ou concepts purs de l'entendement, sont incorporées dans les propositions (jugements). Les concepts ne fournissent pas de connaissance de la réalité sans passer par une synthèse avec le contenu de l'expérience.

Kant utilise les douze types suivants de proposition (les formes du jugement de l'entendement) (*ibid.*, A70/B95) :
Pour les jugements :
– quantité : universel, particulier, singulier
– qualité : affirmatif, négatif, infini
– relation : catégorique, hypothétique, disjonctif
– modalité : problématique, assertorique, apodictique (possible, vrai, nécessaire)
Et pour les catégories (*ibid.* A80/B106) :
– quantité : unité, pluralité, totalité
– qualité : réalité, négation, limitation
– relation : inhérence et subsistance, causalité et dépendance, communauté
– modalité : possibilité – impossibilité, existence – non-existence, nécessité – contingence
(Aristote utilisait les catégories suivantes : substance, quantité, qualité, relation, lieu, temps, position, condition, activité, passivité).

Un agent de la circulation entre dans le commissariat pour signaler une collision. Mais quand on lui demande *quand* elle a eu lieu, il répond qu'elle n'a pas eu lieu à un moment en particulier. Et quand on lui demande *où* elle a eu lieu, il répond qu'elle n'a pas eu lieu à un endroit en particulier. Elle a simplement eu lieu. Enfin, à la question de ce qui l'a causée, l'agent répond que rien ne l'a causée. Il n'y avait pas de voitures roulant trop vite ni imprudemment. La collision a simplement eu lieu, soudainement, sans qu'aucune cause ne la précède. Pour le chef de la police, il est évident que l'agent dit n'importe quoi. En d'autres termes, il n'est pas nécessaire de fournir de preuve pour montrer que le rapport est faux. Les erreurs faites par l'agent sont plus fondamentales que celles qui résulteraient simplement de l'expérience. Il ne s'est pas trompé sur l'heure, le nom de la rue, la vitesse ou la direction de la voiture. Il *aurait pu* mentir sur toutes ces choses, et son chef *aurait pu* vérifier la validité de son rapport par une inspection. Mais les erreurs faites par l'agent ne sont pas des erreurs d'expérience (empiriques), elles sont plus fondamentales. Une collision qui n'a pas eu lieu à une heure précise ou à un endroit précis, ou comme résultat d'une cause quelconque, est complètement incompréhensible. Autrement dit, l'espace, le temps et la causalité sont des formes nécessaires et universellement valides, parce que notre connaissance *doit* être marquée par le temps, l'espace et la causalité pour être *compréhensible*, c'est-à-dire pour être une connaissance. L'espace, le temps et la causalité sont les conditions de possibilité de la connaissance.

L'opposition à Hume est claire[1] : puisque nous possédons toujours les mêmes formes en nous, tout ce dont nous pouvons faire l'expérience doit être structuré par elles. Ainsi, nous *connaissons quelque chose de certain* à propos de l'*avenir* : indépendamment de *ce* dont nous faisons l'expérience, notre expérience sera structurée par le temps, l'espace et la causalité, etc. Certaines structures formelles de notre connaissance sont donc *universellement valides*. Elles s'appliquent à tous, et elles s'appliquent dans l'avenir autant que dans le présent et le passé. Ce sont par conséquent des caractéristiques fondamentales certaines des

---

1. Il ne faut pas exagérer cette opposition : Hume dit aussi que nous avons en nous des « formes » qui nous conduisent à « voir les causes », dans la mesure où nous nous attendons à ce qui va arriver. En ce sens il y a quelque chose de « transcendantal » dans nos attentes : ce sont les formes qui marquent nos expériences. Mais Hume interprète ces attentes comme le résultat d'évènements (psychologiques) vrais ; il ne les considère pas comme quelque chose de donné avant l'expérience (au sens où le fait Kant).

sciences de la nature (ou, plus généralement, des sciences empiriques), nécessaires et universellement valides.

Ces formes ou structures ne sont pas dans l'objet, mais dans *tout* sujet. Il est donc ambigu de les qualifier de subjectives. Elles *ne* sont *pas* subjectives au sens où elles seraient accidentelles ou faillibles. Au contraire, elles se trouvent dans tous les sujets comme la condition préalable épistémologique de la possibilité de la connaissance objective, c'est-à-dire vraie.

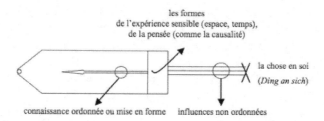

En tant que conditions préalables de la connaissance et de l'expérience, les formes sont *antérieures* à l'expérience. Leur connaissance n'appartient donc pas à une science empirique particulière, telle que la psychologie, mais elle fait partie de la réflexion philosophique sur les conditions épistémologiques des sciences empiriques.

Jusqu'ici, nous avons essayé d'expliquer Kant sans émettre de réserve à l'égard de sa pensée philosophique. Nous allons maintenant soulever une objection fréquente : Kant pense que les impressions sensibles viennent d'une réalité extérieure, la chose en soi (*Ding an sich*). Mais il dit en même temps que nous *ne* pouvons comprendre *que* les impressions sensibles *mises en forme*. Les influences non mises en forme et la chose en soi sont ainsi incompréhensibles. Le concept de chose en soi est donc un concept problématique, qui d'une part est nécessaire pour expliquer l'origine de l'expérience, mais dont d'autre part on ne peut faire l'expérience.

Jusqu'à présent, nous avons traité du modèle épistémologique de Kant. Nous allons examiner brièvement *les types de connaissance* qu'il définit :

1. analytique (*a priori*) – par exemple : «Un célibataire est un homme non marié»;
2. synthétique (*a posteriori*) – par exemple : «Cette maison est verte»;
3. synthétique (*a priori*) – par exemple : «Tout évènement a une cause».

Le premier type de connaissance s'applique à la relation entre concepts, le deuxième type aux impressions sensibles structurées par les formes, et le troisième à la connaissance des *formes*.

Kant tient pour certain qu'il y a des «jugements synthétiques *a priori*». Pour lui, la question est de savoir comment c'est possible, et non *si* c'est possible. Et la réponse en est que les «jugements synthétiques *a priori*» sont possibles parce qu'il y a dans tout sujet conscient certaines formes qui sont les conditions de l'expérience ordonnée.

Que veut dire Kant par «synthétique *a priori*»? Il définit les termes de la manière suivante :

a priori : indépendant de l'expérience – par exemple : «Un célibataire est un homme non marié.»

a posteriori : dépendant de l'expérience – par exemple : «Cette maison est verte.»

analytiques : propositions dans lesquelles le prédicat logique «fait partie» du sujet logique, et dont, pour cette raison, la négation provoque une contradiction logique; par exemple : «Un célibataire est un homme non marié.»

synthétiques : propositions dans lesquelles le prédicat logique «*ne* fait *pas* partie» du sujet logique, et dont, pour cette raison, la négation *ne* conduit *pas* à une contradiction logique, par exemple : «Cette maison n'est pas verte».

Ainsi, nous avons :

	synthétique	analytique
a priori	«Tout évènement a une cause»	«Un célibataire est un homme non marié»
a posteriori	«Cette maison est verte»	

En d'autres mots, selon les rationalistes et les empiristes, les propositions analytiques *a priori* correspondent à la connaissance des relations entre concepts, et les propositions synthétiques *a posteriori* correspondent à l'expérience. Le point critique se trouve dans les *jugements synthétiques a priori*. Ce sont les propositions indépendantes de l'expérience (*a priori*) dans lesquelles le prédicat logique n'est pas donné dans le sujet logique (propositions synthétiques). Kant est convaincu que de tels jugements existent, et que la proposition «tout évènement a une cause» en est un exemple. Cela s'oppose au point de vue empiriste qui l'aurait interprétée soit comme analytique (*a priori*) – nous pouvons définir «tout évènement» de manière telle que «a une cause» appartienne par définition au concept «tout ce qui a lieu» – soit comme synthétique (*a posteriori*) – la proposition est une généralisation d'expériences particulières; nous ne savons par conséquent pas si elle s'appliquera à l'avenir. Kant affirme qu'elle n'est *pas* analytiquement donnée avec le concept *tout évènement*, que tout évènement *a une cause*, et que nous n'avons pas besoin de nous tourner vers l'expérience pour savoir que tout évènement a une cause, puisque la connaissance de la causalité est intégrée à nos formes de pensée.

La proposition «tout évènement a une cause» fait ainsi partie des principes fondamentaux des sciences de la nature (telles que la mécanique newtonienne), principes que Kant considère comme universellement valides et nécessaires. De la même façon, par exemple, il pense que la proposition «la ligne droite est le plus court chemin d'un point à un autre» est une proposition mathématique synthétique *a priori*. Selon lui, par conséquent, les mathématiques et les sciences de la nature sont des sciences fermement établies sur les formes ordonnées qui se trouvent dans tous les sujets.

Kant rejette ainsi ce qu'il considère comme le scepticisme empiriste : il y a selon lui une connaissance réflexive des conditions de la connaissance qui montre que les deux sciences mentionnées ci-dessus sont construites sur une base sûre. Il rejette aussi ce qu'il considère comme le dogmatisme rationaliste : le rationalisme spéculatif (la métaphysique) n'a pas de base solide et n'est par conséquent pas une science. L'intuition rationnelle à laquelle prétendent les rationalistes, par rapport à Dieu par exemple, n'est qu'une quasi-connaissance. C'est là que commence la critique kantienne de la raison spéculative : le rationalisme traditionnel n'est qu'un pseudo-savoir. Nous *pouvons* réfléchir aux conditions de l'expérience, comme Kant le fait dans sa philosophie. Mais les rationalistes essaient de dépasser l'expérience jusqu'au transcendant, c'est-à-dire jusqu'à ce qui dépasse les limites de l'expérience sensible. Or nous ne pouvons rien savoir de ce qui transcende les conditions (et les limitations) de la connaissance. Kant avance deux arguments à l'appui de ce point de vue : d'une part, nous *ne* pouvons *pas* avoir d'expérience sensible du transcendant parce qu'il se trouve *au-delà* de cette expérience. D'autre part, lorsque par exemple les rationalistes discutent théoriquement de l'existence de Dieu, les arguments pour et contre sont *également valables*. Cette impasse théorique (aporie) montre aussi qu'il est impossible de *connaître* quelque chose du transcendant.

Mais l'épistémologie kantienne ne présuppose-t-elle pas que nous recevons des impressions qui viennent en fin de compte de la chose en soi, c'est-à-dire d'un objet transcendant qui se situe au-delà de l'expérience? Comment Kant peut-il savoir que tel est le cas? C'est l'une des objections soulevées par Hegel, entre autres.

Kant critique la métaphysique mais, contrairement aux empiristes radicaux, il ne croit pas que l'ère de la métaphysique soit finie. Au contraire, il pense que les questions métaphysiques sont inévitables. Les poser fait partie de la nature humaine, bien que nous ne puissions jamais arriver à leur donner une réponse scientifique.

Kant, en tant qu'individu, est un protestant piétiste, et sa philosophie transcendantale, qui à la fois rejette le rationalisme et considère les questions métaphysiques comme inévitables, s'harmonise bien avec les concepts protestants centraux : nous ne pouvons ni prouver ni réfuter les questions religieuses fondamentales. Et puisque nous ne pouvons pas nous débarrasser de ces questions, les réponses que nous y apportons doivent reposer sur la *foi*. Nous arrivons ainsi à une distinction entre *connaissance* et *foi*, typique du protestantisme; place est faite à la religion. Nous ne pouvons ni prouver ni réfuter l'existence de Dieu, mais nous pouvons croire ou non en cette existence. En même temps que dans les sciences de la nature et les mathématiques Kant «protège la raison» contre l'empirisme de Hume, il fait place en religion à une foi simple.

Nous avons vu que la philosophie transcendantale de Kant, qui contient une réflexion sur les limites épistémologiques de la connaissance, met en jeu une tentative de synthétiser le rationalisme et l'empirisme. Kant touche à quelque chose d'essentiel : en plus de nos propositions concernant l'état des choses – propositions qui, à divers degrés, sont vraies ou fausses dans la mesure où elles correspondent aux objets de l'expérience –, nous pouvons réfléchir aux *conditions* qui rendent *possibles* de telles propositions vraies ou fausses.

En ce sens, nous pouvons considérer le principe de contradiction – «On ne peut pas, dans le même sens et en même temps, attribuer à une chose la propriété *A* et la propriété *non A*» – comme une condition pour qu'une proposition soit empiriquement vraie ou fausse. Selon l'usage linguistique normal, la proposition «Ce crayon est à la fois entièrement rouge et entièrement bleu» enfreint le principe de contradiction. Elle n'est empiriquement ni vraie ni fausse parce qu'elle manque à la condition que doit satisfaire une proposition pour être empiriquement vraie ou fausse.

Nous pouvons interpréter de manière analogue le principe de causalité – «Tout évènement a une cause» – comme une condition pour qu'une proposition soit pourvue de signification, par exemple dans les sciences de la nature. Supposons qu'un chercheur en médecine dise : «Certains types de cancer n'ont pas de cause, ni physique, ni biologique, ni chimique, ni somatique, ni statistique. Ils se déclenchent, sans que rien jamais ne puisse l'expliquer». Il fait quelque chose de différent, et de plus grave, que l'erreur *empirique* d'attribuer certains types de cancer à une cause erronée. Il enfreint une *condition* de signification importante de la recherche sur le cancer. En d'autres mots, on peut dire que le principe de causalité fonctionne comme un principe nécessaire des sciences de la nature. Si les scientifiques le transgressent, ils ne font pas une erreur factuelle, ils dépassent les bornes de la recherche scientifique.

On a reproché à Kant sa tentative de trouver *une fois pour toutes* tous les principes de base de la connaissance et de les localiser dans le *sujet* connaissant. Quelques critiques ont affirmé qu'il y a beaucoup de principes différents qui s'appliquent partiellement à certains domaines mais pas à d'autres. On peut ainsi dire que le principe de contradiction s'applique à un domaine plus grand (par exemple, à la fois à la physique et à l'interprétation de textes) que le principe de causalité (qui s'applique à la physique mais pas à l'interprétation de textes). D'autres critiques ont affirmé que certains de ces principes sont inhérents à la langue, ou *au monde de la vie intersubjective,* comme principes plus ou moins indispensables de signification ou de convention linguistiques (voir chapitres 26 et 27).

De quelque manière que nous puissions interpréter ces principes, le point décisif est qu'en un sens épistémologique, ils sont *antérieurs* à la connaissance empirique commune. Ils sont des présupposés de la connaissance empirique (nécessaires à la formulation de propositions empiriquement vraies), à peu près comme les règles des échecs sont présupposées pour les mouvements du jeu d'échecs : les règles des échecs sont comme un cadre qui rend possible les différents mouvements, bons et mauvais. Ces règles rendent les mouvements possibles, elle les «constituent».

Le cœur de la philosophie transcendantale est précisément l'idée qu'il existe de telles conditions de possibilité qui, sur le plan épistémologique, ont un statut plus fondamental que celui des propositions empiriquement vraies ou fausses, c'est-à-dire des propositions empiriques. La philosophie transcendantale essaie de clarifier les conditions (règles, présupposés, principes et cadres) qui constituent (rendent possibles et forment) les propositions vraies ou fausses qui résultent de l'expérience. Nous verrons plus tard comment Hegel modifia la condition transcendantale kantienne dans la direction des conditions sociales, c'est-à-dire des idéologies.

LA PHILOSOPHIE TRANSCENDANTALE –
LA THÉORIE MORALE

Comme nous l'avons déjà remarqué, Kant attaque le scepticisme de Hume à la fois dans les sciences de la nature et dans l'éthique. La réponse de Kant au scepticisme *éthique* de Hume est à bien des égards parallèle à sa réponse épistémologique : Kant considère comme *donné* qu'il y ait un « tu dois » et demande : *comment* est-ce possible ?

Puisque ce « tu dois », selon Kant, est une obligation absolue, il ne peut pas dériver de l'expérience – parce que ce qui vient de l'expérience ne comprend pas (selon Kant) ce qui est normatif ; de plus, ce qui résulte de l'expérience n'est jamais tout à fait certain. Ainsi, ce « tu dois » doit *nous* être inné.

De plus, cet impératif moral inconditionnel (« Tu dois ») ne peut pas s'appliquer aux conséquences de nos actions puisque nous n'avons ni connaissance absolue ni contrôle de ces conséquences. Par conséquent, selon Kant, il doit s'appliquer à notre *volonté morale*.

La théorie kantienne est une éthique de la volonté morale, non des conséquences : le facteur décisif en est que la volonté est bonne, non que les conséquences des actions soient bonnes. De cette façon, Kant se distingue des utilitaristes, qui préconisent une éthique conséquentialiste : les actions moralement bonnes sont celles qui mènent à la plus grande utilité (au plus grand bonheur, au plus grand plaisir) pour le plus grand nombre.

De plus, l'éthique kantienne de la volonté morale est une éthique du *devoir*. Kant soutient que nous sommes capables de *mettre à l'épreuve* notre volonté morale en premier lieu quand nous agissons à contrecœur, motivés par notre sens de *l'obligation morale*. Cela ne signifie pas qu'il recommande le déplaisir et la douleur, mais montre qu'il est éloigné de toutes les formes de morale reposant sur le plaisir (hédonisme). L'impératif moral inconditionnel, « tu dois », est ainsi inné, tout comme les formes transcendantales de l'espace, du temps, de la causalité, etc. Cela veut dire que *tous* les êtres humains sont soumis à cette obligation morale. La morale a donc ainsi, selon Kant, une base *absolue*. En d'autres mots, Kant fonde la morale absolue sur le sujet, tandis que Platon la fondait sur les idées « objectives ».

Ces dernières remarques nous permettent de voir comment l'épistémologie kantienne fait une distinction fondamentale entre l'empirique et le transcendantal, entre *ce dont nous faisons l'expérience* et l'homme en tant que *chose en soi*. Ce dont nous faisons l'expérience représente le *royaume de la nécessité*, puisque toute chose y est entendue en fonction des connexions causales. Cela s'applique aussi à l'homme. Dans la mesure où nous faisons l'expérience de notre propre ego empirique, nous le comprenons comme causalement déterminé. Mais la conscience qui conçoit n'est pas elle-même la conscience conçue. On ne peut pas dire que la conscience qui conçoit soit causalement déterminée, puisque la détermination causale vient de ce que les phénomènes sont structurés par nos formes transcendantales. Et la conscience qui conçoit n'est pas quelque chose dont nous faisons l'expérience de cette façon[1]. Ainsi Kant distingue-t-il entre l'homme comme créature de raison et l'homme comme créature de la nature. En tant qu'être rationnel, l'homme est soumis aux obligations morales absolues sous forme de lois qu'une personne autonome suit par raison. En tant qu'être naturel, il est soumis à la causalité ; il existe dans le royaume de la nécessité.

Dans sa conception de l'homme, Kant envisage une suite d'oppositions rappelant la distinction platonicienne entre le monde des Idées et celui de la perception. On dit que l'homme appartient au royaume de la nécessité, mais on peut dire aussi qu'il appartient à celui de la liberté. La nette distinction entre le transcendantal et l'empirique, entre l'homme comme être rationnel et l'homme comme être naturel, rend l'éthique indépendante des facteurs empiriques. L'éthique est fondée sur l'homme comme être rationnel. On peut dire cela pour préserver la morale de critiques basées sur des facteurs empiriques. Mais, en même temps, il doit y avoir une connexion d'une certaine sorte entre ces sphères, entre le transcendantal et l'empirique. Comment est-ce possible ? Kant pense que la volonté sert de médiation entre les deux sphères, dans la mesure où elle est influencée par nos penchants naturels, bien qu'elle soit réglée par la loi que nous reconnaissons avec notre libre raison.

Cette obligation morale absolue a le statut d'un *impératif catégorique*, qui selon Kant prend la forme suivante : « *Agis uniquement d'après la maxime qui fait que tu puisses vouloir en même temps qu'elle*

---

1. Il est vrai que nous pouvons nous tourner vers un acte de conscience antérieur, mais seulement parce que nous sommes maintenant, dans le présent acte de réflexion, une conscience qui conçoit, non une conscience que l'on conçoit ou dont on fait l'expérience. Cette conscience qui vit l'expérience et comprend, *le sujet transcendantal*, représente ainsi une chose en soi. Le sujet transcendantal est donc plongé dans le *domaine de la liberté,* par opposition au *sujet empirique* qui prend part au domaine de la nécessité. Les arguments ont jusqu'ici été basés sur la seule idée que la conscience, en tant que chose en soi, *ne peut pas* être dite causalement déterminée, au sens où l'on ne fait pas l'expérience de cette conscience qui conçoit. Les arguments en faveur de la liberté du sujet transcendantal sont liés à ce que Kant nomme les postulats de la raison pure pratique.

devienne une loi universelle »[1]. La maxime de nos actions est la règle universelle que suit une action. Si tu mens pour avoir un avantage, la maxime de ton action sera : « Si nous pouvons avoir un avantage, nous mentirons ». Les actions morales et immorales reposent donc toutes sur des maximes. Mais l'argument de Kant est que même si les actions immorales suivent des maximes, ces maximes ne peuvent devenir des lois universelles.

Il est clair, à partir de la formulation de Kant, que celui-ci comprend l'obligation morale comme *universellement valide* : le critère pour savoir si une action est morale est qu'elle soit juste *pour tout individu* dans la même situation. Il n'est pas juste de mentir puisque nous ne pouvons pas faire du mensonge une norme universelle : « Je ne peux pas vouloir que tout un chacun mente lorsqu'il est avantageux pour lui de le faire ». Kant donne un exemple : une sorte de contradiction en soi apparaît si nous essayons d'universaliser la maxime selon laquelle un homme peut échapper à des difficultés financières en faisant une promesse qu'il n'a pas l'intention de tenir. En d'autres mots, toutes les maximes ne peuvent pas être universalisées. Il n'est par exemple pas possible d'universaliser une maxime préconisant de rompre ses promesses. Si nous transformons une telle maxime en loi universelle, une contradiction se présente sur le plan pratique : nous ne pouvons donc pas, de façon cohérente, vouloir une telle maxime.

La demande d'agir selon des maximes que l'on peut rendre *universelles* est liée au principe d'agir envers les autres en les considérant comme des fins en soi. Nous sommes tous obligés, sur le plan éthique, de ne pas traiter les autres simplement comme des moyens pour nos propres fins : nous sommes tous des fins en soi. Bien que nous devions souvent considérer les gens comme des moyens, nous ne devrions pas les considérer comme n'étant que cela.

L'impératif catégorique kantien est ce qu'on appelle une méta-norme, c'est-à-dire une norme qui traite des normes, un critère idéal qui sert à décider si des normes d'actions sont ou non valides. Mais les normes d'actions justes ne doivent pas seulement être légitimées à partir d'une telle méta-norme, elles doivent aussi être appliquées correctement. Pour Kant, il y a également une tension entre la justification (l'impératif catégorique) et l'application de cette méta-norme dans des situations concrètes. Cette application demande de saisir la meilleure manière de comprendre la situation. Ce qui soulève la question de savoir comment nous, en tant qu'agents, pouvons

---

1. Kant, *Fondements de la métaphysique des mœurs*, Deuxième section, IV, 421, tr. Victor Delbos, revue et corrigée par Ferdinand Alquié.

être certains de posséder des concepts adéquats pour interpréter les situations où nous nous trouvons.

La loi morale sous la forme de l'impératif catégorique est liée à nous en vertu de notre qualité d'être humain rationnel. L'impératif catégorique est *a priori* puisqu'il n'est pas fondé sur l'expérience. Mais il n'est pas analytique ; il est donc *synthétique*. L'impératif catégorique est synthétique *a priori*. En d'autres mots, le devoir de tous les êtres rationnels d'agir selon des lois universelles est valide, indépendamment de ce que les gens font vraiment ou de ce qu'ils cherchent vraiment. L'impératif catégorique qui exprime ce devoir est ainsi indépendant des facteurs empiriques et antérieur à eux ; il est *a priori*. De plus, ce devoir ne peut pas être dérivé du concept d'être rationnel ou de volonté rationnelle par une analyse conceptuelle. L'impératif catégorique qui exprime ce devoir de tout être rationnel n'est donc pas analytique, mais synthétique. L'impératif catégorique est une proposition pratique synthétique *a priori*.

En plus de l'impératif catégorique inconditionnel, Kant présuppose divers impératifs *hypothétiques* : si nous voulons arriver à une certaine fin, nous devons agir d'une certaine façon. Ces impératifs ne sont pas absolus, puisqu'on ne peut pas dire que la fin est bonne en soi et pour soi. Ils sont téléologiques dans la mesure où ils lient les moyens aux fins. « Si vous voulez de meilleurs résultats, vous devrez travailler davantage ». « Si nous voulons vaincre l'ennemi, nous devons fabriquer plus de canons ». Les impératifs hypothétiques représentent la rationalité des moyens vers la fin. Le but est tenu pour certain, en tant qu'hypothèse (nous n'essayons pas de le légitimer rationnellement), et la rationalité est utilisée pour trouver le meilleur moyen d'arriver à cette fin ; c'est-à-dire que la rationalité devient un instrument : sur le base de connaissances expérimentales confirmées, nous calculons et établissons une stratégie pour l'action. L'action réussit lorsque cette stratégie nous mène facilement au but. L'impératif hypothétique a la forme suivante : « Si nous voulons atteindre le but *A*, nous devrons suivre la stratégie *S* ». Ainsi, formuler des impératifs hypothétiques revient selon Kant à postuler une relation causale. Les moyens sont compris comme la cause qui mène au but. C'est pourquoi Kant soutient que la promotion des impératifs hypothétiques est en fait une fonction de l'usage théorique de la raison, et non de son usage véritablement pratique.

Si le but est tel qu'on ne puisse le partager avec d'autres sans perte (comme des biens matériels rares, du pain, un pays ou une somme d'argent) et que chacun cherche à atteindre ce but sur une base égoïste, le résultat en sera la guerre de tous contre tous (Hobbes). En demandant que nous considérions aussi nos semblables comme des fins en soi, Kant se démarque d'une telle position asociale : mes semblables ne devraient pas être considérés simplement comme des moyens dans mes calculs et mes actions ; ils devraient être vus non seulement comme des facteurs contraires, agissant contre mes buts, mais aussi comme des agents poursuivant des buts légitimes en soi et pour soi. Et en demandant une universalisation des maximes de l'action, Kant se démarque d'une stratégie manipulatrice : pour manipuler et endoctriner les autres, il nous faut éviter de leur révéler nos propres délibérations. En universalisant nos maximes, nous contrecarrons les techniques manipulatrices de domination.

La demande de considérer nos semblables comme des fins en soi et la demande d'universalisation (qui se trouvent toutes deux dans l'impératif catégorique kantien) représentent ainsi une garantie pour la communauté civile : la stratégie technique ou instrumentale au service de buts égoïstes ne doit jamais devenir absolue. On doit ainsi considérer le respect pour la loi morale comme une expression de la reconnaissance mutuelle qui rend possible une forme de vie non stratégique réglée par des normes. Ainsi, la loi morale et son respect rendent possible une communauté civile.

L'argument kantien concerne des individus anhistoriques ; il est donc quelque peu abstrait. Par exemple, dans la pratique, nous rencontrons des questions du genre : devrions-nous considérer également comme des fins en soi ceux qui *n'*agissent *pas* envers les autres en les considérant comme des fins en soi ? En quel sens devrions-nous, dans la pratique, considérer comme des fins en soi ceux qui oppriment les autres ? Il est clair que l'impératif catégorique est *formel*. Il doit être absolument contraignant pour chaque individu et en tout temps. Mais dans les situations concrètes, des facteurs empiriques entrent nécessairement en jeu – facteurs qui impliquent que ce qui est moralement juste pour une personne ne l'est pas toujours pour une autre. Par exemple, sur la scène d'un accident automobile, un agent de police et un médecin devraient se comporter différemment, conformément aux exigences d'universalité. L'agent de police ne devrait pas commencer à s'occuper des victimes, et le médecin ne devrait pas diriger la circulation. Les exigences universelles qui s'appliquent ici sont : « être un médecin sur la scène d'un accident automobile » et « être un agent de police sur la scène d'un accident automobile ».

Kant pense que l'impératif catégorique réfute ce qu'il considère comme le scepticisme éthique de Hume. Mais Hume croit aussi que nous parvenons à un jugement moral correct en restant neutre et impartial. Il y a donc un certain parallèle entre Hume et Kant puisque tous deux soutiennent que le critère pratique d'une morale correcte est l'universalité : on peut rendre universelles les normes d'action. Mais pour Hume, l'universalité est fondée sur des sentiments semblables chez tous les observateurs impartiaux, alors que Kant entend la construire sur un sol plus ferme que les sentiments : l'impératif catégorique est nécessairement inné, tout comme les formes transcendantales de la connaissance. Il faut émettre ici une réserve. Il est vrai que les principes moraux sont fondés en nous « tout comme » les formes transcendantales de la connaissance. Mais nous *pouvons violer* les principes moraux, ce que nous *ne pouvons pas* faire avec les lois de la nature (comme en physique). C'est pourquoi dire que l'impératif catégorique nous est inné ne veut pas dire que nous sommes tous vraiment moraux, mais seulement nous possédons tous en nous les exigences de la volonté morale.

Selon la théorie kantienne de la connaissance, nous ne pouvons rien connaître d'autre que l'expérience structurée par les formes ou ces formes elles-mêmes. Mais Kant soutient que du principe du devoir, « tu dois », nous pouvons tirer certaines conséquences dont nous ne *connaissons* rien, mais qui se présentent néanmoins à notre conscience. Kant les appelle « postulats de la raison pure pratique ».

1. si nous possédons tous le principe absolu du devoir, « tu dois », c'est que nous *pouvons* faire notre devoir (« *Devoir* implique *pouvoir* »). Sinon, l'exigence n'aurait pas de sens. Nous devons donc posséder *le libre arbitre* ;
2. le principe absolu du devoir exige que nous cherchions *la perfection*. Mais c'est impossible dans cette vie. Nous devons donc être *immortels* pour que l'exigence de perfection ait un sens ;
3. tout cela montre qu'il y a un ordre moral du monde qui crée une harmonie du devoir et de ses conséquences, de sorte que ce que nous faisons sur la base de la bonne volonté a aussi de bonnes conséquences. C'est pourquoi un Être doit exister qui règle l'ordre moral du monde ; c'est-à-dire que *Dieu doit exister*.

Ces postulats ne sont pas des arguments en faveur de l'existence de Dieu, ni des preuves d'une vie après la mort ou du libre arbitre. Ce sont des conditions pour l'action dont nous ne pouvons rien *connaître*, mais qui se présentent à la conscience comme inévitables. Elles relèvent de la raison pure *pratique*, non de la raison *théorique*. Dans la philosophie kantienne, le postulat selon lequel nous disposons du libre arbitre est rendu possible par la distinction entre le transcendantal et l'empirique : notre ego empirique est nécessairement conçu comme causalement déterminé, mais selon l'épistémologie kantienne, le libre arbitre *peut* être attribué au sujet transcendantal. Le premier postulat de la raison pure pratique peut donc dire légitimement qu'en tant qu'acteurs, nous *devons* disposer du libre arbitre, afin de donner un sens à l'impératif catégorique.

LA THÉORIE POLITIQUE

Pour des raisons historiques, Kant, comme les libéraux et les utilitaristes, n'a pas une approche sociologique de l'homme et de la société. Il prend en premier lieu l'individu comme point de départ théorique. Mais en opposant le devoir au plaisir et la volonté morale aux conséquences des actions, il se distingue des théoriciens utilitaristes. Une des idées fondamentales de sa théorie politique est celle de la valeur en soi de l'individu. Cette valeur en soi est transcendentalement basée sur la liberté de l'individu, c'est-à-dire sur sa capacité à établir des lois morales et à les suivre. Cela veut dire que tous les individus sont égaux par principe. Les droits juridiques et les institutions politiques devraient viser à protéger la liberté et l'égalité. Kant fut ainsi un défenseur des droits de l'individu. Cette défense ne repose ni sur une philosophie des droits naturels objectifs, comme celle de Thomas d'Aquin, ni sur une philosophie des droits naturels centrée sur le sujet, comme celle de John Locke. Pour Kant, les droits de l'individu sont basés sur ce qu'il considère comme un trait inaliénable des êtres humains.

Alors que les utilitaristes, Helvétius et Bentham par exemple, tentent de fonder la loi et la morale sur le principe des meilleures conséquences possibles pour le plus grand nombre, Kant essaie de les établir comme des propriétés transcendentalement nécessaires de l'homme : les droits de l'individu comprennent ce qui est nécessaire à une personne pour vivre dans la liberté morale. Ce qui va *contre* ces droits est mal, que cela mène ou non à l'utilité ou au plaisir pour le plus grand nombre. En d'autres mots, alors que les utilitaristes débattent de la question de savoir si nous devons sacrifier quelques individus au profit de la majorité, Kant soutient qu'il est toujours injuste de violer les droits fondamentaux d'un individu.

Pour que les individus puissent vivre dans la liberté morale, il faut un gouvernement constitutionnel, l'abolition de l'esclavage et des autres formes d'inégalité, ainsi que l'abolition de la guerre. Ces exigences reflètent notre droit à être notre propre maître, à vivre en liberté et en paix – puisque ce n'est *qu'alors* que nous pourrons être nous-mêmes.

Nous allons relier cet argument à ce que nous avons mentionné ci-dessus au sujet de la philosophie transcendantale et de l'éthique. Kant commence par l'idée que les humains sont des créatures morales et la considère comme donnée. S'ensuit la question de savoir quelles sont les conditions pour être moral. La réponse est que nous avons tous la capacité d'établir une loi morale pour nous-mêmes. Ainsi, nous sommes tous notre propre législateur moral ; nous sommes tous *moralement autonomes*. Cela présuppose que les êtres humains sont par principe libres d'établir de telles lois, et assez raisonnables pour le faire. Des individus libres et raisonnables comprendront aussi qu'ils ne peuvent pas simplement établir arbitrairement n'importe quelle loi. Ils comprendront que les autres individus sont comme eux-mêmes, et que par conséquent ils ne doivent pas se traiter eux-mêmes, ni traiter les autres, simplement comme des moyens, ou des objets, mais toujours comme des créatures libres et rationnelles, qui sont une fin en soi. Ainsi les individus comprendront-ils également que les actions bonnes sont celles qui ne nuisent pas à notre liberté morale ni à celle des autres. Cette considération nous fournit les deux impératifs : l'impératif catégorique, «Je dois toujours me conduire de telle sorte *que je puisse aussi vouloir que ma maxime devienne une loi universelle*»[1], et le fondement des droits et des devoirs moraux et juridiques, «Ne nuis pas à ta propre liberté morale ni à celle des autres!».

Avec sa philosophie transcendantale, Kant veut révolutionner la philosophie et lui donner une fondation nouvelle et sûre. Bien qu'il ne soit pas toujours facile de suivre sa pensée, sa «révolution copernicienne» transforme fondamentalement plusieurs branches de la philosophie et d'autres disciplines, comme l'épistémologie et la philosophie morale, mais aussi le droit et la science politique. Sa pensée politique exprime de plusieurs manières celle des Lumières. Il cite le slogan des Lumières : *Sapere aude !* («Aie le courage de te servir de ton propre entendement»)[2]. Durant la phase la plus turbulente de la Révolution française, il note qu'un peuple ne peut atteindre la raison que par ses *propres efforts*. Attaquant de façon polémique les cercles réactionnaires et conservateurs de son époque, il insiste sur le fait qu'un peuple ne peut atteindre la *liberté* sans s'être d'abord *rendu libre*. Les concepts clés de sa philosophie, la raison et la liberté, sont aussi centraux pour comprendre la Révolution française. Sa

---

1. Kant, *Fondements de la métaphysique des mœurs*, Première section, IV, 402.
2. Kant, *Réponse à la question : qu'est-ce que les Lumières ?*, tr. Heinz Wismann.

philosophie politique peut ainsi s'interpréter comme une légitimation de la transition de l'absolutisme à des formes constitutionnelles et démocratiques de gouvernement.

La philosophie kantienne du droit commence par une question transcendantale fondamentale : quelle est la condition de *coexistence* de gens qui cherchent librement à réaliser leurs propres fins ? Kant cherche ainsi un critère universellement valide de la coexistence humaine. Ce critère doit dans un deuxième temps rendre possible l'évaluation de la légitimité des systèmes juridiques existants et des formes de gouvernement existantes en déterminant s'ils satisfont aux exigences de la justice politique. À première vue, Kant pose la question fondamentale de la philosophie du droit de manière très abstraite, mais il est facile de voir que cette question est en même temps le grand défi du libéralisme politique : comment concilier la liberté des citoyens avec un État et un système juridique qui la limitent nécessairement ? Quelles sont les limites de l'intervention légitime de l'État dans la liberté des citoyens ? Les partisans de l'anarchisme (du grec : *anarchia*) et du libertarisme[1] posent la question d'une manière plus radicale : pourquoi des citoyens libres ne pourraient-ils pas se passer de gouvernement ? Est-il jamais légitime de réguler la liberté naturelle et les droits inaliénables d'un être humain ? La philosophie kantienne du droit est, de plusieurs manières, une réponse à ces questions. Comme les libéraux, Kant présuppose que les citoyens ont le droit légitime de réaliser leurs propres fins de la manière qu'ils estiment la meilleure. Ni l'État ni aucune autre forme d'autorité ne peuvent déterminer le bonheur des citoyens ; ces derniers doivent le chercher eux-mêmes. Toutefois, nos buts et nos projets ne sont pas nécessairement rationnels et donc universalisables. Des êtres humains qui partagent un espace fini – et la Terre a une surface finie – peuvent ainsi entrer en conflit les uns avec les autres. La liberté d'agir d'une personne peut menacer celle d'une autre. Ainsi cette situation humaine fondamentale a-t-elle certains traits communs avec l'état de nature de Hobbes : les conflits potentiels sont toujours imminents.

Pour Kant, le problème est par conséquent de savoir comment concilier la liberté la plus grande possible pour les êtres humains avec la garantie que la liberté d'une personne n'empiète pas sur celle d'une autre. C'est dans ce contexte que Kant formule le principe universel du droit pour garantir à la fois liberté et coexistence : « Le droit est donc le concept de l'ensemble des conditions auxquelles l'arbitre de l'un

---

1. Pour la théorie libertarienne, voir Robert Nozick, *Anarchie, État et Utopie*, PUF, Quadrige, 2003, tr. Éveline d'Auzac de Lamartine.

peut être accordé avec l'arbitre de l'autre d'après une loi universelle de la liberté »[1]. Autrement dit, le principe naturel fondamental selon Kant, son principe fondamental du droit rationnel, établit les conditions sous lesquelles le libre choix d'une personne peut se concilier avec le libre choix d'une autre en accord avec la loi générale de la liberté.

Kant veut dire ainsi que la liberté illimitée d'action d'un individu doit être restreinte de façon à être compatible avec la liberté de n'importe quel autre, conformément à la loi générale. Une loi efficace basée sur ce principe devrait limiter la liberté d'action de chacun de la même manière. C'est la condition de la coexistence paisible d'individus qui ont des fins différentes, voire contradictoires. En même temps, c'est une limite de la liberté qui vise à préserver la liberté d'action la plus grande possible dans le cadre de la loi générale. C'est pourquoi la philosophie kantienne du droit comprend en premier lieu les principes pour *réguler les conflits* équitablement.

Kant relie les critères de validité universelle des lois ou des principes constitutionnels à l'autonomie des citoyens ou à leur autodiscipline : les principes constitutionnels et la loi efficace doivent, par principe, avoir le soutien total de toutes les parties impliquées (un consensus universel). Dans la pratique, un législateur doit s'efforcer de faire voter des lois que les citoyens *auraient pu*, en principe, soutenir. C'est là le banc d'essai pour la légitimité des lois. Seules les lois qui peuvent satisfaire cette exigence conviennent pour réguler les relations entre les individus.

La conception rationnelle du droit de Kant a un air de famille avec l'impératif catégorique. Dans les deux cas, nous sommes invités à mener une expérience de pensée. Il s'agit soit d'universaliser des maximes (philosophie morale), soit d'universaliser les principes du droit (philosophie du droit). La pensée kantienne exige aussi une pratique qui corresponde à nos expériences de pensée rationnelles (voir une procédure correspondante dans la pensée de John Rawls, chapitre 26). Kant montre que ces expériences peuvent avoir une fonction normative critique : il pense que la liberté de la presse et la liberté de parole (« la liberté de la plume ») sont en accord avec des principes juridiques basés sur le consensus. Les privilèges de la noblesse, le servage, les régimes despotiques et la torture ne sont évidemment pas des choses que *toutes* les parties impliquées soutiendraient. Par conséquent, de telles institutions et de telles pratiques ne sont pas basées sur des principes universels du droit. Avec ces arguments,

---

1. Kant, *Métaphysique des mœurs*, Première partie, « Introduction à la doctrine du droit », § C, « Principe universel du droit », tr. Joëlle et Olivier Masson.

Kant devient un porte-parole ardent de réformes démocratiques dans l'esprit du libéralisme.

Kant est ainsi un des premiers penseurs politiques à discuter la question des *droits de l'homme* comme principe général. Conformément à l'attitude de base des Lumières, il soutient que chaque personne possède des droits innés et inaliénables. Ces droits sont conformes à la conception rationnelle de la loi, mais sont maintenant formulés comme des droits subjectifs, c'est-à-dire comme appartenant à tout sujet individuel : chaque personne a droit au plus haut degré de liberté d'action qui soit en même temps compatible avec la liberté d'action de toute autre personne conformément à une loi générale. Si les droits de l'homme sont censés donner une vraie garantie, il peut être occasionnellement nécessaire d'intervenir contre des individus ou des institutions qui répriment la liberté légitime. C'est pourquoi l'État a un droit légitime d'intervention dans le cas où les droits de l'homme sont violés. Nous pouvons noter que Kant ne limite pas cette violation aux atrocités telles que le génocide ou la torture. Les infractions les plus communes aux droits de l'homme sont les crimes « normaux » et la criminalité de tous les jours. De cette manière, Kant pense avoir justifié l'usage légitime de la force et des poursuites criminelles par l'État.

En tant que libéral, Kant s'oppose à toute tentative de moraliser la loi. Les devoirs liés à la morale personnelle, c'est-à-dire ceux que nous avons envers nous-mêmes et envers les autres, ne sont pas nécessairement des exigences *légales*. Kant considère par exemple le suicide comme moralement méprisable, mais il critique la législation qui punit les tentatives de suicide. La conservation de soi est un devoir personnel, non une exigence légale. Il est de notre devoir de montrer de la gratitude et de la compassion, mais ce ne sont pas des exigences légales. Nous ne pouvons être punis pour manque d'humanité, mais nous pouvons l'être pour des actions inhumaines. Même si un acte est immoral, il ne devrait pas nécessairement être le motif de poursuites criminelles. Que quelque chose soit immoral ne veut pas dire que ce devrait être illégal au sens juridique. Les lois interdisent ce qui rend la coexistence humaine impossible *a priori,* comme le vol, le meurtre et la rupture de contrat (les mensonges). Les exigences légales et les devoirs moraux sont alors identiques, mais Kant ne demande pas que les individus respectueux des lois aient des motivations morales pour agir selon la loi et le droit. Le code juridique de l'État ne requiert pas que nous agissions sur la base du respect de la loi morale. Par conséquent, Kant fait une distinction entre la morale et la loi. Il ne légalise jamais la morale ni ne moralise la loi. Cette attitude caractérise toutes les sociétés libérales modernes.

Selon Kant, la scène internationale est marquée par « la guerre de tous contre tous ». Il y a un état de nature sans loi entre les États souverains. Le « droit du plus fort » est le principe dominant en politique internationale. Kant trouve cette situation indigne et irrationnelle – dans ce domaine aussi nous devons « avoir le courage de nous servir de notre propre entendement ». Ainsi dans son petit essai *Projet de Paix perpétuelle* (1795) défend-il l'idée d'une « fédération de peuples » mondiale pour réguler les relations entre les États souverains. L'idée de base en est essentiellement la même que dans sa philosophie du droit : une fédération de peuples doit, pour réguler les conflits et la coexistence pacifique, reposer sur des principes universels, c'est-à-dire des principes que toutes les parties impliquées devraient pouvoir soutenir. C'est bien sûr plus facile à dire qu'à faire : certains États sont petits et faibles, alors que d'autres sont grands et forts. Les États peuvent aussi, comme nous le savons, avoir des intérêts très divergents. Ils ont des systèmes économiques différents et reposent souvent sur des idéologies politiques différentes. Sur quel genre de principes peuvent-ils se mettre d'accord ? Selon Kant, seuls des principes de justice « limités » sont appropriés pour réguler les conflits ; par exemple, « Tout État, qu'il soit grand ou petit, ne pourra jamais passer au pouvoir d'un autre État, ni par échange, ni à titre d'achat ou de donation »[1]. Il est caractéristique des principes de Kant de chercher systématiquement à éliminer les questions importantes de religion et d'idéologie. Il n'est pas nécessaire que les États s'accordent sur toutes sortes de controverses. Il suffit qu'ils soient d'accord sur un *modus vivendi*. Kant souligne que le but est de créer une communauté pacifique, mais non nécessairement une communauté amicale de tous les peuples. La philosophie kantienne de la paix trouve à proprement parler son premier achèvement authentique avec la fondation de l'Organisation des Nations Unies après la deuxième guerre mondiale.

Il n'est pas surprenant que beaucoup d'aspects de la philosophie politique de Kant se réfèrent aux problèmes de sa propre époque. Dans la politique pratique, il ne peut pas toujours soutenir une position universelle basée sur des principes. Bien qu'il insiste sur le fait que les lois doivent exprimer la volonté des gens, il ne soutient pas le droit de vote pour tous les citoyens ; par conséquent, les citoyens dans leur ensemble n'interviennent pas dans le processus législatif. Les femmes

---

1. Kant, *Projet de paix perpétuelle*, Première section, II, tr. anonyme revue par Heinz Wismann.

sont exclues sans aucune justification, comme tous ceux qui ne sont pas « indépendants » au plan économique et social (les travailleurs temporaires, les serviteurs, etc.). Pour eux, il ne s'agit plus de développer la raison par leurs *propres efforts*. Parfois Kant défend aussi des points de vue extrêmes et abstraitement rationalistes. Comme Locke, il a du mariage une vue libérale et contractuelle. Le vieux célibataire commence ainsi un discours sur le droit conjugal : « La communauté sexuelle (*commercium sexuale*) est l'usage réciproque que les hommes font des organes et des facultés sexuels des autres […] Le dernier cas est celui du mariage, c'est-à-dire la liaison de deux personnes de sexe différent en vue de la possession réciproque, à vie, de leurs propriétés sexuelles »[1]. Il prescrit aussi des exigences strictes pour une vie sexuelle naturelle – sans beaucoup d'expérience dans ce domaine. Il continue ainsi : « Cet usage est ou *naturel* (celui par lequel on peut procréer son semblable) ou *contre nature*, et ce dernier est ou tourné vers une personne du même sexe ou vers un animal d'une autre espèce que l'homme ; ces transgressions des lois, ces vices contre nature que l'on qualifie aussi d'innommables, en tant que lésion faite à l'humanité en notre propre personne, aucune restriction ni aucune exception ne sauraient les soustraire à une totale réprobation »[2]. Apparemment, Kant n'a aucun respect pour les droits des homosexuels.

Kant est un fils des Lumières ; il défend les Lumières et l'autonomie. Pour lui, les Lumières sont l'utilisation publique de la raison : nous devenons éclairés en raisonnant en communauté avec d'autres. Et cet usage public de la raison doit s'exercer dans la liberté (voir le point de vue de John Stuart Mill sur l'opinion publique). L'avenir offre ainsi l'espoir que la poursuite publique d'une libre discussion entre individus rationnels rendra progressivement la vérité plus évidente[3].

LE JUGEMENT – LA TÉLÉOLOGIE ET L'ESTHÉTIQUE

Beaucoup de personnes trouvent la philosophie kantienne complexe, difficile à saisir et à soutenir. Mais ceux qui font de telles critiques

---

1. Kant, *Métaphysique des mœurs*, Première partie, chapitre troisième, § 24. Hegel, qui était marié et dont on disait qu'il avait engendré un fils illégitime pendant qu'il écrivait *La Phénoménologie de l'Esprit*, réagit en qualifiant les idées de Kant d'horribles ; voir la citation chapitre 17.

2. *Id.*

3. Kant fait donc partie d'une tradition remontant à Platon et Aristote, bien qu'on puisse le différencier de ceux-ci en ce qu'il conçoit la réalisation de la société éclairée comme une pierre de touche, un devoir historique idéal.

devraient en même temps tenir compte de ce que Kant accomplit. En premier lieu, il renforce la science empirique moderne, avec la physique pour paradigme, et il prépare le terrain à l'explication causale dans tous les domaines accessibles à notre expérience. En deuxième lieu, il soutient complètement le point de vue selon lequel l'homme est une créature libre et moralement responsable, et il établit une base pour la morale. Il joue ainsi sur les deux tableaux : il accepte le déterminisme et l'explication causale d'un côté, et de l'autre il justifie l'indéterminisme et la morale. Il fournit donc une réponse à l'un des dilemmes fondamentaux de la philosophie moderne, la relation entre science et morale. De plus, il explique comment la religion, basée sur la foi et la révélation, est possible dans une société rendue scientifique. Là aussi, la réponse réside dans sa « révolution copernicienne ». La question de l'existence de Dieu se situe au-delà de nos capacités cognitives ; c'est pourquoi nos tentatives de réponses ne peuvent être ni prouvées ni réfutées. Kant donne des bases philosophiques à la théologie protestante.

Mais sur un point décisif, la philosophie kantienne telle que nous l'avons présentée ici est difficile à accepter. Nous faisons allusion à la tension entre le monde de l'expérience, dans lequel nos explications sont fondées sur la causalité, et le monde de la morale, dans lequel nous sommes libres et responsables – en bref, la tension entre nécessité et liberté, entre l'homme comme être ayant connaissance d'évènements causalement déterminés et comme être agissant librement. À ce sujet, Kant introduit sa théorie du « jugement » comme pouvoir médiateur : après *la Critique de la Raison Pure* et *la Critique de la Raison Pratique* vient *la Critique de la Faculté de Juger*. C'est ainsi que Kant pense pouvoir établir une médiation entre les deux mondes : le jugement est le médiateur entre raison théorique et raison pratique.

Cette médiation n'est pas quelque chose que nous puissions *connaître* (c'est-à-dire dont nous puissions avoir une connaissance théorique), parce qu'elle appartiendrait alors au domaine de la raison théorique. Mais Kant croit que nous avons la capacité de créer une synthèse entre raison théorique et raison pratique, et que nous pouvons réfléchir sur cette capacité de synthétiser. C'est ce qu'il tente de faire dans sa critique de la faculté de juger[1].

Kant soutient que le jugement apparaît de deux manières : comme *téléologie* et comme *esthétique*. Nous pensons les formes de vie de

---

1. C'est un point controversé dans les recherches kantiennes. Certains soutiennent, par exemple, qu'il n'y a pas de synthèse entre la raison théorique et la raison pratique qui soit faite par un facteur tiers, mais que la raison pratique est au final, pour la raison théorique, la puissance gouvernante et déterminante.

façon immédiatement *téléologique*, bien que nous sachions que toute explication est en fait causale ; néanmoins, nous raisonnons comme si la vie avait une fin et une signification. De cette façon, le monde a plus de signification pour nous. Cette manière spontanée de penser, fondée sur la fin et la signification, nous aide à réduire la tension créée par le fait d'habiter deux mondes (la nécessité et la liberté). L'esthétique réconcilie les deux mondes de manière différente. Selon Kant, elle est fondée sur deux expériences de base : l'expérience du sublime – comme dans l'art ou la nature – et l'expérience du beau.

Ce sont des «jugements de goût», non de connaissance. Mais cela ne signifie pas qu'on ne puisse rendre compte du goût, ni qu'il soit quelque chose de purement subjectif et arbitraire. Kant pense que dans ce domaine aussi nous pourrons atteindre une opinion commune. Mais ce jugement n'est pas formé comme celui de la connaissance expérimentale et théorique. Le jugement esthétique est d'une certaine manière subjectif, mais il est encore universellement valide. Cela s'explique par le fait que nous ressentons tous le même plaisir esthétique quand nous regardons une œuvre d'art indépendamment de tout intérêt. Quand nous sommes détachés de tout intérêt, nous pouvons tous ressentir les mêmes sentiments envers une œuvre d'art, et ainsi nos jugements de goût à son propos coïncident. On peut faire ici un parallèle avec la théorie de Hume qui explique comment divers jugements moraux coïncident : nous gardons une attitude impartiale. C'est pourquoi des gens normaux auront les mêmes sentiments. Ces sentiments communs sont le fondement des jugements corrects, qui sont ainsi universels. Pour Kant l'expérience esthétique n'est pas soumise aux concepts. Mais les sentiments esthétiques suivent certaines règles, et nous pouvons montrer à l'aide d'exemples comment les expériences esthétiques apparaissent dans différents cas. Nous ne pouvons certes pas prétendre avoir un accès exclusif à la vérité sur ces matières, mais nous pouvons invoquer l'expérience des autres. (C'est une sorte de connaissance tacite ; voir Wittgenstein, chapitre 26.)

Pour Platon et Aristote, l'art était une imitation de ce qui est et de ce qui devrait être, des Idées pour Platon, des substances et de leurs formes pour Aristote. Considérée de cette manière, l'esthétique avait pour eux une base objective : le beau se trouve lié au vrai et au bon. Pour Kant, il y a une distinction à faire entre vérité et morale (cette dernière étant conçue à l'aide de l'impératif catégorique). Le beau, comme le sublime (et la manière téléologique de penser), sert donc de médiation entre vérité et morale. Mais, en même temps, l'esthétique diffère à la fois de la science et de l'éthique. Pour Kant, le jugement esthétique est simultanément subjectif, lié à notre vie émotionnelle, et pourtant (potentiellement) universel.

Après Kant, le romantisme développa une esthétique qui mettait plus fortement encore l'accent sur les aspects subjectifs de l'art, surtout dans le processus créatif, mais aussi dans l'expérience de l'art. Le génie, la grande personnalité créatrice, fut placé au centre de la scène. On fit l'éloge du singulier, au détriment de l'universel. Plus encore, on mit fortement en avant les forces créatives et rénovatrices, contrairement à la vision classique de l'art comme imitation. Malgré leurs louanges faites au singulier, l'artiste et le critique romantiques considéraient toujours l'art comme quelque chose d'universel et de commun à tous les hommes. Par le singulier, l'artiste et le public peuvent arriver à une connaissance plus profonde de la vie humaine et de son potentiel. (Voir les parallèles dans la philosophie post-kantienne de l'histoire, comme la pensée de Herder, chapitre 16.)

QUESTIONS

Expliquez « la révolution copernicienne » de Kant et son rôle dans sa théorie de la connaissance.

Comment Kant pouvait-il affirmer avoir en même temps conservé une morale universelle (basée sur la liberté humaine) et un principe de causalité universel (qui implique que ce que nous connaissons apparaît causalement déterminé) ?

Kant affirmait que sa philosophie transcendantale avait rejeté à la fois le scepticisme empirique (comme celui de Hume) et le dogmatisme rationaliste (comme celui de Descartes). Expliquez comment il pouvait soutenir cette affirmation.

Décrivez les conceptions de Hume et de Kant sur le concept de causalité et expliquez en quel sens elles s'opposaient.

« Puisque Hume fonde la morale sur les sentiments et Kant sur une loi de raison universelle, leurs philosophies morales sont diamétralement opposées ». Discutez cette proposition.

Kant et les utilitaristes affirmaient tous avoir trouvé le critère vrai et universel de l'action juste. L'impératif catégorique kantien intègre une protection contre la violation de l'autonomie d'une personne. L'utilitarisme cherche le plus grand bonheur du plus grand nombre. Discutez ces deux critères en utilisant différents exemples (par exemple, l'avortement et les pratiques biomédicales).

Suggestions de lecture

Sources
Kant, Emmanuel, *Œuvres philosophiques* (3 tomes) (sous la direction de Ferdinand Alquié), Gallimard, Pléiade, 1980-1986.

Commentaires
Deleuze, Gilles, *La philosophie critique de Kant*, PUF, Quadrige, 2004.
Goldmann, Lucien, *Introduction à la philosophie de Kant*, Gallimard, Idées, 1967.
Höffe, Otfried, *La justice politique*, PUF, Léviathan, 1991, tr. J.-Ch. Merle.
Weil, Éric, *Problèmes kantiens*, Vrin, 1982.

CHAPITRE 16

La constitution des sciences de l'homme

LE CONTEXTE

La seconde moitié du dix-huitième siècle vit l'émergence dans la culture européenne de trois systèmes de valeur relativement indépendants : science, morale/éthique, et art. Cette différenciation intellectuelle était liée à trois prétentions différentes à la validité. La science prit à son compte la *question de la vérité* (une affirmation est-elle correcte, au sens de vraie ?) ; la morale/l'éthique s'occupa des *questions normatives* (une règle est-elle valide, au sens de juste ?) ; et l'étude de l'art souleva des *questions esthétiques* spécifiques (une œuvre d'art est-elle belle et de bon goût ?). Ainsi par exemple était-il considéré comme une erreur de croire que des questions normatives ou esthétiques pouvaient trouver des réponses dans les sciences, et vice versa. Il fallait également distinguer des questions religieuses les questions portant sur le *vrai* (science), le *juste* (morale/éthique), et le *beau* (art). Science, morale et art acquièrent leur indépendance (autonomie) par rapport à la religion : ce fut la naissance de l'époque moderne.

On trouve la première thématisation explicite de ces sphères culturelles dans les trois critiques de Kant : *La Critique de la Raison Pure* (1781) a clarifié les présupposés des sciences de la nature modernes,

La Critique de la Raison Pratique (1788) a donné à la morale un statut indépendant par rapport aux sciences de la nature, et *La Critique de la Faculté de Juger* (1790) a établi les limites de l'esthétique par rapport à la science et à la morale. En un sens, Kant fut le point culminant du développement culturel qui commença avec la Renaissance.

Un important tournant eut lieu dans ce processus avec le rejet par les sciences de la nature d'une *compréhension* téléologique de la nature. Paradoxalement, la nature était encore pensée par Galilée comme un livre ou un texte écrit en langage mathématique (voir chapitre 7), et les sciences de la nature à la Renaissance considéraient encore qu'elle contenait un message de Dieu que leur but était de comprendre : elles possédaient ainsi une dimension herméneutique ou interprétative, et pouvaient donc être légitimées comme l'une des nombreuses voies de la connaissance de Dieu.

En conséquence de la croissance incessante, du fait de la science moderne, de la démystification et du désenchantement du monde (voir Max Weber), la compréhension de la nature comme travail de création et de révélation («le Livre de la Nature») se trouva limitée aux mystiques et aux philosophes romantiques de la nature. Au dix-neuvième siècle, une philosophie naturelle herméneutique ne pouvait exister que sous forme de mysticisme (Novalis, Schelling *et alii*). De plus, la science moderne donnait pouvoir et contrôle sur la nature et trouvait sa légitimité dans ses effets bénéfiques. La science de la nature n'était plus une discipline interprétative ou herméneutique qui exposait le «sens» du monde. Elle cherchait à *expliquer* les phénomènes. Expliquer quelque chose, selon Kant, c'est être capable de remonter des objets de l'expérience aux lois naturelles connues. Selon cette perspective, la mécanique newtonienne est le paradigme de l'*explication scientifique*. De ce point de vue, il est difficile de trouver une place pour les *humanités*, ou pour les *sciences de l'homme*, telles que la philologie ou l'histoire. En quel sens ces disciplines contiennent-elles des *explications* du type de celles des sciences de la nature ? Satisfont-elles aux exigences de ce qu'est une «bonne science» ? Dans les années 1800, deux stratégies semblent possibles pour les sciences de l'homme naissantes.

1. On peut tenter de leur donner le statut de sciences de la nature : tout comme ces dernières, elles expliquent les phénomènes sur la base de lois universelles. Dans le contexte positiviste qui s'ensuivit, ceci devint la thèse de l'«unité de la science».
2. On peut, à l'instar de Vico, déclarer qu'humanités et sciences de la nature possèdent des objets de recherche qualitativement différents, et donc des méthodes différentes. Par conséquent,

les humanités doivent trouver leur légitimation d'une manière qui diffère de celle des sciences de la nature.

Ces deux stratégies figurent toujours dans le débat contemporain sur le caractère épistémologique spécifique aux sciences de l'homme. Dans ce chapitre, nous étudierons la constitution de ces sciences de l'homme et les problèmes que rencontrèrent leurs fondateurs.

HERDER ET L'HISTORICISME

Les années 1770 ont marqué un tournant décisif de la vie intellectuelle allemande. Plus précisément, on peut parler de transition entre des Lumières rationalistes et un anti-rationalisme préromantique – c'est la période appelée *Sturm und Drang*.

Johann Gottfried Herder (1744-1803) est l'une des figures centrales de cette période de transition, et le représentant le plus éminent de la nouvelle conscience historique, qui suppose un nouveau sens de l'*individualité* et du *changement* historique. Là est le cœur de ce que l'on nommera plus tard historicisme. Les racines de l'historicisme de Herder remontent à des penseurs qui, chacun à sa manière, se trouvent à la périphérie des Lumières. De Hume, Herder hérite un esprit sceptique quant aux capacités de la raison. Il rejette tout critère éternel et universel, ainsi que l'idée de validité universelle de la raison humaine. Dans la critique de la culture selon Rousseau et son idéalisation du bonheur de l'«homme dans l'état de nature», il puise l'inspiration d'une critique mordante de l'optimisme des Lumières quant au progrès et de la compréhension qu'elles avaient d'elles-mêmes. Sa critique est également fortement influencée par l'irrationalisme piétiste de J. G. Hamann (1730-1788)[1].

Nous avons dit que Herder peut être considéré comme le fondateur de l'historicisme. En premier lieu, l'historicisme représenta une attitude et une approche particulières face à l'histoire. Il éveilla ce que l'on pourrait appeler le «sens historique». L'histoire devint le contexte et la condition préalable fondamentale de la philosophie et de la pensée humaine. De plus, elle devint la discipline dominante, apposant sa marque sur les autres disciplines humanistes, qui s'en trouvèrent «historicisées» : c'est-à-dire qu'elles devinrent des disci-

---

1. Un spécialiste de cette période, L. W. Beck, considère Herder et Hamann comme les philosophes des «contre-Lumières» (*Early German Philosophy*, Harvard University Press, 1969, p. 361 *sq.*).

plines historiquement orientées (comme c'est le cas pour l'histoire de la littérature, de l'art, de la religion, de la langue, etc.). On peut donc dire que l'historicisme fut à la fois une conception de la réalité et un programme de recherche pour les humanités[1].

Tout d'abord, l'historicisme peut se caractériser par sa compréhension des phénomènes historiques en tant qu'*exceptionnels*, *uniques* et *particuliers*. L'individualité ne se limite pas aux individus ou à des phénomènes particuliers. On peut aussi la rechercher dans le collectif et le «supra-individuel» : une époque, une culture ou un peuple sont quelque chose d'unique et de spécifique. C'est le principe historiciste d'individuation. En fait de méthode, la compréhension historique devrait reposer sur les prémisses propres à l'époque, et toute évaluation devrait découler de critères *internes* plutôt qu'externes. L'historicisme vise à une compréhension immanente, qui ne repose pas sur les critères de jugement d'une époque ultérieure. Dans ce programme de recherche, il devient extrêmement important de comprendre le contexte historique et les connexions historiques. Un phénomène prend son sens à la lumière de son contexte d'origine. Dans un nouveau contexte (tel que le nôtre), le même phénomène prend un sens différent. La compréhension historique est donc une compréhension du contexte (voir «jeu de langage» et «paradigme» dans la philosophie des sciences contemporaines).

Deuxièmement, l'historicisme souligne particulièrement le *changement* et l'*évolution* historiques. On passe d'une conception statique de la réalité à une autre, dynamique. Tout est soumis au flot de l'histoire. Cette importance donnée au changement fut interprétée comme une «révolution» décisive dans la pensée occidentale[2]. Cette révolution historiciste eut pour conséquence que les humanités, au dix-neuvième siècle, développèrent une perspective historico-génétique de la vie humaine, au détriment d'une approche structurelle systématique. La notion d'individuation de l'historicisme et l'importance qu'il accorda au changement historique entrèrent en conflit de diverses manières avec plusieurs des présupposés de base des Lumières : par exemple l'importance de l'universalité et de la raison, l'idée d'une nature humaine immuable et la notion de droits de l'homme universellement valides. Cela donna à l'historicisme une certaine tendance relativiste

---

1. L'historien allemand Friedrich Meinecke souligne le fait que l'historicisme est en premier lieu un *principe de vie*, un nouveau regard sur la vie (*Die Entstehung des Historismus* [1936]).

2. Voir F. Meinecke, *Die Entstehung des Historismus*, p. 1.

(« relativisme historique ») qui devint de plus en plus manifeste et problématique aux dix-neuvième et vingtième siècles[1].

La première contribution de Herder à la philosophie de l'histoire, *Une autre philosophie de l'histoire* (1774), est souvent considérée comme le manifeste de l'historicisme. De Montesquieu, Herder adopte l'idée selon laquelle les conditions données naturellement contribuent à la détermination de l'individualité d'un peuple. Le climat, les conditions géographiques et d'autres facteurs environnementaux déterminent le caractère des divers évènements de l'histoire[2]. Pour Herder, ce sont les conditions physiques matérielles de la croissance et du développement culturels, les structures qui forment la base de toute individualité.

Selon Herder, chaque époque historique porte sa marque distinctive propre. Chaque époque est unique, et son esprit, sa mentalité, appose sa griffe sur tous les phénomènes particuliers et leur donne une certaine unité : au cinquième siècle avant Jésus-Christ, par exemple, l'esprit du temps (*Zeitgeist*) a pénétré non seulement la philosophie, mais aussi l'art, la poésie et la vie intellectuelle en général, d'une manière spécifique à cette période. Il en va de même pour l'esprit national : chaque peuple, comme chaque culture nationale, est formé par son esprit national. Pour Herder, la langue d'un pays et les contes populaires illustrent l'individualité de son peuple et son unicité. Alors que deux nations peuvent être marquées par le même esprit du temps, l'esprit national manifeste le principe d'individuation à l'intérieur d'une culture donnée.

Les idéaux des divers peuples, leurs normes du bien et du mal, du laid et du beau, sont marqués par l'esprit national. Tous les critères sont ainsi reliés à l'esprit particulier du peuple. Dans l'évaluation du bonheur ou de la beauté, il n'y a pas de critère supranational ou suprahistorique. Pour Herder, « chaque nation porte *en elle* son *centre* de félicité, de même que chaque sphère a en elle son centre de gravité »[3]. Tous les critères sont donc conditionnés par les circonstances histo-

---

1. Les premiers défenseurs de l'historicisme croyaient profondément en une réalité métaphysique par-delà le monde historique. Ils considéraient les diverses cultures et les phénomènes historiques comme des manifestations de cette réalité transhistorique (Dieu). Selon une telle perspective, l'histoire peut être présentée comme un processus raisonnable et pourvu de sens (voir Hegel). Quand cette croyance n'a plus été possible, l'historicisme entraîna des conséquences relativistes. Ce changement, au début du vingtième siècle, est souvent considéré comme la « crise » de l'historicisme, et les questions de validité reviennent une fois de plus au cœur des débats.

2. Herder, J.-G. Von, *Histoire et cultures. Une autre philosophie de l'histoire. Idées pour la philosophie de l'histoire de l'humanité* (extraits), Garnier-Flammarion, 2000, p. 73, tr. M. Rouché.

3. *Ibid.*, p. 77.

riques et géographiques. Quand la distance entre deux nations est grande, chacune considère les idéaux de l'autre comme des préjugés. Mais, selon Herder, de tels préjugés ne sont pas nécessairement négatifs : « Le préjugé est *bon, en son temps* ; car il rend heureux »[1].

Mais comment peut-on parvenir à une compréhension historique véritable du caractère unique de cultures et de nations étrangères ? Pour Herder, aucune compréhension ou évaluation ne peut reposer sur des critères généraux ou universels. Il rejette aussi l'idée qu'une époque ou une nation puisse servir de norme ou d'idéal aux autres. La connaissance historique ne peut apparaître que par empathie avec les phénomènes historiques. Ce type de compréhension ne découle pas de principes universels de la raison ou de lois universelles. La tâche de l'historien est d'imaginer ce que ce serait de vivre dans un passé lointain : « pénètre dans ce siècle, cette région, cette histoire entière, plonge-toi dans tout cela et ressens-le toi-même »[2]. En d'autres mots, l'approche historique doit être « herméneutiquement empathique ». L'historien doit s'adapter au caractère unique des phénomènes.

Le programme de Herder évite une attitude ethnocentrique aveugle et permet la tolérance culturelle. Pour cet auteur, le nationalisme n'a rien à voir avec le chauvinisme. Toutes les nations sont uniques et égales. Nous trouvons la même tolérance dans sa manière de considérer les diverses époques historiques. Par exemple, à la lumière de sa notion d'individualité, Herder a voulu réévaluer l'attitude négative des Lumières envers le Moyen Âge : si chaque époque a sa propre valeur, a son « centre » en elle, il en va de même pour le Moyen Âge (voir le regard positif du romantisme sur le Moyen Âge). En principe, on ne doit le placer ni au-dessus ni au-dessous de quelque autre époque que ce soit. Comme toute autre époque historique, il porte sa fin en lui-même.

Il est facile de voir que le principe d'individuation peut entrer en conflit avec l'idée de progrès et de développement historiques. Si l'histoire porte une signification plus profonde ou se meut vers un but particulier, il est difficile de soutenir qu'une époque a sa propre valeur absolue. Si toutes les époques se développent vers un but commun (*télos*), un critère *extérieur* d'évaluation est introduit. Une époque prend alors sa signification au regard de ce but. Ce problème se présente de diverses manières dans la philosophie de l'histoire de Herder. Dans *Une autre philosophie de l'histoire*, il attaque la thèse superficielle des Lumières sur le progrès, tout en soutenant les idées

---

1. *Ibid.*, p. 78.
2. *Ibid.*, p. 70.

de Rousseau sur le déclin historique depuis un âge d'or ; il considère les Lumières comme « décadentes ».

Pour Herder comme pour Vico, nations et cultures passent par « différents âges au cours de [leur] vie »[1]. Bien que Herder emploie des mots tels que *développement* ou *progrès*, il ne retient pas l'idée d'un progrès incessant ni celle selon laquelle toutes les cultures se meuvent vers le même but. Une culture se développe d'une manière analogue à un individu, comme si sa vie suivait une progression spécifique. Les cultures et les nations naissent et meurent de la même façon que toute vie organique. Ainsi Herder emploie-t-il des concepts normatifs comme « siècle d'épanouissement » et « siècle de déclin » (voir la manière dont il considère les Lumières comme « décadentes » et « séniles »). Quoi qu'il en soit, il ne peut éviter dans sa philosophie de l'histoire un conflit entre critères d'évaluation internes et externes. Dans ses derniers travaux, tels que *Idées pour servir à la philosophie de l'histoire de l'humanité* (1748-1791) et *Lettres pour servir à l'avancement de l'humanité* (1793-1797), le processus historique trouve un but sans ambiguïté, à savoir l'*humanité*. Pour Herder, l'ensemble de la poésie populaire et le développement des sciences humaines nouvelles se trouvent liés à la fondation de la nation. Il légitime ainsi la pertinence et le but des sciences humaines ; mais indubitablement, ce programme d'éducation est contraire à une version radicale de l'idée d'individualité.

En résumé, nous dirons que la contribution de Herder repose dans son principe d'individuation. Tous les phénomènes historiques sont conditionnés par l'esprit du temps et des peuples, et par les conditions physiques et matérielles externes. De même la mentalité générale d'une époque et d'un peuple détermine-t-elle la compréhension de soi et la compréhension du monde que possède l'agent. Nous retrouverons cette idée chez Hegel. En même temps, les phénomènes historiques ont leur propre valeur intrinsèque et doivent s'évaluer sur la base de leurs propres prémisses. Cela crée manifestement une certaine tension entre idéaux normatifs et relativisme historique. Peut-être Herder nous dirait-il qu'il faut faire une distinction entre *comprendre* un phénomène (tel que vendetta sanglante ou immolation des veuves [sati]) et l'*accepter* (sur la base de nos critères moraux). Son idée de l'humanité comme but de l'histoire est en un sens une position anti-relativiste, mais elle semble incompatible avec une version radicale du principe d'individuation. Pour toutes ces raisons, c'était un dilemme insoluble pour l'historicisme du dix-neuvième siècle.

---

1. *Ibid.*, p. 80.

SCHLEIERMACHER ET L'HERMÉNEUTIQUE

L'interprétation d'un texte était une discipline extérieure aux centres d'intérêt de Kant. Bien que l'art de l'interprétation, ou herméneutique, eût toujours tenu une place centrale dans l'étude des humanités, l'herméneutique moderne naquit au début du dix-neuvième siècle. Le pionnier dans ce domaine fut le philosophe allemand de la religion Friedrich Schleiermacher (1768-1834). On le considère souvent comme ayant été le premier à postuler le *cercle herméneutique* comme principe de base de l'interprétation : l'esprit qui imprègne un tout (tel qu'un texte) imprime sa marque aux parties individuelles. Les parties doivent être comprises sur la base de l'ensemble, et l'ensemble doit être compris comme une harmonie interne des parties. La manière dont Schleiermacher considérait l'herméneutique était influencée par le romantisme. L'un des aspects centraux de l'herméneutique était celui de l'identification avec le contenu individuel et unique de l'âme («individualité») *derrière* le texte.

Pour Schleiermacher, l'herméneutique n'est pas en premier lieu orientée vers le texte, mais vers l'esprit créatif qui se trouve derrière. Le problème de base de la compréhension vient de notre distance dans le temps et dans l'espace par rapport à l'objet étudié. L'herméneutique devrait contribuer à surmonter la distance historique. Comme Herder, Schleiermacher souligne la nécessité de s'identifier au texte, à la manière de penser de l'auteur et au contexte historique. Un important aspect de la philologie consiste donc à nous placer à l'intérieur de l'*horizon* intellectuel de l'auteur et du texte. D'un autre côté, une meilleure compréhension du texte nous donne une meilleure idée des problèmes fondamentaux de son époque. Ici encore, l'interprétation herméneutique peut se comprendre comme un mouvement de va-et-vient entre le tout et les parties.

Après Schleiermacher, l'herméneutique se trouve au cœur des nouvelles sciences de l'homme. L'herméneutique constitue un domaine commun non seulement à la théologie, aux études littéraires et historiques et au droit, mais aussi à toutes les sciences de l'homme. D'une certaine manière, ce terrain commun contribue au caractère unique des humanités par rapport aux sciences de la nature. Selon une perspective herméneutique, le but des sciences de l'homme est la *compréhension*, en tant qu'opposé à celui des sciences de la nature, qui est l'*explication*.

L'École historique – Savigny et Ranke

Herder a montré la voie de l'«historicisation» des sciences de l'homme. Avec ce qui fut appelé l'*école historique*, une historicisation complète émergea parmi les principales d'entre elles. De plus, l'école historique prônait leur scientifisation. La méthode historico-critique, qui met en avant la critique des sources et oriente vers les faits, vint pondérer l'importance accordée à l'empathie par Herder et la manière dont le romantisme avait souligné avec force l'esprit national et l'esprit du temps. «La moelle nourricière» devint alors de première importance.

À l'instar de Herder et du romantisme, Friedrich Carl von Savigny (1779-1861) et Leopold von Ranke (1795-1886) mirent l'accent sur le fait que l'histoire se caractérise par un développement organique. Une interférence radicale avec le développement de l'histoire entrave sa croissance naturelle. Au dix-neuvième siècle, cette idée devint un argument de stabilité politique et une résistance conservatrice aux réformes. C'est particulièrement clair dans l'école historique du Droit. Après les guerres napoléoniennes, le sentiment national se retourna dans les pays germaniques contre le rationalisme français, la théorie des droits naturels et le code civil français (*Code Napoléon*). Les éléments démocratiques et égalitaires de la théorie moderne de la loi naturelle furent remplacés par un historicisme national anti-rationaliste qui trouvait ses racines dans une tradition historique juridique spécifiquement allemande.

Savigny compara le développement organique de la loi avec les changements linguistiques. Cette perspective place nettement des limites à la législation. La loi, la langue, les habitudes et les conventions sont des expressions de l'âme d'un peuple. Par conséquent, la loi doit être en accord avec le caractère de ce peuple, tout comme la langue. Une approche scientifique de la loi se doit d'être historico-génétique, mettant l'accent à la fois sur l'empathie et sur la critique des sources. Ainsi Savigny considérait-il la loi et tous les autres phénomènes culturels comme des expressions de l'esprit national[1]. L'esprit national imprègne toutes les formes de la vie et crée une individualité nationale. Il existe un lien organique entre la loi et le caractère du peuple.

---

1. Friedrich Carl von Savigny, *De la vocation de notre temps pour la législation et la science du droit* (1814). Il est bon de souligner que Savigny se situait dans une tradition conservatrice qui considérait le rationalisme et la loi naturelle comme des causes majeures de la Révolution française. C'est également le contexte de sa critique de la philosophie du droit selon Kant.

Toutes les lois valides sont donc des lois coutumières. Le véritable législateur personnifie l'esprit national et s'en considère lui-même comme un représentant. Savigny tenait pour non-allemands et anhistoriques les codes juridiques et les constitutions reposant, comme « le Code général pour les États prussiens », sur l'idée des droits de l'homme. Il accordait par conséquent à la coutume et à la tradition la primauté sur la raison. C'est précisément ce qui devint un problème central dans la critique par Marx de l'école historique du Droit : pour Marx, Savigny légitimait l'irrationalité et l'injustice du présent par l'irrationalité et l'injustice du passé. De façon similaire, Hegel avait reproché à l'école historique du Droit d'avoir une conception erronée de la relation entre raison et réalité. La réalité juridique (loi positive) n'est pas toujours rationnelle et juste.

Cet historicisme conservateur issu de la Restauration n'est pas un phénomène exclusivement allemand. On trouve des tendances similaires dans le conservatisme d'Edmund Burke et dans la philosophie de la Restauration française catholique (Bonald et de Maistre).

Pour Leopold von Ranke, le but de l'histoire est une reconstruction objective du passé « tel qu'il était effectivement ». Ranke s'est tout d'abord intéressé à l'histoire politique, en prêtant peu d'intérêt au rôle des conditions économiques et sociales. Pour lui, la motivation première de la recherche historique n'est pas de comprendre l'origine et l'arrière-plan de notre propre époque, mais de comprendre le passé sur la base de ses propres présupposés. L'historien doit également éviter les interprétations subjectives et biaisées. On trouve donc une aide précieuse dans la méthode historico-critique et dans certaines formes élaborées de critique des sources. Mais Ranke se rend compte que les historiens ne peuvent jamais rester des rapporteurs passifs de faits objectifs ; ils ne commencent jamais leur travail sans présupposés. Sans philosophie – terme par lequel Ranke fait probablement référence aux hypothèses ou idées formatrices –, l'histoire est un chaos de faits. Bien que Ranke rejette la philosophie de l'histoire selon Hegel comme à la fois spéculative et a priori, il voit quelque chose d'universel dans chaque phénomène particulier. Quel que soit le phénomène historique ou la situation, l'historien découvre quelque chose d'éternel qui vient de Dieu (*aus Gott kommendes*)[1].

Comme Herder et le romantisme, Ranke a souligné l'importance de l'*individualité* dans son réquisitoire contre le rationalisme et la vision optimiste du progrès. Si la thèse du progrès s'ancre dans un

---

1. Georg G. Iggers, *The German Conception of History. The National Tradition of Historical Thought from Herder to the Present*, Wesleyan University Press, 1968, p. 105.

déterminisme causal ou téléologique, la liberté humaine est niée. Cependant, le développement historique contient des «phases de liberté». Les historiens doivent être capables de faire remonter les phénomènes historiques jusqu'aux *actions*. C'est le concept d'action seulement qui nous permet de comprendre des évènements en tant qu'évènements historiques. De plus, pour Ranke, la thèse du progrès était incompatible avec le principe selon lequel toutes les époques et toutes les nations ont une valeur égale («sont également proches de Dieu», écrivait-il). Cette diversité est précisément une expression de la générosité de Dieu. Selon la perspective de l'éternité (la perspective de Dieu), toutes les générations et toutes les époques sont de valeur égale. On peut dire que Ranke a libéré l'écriture de l'histoire de la spéculation philosophique (Hegel), et que l'institutionnalisation de l'histoire en tant que discipline strictement historique remonte en premier lieu à lui et à son école.

DROYSEN ET DILTHEY –
LE CARACTÈRE SPÉCIFIQUE DES HUMANITÉS

À l'instar de Ranke, Johann Gustav Droysen (1808-1884), pionnier de ce qu'on appellera l'école historique prussienne, voit dans l'histoire la main de Dieu, mais au contraire de lui, il souligne que l'historien ne peut jamais être totalement objectif : notre compréhension du passé est toujours déterminée par nos perspectives et nos intérêts. Par conséquent, chaque nouvelle génération écrira l'histoire d'une nouvelle manière. Ce programme est formulé par Heinrich von Sybel (1817-1895) en ces termes : «Tout historien ayant eu un tant soit peu d'importance dans notre littérature a porté ses propres couleurs. Il y eut des croyants et des athées, des protestants et des catholiques, des libéraux et des conservateurs, des historiens de toutes tendances, mais il n'y a plus d'historiens objectifs, impartiaux, n'ayant ni le sang chaud ni les nerfs à vif»[1]. En conséquence, découvrant leurs propres présupposés et se rendant compte qu'ils écrivent toujours en relation avec leur époque propre, les spécialistes des humanités rencontrent un problème explicite d'objectivité. L'idée selon laquelle la science historique cherche à reconstruire le passé «tel qu'il était vraiment» devient, dans ce programme, une illusion naïve. D'un autre côté, il est difficile de rejeter l'idée selon laquelle l'historien devrait nous dire

---

1. *Ibid.*, p. 117.

ce qui a eu lieu, sans se contenter de nous présenter sa position ou sa perspective propres, ou la « boîte à outils » de sa communauté de recherche. La relation entre d'une part nos inévitables « préjugés » et nos présupposés conceptuels et d'autre part les objets de notre recherche est devenue de plus en plus problématique au vingtième siècle. S'il ne nous est plus possible d'obtenir des données indépendantes d'une interprétation – c'est-à-dire indépendantes de nos théories et de notre compréhension –, nous pouvons difficilement évaluer la validité d'une interprétation. Le concept traditionnel de vérité (« la théorie de la vérité-correspondance ») s'en trouve sapé.

L'importante distinction entre la méthode de la *compréhension* (*Verstehen*) des sciences de l'homme et la méthode de l'*explication* (*Erklären*) des sciences de la nature trouve également son origine dans l'idée de Droysen selon laquelle la science historique étudie non des objets inorganiques (mécanique des atomes), mais des actes de la volonté. Dans la mesure où l'histoire s'actualise sur la scène de la liberté, l'historien ne peut se contenter d'explications qui déduisent les phénomènes à partir de lois naturelles et de présupposés historiques. Dans les sciences de l'homme, nous cherchons à *comprendre*; dans celles de la nature nous cherchons à *expliquer*. Ce dualisme méthodologique est l'un des thèmes les plus importants et les plus problématiques de la philosophie des sciences sociales.

Selon Droysen, chaque manifestation historique est le résultat d'un *processus interne*. On comprend une manifestation particulière en la faisant remonter à l'état mental interne de l'agent historique (intentions, raisons, etc.). Ce programme d'une science de l'homme reposant sur la compréhension tient une position centrale dans la pensée de Wilhelm Dilthey et dans celle de Max Weber (voir chapitre 24).

Alors que l'école historique avait démontré ce que les sciences de l'homme pouvaient être en pratique, Wilhelm Dilthey (1833-1911) introduisit une réflexion épistémologique fondamentale sur ce qu'elles étaient et sur ce qu'elles pourraient être. Il réfléchit sur leur statut de sciences et sur ce qui les distinguait des sciences de la nature[1].

Dans le travail de Dilthey, les sciences de l'homme subissent un processus de « dégrisement ». Dilthey est à la fois un historien et

---

1. On peut faire remonter le terme allemand : *Geisteswissenschaften,* qui se traduit littéralement par « sciences de l'esprit » et correspond à peu près au français « sciences de l'homme », à Dilthey et à l'*Introduction aux sciences de l'esprit* (1883) (dans *Critique de la raison historique*, Le Cerf, 1997, tr. Sylvie Mesure). Ce terme allemand provient d'une traduction de l'expression *moral sciences* (« sciences morales »), employée par John Stuart Mill. Voir K. O. Apel, *La Controverse Expliquer-Comprendre. Une approche pragmatico-transcendantale.*

un philosophe des sciences ; il développe un historicisme réflexif du point de vue de la méthode et de la théorie. En ce qui concerne Herder, Savigny et Ranke, il existe, contre le relativisme historique, un « garde-fou » métaphysique religieux. Dilthey rejette ce garde-fou : un historicisme cohérent ne connaît pas de valeurs anhistoriques, de normes absolument valides ni de plan divin. L'historicisme reconnaît la « relativité » de tout phénomène historique, sans restriction[1].

Dilthey est souvent mentionné comme un *philosophe de la vie*, ce qui signifie que la *vie* représente dans sa pensée la catégorie fonda-mentale. Obscure et inexplicable, la vie est la base de notre expérience et ne peut donc elle-même être conçue explicitement et totalement : « la connaissance ne peut aller au-delà de la vie »[2]. La vie est ainsi une condition presque transcendantale de l'existence des sciences de l'homme.

Pour Dilthey, les sciences de l'homme constituent une *révolution* herméneutique. Parce que ce sont des disciplines herméneutiques, elles trouvent leur centre de gravité dans l'interprétation des expressions linguistiques, qu'il faut faire remonter aux expériences premières. La vie elle-même a été objectivée dans les textes et les œuvres d'art. En d'autres termes, l'objet de la recherche dans les sciences de l'homme est l'ensemble des formes d'objectivation de l'esprit à l'intérieur d'une culture et d'une société : la morale, la loi, l'État, la religion, l'art, la science et la philosophie. Ainsi les sciences de l'homme incluent-elles les disciplines académiques que l'on appelle aujourd'hui sciences humaines et sociales.

La compréhension au sein des sciences de l'homme doit donc reposer sur la capacité du chercheur à revivre une expérience première. Mais comment pouvons-nous être sûrs que ce dont *nous* refaisons l'expérience ait quoi que ce soit à voir avec, par exemple, l'expé-rience première d'un artiste de la Renaissance ? Ici, Dilthey introduit un principe important de son herméneutique ; il postule l'existence de certaines ressemblances entre le sujet qui fut la source d'une expression et le sujet qui tente de la comprendre. Ces ressemblances reposent en dernière instance sur une nature humaine commune, constante en tout temps et en tout lieu. Selon Dilthey, la vie montre toujours les mêmes aspects[3]. Il peut donc affirmer qu'il existe une connexion interne entre la vie, l'expérience de la vie, et les sciences

---

1. W. Dilthey, *L'Édification du monde historique dans les sciences de l'esprit*, p. 93 sq.
2. W. Dilthey, « Zur Weltanschauungslehre », dans *Gesammelte Schriften*, volume VIII, Vandenhoeck & Ruprecht, 1960, p. 180.
3. W. Dilthey, « Die Typen der Weltanschauung und ihre Ausbildung in den metaphysischen Systemen », *id.*, p. 85.

de l'homme. Dans le processus de compréhension, c'est la vie qui comprend la vie. Nous pouvons comprendre ce qui a été créé par les êtres humains. C'était aussi l'idée fondamentale de Vico. Comme ce dernier, Dilthey pense que la première condition de possibilité des sciences de l'homme repose dans le fait que la personne qui étudie l'histoire est, en un certain sens, la même que celle qui la crée[1]. Dilthey formule alors comme suit la différence entre les sciences de l'homme et celles de la nature : « L'esprit ne comprend que ce qu'il a créé. La nature, comme objet de la science de la nature, contient la réalité qui est produite indépendamment de l'action de l'esprit. Tout ce sur quoi l'homme, en agissant, a imprimé sa marque constitue l'objet des sciences de l'esprit »[2].

Comme nous le savons, il y a de grandes différences entre des individus et des peuples qui vivent dans des cultures et des époques différentes. Que devons-nous présupposer pour qu'une compréhension *commune* soit possible entre individus, entre époques et entre civilisations ? Selon Dilthey, cette compréhension implique que chaque individu se reconnaisse lui-même dans chaque autre. Au départ, c'est quelque chose dont nous sommes tous conscients et qui ne peut donc être sujet à controverse : je comprends ce que vous voulez dire quand vous dites « je suis triste » parce que je sais ce que je ressens moi-même quand je le dis. La compréhension présuppose donc une ressemblance entre les gens. Si nous étions tous « pareils », la compréhension ne poserait jamais problème. Comprendre d'autres peuples serait impossible s'ils nous étaient totalement étrangers, et comprendre les autres ne serait pas nécessaire si rien de ce qui est humain ne nous était étranger.

Comme Droysen, Dilthey souligne l'élément créatif dans la compréhension d'une expression. Une expression est l'objectivation d'un acte créatif, et la compréhension même est un nouvel acte créatif qui peut être objectivé en tant qu'expression (comme une dissertation sur une œuvre d'art). Mais qu'entendons-nous réellement quand nous parlons d'« expression » ? Selon Dilthey, il existe une vie « interne » qui peut s'exprimer. Tout comme la catégorie de causalité selon Kant stipulait que l'on doit toujours chercher une cause, Dilthey requiert que l'on commence par le côté interne des manifestations externes. C'est ce qui fait de l'herméneutique la discipline et la méthodologie premières

---

1. W. Dilthey, *Der Aufbau der geschichtlichen Welt in den Geisteswissenschaften*, Suhrkamp, 1970, p. 347. *L'Édification du monde historique dans les sciences de l'esprit* n'est en fait que l'un des quatre textes de ce volume, et la page 347 appartient à l'un des autres textes.
2. W. Dilthey, l'*Édification du monde historique dans les sciences de l'esprit*, p. 102.

des sciences de l'homme. L'étape suivante est une conséquence de la manière dont Dilthey comprend les expressions : une bonne partie de l'interprétation herméneutique par les anthropologues sociaux et les sociologues ressemble plus à une interprétation systématique des textes littéraires qu'aux expérimentations réalisées par des physiciens et par des chimistes. Cela ne signifie pas que Dilthey considère que l'herméneutique soit la seule réponse possible, à l'exclusion de toute autre méthode, au sein des sciences humaines et sociales. Plusieurs méthodes peuvent être nécessaires, parce que les humains ne sont pas de purs esprits. La méthode à utiliser dans les sciences de l'homme dépendra de la nature de l'objet étudié.

Quelles sont donc selon Dilthey les caractéristiques de l'objet de la recherche dans les sciences de l'homme ? Nous pouvons en esquisser trois.

1. Les sciences de l'homme étudient ce qui est individuel et unique (voir Herder et l'historicisme). Un physicien peut bien s'intéresser à un phénomène particulier (par exemple la façon dont la limaille de fer sur une feuille de papier réagit à un aimant), mais il essaie de parvenir à quelque chose d'universel ou de mettre à l'épreuve des théories universelles. Quand ce but est atteint, la limaille de fer en particulier n'est plus intéressante. Il n'en va pas ainsi dans les sciences de l'homme : elles ne s'intéressent pas particulièrement à la recherche de lois générales ou de généralisations statistiques[1].

2. La relation entre la partie et le tout est également importante dans ces sciences. Un individu est une partie d'un tout plus grand (la famille, le voisinage / la ville, la société). Un mot est une partie d'une phrase, la phrase est une partie d'un paragraphe, etc. Une action est habituellement une partie d'une chaîne téléologique plus large d'actions. De telles chaînes d'actions peuvent être des parties d'un tout plus vaste (par exemple, une usine). Une partie peut convenir à divers contextes et à divers « touts » simultanément. Un discours, par exemple, peut être une manifestation psychologique très personnelle et une contribution décisive dans un débat politique, de sorte que dans ce discours la vie du politicien et la politique nationale coïncident. Ainsi dans les sciences de l'homme est-il important de « situer » les parties dans leur contexte et de les considérer sur la base du contexte (du tout).

---

1. Les intérêts cognitifs des sciences de l'homme ne peuvent être réduits à ceux de l'explication des phénomènes sur la base de lois universelles (voir la controverse, en philosophie des sciences, sur le modèle d'explication scientifique selon Hempel).

Nous retrouvons ici le cercle herméneutique. Dilthey rejette l'idée selon laquelle il y a un point de départ absolu dans les sciences de l'homme. Pour lui, toute recherche de connaissance implique un cercle. Nous devons comprendre les mots pour comprendre la phrase, mais nous devons en retour comprendre la phrase afin de comprendre correctement la signification des mots. La structure catégorielle « partie – tout » est ainsi un présupposé nécessaire de toute compréhension.

3. Dilthey souligne le fait que les sciences de l'homme doivent concevoir l'homme à la fois comme sujet et comme objet. En tant qu'objet, un être humain est un produit qui ne peut s'expliquer qu'en référence aux conditions sociales, au contexte, etc. En tant que sujet, il doit être compris comme un agent qui crée son propre environnement. En tant qu'objet, le comportement humain peut s'expliquer en termes de causes, mais en même temps nous devons reconnaître que les êtres humains sont des sujets créatifs qui rendent la nouveauté possible dans l'histoire.

Pour Dilthey, les conséquences relativistes de l'historicisme deviennent évidentes. Les sciences de l'homme nous montrent que tout est conditionné par le temps et l'espace : « La conscience historique souligne avec une clarté grandissante la relativité de toute doctrine métaphysique ou religieuse ». Les études comparées « montrent le relativisme de toute conviction historique »[1]. Selon Dilthey, normes et valeurs ne peuvent plus prétendre à une validité absolue quand leur analyse historico-contextuelle a remplacé leur justification religieuse ou métaphysique. De fait, ces types de justification sont eux-mêmes objet d'une analyse historico-contextuelle dans l'histoire des sciences ou dans celle de la philosophie. Pour Dilthey, il y a une contradiction insoluble, « tragique », entre la prétention d'une théorie à la validité universelle et la manière dont la conscience historique rend cette prétention relative ; entre ce que nous *voulons* et ce que nous *pouvons* justifier.

Quand on en arrive aux « valeurs ultimes », l'homme moderne, malgré les grands progrès scientifiques, n'est pas plus sage que le Grec d'Ionie du sixième siècle avant Jésus-Christ. À notre époque, déclare Dilthey, nous sommes plus désespérés que durant toute autre période : nous avons pris conscience de l'anarchie des convictions les plus profondes. Tout est devenu fluide et tous les critères ont été

---

1. W. Dilthey, « Zur Weltanschauungslehre », dans *Gesammelte Schriften*, volume VIII, p. 194.

abolis. Comme Nietzsche, Dilthey souligne le doute et l'incertitude de l'homme moderne à propos des valeurs et des buts de la vie[1].

Mais ce n'est que l'un des aspects du problème du relativisme. Pour Dilthey, les sciences de l'homme historiques mènent à une forme de compréhension de soi plus profonde et, de nombreuses façons, ont pour effet d'humaniser et de créer la tolérance. Les sciences de l'homme créent également un nouveau sentiment de liberté. Elles nous libèrent des facettes contraignantes et restrictives d'une position dogmatique. À cet égard, Dilthey dit que l'homme suit un processus qui le rendra souverain. Mais il s'agit également de la souveraineté de l'être humain nihiliste, par-delà bien et mal. Ce n'est pas une coïncidence si les mouvements anti-historiques du vingtième siècle ont insisté sur la nécessité de revenir à la question du vrai et du faux, du juste et de l'injuste. Le problème de la validité revient au centre des préoccupations de la philosophie et de la science.

LA DISSOLUTION DE L'ÉCOLE HISTORIQUE

Dans la transition du dix-neuvième au vingtième siècle se dessinent les contours d'une suite de nouveaux programmes de recherche anti-historique. Avec Ferdinand de Saussure (1857-1913), la linguistique acquiert une compréhension synchronique systématique du langage qui diffère de l'approche historique ou diachronique. Ainsi Saussure prend-il ses distances par rapport à l'idée selon laquelle comprendre quelque chose est nécessairement synonyme de comprendre une genèse ou un développement. Pour lui, la linguistique est une partie de la science générale des signes (*sémiologie*, du grec : *semeion*, « signe »). Depuis les années 1930, plusieurs tentatives intéressantes ont été réalisées pour transférer le structuralisme de Saussure aux sciences sociales (par exemple, le travail de Claude Lévi-Strauss [1908-2009]).

À l'intérieur du champ de la littérature comparée aussi, l'historicisme et l'examen psychologique de l'« expérience intérieure » de l'auteur ont été remplacés par des approches formalistes et structuralistes (par exemple, le formalisme russe et l'école de Prague à la fin des années 1920, dont Roman Jakobson est l'un des inspirateurs). On observe une tendance similaire dans l'école historique française des Annales, avec Marc Bloch (1886-1944) et Lucien Febvre (1878-1956), pour ne citer qu'eux. Dans le même temps, le fonctionnalisme et la

---

1. *Ibid.*, p. 193 *sq.*

théorie des systèmes dans les sciences sociales (Emile Durkheim et Talcott Parsons notamment) ont constitué un nouveau défi pour les sciences de l'homme. On ne peut plus parler d'une méthode ou d'une approche spécifiques à ces dernières. Les sciences de l'homme contemporaines sont, de diverses manières, marquées par un nouveau pluralisme méthodologique et par un déplacement des frontières entre les divers champs académiques.

De nos jours a eu lieu également une différenciation institution-nelle notable. L'apparition de nouvelles disciplines et de nouveaux départements manifeste une spécialisation croissante. Des disciplines autrefois rassemblées dans une seule faculté sont progressivement devenues indépendantes. Aujourd'hui, dans la plupart des univer-sités, les humanités ont été institutionnellement séparées des sciences sociales, de la psychologie et du droit. Ceci a suscité de nouvelles querelles sur le caractère spécifique des sciences de l'homme et sur leur statut vis-à-vis des autres disciplines.

QUESTIONS

Expliquez ce que l'on entend par principe d'individualité dans les sciences de l'homme. Comment ce principe peut-il mener au relativisme?

Qu'entend-on par historicisme? Quelles sont ses caractéristiques les plus importantes?

Qu'est-ce que le cercle herméneutique? Illustrez votre réponse par des exemples.

SUGGESTIONS DE LECTURE

SOURCES

Dilthey, W., *L'édification du monde historique dans les sciences de l'esprit*, Edition du Cerf, 1988, tr. Sylvie Mesure.

Droysen, J. G., *Précis de théorie de l'histoire*, Le Cerf, 2002, tr. Alexandre Escudier.

Herder, J.-G. Von, *Histoire et cultures. Une autre philosophie de l'histoire. Idées pour la philosophie de l'histoire de l'humanité (extraits)*, Garnier-Flammarion, 2000, tr. M. Rouché.

Schleiermacher, F. D. E., *Herméneutique*, Le Cerf, 1987, tr. Christian Berner.

F. C. von Savigny, *De la vocation de notre temps pour la législation et la science du droit*, PUF, 2006, tr. Alfred Dufour.

COMMENTAIRES

Apel, O. K., *La Controverse Expliquer-Comprendre. Une approche pragmatico-transcendantale*, Le Cerf, 2000, tr. Sylvie Mesure.

Iggers, G. G., *The German Conception of History : the National Tradition of Historical Thought from Herder to the Present*, Wesleyan University Press, 1968.

Meinecke, F., *Die Entstehung des Historismus*, Oldenbourg Wissenschaftsverlag, 1959.

CHAPITRE 17

Hegel – Histoire et dialectique

Biographie. *Georg Wilhelm Friedrich Hegel (1770-1831), fils de fonctionnaire, étudia d'abord la théologie au séminaire protestant de Tübingen, en Allemagne. En tant que philosophe, il s'efforça de développer un système universel. Bien que ses travaux fussent abstrus, ils eurent un grand impact sur des penseurs ultérieurs, dont Karl Marx. Dans le privé, Hegel mena la vie d'un homme de la classe moyenne, d'abord comme précepteur, puis comme directeur d'école, et enfin, à partir de 1818, comme professeur à Berlin. Au nombre de ses travaux les plus importants figurent* La Phénoménologie de l'esprit (1807), La Science de la logique (1812-1816), *et les* Principes de la philosophie du droit (1821).

RÉFLEXION, DIALECTIQUE, EXPÉRIENCE

Hegel se situe dans le contexte du siècle des Lumières et de la réaction romantique, et sa philosophie cherche à saisir sur le plan conceptuel à la fois l'histoire récente et tout l'héritage d'Athènes, de Jérusalem et de Rome. Il vient peu après la Révolution française et la réaction qui s'en est suivie. Son projet principal consiste en une réflexion sur l'histoire comme processus formateur de l'humanité. Une question fondamentale dans l'interprétation de sa philosophie est la suivante : est-il progressiste ou réactionnaire ? Est-il à l'avant-garde de la nouvelle pensée, ou aligné sur l'ancienne ? Nous l'interpréterons

ici comme un penseur progressiste qui essaie de saisir conceptuellement le monde nouveau. Pour simplifier les choses, nous pouvons
dire que les philosophes libéraux du dix-huitième siècle plaçaient la
raison au-dessus de la tradition, et l'individu au-dessus de la société.
La réaction conservatrice inversa leurs priorités, et plaça la tradition
au-dessus de la raison, et la société (l'État) au-dessus de l'individu.
Hegel affirme avoir trouvé une synthèse dialectique du libéralisme
et du conservatisme, une vraie synthèse dans laquelle l'un et l'autre
sont conservés comme vérités partielles.

Conditions transcendantales prérequises – historiquement créées et culturellement relatives

Kant pensait avoir trouvé des présuppositions transcendantales
immuables. Les deux formes de la perception que sont l'espace et le
temps, et les catégories, dont la causalité, sont contenues dans tous
les sujets, en tout temps. Hegel affirme qu'il y a une gamme plus
large de présuppositions transcendantales, mais qu'elles sont dans
une large mesure susceptibles de changer : les présuppositions transcendantales d'une certaine culture, à un certain stade historique, ne
sont pas toujours valides dans d'autres cultures, à d'autres stades
historiques. Hegel affirme que les présuppositions transcendantales
sont *historiquement créées* et ainsi *culturellement relatives*. En bref, il y
a des présuppositions transcendantales qui ne sont pas universelles
pour tous les êtres humains, mais seulement pour ceux de certaines
cultures.

Nous pouvons définir une présupposition transcendantale comme
ce à partir de quoi nous parlons («nous» peut désigner des individus,
des classes ou des époques). Kant s'intéressait aux présuppositions
transcendantales que nous ne pouvons jamais abandonner, mais dont
nous pouvons seulement parler; Hegel s'intéresse à celles que nous
pouvons abandonner et dont nous pouvons parler.

Alors que Kant cherchait ce qui est certain et immuable, Hegel
cherche le processus de formation historique de différentes visions

changeantes du monde. Pour Hegel, ce qui constitue est quelque chose qui est *soi-même* constitué, et la constitution de ce qui constitue est *l'histoire*. Pour Kant, le sujet qui constitue était la base inébranlable, immuable et anhistorique. Pour Hegel, ce qui constitue est constitué par l'histoire, qui devient donc autre chose et plus qu'une suite d'évènements passés : elle devient un concept *épistémologique* fondamental ; elle est considérée comme un processus collectif de développement de soi de différentes formes fondamentales de compréhension[1].

Pour Kant, la relation entre ce qui constitue et ce qui est constitué, entre le transcendantal et l'empirique, se caractérisait par son absolue netteté. Pour Hegel, elle devient plus fluide. C'est lié à une différence fondamentale dans les manières de penser : Kant pensait souvent en termes d'oppositions dualistes, tandis que Hegel essaie de réconcilier les oppositions en les plaçant dans un contexte dialectique. Hegel essaie donc de dépasser le dualisme kantien entre les phénomènes d'expérience et la chose en soi (*Ding an sich*), en rejetant l'idée d'une chose en soi. À la place, il s'appuie sur la relation mutuelle entre un être humain et le monde. Cette relation indique un conflit incessant entre ce qui *semble* être (l'apparence) et ce qui *est* (l'être). Cette tension dynamique entre l'apparence et l'être dans la relation entre un être humain et le monde est fondamentale dans la pensée dialectique de Hegel.

Nous avons établi auparavant qu'un empirisme épistémologique radical est dans un certain sens autodestructeur[2]. Il affirme que seule existe la connaissance empirique et analytique, bien qu'il ne soit lui-même ni empirique ni analytique. En d'autres mots, il représente une position philosophique que nous devons rejeter pour des raisons logiques, après y avoir réfléchi. La réflexion sur cette position nous mène au-delà d'elle. Réfléchir sur une présupposition transcendantale que nous pouvons rejeter peut nous montrer qu'elle est intenable, et donc nous en écarter. La réflexion est ainsi susceptible de créer des changements, en nous conduisant en direction de positions plus tenables.

Selon Hegel, on peut considérer *l'histoire* comme une chaîne de telles réflexions, dans laquelle certaines présuppositions transcendantales sont examinées et critiquées à fond, de sorte que l'esprit

---

1. Lorsque nous avons essayé ici, dans cette histoire de la philosophie, de montrer comment différentes notions politiques avaient changé – par exemple, comment l'idée grecque de l'homme comme être social était devenue à la période hellénistique celle de l'homme comme individu –, nous avons œuvré en accord avec cette conception hégélienne.
2. Chapitre 9, « Descartes – le doute méthodique et la confiance dans la raison ».

humain s'approche de positions de plus en plus vraies. (Cependant, il ne faut pas croire pour autant que pour Hegel l'histoire soit simplement réflexion, et non action et destin.) Pour Hegel, la philosophie transcendantale est ainsi une philosophie de la réflexion et une philosophie de l'histoire : l'histoire est le dialogue intérieur qui, au cours du temps, nous a conduits à des positions philosophiques de plus en plus adéquates.

Cela signifie que Hegel soutient une notion spécifique de l'expérience : dans la tradition empiriste, l'expérience était principalement comprise comme expérience sensible. Mais le mot « expérience » peut s'employer de plusieurs façons. Dans le langage courant, par exemple, nous parlons d'« expérience religieuse », d'« expérience sexuelle », d'« expérience professionnelle », etc. Ces usages du concept d'expérience ne peuvent se réduire au modèle d'un appareil photographique qui reçoit passivement des images, comme chez Locke. La conception hégélienne de l'expérience est en un sens plus proche de la conception quotidienne de l'expérience, selon laquelle l'expérience est liée à notre propre activité. Pour Hegel, il n'y a passivité ni de l'objet ni du sujet, puisque les êtres humains et la réalité se constituent mutuellement et que dans ce processus l'expérience joue un rôle central.

L'expérience comme drame de la formation de soi

Le traité de Hegel La Phénoménologie de l'esprit est basé sur un tel modèle dynamique. Le chemin est un « chemin de souffrance ». Il s'étend sur deux niveaux : d'une part, comme formation de la conscience de l'individu, à partir de la forme la plus simple de l'expérience sensible jusqu'à la connaissance philosophique ; d'autre part, comme formation de l'histoire humaine, de la Grèce antique jusqu'à l'époque de Hegel. La Phénoménologie de l'esprit peut se caractériser comme un compte-rendu de voyage philosophique : elle nous fournit une description du voyage de la conscience à travers l'histoire, vers la connaissance de soi. Les diverses phases de ce processus de l'expérience sont traitées comme des étapes du développement de l'esprit.

Hegel affirmait que tout individu doit traverser dans sa vie le processus de développement de l'esprit, mais sous une forme plus courte et plus concentrée. Nous pouvons de façon « autobiographique » nous rappeler notre propre développement. Nous disons souvent que nous mûrissons par des crises religieuses, politiques ou existentielles ; ce n'est qu'alors que nous voyons les aspects naïfs et imparfaits d'un état antérieur de conscience et que nous sommes forcés d'avancer.

Ainsi le développement d'un individu peut-il être compris comme un processus de formation. C'est pourquoi on compare souvent *La Phénoménologie de l'esprit* à ce qu'on appelle roman de formation, par exemple *Les Années d'apprentissage de Wilhelm Meister*, de Goethe. Nous pouvons penser aussi à *Peer Gynt* d'Ibsen : il s'agit de même de l'histoire du cheminement d'un individu vers son vrai soi, de sa tentative de se trouver lui-même. Cette tentative de se trouver soi-même est, pour Hegel, quelque chose qui arrive d'abord par la réflexion historico-critique. La phénoménologie, dit Hegel, est « le chemin de l'âme » à travers les différentes stations par lesquelles elle perçoit peu à peu les imperfections de ses divers états de connaissance, les défauts des diverses préconditions transcendantales historiquement relatives selon lesquelles nous pensons et agissons.

Le passage par les diverses formes de connaissance est un projet critique. Pour Hegel, il est essentiel de montrer comment, par une critique interne, une forme de connaissance s'effondre et indique un au-delà d'elle-même. À chaque étape, chacun de nous peut trouver, à certains moments particuliers, que « les fondations tremblent », qu'il y a entre ce que nous pensons être et ce que nous sommes vraiment une tension interne à la conscience. L'état d'innocence est dissipé, et « le pouvoir du négatif » a fait son travail. Le pouvoir du négatif est la tension dialectique qui se refuse à vivre en paix avec un point de vue aussi longtemps qu'il révèle des imperfections. Il est critique, mais permet en même temps une nouvelle compréhension, plus adéquate, de la situation. Il est comme le Méphistophélès du *Faust* de Goethe, « une partie de cette force qui veut toujours le mal et fait toujours le bien »[1].

Dialectique et totalité

Cette interprétation de Hegel, qui met l'accent sur la réflexion comme moyen politique pour faire avancer le développement, a des traits communs avec la philosophie des Lumières du dix-huitième siècle : lorsque nous arriverons à la vérité, le monde ira de l'avant. Mais les philosophes des Lumières considéraient en général que la vérité se trouvait dans la connaissance scientifique. Selon Hegel, la vérité philosophique s'appuie sur la réflexion que nous menons sur les présuppositions transcendantales, données mais insuffisantes.

---

1. Goethe, *Faust*, première partie, « La nuit », « Cabinet d'étude », tr. Gérard de Nerval.

Comme nous le verrons plus loin, des hégéliens de gauche (Habermas par exemple) ont beaucoup insisté sur ce point. Lorsqu'ils parlent de l'émancipation, de la libération, ils ne parlent pas (comme les libéraux) d'une libération individuelle de la tradition et de la société en tant que dimensions supra individuelles, mais d'une libération de l'irrationalité sociale en tant que pas vers une société plus rationnelle, par une réflexion critique (critique de l'idéologie) rejetant des présuppositions transcendantales insuffisantes (les idéologies) pour des structures plus adéquates.

Dans la conception hégélienne d'une réflexion libératrice, *l'histoire* n'est pas une collection d'évènements isolés, elle est le processus de réflexion par lequel l'humanité tâtonne pour trouver la structure la plus adéquate. Tout comme Aristote considérait que les humains sont en premier lieu capables de montrer ce dont ils « sont faits » en réalisant leurs capacités dans la famille, le village et la cité-État, Hegel considère que l'humanité est en premier lieu capable de mener à bien la réalisation de soi et la connaissance de soi en vivant les différents modes fondamentaux de l'existence et en les mettant à l'épreuve. Les humains comprennent leur nature lorsqu'ils sont « passés » par les différentes structures et ont pu réfléchir sur ce processus. En d'autres mots, l'histoire est le processus par lequel les humains deviennent eux-mêmes, et, rétrospectivement, se comprennent eux-mêmes, puisque toutes les présuppositions transcendantales (modes d'être) y sont vécues et mises à l'épreuve. Elle nous mène ainsi à une connaissance de soi de plus en plus adéquate.

L'histoire n'est pas quelque chose d'extérieur que nous pouvons observer du dehors. Nous observons toujours d'un certain point de vue, et ces points de vue sont formés *dans* l'histoire. Le point de vue selon lequel nous pensons et vivons nos expériences est un résultat du processus historique de développement de soi. Hegel se distancie ainsi de l'attitude anhistorique qui apparaît souvent avec l'empirisme radical. Mais comment pouvons-nous savoir si *notre* manière de voir le monde est le point de vue correct et final ? Ceux qui ont interprété Hegel ont aussi bien pu affirmer qu'il y a pour lui un ensemble de perspectives qui représente l'ultime conception correcte (le *savoir absolu* = la philosophie hégélienne), que considérer qu'il soutient seulement que nous avançons toujours vers une perspective qui devrait être plus correcte, mais que le savoir absolu est un but inaccessible. La première interprétation repose sur l'idée d'un achèvement ultime du processus historique de développement de soi. Cependant, Hegel dirait dans les deux cas que notre position actuelle représente une synthèse supérieure aux positions antérieures, et que nous pouvons donc évaluer ces dernières.

Selon Hegel, cette réflexion qui mène le processus historique de formation suit certaines lois, que l'on appelle *dialectiques*. Les manuels affirment souvent que la dialectique hégélienne est une théorie qui explique comment une thèse se transforme en antithèse, transformée à son tour en synthèse, qui est une thèse d'un ordre supérieur ; cette synthèse provoque une nouvelle antithèse, et ainsi de suite.

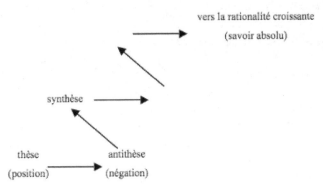

On fait aussi remarquer que le mot *dialectique* provient de la philosophie grecque. *Dialego* signifie : « Je discute ». La dialectique était conçue comme le dialogue philosophique, au moyen duquel nous arrivons à des points de vue plus vrais par une discussion publique. Mais on dit que la dialectique, pour Hegel, se réfère *à la fois* aux conversations théoriques et au processus historique concret. Elle apparaît dans la théorie lorsque les concepts et les positions conduisent au-delà d'eux-mêmes à des concepts et positions plus adéquats, et dans la pratique lorsque les différents horizons transcendantaux de compréhension trouvent leur apogée dans l'État.

Tout cela est au fond correct, mais pour saisir ce que Hegel entendait par dialectique, il nous paraît utile de *délimiter* la connaissance dialectique par rapport à la connaissance empirique et à la connaissance analytique pure (même si une telle délimitation est une simplification) : la connaissance des transitions dialectiques n'est ni la connaissance empirique ni la connaissance déductive, elle dérive de la connaissance de la possibilité de l'imperfection et de l'inadéquation des présuppositions fondamentales (des concepts fondamentaux de la théorie politique, par exemple). Au moyen de la dialectique, nous ne confirmons ni n'infirmons en nous référant à l'expérience ou en argumentant de façon déductive, mais en montrant que des personnes présumées compétentes conviennent de l'« imperfection » d'une certaine position de telle façon que celle-ci indique au-delà d'elle une autre position moins imparfaite.

En ce sens, la dialectique n'est pas une méthode que nous puissions d'abord apprendre, puis appliquer à un cas particulier. La pensée dialectique est une pensée *orientée vers des cas particuliers*. Les imperfections d'un cas nous mènent à une position plus vraie. Nous sommes guidés par « le cas », non par des règles de déduction ou des méthodes hypothético-déductives. Ainsi ne pouvons-nous pas apprendre à penser dialectiquement au moyen d'une méthode formelle. La pensée dialectique ne peut s'apprendre qu'en pensant dialectiquement sur des cas particuliers. Nous devons plonger dans l'eau pour apprendre à nager, disait Hegel. C'est pourquoi la seule introduction satisfaisante à la dialectique est une analyse dialectique concrète : notre discussion du chapitre 1 sur les transitions internes entre les diverses générations de la philosophie présocratique est un exemple d'interprétation dialectique. Ainsi, au lieu de parler en termes formels de thèse, antithèse et synthèse, nous montrons cet exemple de pensée dialectique.

Nous pouvons essayer de clarifier ce point par un autre exemple : si nous pensons au concept *voir*, nous remarquons que voir est lié à voir *quelque chose*, que ce quelque chose existe matériellement ou non. Et *ce que* nous voyons se détache sur un *arrière-plan*. Et lorsque nous voyons quelque chose se détacher sur un arrière-plan, nous voyons *d'un endroit particulier*. En d'autres mots, *le concept « voir »* renvoie inévitablement par-delà lui-même à d'autres concepts avec lesquels il est nécessairement lié. C'est lorsque nous prenons conscience de tous ces concepts reliés entre eux que nous commençons à comprendre le phénomène – voir – tel qu'il est vraiment. Ce qui fait avancer la connaissance, ce n'est ni l'observation ni l'expérimentation. Ce n'est pas non plus une logique déductive qui commence avec des définitions et des axiomes. C'est « le cas » lui-même qui fait avancer la connaissance. Ici, le cas particulier était *le concept « voir »*. Ce concept nous a conduit à réfléchir aux autres concepts qu'il présuppose. Nous pouvons ainsi parler d'une logique « dirigée par le contenu ». Nous n'abordons pas le cas avec des méthodes et des définitions toutes faites ; c'est le cas, le contenu, qui détermine le développement de la pensée et qui nous conduit en direction de concepts plus adéquats.

Ce développement de la pensée va ainsi en direction de concepts de plus en plus complets : notre compréhension devient plus vraie lorsqu'elle est plus complète. La vérité est totalité. La vérité n'est pas découverte dans les parties, mais dans une totalité interconnectée (voir des conceptions semblables chez Platon et Spinoza). Nous aurions pu faire une remarque similaire en partant de la notion d'action : elle se réfère à un agent, une intention, une chose avec laquelle nous agissons, etc. Le moteur de ce processus réflexif est l'effort produit pour dépasser les imperfections des diverses positions fondamentales qui dominent à différents moments. La réflexion est une force motrice puisqu'elle est *négatrice* : elle traque et capture les imperfections et crée une forte envie de les dépasser.

Le mot « dépasser » (*aufheben*) a plusieurs sens dans la dialectique hégélienne. Il s'agit en partie d'*abolir* les aspects imparfaits d'une position, et en partie d'en *conserver* les aspects satisfaisants. Finalement, il s'agit d'*atteindre* une position supérieure. Le dépassement dialectique d'une position imparfaite n'est pas alors l'abolition négative de cette position, mais sa préservation critique dans une autre position, qui lui est supérieure. C'est ce que veut dire dans la terminologie hégélienne penser « négativement » : chercher les imperfections de la position actuelle afin d'être conduit vers une plus grande connaissance. Penser « positivement », c'est penser la situation actuelle comme un système complet et autosuffisant. Penser négativement, c'est penser de façon critique et progressive.

De cette manière, la réflexion critique sur des présuppositions transcendantales changeantes fait partie du dépassement dialectique qui nous mène à des présuppositions transcendantales plus vraies, c'est-à-dire qui nous fait avancer dans le processus historique de formation dans lequel les humains se réalisent. Et le but de ce processus est la connaissance complète de chaque présupposition transcendantale possible. Si les humains atteignaient ce but, ils auraient une connaissance rationnelle parfaite d'eux-mêmes et du monde, puisqu'ils comprendraient, en principe, la totalité de toutes les positions fondamentales. Cependant, en pratique, le but est d'obtenir des positions plus étendues et plus complètes que les précédentes. L'essentiel est de dépasser ce qui est relativement plus imparfait et incomplet en vue de totalités meilleures et plus complètes.

MAÎTRE ET ESCLAVE – LA LUTTE POUR LA RECONNAISSANCE ET L'IDENTITÉ SOCIALE

Pour Hegel, le processus historique de formation n'est pas simplement théorique, ce n'est pas un processus qui ne se produit que « dans la tête ». La théorie hégélienne du *maître* et de *l'esclave* montre comment Hegel imagine de façon concrète ce processus historique de développement de soi : lorsque deux personnes se tiennent face-à-face, une tension surgit entre elles puisque chacune d'elles veut être *reconnue* par l'autre comme maître de la situation, c'est-à-dire comme celle qui se définit *et* qui définit l'autre. Hegel explique le processus historique par ce modèle : dans cette lutte pour la reconnaissance, une personne se soumettra à l'autre. À la fin, une personne est supérieure, le maître, et une est inférieure, l'esclave. Le maître force l'esclave à travailler pour lui ; ainsi se produit un développement mutuel : un être humain (l'esclave) cultive la nature, et en retour la nature cultivée le change. Lorsque l'esclave laboure le champ, un surplus matériel est créé qui fournit une base pour de meilleures méthodes de travail et de meilleurs outils, ce qui mène de nouveau à une meilleure culture de la nature, et ainsi de suite.

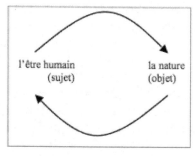

élaboration mutuelle

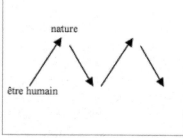

processus de formation mutuelle

Nous en arrivons pour finir au processus dialectique qui consiste en un échange formateur entre un être humain (le sujet) et la nature (l'objet), et l'esclave est celui qui est plus proche de la réalité, et qui donc apprend davantage. Selon Hegel, c'est l'esclave qui devient le scientifique, alors que le maître fonctionne comme un catalyseur nécessaire. Hegel pense avoir ainsi dépassé la distinction statique kantienne entre sujet et objet, selon laquelle le sujet n'arrive jamais à atteindre l'objet (*Ding an sich*).

L'interaction maître-esclave est une relation dialectique, dans la mesure où il y a une relation mutuelle dynamique entre les deux sujets. Le maître n'est maître que parce qu'il est reconnu comme tel par l'esclave (aussi bien que par lui-même), et l'esclave n'est esclave que parce qu'il est reconnu comme tel par le maître (aussi bien que par lui-même). Cela fournit un modèle sociologique du pouvoir politique, qui fut adopté plus tard par l'existentialiste Sartre[1] et par Franz Fanon (1925-1961), un des idéologues des mouvements d'indépendance en Afrique[2] : lorsqu'un Blanc décrit la nature d'un Noir comme inférieure, le Blanc peut être interprété comme « maître » dans un tel jeu de maître-esclave. Les Blancs *se définissent* comme supérieurs et *définissent* les Noirs comme inférieurs, et ils forcent les Noirs à accepter cette définition à la fois des Blancs et d'eux-mêmes. Et les Blancs dissimulent le fait que c'est un « rapport de pouvoir » social en disant que c'est un statut naturel – et en faisant croire aux Noirs qu'il est naturel que « la nature d'un Noir soit inférieure ».

La libération doit suivre les mêmes deux étapes. Les Noirs doivent se rendre compte qu'il s'agit d'une définition *sociale*, que ce n'est pas la nature, ils doivent apprendre à *redéfinir* l'opinion qu'ils ont d'eux-mêmes et des Blancs – et ils doivent forcer les Blancs à accepter cette redéfinition. Les Noirs ne peuvent pas retrouver le respect de soi sans que les Blancs partagent aussi ce respect. Avec un peu d'imagination, nous pouvons voir comment ce jeu de maître – esclave fonctionne à divers niveaux dans la société contemporaine (y compris dans la relation entre hommes et femmes).

La théorie du maître et de l'esclave montre comment le théoricien Hegel aborde les problèmes politiques concrets. Elle montre, en outre, que Hegel refuse de considérer l'individu comme un être autosuffisant : nous *sommes* tels que nous nous définissons et tels que *les autres* nous définissent. Ce qu'*est* une personne est déterminé, en grande partie, par d'autres personnes et d'autres groupes.

Hegel considère la Révolution française comme un évènement d'une importance extrême. La théorie du maître et de l'esclave peut s'utiliser dans ce contexte pour mettre en évidence les points importants de la théorie hégélienne. Avant la Révolution, le maître était représenté par la classe qui possédait la terre, était parasite et ne se refusait rien. L'esclave était celui qui travaillait, mais était politiquement impuissant. Pendant la Révolution, le jeu fut redéfini par l'esclave, c'est-à-dire par la bourgeoisie laborieuse. Après la Révolution, la reconnaissance mutuelle, mais inégale, fut dépassée en faveur d'une reconnaissance mutuelle basée sur l'égalité : une société d'êtres égaux, libres et rationnels – liberté, égalité et fraternité. L'égalité de la société civile réalisa l'idéal d'autonomie des Lumières.

---

1. Voir la théorie sartrienne du regard, dans *L'être et le néant* (partie III, chapitre premier, IV).

2. Frantz Fanon, *Les damnés de la terre* (1961), La Découverte, 2004.

La tradition comme raison – La tension entre l'universel et le particulier

Pour Hegel, l'histoire est un processus plein de tensions, qui conduit à des horizons de compréhension de plus en plus riches et adéquats. Ces différents horizons de compréhension sont valables pour des époques complètes, et non pour des individus spécifiques. Les horizons changeants de compréhension sont intersubjectifs, communs à chaque culture et à chaque époque. D'où deux conséquences importantes pour la théorie politique :

1. *l'individu est une partie organique de la communauté*. Cela veut dire qu'il fait partie de la communauté qui existe dans une période historique donnée. Cela découle de la conception socio-historique des horizons transcendantaux de compréhension : ils sont intersubjectifs et non privés, historiquement changeants et historiquement créés. Pour comprendre le point de vue hégélien, nous pouvons considérer *le langage*, compris comme horizon commun de compréhension avec lequel nous communiquons (et non le langage comme ondes sonores ou encre d'imprimerie). Le langage n'est pas privé, ni individuel : il est commun. Nous ne créons pas le langage, mais «nous nous développons» dans un langage commun, et par suite nous apprenons à nous comprendre et à comprendre le monde avec lui. Et le langage est historiquement changeant et historiquement créé. Nos concepts de base de théorie politique ne sont pas aujourd'hui les mêmes que ceux de l'Athènes antique, mais en même temps ils ont été créés par le développement politico-historique ;
2. *la tradition est rationnelle*. C'est vrai si l'on accepte le point de vue selon lequel les critères de rationalité sont déterminés par les horizons transcendantaux de compréhension que l'histoire, ou la tradition, a créés à chaque époque : l'horizon commun de compréhension historiquement créé qui existe à une époque particulière contient nos critères de ce qui est pourvu ou non de signification, rationnel ou irrationnel. Nous pouvons à nouveau penser au langage : en un certain sens, nous *sommes* le langage, c'est-à-dire le langage (les concepts de base) qui prédomine à notre époque. Nous ne pouvons pas simplement retourner aux concepts fondamentaux des Grecs de l'Antiquité ou entrer dans une façon de penser future qui n'existe pas encore. Évidemment, nous pouvons changer certains des concepts fondamentaux qui

forment la base de notre compréhension d'aujourd'hui. C'est ce qui arrive dans l'écriture créative et dans les sciences (voir les découvertes capitales de Newton et Einstein). Mais ceux qui activement changent et étendent l'horizon de compréhension doivent aussi commencer dans l'horizon de compréhension hérité de la tradition.

Une telle conception de l'histoire est à la fois relativiste et absolutiste. Elle est relativiste puisqu'elle affirme que les critères de la raison et de la déraison changent avec le temps ; ce qui était raisonnable à Athènes en 400 av. J-C ne l'est pas nécessairement pour nous aujourd'hui. Elle est absolutiste puisqu'elle ne se dit pas elle-même relative, mais prétend au contraire être l'horizon de compréhension ultime qui embrasse tous les horizons de compréhension antérieurs et relatifs. Hegel pensait que sa propre philosophie n'était pas relative, mais absolue, dans la mesure où elle était «objectivement vraie».

Dans la pensée de Hegel, l'histoire a un intérêt crucial. Les Grecs pensaient en grande partie de façon anhistorique, et à partir de la Renaissance, les philosophes s'intéressèrent en premier lieu aux nouvelles sciences de la nature. Mais après les Lumières, les humains commencèrent, d'une nouvelle façon, à poser problème à eux-mêmes. L'histoire vint se placer au centre, en tant qu'histoire politique et qu'histoire culturelle (voir chapitre 16). À partir du milieu du dix-neuvième siècle (avec des philosophes comme Comte et Marx), l'intérêt pour l'histoire engloba de plus en plus les problèmes de l'époque. Il en résulta une science sociale orientée vers l'histoire, à laquelle allait s'opposer une science sociale inspirée des sciences de la nature.

Hegel prend lui-même ses distances à la fois par rapport à l'individualisme et au collectivisme[1]. Les deux points de vue sont des *abstractions*. Les deux mettent en jeu des fictions isolées : l'individualisme avec un individu atomique, anhistorique et autosuffisant ; le collectivisme avec un État qui émerge comme quelque chose d'indépendant, séparé des êtres humains vivants. Au contraire, selon Hegel, les êtres humains et l'État sont liés de façon interne. Les êtres humains parviennent tout d'abord à leur réalisation de soi dans une communauté «éthique» (*sittlich*), qui pour Hegel est l'État. Mais nous devons vivre dans de petits groupes comme la famille et la corporation avant de devenir

---

1. Voir chapitre 13, «Libéralisme économique». Il n'est pas inhabituel de voir en Hegel un «collectiviste». En particulier chez les libéraux, il est courant de négliger la distinction entre le collectivisme («l'État au-dessus de l'individu») et la conception dialectique de Hegel («un être humain est une partie organique de la communauté morale qu'est l'État»).

une partie organique de l'État. Et l'État à son tour n'est pas *constitué* par suite d'un contrat, mais naît plutôt de l'histoire. L'État, au sens de Hegel, forge les liens véritables entre les êtres humains. C'est en vertu de ces liens que l'État est une communauté éthique et que les humains peuvent se réaliser en tant qu'humains. Selon Hegel, ces liens sont plus fondamentaux qu'un accord basé sur des calculs individuels de plaisir ou de bénéfices. Hegel rejette l'idée que l'État soit une convention ou un contrat faits par l'homme, sans valeur intrinsèque et sans signification pour l'individu.

En conséquence, *la liberté* est essentiellement pour Hegel *une liberté positive*. Elle consiste à comprendre la communauté historique et à y accomplir notre rôle. La liberté négative, la liberté en tant qu'absence d'une contrainte de l'État, est presque impensable pour Hegel, parce que l'État n'est rien d'autre que l'être humain ; il n'est pas *quelque chose* d'extérieur qui serait capable de *contraindre* un être humain, il est la communauté éthique dont les humains sont les parties organiques. La volonté de « l'État » est ainsi celle de l'être humain. La contrainte est donc hors de question, à moins qu'il y ait quelque chose qui cloche dans l'individu ou dans l'État.

De plus, il est à noter que Hegel défend la propriété privée en s'appuyant sur le fait que les êtres humains doivent *avoir quelque chose* pour *s'extérioriser*. Les êtres humains ne peuvent pas vivre seulement « en eux-mêmes ». Ils doivent avoir quelque chose dans quoi ils puissent s'extérioriser et se reconnaître. Chacun devrait ainsi posséder quelque chose. Mais, selon Hegel, il n'est pas important que certains possèdent beaucoup alors que d'autres possèdent peu, tant que l'inégalité économique ne conduit pas à l'instabilité politique et au désordre.

La famille, la société civile et l'État

Hegel commence par l'environnement local, la famille dans laquelle l'individu est socialisé et individualisé, c'est-à-dire conduit dans la société et dans la tradition. Réconcilier la liberté individuelle avec la solidarité sociale était, pour Hegel, le problème fondamental de la modernité. Sa philosophie de la famille devrait être comprise à cette lumière : la famille nucléaire de la mère, des enfants et du père, qui fondent leur subsistance sur des richesses familiales, constitue pour lui un contre-poids nécessaire à l'individualisme de la société bourgeoise, parce que l'amour et la solidarité sont les valeurs fondamentales de la famille.

La famille moderne repose sur l'amour mutuel entre homme et femme. Par l'amour, les deux se reconnaissent mutuellement. L'identité de chaque personne est codéterminée par celle de l'autre. Chacun est défini en vertu de l'autre. Ainsi leur identité n'est-elle pas un attribut individuel isolé, mais elle est fondée sur le lien étroit entre les deux personnes. Le mariage est donc quelque chose de différent et de plus qu'une formalité extérieure, tout comme l'amour est quelque chose de différent et de plus que le fait de tomber amoureux. La reconnaissance mutuelle entre un homme et une femme dans l'institution socialement reconnue du mariage réconcilie la liberté sous la forme de l'amour et des sentiments romanesques avec l'identité mutuelle et la reconnaissance sociale.

Hegel pense que la femme obtient une reconnaissance complète dans la famille en tant qu'épouse et mère. L'homme travaille de plus hors des limites de la famille ; il acquiert ainsi une partie de son identité sociale hors de la famille et du mariage. Hegel attribue à l'homme le double rôle de père de famille et d'agent dans la sphère productive. La femme de son côté est liée à la sphère familiale par toutes ses tâches. Cela révèle que le point de vue de Hegel est fondé sur la famille bourgeoise de son époque. Il considère les femmes et les hommes comme des êtres différents, ayant des fonctions différentes. Il ne plaide pas pour l'égalité des sexes.

La conception hégélienne de la famille va donc au-delà de la conception purement juridique selon laquelle la famille est un contrat extérieur entre deux individus autosuffisants[1]. Concernant la position de Kant sur le mariage comme contrat permettant de partager les organes sexuels et les pulsions[2], Hegel remarque : « On ne peut donc subsumer le mariage sous le concept de contrat ; cette subsomption est établie chez Kant, dans toute son horreur, il faut bien le dire (*Principes métaphysiques de la doctrine du droit*, p. 106, sq.) »[3]. Il est aussi à noter que, alors qu'Aristote et Hegel (à l'opposé de Platon) considèrent la famille comme quelque chose de fondamental pour le processus de socialisation, Hegel est moins qu'Aristote axé sur la biologie, mais s'oriente plus que lui sur la psychologie sociale en ce qui concerne la formation de l'identité mutuelle.

---

1. Voir cette vue contractuelle chez Locke dans le *Traité du gouvernement civil*, chapitre VII.

2. Voir Kant, *Fondements de la Métaphysique des mœurs ; Première partie, Doctrine du droit*, § 24.

3. Hegel, *Principes de la philosophie du droit*, Première partie, « Le droit abstrait », deuxième section, « Le contrat », § 75.

À partir de la famille considérée comme la communauté locale première, Hegel se tourne vers ce qu'il appelle la société civile, dont la fondation est « le système des besoins » ; c'est essentiellement le système d'économie de marché, tel qu'il le connaît à partir des économistes politiques britanniques et de sa propre époque. Hegel met l'accent sur la logique dynamique interne du système. Les actions se conditionnent mutuellement ; et alors que les individus agissent sur la base d'une connaissance partielle, le système fonctionne comme un tout sur la base de sa propre logique, qui est d'un ordre plus élevé. Le système a une logique, une direction de développement, que les agents n'ont pas besoin de reconnaître. C'est ce que Hegel appelle « la ruse de la raison ». Il manifeste là une véritable perspicacité sociologique : lorsque beaucoup d'individus interagissent, il peut en découler des résultats (et des structures sociales) qu'aucun agent particulier n'a voulus.

Hegel place la société civile à l'interface entre la famille et l'État. Il est l'un des premiers théoriciens à thématiser l'apparition dans le monde moderne de beaucoup d'organisations bénévoles et privées, ayant des fonctions que ne peuvent remplir de façon adéquate la famille ou l'État. La vie professionnelle et l'économie de marché sont incluses dans la version large de cette notion de la société civile. Mais, sous ce terme, Hegel se concentre aussi sur des questions aujourd'hui traitées en opposition à la fois à l'État et au marché.

De plus, il est frappant que Hegel fait pour finir allusion à une théorie de la crise du capitalisme du *laissez-faire* : laissé à lui-même, ce système (par l'expansion, la concentration de capitaux, l'appauvrissement et la polarisation entre les classes) conduit à des tensions et à l'instabilité. Alors interviennent des organisations intermédiaires qui apportent ordre et cohésion, ainsi que les institutions et la communauté, c'est-à-dire, dans la terminologie hégélienne, l'État. En d'autres mots, Hegel se distingue à la fois des libéraux du *laissez-faire* et des marxistes, et il expose les grandes lignes d'une troisième voie : le capitalisme est un système autodestructeur qui ne survivra pas si on le laisse à lui-même, contrairement à ce que pensaient les libéraux. Mais Hegel ne croit pas que le capitalisme sera renversé par une révolution, comme l'affirmeront les marxistes. Si nous nous permettions d'appliquer les termes politiques contemporains de manière anachronique, nous pourrions considérer Hegel à cet égard comme un social-démocrate précoce – mais qui a certainement son approche théorique propre.

La pensée de Hegel est de bien des façons une philosophie du changement par les tensions. De la Révolution française, entre autres, il a appris à voir l'histoire comme un processus de formation ; dans tous ses évènements, nous pouvons essayer de comprendre les changements historiques en réfléchissant après coup sur ce qui s'est passé. Pour lui, la sagesse appartient à l'heure tardive du crépuscule.

OBJECTIONS FAITES À HEGEL

On a fait plusieurs objections à la philosophie hégélienne. Nous en citerons quelques-unes et montrerons comment des interprétations bienveillantes de Hegel peuvent y répondre.

L'individu n'a aucun rôle dans le système hégélien

Kierkegaard, parmi d'autres, a fait cette objection en défendant l'individu, considéré par lui comme unique, contre un système philosophique qui le subsumait sous l'universel, c'est-à-dire sous l'État et l'histoire.

Il est vrai que, dans la pensée de Hegel, l'individu, comme la morale et la religion, est subordonné au système. Hegel ne pense pas par exemple que l'individu puisse intervenir dans l'histoire : elle n'est pas formée par les grands hommes d'État, mais ceux que nous appellerions de grands hommes (ou de grandes femmes) sont utilisés par elle – souvent sans être conscients de ce qu'ils font *vraiment*. Napoléon croyait qu'il allait unifier l'Europe, mais l'histoire l'utilisa pour promouvoir un nouveau nationalisme (« la ruse de la raison »). L'histoire réalise son progrès objectivement raisonnable, que les gens de l'époque comprennent ou non ce qu'ils font. Elle a sa logique propre, que les agents eux-mêmes peuvent mal interpréter.

À première vue, l'objection de Kierkegaard semble correcte. Il y a en chacun de nous quelque chose de profondément personnel, comme la peur de la mort ou la conscience de soi. La *manière* selon laquelle cela s'est formé peut être déterminée historiquement et socialement, mais non *le fait* que ma mort est mienne ou celui que ma conscience est mienne. La morale et la religion ne sont pas, en ce sens, réellement préservées dans le système hégélien. C'est pourquoi il est possible de dire que Hegel ne permet pas à l'individu, ou à ses problèmes religieux et moraux, de conserver leur place véritable.

D'un autre côté, Hegel répondrait probablement que l'individu, « l'être unique » (*hin enkelte*) de la pensée de Kierkegaard, est une *abstraction*. L'être humain concret participe toujours à des liens sociaux et historiques. Il est donc juste d'insister sur ces liens. Ce n'est que si nous sommes capables de saisir tous les liens dans lesquels une personne se trouve prise que nous serons capables de la comprendre concrètement. La totalité des liens est concrète et vraie. Une partie ou un aspect ne nous en donne qu'une image partiellement vraie, abstraite. De plus, la totalité, l'ensemble, est un processus. Les horizons transcendantaux de compréhension évoluent historiquement. Nous ne trouvons pas la vérité par des concepts statiques. Nous ne reconnaissons la vérité – la totalité des liens concrets – qu'en réfléchissant sur tout le processus historique, avec ses tensions et sauts dialectiques. En plus de ces arguments philosophiques contre l'individualisme, Hegel avait aussi un argument politique : l'unification de l'Allemagne était nécessaire pour moderniser le pays, et dans l'Allemagne de son époque, l'individualisme était synonyme de division régionale. Hegel était donc *contre* l'individualisme parce qu'il était *pour* l'unification allemande.

La philosophie hégélienne est totalitaire

Il est facile de condamner le soutien de Hegel à l'unification allemande pour renforcer l'État allemand à la lumière des cent cinquante années de l'histoire allemande qui ont suivi. Mais un tel jugement est anachronique. À son époque, il était raisonnable pour un citoyen allemand politiquement conscient de vouloir renforcer l'État. Et bien que Hegel lui-même ait parfois semblé croire à sa quasi-omniscience, nous ne pouvons pas sérieusement penser qu'il aurait dû connaître les désastres de la politique allemande du vingtième siècle, ni l'en tenir responsable. De plus, il est raisonnable de croire que ce qu'il a écrit dans les *Principes de la philosophie du droit*, sous la pression des censeurs, ne coïncide pas entièrement avec ses propres conceptions : en privé, il exprimait des idées plus libérales.

Sur la question du supposé totalitarisme de Hegel, nous pouvons dire que le Hegel officiel que nous rencontrons par exemple dans les *Principes de la philosophie du droit*, soutenait l'État prussien de son époque (des environs de 1820). L'idéal ainsi publiquement exprimé est donc autoritaire de bien des façons, mais il n'est ni totalitaire, ni fasciste[1]. Hegel plaidait pour un gouvernement *constitutionnellement* fort, et il rejetait l'idée qu'un dictateur pût gouverner selon ses propres lubies. Il voulait un état gouverné selon la loi et le droit, et il méprisait

---

1. Herbert Marcuse, dans *Raison et Révolution*, soutient que Hegel était très éloigné du fascisme parce qu'il soutenait la notion d'un État constitutionnel gouverné par des lois.

l'irrationalité – alors que les fascistes louent l'irrationalité et refusent que la constitution soumette le gouvernement à la moindre contrainte, lui impose la moindre limite.

Hegel est un conservateur

Les intellectuels de gauche reprochent fréquemment à Hegel son conservatisme. Mais le mot *conservateur* a plusieurs sens[1] – aux connotations aussi bien positives que négatives, selon notre point de vue. Si par « conservateur » on entend « voulant préserver le *statu quo* », Hegel n'était pas conservateur : selon lui, nous ne pouvons pas « préserver » pour toujours des formes de gouvernement existantes, puisque tout ce qui existe est soumis à des changements historiques. Hegel s'opposait ainsi directement à un conservatisme *statique*. Les changements historiques apparaissent par sauts qualitatifs. C'est pourquoi on pourrait presque considérer Hegel comme un « défaitiste radical » : les changements sont inévitables et surviennent après de profondes transitions. Mais en même temps Hegel affirmait que ce qui est essentiel est toujours préservé sous la forme d'une synthèse supérieure. Les inévitables sauts qualitatifs conduisent à des synthèses qui embrassent thèses et anti-thèses à un degré supérieur. Ainsi les formes existantes sont-elles préservées ; mais nous devons noter que ce qui existait précédemment est placé dans un contexte nouveau et plus large. On interprétera alors la pensée de Hegel en un sens radical ou conservateur, selon que l'on mettra l'accent, dans le dépassement qui réalise la nouvelle synthèse, sur le rejet ou sur la préservation[2].

La conception hégélienne de l'histoire fait preuve d'un optimisme excessif

La théorie hégélienne du dépassement dialectique garantit un optimisme historique : l'histoire rassemble tous les meilleurs aspects des expériences précédentes. Mais est-ce certain ? Pouvons-nous être sûrs que notre époque soit une synthèse de tout le bien du passé ? N'est-il pas possible que des aspects essentiels en aient été perdus ? N'est-il pas possible que tout changement ne soit pas un vaste dépassement vers un niveau supérieur, mais que la plupart des changements résultent de

---

1. Voir chapitre 13, « Edmund Burke – la réaction conservatrice ».
2. Voir dans ce chapitre, « Réflexion, dialectique, expérience ».

conflits entre différents groupes et différentes cultures dans lesquels certains perdent et certains gagnent ? Et la philosophie hégélienne ne peut-elle représenter une légitimation des vainqueurs historiques, légitimation qui pourrait être politiquement «engourdissante»?

Nous pouvons répondre que nous n'allons pas faire *aujourd'hui* l'expérience de la grande et vaste synthèse qui assure que rien n'est perdu, mais que nous la ferons seulement lorsque l'histoire sera *achevée*. Mais cette réponse transforme toute la théorie du dépassement dialectique en quelque chose d'éloigné et de spéculatif, comme le vœu pieux que «tout est bien qui finit bien».

Nous pouvons répondre en outre que c'est l'*histoire* qui décide de ce qui est digne d'être conservé, et non nous qui vivons aujourd'hui. Ce dont un groupe particulier peut faire l'expérience comme celle d'une perte est en réalité – à la lumière de l'histoire – soit neutre, soit bénéfique. Mais cette réponse se rapproche d'un pur opportunisme concernant le contenu propositionnel du bon et du mauvais : tout ce qui arrive est bon! De plus, il devient difficile de savoir ce qui est «vraiment» bon, puisqu'il est souvent difficile de savoir *où* va l'histoire.

Certains hégéliens contemporains pensent que l'histoire a atteint sa fin : la synthèse finale apparaît être un capitalisme faiblement régulé par l'État et fortement orienté par le marché, avec un gouvernement démocratique et la reconnaissance des droits de l'homme. Il n'y a pas de négation acceptable, pas de dépassement acceptable de ces institutions. Le progrès historique ne signifiera à partir d'aujourd'hui qu'un capitalisme amélioré et davantage de démocratie et de droits de l'homme[1].

Cela signifie-t-il que le «pouvoir du négatif» n'est plus opérant dans le monde contemporain ? S'il en est ainsi, les hégéliens de droite ont raison contre ceux de gauche. Dans l'interprétation hégélienne de droite, Hegel apparaît comme un réaliste historique. Mais même s'il était vrai qu'il n'y eût aucune possibilité de formes qualitativement supérieures des institutions sociales, et que l'histoire, en ce sens, fût parvenue à sa fin, nous pourrions encore faire l'expérience de dépressions et de régressions. La vie sur terre ne durera sûrement pas toujours, et il y a toujours le danger de graves crises, ayant des causes soit externes (naturelles), soit internes (structurelles et culturelles).

---

1. Francis Fukuyama, *La Fin de l'histoire et le dernier homme,* Champs Flammarion, 1993, tr. D-A. Canal.

La philosophie hégélienne ne laisse aucune place à l'éthique

Hegel affirmait que les critères du droit doivent se trouver dans les horizons de compréhension que l'histoire nous accorde de tout temps. Il n'existe pas de loi naturelle objective. Ceux qui apparaissent victorieux ont raison. Dans la philosophie hégélienne, il n'y a pas de place pour l'éthique. Contre cette objection, nous pouvons faire remarquer que, selon Hegel, le but de l'histoire est une société rationnelle et libre. Ce but est un bien objectif et anhistorique. Mais peut-être ce contre-argument ne nous aide-t-il pas beaucoup, puisque ce but appartient à l'avenir, et que nous devons voir le monde du point de vue qui nous a été donné.

L'éthique, en un certain sens du mot, tient une place importante dans la pensée de Hegel. En fait, Hegel distinguait un droit abstrait, la morale et « l'éthique » (*die Sittlichkeit*). La distinction entre les deux premiers correspond au traitement kantien du droit, par opposition à la sphère de la morale. Mais ici comme dans les autres domaines, Hegel critiquait la pensée dualiste : loi abstraite et morale abstraite sont liées par l'éthique. L'éthique comprend les liens concrets, ceux de la maison, de la communauté et de l'État, qui relient le droit abstrait et la morale abstraite. La position centrale que tient l'éthique dans la pensée de Hegel montre que ce serait une erreur de dire qu'il ne lui accordait aucune place.

La dialectique hégélienne est absurde

Ce que Hegel appelle dialectique n'est qu'un mélange confus de science empirique (telle que la psychologie) et de quasi-logique. Cette objection semble prendre sa source dans un empirisme extrême : il n'y a pas d'autres méthodes légitimes que celles des sciences empiriques et de la logique déductive. Mais cet empirisme est lui-même problématique. Nous avons auparavant essayé de montrer comment la dialectique pouvait être comprise comme « adoucissant » la philosophie transcendantale. Cependant, cela n'implique pas que la pensée dialectique de Hegel ne soit pas problématique et ne puisse être remise en question.

La critique de Hegel la plus simple, mais non la moins importante, est qu'il écrivait d'une façon souvent peu claire et difficile à comprendre.

La question de savoir ce qu'il peut avoir appris du sens de la clarification conceptuelle de Locke ou de la volonté de Kant d'expliquer et de justifier ses affirmations est ainsi une question ouverte.

QUESTIONS

Expliquez les idées de Hegel sur l'histoire en utilisant les termes suivants : « dialectique », « dépassement », « synthèse » et « formation ».

« Dans la philosophie hégélienne les présuppositions transcendantales kantiennes sont remplacées par des présuppositions historiquement créées ». Commentez cette assertion et prenez position sur ce point.

« Pour Hegel, l'État est tout et l'individu n'est rien ». Commentez cette assertion par rapport aux idées de Hegel sur la dialectique et sur les relations entre la famille, le marché et l'État. Commentez la tentative hégélienne d'un dépassement du libéralisme et du conservatisme.

SUGGESTIONS DE LECTURE

SOURCES

Hegel, G.W.F, *Premiers écrits (Francfort 1797/1800)*, Vrin, 2000, tr. Olivier Depré.

Hegel, G.W.F., *La phénoménologie de l'esprit*, Vrin, 1989, tr. B. Bourgeois.

Hegel, G.W.F., *Principes de la philosophie du droit*, Gallimard, collection Tel, 1989, tr. André Kaan.

COMMENTAIRES

Adorno, T., *Trois études sur Hegel*, Payot, 1979, tr. sous la responsabilité de Th. Leydenbach.

D'Hondt, J., *Hegel, philosophe de l'histoire vivante*, PUF, Epiméthée, 1993.

Hyppolite, J., *Introduction à la philosophie de l'histoire de Hegel*, Seuil, 1983.

Kervégan, J-F., *L'effectif et le rationnel*, Vrin, 2008.

Kojève, A., *Introduction à la lecture de Hegel*, Gallimard, 1980.

Marcuse, H., *Raison et révolution*, Minuit, 1968, tr. R. Castel et P.-H. Gonthier.

Popper, K., *Misère de l'historicisme*, Presses Pocket, 1991, tr. H. Rousseau révisée et augmentée par R. Bouveresse.

Taylor, C., *Hegel et la société moderne*, Le Cerf, 1998, tr. P. Desrosiers.

CHAPITRE 18

Marx – Forces productives
et lutte des classes

Biographie. *Karl Marx (1818-1883) était le fils d'un riche avocat alle-mand d'origine juive. Étudiant le matérialisme grec, il rédigea sa thèse de doctorat sur Démocrite et Épicure, mais il fut profondément influencé par l'hégélianisme de gauche de son temps. Il devint chroniqueur du journal libéral* Rheinische Zeitung. *En 1843, après l'interdiction de cette publication par le gouvernement prussien, il se rendit à Paris, où il entra en contact avec les socialistes français. Il y rencontra également Friedrich Engels (1820-1895) avec qui il développa une amitié qui dura toute leur vie et les conduisit à travailler en étroite collaboration. Par son intermédiaire, il prit connais-sance des théories économiques britanniques et des conditions économiques et sociales de Grande-Bretagne. (À l'époque, Engels dirigeait une usine à Manchester.) Expulsé de France en raison de ses activités politiques, il partit pour Bruxelles. Marx et Engels développèrent un programme d'action et publièrent en 1848 le* Manifeste Communiste, *en liaison avec la fondation de la Ligue Communiste. Pendant la Révolution de 1848, Marx retourna en Rhénanie, puis, à l'écrasement de la Révolution, il s'enfuit à Londres, où il passa le reste de sa vie. L'*Association Internationale des Travailleurs *(également connue comme la Première Internationale) fut fondée en 1864, et Marx en fut l'une des forces motrices. Cette association devait représenter le prolétariat dans tous les pays. Elle fut dissoute quelque temps après la défaite de la Commune de Paris de 1871. Dès lors, Marx se concentra sur l'analyse économique et cessa de s'impliquer activement en politique. Parmi ses œuvres* *les plus connues figurent les* Manuscrits Économico-philosophiques *(1844-1845)*, l'Idéologie Allemande *(1845-1846)*, Contribution à la critique de l'Économie Politique *(1859)*, *et* Le Capital *(1867)*.

DIALECTIQUE ET ALIÉNATION

Marx ne trouvait pas satisfaisant de simplement *interpréter* le monde; il voulait le *changer*. En d'autres termes, il comprenait la théorie politique comme une partie de l'activité politique : la théorie politique n'est pas la contemplation de la vérité, mais constitue elle-même une contribution à la lutte politique pour ou contre des changements sociaux.

La tentative scientifique de Marx ne fut pas purement philosophique, elle embrassa à la fois l'histoire, la sociologie, l'économie et la philosophie. Les transitions entre l'analyse philosophique, les travaux empiriques et les contributions à la politique en cours s'y présentaient naturellement. En tant qu'hégélien, Marx répugnait à *mettre à part* une théorie uniquement philosophique : dans la réalité, économie, sociologie, histoire et philosophie sont liées.

Marx est souvent présenté comme ayant répandu la philosophie hégélienne : pour Hegel, le monde était un processus historique dans lequel le développement *des pensées et des idées* était fondamental. Marx conserva la conception hégélienne du monde comme processus historique dialectique, mais affirma que ce qui était fondamental, c'était le développement de la *vie matérielle*. Cette présentation de Hegel comme «idéaliste» et de Marx comme «matérialiste» est au mieux une simplification. Nous avons déjà vu que Hegel s'intéressait aux facteurs matériels et sociaux[1]. Et nous verrons que Marx n'était pas matérialiste au sens mécaniste du terme.

Si on considère que Hegel faisait tenir l'histoire «sur la tête» (idéalisme) et que Marx l'a remise «sur ses pieds» (matérialisme), on pourrait dire qu'elle devrait bien sûr *marcher* sur ses pieds, mais *penser* avec sa tête. En d'autres termes, ce n'est pas ou bien/ou bien, mais à la fois/et aussi, en ce sens que *à la fois* les facteurs matériels (économiques) *et aussi* intellectuels (culturels) ont leur rôle à jouer. Et en tant que dialecticiens, Hegel et Marx étaient d'accord sur ce point. Mais en même temps, Hegel plaçait *plus* que Marx l'accent sur l'aspect intellectuel culturel (*Geist*), et Marx plaçait *plus* que Hegel l'accent

---

1. Voir, par exemple, chapitre 17, «Maître et esclave».

sur l'aspect économique matériel. Sous cette réserve, nous pouvons parler d'«idéalisme dialectique» chez Hegel et de «matérialisme dialectique» chez Marx[1]. Dans ce chapitre, nous nous étendrons peu sur la dialectique, dont nous avons déjà traité en relation avec Hegel[2]. Puisque la dialectique est toujours déterminée par *le sujet traité*, un exposé de la dialectique de Marx serait en même temps un exposé de son «matérialisme». Nous rappellerons au lecteur par les schémas qui suivent les éléments d'ensemble permettant de cerner la dialectique comme nous les avons mentionnés en liaison avec Hegel.

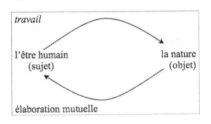

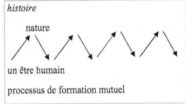

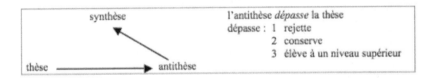

Afin de rendre la dialectique plus concrète, nous esquisserons la théorie de l'*aliénation* («*Entfremdung*») chez Marx. C'est une théorie que nous trouvons dans ses œuvres de jeunesse, écrites alors qu'il était encore très influencé par Hegel. Marx prit la suite de l'hégélien de gauche Ludwig Feuerbach (1804-1872), qui employa dans sa critique de la *religion* la ligne de pensée dialectique ci-après :

1. au commencement, les êtres humains vivaient dans l'innocence, en harmonie avec eux-mêmes ;
2. au cours du temps, les êtres humains créèrent une image de Dieu, mais ils ne se rendirent pas compte que ce Dieu était fait par l'homme. Ils le comprirent comme quelque chose de *différent* d'eux-mêmes, comme une puissance extérieure qui menace et punit. En réalité, d'après Feuerbach, ce Dieu était une manifesta-

---

1. L'expression *matérialisme dialectique* n'a pas été forgée par Marx. Dans les pays d'Europe de l'Est, le marxisme était souvent appelé officiellement «matérialisme historique et dialectique». C'était principalement une version soviétique de Marx, Engels et Lénine.

2. Par exemple chapitre 17, «Réflexion, dialectique, expérience».

tion extérieure des attributs humains : Dieu n'a pas créé les êtres humains, les êtres humains ont créé Dieu. Les êtres humains sont alors divisés entre ce qu'ils reconnaissent comme eux-mêmes et ce qu'ils conçoivent comme une puissance extérieure mais qui est en fait une manifestation extérieure d'eux-mêmes. Cette scission constitue l'aliénation : dans cette condition, les êtres humains sont étrangers à certaines parties d'eux-mêmes ; ils font l'expérience de Dieu comme d'une puissance indépendante, et d'eux-mêmes comme impuissants. Ils deviennent les esclaves d'une image de Dieu qu'ils ont eux-mêmes créée, ils sont opprimés par un produit de leur propre création ;

3. Afin de vaincre cette triste aliénation, les êtres humains doivent *reconnaître* le rapport : que ce Dieu, qu'ils conçoivent comme une puissance extérieure, est en réalité une production humaine, c'est-à-dire une partie d'eux-mêmes.

En d'autres termes, Feuerbach pense que la *critique de la religion* suffit à vaincre l'aliénation. Si les gens *reconnaissent* ce rapport, ils cesseront de croire en Dieu. Ils ne vivront plus une séparation douloureuse. Ils se réconcilieront avec eux-mêmes, avec le produit de leur propre création. Nous pouvons illustrer la pensée de Feuerbach par ce schéma :

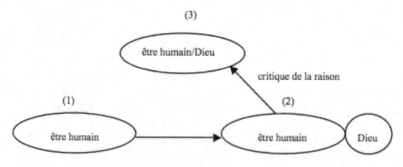

Notre propos n'est pas ici d'évaluer la validité de l'athéisme de Feuerbach. Comme réfutation de l'existence de Dieu, il n'est pas exempt d'objections. Le point décisif pour nous est le schème dialectique dans lequel l'aliénation représente la négation d'un état d'innocence originel et la critique de la religion une victoire sur cette aliénation. Le résultat en est une harmonie nouvelle, située à un plus haut niveau, parce qu'à travers ce processus, les êtres humains reconnaissent à propos d'eux-mêmes quelque chose qu'ils ne savaient pas quand ils étaient dans l'état d'harmonie originel. Marx emploie ce schème dialectique. Mais il ne pense pas comme l'hégélien de gauche Feuerbach que la critique théorique suffise. Aussi longtemps que les gens ont besoin du réconfort de la religion parce qu'ils vivent dans des conditions matérielles insupportables, aucun argument théorique ne sera capable de vaincre l'aliénation religieuse[1]. L'abolition de l'aliénation religieuse présuppose l'abolition de l'aliénation économique.

Nous rencontrons ici une version du «matérialisme» de Marx : l'aliénation religieuse dérive de l'aliénation politique et sociale, qui à nouveau se fonde sur l'aliénation économique. En ce sens, le facteur économique («matériel») prend le pas sur le facteur spirituel.

Marx
le niveau religieux
les niveaux politique et social
le niveau économique

Marx accepte l'idée selon laquelle les êtres humains sont aliénés religieusement. Mais cette sorte d'aliénation n'est pas pour lui la plus importante. Cette aliénation religieuse n'est qu'un aspect de l'aliénation générale de la société capitaliste.

Dans la société capitaliste, le travail crée l'aliénation. Parce que les êtres humains (par opposition aux animaux) doivent travailler et produire pour vivre, et parce que le travail crée un surproduit, la relation entre l'homme et la nature devient une relation dialectique dans laquelle chaque terme transforme l'autre. L'histoire est précisément ce processus dialectique de développement dans lequel la nature est de plus en plus transformée par le travail humain, et les êtres humains de plus en plus façonnés par les produits qu'ils créent. Dans la société capitaliste, la nature a été profondément transformée : les êtres humains sont entourés d'usines et de villes. Mais en même temps, une profonde séparation a surgi entre les capitalistes et le prolétariat, et entre les êtres humains et les produits de leur travail. Les êtres humains ne sont plus maîtres de leur production, elle émerge comme une puissance indépendante qui les force à travailler pour elle. Les capitalistes doivent investir et entrer en compétition, tandis que les travailleurs doivent se soumettre pour obtenir à peine de quoi survivre. La machine et son développement déterminent ce qui arrive aux êtres humains, et non l'inverse.

---

1. Voir la psychanalyse : parfois, les mots du psychiatre n'aident pas. Un changement d'environnement ou de remède doit être prescrit pour vaincre le problème.

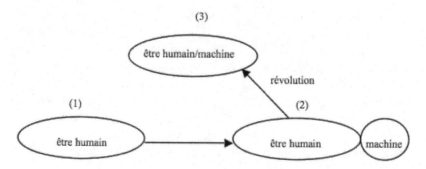

Nous avons ici atteint un point saillant de la pensée de Marx : son indignation à l'égard de la dégradation humaine dans la société capitaliste de son temps (le milieu du dix-neuvième siècle). Il est important de voir que Marx pensait que cette dégradation affectait à la fois le capitaliste et l'ouvrier : tous deux sont asservis par le système économique. Cette dégradation ne se limite pas à l'appauvrissement économique de l'ouvrier, mais il s'agit d'une dégradation humaine plus générale : les êtres humains sont soumis à des forces extérieures – réification et contraintes du travail – qui les empêchent de se réaliser eux-mêmes en tant qu'humains libres et créateurs, et ils doivent fonctionner comme des automates, contrôlés par des forces qu'ils ont eux-mêmes créées mais dont ils ne sont plus maîtres. Les êtres humains – à la fois les capitalistes et les travailleurs – sont affectés par ce monde réifié. Ils se sentent *impuissants* devant cette nature « transformée » telle qu'elle fonctionne dans la société capitaliste, et ils se voient eux-mêmes et leurs congénères comme des « choses », comme de la force de travail, comme des employés, comme des concurrents. L'aliénation est donc double :

1. l'appauvrissement économique des ouvriers ;
2. la dégradation humaine du capitaliste et de l'ouvrier.

Nous pouvons en revenir à la « triade » dialectique : sous le capitalisme, l'aliénation est ainsi l'*antithèse*. Sur la base d'une aggravation de la situation – une crise du capitalisme –, les travailleurs font la révolution : ils regagnent leur valeur humaine en *exerçant la maîtrise* sur leurs propres produits, sur les machines et les usines. Quand ils l'ont faite, ils se reconnaissent dans leur production et sont réconciliés avec elle, comme Feuerbach pensait qu'ils se réconcilieraient avec leurs propres attributs divins. L'aliénation est abolie au moyen de la révolution : les humains deviennent conscients, libres et créateurs. L'impuissance et la réification sont dépassées. Les humains prennent le contrôle de l'économie et sont ainsi en position de se réaliser eux-mêmes.

Marx ne pense donc pas que l'histoire se déroule de façon continue en avançant régulièrement. Elle est conduite vers l'avant par des sauts qualitatifs, des révolutions. La situation s'aggrave souvent avant que la transformation se produise. Mais la transformation a pour résultat une synthèse d'un ordre supérieur. Ainsi une révolution prolétarienne surviendra-t-elle à cause des crises du capitalisme, et elle « élèvera » la capacité de production du capitalisme à un niveau qualitativement supérieur, parce que l'appareil de production sera sous contrôle humain. Sous le capitalisme, chaque personne agit rationnellement sur la base d'une perspective égoïste, mais le système dans son ensemble fonctionne de manière anarchique et pour finir autodestructrice. La somme des actions individuelles conduit à un résultat non voulu. Le système incorpore donc une logique que nul ne souhaite individuellement. Mais après la révolution, l'individu et la structure sociale seront éclairés par la raison et dirigés par elle, d'après Marx.

Si Marx est « matérialiste » au sens où il soutient que l'économie est décisive pour la vie religieuse et spirituelle, il *ne* l'est *pas* au sens où il prendrait pour *idéal* ce qu'on appelle les *valeurs matérielles*, l'argent et la possession. Au contraire, il considère cette attitude fondée sur l'« avoir » comme une dégradation[1]. Il partage sur ce point l'idéal aristotélicien classique : à la base, un être humain est un être conscient, libre et créatif. L'impuissance et la réification pervertissent ces attributs humains fondamentaux. Il n'est pas non plus un « matérialiste » au sens où il soutiendrait que les humains sont de tout temps principalement *motivés* par le gain matériel. Il dit au contraire que cela est plus que tout caractéristique de cette phase de l'histoire que représente la société capitaliste.

Matérialisme historique

Nous avons dit que Marx n'est pas « matérialiste » au sens de : « Le bénéfice matériel est un idéal » (matérialisme éthique). Il ne l'est pas non plus au sens de : « Tout ce qui existe se compose de particules matérielles et suit des lois mécanistes » (matérialisme atomique mécaniste). Le matérialisme mécaniste entre en conflit avec deux des notions de base de Marx :

---

1. Voir l'antithèse existentialiste entre *être* et *avoir*, par exemple dans Gabriel Marcel, *Être et avoir*, Paris, Aubier, 1935.

1. pour Marx, tout changement n'est pas mécanique. Le changement social historique est dialectique;
2. pour Marx, le monde n'est pas seulement une multitude d'atomes. La réalité sociale historique se caractérise par les relations.

Quand on qualifie Marx de matérialiste, c'est par-dessus tout dans le sens suivant : « Les facteurs économiques matériels sont les forces motrices du processus historique » (matérialisme historique).

Marx partage la conception aristotélicienne de l'homme comme homme-dans-la-communauté, selon laquelle les êtres humains sont avant tout capables de se réaliser dans des groupes sociaux. Mais le travail, pour Marx, est formateur. C'est une définition du travail plus positive que celle que nous trouvons chez Aristote. D'après Marx, les institutions sociales sont changées grâce au travail, de sorte que d'autres propriétés humaines peuvent se réaliser dans de nouvelles étapes historiques. Les gens qui vivent sous le capitalisme peuvent réaliser d'autres capacités que ceux qui vivaient dans une cité-État. L'histoire est le processus de formation par lequel l'humanité se réalise. (Pour des raisons historiques, ce point de vue se situe au-delà de l'horizon philosophique d'Aristote.) En prenant connaissance de l'histoire, nous prenons connaissance de l'humanité et de nous-mêmes. Marx pense que les facteurs économiques sont décisifs dans le processus de formation historique. L'histoire est l'histoire de l'économie, l'histoire du travail. Les changements qualitatifs de la vie économique font de l'histoire un processus irréversible qui va toujours de l'avant.

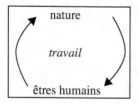
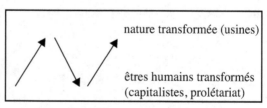

Dans ce processus de formation, nous avons traversé les étapes économiques suivantes :

société primitive → société esclavagiste → société féodale → capitalisme (→ communisme)

La transition d'un stade économique au suivant représente un saut qualitatif qui survient nécessairement quand l'économie s'est développée jusqu'à un certain point de saturation. Ces sauts qualitatifs arrivent dialectiquement quand un stade est « nié » et « dépassé » par un stade supérieur :

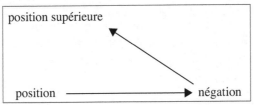

Nous pouvons parler de position *supérieure* et de *progrès* parce que la négation ne remplace pas un système économique par un autre – comme nous pourrions renverser un roi et en placer un autre sur le trône – : au lieu de cela, la négation est un dépassement par lequel des aspects essentiels sont reconfigurés dans une relation plus rationnelle. L'histoire, par conséquent, ne « perd » rien. Ainsi le communisme est-il censé conserver la société sans classes des communautés primitives, les liens étroits de la société féodale, et les droits formels et la grande capacité productive de la société capitaliste bourgeoise, en intégrant ces facteurs dans un système où s'exerce sur l'économie un contrôle rationnel et démocratique. Marx, comme Hegel, pense que ce processus est inévitable parce que le travail (l'économie) forcera pour finir ces changements à advenir indépendamment de ce que les personnes individuelles pensent ou imaginent. Les personnes individuelles ne peuvent à quelque degré que ce soit influer sur ce processus selon leurs fantaisies. Il se produit même si les gens n'ont pas compris qu'ils y participent.

Pour Marx, c'est l'économie qui est fondamentale, et non l'esprit. Nos pensées sont des reflets des conditions économiques matérielles. Les facteurs économiques matériels sont par conséquent appelés l'infrastructure, et les phénomènes culturels, comme la religion, la philosophie, la morale et la littérature, la superstructure. Sous une forme extrême, le matérialisme historique signifie

1. que l'infrastructure, et non la superstructure, constitue la force motrice de l'histoire ;
2. que l'infrastructure détermine la superstructure ; la superstructure ne détermine pas l'infrastructure.

Ce qui donne :

superstructure

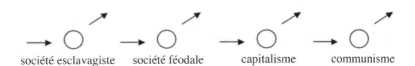

infrastructure   société esclavagiste   société féodale   capitalisme   communisme

Interprété sous cette forme extrême, le matérialisme historique devient du déterminisme économique. Le processus historique et la pensée humaine sont tous deux déterminés par les circonstances économiques matérielles. C'est-à-dire que les humains ne peuvent penser librement, et que les pensées ne peuvent avoir aucune influence sur les évènements. Mais sous cette forme extrême, le déterminisme économique devient intenable :

1. il implique le rejet de toute libre rationalité : nos pensées sont toujours déterminées par des causes économiques, et non par des raisons rationnelles. Nous pensons ce que nous *devons* penser, et non ce que nous avons des raisons de croire vrai. Mais cette théorie sape elle-même sa propre base, puisqu'elle veut dire qu'elle-même n'est que la conséquence de certaines causes économiques. Il n'y a donc pas de raison d'accepter sa validité. En outre, les conditions matérielles qui sont déterminantes aujourd'hui sont différentes de celles qui l'étaient pour la pensée de Marx ;
2. ce déterminisme économique n'est pas dialectique, parce qu'il fait une distinction entre deux phénomènes différents, l'économie et la pensée, et dit ensuite que l'un des deux détermine l'autre. Un dualisme si aigu faisant appel à deux phénomènes indépendants est contraire à la dialectique. L'un des points de base de la pensée dialectique est qu'un phénomène tel que l'économie *ne peut pas* être conçu comme une sphère relativement isolée. L'économie est une part de la société. Puisque le déterminisme économique présuppose une séparation non dialectique entre l'économie et la pensée, et puisque Marx a explicitement souligné la relation entre ces facteurs, il est déraisonnable de lui attribuer ce déterminisme économique ;
3. certains textes de son œuvre appuient l'affirmation selon laquelle Marx ne faisait pas preuve de déterminisme économique, même s'il s'est à l'occasion exprimé de manière ambiguë.

Il est par conséquent raisonnable d'interpréter comme suit le matérialisme historique de Marx : l'économie et la pensée s'influencent mutuellement, mais l'économie a le dernier mot :

superstructure (idéologie)

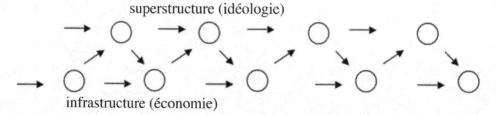

infrastructure (économie)

Nous pouvons en outre compléter l'image en incluant les facteurs socio-politiques en plus des facteurs économiques et idéologiques :

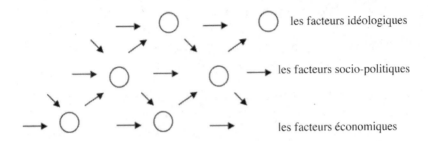

les facteurs idéologiques

les facteurs socio-politiques

les facteurs économiques

C'est une interprétation simple et raisonnable de la conception matérialiste de l'histoire de Marx. Mais cette interprétation est ambiguë. Que signifie réellement dire que tous ces facteurs jouent un rôle, mais que l'économie est « déterminante », ou qu'elle a la « préséance » ? Nous pouvons l'interpréter comme une *règle méthodologique* : « Cherchez les explications économiques ! », ou : « Mettez particulièrement l'accent sur les conditions économiques au sein de la totalité socio-historique ! ». Cela pose relativement peu de problèmes, mais Marx essayait de dire plus. Nous pouvons risquer l'interprétation suivante : « La superstructure influence l'infrastructure au sens où la superstructure est nécessaire à l'infrastructure, mais elle ne peut l'orienter vers de nouvelles directions ». Ici, la superstructure – l'État, l'idéologie, la pensée – est conçue comme part nécessaire du tout, mais les changements, les nouvelles directions du développement, proviennent de l'infrastructure. Sur la façon dont Marx conçoit le lien entre le économie et pensée, nous pouvons ajouter que pour lui l'économie est fondée sur le *travail*. Et le travail n'est pas un processus naturel aveugle, c'est un travail social, humain, c'est l'activité spécifiquement humaine qui nous met en contact avec la réalité. Par le travail, nous apprenons sur les choses, et indirectement sur nous-mêmes. Et parce qu'il crée de nouveaux produits, et de nouvelles formations sociales, nous en apprenons de plus en plus sur nous-mêmes et sur le monde au moyen de ce processus historique. Le travail est ainsi dans la pensée de Marx un concept *épistémologique* fondamental. C'est par l'action que nous acquérons la connaissance. Cela entre en conflit avec le modèle de connaissance statique et centré sur l'individu proposé par les empiristes classiques, pour lequel l'homme fonctionne fondamentalement comme une caméra qui reçoit des impulsions optiques. Si cette interprétation du lien épistémologique entre travail et connaissance est correcte, c'est une autre raison de rejeter la division aiguë entre infrastructure et superstructure, et le déterminisme économique qui s'appuie sur elle : le travail et la connaissance sont des parties d'un processus dialectique, et il n'est par conséquent pas correct de dire que le travail détermine causalement la connaissance.

Or la défense d'un strict déterminisme économique ou l'assignation d'une certaine influence à la superstructure ont pour le marxisme des conséquences politiques clairement différentes. La première position induit la passivité politique : « Nous devons attendre jusqu'à ce que les temps soient mûrs ». La deuxième appelle à l'action. Bien plus, si nous pensons que la superstructure est essentiellement déterminée par l'infrastructure, par les conditions économiques, il serait inutile de débattre avec nos adversaires. Leur point de vue serait simplement déterminé par leur position matérielle. Des arguments ne peuvent changer un tel point de vue, seul en est capable un changement de position matérielle. Cela veut dire par exemple qu'il faut voir le parlement conformément à cette analyse : le pouvoir est « extraparlementaire », parce qu'il se trouve toujours dans les forces économiques, *non* dans le parlement. Le parlement n'est qu'un reflet politique des conditions de pouvoir économique dominantes.

Par conséquent, les discussions, les opinions subjectives et le système parlementaire n'ont aucune importance. Tous ces facteurs sont fondamentalement des reflets passifs de l'infrastructure. (Par opposition, John Stuart Mill, dans *De la liberté*, soutient que nous pouvons atteindre une opinion mieux informée par le libre échange des idées dans une discussion.)

FORCES PRODUCTIVES ET RAPPORTS DE PRODUCTION

Marx faisait la distinction entre trois aspects de l'infrastructure : *les forces productives, les rapports de production*, et *les conditions naturelles*. En bref, il faut entendre par forces productives la force de travail (avec la connaissance technologique et les outils), c'est-à-dire la source même du développement mutuel des humains et de la nature ; par rapports de production, les formes d'organisation, et par-dessus tout, les rapports de propriété des moyens de production ; et par conditions naturelles, les ressources naturelles disponibles.

Nous avons dit que Marx considérait l'infrastructure, l'économie, comme la force motrice décisive de l'histoire. Toutefois, d'après lui, la véritable force motrice, ce sont les forces productives. Mais leur développement, en d'autres termes le développement mutuel des humains et de la nature, se produit au sein d'une certaine forme d'organisation (forme de propriété). Jusqu'à un certain point, les forces productives sont capables de se développer correctement, ou du moins sans résistance, au sein des rapports de production dominants. Mais à ce point, ceux-ci commencent à avoir pour effet d'entraver le développement de celles-là. Dès lors surgit une tension entre forces productives et rapports de production : les rapports de propriété dominants nuisent à une exploitation plus poussée de la nature. Un changement se produit alors parce que les forces productives forgent des rapports de production *nouveaux* et plus appropriés. C'est la révolution. Quand les nouveaux rapports de production se sont établis, les forces productives peuvent à nouveau se développer, jusqu'à ce que ces rapports de production nouvellement créés commencent à être restrictifs, et une nouvelle révolution survient. En d'autres termes, les forces productives évoluent. Des conflits surgissent entre les forces productives et les rapports de production dominants. La tension se dissipe avec la création de rapports de production nouveaux et meilleurs.

Le concept de classe de Marx est lié à celui de rapports de production. La classe est déterminée par la relation aux moyens de production (matière première et instruments de production). Ceux qui *possèdent* les moyens de production sont placés dans une opposition de classe à ceux qui ne les possèdent pas.

C'est un point important, parce que beaucoup de gens pensent pouvoir réfuter le concept marxiste de classe en montrant que ceux qui ne possèdent pas les moyens de production consomment beaucoup. Cependant, ce concept ne s'applique pas principalement à la consommation, à l'expérience subjective ou aux droits individuels, mais à la propriété des moyens de production. Aussi longtemps que certains possèdent les moyens de production et les autres non, il y aura d'après Marx des oppositions entre classes et des conflits de classes. Au stade capitaliste, les deux classes sont les capitalistes, qui possèdent les moyens de production, et le prolétariat, qui ne les possède pas. Bien sûr, de nombreuses sortes d'oppositions ne sont pas basées sur des conflits portant sur les moyens de production : ce sont pour ainsi dire des oppositions bénignes. Les oppositions de classe, de leur côté, sont insurmontables, en ce sens qu'elles ne peuvent être renversées que par une révolution, que par un changement dans les rapports de propriété.

Puisque ceux qui possèdent les moyens de production agiront en règle générale contre un tel changement, les révolutions seront le plus souvent violentes. Mais la violence n'en est pas une caractéristique nécessaire.

D'après Marx, le capitalisme souffrira toujours de crises internes. Le prolétariat s'appauvrira, la classe moyenne inférieure deviendra une partie du prolétariat en raison de la concentration du capital dans les mains d'une minorité, et les grandes entreprises créeront de la surproduction. Tout ira en s'aggravant jusqu'à ce que le prolétariat se dresse et prenne le contrôle de l'appareil de production de manière que l'économie internationale soit placée sous le contrôle de la société et que la production soit adaptée à la satisfaction des véritables besoins. La classe ouvrière a la mission historique de mener à bien la révolution et de créer ainsi une société sans classes.

PLUS-VALUE ET EXPLOITATION

L'un des arguments de base de Marx contre les économistes libéraux classiques (comme Adam Smith et David Ricardo) était qu'ils pensaient de manière abstraite, atomiste : ils soutenaient à la base l'idée d'individus anhistoriques et de lois anhistoriques. Ils ne comprenaient pas correctement le fonctionnement de l'économie dans la société et dans l'histoire.

En gros, nous pouvons déterminer les prix sur la base de l'offre et de la demande, où la demande est à son tour déterminée par le besoin ; mais alors, besoin signifie pouvoir d'achat. Toutefois, nous pouvons très bien avoir besoin d'un produit, de la nourriture par exemple, sans avoir les moyens de le payer. Dans ce cas, notre besoin ne sera pas enregistré comme demande – d'un autre côté, le pouvoir d'une petite fille de sept ans d'acheter *un soutien-gorge* sera enregistré comme demande même si elle n'a pas vraiment besoin de cet article. Les besoins et tout particulièrement le pouvoir d'achat ne sont pas anhistoriques : nous pouvons demander comment ils sont formés, et par qui. Négliger ces éléments serait une pensée économique naïve.

Marx ne cache jamais qu'il a beaucoup appris d'Adam Smith et de David Ricardo. On considère habituellement que l'économie politique britannique classique est l'une des trois racines du marxisme, qui sont :

1. la philosophie idéaliste allemande (Hegel), qui a contribué à des concepts comme ceux de dialectique, de négation et de totalité ;
2. le socialisme français (Saint-Simon et Fourier, entre autres), qui a contribué à des concepts comme ceux de bourgeoisie, de classe ouvrière et de révolution ;

3. l'économie politique britannique (Smith, Ricardo), qui a contribué à des concepts tels que ceux de valeur d'échange, de valeur d'usage, de capital, de production et de distribution.

Qu'a apporté Marx à l'économie politique classique ? Marx lui-même pensait que la distinction entre travail et force de travail était l'une de ses contributions les plus importantes : la force de travail est une marchandise qui a une valeur, celle des marchandises nécessaires pour produire la force de travail. L'usage de la force de travail est le travail, qui crée de la valeur. Nous allons voir comment ces idées introduisent les conditions politiques et sociales en même temps qu'elles représentent une critique du capitalisme.

Une marchandise peut se définir en partie par le besoin qu'elle satisfait, sa valeur d'usage, et en partie par sa valeur d'échange. Sur le marché, c'est la valeur d'échange qui compte. Sous le capitalisme, tout est en principe marchandise, y compris la force de travail : dans ce marché étendu de marchandises, nous n'échangeons pas seulement des choses contre des choses, mais nous échangeons aussi de la force de travail contre un salaire. Les travailleurs vendent leur force de travail à quelqu'un qui souhaite l'acheter, c'est-à-dire à un employeur, quelqu'un qui possède les moyens de production. Le prix en est le salaire. Quand des choses sont échangées contre des choses, par exemple un bloc de sel contre deux peaux de chèvre, la valeur ne s'accroît pas. Chacun de ceux qui font l'échange obtient exactement ce qu'il donne en retour, ou l'un des deux obtient plus aux dépens de l'autre, mais dans l'ensemble la valeur ne s'est pas accrue. Comment alors expliquons-nous un accroissement de la valeur ? Le point fondamental de Marx est que la création de valeur se produit par le travail. En d'autres termes, la marchandise qu'est la force de travail occupe dans l'économie de marché une position unique. Acheter, vendre et finalement employer cette marchandise conduit à une augmentation de la valeur pour le système dans son ensemble. Que deviennent les valeurs créées par les travailleurs ? Quand les coûts de production sont amortis et que les travailleurs ont reçu leur salaire, ce qui reste, la plus-value, est une expression de la portion du travail pour laquelle le travailleur n'est pas payé. Cette plus-value va au capitaliste sous la forme de profit. D'après Marx, puisque la plus-value, comme travail impayé, va à quelqu'un qui ne l'a pas personnellement créée, les travailleurs sont toujours exploités sous le capitalisme, indépendamment de leur niveau de vie. Le système est bâti sur l'extorsion de plus-value.

Mais, sur le marché, les capitalistes sont eux-mêmes en compétition les uns contre les autres. La menace de la ruine les conduit à éviter une consommation excessive et à réinvestir dans des éléments comme une meilleure technologie pour renforcer leur position dans la compétition contre les autres capitalistes. De cette façon, la plus-value est réinvestie, et fournit ainsi la base de l'expansion au sein du capitalisme.

Nous voyons maintenant comment la *plus-value* devient un concept central dans la théorie de la société capitaliste selon Marx. Cette plus-value revient au capitaliste sous la forme de profit. Le profit représente l'exploitation des travailleurs. Une partie du profit doit être réinvestie en raison de la compétition. Le processus est continu : de nouveaux achats de force de travail, une plus-value accrue, des profits accrus, de nouveaux investissements, etc. L'argent augmente. C'est-à-dire que c'est du *capital*. Un système économique en expansion surgit, qui tire sa rationalité du profit au niveau de l'entreprise, mais n'a pas de direction politique au niveau national. Ce système, le capitalisme, est autodestructeur : il conduit à des crises qui ne peuvent être surmontées en son sein ; c'est pourquoi il sera dépassé par un autre système.

OBJECTIONS FAITES À MARX

En tant que théoricien politique, Marx a indubitablement eu une grande influence, à la fois sur l'action politique et sur le débat théorique. L'évaluation de sa pensée doit de plus prendre en compte la diversité des factions marxistes. Peu de théoriciens politiques ont été autant déformés que lui par leurs adversaires. Et peu l'ont été autant par leurs adorateurs. Nous pouvons dire avec certitude qu'il fut un pionnier dans le sens où il a d'un côté reconnu l'aliénation humaine sous le capitalisme, et de l'autre cherché un moyen de résoudre le problème en analysant la structure de base du capitalisme. Il y a aussi la question de savoir si ses analyses sont tenables. C'est pourquoi nous passerons brièvement en revue quelques-unes des objections les plus courantes à l'encontre de sa théorie.

La théorie de Marx sape elle-même sa propre base

Marx affirme que toutes les théories représentent une idéologie (fausse conscience), mais puisque ce qu'il soutient est aussi une théorie, ses affirmations la discréditent. Cette objection selon laquelle la théorie de Marx est autoréférentiellement incohérente a diverses formulations, qui semblent toutes en revenir au déterminisme économique. Mais nous avons déjà mentionné qu'il était déraisonnable d'attribuer à Marx une forme extrême de déterminisme économique.

La théorie de Marx n'est pas empirique

La théorie de Marx est à la fois empirique et philosophique. Nous pouvons alors objecter que la « partie » empirique ne l'est pas assez. Ce n'est pas en apparence une objection sérieuse – à moins que nous ne devions insister sur la vérité de *tout* ce que dit Marx. Une objection est soulevée à l'occasion par les cercles empiristes[1] : la dialectique est par principe absurde ; nous ne pouvons pas prévoir l'avenir (voir les arguments de Hume et de Popper sur l'impossibilité de la connaissance de l'avenir). Ce que nous avons dit sur les problèmes internes de l'empirisme et sur les arguments qui soutiennent la philosophie transcendantale et la dialectique rend cette objection problématique.

Sans nous opposer à toute dialectique, toutefois, nous pouvons objecter que Marx et les marxistes ne font généralement pas de distinction entre énoncés philosophiques et empiriques. C'est un point important. Si Marx affirmait qu'un énoncé – par exemple « Les crises du capitalisme deviendront de pire en pire » – est toujours vrai, indépendamment de ce qui se passe réellement, il est clair que cet énoncé ne pourrait être empirique, puisque les énoncés empiriques se caractérisent par le fait qu'ils peuvent être confirmés ou infirmés sur la base de ce qui se produit réellement. Et s'il s'agit d'un énoncé philosophique, nous devrions pouvoir argumenter philosophiquement pour et contre lui, au moins dans une certaine mesure. Dans tous les cas, la théorie de Marx ne représente pas une vérité infaillible pour les initiés.

Certaines des prévisions de Marx se sont révélées fausses

Marx avait prédit que le capitalisme conduirait à une opposition croissante des classes. Il y aurait une minorité de capitalistes et une majorité croissante de prolétaires ayant à peine de quoi survivre.

---

1. Karl Popper, *La Société ouverte et ses ennemis* (en particulier le tome 2), Paris, Seuil, 1979, tr. Jacqueline Bernard et Philippe Monod.

En fait, la plupart des travailleurs des États-Unis d'Amérique et de l'Union Européenne ont une consommation privée qui correspond peu avec sa théorie de la paupérisation. D'un autre côté, nombre de gens aujourd'hui sont sous-alimentés. Lénine a beaucoup souligné la nécessité d'élargir la perspective pour inclure l'opposition entre les nations impérialistes et les peuples colonisés.

En outre, le concept de classe de Marx ne se rattache pas à la consommation, mais à la propriété des moyens de production. C'est pourquoi même si Marx peut *en partie* être réfuté sur sa théorie de la paupérisation, il n'en découle pas que nous n'avons pas en ce sens une « prolétarisation », même dans des pays qui ont un taux élevé de consommation privée : le petit commerce fait souvent faillite en raison de l'action des grandes compagnies internationales, et il y a un nombre croissant d'employés, c'est-à-dire de gens qui ne possèdent pas leurs moyens de production[1]. Mais dans quelle mesure la classe ouvrière, dans *ce* sens marxiste, essaiera-t-elle (et aura-t-elle la force) de mener à bien une révolution internationale qui pourrait conduire à une société sans classes rationnelle et humaine ? C'est au mieux une question ouverte (pour le dire poliment). On affirme aussi que la théorie de Marx était fausse parce que la révolution est survenue dans la Russie sous-développée, et non dans les pays où le capitalisme était le plus avancé. Lénine a répondu que nous devons évaluer le capitalisme comme système international : au niveau international, le capitalisme était pleinement développé, quoiqu'il ne le fût pas en Russie. Mais la révolution se produit là où le capitalisme est le *plus faible*, comme en Russie.

Les concepts de classe et de lutte des classes selon Marx sont inadéquats

Le concept de classe de Marx, et donc celui de lutte des classes, est problématique. Si le concept de classe se définit par la propriété des moyens de production, certains problèmes surgissent à la lumière du capitalisme contemporain. Ceux qui dirigent les entreprises

---

1. Si nous pouvons « sauver » le concept de classe selon Marx en le restreignant à la propriété des moyens de production, la question suivante est alors de savoir s'il est particulièrement intéressant : un ouvrier de l'aérospatiale à Toulouse et une femme de ménage du Kerala (en Inde) font tous deux partie, d'après cette définition, du « prolétariat ». Mais ne négligeons-nous pas ainsi des différences essentielles entre les deux ? – des différences qui s'enracinent dans une base matérielle concrète, comme des différences de ressources et de consommation.

aujourd'hui peuvent ne pas les posséder et même ne pas y avoir d'intérêts de propriété directs. Ils peuvent être employés en raison de leurs qualifications et de leur éducation, et non parce qu'ils ont hérité la propriété de l'entreprise. Ils peuvent recevoir un salaire élevé, mais celui-ci n'est pas nécessairement lié au niveau des profits. Il est donc problématique de dire que les capitalistes, ceux qui possèdent formellement les moyens de production, décident aussi de la façon de les employer. Il est au moins nécessaire de faire une certaine distinction entre la propriété formelle des moyens de production et leur utilisation réelle. Nous pourrions ajouter que même si ces fonctions sont de nos jours souvent réparties entre deux groupes, tous deux agissent toujours selon les principes du capitalisme. Mais le système capitaliste contemporain n'est pas toujours une pure économie de marché : il y a des monopoles et des interventions gouvernementales ; dans certains cas, on ne peut pas voir clairement dans quelle mesure les entreprises sont sujettes au risque de la faillite. En effet, quand la faillite menace une entreprise commerciale, la direction fait souvent appel aux politiques, faisant valoir que des emplois sont en danger. Obtenir une aide économique sous la forme de divers programmes gouvernementaux tels qu'exemption de charges, subventions, etc. devient ainsi part de la stratégie de maintien de la viabilité d'une entreprise. Cela veut dire que les dirigeants, qui n'ont pas besoin de posséder les moyens de production et dont les salaires ne sont pas déterminés par la fluctuation des profits, ne sont pas toujours forcés de suivre les règles théoriques du système capitaliste. Il est donc problématique de dire que les propriétaires et les chefs d'entreprise composent la classe capitaliste parce qu'ils doivent agir selon les principes capitalistes. Il faut développer l'affirmation et la rendre plus concrète avant qu'elle ait un sens, c'est-à-dire avant que nous puissions décider dans quelle mesure elle peut être vraie ou fausse.

Marx affirme que les travailleurs produisent la plus-value et que les capitalistes reçoivent le profit. Mais qu'en est-il des travailleurs salariés du secteur public, qui ne travaillent pas pour un capitaliste et par conséquent ne produisent pas directement de profit ? Ce secteur de force de travail dite improductive a beaucoup augmenté en raison de la montée d'une société « organisée par l'État » : fonctionnaires de toutes sortes, personnels des forces armées et employés de l'éducation, de la recherche, de l'administration, de la santé, etc. À quelle classe appartiennent-ils ? Les différences sont très grandes, que ce soit au niveau des salaires, de l'éducation et de l'attitude. Le facteur commun de ce groupe est que ses membres contribuent d'une façon ou d'une autre à maintenir le fonctionnement du système. On peut

dire qu'ils aident à une meilleure productivité des travailleurs qui
créent du profit.

Marx néglige l'importance des « conditions naturelles »

Le lien entre les forces productives et les rapports de production
était d'une grande importance pour Marx. Il semblait penser que
« les conditions naturelles » posaient relativement peu de problèmes.
La matière première, le climat, l'air, l'eau – toutes ces choses *sont là*.
Elles sont, bien sûr, nécessaires à l'économie. Mais Marx semblait
largement concevoir ces facteurs comme constants, immuables, et par
conséquent ne méritant pas une attention particulière. À son époque,
une telle conception était assez raisonnable. En outre, rien dans ses
prévisions n'indiquait qu'il y aurait des changements importants
dans ce domaine. Marx prédisait, nous le savons, que le capitalisme
« s'autodétruirait » en raison, entre autres, de la surproduction : les
capitalistes étant trop irrationnels pour prévenir cette dernière, il fini-
rait dans une crise qui aurait pour résultat une révolution. Ici, Marx
se trompait : le capitalisme s'est jusqu'à maintenant débrouillé pour
éviter cette crise en créant une société de consommation à travers
l'ensemble de la planète.

En même temps, il s'est avéré que les pays socialistes qui existaient
autrefois en Europe de l'Est n'étaient pas en position de gérer leurs
problèmes écologiques de manière efficace et progressive. Le problème
de la pollution en Russie, en Pologne et dans l'ex-Tchécoslovaquie en
est un triste exemple. La crise écologique n'est donc pas un problème
interne du capitalisme. Le système soviétique montre comment « les
conditions naturelles » sont devenues un problème aussi pour les
économies marxistes.

Le socialisme marxiste est mort

Non seulement les systèmes marxistes se sont presque tous dissous
depuis la chute du Mur de Berlin, mais en outre le socialisme marxiste
a révélé ses problèmes théoriques, dont les moindres ne sont pas
ceux qui ont trait aux questions normatives de la démocratie et des
droits de l'homme. Le marxisme reste néanmoins un outil d'analyse
important des sociétés modernes, qui nous aide à comprendre à la
fois le capitalisme en tant que système et l'aliénation humaine. Le

théoricien politique Marx n'est pas mort, pas plus que le scientifique Newton, l'évolutionniste Darwin ou le psychologue Freud[1].

FRIEDRICH ENGELS –
LA FAMILLE DANS UNE PERSPECTIVE MARXISTE

Friedrich Engels (1820-1895) a rencontré Marx au début des années 1840. Tous deux étaient allemands, et tous deux vécurent plus tard en Angleterre, où ils travaillèrent en étroite collaboration sur plusieurs textes importants, comme *L'Idéologie allemande* et le *Manifeste communiste*. Après la mort de Marx (1883), Engels publia les deuxième et troisième volumes du *Capital*. C'est pourquoi on l'inclut dans la littérature marxiste classique. Mais il écrivit aussi tout seul plusieurs livres importants, à savoir des traités sur la philosophie de la nature et sur la famille.

Dans sa philosophie de la nature, Engels a essayé de montrer que la nature (et pas seulement la société et l'histoire, comme dans la pensée de Marx) est dialectique. Sa théorie de la dialectique de la nature est controversée et souvent considérée comme spéculative et non scientifique. On objecte qu'elle efface la distinction entre société et nature (entre sujet et objet), et qu'elle ne s'accorde pas très bien avec la science de la nature expérimentale moderne. Du point de vue de l'idéalisme hégélien (où cette distinction aiguë entre sujet et objet est «dépassée»), elle peut cependant être pertinente, dans un sens philosophique.

Dans *L'Origine de la famille, de la propriété privée et de l'État* (1884), Engels, utilisant la littérature ethnographique de son temps (en particulier l'œuvre de Lewis H. Morgan), essaie de montrer que la famille, et spécialement la position de la femme, reflète le développement historique en tant qu'il est déterminé par le développement des modes de production, au premier rang desquels les formes de la propriété. Cette conception est marxiste en ce sens qu'Engels décrit le développement de la famille à la lumière du développement économique, depuis la communauté primitive jusqu'à la société de son temps. De pair avec l'accroissement du commerce et des transactions financières, un grand changement social s'est produit comme part de la transition d'une société fondée sur les liens du sang et sur une économie d'échange

---

1. Voir l'emploi d'idées marxistes chez, par exemple, Hannah Arendt et Jürgen Habermas (chapitre 27).

étendue à une société de classes industrielle. Cela n'a pas seulement modifié le caractère de classe de l'État et l'exploitation économique, mais aussi les relations familiales et les relations entre générations. Le but spécifique d'Engels est de montrer que ce développement a aussi conduit à « la famille patriarcale » et à « la grande défaite historique du sexe féminin », au sens où s'intensifièrent l'oppression et l'exploitation de la femme. En se référant à la famille nucléaire de la classe moyenne de son temps, où le mari gagne l'argent et où la femme s'occupe des tâches domestiques, Engels souligne que les femmes sont de cette façon devenues économiquement dépendantes des hommes, et par conséquent leur ont été subordonnées. Par opposition, il présente dans le passé l'image d'une société antique fondée sur le « droit maternel »[1], et dans l'avenir celle d'une société communiste où le mariage ne rendra pas les femmes économiquement dépendantes des hommes : c'est l'État, et non la famille, qui aura la responsabilité économique d'élever les enfants. La distinction entre les enfants nés dans le cadre du mariage et hors mariage disparaîtra. Ainsi les femmes seront-elles libres, et par conséquent, d'après Engels, les relations entre hommes et femmes se caractériseront par un véritable amour.

Engels a ainsi contribué au débat sur la base économique de l'oppression féminine et de la répartition des rôles selon le genre, ainsi que sur la façon dont des programmes gouvernementaux d'aide sociale peuvent à la longue remplacer (et dans une large mesure abolir) le mariage traditionnel qui repose sur le revenu du mari. En résumé, nous pourrions dire que tandis que les théoriciens tournés vers le droit, comme John Stuart Mill et Harriet Taylor, concentrent principalement leur attention sur l'égalité devant la loi (par exemple sur la généralisation du droit de vote), et les théoriciens existentialistes, comme Simone de Beauvoir, sur la lutte mutuelle pour la reconnaissance (pour une égalité de l'identité sociale des hommes et des femmes), les théoriciens marxistes concentrent la leur principalement sur les conditions de classe d'exploitation et de discrimination.

La perspective marxiste, selon laquelle la racine du mal gît dans le développement historique des modes de production, conduit à l'idée que le but de l'action politique n'a pas trait principalement aux lois et aux règles, ni aux rôles sociaux et à la « lutte pour la reconnaissance » (au sens hégélien), mais avant tout aux conditions économiques et sociales qui doivent changer si nous voulons que change la position des femmes.

---

1. Engels a ici emprunté à la littérature ethnographique de son temps autant qu'à Morgan : l'expression « droit maternel » est tirée de Johann Bachofen (1815-1861), qui en 1861 a publié un livre sur l'histoire de la famille.

QUESTIONS

Expliquez les points principaux de la conception de l'histoire de Marx. Discutez ses idées quant aux forces motrices, aux périodes historiques, à la lutte des classes et au changement de société.

Expliquez les principaux concepts économiques de Marx, comme forces productives et rapports de production, exploitation de classe, le capitalisme en tant que système autodestructeur. Discutez ces concepts, en relation par exemple avec Adam Smith et le libéralisme.

Discutez la conception de l'aliénation selon Marx.

SUGGESTIONS DE LECTURE

SOURCES

Engels, Friedrich, *Dialectique de la nature*, Éditions Sociales, 1975, tr. Émile Bottigelli.

Engels, Friedrich, *L'Origine de la famille, de la propriété privée et de l'État*, Éditions Sociales, 1952, tr. Jeanne Stern.

Marx, Karl, *Œuvres*, tomes 1 à 4, Gallimard, Pléiade, 1963-1994, sous la direction de Maximilien Rubel.

COMMENTAIRES

Althusser, L., *Pour Marx*, La Découverte, 2005.

Elster, J., *Karl Marx : une interprétation analytique*, PUF, 1989.

Fromm, E., *La conception de l'homme chez Marx*, Petite Bibliothèque Payot, 2010, tr. Marie Matignon.

Gramsci, A., *Textes (1917-1934)*, Éditions Sociales, 1983.

Habermas, J., « Entre science et philosophie : le marxisme comme critique », dans *Théorie et pratique*, Payot, 2006, tr. Gérard Raulet.

Lukacs, G., *Histoire et conscience de classe*, Minuit, 1960, tr. Kostas Axelos et Jacqueline Bois.

Marcuse, H., *L'homme unidimensionnel*, Minuit, 1968, tr. Monique Wittig.

CHAPITRE 19

Kierkegaard – Existence et ironie

Biographie. *Søren Kierkegaard (1813-1855) naquit à Copenhague durant la dépression consécutive aux guerres napoléoniennes. La famille de son père venait du Jütland occidental, région frappée par la pauvreté ; néanmoins son père s'était installé comme homme d'affaires dans la capitale et réussit à prospérer durant les crises économiques. Søren ne connut jamais de difficultés financières : il vécut de son héritage durant toute sa courte vie. Cependant son enfance dans le foyer domestique fut marquée par des crises spirituelles. Son père avait un caractère mélancolique. Les morts et les accidents frappèrent la famille. Søren apprit très tôt ce que signifie la souffrance morale. Extérieurement, il mena une vie simple : il étudia la théologie et la philosophie, obtenant un titre universitaire pour sa thèse* le concept d'ironie *constamment rapporté à Socrate. C'était un écrivain minutieux, à l'ironie retenue, au défi polémique. Il fit deux voyages à Berlin, où l'esprit spéculatif de Hegel emplissait l'atmosphère. Il fut lui-même responsable des évènements tragiques de sa vie. C'est vrai de sa relation avec Régine Olsen, à laquelle il se fiança. (Il découvrit bientôt qu'il ne pouvait vivre avec elle – un scandale pour le Copenhague de son époque.) Et c'est également vrai de ses écrits polémiques, en particulier de son attaque contre l'évêque Mynster en 1854. Mynster avait été un ami proche de la famille de Kierkegaard, mais ce dernier sentit qu'il se devait de réagir à ce qu'il voyait comme une contrefaçon du christianisme. Il mourut durant ce conflit.*

Kierkegaard fut un auteur prolixe qui utilisa souvent des pseudonymes et qui composa ses œuvres sous une forme littéraire, souvent marquée d'ironie et de défi. Parmi les plus célèbres, citons Ou bien… ou bien, Crainte et tremblement, le Concept de l'angoisse, Miettes philosophiques, *et* le Post-scriptum définitif et non scientifique aux miettes philosophiques – *toutes publiées entre 1843 et 1846* –, *ainsi que* la Maladie à la mort *(1849) et* le Point de vue explicatif de mon œuvre d'écrivain *(1855). Son journal fut publié à titre posthume.*

COMMUNICATION DIRECTE ET COMMUNICATION EXISTENTIELLE

Kierkegaard, en tant que personne et en tant qu'écrivain, fut marqué par les tensions, notamment entre une attitude méditative et introspective, axée sur l'angoisse et la culpabilité, et une attitude faite de maîtrise et de conscience de soi, marquée par un besoin de liberté individuelle et d'autonomie. Ces deux attitudes trouvaient leur source dans son éducation et dans son milieu : d'un côté le piétisme protestant, et de l'autre la volonté et la tendance à l'affirmation de soi de la bourgeoisie naissante.

Ces tensions sont également manifestes dans les relations de Kierkegaard avec Hegel et le romantisme. Il y a des caractéristiques romantiques dans la pensée de Kierkegaard, dans sa présentation de l'esthète bohème par exemple. Mais il y a aussi des caractéristiques anti-romantiques, par exemple dans l'accent qu'il plaçait sur l'aspect positif des affaires pratiques de la vie quotidienne. Il utilisait parfois des mots et des expressions qui rappellent l'idéalisme hégélien – des mots antithétiques comme *objectif* et *subjectif*, et *particulier* et *universel* – tout en attaquant avec ironie Hegel et la philosophie spéculative. De ces tensions étroitement liées entre piétisme et autonomie, et idéalisme et romantisme, Kierkegaard tira une contribution originale : la perspective existentielle[1]. Il devint le représentant passionné de l'inspiration sincère et de l'analyse de l'existence humaine. Il est considéré par la philosophie contemporaine comme un pionnier de l'existentialisme (voir chapitre 26).

Mais qu'est-ce que l'existence humaine et que Kierkegaard en jugeait-il important ? La réponse n'est rien moins que simple. Le premier problème est que Kierkegaard utilisait souvent des pseudonymes, tels que «Johannes Climacus» et «Vigilius Hafniensis» (le Veilleur de Copenhague). Cela signifie-t-il que lui-même ne partageait pas

---

1. Johannes Sløk, *Kierkegaards univers. En my guide til geniet*, Centrum, 1983. C'est à ce texte que nous sommes redevables de notre discussion.

sérieusement les opinions exprimées par ses divers personnages ? Deuxièmement, il écrivait dans un style ironique et littéraire. Il se livrait rarement aux développements dans lesquels sont traditionnellement discutées les propositions philosophiques. Il est donc difficile de savoir quelle était effectivement sa position, même quand il signait une œuvre en tant qu'auteur, et pas seulement comme simple « éditeur » d'un texte écrit sous un pseudonyme. Troisièmement, la question de savoir s'il soutint les mêmes opinions durant toute sa vie ou si ses conceptions changèrent demeure sans réponse. Fut-il plus positif envers les tâches pratiques de la vie dans ses premiers écrits que plus tard quand il attaqua sur un ton polémique l'évêque Mynster et le clergé danois ? Ce sont des questions ouvertes pour les recherches kierkegaardiennes[1].

En conséquence, il n'est pas surprenant que soient possibles différentes interprétations de la philosophie de Kierkegaard – le doute existe même quant à savoir si l'on peut dire que ses efforts étaient philosophiques, au sens habituel du mot. Mais tout cela est intentionnel de sa part ; il exprimait ses intentions de cette façon (par exemple) : « Ainsi, les ouvrages pseudonymes ne contiennent pas un seul mot de moi ; je n'ai aucune opinion à leur sujet sinon comme tiers, aucun savoir de leur signification sinon comme lecteur, et pas le moindre rapport privé avec eux, comme il est d'ailleurs impossible d'en avoir avec une communication doublement réfléchie »[2].

L'usage que fit Kierkegaard des pseudonymes et des formes littéraires est lié à d'authentiques difficultés à communiquer la connaissance de l'existence humaine. Il ne tentait pas de communiquer des affirmations propositionnelles que d'autres pourraient lire et étudier. Il tentait de communiquer la connaissance existentielle de ce que signifie être un humain. Cela exige une acquisition active, un acte d'internalisation. Ainsi les lecteurs doivent-ils se sentir d'un côté provoqués et séduits, et de l'autre libres de s'engager eux-mêmes et de se développer de manière à être capables de voir, et d'être, avec plus d'internalisation et de sincérité.

Que ce soit en une prose ordinaire ou dans un exposé scientifique, nous pouvons nous satisfaire de la « communication directe » – quand nous disons par exemple « il est 12h30 » ou « l'ouragan vient du sud-est ». Mais ce type de communication directe ne convient pas pour ce que Kierkegaard avait à l'esprit. Là, d'autres formes d'expression

---

1. J. Sløk, dans *Kierkegaards univers*, p. 121-122, s'interroge sur le fait de savoir si Kierkegaard a changé ses présupposés fondamentaux.

2. Kierkegaard, *Post-scriptum définitif et non scientifique aux Miettes philosophiques*, « Première et dernière explication », p. 302, éditions de l'Orante, 1977.

sont requises, des formes de nature plus poétique. Nous ne trans-
mettons pas des propositions *sur* quelque chose ; nous tentons au
contraire de transmettre dans leur totalité l'attitude et l'« ambiance »
à partir desquelles l'état des choses doit être compris parce que, quand
il s'agit de l'existence humaine, le thème véritable est précisément le
rapport aux divers états de choses. Transmettre ce rapport de manière
telle qu'il puisse être compris comme ce qu'il est, et non comme un
état objectif des choses du monde, requiert des formes spécifiques
d'expression. Si nous souhaitons transmettre ce type de connaissance,
nous devons être des artistes littéraires ayant un rapport réfléchi à
nous-mêmes et aux autres. Kierkegaard employait donc l'expression
de « communication doublement réfléchie ».

De la même manière, nous devons personnellement faire un effort
particulier pour recevoir ce qui est ainsi transmis. Si nous voulons
le comprendre, et le recevoir de manière telle que cela change notre
propre relation au monde, nous devons entrer dans un processus
global de formation – qui fait partie de la tâche d'apprentissage de
toute une vie pour vivre en être humain. Il est également essentiel
que les lecteurs soient libres par rapport au texte. Un tel texte ne doit
pas les convaincre avec l'inexorabilité d'un argument scientifique.
Le point important est qu'ils puissent choisir leur rapport au texte
librement et de manière responsable. Cela exige qu'existent simultanément, dans une tension douloureuse, une implication passionnée
et une distance réfléchie. Kierkegaard n'était certainement pas un
existentialiste vulgaire soutenant l'expérience immédiate et non
réfléchie ici et maintenant. Il n'était pas non plus un partisan d'une
réflexion théorique coupée de la vie. La passion ironique et la présence
distante – ces concepts sont probablement mieux appropriés pour
ce qu'il tentait de faire. Mais si nous le disons de cette façon, nous
sommes déjà en train de trahir Kierkegaard. Nous sommes déjà en
train de présenter sa pensée au moyen de propositions simples et
directes. Ici, nous avons déjà commencé à enseigner et à expliquer
le travail et les formes d'expression de Kierkegaard sous forme de
propositions : le but est la transmission et le perfectionnement d'une
connaissance existentielle de soi, et le moyen est l'utilisation de la
rhétorique et de l'ironie. Nous devrions désormais adopter une attitude ironique quant à ce que nous avons dit. Mais nous pourrions
tout aussi bien situer Kierkegaard dans la tradition philosophique de
ceux qui prêtent attention à la « connaissance tacite », et qui tentent
de « montrer » ce qui ne peut être dit par des propositions – comme
Socrate et Wittgenstein. En bref, nous devrions tenter d'adopter un
peu de la « double réflexion » et de la distance ironique de Kierkegaard.

Peut-être aurions-nous dû nous contenter d'en présenter quelques citations, de sorte qu'il aurait pu exposer ses idées par lui-même, sans notre intervention interprétative.

LES TROIS STADES SUR LE CHEMIN DE LA VIE

Au lieu d'essayer d'éviter les problèmes d'interprétation en citant Kierkegaard sans le commenter, nous allons esquisser trois interprétations différentes de ce qu'il appelle les trois stades, à savoir l'esthétique, l'éthique et le religieux. C'est ainsi que nous tenterons de *montrer* certaines des difficultés qui surgissent à sa lecture.

L'interprétation édifiante

Kierkegaard se tourna non seulement contre les philosophes spéculatifs de son époque, qu'il accusa d'oublier leur propre existence, mais également contre un certain mode de vie, en soulignant l'importance qu'il y a à prendre la responsabilité existentielle de sa propre vie. Ce qui devint son message édifiant : soyez l'« être unique » (*hin enkelte*) que fondamentalement vous êtes déjà, en choisissant en pleine conscience. Ce n'est pas un choix entre des choses du monde, ou entre des actions extérieures. C'est le choix d'une attitude existentielle. Nous devrions acquérir une conscience plus existentielle, à la fois au sens où nous devrions maintenir une attitude réfléchie envers nous-mêmes et au sens où nous devrions le faire avec une intériorité passionnée. Les trois stades ne sont donc pas les étapes d'un développement par lequel nous progressons tous automatiquement, comme dans un processus de maturation psychosociale, mais ils représentent différentes attitudes fondamentales, ou manières d'être. Ces trois différentes attitudes nous façonnent complètement, comme des perspectives globales marquant toute notre vie : notre attitude envers la vie est *ou bien* esthétique, *ou bien* éthique, *ou bien* religieuse. De ce fait, nous ne pouvons choisir entre elles comme entre trois sortes de fromages dans un magasin, parce qu'il n'y a pas de position neutre au-delà d'elles. Ainsi pour cette raison même ce dilemme ne peut-il être posé directement. Par conséquent, Kierkegaard utilisait une forme indirecte d'expression, en maintenant une distance ironique et en présentant des exemples de diverses attitudes envers la vie, comme l'exprime notamment le personnage de «Johannes Climacus». On peut néanmoins caractériser le stade esthétique par une vie vécue selon une perspective faite de distance et d'indulgence pour soi. Dans ce stade, nous ne nous impliquons pas dans la vie avec éthique et sérieux mais demeurons des observateurs passifs, l'attitude même que nous tendons à avoir face à l'art. Nous observons les tragédies et les comédies de la vie mais nous ne participons pas réellement. C'est ce que fait le bohème pensif et peu impliqué qui cherche le beau et le sublime, mais sans être pris dans les devoirs et responsabilités qui caractérisent la vie bourgeoise aussi bien que le stade éthique. L'esthète est donc à la fois privilégié et découragé ; privilégié parce qu'il se tient en dehors du tourment et des devoirs, mais découragé parce que cette forme de vie est vide et emplie de désespoir.

Les éthiciens ont choisi de dire « oui » à la vie comme à ce dont ils ont personnellement choisi d'accepter les responsabilités, même si de nombreux facteurs demeurent au-delà de leur contrôle. Nous sommes tous nés dans des circonstances particulières, et il n'y a que quelques facteurs que nous pouvons changer, ou peut-être améliorer. Quand les éthiciens choisissent d'accepter les responsabilités, ce n'est pas à cause de l'illusion qu'ils pourraient tout changer par leurs propres efforts – comme s'ils étaient dans la position de Dieu. Ils choisissent au sens où ils acceptent la vie avec passion, et avec une implication existentielle ; nos actes sont nôtres et notre mort est nôtre. Il s'agit donc d'une éthique reposant sur une sorte de volonté morale. Mais, à la différence de celle de Kant, celle-ci dépend de notre propre attitude – et non d'un impératif catégorique ou d'autres principes moraux univer-sels. Ici, ce qui compte est l'« intériorité ». Et comme nous pourrions l'attendre d'une éthique reposant sur une volonté morale, en tant que s'opposant à une éthique conséquentialiste (comme l'utilitarisme), les conséquences de nos actes ne jouent pas un rôle décisif. C'est ce qui distingue l'éthicien du bon citoyen. À l'extérieur, ils peuvent sembler les mêmes, mais à l'intérieur ils sont différents. Leurs attitudes envers la vie et leur passion existentielle diffèrent.

Les esthètes volent de fleur en fleur, comme des abeilles. Ils papillonnent entre différents rôles et chemins, choisissant un jour l'un, le lendemain un autre. Ils cherchent sans fin quelque chose de nouveau, sous la forme de nouvelles expériences. Les éthiciens donnent du sens à la vie en suivant la voie qu'ils se sont choisie. Leur vie tire son sens de leur implication passionnée dans leur projet de vie. Responsabilités et devoirs caractérisent la vie de l'éthicien, non en tant qu'exigences extérieures, mais en tant qu'éléments faisant partie intégrante de son attitude éthique envers la vie.

Nous avons ici deux perspectives entièrement différentes face à la vie. La transition de l'une à l'autre n'aura donc pas lieu au moyen d'une argumentation. Il s'agit pour ainsi dire de deux paradigmes incommensurables, pour emprunter un terme de la philosophie des sciences. Il n'y a pas de transition grâce à des discussions, ni par une maturation naturelle. La transition advient, selon Kierkegaard, par un *saut* existentiel. Le stade religieux se caractérise par une implication existentielle non seulement de l'individu lui-même, mais aussi de sa foi en un Dieu vivant. Cette foi ne relève pas du savoir objectif, pas plus que de la connaissance intellectuelle. Il en va d'une qualité unique de notre rapport à la vie, à nous-mêmes et à tout le reste. À l'extérieur, la personne religieuse ne peut être distinguée de l'éthicien ou du bon citoyen. Mais, de nouveau, il ne s'agit que de l'extérieur. À l'intérieur, ils sont radicalement différents. C'est également le cas quand tous trois disent croire au même Dieu. C'est leur rapport à Dieu qui diffère – leur passion en lien avec le Dieu historique, donc avec leur propre existence.

Nous avons présenté jusqu'ici l'interprétation édifiante des trois stades.

L'interprétation synthétique

L'interprétation édifiante souligne l'aspect discontinu du rapport entre les trois stades. Il y a entre eux des sauts qualitatifs ; par conséquent, le choix existentiel est important. C'est pourquoi, à strictement parler, il n'est pas possible d'en parler et de les comparer, comme nous l'avons fait ici ; ce qui suggère l'emploi d'une forme poétique d'expression. Par la communication indirecte et l'effort individuel, chacun peut personnellement choisir l'un des trois. Ceux qui ont saisi cela ont été tirés de l'état d'innocence et doivent personnellement choisir de prendre la responsabilité de leur propre vie en un sens *existentiel*.

Mais nous pouvons aussi lire Kierkegaard comme s'il pensait qu'il y a des niveaux qualitativement différents. Le stade religieux est supérieur au stade éthique, à la fois en connaissance et en qualité de vie ; et ce dernier est supérieur au stade esthétique. Il ne s'agit pas seulement de faire un choix entre trois attitudes envers la vie qui seraient toutes au même niveau. Nous pouvons cependant parler de développement positif et de maturation dans la transition du stade esthétique au stade éthique puis au stade religieux. Cela ne signifie pas que nous nions le fait qu'il y a des sauts. Et ce n'est pas une simple transition par le biais d'une argumentation. Cette transition n'est pas non plus une synthèse hégélienne, où les niveaux inférieurs sont intégralement préservés aux niveaux supérieurs. Néanmoins, quand nous sommes passés du stade esthétique au stade éthique puis au stade religieux, nous reconnaissons rétrospectivement que nous sommes parvenus à un niveau supérieur. Que pourrait signifier d'autre de parler d'un niveau supérieur ? Nous pourrions par exemple dire que c'est comparable à une cure réussie en psychanalyse : quand nous avons atteint un nouveau stade, nous réalisons que nous vivions auparavant dans l'illusion. Mais ce n'est pas quelque chose que nous pouvions voir à un stade antérieur. Quand nous y étions, nous ne ressentions qu'une sorte de vague inconfort.

En ce sens, nous pourrions interpréter ces trois stades comme un processus progressif d'apprentissage. Nous pourrions prétendre que c'est ce qui repose derrière la pensée de Kierkegaard. Mais par cette interprétation, nous allons dans la direction d'une conception hégélienne de la formation de l'identité. Peut-être ici nous approchons-nous plus de Hegel que Kierkegaard ne l'eût souhaité.

L'interprétation ironique réfléchie

Le bon citoyen peut à la fois croire en Dieu et aller à l'église, être responsable et dévoué à son devoir et, de plus, savoir jouir de la beauté et du plaisir. Extérieurement, la différence n'a pas besoin d'être très grande entre l'honnête citoyen et l'esthète, ou l'éthicien, ou la personne religieuse. La différence, comme nous l'avons dit, réside à l'intérieur, ou dans leurs attitudes respectives envers la vie.

Les esthètes se distinguent donc des honnêtes citoyens, non parce qu'ils aiment la beauté quand les citoyens ne l'aimeraient pas, mais parce qu'ils ont un rapport ironique réfléchi envers la vie. Alors que les citoyens vaquent naturellement à leurs tâches quotidiennes, se souciant des répercussions de ce qu'ils font, les esthètes gardent une attitude détachée. Ils considèrent tous ces choix mondains comme fondamentalement sans importance. Ce que sont les conséquences ne compte pas réellement pour eux. En ce sens, l'esthète est l'incarnation du nihilisme européen au sens nietzschéen (voir chapitre 21) : aucune valeur n'est supérieure à une autre. Toutes sont également valables, et fondamentalement sans conséquences.

Parlons-nous ici de choix, d'un choix qui signifie que l'on considère toutes les valeurs comme également valables ? Ou parlons-nous d'une connaissance, d'une connaissance de la vérité selon laquelle toutes les valeurs sont également valables ? Quelle que soit la réponse que nous préférions, l'esthète, selon cette interprétation, n'apparaît pas comme quelqu'un qui avant tout aime la vie et savoure la beauté et le plaisir, mais comme quelqu'un qui garde une distance intérieure face à la vie, une personne qui trouve que la vie est éthiquement vide parce que tout est, fondamentalement, également valable (*gleich-gültig*). Loin d'être une personne éprouvant un plaisir immédiat de ce que la vie peut offrir, l'esthète est plus proche du cynique réfléchi qui tient bon héroïquement malgré la certitude que la vie est effectivement dépourvue de signification objective. C'est le désespoir intérieur de l'esthète, et c'est ce qui le distingue radicalement du citoyen affairé et compatissant.

Le saut qui permet d'atteindre le stade éthique n'est pas une question de choix des bonnes valeurs plutôt que des mauvaises. Il se caractérise par le choix que font les personnes de se prendre elles-mêmes comme fin. Il ne s'agit pas de choisir des buts pratiques, comme un métier particulier ou un style de vie. Nous parlons d'un choix intérieur ou existentiel qui change notre attitude face à la vie, nous permettant ainsi de devenir quelqu'un d'autre en revendiquant notre vie comme nôtre. Nous devons ici nous contenter de suggérer, puisque l'expérience personnelle de tels choix est nécessaire pour comprendre ce qu'ils impliquent. Mais peut-être néanmoins la plupart des personnes ayant vécu leur vie ont-elles une idée de ce dont nous traitons ici. Les mots d'ordre peuvent être *conscience de soi* et *volonté de mener sa propre vie*, ou *passion et sincérité intérieure*, comme Kierkegaard le dit souvent. Ainsi l'éthicien défie-t-il la vie avec plus d'engagement que ne le fait l'esthète. En ce sens, l'éthicien peut surmonter le lancinant désespoir existentiel de l'esthète. Mais, de nouveau, la différence extérieure avec le bon citoyen est plutôt mince. La différence repose toujours à un niveau intérieur.

L'éthicien est donc l'« être unique » (*hin enkelte*), qui vit sa vie avec passion et réflexion, faisant en permanence de nouveaux efforts. Extérieurement, il est membre de la communauté sociale, comme le sont les autres personnes bonnes, et il n'est pas un excentrique. Mais alors que le bourgeois à l'esprit étroit, en ce sens, connaît une vie intérieure paisible, l'éthicien est existentiellement conscient.

Le saut au stade religieux est un saut dans l'inconnu, sans garanties de connaissance objective, sans arguments convaincants, et sans savoir pleinement ce à quoi nous nous destinons. Nous pouvons peut-être suggérer que l'éthicien ressent à fleur de peau un désespoir corrosif. Tout dépend de nous, et tout peut tomber en morceaux. Par la foi en le Dieu historique, nous pouvons trouver un point d'ancrage dans l'universel, le temporel peut s'ancrer dans l'éternel.

Le Dieu historique est le Christ, qui n'est pas une doctrine, mais la vie. Croire en lui n'est pas savoir quoi que ce soit sur quelque chose, parce que le Christ-Roi n'est pas quelque chose, mais quelqu'un, c'est-à-dire qu'il est à la fois sujet et rapport. Le rapport humain liera, dans la foi, le rapport divin à une passion infinie. Pour Kierkegaard, c'est ce que signifie « être dans la vérité », c'est-à-dire avoir un rapport interne et intense de foi avec le Dieu historique. En tant que Chrétien, c'est le propos réel de Kierkegaard. Les aspects philosophiques et littéraires ne prennent leur sens que dans cette perspective religieuse.

La nette distinction que fait Kierkegaard entre foi et raison, entre foi et œuvres extérieures, tombe dans la tradition protestante, à laquelle appartient son piétisme danois. Mais Kierkegaard ne justifie pas un protestantisme moralisateur. Pour lui, ni les bonnes œuvres (les bonnes conséquences) ni les bons principes (l'impératif catégorique ou les dix Commandements) ne sont moralement décisifs : ne le sont que les choix quant à notre propre vie faits en pleine conscience. C'est du piétisme, et non du puritanisme ; c'est-à-dire une intériorité sincère, et non un bon comportement sur la place du marché ou dans le mariage.

Ainsi Kierkegaard n'est-il pas un ascète ni ne rejette-t-il la société. Pour lui, éthiquement comme religieusement, c'est l'attitude de l'individu face à la vie et le rapport à Dieu qui sont les facteurs décisifs. En tant que forme du protestantisme, ce n'est ni un christianisme heureux et émancipé ni un christianisme ascétique et moralisateur. C'est un christianisme de la souffrance existentielle, dans un combat contre la culpabilité et l'angoisse, dans lequel nous vivons un rapport passionné, ironique et réfléchi à nous-mêmes et au Dieu historique[1].

LA SUBJECTIVITÉ EST VÉRITÉ

Kierkegaard soutient deux conceptions de la vérité. L'une est celle de la vérité « objective ». Pour cette conception, une proposition est vraie quand elle s'accorde (correspond) avec l'état réel des choses. C'est ce qu'on appelle souvent la théorie de la vérité-correspondance :

---

1. Il est tentant de tracer ces parallèles : l'interprétation édifiante, avec ses projets de vie incommensurables, présente des ressemblances avec la théorie de Kuhn des paradigmes (relativement) incommensurables (chapitre 26) ; l'interprétation synthétique, avec son enseignement dialectique, présente des ressemblances avec la conception hégélienne de la croissance et du développement personnels (chapitre 17) ; et l'interprétation ironique réfléchie, avec ses projets de vie donnant du sens dans un univers vide de sens, présente des ressemblances avec la philosophie nietzschéenne (chapitre 21).

si je dis que le tableau est vert, cette assertion est vraie si et seulement si le tableau est réellement vert ; il y a alors une correspondance entre la proposition et l'état des choses.

L'autre conception de la vérité concerne la qualité de notre rapport au monde. C'est une vérité « subjective ». Quand nous sommes authentiques et sincères dans notre rapport, nous exprimons la vérité. Il n'est pas ici question de correspondance propositionnelle avec l'état extérieur des choses, mais d'intensité de notre rapport propre, de notre être propre. En ce sens, nous pouvons par exemple parler d'« amour vrai ». Il ne s'agit pas d'obtenir des propositions correctes sur les choses, mais d'obtenir une certaine qualité du rapport humain lui-même.

Dans les questions éthiques et religieuses, il s'agit précisément de la qualité de notre relation existentielle à la vie et au Dieu vivant. Par conséquent, il est particulièrement pertinent de se concentrer sur la « vérité subjective ». Il vaut la peine de remarquer que l'expression « vérité subjective » ne signifie pas contrevérité ou mensonge, c'est-à-dire « contrevérité objective » ; elle a pour seul but de préserver l'idée selon laquelle le rapport humain, la subjectivité, est décisif dans un tel contexte, à la fois parce qu'il n'y a pas alors d'état objectif des choses ou d'arguments susceptibles d'être utilisés pour résoudre la question, et parce que c'est précisément l'attitude passionnée et interne face à la vie qui est au centre. Sur le plan scientifique, Kierkegaard tient la « vérité objective » pour une question d'approximation sans fin : sur ce plan, l'état des choses est bien plus riche et complexe que, par exemple, pour ce qui concerne la couleur verte du tableau. Il y a des théories compliquées que nous ne pourrons jamais totalement confirmer et que nous ne pouvons mettre à l'épreuve que par une recherche permanente, de sorte que, en ce sens, nous pouvons approcher la vérité ; et puisque nous ne pourrons jamais atteindre une connaissance ultime et absolument certaine par une telle recherche scientifique, il y aura une distinction entre d'une part une connaissance reposant sur la recherche et d'autre part la foi personnelle en un Dieu personnel. Selon Kierkegaard, les débats scientifiques ne seront jamais décisifs sur le plan religieux. Il ne pense pas néanmoins que la foi chrétienne ne soit qu'une question de « vérité subjective », c'est-à-dire de rapport sincère et passionné à la foi. Il croit en la vie et en la mort du Christ comme en une « vérité objective ». Ce n'est pas une théorie, mais un évènement historique que la foi saisit.

Kierkegaard propose donc des choix exclusifs. Nous pouvons avoir une attitude objectivement vraie envers la vérité objective (l'attitude du Chrétien qui croit sincèrement au Dieu chrétien). Nous pouvons avoir une attitude subjectivement vraie envers une contrevérité objective (l'attitude du païen sincère qui croit sincèrement en son idole). Nous pouvons avoir une attitude subjectivement fausse envers une contre-vérité objective (une prière existentiellement fausse adressée par un païen à son idole). Nous pouvons avoir une attitude subjectivement fausse envers la vérité objective (une prière existentiellement fausse adressée par un Chrétien au Dieu chrétien). L'intention première de Kierkegaard n'est pas avant tout de dire quelque chose sur la « vérité objective », que ce soit en science ou en religion, mais de montrer à quel point la « vérité subjective » est importante.

Mais c'est encore plus compliqué : Kierkegaard considère la vie humaine comme entourée de paradoxes et de contradictions. La foi chrétienne, qui demeure un paradoxe, n'est pas des moindres. Finalement, la foi devient une énigme – pour notre intelligence. Il est donc important de maintenir que la vie se caractérise par des sauts qu'aucun débat ni aucun processus de maturation ne peut surmonter. Une foi passionnée en le Dieu historique est le plus grand et le plus intéressant de tous les sauts et paradoxes (voir les idées semblables du théologien catholique Pascal, chapitre 9).

La démocratie en tant que démagogie

Nous présumons souvent que les intellectuels éclairés des époques récentes adhéraient à la démocratie. Quand celle-ci apparut, chacun comprit qu'elle était un bien, du moins les personnes sérieuses et désintéressées. Mais cette supposition n'est pas correcte. En un certain sens, Kierkegaard était contre la démocratie. Il admirait la monarchie absolue éclairée qui existait au Danemark.

Il faudrait souligner que l'absolutisme danois de la première partie du dix-neuvième siècle était un gouvernement éclairé et bien-veillant. De plus, pour Kierkegaard, il était incompréhensible que chacun dût participer à la politique : ceux qui gouvernaient faisaient en général du bon travail, et, dans ces circonstances, il était difficile de penser que chacun voulût prendre part aux affaires quotidiennes de la communauté. Et par-dessus tout, l'essentiel est que chacun perfectionne activement sa vie intérieure ; or l'agitation politique peut en détourner. En fin de compte, Kierkegaard craignait que la démocratie ne devînt en pratique de la démagogie, c'est-à-dire une société dans laquelle la pression pour avoir des opinions « correctes » et se conformer pût menacer l'intégrité personnelle de l'individu. Cela aurait mené à une aliénation accrue ou au désespoir existentiel. Le bourgeois industrieux et dynamique, ainsi que le politicien amateur industrieux et encore plus irréfléchi auraient alors dominé la société et remplacé les attitudes authentiquement existentielles envers la vie. La critique de Kierkegaard face à la naissance du gouvernement démocratique fait donc partie de sa critique générale de l'aliénation et de l'appauvrissement existentiel. L'homme pourrait se perdre dans le superficiel et l'accessoire, non seulement sur la place du marché et le lieu de travail, mais aussi en politique et dans la vie sociale. Les rapports les plus profonds de la vie seraient remplacés. La vie s'appauvrirait existentiellement.

Pour des raisons historiques, Kierkegaard ne pouvait faire appel à une sociologie empirique, que ce soit en guise de soutien ou de correction. Les partisans d'aujourd'hui de la démocratie verraient peut-être dans sa protestation contre la démocratie un individualisme réactionnaire marqué de spiritualité. Mais, en tant que démocrates éclairés, nous devrions prendre connaissance de ses objections. Ce n'est qu'alors que nous saurons qu'il avait tort, s'il avait tort. En tous les cas, la critique de la société moderne est un processus qui se poursuit, comprenant plusieurs collaborateurs – et Kierkegaard est l'un d'eux (voir chapitres 24 et 26)[1].

QUESTIONS

«Kierkegaard est l'exact opposé de Hegel». Discutez cette affirmation. Analysez ce que dit Kierkegaard sur l'«être unique» et les trois stades.

Expliquez ce qu'entend Kierkegaard quand il dit que «la subjectivité est vérité». Comment pourrions-nous communiquer la vérité subjective?

---

1. À ses débuts, Henrik Ibsen (1828-1906) fut profondément influencé par Kierkegaard et l'idée d'authenticité existentielle (voir *Peer Gynt* et *Brand*).

Suggestions de lecture

Sources

Œuvres complètes (vingt volumes), éditions de l'Orante, 1966-1986, tr. Paul-Henri Tisseau et Else-Marie Jacquet-Tisseau (partiellement repris dans *Œuvres*, Laffont, 1993).

Commentaires

Wahl, J., *Kierkegaard*, Hachette Littératures, 1998.

CHAPITRE 20

Darwin – Le débat sur notre conception de l'homme

Biographie. *Charles Darwin (1809-1882) naquit dans une famille britannique connue qui avait apporté des contributions majeures aux domaines de la médecine et des sciences naturelles. Lui-même commença par étudier la médecine, puis il passa à la théologie, et pour finir aux sciences naturelles. Ses idées connurent une grande transformation quand, jeune scientifique, il fit sur le vaisseau d'exploration le* **Beagle***, à partir de 1831, un voyage de presque cinq ans. Avant le départ, il croyait à l'immuabilité des espèces biologiques, mais le matériel qu'il rassembla en voyageant le long des côtes d'Amérique du Sud et parmi les îles du Pacifique le conduisit à changer ses conceptions. Par exemple, l'étude des variations parmi les oiseaux des îles Galápagos et celle des fossiles de mammifères d'Amérique du Sud lui permirent de découvrir que la meilleure hypothèse pour expliquer la relation entre les diverses espèces et leur milieu était l'idée selon laquelle les espèces ne sont pas permanentes et immuables, mais ont évolué en s'adaptant à leur environnement. La théorie fondée sur cette hypothèse s'appelle encore « darwinisme ». Darwin était jeune quand il rassembla ses observations et parvint à cette hypothèse, et il lui fallut longtemps pour la systématiser entièrement. Pendant qu'il y travaillait, il se familiarisa avec la théorie de Malthus d'après laquelle la croissance de la population suit une progression géométrique tandis que la production de nourriture ne peut s'accroître que selon une progression arithmétique. Dès lors, il naîtra toujours plus de gens que ne le permettent les ressources existantes. Par conséquent, les basses* *classes vivront toujours dans la misère. Cela suggéra à Darwin une expli-cation de l'évolution des espèces : les espèces qui survivent à la lutte pour des ressources limitées sont les plus capables de s'adapter à leurs conditions de vie. En 1859, Darwin termina son œuvre* L'origine des espèces par le moyen de la sélection naturelle, ou la préservation des races favorisées dans la lutte pour la vie. *Ce travail suscita un vif débat. Darwin lui-même fit le choix de ne pas se mettre en avant. Sa santé était fragile, et jusqu'à la fin de sa vie, il se consacra à des études sur les plantes et les animaux. En 1881, il publia un livre sur l'importance des vers de terre pour la fertilité des sols. Parmi ses autres écrits, on citera* La descendance de l'homme et la sélection sexuelle (1871), *et* L'expression des émotions chez l'homme et chez les animaux *(1872).*

LA SÉLECTION NATURELLE
ET L'ORIGINE DE L'HOMME

Les espèces biologiques étaient traditionnellement conçues comme immuables. Chacune (comme le cheval, la vache et la chèvre) avait ses propres formes et ses propres fonctions, permanentes et spécifiques. On trouvait cette conception à la fois chez Aristote et chez ceux qui croyaient les espèces directement créées par Dieu, chacune avec sa nature permanente. L'homme est l'une d'entre elles, et en tant qu'espèce, il était ainsi compris comme à la fois immuable et privilégié par rapport aux autres. Le darwinisme argumenta en faveur d'une position toute différente. La vie organique subit un développement : les différentes espèces se créent et se forment au moyen d'une interac-tion avec leur environnement. Toutes les espèces apparaissent ainsi par des chaînes dynamiques de développement, et toutes sont donc liées par une relation de famille. Dans cette perspective, aucune, pas même l'homme, n'a de statut privilégié, même s'il y a entre elles des différences importantes.

Cela suppose que chaque individu possède des caractéristiques héréditairement conditionnées qui diffèrent dans une certaine mesure des caractéristiques correspondantes chez les autres individus de la même espèce. On postule de plus que tous les organismes tendent à produire plus de descendants que l'environnement ne peut en supporter. Certains des descendants ne survivent donc pas. (Si tous les œufs de poisson devaient se développer, les océans déborderaient de poissons.) Le résultat en est une lutte pour la vie, lutte dont l'issue n'est pas le fruit du hasard. Avec le temps, les individus dont les traits sont les mieux adaptés à l'environnement donné survivront : ceux qui sont les mieux adaptés par leurs caractéristiques héréditaires seront les gagnants biologiques, et ils transmettront ces caractéristiques à leurs descendants. En ce sens, il y a sélection naturelle. À cause de la lutte pour la vie, la transmission génétique des traits héréditaires qui autorisent un individu à mieux s'adapter à l'environnement est à long terme relativement plus forte que celle des traits moins utiles des autres individus de la même espèce.

Darwin, toutefois, ne connaissait pas les lois de la génétique. Il ne savait pas comment les traits sont transmis. Il ne pouvait donc pas expliquer comment une caractéristique désirable (au regard d'une variation donnée de cette caractéristique dans la population considérée) se transmet génétiquement – contribuant pour finir à l'évolution d'une nouvelle espèce[1]. Ce n'est qu'avec la théorie de l'hérédité de Johann Gregor Mendel (1822-1884) que le mécanisme de la génétique put être expliqué. Le darwinisme y trouva une nouvelle fondation et une nouvelle forme.

La théorie darwinienne de la sélection naturelle présentait deux problèmes : celui de la façon dont les traits étaient transmis de génération en génération et celui de l'apparition de nouveaux traits héréditaires. Le premier fut résolu par les lois mendéliennes de l'hérédité, le second par le concept de mutation, c'est-à-dire de changement soudain et relativement permanent du matériel génétique.

Cela nous mène à un point important de la théorie. Ni l'émergence de variations au moyen d'une mutation des caractéristiques héritées ni la sélection naturelle ne sont vues comme survenant volontairement ou intentionnellement. Une mutation est un évènement contingent ; elle n'est pas voulue. Les mutations sont conçues comme des phénomènes naturels qui peuvent par principe s'expliquer scientifiquement, c'est-à-dire causalement (en un certain sens), même si nous ne pouvons prévoir quand une mutation particulière surviendra. La sélection naturelle non plus ne se produit pas volontairement ni intentionnellement. De ce fait furent rejetées non seulement les explications théologiques de la vie, basées sur une interprétation littérale de la Bible, mais aussi ses explications téléologiques. Reposant sur la finalité et la volonté, ces dernières jouaient un rôle essentiel dans la tradition aristotélicienne.

Le darwinisme classique reflète ainsi les conflits qui avaient surgi entre les concepts d'explication scientifique aristotélicien d'une part et galiléo-newtonien de l'autre.

---

1. Il y avait par exemple des raisons d'affirmer que des traits atypiques seraient graduellement neutralisés par le croisement au sein d'une population donnée.

Toutefois, la question de la nature du déterminisme en biologie est une question complexe, en raison de l'interaction entre les gènes, les organismes et l'environnement[1]. À cet égard, il vaut aussi la peine de remarquer que dans la recherche sur le comportement animal, les biologistes peuvent utiliser des explications fonctionnalistes étrangères à la physique : « La grouse a une coloration protectrice *parce que* cette coloration augmente ses chances d'échapper à ses prédateurs ». Ce trait héréditaire (la coloration protectrice) s'explique ici par ses effets fonctionnels. Dans l'explication causale habituelle, les effets s'expliquent par leurs causes. Ici, l'effet favorable, c'est-à-dire la chance accrue de survie, explique pourquoi existe le trait (la coloration protectrice). Mais ceci bien sûr ne veut pas dire que la coloration protectrice réponde à une intention de la grouse[2].

Le défi culturel majeur du darwinisme fut sa conception de l'homme comme une espèce parmi d'autres, créée par la sélection naturelle[3]. Bien sûr, les humains ont toutes les caractéristiques que nous reconnaissons comme humaines, et qui distinguent l'homme des autres espèces. Toutefois, le darwinisme offre une perspective selon laquelle toutes ces caractéristiques sont vues comme résultat d'un processus d'adaptation dont les mécanismes sous-jacents sont fondamentalement les mêmes pour tous les organismes. Que devient donc la place privilégiée de l'Homme dans l'univers ? De même que le système héliocentrique avait apparemment ramené sa position dans le cosmos du centre à la périphérie, le darwinisme semblait lui dénier une position privilégiée parmi les créatures vivantes et assigner à l'humanité une parenté avec les autres espèces.

Il y eut un vif débat qui intéressa beaucoup le grand public. Descendons-nous du singe ? Darwin ne suggérait cependant pas une telle ascendance directe. Il soutenait que les hommes et les singes avaient des ancêtres communs, et que l'homme avait évolué par sélection naturelle sur une longue période de temps, fondamentalement de la même façon que les autres espèces.

Cette théorie scientifique menace-t-elle notre conception culturelle de l'homme ? Selon la perspective de la théologie chrétienne traditionnelle, le darwinisme pose problème si nous insistons pour une

---

1. Voir la conception génétique déterministe dans Richard Dawkins, *Le gène égoïste*, et sa critique dans Richard Lewontin, Steven Rose, et Leon Kamin, *Nous ne sommes pas programmés*.

2. Jon Elster, *Ulysses and the Sirens*, « Perfect Rationality : Beyond gradient-climbing », Cambridge University Press, 1979, p. 1-35. Dans la mesure où le comportement animal demande des explications fonctionnelles que l'on ne trouve pas en physique, on a là un argument contre la « réduction » de la biologie à la physique.

3. Michael Ruse, *Taking Darwin Seriously*.

interprétation littérale de la Bible. Si d'un autre côté nous soutenons que la Bible devrait s'interpréter librement et de manière critique, nous pouvons être ouverts à la solution de conciliation selon laquelle Dieu a créé l'homme au moyen de l'évolution. Toutefois, indépendamment de la question théologique de savoir si oui ou non l'homme a été créé par Dieu, que ce soit directement ou indirectement, demeure la question éthique de l'influence que le darwinisme a exercé sur notre conception de nous-mêmes comme êtres humains. Cela compte-t-il vraiment que nous descendions de créatures simiesques primitives ? Est-ce important, ou dépourvu de pertinence ? Si nous ignorons la perspective théologique, il nous reste la conception selon laquelle l'humanité, d'une façon ou d'une autre, est apparue dans un lointain passé et périra un jour, nous ne savons ni quand ni comment. Quelle signification, positive ou négative, y ajouterait notre lointaine parenté avec les autres espèces ?

Nous pouvons soutenir que les humains sont ce qu'ils sont indépendamment de leur ascendance. Nous construisons des maisons, cuisons du pain, écrivons des lettres, assistons à des concerts, faisons la guerre, aimons et désespérons, vivons et mourons. Tout cela – toutes ces choses qui font de nous des humains – nous le faisons dans une large mesure indépendamment de la question de savoir si nous sommes des parents éloignés des singes. Les humains sont ce qu'ils sont, et pour découvrir ce qu'ils sont, nous devons étudier l'homme, non les singes : quand quelque chose évolue de x à y, y est simplement y, il n'est plus x. (Certains diraient que si nous voulons savoir comment les humains sont devenus humains, il est plus profitable de lire Hegel que Darwin.)

Nous pourrions cependant argumenter comme suit : les humains ne sont pas ce qu'ils sont indépendamment de la façon dont ils se *voient* eux-mêmes. C'est pourquoi notre conception de l'homme n'est pas dépourvue d'importance à cet égard. Nous affirmons souvent par exemple que les humains sont altruistes, ou du moins qu'ils peuvent l'être. Pourtant, certains trouvent raisonnable d'interpréter cet altruisme apparent pour dire que tous les organismes formés par la sélection naturelle sont contrôlés par des gènes «égoïstes»[1]. Les gènes «altruistes» sont des «gènes de perdant» ! Les gens qui vivent aujourd'hui sont par conséquent pleins de gènes égoïstes.

---

1. Altruisme veut dire amour des autres ; son opposé est l'égoïsme, ou l'amour de soi. Pour la discussion en faveur de l'égoïsme, voir Richard Dawkins, *Le gène égoïste*.

Nous n'entrerons pas dans ce débat autour de l'altruisme et de l'égoïsme à la lumière de la théorie de l'évolution[1]. Nous aimerions simplement attirer l'attention sur la conception selon laquelle en tant qu'humains, nous *sommes* non seulement ce que nous sommes, indépendamment de notre compréhension de nous-mêmes, mais aussi, dans une certaine mesure, ce que nous pensons être. Notre identité humaine est ouverte à l'interprétation. Et l'une de ces interprétations est que « fondamentalement », c'est-à-dire génétiquement, nous sommes égoïstes. (Faites la comparaison avec une réinterprétation similaire due à Freud : « fondamentalement », l'action x et l'attitude y sont différentes de ce que nous pensons ; c'est-à-dire qu'il faudrait les comprendre comme des expressions de motifs sexuels sous-jacents et refoulés.) De telles interprétations de ce que nous sommes « vraiment » peuvent affecter la compréhension que nous avons de nous-mêmes. Et si l'un de ces comptes-rendus nous persuade de ce que nous sommes vraiment, nous pouvons, dans une certaine mesure, commencer à y ressembler.

La question, cependant, n'est pas simplement celle de ce que nous *sommes*, mais aussi de ce que nous *devons être*. Si nous croyons que l'homme est venu à l'être par une lutte égoïste pour la vie, et que par conséquent les relations entre humains *doivent* se fonder sur des principes égoïstes, nous sommes passés de façon illégitime de l'« être » au « devoir être » – le saut logique même contre lequel Hume, au côté de bien d'autres, nous a prévenus. Si nous succombons à ce sophisme, prétendant déduire un « *devoir être* » d'un « *être* » (ce qu'on appelle le « sophisme naturaliste »), nous sommes allés au-delà du darwinisme en tant que théorie scientifique. C'est ce que nous pouvons trouver dans ces interprétations politiques du darwinisme qui, au moyen d'arguments développementaux, favorisent les droits des plus adaptés comme *norme* d'organisation de la société.

Darwinisme et sociobiologie

Le débat sur notre conception de l'homme est lié à celui sur le statut épistémologique du darwinisme. Tous deux se situent à divers niveaux, de l'académique au grand public. Au niveau le plus grand public, nous pouvons rencontrer des positions de ce type : si l'on

---

1. Voir la critique de Dawkins dans Richard Lewontin, Steven Rose, et Leon Kamin, *Nous ne sommes pas programmés*.

n'a pas prouvé au-delà de tout doute possible la vérité scientifique du darwinisme, ce n'est qu'une hypothèse parmi d'autres, et ceux que l'on appelle créationnistes, qui croient en un sens plus ou moins littéral à la conception biblique de la création, ont bel et bien une théorie susceptible de le concurrencer[1].

En réponse à cette position, nous pourrions nous référer à l'argument selon lequel aucune théorie scientifique ne se situe au-delà de tout doute possible ; toutes peuvent par exemple se réviser sur la base de nouvelles données acquises au moyen de technologies nouvelles et de développements conceptuels nouveaux. On ne devrait donc pas soutenir que, en lui-même, le fait que la théorie darwinienne de l'évolution n'a pas été définitivement confirmée affaiblisse de manière décisive le darwinisme et renforce indirectement le créationnisme, suivant le raisonnement selon lequel, puisque le darwinisme n'est pas au-delà de tout doute possible, n'importe quelle opinion aussi peu étayée soit-elle possède une égale validité : « Le darwinisme n'est pas définitivement prouvé, et le créationnisme non plus ; par conséquent, tous deux sont au même niveau épistémique ». Ce n'est certainement pas aussi simple. Quoique les théories scientifiques soient faillibles, certaines sont mieux fondées que d'autres. Le darwinisme contemporain, par exemple, fait partie d'un vaste programme de recherche scientifique, qui s'étend de la recherche sur l'évolution à une recherche génétique de pointe reposant sur la molécule d'ADN. Diverses théories et méthodes y participent dans une interaction fructueuse en se portant mutuellement appui. Cet appui mutuel nous donne le droit de considérer la théorie de l'évolution comme plutôt bien fondée scientifiquement, même si elle est faillible et ouverte à l'interprétation. Le créationnisme n'a pas pour le conforter un tel système cohérent.

Dire que les espèces ont été créées par Dieu ne favorise pas une recherche scientifique fructueuse. C'est une autre sorte de réponse. En gros, nous pourrions dire que les sciences de la nature s'appuient sur des causes naturelles, et non surnaturelles, même si la nature du déterminisme causal dans la théorie de l'évolution reste à expliquer. Ceux qui regardent Dieu comme une cause font peut-être de la philosophie naturelle, mais ce ne sont pas des chercheurs scientifiques. Toutefois, si nous affirmons que les actes de Dieu ne sont pas surnaturels mais sont des évènements authentiques, tels qu'ils sont décrits dans la Bible, il reste à prouver que la Bible dit vrai (et est raisonnablement dépourvue d'ambiguïté), et que Dieu existe, comme l'affirme la Bible. Si la dernière affirmation était solidement fondée, nous pourrions

---

1. Voir Dominique Lecourt, *L'Amérique entre la Bible et Darwin*.

peut-être dire que l'origine des espèces pourrait finalement s'expliquer par ces évènements, c'est-à-dire par les actions et la volonté de Dieu. Cela reviendrait pour ainsi dire à faire dépendre une explication qui relève maintenant des sciences de la nature, celle de l'évolution des espèces, d'explications d'actions intentionnelles (celles d'un acteur divin), et donc en un sens d'explications qui relèvent des sciences sociales. Que nous choisissions toutefois l'approche surnaturelle ou celle des «sciences sociales», il est clair que le chemin ainsi défini se situerait en dehors des sciences de la nature.

Pour conclure, il est probablement juste de dire que par rapport à la différenciation des diverses sphères épistémiques qui caractérise la science contemporaine, le créationnisme semble manifester une certaine confusion intellectuelle : aujourd'hui, en dépit de cas limites difficiles, les distinctions sont nettes entre religion, science, morale et art. Les théories religieuses, par exemple, ne répondent pas à des questions scientifiques, pas plus que ne le font les théories éthiques ou esthétiques.

Il est juste de dire que quand on en vient à la question de «ce que sont vraiment les humains», on ne peut trouver la réponse dans une seule science, que ce soit la physique, la théorie de l'évolution, la génétique, la psychanalyse, la psychologie neurophysiologique, la psychologie comportementale, l'anthropologie sociale, l'économie, la sociologie,… Toutes ces disciplines ont leurs propres réponses à proposer, des réponses déterminées par leurs présupposés conceptuels et méthodologiques. Cette multiplicité de perspectives est l'inévitable «tour de Babel» de la société contemporaine, un pluralisme que nous ne pouvons chercher à maîtriser qu'en reconnaissant réflexivement les présupposés et les limites des diverses perspectives. La vérité ne se trouvera pas dans une seule thèse, ni dans une synthèse, mais nous pouvons espérer nous faire une idée bien fondée si nous conservons une réflexion critique sur les diverses perspectives et positions pertinentes.

Certains verront cette argumentation pluraliste comme une source d'inspiration libératrice : le monde présente une infinie diversité et appelle toutes sortes de recherches! D'autres la verront comme une source déprimante de confusion : la tâche qui consiste à se confronter au monde devient beaucoup trop complexe, sans réponses simples ni claires. Peut-être la modernité marche-t-elle «à côté de ses pompes», et le besoin de retrouver notre innocence perdue – d'en revenir au temps où nous n'avions pas encore mangé le fruit de l'arbre de la connaissance – est-il devenu irrésistible. C'est alors que les chants de sirène du nouvel irrationalisme peuvent sembler séduisants, non seulement à Téhéran mais aussi à Los Angeles et à Paris.

La tentative d'étendre la théorie de l'évolution à l'étude du comportement humain représente une intéressante zone frontière entre les disciplines académiques établies. C'est ce qui s'est produit en sociobiologie[1]. Depuis déjà un certain temps, nous avons étudié le comportement animal sur la base de la théorie de l'évolution. En s'appuyant sur le présupposé que les humains sont le produit de l'évolution, les sociobiologistes ont essayé d'expliquer le comportement humain sur les mêmes bases.

Pour commencer, nous devrions rappeler que diverses disciplines ont le droit d'explorer les mêmes phénomènes. Par exemple, la sociologie, l'anthropologie sociale, la psychologie sociale et l'histoire, tout autant que la sociobiologie, peuvent toutes légitimement étudier le comportement humain. Mais nous devons alors clarifier nos présupposés conceptuels et méthodologiques, tout autant que la façon dont ils peuvent influencer nos résultats. En énonçant ces résultats, nous ne devrions pas dire : « Les humains sont en fait… », mais plutôt : « Sur la base des présupposés suivants, dans ce programme de recherche déterminé, nous avons trouvé des éléments de preuve convaincants qui montrent que… ». Dans de tels champs d'étude interdisciplinaires, des « confusions terminologiques » peuvent facilement surgir si nous employons sans réflexion dans une tradition scientifique des concepts en provenance d'une autre[2]; en particulier, quand le champ est relativement nouveau et encore mal établi, il importe de définir soigneusement les concepts employés, et spécialement de bien distinguer les différents concepts que recouvre un même mot. Nous pouvons par exemple rappeler que le débat en sociobiologie s'est concentré sur la relation entre les hommes et les femmes : leurs différences de comportement sont-elles principalement l'expression de rôles de genres socialement déterminés, ou d'oppositions conditionnées par l'évolution? C'est une des variantes de la vaste discussion sur les interactions entremêlées de la génétique et du milieu. Le problème, par exemple, est souvent formulé comme suit : les hommes sont-ils dans l'ensemble plus agressifs et dominateurs que les femmes? Si oui, est-ce principalement le résultat de la socialisation ou de facteurs biologiques évolutionnistes?

---

1. Voir E.O. Wilson, *La Sociobiologie*.

2. Ainsi par exemple dans le contexte de la biologie, le mot « perdant » signifie-t-il un individu sans descendance (qui pourrait porter le code génétique de ce parent), tandis que le même mot dans le contexte des sciences sociales s'appliquerait plutôt à une personne qui ne satisfait pas aux normes sociales acceptées – un « gagnant social » peut très bien être un « perdant génétique », et réciproquement.

Le débat qui s'est développé dans le sillage du darwinisme n'est en rien fini, que ce soit au niveau épistémologique ou à celui des discussions publiques sur la morale et sur notre conception de la nature humaine[1].

Question

Discutez la conception de la nature humaine dans une perspective darwinienne.

Suggestions de lecture

Sources

Darwin, *L'Origine des espèces*, Honoré Champion, 2009, tr. Aurélien Berra.

Commentaires

Richard Dawkins, *Le gène égoïste*, Odile Jacob, 2003, tr. Laura Ovion.
Dominique Lecourt, *L'Amérique entre la Bible et Darwin*, PUF, 1998.
Richard Lewontin, Steven Rose, et Leon Kamin, *Nous ne sommes pas programmés*, La Découverte, 1985, tr. Marcel Blanc, Robert Forest et Joelle Ayats.
Michael Ruse, *Taking Darwin Seriously*, Blackwell, 1986.
E.O. Wilson, *La Sociobiologie*, Le Rocher, 1987, tr. Paul Couturiau.

---

1. Michael Ruse, *The Darwinian Paradigm*, Routledge, 1989. Voir aussi dans les suggestions de lecture ci-dessus les livres de Dawkins et de Lewontin, Rose et Kamin.

CHAPITRE 21

Nietzsche et le pragmatisme

Biographie. *Friedrich Nietzsche (1844-1900), fils d'un pasteur luthérien, grandit dans un milieu puritain. Dès son jeune âge, il montra de l'intérêt pour la philosophie, la musique et la littérature. Ses études universitaires portèrent sur la philologie classique, et à vingt-quatre ans, il devint professeur à l'Université de Bâle. En 1879, il dut démissionner de ses fonctions pour cause de maladie. De 1878 à 1888, il composa ses œuvres philosophiques à un rythme intense, dans des conditions financières et personnelles difficiles. En 1889, il fut victime à Turin d'un effondrement mental irréversible. Ses études l'avaient familiarisé avec la philosophie pessimiste d'Arthur Schopenhauer et avec la musique de Richard Wagner (1813-1883). Il avait trouvé chez le premier l'idée de la volonté comme caractéristique fondamentale de la vie, et chez le second la réalisation de l'idéal artistique grec. En 1888, Georg Brandes donna des conférences sur sa philosophie à l'Université de Copenhague, et dans les années 1890, l'intérêt pour cette philosophie s'accrut considérablement. Des auteurs européens comme Thomas Mann, Albert Camus, Jean-Paul Sartre, August Strindberg et Martin Heidegger sont redevables à Nietzsche de diverses façons. Il laissa à son décès plusieurs recueils de notes et manuscrits inédits. Après sa mort, sa sœur, Elisabeth Förster-Nietzsche, qui était antisémite et devint nazie, édita et publia ces manuscrits, créant ainsi dans une large mesure par les déformations qu'elle fit subir à son œuvre la légende d'un Nietzsche antisémite et précurseur du nazisme. Nietzsche, comme Kierkegaard, méprisait à la fois les « masses » et la suffisance de la bourgeoisie cultivée. Convaincus de vivre dans une période de déclin, ces deux philosophes s'opposèrent aux influences dominantes de leur temps.*

Chez eux, la pensée politique aboutit à un « radicalisme aristocratique »
(Georg Brandes), et tous deux sont des figures centrales de la philosophie
moderne de l'existence.

Les œuvres les plus importantes de Nietzsche sont La Naissance de la
tragédie *(1872),* Humain trop humain *(1878),* Aurore : pensées sur les
préjugés moraux *(1881),* Le gai savoir *(1882),* Ainsi parlait Zarathoustra
(1886), Par-delà Bien et Mal *(1886), et* Généalogie de la Morale *(1887).*
Ecce Homo *et* La Volonté de puissance *furent publiés après sa mort.*

« Dieu est mort » – Le nihilisme européen

Les années 1880 furent la décennie de l'optimisme, du progrès et
du développement. C'est en réaction à cet arrière-plan que Nietzsche
annonça sa choquante découverte : « Le plus grand récent évènement
– à savoir que Dieu est mort, que la croyance au Dieu chrétien est
tombée en discrédit – commence dès maintenant à étendre son ombre
sur l'Europe »[1]. Nietzsche pensait qu'il faudrait encore plusieurs siècles
pour que ce difficile message devienne une part de l'expérience européenne, mais qu'alors toutes les valeurs traditionnelles auraient perdu
leur force de contrainte ; le nihilisme européen serait devenu un fait.

Pour Nietzsche, le nihilisme était une conséquence nécessaire de la
ruine des valeurs et des idéaux. L'affaiblissement des valeurs, la révélation de leur nature fictive, nous précipitait dans un vide dont nous
n'avions jamais fait l'expérience auparavant. Pour lui, l'histoire était
arrivée à un carrefour : ou bien l'homme sombrerait dans la barbarie
animale, ou bien il vaincrait le nihilisme. Mais le nihilisme ne peut
être vaincu qu'en étant vécu jusqu'à sa conclusion la plus extrême,
puis transformé en son contraire. La pensée de Nietzsche est censée
dégager la voie pour quelque chose d'inconnu à venir. Elle est ainsi
difficile à classifier. Il se range parmi des penseurs comme Pascal,
Kierkegaard, Marx et Dostoïevski. Tous sont radicalement différents,
mais tous sont de « grandes victimes de la condition humaine à un
moment de transition de l'histoire universelle »[2].

Jusqu'à Nietzsche, les philosophes avaient vu le monde et l'histoire
comme pourvus de sens, justes et rationnels. L'existence avait un

---

1. F. Nietzsche, *Le gai savoir*, livre V, § 343, tr. P. Klossowski, Gallimard, 1967,
Œuvres philosophiques complètes.
2. K. Jaspers, *Nietzsche et le christianisme*, Minuit, 1949, ch. « La nouvelle philosophie de Nietzsche », § 9 : « Limite de notre compréhension de Nietzsche », tr.
Jeanne Hersch.

but, une signification. Elle n'était ni aveugle ni accidentelle. Il y avait un ordre du monde fondé par Dieu. Le monde n'était pas un chaos, mais un cosmos ordonné dans lequel les humains tenaient une place pleine de sens. C'est cette conception de l'homme et de l'existence qui s'effondre avec Nietzsche. Pour lui, elle ne représente pas une image vraie de la réalité : les conceptions philosophiques et religieuses du monde ne sont que des expressions du besoin de l'homme d'éviter le chaos. Les humains ne peuvent vivre sans une continuelle «falsification» du monde.

Cette conception du monde comme chaos reflète une tendance fondamentale de la philosophie nietzschéenne. Le monde ne répond pas à un plan ; c'est un jeu joué par le destin. Pour l'énoncer autrement, notre pensée exige toujours une forme et une structure strictement logiques. Mais la réalité n'a pas de forme : elle est chaotique. La menace du chaos nous force à créer de la signification, et ainsi à devenir des artistes métaphysiques. Nous donnons forme à notre existence et y ajoutons «signification» et «but» afin de survivre. Les systèmes philosophiques et les conceptions du monde ne sont que des fictions qui servent à la protéger. Mais les hommes ont une aptitude particulière à l'oubli : la structure que *nous* ajoutons au monde en vient graduellement à être comprise comme sa *propre* structure, comme un ordre *créé par Dieu*. C'est un présupposé de paix et de sécurité.

Comme Dieu perd sa valeur et son autorité, nous cherchons pour le remplacer d'autres étoiles susceptibles de nous guider : l'impératif catégorique, la raison hégélienne, le but de l'histoire, etc. Le nihilisme est une façon de penser et une condition psychologique qui surgit directement comme conséquence du soupçon selon lequel il n'y a en réalité aucune autorité morale interne ni externe. Le sentiment d'absence de valeur nous frappe quand nous nous rendons compte que l'existence ne peut s'interpréter par des concepts comme ceux de «but», d'«unité», de «fin» et de «vérité». Ces catégories porteuses de valeur sont celles que *nous avons nous-mêmes ajoutées au monde* – et quand nous les abandonnons, le monde apparaît *sans valeur*.

Il pourrait être approprié d'interpréter cela comme une forme d'«aliénation philosophique», dans la lignée de Feuerbach et de Marx. Les systèmes métaphysiques sont des expressions de l'aliénation philosophique de l'homme. Nietzsche veut par conséquent rendre aux humains ce dont ils ont été «aliénés» : «Je revendiquerai comme la propriété et le produit de l'homme toute la beauté, toute la noblesse que nous avons prêtées aux choses réelles ou imaginaires »[1].

L'affirmation que le monde est sans valeur ne signifie pas qu'il a « peu de valeur » ou presque « aucune valeur ». À strictement parler, il est aussi dépourvu de sens de dire que le monde a une valeur que de dire que les nombres ont une couleur ou un poids. Nietzsche semble penser que la notion de *valeur* a un caractère relationnel : notre affirmation que *x* a une valeur est soit une expression de notre propre évaluation, soit un énoncé descriptif du type de : « Jean donne de la valeur à *x* ». Affirmer que *x* a de la valeur *en lui-même* est pour Nietzsche une proposition dépourvue de sens[2].

Par nihilisme, Nietzsche entend ainsi une vision du monde complètement désenchantée. L'idée de « la mort de Dieu » éveille chez lui une nouvelle compréhension du monde sans commencement et sans but. Dans la tradition chrétienne, la morale et la vérité trouvent leur ancrage en Dieu. Par conséquent, si Dieu est mort, le *fondement* de la morale et de la vérité est parti. Rien n'est « vrai » ; « tout est permis ! ». Le nihilisme n'est pas toutefois le dernier mot de Nietzsche : Zarathoustra, son personnage, doit vaincre Dieu, le nihilisme et le vide existentiel. Il y a une condition : laisser derrière nous nos mensonges vitaux « utiles ».

CRITIQUE DE LA MÉTAPHYSIQUE ET DU CHRISTIANISME

Le christianisme est, aux yeux de Nietzsche, un « platonisme pour le peuple »[3], la vulgarisation de la métaphysique occidentale. La compréhension occidentale négatrice de la vie apparaît dans le christianisme et en métaphysique : ce qui est sensuel et terrestre est compris à la lumière de l'idée de Dieu, à la lumière du monde « céleste », « authentique », « vrai ». Le terrestre est dévalorisé comme « irréel », « faux », « vallée de larmes ». Toute la pensée de Nietzsche vise à renverser cette conception de l'existence. Il voit en conséquence sa propre pensée comme un platonisme inversé – ou comme une *transmutation de toutes les valeurs*.

---

1. F. Nietzsche, *La Volonté de puissance*, tr. G. Bianquis, Gallimard, collection Tel, 1995, « Pensées liminaires », § 9.

2. Voir l'étude d'Arthur Danto : *Nietzsche as Philosopher*, Columbia University Press, New York, 1965.

3. F. Nietzsche, *Par-delà bien et mal*, « Préface », tr. Cornélius Heim, Gallimard, 1971, *Œuvres philosophiques complètes*.

En parlant de *Dieu*, Nietzsche ne pense pas principalement à une puissance religieuse, mais à l'objectivité de valeurs indépendantes de l'homme : tous les critères moraux et toutes les valeurs sont donnés par Dieu. La morale a ainsi un fondement religieux. Pour Nietzsche, « la mort de Dieu » signifie l'abolition de toute forme de transcendance des valeurs et leur redécouverte comme des créations humaines. Religion, morale et philosophie sont des symptômes de l'aliénation humaine. La destruction de ces formes de compréhension nous autorise à voir l'homme comme le créateur de ce que l'on a adoré et devant quoi on s'est incliné pendant presque deux mille ans. La critique du christianisme est suivie d'une critique de la métaphysique. D'après Nietzsche, la métaphysique rejette notre réalité terrestre comme inexistante (Parménide) ou irréelle (Platon). Ce que la tradition philosophique comprenait comme l'être réel, la « substance », *n'existe pas*. Seul *existe* le devenir, le changement du monde visible. Il n'y a pas de substance ou de véritable réalité au-delà de l'espace et du temps, aucun monde intelligible, et pas d'Idées éternelles. Il n'y a qu'un monde sensible qui se révèle dans l'espace et le temps. C'est le véritable monde. Ainsi Zarathoustra exhorte-t-il : « Je vous conjure, mes frères, *à la terre restez fidèles*, et n'ayez foi en ceux qui d'espérances supraterrestres vous font discours ! Ce sont des empoisonneurs, qu'ils le sachent ou non ! Ce sont des contempteurs de la vie ! Des agonisants qui eux-mêmes s'empoisonnèrent […] et ils peuvent bien disparaître ! »[1].

Notre monde terrestre ne connaît rien d'éternel ou de sous-jacent ; tout est mouvement, temps, devenir, « et rien d'autre ». Ainsi fondamentalement Nietzsche dit-il qu'Héraclite avait raison. L'être immuable est une fiction vide ; tout est en changement perpétuel : ce qu'on appelle le monde « vrai » est un mensonge. Nietzsche renverse donc les présupposés métaphysiques fondamentaux du monde occidental. Depuis le début, la métaphysique est dualiste. Elle a pour essence une séparation tranchée entre un monde sensible changeant et un monde transcendant statique (où l'on peut dire que ce qui existe vraiment ne devient pas, et que ce qui devient n'existe pas). Nietzsche vise à surmonter cette contradiction entre le devenir et l'être véritable. La métaphysique, ainsi qu'il la comprend, a dévalorisé le monde qui se révèle à nous et lui a substitué un monde imaginaire, une fiction, qui se prétend le monde réel. La philosophie se méfie des sens (voir Platon) parce qu'ils nous montrent ce qui est passager ; elle voit l'ennemi principal de la pensée dans les sens et dans le sensible. Puisque ce

---

1. F. Nietzsche, *Ainsi parlait Zarathoustra*, Première partie, Prologue, § 3, tr. Maurice de Gandillac, Gallimard, 1971, *Œuvres philosophiques complètes*.

qui est éternel et immortel ne peut se trouver dans le monde sensible, elle en appelle à un monde transcendant pourvu des propriétés les plus hautes. La construction métaphysique est donc la suivante : la métaphysique divise l'existence en pôles comme l'«apparence» et l'«être», l'«essence» et les «manifestations», la «chose en soi» et la «chose pour moi», l'«authentique» et le «trompeur», l'«âme» et le «corps». De cette façon, elle construit une suite d'oppositions binaires dans lesquelles l'un des termes est vu comme positif et l'autre comme négatif. L'âme, par exemple, a une valeur positive, et le corps une valeur négative. Chaque entité est *classée par rapport à l'être*. La métaphysique établit donc des relations hiérarchiques parmi les divers phénomènes, et tout rang (comme chez Platon ou Thomas d'Aquin) est déterminé par la distance à l'être le plus élevé, ce que nous appelons habituellement «l'idée du Bien», «l'absolu» ou «Dieu». Les divers phénomènes sont ainsi compris comme déterminés par une norme absolue. Mais reconnaître que «Dieu est mort» permet de surmonter cette compréhension de l'existence, celle par exemple des théories dualistes platonicienne ou chrétienne.

Ce que Nietzsche rejette avec «Dieu» et le christianisme, c'est une ontologie moralisante et une morale ontologisante : à savoir la conception qui veut que l'impérissable soit en même temps bien, que la tâche morale de l'homme soit de s'élever au-dessus du sensible (des «besoins vitaux») et de se tourner vers les Idées. Le dualisme est pour Nietzsche le plus grand danger pour l'homme parce qu'il conduit à *se détourner* de la vie. La lutte de Nietzsche contre «Dieu», c'est-à-dire contre le dualisme, aboutit à une vision de la vie qui se caractérise par l'ingénuité, la légèreté et l'innocence. C'est ce qu'il voit comme une «transmutation de toutes les valeurs» et une correction de la plus grande erreur de l'humanité.

Mais quand Nietzsche renverse ainsi la métaphysique, ne fait-il pas lui-même usage de ce qu'il rejette ? N'emploie-t-il pas la distinction même qu'il combat ? Pense-t-il que ce qui est terrestre est authentique et que ce qui est métaphysique n'est qu'imaginaire ? Ou inaugure-t-il une nouvelle façon de penser qui rompt radicalement avec la tradition philosophique ?

PHILOSOPHIE MORALE

La philosophie morale de Nietzsche est avant tout une tentative grandiose d'expliquer par la psychologie les phénomènes moraux.

Il s'exprime peu sur ce qui devrait remplacer la morale détruite et sur la façon dont pourrait éventuellement être fondée la nouvelle morale. Il insiste sur ce qu'aucun phénomène n'est en lui-même moral ou immoral. Sur ce point, sa position rappelle celle de Hume : il y a seulement une interprétation morale des phénomènes. Nietzsche se vante d'être le premier à se rendre compte qu'il n'y a pas de «faits moraux». Et nos codes moraux ne nous servent pas à décrire le monde. La morale est une camisole de force, un moyen utile de protéger la société et d'éviter les forces destructrices ; elle utilise *la peur* et *l'espoir* – le paradis et l'enfer se rangent au nombre des inventions les plus fortes. À la longue, les mécanismes de contrainte s'internalisent en formant la *conscience*.

Dans *Par-delà Bien et Mal*, Nietzsche annonce sa découverte de deux types fondamentaux de morale : une «morale de maîtres» et une «morale d'esclaves». Il est vrai qu'elles sont mêlées dans toutes les formes supérieures de civilisation, et que l'on peut trouver chez une même personne des éléments de chacune des deux. Sous une forme extrême, on peut présenter la distinction comme suit : dans la morale des maîtres, «bon» est équivalent à «noble», «imposant» et «magnanime», et «mal» à «méprisable». Dans la morale des esclaves, la question du bien et du mal est liée à ce qui sert les faibles, «les pauvres en esprit». Des attributs comme la sympathie, l'humilité et la compassion sont élevés au rang de vertus, et l'individu fort et indépendant est perçu comme dangereux et «mauvais». D'après la norme de la morale des esclaves, le bien selon la morale des maîtres est vu comme mauvais et immoral, puisque la morale des maîtres se fonde sur la force et l'affirmation de soi. La morale des esclaves, quant à elle, se fonde sur la faiblesse et la soumission. Mais quoique les maîtres soient forts, les esclaves sont bien plus malins. Les esclaves n'osent pas affronter les maîtres en terrain découvert, mais ils essaient de les dompter en érigeant leurs propres évaluations morales comme absolues : «Le soulèvement des esclaves dans la morale commence lorsque le *ressentiment* lui-même devient créateur et engendre des valeurs»[1].

Ainsi l'agression chez ceux qui n'ont pas de privilège ne s'exprime-t-elle pas ouvertement, mais indirectement. Dans le christianisme, Nietzsche voit l'outil le plus efficace de destruction de la morale des maîtres. Les Chrétiens louent les attributs des faibles, des humbles et des doux non parce qu'ils les aiment, mais parce qu'ils éprouvent

---

1. F. Nietzsche, *La généalogie de la morale*, Première dissertation, § 10, tr. Cornélius Heim, Isabelle Hildenbrand et Jean Gratien, Gallimard, 1971, *Œuvres philosophiques complètes*.

une haine cachée pour la force, la fierté de vivre et l'affirmation de soi. En raison de la « terreur spirituelle », la morale des esclaves, qui n'était à l'origine qu'une perspective, a été acceptée par tous comme norme *universelle* : les maîtres endossent pour eux-mêmes la norme des esclaves. Cette « transmutation des valeurs » conduit à une intense haine de soi chez ceux qui sont naturellement des aristocrates. Ils commencent à détester leurs désirs et leurs passions les plus forts.

Les faibles ne versent que des larmes de crocodiles lorsque l'on fait souffrir les autres. La joie de la souffrance est humaine, d'après Nietzsche, et l'humanité n'a jamais trouvé la barbarie méprisable : « Voir souffrir fait du bien, faire souffrir plus de bien encore – c'est une dure vérité, mais une vieille, puissante, capitale vérité, humaine – trop humaine [...] Sans cruauté, pas de fête : voilà ce qu'enseigne la plus vieille et la plus longue histoire de l'homme – et dans le châtiment aussi il y a tant de *fête !* »[1].

Cela ne veut pas dire que Nietzsche plaide pour l'insensibilité et la bestialité. Il veut montrer combien nombre de nos désirs peuvent être compliqués, combien de joie se cache dans la promesse faite à nos adversaires de tourments éternels !

Nous avons dit que d'après Nietzsche, les faibles ont obligé les forts à accepter leur code moral. Ceci a produit un phénomène psychologique remarquable : quand les forts n'ont plus pu tourner vers l'extérieur leur agressivité, ils l'ont canalisée vers l'intérieur, et elle est devenue une source de satisfaction d'une façon nouvelle, inattendue : « Tous les instincts qui ne se libèrent pas vers l'extérieur, *se retournent vers le dedans* – c'est ce que j'appelle l'*intériorisation* de l'homme »[2]. Et il s'ensuit ce que nous appelons l'*âme* :

> Tout ce monde du dedans, si mince à l'origine, et comme tendu entre deux peaux, s'est développé, amplifié, acquérant profondeur, largeur, hauteur, à mesure qu'on *empêchait* l'homme de se libérer vers l'extérieur. Ces remparts terrifiants que l'État érigera pour se défendre contre les vieux instincts de liberté [...][3]

Nietzsche veut-il dire que nous devrions laisser libre cours à nos passions et impulsions, par-delà bien et mal ? En morale, devons-nous adopter une attitude de *laissez-faire* ? Pour Nietzsche, toute morale, y compris celle qui se situe par-delà bien et mal, implique une certaine

---

1. *Id.*, Deuxième dissertation, § 6.
2. *Id.*, Deuxième dissertation, § 16.
3. *Ibid.*

tyrannie sur la « nature ». Et c'est nécessaire. Sans morale, rien n'émerge qui rende la vie digne d'être vécue. Ni l'art ni la poésie (sans parler de la grande philosophie !) ne sont possibles sans un certain degré de contrainte, sans une attitude ascétique à l'égard de la vie. L'important est de discipliner les passions et les désirs ; pas de les assécher, mais de les cultiver. La *sublimation* en est la clé. D'après Nietzsche, un homme aux impulsions fortes et terribles est « inhumain », parce qu'il n'a pas appris l'art de sublimer ses impulsions, comme on le fait au service des sciences et des arts. Mais un tel homme est de loin préférable à un « eunuque chrétien », qui n'a rien à sublimer, et par conséquent rien à *créer*. Par le contrôle de soi, les êtres humains forts seront capables de se réaliser eux-mêmes de façon positive. Nietzsche ne voulait pas d'un « retour à la nature », à une expression primitive des passions. Tout ceci ouvre le chemin à l'idéal nietzschéen de l'humanité : « le Surhumain » (ou « surhomme ») (*Übermensch*).

ÜBERMENSCH, VOLONTÉ DE PUISSANCE ET ÉTERNEL RETOUR

Nietzsche ne donne pas beaucoup d'indications sur la façon de comprendre sa théorie du Surhumain. César et Napoléon ont tous deux été pris comme exemple de ce que signifie le Surhumain (pour ne rien dire de Hitler et de la « race aryenne »). Mais ces exemples ne sont pas très appropriés. Le « César romain » est devenu le premier Surhumain quand « l'âme du Christ » lui a été conférée[1]. Napoléon non plus ne fait pas l'affaire comme idéal. Pour Nietzsche, Napoléon était seulement une « synthèse de l'*inhumain* [*Unmensch*] et du *Surhumain* [*Übermensch*] »[2]. Nietzsche n'exprime de même aucune affection particulière pour la « race aryenne », pour les Allemands ou pour les antisémites[3].

C'est Goethe qui semble s'être approché le plus de l'idéal nietzschéen du Surhumain. Il était mené par les passions les plus fortes,

---

1. F. Nietzsche, *La volonté de puissance*, livre IV, ch. IV, § 220.

2. F. Nietzsche, *La généalogie de la morale*, Première dissertation, § 16.

3. Nietzsche écrit à propos des amis de Wagner à Bayreuth : « Aucun monstre n'y manque, pas même l'antisémite ! – Pauvre Wagner ! Où était-il tombé ? Si encore il était tombé parmi les pourceaux ! Mais parmi les Allemands ! » (*Ecce homo*, « Humain trop humain », § 2 ; tr. Jean-Claude Hémery, Gallimard, *Œuvres philosophiques complètes*). W. Kaufmann nous donne un bon compte-rendu du « mythe de Nietzsche » (de celui qui en fait un précurseur du nazisme) et de sa conception de la race dans *Nietzsche : Philosopher, Psychologist, Antichrist*, p. 3-21, 284-307.

mais il se dominait : « Ce qu'il voulait, c'était *la totalité* : il combattait le divorce entre raison, sens, sentiments, volonté (prêché, en une répugnante scolastique, par Kant, l'exact antipode de Goethe) ; il s'éduqua à devenir complet, il se *créa* »[1]. D'après Nietzsche, Goethe était *tolérant*, non par faiblesse, mais par force. Il ne fut pas un Allemand, mais un *Européen*. Goethe était quelqu'un qui disait *oui* à la vie. Un tel esprit libre ne nie pas la vie, mais il l'accepte. « Mais une telle foi est la plus haute de toutes les fois possibles : je l'ai baptisée du nom de *Dionysos* »[2].

Le *magnum opus* de Nietzsche, *Ainsi parlait Zarathoustra*, est censé exprimer clairement sa vision unique du Surhumain et de l'avenir. Le Zarathoustra historique (Zoroastre) croyait que le monde était le champ de bataille du bien et du mal. Puisque Zarathoustra fut le premier à commettre cette erreur, dit Nietzsche, il doit aussi être le premier à la reconnaître[3]. En conséquence, Zarathoustra devient l'avocat d'une nouvelle conception des valeurs :

> Beaucoup de ce que tel peuple appelle bon fut nommé par un autre dérision et ignominie ; ainsi ai-je trouvé. J'ai beaucoup trouvé qu'ici l'on appelait méchant et qu'ailleurs on parait de pourpres honneurs. [...] En vérité, tout leur bien et leur mal, les hommes se le donnèrent [...] L'homme seulement, pour se conserver, mit dans les choses des valeurs, – pour les choses créa un sens [...] Il y eut mille fins jusqu'à présent, car il y eut mille peuples. Ne manque encore que la bride sur les mille nuques. Encore l'humanité n'a aucune fin.[4]

Zarathoustra (Nietzsche) se donne pour tâche d'énoncer et de développer cet *unique but*, et c'est là que prend place la notion de surhomme (*Übermensch*) : « Le surhomme est le sens de la terre »[5]. L'homme n'existe que pour être dépassé. C'est une corde tendue entre la bête et le surhomme. Ce qu'on peut aimer chez l'homme, c'est qu'il est *transition* et *perdition*. La valeur de l'humanité ne repose pas en ce que nous *sommes*, mais en ce que nous pouvons *devenir*. Mais afin d'évoluer vers le surhomme, nous devons nous débarrasser de ce qui est humain, trop humain.

---

1. F. Nietzsche, *Le crépuscule des idoles*, « Divagations d'un « inactuel » », § 49, tr. Jean-Claude Hémery, Gallimard, *Œuvres philosophiques complètes*.
2. *Ibid*.
3. F. Nietzsche, *Ecce Homo*, « Pourquoi je suis un destin », § 3.
4. *Ainsi parlait Zarathoustra*, Première partie, « Les discours de Zarathoustra », « Des mille et une fins ».
5. *Id.*, Première partie, Prologue, § 3.

Peut-être avons-nous une idée de ce dont nous devons nous débarrasser. Ce qui manque est une caractéristique positive, si nous ne souhaitons pas prendre Goethe comme norme, et une clarification de nos potentialités. Il se peut que Nietzsche lui-même ait ressenti ce manque : « Jamais encore il n'y eut de surhomme. Nus je les vis tous deux, le plus grand et le plus petit des hommes ; – Bien trop encore ils se ressemblent. En vérité, même le plus grand, je l'ai trouvé – bien trop humain »[1].

Zarathoustra proclame aussi l'idée de *l'éternel retour de toutes choses*. Cette idée dit en gros que tout se répète à l'identique dans un cycle infini. Nous la trouvons également chez les présocratiques, les stoïciens, et dans la philosophie indienne antique : il y aura à nouveau un Socrate et un Platon, chaque personne apparaîtra à nouveau avec les mêmes amis et ennemis, accomplira les mêmes actions, connaîtra le même sort.

L'idée peut sembler étonnante, mais Nietzsche l'accepte comme hypothèse, comme « expérience de pensée ». Elle s'appuie sur le principe que tout arrive en accord avec des lois naturelles inviolables. En tant qu'hypothèse scientifique, l'idée de l'éternel retour de toutes choses dépend d'une suite de présupposés qui posent problème : nous devons postuler qu'un nombre fini de facteurs déterminent tous les processus naturels. Il en découle qu'il y a un nombre limité de combinaisons possibles, et que quand ce nombre est atteint, des combinaisons antérieures doivent se répéter. On présuppose que l'univers est fini[2].

Il est possible que l'intérêt de Nietzsche porte surtout sur la signification *pratique* de cette doctrine. Elle est par exemple incompatible avec l'idée que l'histoire a un *but* ultime. Elle implique en outre une rupture avec une conception téléologique linéaire de l'histoire (chrétienne ou marxiste). Peut-être aussi cette doctrine favorise-t-elle la conception stoïcienne du monde, dépassant le ressentiment et les pensées de vengeance – peut-être implique-t-elle que nous devrions nous réconcilier avec l'idée selon laquelle notre tâche terrestre est un travail de Sisyphe (qui n'a pas de fin).

---

1. *Id.*, Deuxième partie, « Des prêtres ».
2. C'est une reconstruction qui pose problème. Peut-être Nietzsche ne pensait-il pas que ce serait les mêmes individus qui reviendraient, mais plutôt le même type d'individu. Il est aussi possible qu'il ait considéré la doctrine de l'« éternel retour » comme une forme de nihilisme : « C'est la forme outrancière du nihilisme : le Néant (l'« absurde ») éternel ! » (*La volonté de puissance*, livre III, « Introduction », § 8).

Ma formule pour ce qu'il y a de grand dans l'homme est *amor fati* : ne rien vouloir d'autre que ce qui est, ni devant soi, ni derrière soi, ni dans les siècles des siècles. Ne pas se contenter de supporter l'inévitable, et encore moins se le dissimuler – tout idéalisme est une manière de se mentir devant l'inéluctable – mais l'*aimer*.[1]

Tout au moins la doctrine de l'éternel retour de toutes choses nous libère-t-elle des conceptions métaphysiques et religieuses traditionnelles qui nous promettent pour l'avenir joie et bonheur. Elle semble aussi impliquer que l'éternel et l'infini ne se trouvent que dans cette vie : c'est *cette* vie qui est votre vie éternelle ! Ce qui est plus problématique est que cette théorie semble entrer en conflit avec celle du Surhumain. Cela a-t-il le moindre sens de vouloir dépasser « le dernier homme » et créer le Surhumain si ce ne sont que des figures qui se répèteront à l'identique dans un cycle éternel ?

Une grande partie de la pensée de Nietzsche se concentre sur le concept de *volonté de puissance*, mais celui-ci a rarement bénéficié de la même analyse en profondeur que les concepts que Nietzsche a attaqués. Nietzsche semble penser que les humains ne désirent pas avant tout le « plaisir » ou l'« utile ». Ils ne désirent pas non plus être libérés de quelque chose, ils désirent plutôt la liberté de se réaliser eux-mêmes, de choisir un « style de vie ». Cela se présente sous la forme de la volonté de puissance. Cependant la puissance ne signifie pas ici un pouvoir sur les autres, mais plutôt un pouvoir sur soi-même. La volonté de puissance s'exprime aussi comme volonté de connaissance, un instinct qui nous conduit à organiser le chaos, à maîtriser et à transformer notre environnement.

Le concept prend parfois une nature ontologique. La volonté de puissance devient alors la force qui met en forme l'existence. Dans la mesure où la volonté de puissance est volonté de *quelque chose* par rapport à l'avenir, cette image mentale semble entrer en conflit avec la doctrine de l'éternel retour du même. La manière de réconcilier ces images est dans la recherche nietzschéenne une question controversée.

---

1. F. Nietzsche, *Ecce homo*, « Pourquoi je suis si avisé », § 10.

ÉPISTÉMOLOGIE

Avant de terminer ce chapitre, nous allons récapituler les idées de Nietzsche et examiner sa conception de la vérité. D'après lui, tous les systèmes métaphysiques sont des expressions de la volonté de puissance. La même affirmation vaut pour les sciences. En même temps, il s'agit de « fictions », c'est-à-dire de constructions conceptuelles que nous imposons à la réalité, d'un lit de Procuste sur lequel nous la déformons pour servir nos besoins. Ces systèmes sont des « exigences physiologiques qui visent à conserver un certain mode de vie »[1]. Tout n'est que perspective et fiction. Les perspectives s'appuient sur des évaluations. Les évaluations morales sont des interprétations, le symptôme d'un état physiologique particulier.

Nietzsche soutient qu'il y a un lien entre *connaissance* et *intérêt*[2], mais en même temps il réduit les problèmes en leur donnant un sens naturaliste biologique. Une autre question surgit de même : qu'en est-il de ses propres théories ? Sont-elles aussi des fictions ? Ou leur est-il possible d'éviter le perspectivisme et de nous donner en un sens absolu *la vérité sur le monde* ? Nietzsche semble rejeter avec véhémence la deuxième hypothèse – il va jusqu'à interroger la vérité. La croyance en la vérité n'est-elle pas une croyance *métaphysique* ?

> C'est encore et toujours une *croyance métaphysique* sur quoi repose notre croyance en la science, – et [...] nous autres qui cherchons aujourd'hui la connaissance, nous autres sans dieu et antimétaphysiciens, nous puisons encore *notre* feu à l'incendie qu'une croyance millénaire a enflammé, cette croyance chrétienne qui était aussi celle de Platon, la croyance que Dieu est la vérité, que la vérité est divine... Mais que dire, si cela même se discrédite de plus en plus [...] – et si Dieu même se révélait comme notre plus durable mensonge ?[3]

Au moment où nous nions la croyance au divin, dit Nietzsche, surgit un nouveau problème : la question de la valeur de la vérité : « nous devons une bonne fois, et de façon expérimentale, *mettre en*

---

1. F. Nietzsche, *Par-delà bien et mal*, Première partie, § 3.
2. À comparer avec la conception selon laquelle les besoins vitaux de base sont liés aux « intérêts de connaissance » (voir le chapitre 27 sur Habermas).
3. F. Nietzsche, *Le gai savoir*, livre V, § 344.

question la valeur de la vérité »[1]. Mais quel sera notre étalon si ce n'est pas la vérité elle-même ?

Nietzsche semble ainsi avoir deux concepts de vérité. Nous comprenons traditionnellement la vérité comme une *correspondance* entre un énoncé et un état de choses (ce qu'entraîne vraiment cette correspondance est une question controversée depuis l'époque de Platon). C'est ce qu'on appelle souvent la théorie de la vérité-correspondance. Il est clair que Nietzsche doit rejeter cette conception de la vérité. Et la raison qu'il donne n'est pas dépourvue d'importance : il n'y a pas de faits neutres auxquels nos théories pourraient correspondre. Tout ce qu'on appelle faits est toujours déjà « chargé de théorie ». Tout *fait pur* ou description neutre n'est qu'une interprétation masquée, une perspective parmi une suite d'autres interprétations. En ce sens, les théories de la volonté de puissance et de l'éternel retour doivent aussi être des fictions. Mais qu'est-ce qui les distingue des autres fictions ? En quel sens Nietzsche pense-t-il que ces théories sont vraies (s'il n'y a pas de correspondance possible) ? La réponse est que certaines interprétations « servent la vie » ; elles sont utiles à la vie et affirmatrices de la vie. Nietzsche voit ses propres théories comme vraies en ce sens. Elles sont vraies non au sens où elles expriment la vérité sur le monde (pour Nietzsche, une telle vérité n'existe pas), mais au sens où elles *servent la vie*. C'est ce que nous pourrions appeler un *concept pragmatique de la vérité*, et c'est ainsi que nous devrions comprendre la célèbre définition nietzschéenne de la vérité comme « une sorte d'erreur, faute de laquelle une certaine espèce d'êtres vivants ne pourraient vivre. Ce qui décide en dernier ressort, c'est sa valeur pour la *vie* »[2].

Mais ce concept pragmatique de vérité ne résout pas encore le problème. Comment Nietzsche sait-il cela sur la vérité ? De quelle sorte de connaissance s'agit-il ici ? En outre, Nietzsche affirme que le monde en lui-même est chaos, mais n'utilise-t-il pas alors la théorie de la vérité-correspondance qu'il critique ? S'il prétend qu'il le *sait*, il ne peut du moins en même temps rejeter toutes les théories objectivistes de la vérité : l'affirmation : « le monde en lui-même est chaos sans ordre ni finalité » ne serait *vraie* que si le monde était réellement chaotique et sans finalité. Car alors, l'affirmation correspondrait aux conditions réelles. Pour être cohérent, Nietzsche doit voir sa philosophie comme une perspective parmi d'autres possibles. Nous avons vu qu'il défendait cette perspective en raison de son utilité pour la vie. Mais *qu'est-ce* qui est utile pour la vie, et pour *qui* ? Ce qui peut

---

être utile pour Nietzsche ne l'est clairement pas pour Platon. Mais quel est donc le critère qui permet de dire que quelque chose est soit «affirmation de la vie» soit «négation de la vie»? Nietzsche ne devrait-il pas dire qu'un critère objectif n'est qu'une «fiction» ou une perspective masquée?

Peut-être allons-nous trop loin. Nietzsche se voyait lui-même et voyait sa philosophie *expérimentalement*, et il se considérait comme quelqu'un qui met à l'épreuve l'épistémologie. Il soumettait à l'analyse nos conceptions les plus profondément enracinées. Il questionnait les valeurs que souvent nous tenons pour acquises, aveuglément et de manière dogmatique. Il sapait ce que nous considérons comme allant de soi. Nietzsche a accompli une expérience sur la vérité. Si nous trouvons pour finir que cette expérience, en un sens ou un autre, présuppose ce que nous avons interrogé, à savoir l'idée de vérité absolue, cela ne diminue pas la valeur de l'expérience. Au contraire, elle nous a appris quelque chose.

De bien des façons, Nietzsche nous rappelle Socrate : un taon qui est à son mieux quand il nous pique pour nous pousser à nous défendre.

La vérité est ce qui marche – Le pragmatisme américain

Le pragmatisme en tant qu'école philosophique (représentée par William James [1842-1910], Charles Sanders Peirce [1839-1914] et John Dewey [1859-1952]) a été particulièrement influent aux États-Unis au début du vingtième siècle. Dans ses versions les plus raffinées comme les plus grossières, il trouve des successeurs dans la philosophie contemporaine[1]. Il n'a pas seulement été important en philosophie (y compris en philosophie politique), mais dans d'autres domaines comme la pédagogie (voir le travail de Dewey dans ce domaine).

Le concept de vérité joue un rôle central dans le pragmatisme. En gros, le pragmatisme énonce que des opinions sont vraies quand elles *marchent*, quand elles sont *utiles*. Nous écrivons «en gros», parce que cela peut signifier par exemple que ce qui est dit vrai est ce qui est utile *pour nos intérêts personnels propres*. Nous rattachons dans ce

---

1. Comparer la théorie de la vérité chez Habermas à la théorie selon laquelle «la vérité est ce qui sert notre classe / nos intérêts». Pour la théorie de la vérité chez Habermas, voir Gunnar Skirbekk, «Pragmatisme et pragmatique», dans *Une praxéologie de la modernité*, L'Harmattan, 1999, tr. Maurice Élie, Michel Fuchs et Jean-Luc Gautero.

cas le concept de vérité à différentes sortes d'intérêts politiques et pratiques. Mais les versions moins « grossières » apparaîtront si nous prenons « utile » au sens de « ce qui se révèle marcher » quand nous le mettons à l'épreuve dans la vie quotidienne et dans les recherches et discussions scientifiques.

À l'interprétation la plus grossière de la conception pragmatique de la vérité, Bertrand Russell et d'autres ont objecté qu'il est souvent difficile de *savoir* si un énoncé est plus utile qu'un autre qui porte sur le même état de choses. Comment par exemple savons-nous qu'il est plus utile d'affirmer que Christophe Colomb a traversé l'Atlantique en 1492 que d'affirmer qu'il l'a fait en 1491 ? Pour qui, ou pour quoi, l'un des énoncés pourrait-il être plus utile que l'autre ? Et l'on objecte aussi souvent que pour savoir que quelque chose est utile, nous devons penser qu'il est *vrai* que ce quelque chose est utile, mais si à nouveau cela est censé vouloir dire qu'il est utile de penser que quelque chose est utile, nous finissons par nous poser encore et encore la même question, dans une régression à l'infini.

Par opposition à ces versions les plus grossières de la conception pragmatique de la vérité (que nous rencontrons aussi dans certaines idéologies politiques), Peirce, parmi d'autres, a affirmé que le *concept* de vérité doit se comprendre sur la base de la façon dont nous *trouvons* la vérité (c'est-à-dire de la validation), et que la validation doit se comprendre comme le consensus qu'atteindraient tous les gens compétents s'il leur était permis de travailler à une recherche libre et ouverte sans contrainte de temps. Ce n'est pas le fait empirique de l'accord qui contient la vérité, mais l'accord atteint par des chercheurs compétents dans une communauté de recherche intemporelle. C'est une idée à la fois complexe et importante (voir la conception de la vérité chez Habermas, chapitre 27). À cet égard, il suffit de remarquer que cette conception rattache le pragmatisme à des problèmes centraux de la philosophie des sciences et du débat contemporain sur les droits humains et leur justification. (Voir chapitre 26, John Rawls).

QUESTIONS

Expliquez la critique nietzschéenne de la morale.

En quel sens peut-on dire que la critique nietzschéenne du platonisme et du christianisme est appropriée ?

Suggestions de lecture

Sources

Œuvres philosophiques complètes, Gallimard, 1967-1992, sous la direction de Maurice de Gandillac.

Commentaires

Colli, G., *Après Nietzsche*, éditions de l'Éclat, 2000, tr. Pascal Gabellone.

Danto, A. C., *Nietzsche as Philosopher*, Columbia University Press, 1965.

Deleuze, G. *Nietzsche et la philosophie*, PUF, Quadrige, 2005.

Fink, E., *La philosophie de Nietzsche*, Minuit, 1965, tr. Hans Hildenbrand et Alex Lindenberg.

Heidegger, M., *Nietzsche* (2 volumes), Gallimard, 1971, tr. Pierre Klossowski.

Jaspers, K., *Nietzsche et le christianisme*, Minuit, 1949, tr. Jeanne Hersch.

Kaufmann, W., *Nietzsche : Philosopher, Psychologist, Antichrist*, Princeton University Press, 1975.

Klossowski, P., *Nietzsche et le cercle vicieux*, Mercure de France, 1975.

CHAPITRE 22

Socialisme et fascisme

Dans ce chapitre, nous donnerons quelques aperçus de la pensée politique du vingtième siècle, en mettant l'accent sur le communisme et les idées de gauche d'un côté, sur le fascisme et le nazisme de l'autre. Cet accent mis sur les théories politiques est partie intégrante du champ d'ensemble de cette histoire de la philosophie occidentale, qui inclut les aspects fondamentaux de l'histoire des diverses sciences tout autant que les contributions de la pensée politique. Il va sans dire qu'en procédant ainsi, nous ne présentons pas toutes ces conceptions politiques comme des idéaux ni comme de la grande philosophie ; ce qui importe est qu'elles ont eu une influence déterminante dans la réalité, et qu'elles ont suscité des réactions et des réflexions philosophiques (voir au chapitre 27 la présentation de penseurs tels que Heidegger, Arendt et Habermas).

COMMUNISME – LÉNINE : LE PARTI ET L'ÉTAT

Lénine, ou Vladimir Ilyich Ulyanov (1870-1924), dirigea la révolution communiste en Russie. Ses contributions théoriques furent marquées par les circonstances dans lesquelles il se trouvait : en plus de diriger la révolution, il dut développer l'application de la doctrine marxiste sur la transition du capitalisme vers la société communiste sans classe, point sur lequel Marx avait été très prudent.

Lénine eut à expliquer pourquoi la révolution se produisit dans la Russie industriellement arriérée, et non dans les nations capitalistes plus développées de l'Ouest. Il fit remarquer le caractère international du capitalisme. Les pays capitalistes industrialisés et les colonies qui produisaient les matières premières étaient les deux faces de la même pièce du capitalisme international. Internationalement, estimait Lénine, le capitalisme s'était développé aussi loin que possible. La révolution avait commencé à son maillon le plus faible, non dans les pays capitalistes forts, comme l'Allemagne ou l'Angleterre, mais en Russie. Cette théorie de l'*impérialisme* représente une certaine révision de la théorie des périodes historiques selon laquelle la révolution se produira dans les pays capitalistes les plus développés.

La théorie communiste soutenait que la révolution commencerait dans les pays où le capitalisme était le plus avancé, parce qu'une société communiste ne serait possible que quand les communistes prendraient le contrôle de l'appareil de production d'un capitalisme pleinement développé. Tout d'abord se produirait une révolution bourgeoise qui permettrait au capitalisme d'arriver à maturité, et qui préparerait le terrain pour la révolution communiste, laquelle introduirait des conditions économiques plus rationnelles. Il y aurait par conséquent *deux* révolutions, séparées par un certain laps de temps. Mais en Russie la révolution bourgeoise se produisit en février 1917, et la révolution communiste en octobre de la même année. Le temps entre les deux fut trop bref. Le capitalisme russe n'avait pas développé tout son potentiel dans le cadre offert par la société bourgeoise.

Lénine expliqua ce qui se produisait avec sa théorie de la double révolution. Au niveau international, le capitalisme avait atteint sa maturité. C'est pourquoi en Russie la révolution communiste pouvait suivre immédiatement la révolution bourgeoise. Mais cela présupposait que la révolution russe fût suivie d'une révolution internationale, qui autoriserait les communistes russes à apprendre comment s'industrialiser des camarades des pays à l'appareil de production capitaliste plus développé. Cela présupposait aussi que la volonté politique des communistes russes fût une force motrice de l'industrialisation de la Russie. Cette dernière présupposition entraînait le rejet du déterminisme économique. La « superstructure », la direction politique, était ici censée *créer* l'« infrastructure », l'industrie russe. Le temps passant et la révolution internationale ne se produisant pas, les Russes durent pratiquement tout apprendre par eux-mêmes, et cette théorie de la direction politique comme force motrice prit encore plus d'importance. C'est pourquoi la contribution majeure de Lénine fut le développement d'une forte organisation du parti. C'est sur ce point exactement que les bolcheviks entrèrent en conflit tant avec les sociaux-démocrates (comme Édouard Bernstein [1850-1932]), qui voulaient organiser un parti socialiste parlementaire, qu'avec les marxistes d'inspiration plus libertaire (comme Rosa Luxemburg [1870-1919]), qui étaient opposés à la stricte discipline de parti léniniste. Lénine était persuadé qu'un parti d'avant-garde fort, composé de révolutionnaires disciplinés, était nécessaire pour conduire les classes laborieuses à une société communiste. Sans un tel parti, les travailleurs n'iraient pas plus loin que des politiques syndicalistes réformistes, du type de celles des sociaux-démocrates. Lénine n'avait en commun avec les sociaux-démocrates ni les fins, ni les moyens. *Eux* voulaient une société d'assistance égalitaire, et afin de l'atteindre ils employaient des moyens politiques légaux pour accomplir des réformes graduelles au sein de la société capitaliste. Lénine voulait la propriété publique de tous les moyens de production, et afin d'atteindre ce but il lui fallait faire la révolution, aidé par un parti d'avant-garde. Il partageait ce but de base avec les marxistes d'inspiration libertaire. Mais ces derniers, comme Rosa Luxemburg, étaient convaincus qu'il était possible et nécessaire de conserver les procédures démocratiques usuelles dans le parti et dans la société en général. Une discipline de fer était inutile ; en outre, elle était dangereuse, car elle pourrait plus tard porter atteinte au retour d'une démocratie décentralisée.

Dans la mesure où Lénine parvint à faire triompher la révolution, nous pourrions en un sens dire que l'histoire lui a donné raison. Mais il s'avéra aussi que les communistes russes furent incapables de laisser suffisamment de latitude aux droits et aux procédures démocratiques après avoir conquis le pouvoir. En ce sens, Rosa Luxemburg avait raison.

Pourquoi y eut-il conflit entre démocratie et communisme ? Y a-t-il quelque chose dans le marxisme ou dans le léninisme en tant que théorie qui rend la démocratisation difficile ? Ou y a-t-il un mécanisme purement sociologique qui fait que ceux qui ont le pouvoir répugnent à l'abandonner ? Ou le conflit est-il lié au fait que la Russie n'avait jamais fait l'expérience des vertus bourgeoises libérales ? Non seulement l'appareil de production capitaliste n'avait jamais été pleinement développé en Russie, mais la Russie n'avait jamais fait l'expérience des idéaux politiques inhérents à la société bourgeoise, comme la démocratie parlementaire et les droits individuels (par exemple la liberté d'expression et la liberté de culte).

Le marxisme classique affirmait que l'État s'évanouirait avec le communisme, c'est-à-dire avec l'abolition de la société de classes et de l'oppression. L'État était vu comme une forme d'oppression exercée par la classe dirigeante contre les classes inférieures ; une fois l'oppression de classe abolie, il deviendrait inutile. Lénine acceptait entièrement l'idée selon laquelle l'État était une forme d'oppression aux mains de la classe dirigeante. La police, l'armée et le système juridique étaient tous des aspects de l'État de classe. Mais une fois que Lénine eut pris le pouvoir, il devint nécessaire de répondre à la question du moment et de la façon dont l'État « s'évanouirait ». Le cœur de la réponse de Lénine fut que pendant une période de transition, de longueur indéfinie, il serait nécessaire pour le prolétariat de réprimer toute tentative de contre-révolution. La *dictature du prolétariat*, pendant cette période, devrait remplacer l'État de classe capitaliste. Mais elle ne serait pas un nouvel État violent, comme celui qui l'avait précédée. Elle représenterait un pas en avant. Sous le capitalisme – la dictature de la bourgeoisie –, la majorité, le prolétariat, est opprimée par la minorité, les capitalistes. Sous la dictature du prolétariat, la minorité contre-révolutionnaire est opprimée par la majorité révolutionnaire.

Comme théoricien politique, Lénine mit l'accent sur la primauté de l'action politique, et non sur une recherche impartiale de la vérité : il prit pour fondement épistémologique le point de vue de classe et la loyauté à l'égard des positions du parti. Il rejeta l'idée d'une recherche de la vérité critique et indépendante. C'est la contrepartie épistémologique d'une théorie politique qui met l'accent sur la discipline de parti et rejette la discussion ouverte et la critique.

Une objection se présente immédiatement : si un dirigeant pense que la majorité de la population n'est pas à même de reconnaître la vérité, parce qu'il soutient – comme Lénine pendant la Révolution russe – que les capitalistes, en raison de leur position de classe, sont incapables de percevoir la réalité sans déformation idéologique et que la classe ouvrière n'est pas encore apte à comprendre correctement sa position propre, il doit postuler que lui-même a une connaissance correcte de toutes ces questions. Mais alors, il devrait se croire capable de le démontrer à ceux qui sont au même niveau que lui. En d'autres termes, les membres du parti devraient pouvoir discuter de ces questions rationnellement, et, en principe, convaincre les masses de la vérité des décisions et positions de base du parti. En bref, indépendamment de la conviction qu'un dirigeant peut éprouver quant à l'irrationalité et au manque de jugement des masses, il doit postuler que lui-même a correctement compris la situation sur la base de raisons que d'autres pourraient aussi, en principe, reconnaître. En ce sens, il est difficile d'éviter l'idée de la vérité comme contraignante, en dépit de toute irrationalité et de toutes les luttes de pouvoir.

Voilà pour le niveau théorique. Toutefois, nous savons aujourd'hui que Lénine, en tant que dirigeant politique, ordonna des mesures draconiennes contre de larges groupes de gens, et même l'exécution d'innocents. Il contribua activement à la mise en place du régime de terreur et de génocide dont Staline fut le responsable principal.

Puisqu'il n'y avait pas eu de révolution internationale et que l'Union Soviétique était entourée de nations capitalistes hostiles, Joseph Staline (1879-1953) poursuivit la mise en place d'un état communiste indépendant qui, à l'extérieur, se coupa du reste du monde et qui, à l'intérieur, exigea de grands sacrifices pour mener à bien l'industrialisation sans capitaux ni experts étrangers. En conséquence, il dut réviser la théorie de Lénine sur deux points. Il lança la théorie du socialisme dans un seul pays, ce qui en fin de compte conduisit à un communisme russe fortement nationaliste. En outre, il résolut les difficultés que Lénine avait à expliquer pourquoi l'appareil d'État de l'Union Soviétique ne s'était pas « évanoui ». La solution était simple : l'État soviétique devait rester fort tant que les États capitalistes menaceraient le communisme de l'Union Soviétique. Cette réponse aurait pu être convaincante si Staline n'avait pas en même temps annoncé la liquidation des factions d'opposition au sein de l'Union Soviétique. Car alors, d'où venait la nécessité de la police secrète, des déportations et des purges ? Les pays capitalistes, où s'exprimait aussi une opposition, étaient parvenus à faire front à leurs ennemis extérieurs sans recourir à des mesures intérieures si sévères (comme en Grande-Bretagne pendant la deuxième guerre mondiale). Pour finir, l'ère stalinienne se caractérisa par la bureaucratie et par un puissant culte de la personnalité, ce dernier étant contraire à la plupart des versions du matérialisme historique, qui soutiennent que ce sont les forces économiques objectives qui déterminent l'histoire, non les individus particuliers. Mais même Lénine s'opposait au déterminisme économique radical et défendait la discipline de parti comme force motrice du processus d'industrialisation. Et la frontière était mince entre l'adoration du parti et le culte de la personnalité.

Avec la chute du Mur de Berlin en 1989, le marxisme-léninisme s'éteignit comme doctrine politique significative. Politiquement, un monde était mort, en Europe tout du moins.

ANARCHISME ET SYNDICALISME RÉVOLUTIONNAIRE

Le mot grec *anarchos* signifie « sans chef ». L'anarchisme est un mouvement politique qui vise à abolir toute forme d'autorité et à réorganiser la société sur la base des besoins économiques et sociaux qui surgissent spontanément parmi des individus et des groupes libres. On compte au nombre de ses plus importants théoriciens Max Stirner (1806-1856) et Mikhaïl Bakounine (1814-1876). Plus précisément, les anarchistes soutiennent que l'on parviendrait à cette réorganisation grâce à un réseau de communes : des groupes d'affinités, suffisamment petits pour autoriser chaque individu à avoir une vision claire de l'ensemble des affaires d'une communauté tout autant que pour assurer une communication directe avec les autres, ce qui rend la démocratie possible. Ces unités se gouverneraient elles-mêmes sans être sujettes à un pouvoir extérieur. Selon les termes des anarchistes, ce serait une société sans État. La coopération nécessaire entre les unités ne serait pas dirigée par les lois du marché, ni par une institution bureaucratique centrale, mais surgirait des besoins particuliers de chaque groupe ; elle se développerait sur la base de l'indépendance et de l'entraide mutuelles. En d'autres termes, *l'anarchie* ne se conçoit pas comme une société sans organisation, mais comme une société dans laquelle l'organisation est spontanée, c'est-à-dire émerge « organiquement » des intérêts communs et de leur reconnaissance. Dans la conception anarchiste, une telle forme d'organisation assure non seulement la plus grande liberté possible de chaque individu dans un environnement social pluraliste susceptible de s'adapter à une multitude de désirs, de besoins et de conceptions, mais aussi la plus grande efficacité possible, parce qu'il n'y a pas comme dans les organisations hiérarchiques de conflit entre dirigeants et dirigés. Nous pouvons reconnaître ici des similitudes entre cette Utopie anarchiste et le rêve du marxisme orthodoxe d'une société sans classes.

Mais dans le marxisme, ce but est repoussé après la révolution. Selon le marxisme orthodoxe, nous devons d'abord conquérir le pouvoir d'État, et pour ce faire nous avons besoin d'un parti d'avant-garde centralisé qui peut conduire les masses et établir la dictature du prolétariat. Les anarchistes rejettent cette ligne d'argumentation, ils soutiennent que ces méthodes perpétuent le système de classes ; si le mouvement révolutionnaire les utilise, il est battu avant même le commencement de la bataille.

Le concept de classe des anarchistes diffère de celui du marxisme orthodoxe. D'après les anarchistes, plus fondamentale que la distinction entre ceux qui possèdent les moyens de production et ceux qui ne possèdent que leur capacité à travailler est celle entre dirigeants et dirigés, entre maîtres et esclaves. C'est contre cette dernière qu'ils luttent principalement. Aussi ne pensent-ils pas qu'une « période de transition » consistant en l'État dictatorial d'un parti conduirait à quoi que ce soit de plus qu'une nouvelle société de classes. Si l'on veut parvenir à un véritable changement dans les conditions de la société, il faut s'appuyer sur l'auto-organisation et l'action des masses.

Le dix-neuvième siècle fut la principale période de l'anarchisme. Depuis les années 1890, l'anarchisme en tant que mouvement politique n'a joué de rôle important qu'en Espagne, jusqu'à la guerre civile des années 1930, et en France. De nos jours, certaines idées anarchistes sont incorporées dans le mouvement « altermondialiste ».

Le syndicalisme révolutionnaire s'est développé en France au début du vingtième siècle. Il y avait alors beaucoup de mécontentement à l'égard des organisations ouvrières en place parmi certains travailleurs, qui se tournèrent vers de nouvelles formes d'action. Leur critique était particulièrement dirigée vers les partis socialistes. Du point de vue des syndicalistes révolutionnaires, ces partis ne se distinguaient pas du tout des partis traditionnels, conservateurs ou libéraux, mais ne faisaient qu'entrer en concurrence avec eux pour gagner l'appui des travailleurs ; cela ne dissipait pas le sentiment d'impuissance des masses dans l'arène politique. Les masses avaient cessé d'être des acteurs politiques pour devenir de simples spectatrices. Les syndicalistes révolutionnaires affirmaient aussi que ces partis socialistes cherchaient le soutien des travailleurs sur la base d'idées ayant souvent peu de rapports, voire aucun, avec leurs conditions de vie quotidiennes, ce qui était pour la classe ouvrière un facteur de division plus que d'unification.

Sur cette toile de fond politique, les syndicalistes révolution-naires étaient en faveur d'une action économique directe s'appuyant sur la solidarité avec les travailleurs dans leur vie quotidienne. Le syndicalisme révolutionnaire est une *théorie de lutte des classes*. Le mouvement syndicaliste révolutionnaire se voyait par conséquent lui-même comme surgissant de la lutte quotidienne des travailleurs de l'industrie, s'appuyant fermement sur le terrain de l'entreprise, et défiant toutes les autorités qui déniaient aux travailleurs le droit de se diriger eux-mêmes. Les syndicalistes révolutionnaires soutenaient des formes extrêmes d'action militante. Ces méthodes étaient l'ex-pression d'un rejet de principe du gouvernement de la bourgeoisie. Dans leur pratique quotidienne, les syndicalistes révolutionnaires voulaient rompre avec la « loi bourgeoise », c'est-à-dire avec toute forme d'action politique légale.

Le syndicat de l'usine locale était considéré comme l'unité de base de la lutte. Le but du syndicat au niveau de l'usine ne devait pas être de passer des accords avec la direction : négociations, accords et contrats étaient tous vus comme du marchandage et de la compromission dans le cadre établi par le capitalisme. Pour détruire ce cadre, les travailleurs devaient développer leurs propres formes d'action révolutionnaire. *À l'extérieur*, cela voulait dire une lutte des classes sans compromis contre les structures du pouvoir établi ; *à l'intérieur*, cela voulait dire s'organiser en s'appuyant sur une autonomie locale à l'initiative de la base. En nous organisant comme nous le faisons, disaient les syndicalistes révolutionnaires, nous construisons les structures d'une nouvelle société dans la coquille de l'ancienne.

Le déclin du syndicalisme révolutionnaire – aujourd'hui, nous ne pouvons guère parler d'un réel mouvement syndicaliste révolutionnaire – semble avoir été principalement causé par la difficulté de concilier une attitude révolutionnaire avec la lutte pour les intérêts de la force de travail au sein de la société capitaliste.

Social-démocratie – Bien-être social et parlementarisme

La social-démocratie provient en son cœur même d'attitudes et d'opinions politiques dont les arrière-plans théoriques sont divers. Ce n'est donc pas une idéologie dépourvue d'ambiguïté, mais elle représente un programme politique qui fait une priorité de l'égalité et de la sécurité sociales, qui s'appuie sur la démocratie représentative et conçoit la gouvernance publique comme moyen politique central.

Ce mouvement politique s'est appuyé sur la même indignation que celle ressentie par Marx et bien d'autres à l'égard de l'exploitation systématique des travailleurs sous le capitalisme privé. Toutefois, les sociaux-démocrates se distinguent des marxistes à la fois par leurs moyens et par les fins auxquelles ils veulent arriver. Les sociaux-démocrates veulent des réformes, non la révolution. Ils acceptent le système parlementaire et la règle libérale de la loi. Au moyen de réformes politiques et économiques, et en prenant le pouvoir au parlement, ils visent à atteindre l'État-Providence. Cela ne créera pas une société totalement dépourvue de classes, mais une société bonne, où nul ne sera dans le besoin et où l'économie sera guidée par le contrôle du gouvernement. Toutes les activités économiques n'ont pas besoin d'être nationalisées. Combien en nationaliser est une question pratique. Les sociaux-démocrates veulent une économie mixte, dans laquelle l'État détermine les limites du marché, et où il peut détenir certaines entreprises clés, quoique la majeure partie de l'activité économique reste entre les mains du secteur privé.

En bref, les sociaux-démocrates se caractérisent par le pragmatisme politique. Ils veulent faire quelque chose ici et maintenant pour améliorer la situation. Ils sont sceptiques quant au socialisme scientifique de Marx. Ce scepticisme à l'égard de la théorie est de multiples façons théoriquement fondé : la réalité est trop complexe et trop fluctuante pour être saisie convenablement au moyen de constructions théoriques. Les problèmes de la gouvernance, de la bureaucratie et de l'administration, de l'éducation et de la technologie ne peuvent être surmontés en se référant à une doctrine rigide.

Comme mouvement pragmatique, sans idéologie précise, la social-démocratie a pris des formes légèrement différentes à des moments différents, dans différents pays. En Grande Bretagne, elle est issue du libéralisme social par l'intermédiaire de la *Fabian Society*, fondée en 1884 : le *British Labour Party* (Parti travailliste), comme le mouvement ouvrier britannique, a montré peu d'intérêt pour la conception matérialiste de l'histoire de Marx. Le pragmatisme l'a dominé.

En Allemagne, la social-démocratie est apparue plutôt comme une opposition consciente au marxisme. Là, les sociaux-démocrates ont rejeté à la fois la théorie de Marx de l'inévitabilité de la lutte des classes et de la révolution et la théorie léniniste du parti et de l'État. Par exemple, Édouard Bernstein a récusé la théorie de Marx de la paupérisation et a soutenu des réformes graduelles, promulguées par le parlement, afin d'obtenir des résultats concrets au sein du système existant. Il a postulé que l'on accomplirait un *véritable progrès* par le système parlementaire démocratique plutôt qu'en soutenant la lutte des classes et la révolution.

Les sociaux-démocrates étaient bien sûr clairement opposés au capitalisme privé. Mais cela a changé après la deuxième guerre mondiale. Le capitalisme est devenu plus favorable à des interventions gouvernementales (comme des écoles qui formeraient une force de travail efficace et bon marché, des hôpitaux, une assistance sociale, etc.) afin de « préparer le terrain » aux entreprises industrielles. En outre, le capitalisme contemporain a favorisé le bien-être matériel croissant de larges groupes de la population. Par conséquent, une coopération étroite s'est souvent développée entre la social-démocratie et le capitalisme moderne. En apparence, la lutte des classes était finie. Les capitalistes et les syndicats avaient un intérêt commun à accroître la production. Les seuls points sensibles semblaient tenir à la répartition précise des biens de consommation et à l'étendue et à la nature des interventions gouvernementales.

On pourrait dire que tant que les sociaux-démocrates avaient en face d'eux le capitalisme privé, ils en voyaient facilement les failles. Le pragmatisme qu'ils incarnaient était une de leurs forces. Mais les problèmes liés au nouveau capitalisme ne sont pas toujours aussi simples, une analyse est souvent nécessaire pour les comprendre. En ce sens, ce pragmatisme peut constituer une entrave. D'un autre côté, on peut soutenir que les complexités de la société contemporaine dépassent les capacités de compréhension des théories politiques traditionnelles, et que le pragmatisme constitue ainsi l'approche la plus simple et la plus réaliste. Le problème, bien sûr, est la question de savoir quelle théorie offre l'analyse la plus adéquate de la réalité sociale et politique. Les questions de ce qu'est cette réalité, de ce que nous voulons accomplir et de la façon dont nous pouvons l'accomplir doivent en permanence être mises à l'épreuve par une interaction mutuelle entre activité théorique et expérience pratique. (Remarquez le lien entre l'approche de mise à l'épreuve pragmatique des sociaux-démocrates et la critique par Popper du totalitarisme, ainsi que sa théorie de l'« ingénierie sociale fragmentaire », chapitre 26).

Fascisme – Nationalisme et ordre

Le terme fascisme s'emploie dans un sens étroit pour désigner le fascisme italien de Benito Mussolini (1883-1945) (par opposition au nazisme allemand), ou au sens large pour désigner de façon générale le fascisme italien, le nazisme allemand, et d'autres formes apparentées de gouvernement et d'idéologies[1]. Le fascisme italien et le nazisme allemand furent actifs pendant l'entre-deux-guerres et pendant la deuxième guerre mondiale. De nombreuses raisons ont été données à l'émergence du fascisme à cette époque[2] ; par exemple, les conditions de paix particulièrement dures imposées aux vaincus de la première guerre mondiale et la crise économique entre les deux guerres mondiales.

---

1. Le mot *fascisme* dérive du latin *fasces*, faisceau de verges attachées autour d'une hache — symbole d'autorité dans la Rome antique.

2. Voir Hannah Arendt, *Les Origines du totalitarisme*, et Ernst Nolte, *Les fondements historiques du national-socialisme*.

Quand nous considérons aujourd'hui le régime de Hitler avec le recul du temps, il peut être difficile de comprendre comment tant de gens ont pu suivre les fascistes. Au-delà d'une guerre menée d'une manière particulièrement brutale et qui n'épargna pas les civils, notamment en Europe de l'Est, il suffit de rappeler ici le génocide organisé des Juifs et les ignominies commises dans les camps de concentration.

Mais durant l'entre-deux guerres, c'est un visage différent que le fascisme semblait montrer à beaucoup. Les systèmes économiques et politiques étaient plongés dans le chaos. En Allemagne et en Italie, les gouvernements étaient faibles. Les populations demandaient de l'ordre et réclamaient des dirigeants puissants et volontaristes pour mettre un terme à l'agitation. Elles ressentaient la nécessité d'un idéalisme vif et vigoureux afin de balayer ce qu'elles percevaient comme l'emprise malsaine d'une décadence rampante. Les ouvriers avaient besoin de travail et de meilleures conditions de vie. En Allemagne et en Italie s'exprimait une volonté de redressement national après la défaite subie à l'issue de la première guerre mondiale ; et ces pays exigeaient aussi une expansion territoriale, un « *Lebensraum* ». La Grande-Bretagne et la France étaient « saturées » de colonies ; maintenant, c'était le tour des pays dépourvus de privilèges. Un nationalisme fort et un gouvernement efficace et autoritaire semblaient à beaucoup le meilleur moyen de sortir de l'impasse. Les fascistes, par conséquent, s'opposaient à la fois à ceux qu'ils voyaient comme des libéraux décadents et des démocrates impuissants et au communisme et au socialisme internationaux. Et au début, ils procurèrent une certaine sensation de fierté nationale ainsi qu'un bien-être social. L'« ordre » fut rétabli, quoique par des méthodes dures et souvent violentes.

C'est en gros ainsi que le fascisme (en y incluant le nazisme) apparut à beaucoup entre les deux guerres mondiales, en particulier en Allemagne et en Italie, où les blessures nationales étaient très douloureuses et les traditions démocratiques très faibles. Le fascisme, toutefois, peut se comprendre de nombreuses façons : selon la perspective du libéralisme, il pourrait représenter une régression morale vers la barbarie et l'absolutisme ; selon celle du marxisme, une crise du capitalisme – les capitalistes ayant essayé de stabiliser leurs institutions chancelantes par la terreur et la violence – ; et selon celle du conservatisme, l'expression radicale d'une culture déséquilibrée – les gens suivant de faux prophètes en raison de la perte de la communauté authentique et de l'autorité véritable (toutes deux incarnées par la religion).

Il est difficile de donner une liste des traits qui permettent de définir les mouvements fascistes. Mais les caractéristiques suivantes sont probablement au centre de ce que l'on appelle communément fascisme.

1. Un corporatisme contrôlé par le gouvernement, réprimant à la fois le libéralisme débridé et les syndicats.
2. Une attention extrême portée à l'intérêt commun, non aux intérêts individuels ni à la lutte des classes, perçus comme des tendances qui désintègrent la société.
3. Une mobilisation politique des masses et un rejet du parlementarisme.
4. Des attitudes ambivalentes à l'égard d'une part du capitalisme et de la haute bourgeoisie et de l'autre du socialisme et du communisme : d'un côté, les fascistes ne réforment pas les conditions capitalistes de propriété, mais d'un autre côté, ils développent en profondeur une économie planifiée sous la direction du gouvernement ; d'un côté, ils s'opposent à la lutte des classes, mais de l'autre ils s'appuient sur la mobilisation politique des masses et augmentent le degré de la redistribution sociale.
5. Un mouvement de crise nationale en réponse à des problèmes économiques et politiques au niveau de l'État national et des communautés locales, mouvement qui a souvent un ancrage social dans les classes moyennes urbaines et les communautés rurales durement touchées.
6. Une nostalgie de la société pré-capitaliste (pré-industrielle), qui a pris la forme d'une idéalisation romantique à la fois du lointain passé (le Moyen Âge Teutonique, l'Empire Romain) et d'une société agricole.

Toutefois, en traitant du fascisme (ou du nazisme) en tant qu'idéologie, il est nécessaire de faire la distinction entre les théories exprimées dans les écrits des fascistes les plus importants, *Mein Kampf* d'Hitler par exemple, et les conceptions qui apparaissent quand nous examinons les actions et les réalisations des fascistes. Nous devons ainsi faire la distinction entre ce que les chefs fascistes *ont dit* et ce qu'ils *ont fait*. De plus, il peut être utile de faire la distinction dans l'idéologie fasciste entre éléments stratégiques et théoriques. Et pour finir, il peut être important de faire la distinction entre l'idéologie des chefs fascistes et celle des « fascistes de base ». (Ces distinctions sont importantes dans l'étude de toute idéologie, et pas seulement de celle des fascistes.) Les sources sont différentes pour ces deux types d'idéologie : pour l'idéologie officielle ou dominante, nous pouvons lire la littérature fasciste ; pour l'idéologie implicite dans les actions et celle qui est exprimée par les « fascistes de base », nous pouvons employer une recherche d'orientation plus empirique. La présentation des idéologies variera selon que nous retenons une signification ou une autre du mot *idéologie*. Dans la discussion qui suit, quand nous nous référerons à l'idéologie en tant que « théorie écrite », il est de maintes façons approprié de parler de l'irrationalisme lié au fascisme. Mais dans le sens de « stratégie écrite », ou d'« opinion qui s'appuie sur ce que les fascistes ont fait », il peut au contraire être juste de mettre l'accent sur un certain degré de rationalité : les fascistes étaient par exemple doués pour employer la psychologie des masses. En outre, les croyances des adhérents de base et des sympathisants fascistes n'étaient pas nécessairement identiques aux théories de leurs chefs.

Crise et action

Intellectuellement, les idéologies fasciste et nazie (en tant que « théories écrites exprimées par les chefs fascistes ») ne sont pas très satisfaisantes. Elles sont irrationnelles sous de nombreux aspects. Tant Mussolini qu'Hitler glorifiaient les mythes et l'action, et méprisaient la théorie : pour le premier, le fascisme devait se construire sur le mythe idéaliste d'une Italie héritière de la Rome antique, et il se renforcerait et unifierait le peuple par l'abnégation et la discipline, de sorte que les dirigeants fascistes pourraient d'une main ferme créer l'ordre et étendre l'Empire Italien ; pour le second, les Nazis pensaient « avec leur sang », la race « aryenne » était la race supérieure, et le mythe, incarné dans le nazisme et dans son *Führer* Adolf Hitler, offrait au peuple allemand l'occasion de s'unir sous sa direction forte et puissante. Si le peuple était disposé à faire des sacrifices et à se soumettre à sa discipline, il pourrait redonner à l'Allemagne la place dominante dans l'histoire qui appartenait à la race aryenne.

On peut qualifier le fascisme italien et le nazisme allemand d'irrationalistes en un double sens. Non seulement les fascistes prétendaient que le monde est régi par des forces irrationnelles (c'est une forme d'irrationalisme), mais ils entretenaient aussi une attitude irrationnelle envers le monde (c'en est une autre). Beaucoup pourraient approuver l'idée selon laquelle une grande partie de ce qui arrive dans le monde est irrationnel d'une façon ou d'une autre. Mais les fascistes étaient aussi irrationalistes dans le sens où ils cherchaient délibérément une solution aux problèmes par le mythe plutôt que par la raison.

Le français Georges Sorel (1847-1922) – un syndicaliste révolutionnaire partisan de la grève générale – souligna l'importance du *mythe*
mobilisateur comme force motrice d'une action politique résolue :
action directe et mythe, tel est le cœur du message de Sorel. Mussolini,
entre autres, étudia ce message avec soin.

En guise d'explication psychosociologique de certaines des caractéristiques du fascisme, nous pourrions dire que lorsque nous perdons le
contrôle d'une situation en apparence trop complexe, il peut sembler
tentant de réagir par une combinaison de magie noire et d'action
agressive. Il est peut-être justifié d'appliquer ce modèle simple au
fascisme, qui sera vu en ce sens comme une sorte de spasme politique :
on perd le contrôle et on réagit par la panique.

Ce que nous venons de dire est censé *non pas* constituer une explication historique du nazisme (fascisme), mais seulement servir de
modèle aux liens qui existaient entre certaines des idées et attitudes
constitutives du fascisme (à la fois en Allemagne et en Italie). Toutefois,
si nous employons ce modèle du fascisme comme réaction de panique
à une crise complexe, nous pouvons comprendre comment le fascisme
se tourna vers l'action et cultiva les mythes en même temps qu'il devint
anti-intellectuel. Cette question de l'irrationalisme du fascisme doit
cependant être nuancée. À *court* terme, Hitler et Mussolini s'arran-
gèrent pour accomplir beaucoup. Ils furent capables d'unifier leurs
nations et de réduire le chômage et le chaos social. Par conséquent,
même le recours au mythe et à l'action peut sembler rationnel. Nous
pouvons presque voir le fascisme comme une sorte de pragmatisme
à court terme dans une situation de crise.

Dans une nation fasciste (nazie), l'économie et la société en général
sont dans un « état de guerre » virtuel, même en temps de paix. Ordre
et discipline sont imposés. Toute pensée qui peut semer les graines
du doute est éliminée. L'intérêt individuel est subordonné à l'intérêt
commun. (Mais qui détermine l'intérêt commun ?) Dans une large
mesure, les problèmes sont résolus par l'autorité et la puissance. Les
affaires sont placées sous le contrôle de l'État avec gel des prix, gel
des salaires et interdiction des grèves ; en même temps, le taux de
l'emploi est élevé et la propriété des moyens de production reste
entre des mains privées.

Politique et économie

Nous avons employé un modèle psychosociologique simple pour
trouver une sorte de cohérence dans le fascisme en tant qu'idéologie.

Certains analystes ont toutefois cherché un lien entre fascisme et capitalisme : les fascistes étaient soutenus par les classes moyennes inférieures[1], qui craignaient le prolétariat, et en fin de compte ils reçurent l'appui du monde de la haute finance, qui par peur du communisme tendait à soutenir les partis de droite qui comme eux arrivaient au pouvoir. Mais les premiers partisans du fascisme furent souvent anticapitalistes – ce qui n'entre pas en conflit avec l'idée que le fascisme a résulté d'une crise au sein du capitalisme *en tant que système*, mais affaiblit l'idée que les fascistes étaient capitalistes, que ce soit par leur idéologie ou leur origine sociale.

De plus, il n'est pas correct d'*identifier* fascisme et capitalisme – ainsi qu'on le fait en affirmant que le fascisme a commencé en même temps que le capitalisme et qu'il survit aujourd'hui aux États-Unis et en Europe. Il est tout aussi problématique de déplorer dans le fascisme l'éruption de certaines formes éternelles et anhistoriques du mal humain. Ces deux théories sont inadéquates même si nous maintenons que le fascisme est une réaction conduite par le gouvernement confronté à une crise aiguë du capitalisme privé. Ainsi défini, le fascisme est limité à la période qui se situe entre les deux guerres mondiales, ou aux sociétés qui se trouvent dans la même situation économique que les pays européens pendant cette période : un capitalisme chaotique, par opposition au capitalisme organisé ; et un capitalisme qui était dans une large mesure national, par opposition au capitalisme international d'aujourd'hui.

Si nous négligeons les caractéristiques historiques du fascisme, nous pensons de manière anhistorique, et nous terminons avec une définition du fascisme si large qu'elle pourrait facilement devenir inutile – la moindre des raisons n'en étant pas qu'en le définissant ainsi, il est probable que nous ne parlons plus de ce qu'on entend habituellement par fascisme.

Nous touchons ici au problème de ce que *sont* réellement les phénomènes sociaux, de la forme d'existence qu'ils ont. Un phénomène social comme le fascisme est-il un événement unique qui ne peut être compris qu'à la lumière de conditions socio-historiques complexes, ou est-il quelque chose d'immuable et de relativement bien défini (comme par des propriétés psychologiques telles que l'agressivité et le mépris des faibles) qui se présente dans différents contextes ? Selon la première conception, il est fondamentalement dépourvu

---

1. Lipset, par exemple, a affirmé que c'est avant tout les classes moyennes libérales qui votèrent pour Hitler — les conservateurs, le centre catholique, les socialistes et les communistes maintinrent mieux l'ordre dans leurs rangs. Voir S.M. Lipset, *L'Homme et la Politique*, Seuil, 1963 (partie I, ch. 5), tr. Guy et Gérard Durand.

de sens de demander si oui ou non Platon était fasciste, ou si oui ou non l'ex-Union Soviétique et l'Albanie communiste étaient des États fascistes. Selon la deuxième, nous pouvons poser de telles questions, et trouver la réponse par une recherche empirique. Des conceptions différentes de ce que *sont* réellement les phénomènes sociaux sont ainsi liées à des conceptions différentes de ce que la recherche sociale peut et devrait être.

L'un des idéologues en chef du fascisme italien fut le célèbre philosophe Giovanni Gentile (1875-1944), qui devint ministre du gouvernement sous Mussolini. Gentile mit l'accent sur l'État comme principe supérieur. Parmi les pères philosophiques du fascisme italien, nous trouvons aussi le franco-italien Vilfredo Pareto (1848-1923), qui soutint que des *groupes d'élites* sont au pouvoir dans toutes les sociétés. Nous pouvons échanger un groupe d'élites pour un autre, mais nous trouverons toujours que les dirigeants constituent une élite. Que le gouvernement soit une démocratie ou une dictature, c'est toujours une élite qui dirige les masses. Ainsi pour les masses toutes les formes de gouvernement sont-elles équivalentes. La théorie de Pareto peut s'appliquer à la fois aux gouvernements parlementaires représentatifs, avec des élections, et à la direction du parti léniniste, avec le centralisme démocratique. Cette théorie a formé une partie de la mentalité fasciste : si invariablement c'est une élite qui dirige, autant que ce soit un groupe nationaliste et socialement unificateur ; la société devrait être ordonnée hiérarchiquement avec au sommet un meneur ou un comité d'individus supérieurs.

De même qu'il est déraisonnable d'identifier fascisme et capitalisme, il est intenable de mettre un signe d'égalité entre fascisme et communisme. Toutefois, tous deux sont fondés sur un système de parti unique, rejettent la forme parlementaire de gouvernement, maintiennent un contrôle étendu sur les individus et suppriment les droits individuels, comme la liberté du culte, la liberté d'expression, la liberté d'opinion, etc. Cette comparaison limitée est dans une large mesure correcte ; en ce sens, les deux systèmes sont totalitaires. (Voir Hannah Arendt, chapitre 27.) Mais cela ne veut pas dire qu'ils sont identiques.

L'État et le racisme

Quand nous considérons le fascisme d'un point de vue éthique, il est important de faire la distinction entre le fascisme italien et le nazisme allemand. Le second faisait preuve d'une sorte de racisme étrangère au premier. Dans le nazisme, la *race*, le peuple, était première. Pour les fascistes italiens, c'était l'*État*. Il y a des caractéristiques hégéliennes dans le fascisme italien : l'État comme idée se tient au-dessus de tout. Mais le culte fasciste de l'État était collectiviste et supprimait l'individu. Les nazis plaçaient le peuple avant l'État. D'une certaine façon, les nazis étaient des darwiniens vulgaires, non des hégéliens[1].

Cette distinction entre le fascisme d'État italien et le fascisme racial allemand est importante. Si celui qui s'oppose à nous le fait en raison de sa race, il ne peut y avoir aucune réhabilitation, aucune réconciliation. L'opposant et sa famille doivent être liquidés. L'extermination systématique des Juifs était une conséquence « logique ». Elle était impliquée par le fascisme racial allemand, mais non par le fascisme d'État italien. Puisque Hegel est parfois blâmé pour les perversions des nazis, nous devons nous souvenir que c'est en Italie, et non en Allemagne, qu'un certain hégélianisme vulgaire constituait une part de la théorie fasciste. En outre, nous remarquons que le culte fasciste de l'irrationnel s'oppose à l'exigence de raison hégélienne. Corrélativement, le culte fasciste du grand meneur, du *Führer* qui décide de ce qui est vrai ou faux, se situe en opposition à Hegel, qui soutenait que le vrai et le faux se trouvent au sein du processus historique, et ne sont pas définis arbitrairement par un individu. Selon Hegel, l'État devait être dirigé par la constitution, non par les caprices d'*une* personne. Hegel aurait ainsi été en opposition, et pour diverses raisons, à la fois au fascisme italien et au fascisme allemand[2].

Les contradictions *au sein du* fascisme étaient nombreuses. Les nazis avaient une conception communautaire raciste : la communauté, ou la race, étaient supérieures à l'individu. Par conséquent, l'individu devait être sacrifié quand cela servait la communauté. Mais *en même temps* les nazis avaient le culte des grands hommes, des grands meneurs ; ils plaçaient la communauté, la race, au-dessus de l'individu avec ses désirs subjectifs et confus, mais ils exaltaient aussi le *Führer*, qui était appelé à diriger les masses inconscientes d'une main de fer. Ils plaçaient le peuple au-dessus de l'individu, et le *Führer* au-dessus des masses.

---

1. Sur la relation entre le fascisme et Hegel, voir Marcuse, *Raison et Révolution*, Minuit, 1968, tr. Robert Castel et Pierre-Henri Gonthier.

2. Au sein du fascisme persista un conflit entre les tenants du « principe du *Führer* » et ceux du « principe de responsabilité ». Il n'y avait donc pas d'accord parmi les fascistes en ce qui concerne la souveraineté du *Führer*.

Questions

Discutez plusieurs interprétations du mot « idéologie ». Prenez le communisme et le fascisme pour point de départ.

Discutez les différents rôles de l'État chez, par exemple, Aristote, Saint Augustin et Lénine.

Suggestions de lecture

Documents et commentaires

Adorno, T., *Études sur la personnalité autoritaire*, Allia, 2007, tr. Hélène Frappat.

Antelme, R., *L'Espèce Humaine*, Gallimard, Tel, 1978.

Arendt, H., *Les Origines du totalitarisme*, suivi de *Eichmann à Jérusalem*, Gallimard, Quarto, 2002, édition établie sous la direction de Pierre Bouretz.

Guérin, D., *Ni Dieu ni maître (anthologie de l'anarchisme)* (deux volumes), La Découverte, 1999.

Habermas, J., *Écrits politiques*, Flammarion, Champs, 1999, tr. Christian Bouchindhomme et Rainer Rochlitz.

Hitler, A., *Mein Kampf*, Nouvelles Éditions Latines, 1934, tr. J. Gaudefroy-Demombynes et A. Calmettes.

Lénine, V.O., *L'impérialisme, stade suprême du capitalisme*, Le Temps des cerises, 2001.

Lévi, P., *Si c'est un homme*, Pocket, 1988, tr. Martine Schruoffeneger.

Luxemburg, R., *Marxisme contre dictature*, Sandre, 2007, tr. anonyme.

Marcuse, H, *Le marxisme soviétique*, Gallimard, 1963, tr. Bernard Cazes.

Nolte, E., *Les fondements historiques du national-socialisme*, Pocket, 2004, tr. Jean-Marie Argelès.

Rousset, D., *L'Univers concentrationnaire*, Hachette, Pluriel, 1998.

Rousset, D., *Les jours de notre mort*, Hachette, Pluriel, 2005.

Sorel, G., *Réflexions sur la violence*, Labor, 2006.

CHAPITRE 23

Freud et la psychanalyse

Biographie. *Sigmund Freud (1856-1939) naquit à Freiberg, aujourd'hui en République Tchèque, mais alors dans l'Empire austro-hongrois. Il étudia la médecine à Vienne où il vécut et travailla jusqu'à l'annexion de l'Autriche par les nazis en 1938. Freud, qui était juif, se réfugia alors à Londres où il mourut en 1939, après une longue lutte contre le cancer. Ses œuvres les plus célèbres comprennent :* L'interprétation des rêves (1912), Conférences d'introduction à la psychanalyse (1915-1917), Au-delà du principe de plaisir (1920), L'avenir d'une illusion (1927), Malaise dans la civilisation (1929) *et* Moïse et le monothéisme (1939).

LA PSYCHANALYSE : UNE NOUVELLE CONCEPTION DE L'HOMME

Aujourd'hui, Freud est considéré comme le fondateur de la *psychanalyse*. Pour cette raison, on le classe souvent aux côtés de Darwin, Marx et Einstein.

Freud bouleversa de plusieurs manières l'idée que nous avons de l'homme. Selon Descartes, Locke et Kant, la nature nous a dotés du libre-arbitre. La capacité de faire des choix libres est en fin de compte le cœur de notre personnalité, et elle est liée à un «moi» conscient. Freud considérait comme une illusion cette conception de notre psyché.

Le «moi» conscient n'est que l'aspect extérieur d'une puissante vie psychique inconsciente.

C'est ainsi que Freud provoqua une révolution dans notre conception du sujet. Il voulait montrer que notre vie mentale consciente n'est qu'une petite part de l'ensemble de notre vie psychique. Nos processus conscients sont strictement déterminés par des facteurs inconscients. L'analogie avec l'iceberg a souvent été utilisée pour illustrer cette relation : tout ce qui est conscient et peut se remémorer est comme le sommet de l'iceberg, s'élevant au-dessus de la mer alors que de grosses masses de glace (l'inconscient) restent inaperçues sous l'eau. Ces masses invisibles déterminent autant le centre de gravité que le mouvement et le cours de l'iceberg. L'inconscient est ainsi le cœur de la personnalité.

Dans deux œuvres importantes du début du vingtième siècle, Freud mit en évidence l'existence de processus psychiques inconscients chez tous les êtres humains et montra que la psychanalyse peut révéler les causes inconscientes des phénomènes de la vie quotidienne. Dans l'*Interprétation des rêves* (1912), il fit valoir que les rêves ont une signification et qu'ils expriment de façon déformée et pervertie les désirs inconscients qui font irruption dans notre conscience. Par un processus d'interprétation compliqué, il est possible de déterminer le contenu de l'inconscient caché dans les rêves. Dans *Psychopathologie de la vie quotidienne* (1901), Freud analysa les «actes manqués» triviaux de la vie quotidienne, comme les *lapsus linguae* et les trous de mémoire. D'après Freud, de tels phénomènes ne sont ni accidentels, ni dépourvus de signification, mais sont en fait des expressions de motifs et d'intentions inconscients. Par exemple, nous perdons ou oublions quelque chose qui nous a été donné par quelqu'un que nous n'aimons plus[1].

Nous pouvons déjà noter ici que la psychanalyse nous permet une nouvelle compréhension de l'esprit humain. Elle déclare que derrière nos rêves, nos erreurs triviales et nos mots d'esprit, ainsi que nos symptômes névrotiques, il y a des motifs inconscients (souvent sexuels). En d'autres mots, Freud soupçonnait que les choses qui sont pleines de sens à la lumière des motifs et intentions conscients du sujet peuvent prendre une nouvelle signification par l'exploration psychanalytique de l'inconscient. Des symptômes apparemment incompréhensibles ou dépourvus de sens prennent *une signification* lorsqu'on les considère comme expressions de motifs et intentions

---

1. Marie Jahoda prétend que *Psychopathologie de la vie quotidienne* révèle clairement «la croyance sans relâche de Freud en une totale absence de hasard dans les actions humaines» (*Freud and the Dilemmas of psychology*, Hogarth Press, 1977, p. 53). Nous reviendrons plus tard sur le point de vue original du déterminisme freudien.

inconscients. C'est pourquoi nous pouvons dire que Freud introduisit une «herméneutique du soupçon».

À travers son travail avec des patients névrosés, Freud découvrit que les patients ignoraient eux-mêmes les choses inconscientes. L'inconscient est le «pays étranger» de l'individu. Mais seul le patient peut conduire l'analyste aux causes inconscientes des symptômes névrotiques. L'important est à nouveau que les symptômes ont une signification, mais que ni le patient ni le médecin n'ont une connaissance immédiate de cette dernière. Une interprétation est nécessaire.

La thèse de Freud est que les désirs sexuels (de caractère perturbant ou interdit) peuvent se transformer en d'autres phénomènes essentiellement différents, comme des symptômes et des rêves apparemment dépourvus de signification. Mais pourquoi y a-il de tels désirs refoulés dans l'inconscient? Freud suppose que des mécanismes répressifs consignent le matériel émotionnellement chargé dans une partie de notre esprit non directement accessible à la mémoire. Le matériel symptomatique est un *trauma* (le mot grec signifiant «blessure»). On peut finalement retrouver les traces du trauma initial dans la prime enfance. En utilisant une méthode spécifique de discussion («association libre»), le patient et l'analyste travaillent ensemble à reconstruire le trauma. Le but thérapeutique de la psychanalyse est de ressaisir le matériel inconscient refoulé et de le rendre accessible au moi.

LE RÊVE COMME PORTE DE L'INCONSCIENT

L'inconscient peut être exploré de maintes manières. Il peut être étudié par association libre, mais aussi par une interprétation herméneutique plus profonde des rêves et des erreurs. Pour Freud, l'interprétation des rêves a très vite pris une place centrale : «L'interprétation des rêves est, en réalité, la voie royale de la connaissance de l'inconscient, la base la plus sûre de nos recherches, et c'est l'étude des rêves, plus qu'aucune autre, qui vous convaincra de la valeur de la psychanalyse et vous formera à sa pratique. Quand on me demande comment on peut devenir psychanalyste, je réponds : par l'étude de ses propres rêves»[1]. Dans l'*Interprétation des rêves*, Freud fait valoir que le rêve ressemble extérieurement à la psyché et possède une relation interne à celle-ci. Par ailleurs, le rêve est parfaitement compatible avec la santé et la normalité. Il peut en principe être traité

---

1. S. Freud, *Cinq leçons sur la psychanalyse*, Troisième leçon, p. 45.

comme un «symptôme», mais de quoi est-il un symptôme? Freud nota que les rêves des jeunes enfants portent toujours sur les désirs et plaisirs éveillés en eux la veille («le jour du rêve»), mais non satisfaits. Le rêve représente donc l'accomplissement de leurs désirs. Les rêves d'adultes contiennent aussi des vestiges du jour du rêve, mais ils sont beaucoup plus compliqués. Les rêves sont souvent incompréhensibles et apparemment très éloignés de l'accomplissement d'un désir (rêves effrayants et cauchemars). Selon Freud, de tels rêves ont subi le refoulement. Quand le rêve est associé à l'angoisse, c'est qu'il a été formé dans le but d'accomplir des désirs refoulés et interdits que le moi n'accepte pas.

Pour comprendre les rêves, nous devons distinguer entre leur *contenu manifeste* et leurs *pensées latentes*. Le contenu manifeste d'un rêve est ce que nous pouvons nous rappeler quand nous nous éveillons. Ses pensées latentes se trouvent au niveau de l'inconscient ou sur une «autre scène», selon Freud. Le contenu manifeste d'un rêve est le remplacement de ses pensées inconscientes par le refoulement. Le refoulement est le résultat des mécanismes mentaux de défense. Lorsque nous sommes éveillés, ces mécanismes empêchent les désirs inconscients et refoulés de forcer l'accès à la conscience. Pendant que nous dormons, de tels désirs parviennent à s'y introduire au moyen d'un déguisement. Par conséquent, le rêveur est tout autant incapable de comprendre la signification du rêve que les patients névrosés le sont de comprendre la signification de leurs propres symptômes.

Le rêve tel que nous nous le rappelons («contenu manifeste») est donc un accomplissement *déguisé* des désirs *refoulés*. Freud appelle «travail du rêve» le processus qui déforme les pensées inconscientes du rêve. Cette activité est, de plusieurs manières, identique au processus de répression qui transforme les pulsions inconscientes en symptômes névrotiques, lorsque le refoulement a échoué. Le travail du rêve utilise la condensation, le déplacement, la figuration et la symbolisation. Il y a en plus le travail secondaire du rêve; l'inconscient utilise ainsi des moyens «artistiques». Nous sommes des artistes dans nos rêves.

La condensation, par exemple, produit un évènement dans le rêve (tel qu'on se le rappelle) pour représenter plusieurs désirs différents. Le déplacement est un processus par lequel une personne ou un évènement importants pour nous sont exprimés dans le rêve comme un souvenir non important ou comme une personne ou un évènement que nous ne connaissons pas. Quelque chose de semblable peut se produire lorsqu'un rêve de contenu complètement trivial est associé à de l'anxiété ou à de fortes émotions. Dans ce cas, la condensation et le déplacement ont accompli leur travail et nous devons nous servir de la libre association pour atteindre le contenu inconscient. De la même manière, la symbolisation est une variante du refoulement. Par exemple, les organes génitaux masculins peuvent être remplacés par des objets ayant une forme similaire comme les cannes, les parapluies, les couteaux et les revolvers. Les organes génitaux féminins sont représentés symboliquement par des objets qui entourent un espace creux et qui peuvent contenir d'autres objets (comme les cavernes, les boîtes, les chambres, les maisons, etc.). Le travail secondaire du rêve vient de notre tentative de décrire le rêve de manière à satisfaire l'exigence de cohérence logique. Selon Freud, le rêve (manifeste) contient plusieurs éléments différents (et contradictoires). On peut ainsi dire que le rêve est surdéterminé. De la même manière, diverses chaînes et facteurs causaux surdéterminent les symptômes psychologiques.

Freud affirma plus tard que les pensées latentes du rêve sont *censurées*. Pour simplifier, nous pouvons dire que les désirs refoulés et interdits doivent trouver leur chemin en contournant la «censure» pour devenir conscients. Le travail du rêve transforme les pensées latentes du rêve en contenu manifeste pour éviter la censure. Le rêve, tel que nous nous le rappelons, contient un message secret qui a été codé. On peut considérer le contenu manifeste du rêve comme un rébus à déchiffrer. Ce n'est que lorsque l'analyste déchiffre le code que le rêve révèle une signification nouvelle. Quelle est cette signification secrète? Selon Freud, les rêves d'adultes sont souvent orientés sexuellement, ils expriment des désirs érotiques. (Cette conclusion devint problématique lorsque Freud découvrit plus tard un instinct d'agression spécifique, l'instinct de mort).

On peut résumer les conclusions de Freud dans l'*Interprétation des rêves* en cinq points :

1. la distinction entre pensées latentes du rêve et contenu manifeste est la clé pour comprendre la signification du rêve;
2. le contenu manifeste du rêve est une distorsion des pensées latentes du rêve, c'est-à-dire le résultat du travail du rêve;
3. l'association libre peut s'utiliser pour analyser les rêves aussi bien que les symptômes névrotiques;
4. l'interprétation des rêves suggère un modèle psychologique général qui peut nous donner une image plus riche de l'état mental humain;
5. en essayant de déchiffrer les rêves, on est conduit à comprendre comment l'inconscient fonctionne en accord avec certaines règles «grammaticales»; c'est-à-dire que l'inconscient est structuré comme un «langage». (Le rêve comme rébus.)

La théorie freudienne de la sexualité

Nous avons déjà souligné le rôle central de la sexualité dans la conception psychanalytique de l'homme. Freud élabora ce thème dans *Trois essais sur la théorie sexuelle* (1905). Ce travail nous conduit à ce qui constitue le fond du processus de refoulement et à la source de l'énergie émotionnelle qui, selon Freud, forme la base de nos instincts et de notre comportement. Cette énergie fut plus tard appelée la *libido*. Ce texte offre aussi la première esquisse d'une théorie de la sexualité infantile et des déviations sexuelles. Les thèses les plus importantes de Freud sont les suivantes :

1. la sexualité ne commence pas avec la puberté, mais s'exprime assez vite après la naissance ;
2. il est nécessaire de faire une distinction nette entre les concepts « sexuel » et « génital ». Le premier est plus large et comprend plusieurs activités qui n'ont rien à voir avec les organes sexuels.

La théorie de la sexualité infantile de Freud rencontra une forte résistance, mais elle aida à révolutionner la conception de la sexualité de sa génération. Freud prétendit ensuite montrer un lien entre la sexualité infantile et les « perversions » adultes : cela n'eut pas moins d'impact.

Selon Freud, la bouche est le premier organe associé à un sentiment de plaisir. L'enfant commence à chercher une satisfaction indépendante de son besoin de nourriture. Ainsi cette activité peut-elle être dite *sexuelle*. Le stade oral est alors suivi du stade anal et du stade phallique. Le *complexe d'Œdipe* devient particulièrement important au stade phallique (dans le mythe grec, le roi Œdipe, sans le savoir, tue son père et épouse sa mère). Freud observa qu'à ce stade un garçon (de trois à cinq ans environ) commence à développer des désirs sexuels pour sa mère et à considérer son père comme un rival menaçant (« angoisse de castration »). Le conflit œdipien est souvent résolu lorsque le garçon s'identifie progressivement à son père et commence à assumer les valeurs et les points de vue de celui-ci (formation du « surmoi »). Les filles sont censées être affectées par un *complexe d'Électre* correspondant.

Pour diverses raisons, l'individu peut rester *fixé* à l'un des stades infantiles. Dans certains cas, le développement émotionnel et psychosexuel au-delà de ce stade peut être bloqué (voir les traits « anaux » de la personnalité). Certains adultes peuvent aussi revenir à un stade antérieur de développement. Freud appela cela *régression*. Une déviation sexuelle, selon Freud, peut être comprise comme une fixation sur des objets sexuels d'un genre différent de celui qui est « normal » pour un adulte. Du fait que les perversions ont leurs prototypes dans les divers objets sexuels de l'enfant, Freud caractérisa la sexualité infantile comme « perversion polymorphe » (caractérisée par de multiples déviations). Par conséquent, les « perversions » adultes sont liées aux diverses activités sexuelles de l'enfance.

L'appareil psychique

La théorie freudienne de l'appareil psychique est souvent difficile à comprendre. Il y a plusieurs raisons à cela. Premièrement, pendant les différentes phases du développement de la psychanalyse, Freud changea et étendit ses conceptions de la psyché humaine. Bien qu'il essayât d'intégrer les différentes perspectives, son œuvre contient encore beaucoup de questions non résolues. Deuxièmement, la terminologie psychologique fortement anthropomorphique de Freud est ambiguë. Lorsqu'il dit que le « pauvre *moi* […] sert trois maîtres sévères »[1] (le *monde extérieur*, le *surmoi* et le *ça*), on peut voir facilement qu'il a objectivé et personnalisé les fonctions mentales.

Le premier « modèle topographique » de Freud (la carte de la psyché) faisait une distinction entre trois domaines de la vie mentale. Pour simplifier, on peut dire que l'appareil psychique est spatial et divisé en trois provinces : l'inconscient, le préconscient et le conscient (la conscience). On peut caractériser la conscience comme tout ce dont on est directement conscient. Le préconscient est le domaine de tout ce qu'on peut reproduire ou se rappeler. Freud réservait la désignation « inconscient » aux processus psychiques qui ne parviennent pas facilement à la conscience.

Dans les *Conférences d'introduction à la psychanalyse* (1915-1917), Freud fit une analogie qui peut être plus éclairante[2] : un invité est dans une grande antichambre (l'inconscient) et désire entrer dans le salon (le préconscient). Mais au seuil qui sépare ces deux espaces se trouve un gardien (la censure) qui surveille les invités. S'il n'aime pas l'un d'entre eux, ce dernier est éconduit ou *refoulé*. Même si l'invité parvient à entrer dans le salon, il n'est pas certain que l'hôte (la conscience) le

---

1. S. Freud, *Nouvelles conférences d'introduction à la psychanalyse*, XXXIe conférence, p. 107 (anciennement : *Nouvelles conférences sur la psychanalyse*, Troisième conférence, tr. Anne Berman).

2. S. Freud, *Conférences d'introduction à la psychanalyse*, Troisième partie, dix-neuvième conférence, p. 375-376 (anciennement : *Introduction à la psychanalyse*, troisième partie, chapitre 19).

remarquera immédiatement. Cela correspond au fait que les idées du préconscient ne sont pas conscientes, mais peuvent le devenir. Pour que les idées de l'inconscient deviennent conscientes, elles doivent tout d'abord avoir accès au salon, c'est-à-dire au préconscient. Si un invité est éconduit, il peut réapparaître plus tard sous un nouveau déguisement (voir «le travail du rêve») et être ainsi accepté à la fête comme un «symptôme»; il se peut qu'alors l'hôte ne reconnaisse pas sa véritable identité. Dans cette analogie, le portier correspond à la *résistance* de l'individu à rendre conscient ce qui est inconscient. Lorsque le portier se fatigue (lorsque l'individu dort), il est plus facile d'entrer déguisé (le rêve manifeste). Nous voyons aussi que tout le processus du refoulement peut avoir lieu sans que l'hôte en soit conscient.

Après 1920, Freud changea le modèle topographique et introduisit les termes *ça, surmoi* et *moi*, qui rencontrèrent une grande résistance tant chez les autres psychanalystes (Jacques Lacan, par exemple) que chez les philosophes des sciences. Karl R. Popper écrivit avec mépris que le trèfle de Freud avait aussi peu de scientificité que les «récits qu'Homère avait recueillis de la bouche des dieux»[1].

Nous avons choisi d'interpréter la conception de l'appareil psychique freudien comme *métapsychologique*. Cela nous dit quelque chose sur le point de vue adopté par Freud pour étudier l'homme et constitue une tentative de trouver un cadre conceptuel pour les phénomènes découverts dans sa pratique clinique. En termes épistémologiques, on peut dire que le cadre métapsychologique est au centre du programme de recherche de la psychanalyse. C'est à la lumière de ses théories de l'appareil psychique, de l'énergie psychique et de l'instinct que Freud essaie d'expliquer pourquoi les arguments rationnels sont impuissants contre la peur irrationnelle et les actes obsessionnels. Ainsi, pour élucider les conflits qui existent entre nos instincts, notre relation au monde extérieur et notre conscience («la voix intérieure»), il construit un modèle de notre vie psychique (ça, moi et surmoi). Il est évident qu'il travaille ici à la frontière entre fictions, concepts et entités. Voici comment il présente sa conception de notre vie psychique : « En admettant l'existence d'un appareil psychique à étendue spatiale, composé de parties adaptées à leur rôle, développé par les nécessités de l'existence et ne produisant les phénomènes de la conscience qu'en un point particulier et dans certaines conditions, nous avons été en mesure d'établir la psychologie sur des bases analogues à celles de

---

1. Popper, *Conjectures et réfutations*, Chapitre premier, II, tr. Michelle-Irène et Marc. B. de Launay.

toute autre science, de la physique, par exemple »[1]. Apparemment, Freud considère la psychanalyse comme analogue à la physique. C'est lié à quelques-unes de ses présuppositions psychologiques de base. Il conçoit la vie psychique comme déterminée par des forces et de l'énergie psychiques. C'est pourquoi il peut ranger la psychanalyse au nombre des sciences de la nature.

Les forces et l'énergie psychiques se trouvent dans le ça, qui est la plus ancienne des sphères psychiques. Il contient les aspects psychiques de nos instincts. C'est pourquoi Freud le compare à un « chaudron plein d'excitations en ébullition »[2]. Nos instincts cherchent à satisfaire nos besoins. Ils obéissent à ce que Freud appelle *principe de plaisir*. Il y a aussi d'autres fonctions liées au ça qui nous poussent à agir. Elles proviennent des expériences antérieures qui ont été refoulées. Freud parle de « souvenirs » d'idées, d'actions et de sentiments qui sont exclus de la conscience mais peuvent encore nous pousser à agir. Ces fonctions opèrent sans être organisées logiquement ; elles sont alogiques. Cependant, elles parviennent à entrer de force dans notre conscience : elles nous poussent à agir, nous dépriment, ou aboutissent à des rêves et des fantasmes sans que nous en comprenions le pourquoi et le comment. L'inconscient est ainsi la qualité psychique suprême du ça.

L'idée la plus importante de la psychanalyse est que les processus de l'inconscient ou du ça suivent d'autres « lois » que celles qui gouvernent notre vie consciente. Freud appelle ces lois les *processus primaires*. Dans notre discussion sur le travail du rêve, nous avons mis en évidence une série de caractéristiques remarquables et compliquées des processus de l'inconscient. Les opposés, par exemple, sont considérés comme identiques. L'inconscient semble structuré comme un « langage », bien qu'il ait des règles différentes de celles de notre langage ordinaire.

Le ça a un développement spécifique dû à l'influence du monde extérieur. Un certain territoire psychique se développe en les reliant tous deux. Ce domaine de la vie psychique est ce que Freud appelle le moi. Il a pour tâche principale la conservation de soi. En outre, il assure que la satisfaction des besoins se produit en toute sécurité. Il prend des décisions concernant le report ou la suppression des exigences des instincts. Il obéit au *principe de réalité*. Par conséquent, il doit servir de médiateur entre les demandes du ça et celles du monde extérieur. Tant qu'il est faible et sous-développé, il ne parvient pas toujours à

---

1. S. Freud, *Abrégé de psychanalyse*, Troisième partie, chapitre VIII, p. 70.
2. S. Freud, *Nouvelles conférences d'introduction à la psychanalyse*, XXXI⁰ conférence, p. 102.

maîtriser les tâches qu'il devra plus tard réaliser sans difficulté. Les exigences de nos instincts et celles du monde extérieur peuvent alors conduire à un *trauma*. Le moi livré à lui-même se défend au moyen du refoulement, qui peut plus tard s'avérer inopportun. Pour le refoulement, le moi est aidé par le surmoi.

Freud fut souvent frappé de ce que ses patients pussent se voir eux-mêmes comme des objets, et ainsi adopter une attitude critique et s'ériger en juges envers eux-mêmes. Il émit l'hypothèse que cette capacité réflexive se développe plus tard que les autres facultés du moi. Elle se produit progressivement chez les enfants par l'effet de la socialisation. Le surmoi est le résultat de *l'intériorisation* inconsciente des normes et des idéaux des parents. En un sens un peu plus large, la société et la tradition exercent leur autorité morale par ce que l'on appelle la «conscience». On peut dire que le surmoi observe le moi, lui fait des recommandations et le menace de punitions. Il exige que le moi lui rende compte non seulement de ses actions, mais aussi de ses pensées et de ses désirs. Par conséquent, le surmoi est la troisième force avec laquelle le moi doit compter. La théorie freudienne de la conscience rejette la possibilité d'une idée innée ou absolue du bien et du mal. En développant sa théorie de la conscience, Freud arriva à la conclusion que l'idée de Dieu est une projection du rapport de l'enfant à son père.

En plusieurs lieux, Freud caractérisa les rêves comme une psychose avec illusions et traits déraisonnables. Pendant le sommeil, le moi est affaibli et d'autres forces prennent le dessus. Semblable condition est à la base d'une série de maladies. Une perturbation des fonctions de l'appareil psychique s'exprime dans les névroses et les psychoses. La relation du moi à la réalité est perturbée et partiellement abolie. Cette idée est à l'arrière-plan du but thérapeutique de la psychanalyse : «Le médecin analyste et le moi affaibli du malade doivent, en s'appuyant sur le monde réel, faire ligue contre les ennemis : les exigences pulsionnelles du ça et les exigences morales du surmoi»[1]. Nous pouvons peut-être noter, relativement à cela, une certaine ressemblance entre le but thérapeutique de la psychanalyse et la théorie nietzschéenne du *surhomme* : pour Freud et Nietzsche, il s'agit de surmonter le conflit entre l'hyper-moralité conventionnelle et les exigences des instincts ; le surhomme nietzschéen a surmonté le soi de la même manière que la personne névrosée après la réussite de sa thérapie psychanalytique.

Dans ses œuvres tardives, Freud distingua entre instinct de vie (Éros) et instinct de mort (Thanatos), en remarquant que l'idée de

---

1. S. Freud, *Abrégé de psychanalyse*, Deuxième partie, chapitre VI, p. 40.

deux instincts de base était déjà connue dans la philosophie grecque (voir Empédocle). L'idée freudienne d'un instinct de mort spécifique rencontra une grande résistance dans les cercles psychanalytiques, et elle est toujours très controversée. En introduisant cet instinct, Freud espérait clarifier des phénomènes comme l'agressivité et la guerre ; il fit aussi valoir qu'un excédent d'agressivité sexuelle peut faire d'un amoureux un meurtrier. L'agressivité peut aussi être intériorisée et devenir autodestructrice.

CULTURE RÉPRESSIVE ET SENTIMENT DE CULPABILITÉ

Entre les deux guerres mondiales, Freud s'intéressa de plus en plus à la critique de la culture et de la civilisation qui était développée à l'époque. Les partis de gauche et de droite proclamaient le déclin et la chute de la culture occidentale. L'intérêt de Freud se concentra sur les causes psychologiques de ces attitudes très négatives à l'égard de la culture moderne. Il s'attacha particulièrement aux sources sociales de la souffrance, c'est-à-dire à la culture comme cause possible de la souffrance et de la misère : « Il semble certain que nous ne nous sentons point à l'aise dans notre civilisation actuelle »[1]. Cette thèse peut sembler surprenante. C'est un fait que les réalisations scientifiques et techniques nous ont donné du pouvoir sur les forces naturelles, que la recherche médicale a prolongé nos vies et a rendu l'existence plus facile. Cependant Freud fit valoir qu'un tel progrès n'est pas la seule condition du bonheur humain. Le prix à payer pour le progrès est la répression de nos instincts et un accroissement du sentiment individuel de culpabilité. Selon Freud, cela constitue l'arrière-plan du malaise dans la civilisation.

Freud était bien sûr conscient du fait que la culture nous protège contre la nature et qu'elle régule les relations entre les individus indisciplinés. Pour comprendre cette thèse, nous devons comprendre comment il imaginait l'origine de la civilisation. Selon lui, la liberté individuelle était plus grande avant toute civilisation, même si cette « liberté sauvage » était sans valeur le plus souvent puisque l'individu n'était guère en état de la défendre (voir l'état de nature dans la pensée de Thomas Hobbes [chapitre 8]). La première limitation de la liberté

---

1. S. Freud, *Malaise dans la civilisation,* chapitre III, p. 36.

vint avec la civilisation. Ainsi apparut une opposition entre la liberté individuelle et les restrictions civilisées.

Ce conflit est important pour notre compréhension des changements dans les instincts humains. À un certain degré, toute société doit se fonder sur une renonciation à nos instincts. C'est déjà confirmé par les premiers tabous. Il y eut entre autres un interdit de l'inceste (au sens large) comme source de gratification sexuelle. La coutume posa de nouvelles limites à ce qui était permis. La plupart des formes non génitales de satisfaction furent interdites comme perverses. Freud caractérisa ce processus comme « la mutilation la plus sanglante peut-être imposée au cours du temps à la vie amoureuse de l'être humain »[1]. Par conséquent, il conclut que la vie sexuelle de l'être humain « cultivé » a souffert et que son importance comme source de bonheur a été grandement réduite. En même temps, la civilisation tire son énergie de la sexualité réprimée. Les besoins sexuels deviennent désexualisés et sont satisfaits par d'autres moyens. Freud appela ce processus *sublimation*. Les productions les meilleures de l'art et de la science sont le résultat de la sublimation des instincts (voir l'Éros platonicien). En un certain sens Éros fut ainsi sacrifié sur l'autel de la culture.

Mais Éros n'est pas la seule force de la vie humaine. Selon Freud, l'agressivité humaine tient une place centrale dans la force motrice des instincts. Quand les restrictions sont levées, les humains se révèlent des animaux sauvages. La culture est ainsi obligée de faire un effort vigoureux et de mobiliser toutes ses ressources afin de limiter la destructivité humaine. Les résultats dans ce domaine ont été plutôt modestes. Il n'est apparemment pas facile pour les humains de restreindre leur agressivité. La culture essaie de diriger l'agressivité vers les ennemis intérieurs et extérieurs, mais cela crée souvent une souffrance horrible dans la civilisation moderne.

Avec en arrière-plan ces limitations de notre vie sexuelle et de notre agressivité, Freud pensait avoir clarifié certaines des causes du malaise dans la civilisation. Nous en arrivons ainsi à sa critique de la culture :

> Si nous reprochons à juste titre à notre civilisation actuelle de réaliser aussi insuffisamment un ordre vital propre à nous rendre heureux – ce que pourtant nous exigeons d'elle – ainsi que de laisser subsister tant de souffrances vraisemblablement évitables ; si d'autre part nous nous efforçons, par une critique

---

1. *Ibid*, p. 55, chapitre IV.

impitoyable, de découvrir les sources de son imperfection, nous ne faisons, certes, qu'exercer notre bon droit; et en cela nous ne nous déclarons pas ses ennemis. C'est également notre droit d'espérer d'elle, peu à peu, des changements susceptibles de satisfaire mieux à nos besoins et de la soustraire ainsi à ces critiques. Toutefois, nous nous familiariserons peut-être avec cette idée que certaines difficultés existantes sont intimement liées à son essence et ne sauraient céder à aucune tentative de réforme.[1]

Comme nous l'avons vu ci-dessus, Freud utilisa un instinct de mort (Thanatos) en plus d'Éros. L'instinct de mort s'efforce de désintégrer l'organisme vivant et de le ramener à son état inorganique originel. Il n'est pas toujours facile de comprendre comment il fonctionne. Freud soutenait qu'une partie de cet instinct se retourne contre le monde extérieur et apparaît dans des actions agressives et destructives. La répression de l'agressivité extrovertie augmente l'activité autodestructrice qui est toujours présente. Thanatos peut aussi être «mélangé» avec Éros. Un exemple en est le sadisme, tandis que le masochisme peut illustrer le lien entre les instincts introvertis et destructeurs et la sexualité.

Freud soutenait ainsi que l'homme a un besoin inné du «mal», de l'agressivité et de la brutalité. L'agressivité est un instinct originel et indépendant chez tous les êtres humains. Elle résiste à la tentative faite par la culture pour créer la paix et l'harmonie entre eux : «Mais la pulsion agressive naturelle aux hommes, l'hostilité d'un seul contre tous et de tous contre un seul s'opposent à ce programme de la civilisation»[2]. On peut se demander quelles autres méthodes utilise la culture pour inhiber l'agressivité. On le comprendra mieux en considérant l'histoire du développement de l'individu. Que se passe-t-il pour un individu quand l'instinct normal d'agressivité est limité? Comme on l'a déjà dit, l'agressivité se tourne vers l'intérieur, c'est-à-dire contre le moi. Elle est ensuite mise à profit par le surmoi. Comme une sorte de «conscience», le surmoi menace le moi par de l'agressivité. La lutte a lieu *dans* l'individu. Freud appelle *sentiment de culpabilité* la tension entre le surmoi et le moi soumis. Ce sentiment s'exprime comme un besoin de punition. Ainsi, la culture vainc

---

1. *Ibid.*, p. 69, chapitre V.
2. *Ibid.*, p. 77, chapitre VI.

l'instinct agressif de l'individu en créant un appareil psychique qui veille sur ce dangereux instinct agressif.

Dans le même sens, Freud rejette l'idée d'une faculté originelle de distinguer entre le bien et le mal. Le mal peut même être quelquefois désirable et agréable. C'est le surmoi qui décide de ce qui est bon ou mauvais. C'est la peur du surmoi qui crée le sentiment de culpabilité. De plus, nous développons un besoin de punition parce que nous ne pouvons pas cacher nos désirs interdits au surmoi. La tentative de la culture d'empêcher la satisfaction de nos instincts conduit à un sentiment de culpabilité croissant avec lequel l'individu a du mal à se débrouiller. En conséquence, ce n'est pas sans raison que Freud croit que le sentiment de culpabilité est le problème le plus important du développement de la culture.

Cette analyse a permis d'accéder à un nouveau point de vue sur la morale. Le but de la morale est d'inhiber le besoin instinctif d'agressivité de l'homme. («Tu aimeras ton prochain comme toi-même»). Ainsi la morale de la société peut-elle être comprise comme le surmoi de la culture. La thèse de Freud est donc la suivante : de la même manière que ceux qui suivent une thérapie analytique doivent souvent lutter contre leur surmoi et réduire ses exigences, nous devons évaluer d'un œil critique les exigences éthiques de la culture. Freud suggère que beaucoup de sociétés deviennent «névrosées» sous la pression de la culture et doivent entreprendre une thérapie (voir son évaluation critique de la morale sexuelle de son époque dans «La morale sexuelle civilisée et la maladie nerveuse des temps modernes» [1908]).

Pour Freud, le problème décisif pour le destin de l'humanité est lié à la question de savoir comment la culture peut contrôler les instincts humains agressifs et destructeurs : «Les hommes d'aujourd'hui ont poussé si loin la maîtrise des forces de la nature qu'avec leur aide il leur est devenu facile de s'exterminer mutuellement jusqu'au dernier. Ils le savent bien, et c'est ce qui explique une bonne part de leur agitation présente, de leur malheur et de leur angoisse. Et maintenant, il y a lieu d'attendre que l'autre des deux "puissances célestes", l'Éros éternel, tente un effort afin de s'affirmer dans la lutte qu'il mène contre son adversaire non moins immortel»[1].

La reconstruction freudienne de l'histoire culturelle de l'humanité a plusieurs caractéristiques communes avec les modèles que l'on trouve dans les pensées de Hobbes, Locke et Rousseau. De la même façon, son anthropologie négative (son point de vue pessimiste sur l'homme) a beaucoup de caractéristiques communes avec Luther, et

---

1. *Ibid.*, p. 107, chapitre VIII.

tout autant avec l'idée de Hobbes de « la lutte de tous contre tous » et sa thèse selon laquelle « l'homme est un loup pour l'homme » (*homo homini lupus*). Dans plusieurs domaines, la psychanalyse de Freud jette aussi un jour nouveau sur les problèmes de la sociologie, comme l'intériorisation et les mécanismes psychologiques de la socialisation.

La position philosophique de Freud est problématique de plusieurs manières. Dans le diagnostic qu'il fait de sa propre époque, Freud préconise un plus haut degré de satisfaction sexuelle pour réduire la souffrance névrotique. D'autre part, il croit que la répression de l'instinct est nécessaire à une vie civilisée. En d'autres mots, il semble manquer de critères suffisants pour déterminer la frontière entre la satisfaction et la répression de l'instinct. Cela lui est d'autant plus difficile qu'il ne distingue pas suffisamment le bonheur du plaisir (de l'hédonisme). Il ne semble pas non plus être capable de justifier l'éthique nécessaire au développement d'un surmoi culturel *rationnel*, c'est-à-dire une éthique qui puisse réprimer une liberté arbitraire et « sauvage ». En général, le statut des questions éthiques et des arguments éthiques n'est pas clair chez Freud. Sa conception d'une liberté subjective originelle peut sembler une illusion d'un point de vue sociologique (voir les théories de la genèse historique de la liberté chez Hegel et Émile Durkheim). Sans doute aussi exagère-t-il le caractère répressif de la culture moderne : la plus grande partie de sa critique de la morale sexuelle de cette culture semble assez démodée. Il néglige également la critique culturelle issue de sociologues comme Durkheim. Ce dernier essaie de montrer que la crise de la culture moderne se fonde sur une dissolution croissante des normes qui orientent la morale. En d'autres mots, Freud comprend peu la connexion interne qui unit l'anomie (l'effondrement des normes sociales), les conflits de conscience et les sentiments de culpabilité.

Psychanalyse et philosophie des sciences

Le débat épistémologique sur la psychanalyse s'est concentré sur son statut scientifique et sur le contenu et l'importance des concepts de base comme le déterminisme psychique, l'explication, l'inconscient, le ça, le surmoi, etc.

Il reste à savoir si la psychanalyse est une science ; il y a encore beaucoup de désaccords à ce sujet. Dans une certaine mesure, on peut attribuer le conflit au fait qu'il n'y a pas de concept non ambigu de science[1]. En même temps, les exigences que nous imposons à une théorie scientifique ou savante varient beaucoup selon les différentes sciences et activités savantes comme la physique, la sociologie et la littérature comparée. En d'autres mots, il n'y a pas de raison de nier le statut scientifique de la psychanalyse parce qu'elle ne satisfait pas aux exigences spécifiques de la physique. Le fait que certaines de ses thèses puissent montrer une certaine ressemblance avec les mythes homériques n'est pas une raison suffisante pour la rejeter entièrement.

On peut dire que Freud comprend la psychanalyse comme un groupe de propositions dont certaines décrivent des faits observés, d'autres formulent des hypothèses générales et d'autres encore interprètent ces faits observés à la lumière de ces hypothèses. Comme nous l'avons vu, Freud présente la psychanalyse comme une science de la nature en utilisant des termes comme « force » et « énergie ». Dans les débats épistémologiques, beaucoup de personnes ont considéré cela comme une mécompréhension. On a affirmé que la psychanalyse est en réalité une discipline interprétative, « profondément herméneutique ».

La psychanalyse repose sur la prémisse de base qu'il y a une vie psychique inconsciente. À la question des limites entre l'inconscient, le préconscient et le conscient, Freud a pourtant répondu de façons différentes selon les périodes. Une des pierres angulaires de sa théorie est la thèse selon laquelle les instincts sexuels sont présents dès la petite enfance. On peut dire que certaines thèses sont fondamentales parce qu'elles constituent les présupposés d'autres thèses. Les thèses freudiennes forment ainsi une sorte de hiérarchie. L'hypothèse du refoulement doit par conséquent se situer à un niveau théorique plus fondamental que celle du complexe d'Œdipe, parce que l'idée de refoulement est utilisée pour expliquer l'origine des divers complexes.

Apparemment, Freud soutient que quelques hypothèses sont fondées sur des faits observés (ou en sont dérivées par induction), que d'autres devraient être comprises comme des « suppositions » ou des « constructions » confirmées par l'observation, et que d'autres encore fonctionnent comme des hypothèses de travail utiles. Freud lui-même appelle la métapsychologie une « superstructure spéculative ». De ce point de vue, nous pouvons formuler la question épistémologique fondamentale comme suit : dans quelle mesure la psychanalyse satisfait-elle les exigences générales requises pour une théorie empirique ? Deux de ces exigences peuvent s'énoncer comme suit :

---

1. Le problème est encore plus net en allemand, avec le sens très large du mot *Wissenschaft.*

1. une théorie empirique doit pouvoir être mise à l'épreuve (être vérifiable ou réfutable) ;
2. une théorie empirique doit être fructueuse.

La demande qu'une théorie empirique soit vérifiable fut formulée par les positivistes logiques entre les deux guerres mondiales. Il y a peu de raison de croire que la théorie de Freud satisfasse ce critère de vérifiabilité. Néanmoins, plusieurs positivistes logiques importants traitèrent la psychanalyse avec respect, comme une science, et ne considérèrent pas ses propositions comme une métaphysique dépourvue de signification. Freud lui-même avait du respect pour le « positivisme »[1]. Jusque dans les années cinquante, les théories psychanalytiques étaient apparemment approuvées par le positivisme logique[2].

Karl Popper était beaucoup plus critique. Il considérait le fait que les théories de Freud, Adler et Jung étaient apparemment *confirmées* par l'expérience et avaient une force explicative immense non comme la force de la psychanalyse, mais plutôt comme sa faiblesse[3]. Son argument peut se formuler ainsi : alors que les théories scientifiques ne sont pas compatibles avec certains résultats (faits) observables possibles et par conséquent peuvent être *falsifiées*, la psychanalyse est compatible avec tous les faits du comportement humain. Elle ne peut donc pas être falsifiée et ainsi elle est non scientifique. La possibilité de falsification est donc le critère général de scientificité d'une théorie empirique. Si l'on veut que la psychanalyse soit considérée comme une théorie scientifique, elle doit, par principe, pouvoir nous dire quels faits la falsifieraient. Son succès apparent est ainsi dû à ce qu'elle manque de contenu. C'est pourquoi beaucoup de philosophes des sciences maintiennent que ses présupposés et hypothèses ne sont pas falsifiables[4]. Cela réduit la psychanalyse à une pseudoscience.

Pour comprendre ce raisonnement, nous pouvons prendre quelques exemples. Supposons que le patient souffre d'un complexe d'Œdipe

---

1. H. F. Ellenberger, *À la découverte de l'inconscient*, Ch. 10 : « Naissance et essor de la nouvelle psychiatrie », « La première Avant-Guerre : 1910-1914 », p. 667 : « Un groupe d'intellectuels fondèrent [en 1912] la *Gesellschaft für positivitische Philosophie* (Société pour une philosophie positiviste), qui avait son siège à Berlin, et dont le but était d'arriver à une conception scientifique unifiée de l'univers et de résoudre ainsi les problèmes de l'humanité. Parmi les membres de la Société figuraient Ernst Mach, Josef Popper, Albert Einstein, August Forel et Sigmund Freud ».

2. P. Frank, « Psychoanalysis and Logical Positivism » in *Psychoanalysis, Scientific Method and Philosophy* (ed. Sidney Hook), New York University Press, 1959, p. 313. Il faut souligner que tout le monde n'était pas d'accord avec ce point de vue.

3. Karl Popper, *Conjectures et réfutations*, « La science : conjectures et réfutations » I.

4. Voir, par exemple, Ernest Nagel, « Psychoanalysis and Scientific Method », in *Psychoanalysis, Scientific Method and Philosophy*, p. 38-57.

non résolu ; inconsciemment, il hait son père. S'il est agressif envers lui, ce comportement, évidemment, confirmera le diagnostic. Mais s'il montre pour lui du respect et de l'amour, cela peut vouloir dire qu'une peur inconsciente déguise ses sentiments d'animosité. Quoi que le patient fasse, l'hypothèse de l'analyste est confirmée. Prenons un autre exemple, du même type. La psychanalyste propose l'interprétation d'un rêve. Si le patient accepte cette interprétation, cela peut être considéré comme une raison de la considérer comme correcte ; si le patient la rejette fermement, cela peut être considéré comme une preuve de sa *résistance* à la bonne interprétation ! Donc, comment peut-on réfuter une interprétation ?

Les psychanalystes objectent que de tels arguments manquent leur cible. L'interprétation des réactions des patients n'est pas fondée sur des observations isolées, mais elle est comparée à leur façon de réagir dans différentes situations. L'intensité du rejet aussi est importante : un rejet furieux et agité peut être le signe qu'une interprétation est en grande partie correcte. Plusieurs des hypothèses de Freud ne satisfont pas aux exigences de la falsification. Certains faits, contredisant de façon évidente une des hypothèses de base de Freud, le conduisirent souvent à introduire des hypothèses supplémentaires pour justifier l'hypothèse originelle. Popper mit particulièrement en question le statut de ces hypothèses supplémentaires, ou hypothèses *ad hoc*. Ces dernières ne peuvent souvent pas être falsifiées par l'expérience. Pour une théorie empirique, cela crée des problèmes. Par exemple, vers la fin de sa vie, Freud en arriva à la conclusion que certains contenus de rêve ne pouvaient être attribués ni à la vie adulte du rêveur ni à son enfance oubliée. Si cette conclusion était correcte (mais comment pouvait-il le *savoir* ?), elle falsifierait l'hypothèse selon laquelle le contenu des rêves provient de l'inconscient. Mais Freud ne tira pas cette dernière conclusion. Il proposa plutôt une nouvelle hypothèse auxiliaire pour « soutenir » l'hypothèse de base : il faut considérer ce matériel-là comme faisant partie du patrimoine *archaïque,* résultat de l'expérience des aïeux, que l'enfant apporte en naissant, avant toute expérience personnelle[1]. Cette hypothèse des idées innées est une construction *ad hoc*. Sa seule fonction est de soutenir une autre hypothèse, et elle peut difficilement être considérée comme empirique. La thèse selon laquelle les rêves tirent leur contenu de l'inconscient devient impossible à réfuter si l'on accepte l'hypothèse supplémentaire. Des constructions semblables jouent un important rôle théorique chez le psychologue suisse Carl Gustav Jung (1875-1961).

---

1. S. Freud, *Abrégé de psychanalyse,* p. 30.

De telles stratégies pour se prémunir contre les réfutations s'opposent à l'exigence d'une possibilité de falsification. Pour cette raison, Popper ne considérait pas la psychanalyse comme une théorie scientifique. Une théorie empirique est toujours incompatible avec certains évènements : s'ils ont lieu, alors elle est fausse. Popper prétendait que Freud avait construit ses théories de sorte qu'elles ne fussent pas falsifiables. Mais cela ne les rend pas sans intérêt ni «sans signification». La psychanalyse comprend des thèses intéressantes, mais pas sous une forme susceptible d'être mise à l'épreuve. Donc, elle n'est pas scientifique (selon Popper). Ce n'est que lorsque la psychanalyse pourra indiquer ce qui serait à même de l'infirmer, c'est-à-dire lorsqu'elle pourra être mise à l'épreuve, qu'elle cessera d'être une pseudoscience.

Il y a un autre point de la critique de Popper que nous devons mentionner : Freud, parmi plusieurs autres psychanalystes, déclarait que la psychanalyse repose sur des observations cliniques. Pour Popper, c'est un point de vue naïf : toute observation est en réalité liée à des interprétations faites à la lumière de théories ou d'hypothèses. Il n'y a pas d'observations «hors théorie».

Beaucoup de psychanalystes ont prétendu que l'amélioration du patient en thérapie psychanalytique confirme la théorie : la réussite thérapeutique est un signe de sa vérité. Mais c'est une conclusion douteuse. Au mieux, la réussite thérapeutique valide d'une certaine manière la théorie lorsque certains pronostics s'avèrent corrects. Même si le traitement psychanalytique donne de bons résultats, la théorie sur laquelle il est construit peut encore être fausse, en tout ou en partie. En revanche, une issue malheureuse peut être compatible avec le fait que la théorie sur laquelle le traitement est basé est valide : la théorie peut être vraie mais l'analyste incompétent! Il faudrait aussi souligner le fait que les critères de succès d'une thérapie analytique ne sont pas clairs du tout.

Les conclusions de Popper ne sont pas universellement acceptées dans le débat sur le statut scientifique de la psychanalyse. Quelques théoriciens ont considéré l'exigence de falsification comme un critère beaucoup trop strict. On a fait valoir aussi que cette exigence «tue» toute nouvelle théorie avant qu'elle ait eu la chance de se développer. Puisque la psychanalyse, dans certains domaines, a réussi à expliquer des faits qui résistaient aux autres théories, on peut dire qu'elle satisfait l'exigence de fécondité. On peut dire aussi qu'une théorie est féconde si elle donne naissance à de nouveaux programmes de recherche dans diverses disciplines. Beaucoup ont déclaré que c'est le cas de la psychanalyse. Quelques critiques littéraires ont essayé d'utiliser les idées psychanalytiques, surtout en littérature comparée ; mais la question est encore controversée de savoir si, et en quel sens, la psychologie peut élucider des phénomènes esthétiques. Du point de vue de Thomas Kuhn et de ce que l'on appelle la théorie des paradigmes, nous pourrions peut-être dire que la métapsychologie freudienne contient des concepts qui dirigent la recherche, mais ne peuvent eux-mêmes être mis à l'épreuve. De ce point de vue, il nous faut trouver un critère d'« adéquation » : les concepts freudiens sont-ils *adéquats* ? Comment peuvent-ils être critiqués ? Le débat reste ouvert.

On peut trouver une nouvelle approche de la psychanalyse dans plusieurs écoles de la philosophie moderne. Le philosophe social allemand Jürgen Habermas a essayé de reconstruire la psychanalyse comme une théorie de la communication systématiquement déformée[1] Selon lui, la compréhension de soi épistémologique de Freud repose sur une mécompréhension *scientiste* de la spécificité de la psychanalyse. La psychanalyse n'est pas une science de la nature, mais plutôt un genre d'herméneutique des profondeurs qui tente de saisir la signification de « textes » déformés (symptômes névrotiques), rêves, etc. Par conséquent, elle doit unir l'interprétation herméneutique à des recherches psychologiques sur les connexions quasi causales, c'est-à-dire sur les motifs inconscients inconnus à l'individu qui fonctionnent comme causes. Ainsi, nous pouvons dire que Freud développa une « herméneutique des profondeurs », unique et démystificatrice, ou une technique d'interprétation pour comprendre et redresser la communication systématiquement déformée. Cela soulève des questions épineuses concernant les critères d'une interprétation *valide*. Selon Habermas, la thérapie psychanalytique peut plus justement se comparer à une « compréhension de soi » élargie. Les individus ne doivent plus être gouvernés par la « causalité du destin » ; ils doivent redevenir des sujets libres. En accord avec ce programme, la psychanalyse est une « théorie critique », pas une science de la nature[2].

Freud aurait probablement protesté qu'il n'était pas un philosophe. Dans une lettre à son ami Wilhelm Fliess, dans les années 1890, il avait dit qu'il n'était ni un scientifique ni un chercheur, mais un *conquistador*. À travers la psychanalyse, il devint ce qu'il voulait être : il conquit le royaume de l'inconscient.

---

1. J. Habermas, *Connaissance et intérêt*.
2. Adolf Grünbaum a fait une critique sévère de l'interprétation par Habermas de Freud (et de la psychanalyse en général) dans *Les fondements de la psychanalyse*, PUF, 1996, tr. Jean- Claude Dumoncel révisée par Élisabeth Pacherie.

Questions

Expliquez les points principaux de la théorie freudienne de l'esprit humain en utilisant des concepts comme le conscient, le préconscient et l'inconscient, et le ça, le moi et le surmoi.

Décrivez la condition humaine d'un point de vue freudien.

Suggestions de lectures

Sources

Freud, S., *L'interprétation des rêves*, PUF, 1999, tr. Denise Berger

Freud, S., *Cinq leçons sur la psychanalyse*, Petite bibliothèque Payot, 2001, tr. Yves Le Lay.

Freud, S., *Trois essais sur la théorie sexuelle*, Gallimard, Folio, tr. Philippe Koeppel.

Freud, S., *Psychopathologie de la vie quotidienne*, Petite bibliothèque Payot, 2004, tr. Serge Jankélévitch.

Freud, S., *Conférences d'introduction à la psychanalyse*, Gallimard, 1999, tr. Fernand Cambon.

Freud, S., *Nouvelles conférences d'introduction à la psychanalyse*, Gallimard, Folio, 1989, tr. Rose-Marie Zeitlin.

Freud, S., *Abrégé de psychanalyse*, Bibliothèque de psychanalyse, PUF, 2009, tr. Anne Berman.

Freud, S., *Malaise dans la civilisation*, PUF, 1971, tr. Charles et Jeanne Odier.

Freud, S., *La vie sexuelle*, PUF, 1999, tr. Denise Berger, Jean Laplanche et J.-B. Pontalis.

Commentaires

Ellenberger, H.F., *À la découverte de l'inconscient*, SIMEP éditions, 1974, tr. J. Feisthauer, (Nouvelle édition : *Histoire de la découverte de l'inconscient*, Fayard, 2001.)

Grünbaum, A., *Les fondements de la psychanalyse. Une critique philosophique*, trad. de l'anglais par J. C. Dumoncel, et revisité par E. Pacherie, PUF, 1996 (éd. originale 1984).

Habermas, J., *Connaissance et intérêt*, Gallimard, Tel, 1979, tr. Gérard Clémençon.

Laplanche, J. et Pontalis, J.-B., *Vocabulaire de la psychanalyse*, PUF, Quadrige, 2007.

Ricoeur, P., *De l'Interprétation, essai sur Freud*, éd. du Seuil, 1965.

CHAPITRE 24

La constitution des sciences sociales

Contexte

Plusieurs sciences, dont certaines sont aussi vieilles que la philosophie, relèvent de la recherche sociale. En parallèle avec l'histoire de la philosophie, nous avons déjà abordé la théorie politique (qui commence avec les sophistes). Nous avons aussi mentionné l'histoire (d'Hérodote et Thucydide à Vico et Dilthey), le droit (Cicéron et Bentham) et la pédagogie (de Socrate à Dewey). En outre, nous avons traité de l'économie (Smith, Ricardo et Marx), et nous avons également abordé la tendance à structurer les sciences sociales par l'emploi de catégories utilitaires, tout en faisant allusion à un autre type de recherche sociale, d'orientation plus historique (basé sur la pensée de Hegel). Dans ce chapitre, nous passerons en revue les acteurs de la naissance de la sociologie, avec des figures comme Comte, Tocqueville, Tönnies, Simmel, Durkheim, Weber et Parsons. Nous nous concentrerons en particulier sur leurs analyses de la société moderne et du statut de la sociologie.

AUGUSTE COMTE – LE « GRAND PRÊTRE »
DE LA SOCIOLOGIE

Auguste Comte (1798-1857) fut un pionnier de la nouvelle science de la société, la sociologie. Il introduisit le terme dans son *Cours de philosophie positive* (1830-1842) pour remplacer *physique sociale*, qu'il avait tout d'abord employé.

Comte voyait la constitution de la sociologie dans une perspective historique : le développement intellectuel de l'homme, pour lui, était passé par trois états, théologique, métaphysique et positif. Mathématiques, physique et biologie avaient déjà atteint l'état positif : ces sciences s'étaient libérées de la pensée théologique et métaphysique. Mais les disciplines ayant l'homme comme objet de recherche étaient encore marquées par des spéculations théologiques et métaphysiques. Comte voulait les faire progresser jusqu'à l'état scientifique, positif. Dans cette perspective, il devint l'avocat de la sociologie comme science sociale positive.

Les mots *positif* et *positivisme* ont un côté polémique. La polémique de Comte est dirigée contre les spéculations théologiques et philosophiques. Une discipline positive est empirique, objective et anti-spéculative. Elle se concentre sur les phénomènes perceptibles et sur les relations ordonnées que peut établir une recherche empirique. La mécanique classique est un modèle de science positive, et la sociologie devrait dans la mesure du possible prendre la physique pour modèle : elle devrait devenir la *science naturelle* de la société. Cette approche est aussi « positive » au sens où elle est constructrice et édificatrice. Comme les penseurs de la Restauration (en particulier Bonald et de Maistre), qui réagissent à la Révolution Française, Comte pense que les idées des Lumières ont été négatives et destructrices. Leur critique de la tradition et de l'autorité ne s'est pas limitée à saper un système politique vétuste, mais elle a aussi conduit à une révolution menant à la terreur et au chaos. Comte appelle Rousseau et ses disciples « docteurs en guillotine ». Comme les penseurs de la Restauration, il se préoccupe de la crise morale de la période post-révolutionnaire. Il en voit l'origine dans l'émergence de l'*individualisme* (« la maladie occidentale »[1]) qui, introduit par la Réforme, a atteint son point culminant pendant les Lumières. Des idées comme la souveraineté populaire, l'égalité et la liberté individuelle, tout autant que les

---

1. Auguste Comte, *Système de politique positive*, tome troisième, chapitre septième, 1853.

conceptions négatives de la famille, de la religion, de l'Église et de la communauté qui les accompagnent, sont des symptômes importants de cette maladie. L'individualisme s'est aussi exprimé comme « individualisme méthodologique » dans la tradition de Hobbes à Kant. Ces penseurs faisaient de l'*individu* le point de départ de la philosophie sociale (voir le contrat social). Mais selon Comte la société ne peut pas plus être décomposée en individus séparés qu'une ligne ne peut l'être en points. La société ne peut être décomposée qu'en communautés et en groupes. L'élément fondamental en est la famille.

Comte se distingue des penseurs conservateurs de la Restauration sur deux points. D'abord, il rejette l'idée du catholicisme comme force d'intégration sociale. Les philosophes sociaux conservateurs français veulent revenir aux principes catholiques féodaux de l'*ancien régime*[1]. Pour Comte, ces principes appartiennent à une période antérieure du développement de l'homme, et le principe du positivisme, le seul pouvant occuper dans la société le rôle autrefois tenu par le catholicisme, doit les remplacer. Il est la force qui lie les sociétés modernes (leur religion). Ensuite, Comte est bien plus accoutumé que les penseurs de la Restauration à la science de la nature et à la technique modernes. En tant que science naturelle de la société, la sociologie pourrait former la base d'une nouvelle et efficace technique sociale. Elle est appelée à devenir un instrument de direction de la société, de sorte que celle-ci pourrait à nouveau fonctionner de manière ordonnée et bien intégrée.

Pour Comte, toutefois, la sociologie n'est pas une science parmi d'autres, mais le point culminant de la hiérarchie des sciences. C'est en même temps le principe quasi-religieux d'intégration à la société nouvelle, analogue au christianisme du Moyen Âge. Ces conceptions se font plus marquées dans les derniers écrits de Comte, où son attitude antérieurement froide et antimétaphysique laisse place à un enthousiasme fougueux pour la « religion » positiviste. Son positivisme se lit alors comme une reformulation du catholicisme de la Restauration dans un langage nouveau et séculier. Pour Comte, la société elle-même, telle que la comprend la sociologie positive, est devenue « *le Grand Être* ». Dans la dernière partie de sa vie, Comte fonde pratiquement une « religion de l'Humanité », qui obtient un large appui, des « églises » se constituant en France, en Grande-Bretagne et aux États-Unis. Les partisans de la première version du programme comtien de sociologie scientifique, comme John Stuart Mill et Herbert Spencer, choisissent souvent d'ignorer les idées néoreligieuses exprimées dans son *Système de politique positive* (1851-1854).

---

1. En français dans le texte.

La conception comtienne de base de la sociologie comme science naturelle de la société s'attire beaucoup de partisans dans la seconde moitié du dix-neuvième siècle (et pendant une bonne partie du vingtième). On peut voir par exemple l'influence de ce « grand prêtre » de la sociologie dans la reformulation par Durkheim des caractéristiques de base de la méthode sociologique (*Les règles de la méthode sociologique* [1895]). Durkheim fait peu de cas du dernier Comte, mais il est largement influencé par le *Cours de philosophie positive*.

On peut en bref résumer l'importance de Comte dans l'histoire de la sociologie sous trois en-têtes.

1. il développe un programme pour une « science naturelle de la société » qui compte encore beaucoup de partisans ;
2. il soutient que les « phénomènes sociaux » peuvent s'étudier objectivement comme les évènements de la nature ;
3. il soutient que la connaissance sociologique des relations régulières de la société permet le développement d'une nouvelle technique sociale qui facilitera la résolution des problèmes sociopolitiques.

ALEXIS DE TOCQUEVILLE – LA DÉMOCRATIE AMÉRICAINE

On se souvient particulièrement de l'aristocrate français Alexis de Tocqueville (1805-1859) pour son ouvrage *De la démocratie en Amérique* (1835-1840). Tocqueville pensait voir en politique et dans les institutions une tendance irrésistible à une plus grande égalité des comportements et des attitudes. Les États-Unis étaient le pays qui était allé le plus loin dans le développement de cette égalité démocratique, mais l'Europe suivrait bientôt.

En tant que noble, Tocqueville portait un jugement ambivalent sur ce mouvement vers la démocratie politique. Mais en tant qu'intellectuellement apparenté à Montesquieu, il était réaliste et faisait preuve d'ouverture d'esprit. D'un côté, il voyait la démocratie comme plus juste que l'ancien régime. D'un autre, il voyait les dangers d'un nivellement de la société : si tous deviennent pratiquement égaux, la médiocrité se développera. Selon Tocqueville, ce qui rassemblait les Américains était principalement un intérêt commun pour l'argent et l'efficacité. Il préfigurait là les critiques culturelles contemporaines de ce que l'on appelle la société de masse.

Mais Tocqueville ne ressentait pas comme seules menacées les valeurs de l'aristocratie et des élites intellectuelles. Il pensait difficile de réconcilier l'individualisme et la liberté avec l'égalité démocratique : si la majorité démocratique détient le pouvoir dans tous les domaines, la minorité des mécontents et les individus non conformistes courent le risque d'être supprimés. Et cette suppression est d'autant plus dangereuse que ce n'est pas une question de violence physique ouverte. L'opinion publique supprime les points de vue impopulaires calmement et sans douleur. Le slogan de la Révolution Française était Liberté, Égalité, Fraternité. Mais Tocqueville pensait que la liberté et l'égalité sont difficiles à combiner, et que l'égalité tend à triompher aux dépens de la liberté. En outre, il estimait que la démocratie fondée sur l'égalité conduirait à un État fort, et que l'État gèrerait les conditions matérielles du peuple.

Tocqueville voyait des tendances non seulement vers une égalité plus grande, mais aussi vers de nouvelles divisions de classes. Les tendances à l'inégalité s'enracinaient dans l'industrialisation. D'un côté, Tocqueville pensait que l'égalité démocratique promouvrait l'industrialisation, à la fois parce que l'accent qu'elle met sur le bien-être matériel de chacun créerait un marché croissant pour les produits de l'industrie et parce qu'une plus grande égalité rendrait plus facile le recrutement de gens doués pour travailler dans le commerce et l'industrie. D'un autre côté, il voyait des tendances à la croissance de l'inégalité : les artisans indépendants étaient transformés en travailleurs d'usine pour accomplir un travail monotone, et les employeurs dirigeaient leurs grandes entreprises sans avoir avec leurs employés de contact autre que par l'échange du travail et des salaires. Le sens mutuel de la responsabilité qui existait entre les seigneurs et leurs sujets s'était perdu. Tocqueville voyait la tendance vers une nouvelle inégalité dans les relations entre les nouveaux employeurs et leurs employés[1]. Il prévoyait ainsi le développement à la fois de l'égalité politique et de l'inégalité économique. Il fut l'un des premiers penseurs à mettre en doute la foi dans le progrès, et il s'évertua à obtenir une vision équilibrée des avantages et des désavantages du développement de la société de la première moitié du dix-neuvième siècle.

---

1. Mais Tocqueville notait aussi que la majorité dans une démocratie se voit souvent garantir une part de la production suffisamment raisonnable pour ne pas penser qu'elle aurait quelque chose à gagner d'une révolution. La minorité qui bénéficierait clairement d'une révolution peut ainsi être contenue par la majorité.

Ferdinand Tönnies – *Gemeinschaft* et *Gesellschaft*

Nous allons maintenant regarder de près ce que l'on peut appeler des couples conceptuels fondamentaux en sociologie. Ils peuvent se comprendre comme des perspectives ou des cadres de référence que la sociologie classique met en place et à partir desquels elle argumente. Peut-être le plus important de ces couples provient-il du sociologue allemand Ferdinand Tönnies (1855-1936). Il est introduit par le titre même de son ouvrage principal, *Gemeinschaft und Gesellschaft* (1887) (en français : *Communauté et société*, 1922).

Dans ce livre, Tönnies essaie de développer un vaste système conceptuel dont *Gemeinschaft* et *Gesellschaft* sont les termes clés. On traduit habituellement en français *Gemeinschaft* par « communauté », et *Gesellschaft* par « société ». Nous donnerons certains exemples de ce couple conceptuel pour clarifier le propos de Tönnies.

Le concept de communauté est aussi central pour la sociologie classique que le sont ceux d'état de nature et de contrat social pour la philosophie politique de Hobbes à Kant. La tradition qui s'est développée depuis Hobbes a employé l'idée de contrat pour légitimer ou justifier les relations sociales et les conditions politiques : elle trouve dans le contrat un modèle de correction et de justice dans la vie sociale. Toutes les relations sociales qui trouvent leur origine dans un contrat, c'est-à-dire dans un accord volontaire, sont pour elle légitimes. Dans la sociologie qui émerge au dix-neuvième siècle, le concept de contrat est largement remplacé en tant que catégorie fondamentale par celui de communauté. En même temps, la communauté est le modèle d'une société bonne. D'après Tönnies, *Gemeinschaft* dénote toutes les formes de relations sociales qui se caractérisent par un degré élevé d'intimité personnelle, de profondeur émotionnelle, d'obligation morale, de cohésion sociale et de continuité dans le temps. L'exemple typique d'une telle communauté est la *famille*. Il existe entre les membres d'une famille des liens et des relations qui sont fondamentalement différents des relations entre par exemple une prostituée et ses clients, ou entre le dirigeant d'une entreprise et ses employés. Dans une relation de *Gemeinschaft*, il y a des liens émotionnels (pour le meilleur et pour le pire, comme dans une relation amoureuse), et non les relations impersonnelles et anonymes caractéristiques d'une société (*Gesellschaft*).

Dans la sociologie de Tönnies, *Gesellschaft* (société) se réfère à des relations humaines modernes typiques, qui se caractérisent par un haut degré d'individualisme et par une froideur impersonnelle. Ces relations surgissent des décisions individuelles et de l'intérêt personnel, et elles sont distinctes des traditions et des relations émotionnelles qui forment la base de la *Gemeinschaft*. En bref, Tönnies voit la *Gemeinschaft* comme une communauté authentique durable et la *Gesellschaft* comme une forme de vie éphémère, accidentelle et mécanique.

Nous avons dit que le prototype de la *Gemeinschaft* est la famille. L'individu est né dans une famille. Les liens du sang et les relations de parenté sont donc les piliers fondamentaux de la *Gemeinschaft*. Mais les individus sont aussi unis par diverses formes d'amitié et par leur environnement local. Parmi les nombreuses manifestations de la *Gemeinschaft* on trouve les guildes, diverses communautés intellectuelles et professionnelles, les congrégations religieuses et les sectes. Les relations de *Gemeinschaft* typiques comprennent les relations traditionnelles entre un maître et son apprenti, ou entre un maître de maison et les membres de la maisonnée (y compris les domestiques).

Tönnies souligne que l'aspect moral tient une position importante dans la plupart des descriptions de la *Gemeinschaft*. Une société marquée par des relations de *Gemeinschaft* nous frappe souvent comme étant « chaude », « fermée » et caractérisée par des « relations personnelles ». Toutefois, ces caractéristiques prémodernes peuvent s'accompagner d'une généralisation de la corruption et du népotisme, et de faiblesses essentielles du code juridique.

Chez Tönnies, les questions de genre sont aussi pensées en ces termes : les femmes sont traditionnellement plus tournées que les hommes vers les « valeurs affectives ». La libération des femmes exige que celles-ci entrent dans le « monde des hommes », c'est-à-dire dans des relations de *Gesellschaft*. Par ce processus, elles deviennent « froides », « éclairées », « instruites » et « calculatrices », tout à fait comme les hommes. C'est l'élément de *Gemeinschaft* chez les femmes et les enfants, affirme Tönnies, qui explique la facilité de leur exploitation à l'aube de la société industrielle.

Le couple conceptuel *Gemeinschaft* et *Gesellschaft* occupe une position centrale dans la compréhension par Tönnies des grands changements sociaux qui se sont produits en Europe vers le milieu du dix-neuvième siècle. Tönnies souligne que la société européenne est passée de relations de *Gemeinschaft* à des relations de *Gesellschaft* fondées sur les accords et les contrats. Ce processus a créé de nouveaux liens entre les gens, détruisant l'autorité traditionnelle et la remplaçant par de nouvelles formes d'autorité. La compétition et l'égoïsme sont devenus de plus en plus prédominants, car au cœur de la *Gesellschaft* se trouvent la rationalité et le calcul économique.

D'après la théorie de la société, celle-ci est un groupe d'hommes qui, vivant et demeurant, comme dans la communauté, d'une manière pacifique les uns à côté des autres, ne sont pas liés organiquement mais sont organiquement séparés ; tandis que, dans la communauté, ils restent liés malgré toute séparation, ils sont, dans la société, séparés malgré toute liaison […] Ici, chacun est pour soi et dans un état de tension vis-à-vis de tous les autres. Les domaines de l'activité et de la puissance sont nettement limités les uns par rapport aux autres, de telle façon que chacun en défend à l'autre le contact et l'entrée, puisque ceux-ci sont regardés comme action ennemie. Une telle conduite négative est normale, elle est le fondement de la position de ces « sujets-forces » les uns vis-à-vis des autres, et caractérise la société dans l'état de paix. Personne ne fera quelque chose pour un autre, personne ne voudra accorder ou donner quelque chose à un autre, si ce n'est en échange d'un service ou d'un don estimé au moins équivalent au sien.[1]

Certains interprèteraient peut-être cette citation comme une caractérisation négative de la société moderne. Tönnies ne voit-il rien de positif dans la *Gesellschaft* ? Il n'est en aucune façon un réactionnaire, et il souligne que sans *Gesellschaft* nous ne pourrions imaginer la montée du libéralisme politique et de la culture modernes. La ville et la vie urbaine sont pareillement liées à la *Gesellschaft*. Associés à la ville sont la science, le commerce, l'industrie et tout ce que nous comprenons comme la civilisation occidentale moderne. *Gemeinschaft und Gesellschaft* est peut-être une œuvre nostalgique, mais sa nostalgie est bâtie avec les concepts fondamentaux de la sociologie classique. Elle exprime un problème qui marque encore notre société.

Selon Tönnies, le point culminant de la période de la *Gesellschaft* est passé depuis longtemps. Le besoin de relations de *Gemeinschaft* est devenu de plus en plus notable au fur et à mesure que nous entrions dans la modernité. Dans les années 1880 déjà, des efforts étaient faits pour inclure des relations communautaires et des mécanismes de protection dans la *Gesellschaft* (politique sociale, État providence, etc.). L'intérêt qu'éprouve notre époque pour les relations de voisinage, le domaine privé, les réseaux sociaux, l'indulgence et la décentralisation

---

1. Ferdinand Tönnies, *Communauté et société*, tr. J. Leif, PUF, 1944, Deuxième partie, XIX, p. 39.

peut illustrer la pertinence persistante des problèmes soulevés par Tönnies.

Nous avons essayé de montrer comment le couple conceptuel *Gemeinschaft* et *Gesellschaft* caractérise différents types de relations sociales, et comment ses termes peuvent être liés à deux étapes différentes de l'histoire européenne. Nous pouvons aussi regarder *Gemeinschaft* et *Gesellschaft* comme deux types extrêmes qui n'ont jamais existé sous une forme pure dans le monde empirique. En ce sens, notre société moderne est plus proche de la *Gesellschaft* que de la *Gemeinschaft*.

Le couple conceptuel de Tönnies en est venu à jouer un rôle important en sociologie. Ses termes sont réapparus dans les travaux du sociologue américain Charles H. Cooley (1864-1929), qui a fait la distinction entre *groupes primaires* et *groupes secondaires*. Les groupes primaires se caractérisent par un contact rapproché et des relations « face à face ». Un groupe est primaire quand il façonne notre nature sociale et nos idéaux. Les groupes primaires les plus importants sont la famille, le voisinage et les groupes d'adolescents. Ils comprennent, de diverses façons, un « nous ». Les organisations et partis politiques sont des exemples de groupes secondaires. Tandis que le plus souvent les contacts et les relations dans les groupes primaires sont continuels et intimes, les relations dans les groupes secondaires sont arbitraires, formelles et impersonnelles. Les moyens de communication dans les groupes primaires sont la parole, les mimiques et les gestes ; dans les groupes secondaires, ce sont habituellement les lettres, les circulaires et les conversations téléphoniques.

Nous verrons plus loin comment Max Weber et Talcott Parsons ont développé les concepts de base introduits par Tönnies.

GEORG SIMMEL – LE TISSU SOCIAL

Georg Simmel (1858-1918), Allemand d'origine juive, fut le grand essayiste de la sociologie classique. Ses œuvres les plus importantes sont *La différenciation sociale* (1890), *Philosophie de l'argent* (1900) et *Sociologie* (1908). Il écrivit également des études portant sur la philosophie, l'art et d'autres questions culturelles, comme *Les grandes villes et la vie de l'esprit*, *La tragédie de la culture* et *La société à deux*.

Pour Simmel, la sociologie est une science qui s'intéresse aux actions réciproques (interactions sociales) entre individus. À ce titre, elle est une pensée relationnelle. Les interactions sociales sont « la vie comme processus ». Cela implique que la réalité sociale est un processus ouvert et non un système virtuellement fermé. La sociologie devrait donc partir des éléments les plus simples de ce processus et découvrir leurs relations mutuelles.

Pour Simmel, la sociologie est de maintes façons une microscopie sociale. Dans une suite d'intéressants essais, il décrit la solitude et la relation à deux. Il traite aussi de la situation sociale de l'«étranger» dans le contexte de l'interaction. Dans l'essai *Le Conflit* (1908), il examine comment le conflit entre groupes peut rassembler encore plus les membres d'un groupe contre un ennemi commun ; mais l'interaction entre les groupes en conflit peut aussi rassembler ces groupes. Pour Simmel, la société est un « tissu » d'innombrables interactions. Pour comprendre ces dernières, nous devons mener nos recherches sociologiques au niveau microscopique. Ces recherches devraient commencer par les formes d'interaction les plus simples et par les liens invisibles qui unissent les individus. Ce n'est que de cette façon que nous pouvons être capables de suivre les fils du labyrinthe social.

Dans son essai *Les grandes villes et la vie de l'esprit* (1902), Simmel montre comment les villes modernes créent de nouvelles formes d'interaction et des hommes nouveaux : dans la grande ville, nous sommes bombardés d'impressions. Selon lui, la «vie nerveuse» de chaque individu s'intensifie. Les hommes modernes deviennent hypersensibles. Pour éviter l'intensité de cette pression, ils créent une *distance* entre eux-mêmes et leur environnement social et physique. Pour se protéger d'un nombre croissant d'impressions – sons, lumières, images –, ils essaient de se fermer à la réalité. C'est ainsi qu'un état d'esprit *blasé*[1] caractéristique surgit parmi les habitants des villes modernes. Ils adoptent une attitude réservée et doivent pour survivre prendre une certaine distance par rapport à leur environnement. À la fin, l'hypersensibilité de l'homme moderne fait le vide autour de lui. Selon Simmel, les gens de notre époque souffrent d'être à la fois trop proches de la réalité et trop éloignés d'elle.

Simmel ne commence pas par des concepts macrosociologiques, mais par des analyses de détails microsociologiques. Il pense que nos concepts doivent s'adapter à ce qu'ils ont à saisir. Pour lui, le monde moderne est fissuré et fragmenté. Il n'est plus possible d'en appréhender la «totalité». Ce n'est que dans les détails de la vie et dans des fragments kaléidoscopiques qu'il est possible d'entrevoir une interconnexion plus large. Sa nouvelle voie méthodologique consiste ainsi à rassembler des «instantanés», des fragments et des impressions

---

1. En français dans le texte (NdT).

particulières. Car un simple élément peut révéler des connexions sociales : une *pièce de monnaie* par exemple (ou une clé) est le symbole d'importantes relations sociales. Dans la société moderne, l'argent sert d'intermédiaire entre les gens. Simmel inspire la sociologie naissante du vingtième siècle. De nombreux autres auteurs, dont Max Weber, lui empruntent des idées. Dans sa longue monographie *Philosophie de l'argent* (1900), Simmel explique comment le calcul de l'enchaînement des fins et des moyens s'est répandu dans la vie moderne : en d'autres termes, la rationalité instrumentale (rationalité en finalité) se soumet à d'autres formes de rationalité. En raison de l'économie monétaire, les relations entre les personnes se transforment en relations entre choses. Dans ces analyses, Simmel développe une théorie spécifique de l'aliénation et de la réification dans les relations sociales. Les choses que nous avons créées deviennent de plus en plus nos maîtres. De même, les interactions sociales peuvent se « rigidifier » et devenir des structures objectives et supra-individuelles. Dans la vie moderne, nous avons une maigre compréhension de la technologie qui nous entoure. Il en est de même de la culture ; nous ne comprenons plus l'esprit immanent aux formes culturelles. Les produits de l'esprit nous deviennent ainsi étrangers.

On dit souvent que Simmel est un chercheur social « impressionniste », qui comme les peintres impressionnistes, Monet, Renoir et Seurat par exemple, veut saisir l'expérience spontanée. En tant qu'impressionniste sociologique, il est un maître de la capture des premières impressions immédiates des phénomènes sociaux. Son image de la réalité se compose ainsi de ces impressions fugaces. De bien des façons, il est un « éclaireur » de la sociologie, qui cherche à cartographier le terrain fragmentaire de la vie moderne. Son image « fluide » de la vie sociale affecte aussi la forme de sa présentation. Il en résulte que ses arguments sont souvent hypothétiques et provisoires. Il n'y a guère d'autre sociologue et philosophe qui emploie « peut-être » aussi fréquemment que lui. C'est pourquoi ce n'est pas sans raison qu'il a été appelé un « penseur du peut-être ». En ce sens, l'essai en tant que genre littéraire correspond bien à sa tentative de saisir quelques aspects d'un monde fragmentaire. Et il n'a prétendu à rien de plus. Mais en outre, il a des aspirations esthétiques. Il est un maître du langage. Son style est en conséquence difficile à imiter. Ses pensées perdent quelque chose d'essentiel quand on les traduit dans une prose ordinaire. Il manifeste une transition fluide entre expression poétique et sociologie. À la fois dans le style et dans les thèmes, il anticipe l'expérience du postmodernisme.

ÉMILE DURKHEIM – SOCIÉTÉ ET SOLIDARITÉ SOCIALE

Biographie. *Émile Durkheim (1858-1917) était originaire de Lorraine, à la frontière de l'Allemagne et de la France. Son père était rabbin, mais lui-même adopta des conceptions agnostiques sur la question religieuse. Il étudia la philosophie et la théorie politique à Paris, enseigna la pédagogie et les sciences sociales à l'Université de Bordeaux, puis devint professeur à la Sorbonne, d'abord en psychologie puis en sociologie. Il se donna pour tâche de lancer la nouvelle science de la société, la* sociologie. *Il s'engagea pour des causes politiques, par exemple la défense d'*Alfred Dreyfus (1859-1935), *victime d'une célèbre erreur judiciaire, et la lutte contre le militarisme allemand, pendant la première guerre mondiale. Ses œuvres les plus importantes sont* De la division du travail social *(1893),* Les règles de la méthode sociologique *(1895),* Le Suicide *(1897), et* Les formes élémentaires de la vie religieuse *(1912).*

L'idée fondamentale de Durkheim est que la société repose sur les forces qui tiennent les gens ensemble. Quand la solidarité sociale est affaiblie, la société tombe malade. Nous devons donc trouver la thérapie convenable pour rétablir cette solidarité vitale pour la société. La sociologie est pour Durkheim la science de cette solidarité : sur quoi elle se fonde, comment elle est affaiblie et comment on peut la renforcer. Durkheim pense que la France de son temps est une société dans laquelle la solidarité a été affaiblie, c'est-à-dire une société malade.

Durkheim rejette l'idée selon laquelle la sociologie devrait employer les concepts sociaux qu'utilisent les membres de la société pour comprendre leurs interactions sociales (voir Winch, chapitre 26). Il estime qu'elle doit trouver de meilleurs concepts. Il l'illustre sur la question du suicide : partant du langage quotidien et de la vie quotidienne, il cherche une conception du suicide qui puisse se traiter statistiquement au regard des diverses conditions sociales, c'est-à-dire de variations qui ne sont pas de nature psychologique. En ignorant les divers aspects émotionnels et individuels du suicide – ce que chaque victime ressent et pense –, il prend en tant que sociologue ses distances par rapport à la psychologie. Il recherche des variations dans la fréquence des suicides en fonction du sexe, de l'âge, du statut matrimonial, de l'affiliation religieuse, de la nationalité, de la classe sociale, etc. Ces statistiques forment la base de son travail théorique sociologique, mais il ne s'y arrête pas. En s'appuyant sur elles, il essaie de formuler une théorie de la société, c'est-à-dire de la solidarité sociale, qui interprète une fréquence élevée de suicides comme le signe d'un affaiblissement du sens de la solidarité.

On qualifie parfois la méthode de Durkheim de *positiviste*. Ce mot est si ambigu qu'il est toujours nécessaire d'expliquer ce qu'on entend par là. Durkheim n'est pas un positiviste au sens du positivisme logique, mais au sens où il s'intéresse à *ce qui est donné* (le donné est «le positif»). Il veut observer comment fonctionne la société. Il n'essaie pas de faire des changements radicaux, de «nier». Il veut comprendre les choses qui sont, comme elles sont, afin de trouver un remède ou une thérapie à une désintégration sociale malsaine (il voit les changements sociaux de son temps principalement comme un affaiblissement de la société).

Quand il dit qu'un sociologue devrait traiter les faits sociaux *comme des choses*, il a dans l'esprit de partir des concepts de la vie quotidienne pour, après une première théorisation, leur appliquer un traitement statistique et s'appuyer sur les résultats de celui-ci pour approfondir la théorie. Cette approche représente une rupture avec une recherche sociale uniquement basée sur la compréhension. Mais une telle approche statistico-théorique ne met pas nécessairement en jeu une réduction naturaliste – par laquelle on dit que les faits sociaux ont le même statut ontologique que les objets de la nature. Sur la base de son travail avec les matériaux statistiques sur le suicide, Durkheim pense pouvoir expliquer la solidarité sociale et déterminer les causes de son affaiblissement. Il appelle cet affaiblissement *anomie* (du grec : *anomia* : «pas de loi/norme»), c'est-à-dire absence de loi, absence de norme. En bref, un état d'anomie représente un affaiblissement des liens entre les gens. Quand l'anomie se développe, les individus deviennent moins résistants à la pression et à la souffrance, et la fréquence des suicides s'accroît.

Durkheim considère ainsi qu'il met statistiquement en évidence une anomie moindre (une solidarité sociale plus forte, des suicides moins nombreux) chez les hommes mariés que chez les célibataires, chez les couples mariés avec enfants que chez les couples sans enfants, chez les catholiques que chez les protestants, etc. Le mariage, la famille, la religion (en tant que forme sociale de vie), en particulier le catholicisme, sont donc des facteurs qui lient la société.

Durkheim ne pense pas nécessaire d'abolir la division du travail afin d'avoir une société plus humaine ; au contraire, une division du travail plus poussée pourrait permettre à la société de redevenir harmonieuse : quand la division du travail n'est pas développée, les gens sont égaux, mais manifestent peu d'individualité. Prévaut alors ce que Durkheim nomme une «solidarité mécanique». Mais de pair avec l'accroissement de la division du travail, les individus deviennent plus dépendants les uns des autres. Le résultat en est ce que Durkheim appelle «solidarité organique» : chacun est dépendant de tous les autres, comme les parties d'un organisme. Cet accroissement de la division du travail conduit à la spécialisation et à l'individualisation.

Mais selon Durkheim, une société basée sur la division du travail peut aussi bien être saine que malade. La question est de savoir si l'économie fonctionne selon des normes correctes. Quand ce n'est pas le cas, nous avons de l'anomie (comme dans le cas d'une intensification de la lutte des classes). Durkheim ne regarde pas en arrière vers une société sans division du travail, mais plutôt en avant, vers une société harmonieuse fondée sur la division du travail.

Le renforcement des normes de la vie socio-économique nécessaires selon Durkheim pour vaincre l'anomie ne se produira pas par une simple moralisation, ou par le seul effet du pouvoir d'État. Il doit y avoir dans l'État des institutions à même de réguler harmonieusement l'économie. C'est ici que les corporations entrent en scène. Durkheim veut un régime corporatif, c'est-à-dire un régime dans lequel les organisations corporatives régulent l'économie de manière efficace et fiable.

Durkheim, comme Hegel, fournit une sorte de réponse «sociale-démocrate» : il s'oppose à la fois à l'expansionnisme sans contrôle du pur libéralisme et aux changements radicaux réclamés par la théorie marxiste. Son argumentation est largement dirigée contre ce que libéralisme, socialisme et marxisme ont en commun, l'héritage commun qu'ils ont reçu des Lumières : les idées de développement, de libération et de progrès. Ces idées sur lesquelles d'autres théoriciens mettent l'accent avec force sont vues par lui comme de dangereuses tendances à la dissolution. La société devrait être stable, quoique non statique, ni immuable. Durkheim questionne des concepts tels que développement et progrès : appliqués à toute sorte de changements, ils peuvent en fait précisément décrire sous une apparence inoffensive l'anomie destructrice. Nous ne devrions pas nous «libérer» de tout, mais nous devrions essayer d'atteindre la solidarité sociale, qui est selon Durkheim une condition préalable de notre stabilité sociale et de notre bonheur.

Il est courant de regrouper en deux classes les théories sociales, selon qu'elles prennent comme point de départ le *conflit* ou l'*harmonie*. À cet égard, Durkheim est sans aucun doute un théoricien de l'harmonie, tandis que Marx est un théoricien du conflit (plus exactement pour l'histoire *antérieure* à la société communiste, sans classes). Historiquement, les idées de Durkheim reviennent aux théories politiques d'avant la

Renaissance ; par exemple à celles de Platon et d'Aristote, qui mettent l'accent sur l'intégration et la stabilité. Aujourd'hui, son œuvre présente aussi de l'intérêt dans le contexte écologique, en tant que contribution à une sociologie de l'équilibre écologique.

En ce qui concerne la relation entre l'individu et la communauté, Durkheim met l'accent sur la communauté et la solidarité. Les individus doivent s'adapter aux normes et aux règles nécessaires au bon fonctionnement d'une société. L'autre terme de l'alternative est en principe l'anarchie (anomie), quelque chose qui ne sert pas l'individu. La question demeure de savoir si, dans une communauté qui fonctionne, l'individualité et les libertés politiques peuvent être garanties au moyen d'une médiation dialectique entre le singulier et l'universel – pour employer des termes hégéliens. Les problèmes qui entourent cette médiation entre individu et communauté sont difficiles à résoudre, en théorie comme en pratique. Mais certains critiques soutiennent encore que Durkheim ne s'est pas suffisamment préoccupé de ce problème.

MAX WEBER – RATIONALITÉ ET « PESSIMISME HÉROÏQUE »

La philosophie des sciences et les idéaux-types

Max Weber (1864-1920) est probablement le sociologue classique qui a eu le plus grand impact sur le développement de sa discipline. Nous examinerons d'abord sa philosophie des sciences et sa conception des « idéaux-types ».

Pour Weber, il y a une différence fondamentale entre faits et valeurs, entre ce qui *est* et ce qui *doit* être. En tant que scientifiques, nous ne pouvons nous exprimer que sur les faits, non sur les valeurs. Bien sûr, nous pouvons faire des recherches sur les valeurs que les gens acceptent de fait (c'est une question empirique), et nous pouvons aussi nous impliquer politiquement et moralement. Mais cette implication provient de notre position en tant que citoyens, pas en tant que scientifiques. Nous devons par conséquent ne pas mélanger ces deux domaines, par exemple en développant une propagande politique sous le couvert de la science. La science peut certes nous dire quelque chose sur les moyens appropriés pour atteindre un certain but et sur ce qu'il nous en « coûterait » d'atteindre ce but. Mais dès lors que ces faits sont présentés, l'agent doit faire un *choix* personnel. C'est la thèse wébérienne de la *neutralité axiologique* de la science : la science, en tant que science, peut seulement dire quelque chose sur ce qui est, non sur ce qui doit être. En science, nous cherchons une vérité *valide* pour tous : « il est et il demeure vrai que dans la sphère des sciences sociales une démonstration scientifique, méthodiquement correcte, qui prétend avoir atteint son but, doit pouvoir être reconnue comme exacte également par un Chinois »[1].

La conception wébérienne de la neutralité axiologique ne signifie pas que les valeurs ne jouent pas un rôle important en science : les termes qui deviendront objets de la recherche scientifique sont toujours déterminés par certaines perspectives et points de vue fondamentaux ; pour Weber, toute connaissance de la culture et de la société est conditionnée par des idées de valeur. Comme le philosophe néo-kantien Heinrich Rickert (1863-1936), Weber soutient que, dans la recherche historique, les sciences de la culture donnent de manière caractéristique sa forme et sa position au sujet en relation avec les « valeurs culturelles ». Mais il se sépare de lui sur un point décisif : il ne partage pas son idée selon laquelle il y a des valeurs culturelles objectives. La conception de Weber est semblable à celle de Nietzsche : il y a diversité des valeurs subjectives, qui attirent l'intérêt du chercheur sur certains thèmes plutôt que sur d'autres. La seconde prémisse de la philosophie wébérienne des sciences est donc celle d'un *pluralisme général des valeurs*.

Weber soutient que le monde et la vie, au début, apparaissent comme une infinie diversité, un chaos virtuel d'évènements et d'actions. Si nous souhaitons décrire le monde « sans présuppositions » de valeurs, nous découvrons un nombre infini d'observations et d'opinions, un chaos de faits pertinents ou non. La position de Weber sur ce point a beaucoup en commun avec la critique poppérienne d'une collecte naïve des faits. Nous structurons ce chaos de manière telle que seule une portion de la réalité devient significative pour nous. Une question particulière comme la Révolution française veut dire quelque chose pour nous parce qu'elle représente des idées de valeur culturelle. C'est à la lumière de ces valeurs culturelles que nous distinguons l'essentiel de l'inessentiel, ou ce que *nous* voyons comme tel. C'est ce qui rend les phénomènes pertinents et leur donne une signification. Les idées de valeur sont ainsi des présuppositions quasi-transcendantales des sciences sociales et culturelles.

---

1. Max Weber, « L'objectivité de la connaissance dans les sciences et la politique sociales », *Essais sur la théorie de la science*, Presses Pocket, 1992, tr. Julien Freund, p. 130 (p. 155 de la deuxième édition des *Gesammelte Aufsätze zur Wissenschaftslehre*).

Weber se rend compte que les idées de valeur, qui produisent par leur effet les problèmes pertinents pour un chercheur et une communauté de recherche, peuvent changer au cours du temps. Les changements en sciences sociales peuvent par conséquent résulter de profonds changements dans la perception de soi et dans la conception des idées de valeur d'une époque donnée. Weber décrit ces changements en des termes qui nous font penser à la présentation par Thomas S. Kuhn des révolutions scientifiques (voir chapitre 26), mais il souligne particulièrement les changements culturels qui, situés *en dehors* des sciences sociales, influencent le choix des problèmes au sein de ces sciences. Un élément central à cet égard est le changement dans les idées de valeur d'une époque ou d'un chercheur :

> Mais il arrive qu'un jour l'atmosphère change. La signification des points de vue utilisés sans réflexion devient alors incertaine, le chemin se perd dans le crépuscule. La lumière des grands problèmes de la culture s'est déplacée plus loin. Alors la science se prépare, elle aussi, à modifier son paysage habituel et son appareil de concepts pour regarder du haut de la pensée le cours du devenir. Elle suit les astres qui seuls peuvent donner un sens et une direction à son travail.[1]

En accord avec Wilhelm Dilthey et la tradition intellectuelle allemande (voir chapitre 16), Weber soutient que les sciences sociales doivent employer une «méthode compréhensive» (*Verstehen*). Il n'est pas accidentel que son *magnum opus* sociologique, *Économie et société*, ait pour sous-titre : *Grundriss der verstehenden Soziologie* (*Fondements d'une sociologie compréhensive*). La sociologie ne devrait pas simplement se confiner à trouver des règles générales qui régissent l'action sociale, elle devrait aussi chercher à *comprendre* les intentions et motifs subjectifs de l'agent. À l'étape suivante, on peut voir ces motifs subjectifs comme causes de l'action sociale, et on peut les développer pour donner une explication sociologique causale. Cela correspond à la définition wébérienne de la sociologie : «Nous appelons sociologie (au sens où nous entendons ici ce terme utilisé avec beaucoup d'équivoques) une science qui se propose de comprendre par interprétation l'activité sociale et par là d'expliquer causalement son déroulement et ses effets»[2].

---

1. *Id.*, p. 200-201 (p. 214).
2. Max Weber, *Économie et société,* première partie, chapitre premier, § 1, p. 28.

Nous pouvons faire deux remarques sur cette définition : le point de départ est ce que l'on appelle souvent individualisme méthodologique. Ce qui veut dire que Weber est sceptique à l'égard des concepts collectifs en sociologie. Si on ne peut faire remonter à l'activité sociale des concepts comme l'esprit du temps et le caractère d'un peuple, ils ont « les yeux plus grands que le ventre ». Mais si la sociologie se limite à la compréhension que l'agent a de lui-même, « elle ne voit pas assez grand ». Il y a aussi une distinction, implicite dans la définition de Weber, entre *action* et *évènement*. La sociologie s'intéresse aux actions motivées ; la science de la nature s'intéresse aux évènements non motivés (par exemple les mouvements planétaires). Le caractère qu'a l'activité humaine d'être pourvue de sens n'a pas de correspondant dans la nature. Mais cela n'exclut pas la possibilité de faire des prévisions en sociologie. Une action a une propriété spécifique qui la rend plus aisément calculable qu'un processus naturel : elle a un motif compréhensible. Une action est par conséquent moins « irrationnelle » qu'un évènement.

Weber soutient ainsi que la compréhension (*Verstehen*) n'exclut pas l'explication (*Erklären*). Une méthode compréhensive (herméneutique) est complémentaire d'une méthode causale explicative. Une « empathie » intuitive avec les autres ne suffit pas. Il faut compléter ou contrôler une interprétation compréhensive des motifs et des intentions par une explication causale. Selon Weber, on peut dire que des énoncés statistiques qui décrivent le cours des actions humaines (comme la fréquence du suicide) sont suffisamment expliqués seulement lorsque le *sens* des actions a été clarifié. C'est pourquoi la science sociale doit progresser *via* les intentions et perspectives subjectives des agents.

Nous avons dit d'une part que les thèmes de recherche sont constitués par les idées de valeur et d'autre part que la science devrait être *axiologiquement neutre*. Il n'y a là pour Weber nulle contradiction. C'est au moyen des valeurs que se constitue un thème de recherche pertinent, mais ce que nous en disons en tant que scientifiques, nous devons le dire *sans* porter de jugement de valeur.

À cet égard, les « idéaux-types » jouent un rôle central, comme ils le font dans la philosophie des sciences de Weber. On peut les comprendre comme les concepts de base utilisés en science. Ils forment un « modèle » de la réalité. Pour Weber, qui est fondamentalement un nominaliste, des concepts idéal-typiques (comme « l'homme économique ») ne représentent pas des caractéristiques de la réalité. En accord avec Rickert et le néo-kantisme, Weber soutient qu'un idéal-type n'est qu'un instrument formel employé pour nous aider à mettre en ordre la diversité de la réalité. Il développe des aspects particuliers du sujet et n'a aucune importance normative. (Les idéaux-types n'ont rien à voir avec des «idéaux» en un sens normatif.) L'idéal-type «autorité charismatique», par exemple, décrit un type d'autorité qui ne se trouve jamais sous une forme pure dans quelque société que ce soit. La même remarque s'applique à des constructions idéal-typiques comme «la Renaissance», «l'éthique protestante», «l'esprit du capitalisme», «une action rationnelle en finalité», etc.

On peut comprendre la conception wébérienne des idéaux-types à la lumière des catégories kantiennes. De même que les catégories de Kant sont des conditions de possibilité de la connaissance de la réalité, les idéaux-types sociologiques de Weber sont des filets censés capturer certains éléments de la diversité infinie de la réalité. À la différence des catégories de Kant, les idéaux-types ne sont pas éternels ni immuables. Ils sont construits par le chercheur, mais ils doivent aussi être logiquement cohérents et «adéquats» par rapport à l'état des choses donné[1].

Types d'action et formes de légitimation

Weber fonde sa sociologie sur quatre types «purs» d'action (quatre idéaux-types) :

1. une action peut être orientée rationnellement par rapport à un but donné (*action rationnelle en finalité*) ;
2. une action peut être orientée rationnellement par rapport à une valeur dont on fait un absolu (*action rationnelle en valeur*) ;
3. une action peut être déterminée par l'état émotionnel de l'agent (*action affective ou émotionnelle*) ;
4. une action peut être déterminée par des traditions ou des habitudes profondément enracinées (*action traditionnelle*).

Les actions des deux premiers types sont *rationnelles*. Le mot «rationnel» indique certains critères qui permettent de distinguer

---

1. Weber est ici confronté à un sérieux problème épistémologique. Comme nous l'avons vu précédemment, la réalité empirique a pour lui un caractère presque amorphe (ici, il suit Nietzsche et dans une certaine mesure le néo-kantisme). Il est donc difficile de voir comment nous pouvons déterminer si les concepts idéal-typiques sont adéquats ou non par rapport à un état des choses empirique. Il semble pour Weber n'y avoir de médiation sous aucune forme entre le domaine nominaliste des idéaux-types (c'est-à-dire que Weber a une théorie nominaliste des concepts) et l'infinité dépourvue de sens du monde empirique. Weber ne se rend apparemment pas compte que la réalité sociale a «toujours déjà» reçu des agents sociaux une interprétation et un sens *avant que* le chercheur commence son travail.

les actions de ces deux types de celles des deux derniers. Une action du premier type est rationnelle parce qu'elle est orientée vers un but formulé consciemment et sans ambiguïtés et adopte, sur la base des connaissances disponibles, les moyens qui conduiront à la réalisation de ce but. La *rationalité en finalité* peut donc se caractériser comme une *rationalité des moyens vers la fin*. Le travail de Wernher von Braun pour développer une fusée qui puisse atteindre Londres et d'autres grandes villes pendant la deuxième guerre mondiale est un exemple d'action rationnelle en finalité. Une stratégie médicale réussie en est un autre.

Une action du deuxième type est rationnelle parce qu'elle est déterminée par les croyances éthiques ou religieuses de l'agent en la valeur absolue d'une forme d'action, indépendamment de son résultat. Le capitaine qui coule avec son navire en raison des impératifs de l'honneur ou du devoir agit selon la rationalité en valeur. Les actions qui se fondent sur une «éthique de l'obligation morale» seront dans la plupart des cas des actions rationnelles en valeur. Les exemples montrent que ce qui peut être «rationnel» pour un agent sera «irrationnel» pour un autre. Nous pouvons aussi noter que la «rationalité» est définie sur la base du but, de la connaissance et des valeurs de l'*agent*, non sur celle de ce que le chercheur en sciences sociales considère pertinent comme but, connaissance et valeurs.

Weber ne caractérise pas comme rationnel le troisième type d'action, qui résulte directement de l'état émotionnel de l'agent. On peut dire qu'une action névrotique ou une réaction incontrôlée à un stimulus inhabituel est une action émotionnelle. Une telle action est à la limite entre action pourvue de sens et comportement dépourvu de sens.

Le quatrième type d'action embrasse tout ce que nous faisons presque «inconsciemment» en vertu de coutumes et d'habitudes (ou de normes) dont nous ne sommes pas conscients. Il décrit des comportements qui vont souvent au-delà de ce que l'on considère comme une action pourvue de sens. Les actions traditionnelles se rapprochent des actions orientées par la valeur si l'on s'approprie consciemment le lien avec ce qui est «profondément enraciné». Quand nous sommes consciemment traditionalistes, nos actions sont rationnelles en valeur.

Pour Weber, la signification est étroitement liée à la rationalité. Les actions pourvues de sens sont liées à la rationalité en finalité et à la rationalité en valeur. Les actions traditionnelles et émotionnelles sont des cas limites. En tant que «sociologie compréhensive», le projet de Weber se fonde sur l'idée d'action rationnelle.

Ces quatre types d'action rendent possible de définir de près ce que *rationalisation* et *modernisation* signifient dans le développement de la culture européenne. Pour Weber, le processus de rationalisation occidental peut se décrire comme un développement dans lequel un nombre croissant de champs d'action sont envahis d'actions rationnelles en finalité. Les actions accomplies dans des domaines comme l'économie, l'administration et la justice sont proches de l'idéal-type de l'« action rationnelle en finalité ». Si nous considérons la rationalité en finalité comme une valeur culturelle fondamentale, nous pouvons par conséquent parler de « progrès » dans chacun de ces domaines, c'est-à-dire de rationalisation et de modernisation dans le sens d'une *rationalité en finalité* croissante. Si d'un autre côté nous considérons « l'éthique religieuse de la fraternité » comme une valeur culturelle fondamentale, nous devons, peut-être à contrecœur, nous rendre compte que au fur et à mesure que le monde se sécularise, cette éthique de la fraternité se désintègre graduellement dans un nombre croissant de domaines d'action. Tels sont les types de problèmes centraux dans le diagnostic wébérien de la modernité.

La théorie wébérienne de l'action éclaire aussi un phénomène comme la *bureaucratisation* : la vie sociale moderne porte en elle une bureaucratisation croissante, liée au fait que les affaires et la société en général requièrent une amélioration croissante de la planification et de l'organisation. La science devient une part de l'administration, et elle pénètre ainsi l'ensemble de la société. Ce processus augmente la rationalité en finalité des actions, parce que nous avons alors une sécurité plus grande et moins de pertes dues à des facteurs accidentels imprévus. Nous avons par conséquent en même temps bureaucratisation, scientifisation et accroissement de la rationalisation.

Pour Weber, ce développement représente à la fois une aliénation *et* un accroissement de la rationalité en finalité. Il ne croit pas à un changement qualitatif dans ce domaine. La bureaucratisation croît avec la démocratisation. Nous voyons ici une différence nette entre Weber et Marx : Weber ne peut imaginer un changement décisif de la structure de la société. Et le socialisme ne lui paraît pas une amélioration qualitative : il soutient que l'abolition de l'économie de marché renforcerait en fait la bureaucratisation.

Weber développe trois idéaux-types pour la légitimation de l'autorité de l'État : l'autorité *traditionnelle*, l'autorité *charismatique* et l'autorité *légale*. La légitimation de l'État a changé avec la bureaucratisation – ou vice-versa, les changements dans les formes de la légitimation ont conduit à la bureaucratisation : dans les sociétés traditionnelles relativement statiques, l'autorité de l'État n'est jamais vraiment mise en question. Elle repose sur la tradition. Mais avec l'affaiblissement de la tradition (avec la scientifisation, la rationalisation), ce type d'autorité devient aussi plus faible. Un autre type de légitimation est ce que Weber appelle le charisme : l'autorité charismatique est légitimée en vertu des liens émotionnels des sujets à la personne du dirigeant (voir l'action passionnée). On obéit aux chefs charismatiques en raison de leurs qualités personnelles, non en raison de la loi ou de la tradition : « Vous avez appris qu'il a été dit aux anciens [...] Et moi je vous dis... » (Matthieu 5 : 21-22). Dans la société moderne, d'autre part, c'est la rationalisation bureaucratique qui légitime l'autorité d'État : ce qui arrive est rationnel et en accord avec la loi et la justice. Les actions de l'État sont rationnelles et transparentes. Un verdict, par exemple, n'est pas rendu sur la base de caprices, mais sur celle de lois fixes et universelles. Weber parle ainsi *d'autorité légale*.

La question de la légitimation du pouvoir d'État est importante aussi parce que Weber considère l'État comme l'institution qui peut légitimement employer la violence. En d'autres termes, sa conception de l'État dit quelque chose des moyens dont dispose *de facto* l'État moderne, non des tâches ou des fonctions qu'il doit assumer ou non.

Les quatre types d'action et les trois formes de légitimation sont les idéaux-types *généralisés* de Weber. Ils peuvent en principe s'employer dans l'analyse de toutes les formes sociales, indépendamment de l'époque ou du lieu. On peut donc dire que les idéaux-types généralisés forment un pont entre sciences nomothétiques et idiographiques, c'est-à-dire entre celles qui travaillent avec des lois universelles et celles qui décrivent des cas particuliers. D'autres idéaux-types peuvent s'adapter à des phénomènes historiques spécifiques, par exemple « l'éthique protestante », « la Renaissance », etc. Pour simplifier, nous pouvons faire la distinction entre les idéaux-types sociologiques, qui généralisent, et les idéaux-types historiques, qui individualisent (voir ci-dessous).

Protestantisme et capitalisme

Rationalité et rationalisation sont les fils qui parcourent toute la recherche socio-historique de Weber. Dans son vaste travail empirique, il essaie d'expliquer le développement de la rationalité spécifique à l'Occident. La question centrale est formulée comme suit : « Tous ceux qui, élevés dans la civilisation européenne d'aujourd'hui, étudient les problèmes de l'histoire universelle, sont tôt ou tard amenés à se poser, et avec raison, la question suivante : à quel enchaînement de circonstances doit-on imputer l'apparition, dans la civilisation occidentale et uniquement dans celle-ci, de phénomènes culturels qui – du moins nous aimons à le penser – ont revêtu une signification et une valeur *universelle*? »[1].

Weber cherche ainsi les traits sociaux et culturels caractéristiques de l'Occident en tant qu'ils se distinguent de ceux des autres civilisations. D'après lui, ce n'est qu'en Occident que s'est développée la *science*, cette science qui est aujourd'hui considérée comme ayant une valeur pour tous. Des connaissances empiriques, une sagesse philosophique et théologique se trouvent aussi dans d'autres cultures, comme celles de l'Inde, de la Chine, de la Perse et de l'Égypte. Mais dans ces cultures, la connaissance acquise manque de fondements mathématiques et de preuves rationnelles ; elle ne s'appuie pas non plus sur des expériences scientifiques.

Nous voyons quelque chose de similaire en art : une certaine musicalité est présente chez tous les peuples, mais seul l'Occident a développé une musique rationnellement harmonique (contrepoint et harmonie), des orchestres et un système de notation musicale. Une rationalisation s'est produite au sein des beaux-arts pendant la Renaissance avec l'introduction de la perspective. Et ce n'est qu'en Occident que «l'État» a été reconnu comme une institution politique, fondée sur des lois et une constitution rationnelles et formelles. Des experts spécialisés scientifiquement et des technocrates de haut niveau ne se trouvent selon Weber que dans la culture occidentale[2].

La même chose vaut pour ce que Weber appelle «la puissance la plus décisive de notre vie moderne»[3] : *le capitalisme*. La recherche d'un profit économique est connue de toutes les époques et de toutes les nations du monde. Mais ce n'est qu'en Occident qu'a émergé une organisation capitaliste rationnelle fondée sur une force de travail (formellement) libre. Le capitalisme occidental moderne est dépendant du fait que tous les facteurs économiques peuvent se calculer, fait lui-même rendu possible en dernière instance par la science rationnelle. Le capitalisme moderne requiert aussi un système juridique et une bureaucratie gouvernementale, qui créent un domaine d'action prévisible. Seul l'Occident a pu les offrir aux affaires.

Pourquoi de tels processus de rationalisation ne se sont-ils pas développés en dehors de l'Occident ? Et pourquoi le capitalisme moderne s'est-il d'abord développé en Europe ?

---

1. Max Weber, *L'éthique protestante et l'esprit du capitalisme*, p. 7, «Avant-propos». Cet avant-propos est de bien des façons la clé de la sociologie wébérienne.

2. Voir M. Weber, *Confucianisme et taoïsme*, Gallimard, 2000, tr. Catherine Colliot-Thélène et Jean-Pierre Grossein, et *Hindouisme et bouddhisme*, Flammarion, collection Champs, 2003, tr. Isabelle Kalinowski et Roland Lardinois.

3. Max Weber, *L'Éthique protestante et l'esprit du capitalisme*, p. 11.

Selon Weber, « le bourgeois » personnifie un type spécifique d'action, l'action rationnelle en finalité. La question décisive est alors : pourquoi ce type d'action est-il particulièrement prédominant en Occident ?

Nous avons vu que Weber indique plusieurs conditions externes qui ont permis le triomphe du capitalisme en Occident (science, droit, etc.). Mais il s'intéresse aussi à ce que nous pourrions appeler des causes internes : des causes liées à l'inclination des hommes pour certains « *modes de vie* pratico-rationnels ». Weber, en cela peu diffé-rent de Freud, souligne que quand ces modes de vie sont entravés par des inhibitions de nature religieuse ou idéologique, le dévelop-pement d'une vie des affaires capitaliste rationnelle rencontrera lui aussi une grande opposition interne[1]. C'est un problème bien connu du processus d'industrialisation, dans tous les pays. Dans *L'Éthique protestante et l'esprit du capitalisme* (1904), Weber essaie d'identifier les facteurs spécifiques, pendant et après la Réforme, qui détruisirent ces inhibitions et rendirent possible la naissance de la société moderne.

Selon Weber, la Réforme conduisit à un changement radical dans les conceptions éthiques traditionnelles du devoir et ouvrit la voie à une éthique qui légitimait un nouveau mode de vie rationnel. Dès lors, l'éthique protestante justifia une éthique du travail inconnue jusque-là et une nouvelle attitude rationnelle envers la vie. Cette éthique du travail fut même vue comme prescrite par la religion. En effet, le travail productif acquit pour les protestants une signification religieuse ; il devint une « vocation ». Le succès dans les affaires fut interprété comme signe d'appartenance aux « élus ». Par conséquent, le profit ne pouvait en lui-même être immoral. Et l'attitude négative envers la « chair » et le plaisir des « sens » limita la consommation et facilita l'accumulation du capital. Le protestantisme créa ainsi ce que Weber appelle un « ascétisme séculier », qui restructura la personnalité. Apparut alors une rationalisation *intérieure* de la personnalité, tournée vers le travail et vers un contrôle de soi méthodique ; à l'étape suivante, elle servit à une rationalisation *extérieure* de la vie économique.

Weber ne prétend pas que Luther et Calvin avaient l'intention d'éta-blir les conditions intellectuelles de la naissance du capitalisme, ni que l'éthique du capitalisme s'est développée dans ce but. Il soutient que la naissance du capitalisme en Occident fut un effet involontaire des attitudes éthico-religieuses développées dans les sectes protestantes. Le mode de vie bourgeois et l'esprit capitaliste surgirent des coulisses.

La théorie de Weber a été intensément discutée au vingtième siècle, et elle est souvent vue comme offrant une conception exclusive de

---

1. *Id.*, p. 53 sq.

celle du marxisme de la relation entre l'infrastructure (l'économie) et la superstructure (l'idéologie et la religion). À cet égard, il importe d'être conscient de ce que Weber *ne* dit *pas*. Il ne prétend pas que l'éthique protestante était une condition nécessaire et suffisante de la naissance du capitalisme. Il rejette les modèles monocausaux d'explication (les explications basées sur une seule cause). Il souligne qu'il y eut plusieurs causes à la naissance du capitalisme en Occident. L'éthique protestante était donc une condition nécessaire de la naissance du capitalisme, non une condition suffisante.

Le diagnostic de Weber sur la maladie de son époque : « le pessimisme héroïque »

Comme Nietzsche, Weber rompt à bien des égards avec la croyance des Lumières dans le progrès. La vision qu'il a de son temps et de l'avenir est influencée par le diagnostic de nihilisme porté par Nietzsche. La rationalisation de la vie des affaires a créé une croissance économique stupéfiante, mais aussi ce que Weber appelle la «cage d'acier» du capitalisme, ainsi que la force mécanique qui détermine nos vies «avec une force irrésistible»[1]. La constitution de la science moderne a produit une nouvelle connaissance des processus naturels, mais cette connaissance a aussi apporté avec elle un irrémédiable «désenchantement du monde» (*Entzauberung der Welt*). Tandis que la science a vidé le monde de son contenu métaphysique religieux, notre besoin *existentiel* de sens s'est accru. La science, souligne Weber, ne peut satisfaire ce besoin.

> C'est le destin d'une époque de culture qui a goûté à l'arbre de la connaissance de savoir que nous ne pouvons pas lire le *sens* du devenir mondial dans le résultat, si parfait soit-il, de l'exploration que nous en faisons, mais que nous devons être capables de le créer nous-mêmes, que les «conceptions du monde» ne peuvent jamais être le produit d'un progrès du savoir empirique[2].

La rationalisation scientifique a conduit à ce que Weber appelle la perte du sens, et à notre besoin intérieur qui en est la conséquence. Dans le diagnostic qu'il porte sur la maladie de son époque, il se

---

1. *Id.*, p. 224.
2. Max Weber, «L'objectivité de la connaissance dans les sciences et la politique sociales», *op. cit.*, p. 128 (p. 154).

trouve ainsi confronté au problème de « l'absence de sens » de la modernité. Faute d'une éthique convaincante règne la lutte de tous contre tous, dont l'issue ne peut se décider par des arguments et des critères rationnels. Comme beaucoup de philosophes existentialistes, Weber soutient que dans cette lutte nous devons faire un *choix* qui ne peut être rationnellement fondé. C'est ce qu'on appelle son « décisionnisme », ou encore « la guerre des dieux » : la lutte entre des valeurs de base que l'on ne peut réconcilier rationnellement.

Selon les propres présupposés de Weber, un décisionnisme irrationnel dans les questions éthico-politiques n'est pas très satisfaisant. Nous l'avons vu, Weber montre que certaines valeurs fondamentales sont inhérentes à l'activité scientifique en général. *Vérité* et *validité* sont fondamentales pour toute recherche. Mais quelque chose de semblable ne se produira-t-il pas dans un débat sur les questions éthico-politiques ? Quand nous soutenons certaines valeurs contre d'autres valeurs, ne présupposons-nous pas que ce que nous disons est *juste* et *valide* ? Nous verrons plus loin que ce sont les objections que les philosophes allemands K.-O. Apel et J. Habermas ont soulevé contre le « décisionnisme » et le « relativisme / subjectivisme éthique ».

Nous avons montré que Weber considère la croissance de la rationalité et de la bureaucratie comme une menace contre notre liberté. La seule autre solution politique qu'il trouve à ce développement est une « démocratie [qui] admet à sa tête un vrai chef » charismatique (*Führer Demokratie*), c'est-à-dire un gouvernement assuré par un chef charismatique qui puisse donner à la société une *nouvelle direction*. Après la première guerre mondiale, le pessimisme envahit sa vision de l'avenir. Ce n'est qu'en ayant une attitude héroïque envers la vie que l'homme moderne, selon Weber, peut apprendre « à se mesurer avec le monde tel qu'il est et tel qu'il se présente ordinairement »[1]. Pour Weber, le moindre optimisme est une illusion : « Peu importe quels seront les groupes politiques qui triompheront : ce n'est pas la floraison de l'été qui nous attend, mais tout d'abord une nuit polaire, glaciale, sombre et rude. En effet, là où il n'y a rien, ce n'est pas seulement l'empereur qui a perdu ses droits, mais aussi le prolétaire »[2]. Weber présente une certaine ressemblance dans son tempérament moral avec son contemporain Sigmund Freud : au centre de leur sombre vision morale, il y a, plutôt qu'une nouvelle société, un nouvel individu, qui ne nourrit pas de nostalgie pour un Âge d'Or perdu ni ne se prépare à un royaume millénaire futur, mais qui a acquis douloureusement

---

1. Max Weber, *Le savant et le politique*, tr. J. Freund, 10-18, 2002, p. 221.
2. *Id.*, p. 220.

une vision du monde scrupuleuse et est capable d'affronter la vie avec stoïcisme.

TALCOTT PARSONS – ACTION ET FONCTION

L'Américain Talcott Parsons (1902-1979) est le dernier grand sociologue de la tradition classique. À la fin des années 1930, il essaie de développer une théorie générale qui décrive la variation des conditions sociales. À bien des égards, sa pensée compliquée aux multiples facettes est une synthèse grandiose de la sociologie classique, de Freud et de la théorie moderne des systèmes. Dans ses derniers travaux, il essaie de réhabiliter une théorie des caractéristiques universelles de l'évolution sociale. Les concepts de rationalisation et de différenciation y jouent un rôle central.

Dès son important livre *The Structure of Social Action* (1937), Parsons soutient que les penseurs sociologiques classiques, comme Durkheim, Weber et Vilfredo Pareto *convergent* vers une position théorique commune. Il essaie de formuler leur but commun en fonction de la théorie de l'action : l'action présuppose entre autres que les agents doivent s'orienter eux-mêmes selon leurs moyens et leurs fins, mais elle n'a de direction qu'en vertu de normes et de valeurs supra individuelles. À strictement parler, c'est cette communauté de valeurs qui rend possibles l'interaction et la société. Le domaine culturel devient ainsi très important dans la sociologie de Parsons.

On peut dire que la théorie de l'action de Parsons constitue une critique de l'utilitarisme. Par opposition à ce dernier, qui ne conçoit aucune limitation normative aux fins que les divers individus conçoivent ou aux moyens qu'ils emploient pour les atteindre, Parsons soutient que les valeurs et normes communes imposent des limites aux actions des individus et les coordonnent. Cette première théorie de l'action est ultérieurement incorporée dans un cadre structuro-fonctionnaliste. La théorie de l'action de Parsons implique que nous choisissons toujours entre des solutions mutuellement exclusives. Ces choix sont présentés comme une suite d'alternatives. Une variable structurelle, ou variable de configuration, est ainsi une dichotomie dans laquelle l'agent doit choisir l'un des termes, ce qui déterminera la signification d'une situation. Parsons introduit cinq de ces dichotomies.

Affectivité – Neutralité affective

Par exemple, dans leur rôle professionnel, les professeurs doivent choisir la configuration normative qui prescrit la neutralité affective. Ils ne doivent pas trop s'impliquer émotionnellement avec leurs étudiants. La même chose s'applique à divers rôles professionnels tels que juge, psychologue, etc. D'un autre côté, le rôle d'une mère ou d'un père nécessite une implication affective. Une question intéressante est celle de savoir si la modernisation – la rationalisation et la différenciation – crée une configuration normative dans laquelle un nombre croissant de relations sont marquées par la neutralité affective (voir la distinction que fait Tönnies entre *Gemeinschaft* et *Gesellschaft*). Tandis que le travail et la vie professionnelle de la plupart des gens sont, ou devraient être, caractérisés par la neutralité affective (voir le débat à propos du harcèlement sexuel sur le lieu de travail), le domaine privé devient le lieu des actions émotionnelles (larmes, caresses, etc.). La famille a normalement cette fonction de *catharsis*. Nous avons toutefois de nos jours un assèchement affectif de la famille. C'est peut-être la raison pour laquelle la modernité se caractérise par des institutions dont la spécialité est de fournir des exutoires aux émotions refoulées.

Universalisme – Particularisme

Faudrait-il juger les phénomènes de l'action pratique sur la base de règles plutôt universelles (comme l'impératif catégorique kantien), ou sur celle de règles plutôt particulières ? Par exemple, pour la recherche d'un emploi, nous mettons dans la société moderne l'accent sur la compétence professionnelle et sur les résultats aux examens, non sur les relations familiales, le genre, l'origine ethnique, etc. Selon Parsons, c'est faire les évaluations sur la base de règles générales. Ici encore la question est de savoir si la modernisation implique qu'un nombre croissant de phénomènes soient évalués sur la base de règles universelles, et non de règles particulières (voir « l'égalité devant la loi »).

Orientation vers soi – Orientation vers la collectivité

Le choix est ici entre se soucier de soi et se soucier des autres. Les configurations normatives autorisent-elles les agents à faire usage de la situation à leur propre avantage, ou devraient-ils penser en premier lieu à la collectivité ? Les spéculateurs sur le marché des changes, par exemple, devraient en vertu de leur rôle agir dans leur propre intérêt ou dans celui de leur compagnie, alors qu'un docteur ou un psychologue devraient principalement s'attacher aux intérêts de leurs patients. En accord avec la sociologie de Durkheim, nous pourrions peut-être dire que l'orientation vers soi est avant tout possible dans une société moderne sur la base de la solidarité organique. L'orientation vers la collectivité, ou altruisme, devient, dans cette perspective, caractéristique d'une société basée sur la solidarité mécanique. La question est à nouveau de savoir si la modernisation entraîne une configuration normative qui donne la priorité à l'orientation vers soi sur l'orientation vers la collectivité.

Prescription – Accomplissement[1]

Ce couple conceptuel se fonde sur une distinction entre des qualités prédéterminées et des qualités acquises au cours de la vie comme bases de la détermination du statut social. Devrions-nous par exemple donner la priorité à des qualités comme le genre, l'âge et l'appartenance à un groupe, ou à ce qui a été accompli ? Nous pensons souvent que le processus de modernisation signifie (ou « devrait » signifier) que les qualités acquises sont déterminantes (« Nous devrions être ouverts au talent »). Certaines professions ne sont plus par exemple réservées exclusivement à la noblesse ou à une classe particulière (« la caste des guerriers », « la caste des marchands », etc.).

Spécificité – Diffusion

Cette dichotomie fait la distinction entre deux types de relation à un phénomène : des relations spécifiques (étroites) et des relations diffuses (aux multiples facettes). La configuration normative prescrit ici ou bien de limiter la relation à un aspect spécifique (voir le travail social des bureaucrates) ou bien de l'étendre pour en embrasser plus d'aspects. Le processus moderne de différenciation semble impliquer des relations de plus en plus spécifiques. Mais une autre tendance s'exprime dans l'exigence pour les bureaucrates de prendre plus en compte les « facteurs humains », ou pour les enseignants d'être des travailleurs sociaux et des psychologues. Bien sûr, dans la société

---

1. Les termes de cette dichotomie s'expriment aussi sous la forme : qualité – performance.

moderne, la multiplicité des facettes est caractéristique du domaine de la *Gemeinschaft* : voir par exemple la relation entre parents et enfants.

Ces couples conceptuels représentent la tentative de Parsons de combiner certains des concepts de base de la sociologie classique : les concepts de *Gemeinschaft* et de *Gesellschaft* de Tönnies, les *types d'action* de Weber et la distinction entre *solidarité mécanique* et *organique* de Durkheim. Ces concepts de base nous disent que certains rôles sociaux « prédisposent » au choix de l'un des pôles d'une dichotomie. Certains rôles professionnels exigent le choix de l'orientation vers soi, d'autres le choix de l'orientation vers la collectivité. Par exemple, un père, par rapport à ses enfants, doit choisir l'affectivité, la diffusion, le particularisme, la prescription et l'orientation vers la collectivité ; mais s'il est leur professeur, il doit choisir l'autre terme dans chacune de ces dichotomies.

À l'aide de ces couples conceptuels, nous pouvons aussi décrire les priorités de la structure des normes ou des valeurs d'une société. Parsons esquisse ainsi plusieurs structures sociales : par exemple, la configuration universaliste tournée vers l'accomplissement caractérise les sociétés industrielles modernes. Nous trouvons d'autres configurations dans les sociétés prémodernes. Les couples conceptuels forment ainsi une part de la théorie de la rationalisation et de la différenciation.

De diverses façons, Parsons essaie de montrer que les systèmes sociaux rencontrent des problèmes appelés systémiques. Les concepts de base sont ici liés à la biologie. Dans un système social, il y a des mécanismes qui garantissent que le système reste en équilibre quand des changements se produisent dans l'environnement. Nous trouvons là le modèle d'explication *fonctionnaliste*. Certains mécanismes fonctionnent pour créer l'équilibre dans un système social : la différenciation des rôles par exemple doit se comprendre comme une tentative pour résoudre les « problèmes systémiques » au niveau microsociologique. Au niveau macrosociologique, il y a une différenciation fonctionnelle analogue (la culture, la politique et l'économie considérées comme sous-systèmes). La société est ainsi équipée de sous-systèmes pour traiter des problèmes d'adaptation par rapport à la nature, des problèmes sociaux et normatifs d'intégration, etc. Si elle se concentre exclusivement sur des questions instrumentales, la valeur communautaire en souffrira. La culture est ici importante pour Parsons, sous la forme des écoles, des universités, des livres, des institutions culturelles, etc.

Dans ses travaux les plus récents, Parsons essaie de redonner vie à la théorie des caractéristiques universelles de l'évolution sociale (« universels évolutionnaires »), qu'il retrouve par exemple dans diverses formes de stratification sociale, de langage écrit, de loi, de science, de monnaie, de bureaucratie et de démocratie. Le développement dans une société de ces institutions (par exemple, de la science et de la démocratie) influence de manière déterminante cette société et son avenir. Selon Parsons, c'est la différenciation fonctionnelle croissante – au fur et à mesure qu'une société développe de nouvelles institutions spécialisées – qui provoque ces caractéristiques universelles du développement. Dans cette perspective, il propose une théorie du développement dans laquelle les sociétés occidentales modernes sont vues comme le produit final de ce processus historique. L'effondrement de l'Union Soviétique a renforcé cette théorie : tout le développement sociétal semble aller en direction de la société occidentale moderne et de ses institutions universelles – tout le reste est une impasse. L'histoire a ici atteint sa conclusion (pour l'instant). Quoique Parsons rejette l'idée d'une explication téléologique du développement historique, il peut en un sens être vu comme un hégélien « sociologisé » et « modernisé ». Comme Hegel et les philosophes des Lumières, il pense avoir trouvé les mécanismes qui créent une société moderne.

QUESTIONS

Discutez de la conception wébérienne de la relation entre le protestantisme et la naissance du capitalisme.

Discutez de la façon dont la sociologie classique considère « le malaise de la modernité ». En quel sens peut-on dire que ce diagnostic est approprié ?

En quel sens la sociologie classique est-elle « positiviste » ? Comment distinguer ce positivisme de celui des positivistes logiques ?

SUGGESTIONS DE LECTURE

SOURCES

Comte, Auguste, *Discours sur l'esprit positif*, Vrin, 2002.
Durkheim, E., *Le suicide*, PUF, Quadrige, 2004.
Durkheim, E., *De la division du travail social*, PUF, Quadrige, 2007.
Durkheim, E., *Les formes élémentaires de la vie religieuse*, PUF, Quadrige, 2008.

Parsons, T., *Social Systems and the Evolution of Action Theory*, Free Press, 1977.

Simmel, Georg, *Philosophie de l'argent*, PUF, Quadrige, 2007, tr. Sabine Cornille et Philippe Ivernel.

Tocqueville, Alexis de, *De la démocratie en Amérique*, Gallimard, Folio, 1986 (2 tomes).

Weber, Max, *L'éthique protestante et l'esprit du capitalisme*, Pocket, 1989, tr. Jacques Chavy.

Weber, Max, *Économie et société* (tome 1), Pocket, 2003, tr. sous la direction de Jacques Chavy et Éric de Dampierre.

COMMENTAIRES

Aron, R., *Les étapes de la pensée sociologique*, Gallimard, Tel, 1976.

Giddens, A., *Capitalism and Modern Social Theory – an Analysis of the Writings of Marx, Durkheim and Max Weber*, Cambridge University Press, 1973.

Habermas, J., *Théorie de l'agir communicationnel* (deux volumes), Fayard, 1987, tr. Jean-Louis Schlegel.

CHAPITRE 25

Nouvelles avancées
dans les sciences de la nature

Einstein et la physique moderne

La communauté de la recherche a récemment connu une croissance explosive, aussi bien en ce qui concerne le nombre des chercheurs actifs que celui des thèmes d'étude et de la façon de les aborder. Cette expansion a eu lieu dans toutes les branches, mais tout particulièrement dans les sciences de la nature et dans leurs retombées sur le développement technique. Les industries civile et militaire sont toutes deux étroitement associées à nombre de ces activités. Nous pouvons attirer l'attention sur trois révolutions technoscientifiques de notre temps : celle de la physique, de l'informatique et de la biologie. Nous jetterons un coup d'œil sur les progrès de la physique moderne, en y soulignant la relation entre développement scientifique et technique. Mais nos remarques finales sur le besoin de discussion publique et interdisciplinaire s'appliqueront aussi aux problèmes des techniques de l'information et à ceux de la biologie.

De « *voir la nature comme technique* » à « *voir la nature avec la technique* »

La physique galiléo-newtonienne a inspiré la conception mécaniste du monde avec les concepts de base de particules matérielles et de causes mécaniques. La science de la Renaissance postule que « le livre de la nature » est écrit en langage mathématique : la géométrie permet d'accéder à la structure interne de la nature, au-delà de la connaissance des phénomènes naturels immédiatement accessibles par la perception. Les lois de la physique et de l'astronomie sont ainsi formulées en termes mathématiques. La géométrie devient partie intégrante de l'architecture et de l'art comme de la technique. Et il y a un lien étroit entre géométrie et technique : si elle est compréhensible dans le langage de la géométrie, la nature peut en même temps être manipulée par la technique, puisque dans la nouvelle perspective, elle n'est pas vue comme faite seulement de mouvements mécaniques de particules matérielles, mais aussi d'objets matériels formés selon un projet géométrique – en termes de lignes droites et d'angles, de surfaces planes, de cercles et de sphères, de poulies et de pendules, avec des mouvements linéaires et circulaires. Elle est ainsi conçue comme une machine gigantesque. Hobbes, partisan de la conception du monde matérialiste mécaniste, compare la société à une horloge, et Harvey voit le cœur comme une pompe. En conséquence, l'épistémologie fait la distinction entre le sujet percevant et l'objet perçu, l'homme en tant que sujet percevant cherchant à percevoir la nature comme système technique.

La transition de la physique galiléo-newtonienne classique à la physique moderne entraîne divers changements. Il y a une redéfinition des concepts de bases, comme les notions de masse et d'énergie, d'espace et de temps, et de causalité. Einstein et la théorie de la relativité y occupent une place centrale. En même temps, la conception de la nature et celle de l'épistémologie sont redéfinies – en bref, de même que la nature était précédemment considérée comme technique, la technique devient maintenant nécessaire à l'étude de la nature. L'expérimentation et la mesure exacte des phénomènes expérimentaux tombent peu à peu sous l'entière dépendance d'une technologie de pointe envahissante[1]. Nous en sommes arrivés à « voir » au moyen de la technique, qui s'est ainsi transformée en extension du sujet connaissant. Le modèle épistémologique traditionnel du sujet et de l'objet

---

1. Par exemple, l'accélérateur de particules du CERN (Centre Européen de Recherches Nucléaires).

est par là même devenu problématique. Nous discutons maintenant de la causalité et de l'incertitude, et du statut ontologique des particules élémentaires : jusqu'à quel point l'observation est-elle devenue dépendante des concepts et des techniques au moyen desquels nous observons ?

Avec la transition de la physique classique à la physique moderne, nous rencontrons ainsi une transformation épistémologique. Pour l'énoncer grossièrement, alors que nous pensions auparavant que le chercheur connaissait les processus naturels tels qu'ils existaient (avec leurs propriétés mathématiques) et que par conséquent la nature pouvait se comprendre selon les principes que nous trouvons en ingénierie – avec des poulies, des boules qui tombent, etc. –, nous découvrons maintenant que les évènements naturels se sont transformés en produits de notre équipement expérimental et observationnel, déterminés par la technologie de notre temps et par l'art de l'ingénierie. Nous employons des modèles mathématiques pour exprimer ce que nos conditions d'observation nous autorisent à saisir, mais il n'est pas nécessaire que ce que nous observons existe indépendamment des concepts et des appareils que nous utilisons pour mesurer et observer. Les présupposés épistémologiques « réalistes » sont ainsi mis en question.

L'effet inévitable des facteurs « subjectifs » sur les « objets » s'étend même à notre définition des concepts. En géométrie euclidienne, par exemple, deux points peuvent être joints par une ligne droite et une seule ; mais quand on définit le concept de ligne droite de façon opérationnelle, à l'aide de la mesure par la lumière, il dépend par définition de la lumière telle qu'elle figure dans notre ensemble d'opérations. Puisque la lumière « se courbe », nous avons plus d'une « ligne droite » entre deux points. Ceci veut dire qu'en tant que chercheurs, avec notre équipement et nos définitions opérationnelles, nous modifions la forme de ce que nous étudions.

Un coup d'œil sur la physique

La recherche sur l'atome a joué un rôle crucial pour la physique moderne. En 1911, Ernest Rutherford (1871-1937) prouva que l'atome se compose d'un noyau autour duquel tournent des électrons. L'un de ses étudiants, le physicien danois Niels Bohr (1885-1963), développa plus avant ce modèle. Les différents électrons suivent des trajectoires particulières, des orbites, et s'ils sautent d'une orbite extérieure à une intérieure, plus proche du noyau, l'atome émet de l'énergie, alors qu'il en absorbe pour une transition dans l'autre sens. Nous observons ainsi des mouvements de quanta discrets d'énergie de radiation. Par une recherche théorique et expérimentale ultérieure, il fut découvert que les électrons ont simultanément le caractère d'ondes et de particules. Certains physiciens attribuèrent ce paradoxe à l'effet de nos concepts et de nos méthodes sur l'objet de la recherche. Les électrons apparaissent comme des ondes dans certaines conditions de recherche, et comme des particules dans d'autres. Bohr conclut donc que les deux propriétés « être une particule » et « être une onde » sont complémentaires.

Werner Heisenberg (1901-1976), qui travaillait à l'institut de Bohr dans les années 1920, mit l'accent sur un point épistémologique similaire : au niveau microscopique, il y aura toujours un effet des conditions de recherche sur l'objet de recherche, de sorte que nous ne pouvons mesurer à la fois avec précision la vitesse et la position spatiale d'une particule (son énergie et sa position temporelle). Quand nous sommes capables de mesurer exactement où est une particule, nous ne pouvons en même temps déterminer sa vitesse ; et quand nous mesurons exactement sa vitesse, nous ne pouvons en même temps déterminer où elle est. Ce principe, dit d'incertitude, conjointement aux sauts quantiques discontinus, a conduit à une conception statistique de la causalité, que l'on appelle parfois indéterminisme : on ne recherche pas la cause de chaque évènement particulier, mais seulement d'un certain nombre d'entre eux, sur une base statistique.

De même que la physique classique avait conduit à une large discussion philosophique, des empiristes et des rationalistes jusqu'à Kant, la physique moderne a aussi donné naissance à des controverses philosophiques : sur des questions ontologiques (sur les particules élémentaires, la matière et l'énergie, l'espace et le temps), et sur des questions épistémologiques et méthodologiques (comment peut-on avoir connaissance de tout cela ?). Le positivisme logique, qui fut l'école dominante de philosophie des sciences entre les deux guerres mondiales, a été profondément influencé par la physique moderne. En outre, nombre des principaux physiciens, comme Heisenberg, Bohr et Einstein, s'intéressaient personnellement à la philosophie. La physique moderne a été développée par une vaste communauté de recherche dans de nombreux pays. Mais il peut être intéressant de se concentrer sur une personne, et Einstein est le choix qui s'impose.

Albert Einstein (1879-1955) naquit dans une famille juive en Allemagne. Après un séjour en Suisse, il devint en 1914 professeur et directeur de l'Institut de Physique Kaiser Wilhelm à Berlin, où il travailla jusqu'en 1932, quand il quitta l'Allemagne à cause de la montée du nazisme. Il s'installa aux États-Unis à l'Université de Princeton. En 1921, il reçut le prix Nobel de physique (mais pas pour sa théorie de la relativité). Il publia en 1905 sa théorie de la relativité restreinte, et en 1916 sa théorie de la relativité généralisée. C'était un pacifiste, et à ce titre il ne soutint pas l'Allemagne pendant la première guerre mondiale. Il fut un défenseur des libertés individuelles et d'une coopération pacifique internationale (la Ligue des Nations). Il vit le nazisme comme une menace d'une importance majeure qu'il fallait combattre, quitte à employer pour cela l'arme atomique : très tôt pendant la deuxième guerre mondiale, il prit conscience de la possibilité théorique de construire des armes nucléaires et lança un appel pour leur production au président Roosevelt (1882-1945). Lui-même ne prit pas part à ce travail. Après la guerre, il s'opposa à de nouveaux développements des armes atomiques, et il exhorta les autres physiciens à travailler au désarmement nucléaire. Au milieu des années 1950, il mit en place avec le philosophe britannique Bertrand Russell une organisation internationale, connue sous le nom de Pugwash, destinée à rassembler les scientifiques de l'Est et de l'Ouest afin de promouvoir des solutions pacifiques aux conflits internationaux. Il aida aussi à concevoir l'Université Hébraïque de Jérusalem, mais déclina l'invitation de s'installer en Israël, de même qu'il refusa en 1952 d'en accepter la présidence. Avec ses origines juives, il faisait preuve de religiosité, mais il ne croyait pas en un Dieu personnel. Pour lui, il fallait trouver la divinité dans les lois de la physique (un parallèle avec Spinoza ?).

Les théories de la relativité d'Einstein représentent une nouvelle interprétation des concepts d'espace et de temps. La théorie de la relativité restreinte traite du mouvement rectiligne uniforme et explique pourquoi des observateurs qui se déplacent de cette façon l'un par rapport à l'autre arrivent aux mêmes formulations invariantes des lois de la physique. La théorie de la relativité généralisée traite du mouvement accéléré et décrit la gravitation comme une propriété du continuum spatio-temporel quadridimensionnel.

Les résultats de nos mesures dépendent de nos appareils de mesure. Si nous mesurons avec un ruban de caoutchouc, le résultat dépendra de l'étirement que nous lui donnons. Mais même la longueur d'une barre de fer varie selon la température. Einstein travailla avec des concepts comme la « contraction des longueurs » et l'« expansion du temps » : la longueur d'une barre apparaît moindre quand elle est mesurée par une personne qui se déplace vers l'avant de la barre que quand elle est mesurée par une personne qui la suit (et qui reste donc immobile par rapport à elle). L'intervalle de temps entre deux évènements apparaît plus court quand les observateurs les voient au même endroit que lorsque, se déplaçant par rapport à eux, ils les voient se produire en deux endroits différents. En d'autres termes, lors du mouvement, la longueur devient moindre et le temps plus long ! On en a eu une confirmation expérimentale en montrant que des particules élémentaires instables ont une durée de vie plus longue quand elles sont en mouvement (à une vitesse proche de celle de la lumière) que quand elles n'y sont pas. Cela ne pourrait pas se remarquer à une vitesse moindre, mais s'observe quand la vitesse approche celle de la lumière. En outre, nous ne pouvons pas ajouter des vitesses de la même façon que dans la physique classique[1].

On ne peut dépasser la vitesse de la lumière. Un philosophe allemand du vingtième siècle (Hans Blumenberg) a vu dans ce principe une limitation fondamentale de la connaissance humaine : nous ne serons jamais capables de mettre à l'épreuve nos hypothèses sur l'uni-

---

1. D'après la physique classique, si un passager court vers l'avant à 10 km/h (v) dans un train qui roule à 90 km/h (u), il devrait se déplacer par rapport au sol à la vitesse de 100 km/h, c'est-à-dire (10 + 90), ou ($v + u$). Toutefois, dans la physique einsteinienne, sa vitesse par rapport au sol devient

$$\frac{v + u}{1 + \dfrac{v + u}{c^2}}, \text{ ou } \frac{10 + 90}{1 + \dfrac{10 + 90}{c^2}}$$

où c est la vitesse de la lumière (300 000 km/s). Cela contredit la physique classique, dans laquelle on dit que la vitesse est une grandeur physique extensive.

Même une force croissant sans limite ne pourra entraîner un corps à dépasser la vitesse de la lumière, qui est la vitesse maximale dans la nature ; c'est-à-dire que c'est une constante physique. Une masse augmente quand sa vitesse change selon la formule

$$m = m_0 \gamma$$

où m_0 est la masse au repos et où γ est égal à :

$$\frac{1}{\sqrt{1 - \dfrac{v^2}{c^2}}}$$

Quand la vitesse approche de c (la vitesse de la lumière), la masse tend donc vers l'infini. Cela veut dire que l'on ne peut jamais dépasser la vitesse de la lumière.

Quand v s'approche de c, $\dfrac{v^2}{c^2}$ s'approche de 1, et $1 - \dfrac{v^2}{c^2}$ s'approche de 0 ; le résultat est la racine carrée d'une fraction dont le dénominateur tend vers 0, et dont le numérateur est toujours 1. Gamma (γ), et donc la masse m, s'approchent de l'infini quand v s'approche de c.

vers parce que ses dimensions sont si vastes qu'il «nous» faudrait des milliards d'années pour obtenir un résultat, et ce ne serait alors plus un problème pour «nous». Par conséquent, nous serons toujours dans l'obscurité face aux questions concernant le cosmos dans sa totalité[1].

La physique moderne exige que les recherches théorique et expérimentale soient coordonnées. D'importants aspects de la recherche expérimentale requièrent de nos jours un équipement massif et une vaste organisation, comme ce que permet le CERN. Plusieurs milliers de scientifiques, d'ingénieurs, de techniciens et d'ouvriers ont participé à la construction et à la maintenance de son équipement. Ses bâtiments et ses services coûtent un prix astronomique. La technique, l'économie et l'administration deviennent ainsi des facteurs intégrés à la recherche. La coopération interdisciplinaire et la gestion politique de la recherche sont devenues nécessaires, mais elles ne sont pas toujours dépourvues de problèmes. Récapitulons : nous avions l'habitude, autrefois, de voir la nature *comme* technique, nous voyons maintenant la nature *avec* la technique. Cet emploi accru de la technique dans le processus de recherche demande des efforts organisationnels et économiques étendus. La physique moderne joue un rôle important dans la société contemporaine, qui est à un haut degré envahie de conceptions scientifiques, ainsi que de produits et de solutions scientifiques. Dans une large mesure, nous pensons en fonction de concepts scientifiques ; et en employant des innovations scientifiques et techniques, nous pouvons changer les conditions de vie sur Terre. Jamais auparavant nous n'avons eu autant de connaissances et de maîtrise qu'aujourd'hui. En même temps, nous vivons à l'ombre de menaces innombrables, de la guerre et des crises écologiques à

---

1. Einstein a montré l'équivalence de la masse et de l'énergie avec la formule :
$$E = mc^2$$
Il découle de cette formule que la lumière possède une masse et une vitesse. En raison de sa masse, la lumière est attirée par la masse des corps, et sa trajectoire est courbe. Si nous définissons une ligne droite comme la trajectoire d'un rayon lumineux, il est possible dans un espace où se trouvent des centres de gravité de relier deux points par plus d'une seule ligne droite. Cet espace «courbe» se décrit au moyen de la géométrie non-euclidienne.

La théorie de la relativité générale dit donc que la vitesse d'une masse ponctuelle influencée par des forces gravitationnelles peut se concevoir comme une propriété géométrique du continuum spatio-temporel. Nous ne pouvons faire la distinction entre un corps qui subit une accélération uniforme et un corps soumis à un champ gravitationnel. Avec cette théorie de la relativité générale, Einstein a prédit plusieurs phénomènes observables, et leur grandeur. L'une de ses prévisions les plus fameuses a été confirmée par la mesure de la déflection de la lumière d'une étoile pendant une éclipse solaire (1919). D'autres prévisions ont été confirmées expérimentalement dans les années 1960.

l'injustice matérielle et au déclin des institutions sociales. Comment devrions-nous, en théorie et en pratique, améliorer nos conceptions et notre maîtrise de ce que nous avons engendré ?

La diversité des sciences et le développement technique – Application de la science et approches interdisciplinaires

Utilité et limites de la raison instrumentale illustrées par la théorie normative de la décision

Dans les temps modernes, la relation de l'homme à la nature est devenue celle d'une domination croissante, scientifique et technique. Dans ce processus, la nature a été conçue comme constituant sans problème une réserve de ressources pour la réalisation des buts humains. Nous ne nous tenions pas responsables de nos actions à son égard. Nous étions tous libres de l'exploiter, au moins dans la mesure où cette exploitation ne nuisait pas aux droits de propriété de nos voisins.

Cette attitude reposait sur le présupposé selon lequel la nature peut se renouveler à l'infini. Mais ce présupposé s'est graduellement révélé intenable, et de nos jours la domination technique a causé des crises permanentes et complexes qui deviennent particulièrement manifestes de par leurs diverses conséquences néfastes, souvent imprévues, sur la nature aussi bien que sur la société. Les aspects principaux en sont les crises climatiques et énergétiques, la pollution, les conflits sociaux et régionaux, et la mise en danger des espèces animales et végétales. Il est devenu de plus en plus évident que les conditions écologiques de la vie sont vulnérables. Pour finir, nous en sommes venus à nous rendre compte qu'une interaction plus précautionneuse avec la nature est nécessaire à notre survie. Cette expérience de la crise a montré non seulement les limites de la nature, mais aussi les limites inhérentes à une rationalité et une pratique purement instrumentales.

Nous examinerons certains problèmes pratiques interdisciplinaires liés à cette scientifisation instrumentale. Nous regarderons d'abord l'utilité des analyses coûts-avantages en relation avec la technologie moderne, et nous le ferons en concentrant notre attention sur la théorie normative de la décision, tout en prenant en compte certaines des limites de cette approche. Nous mettrons l'accent sur les aspects philosophiques de ces problèmes, et non sur les aspects empiriques, en ce que nous discuterons la question de ce qui est rationnel et moral, sans examiner les conflits d'intérêt politiques et économiques, ou autres questions empiriques.

La théorie normative de la décision provient d'une situation donnée de prise de décision dans laquelle nous avons le choix entre les termes d'une alternative, dont chacun a des conséquences plus ou moins probables. D'après cette théorie, les décideurs sont rationnels lorsqu'ils choisissent le terme dont les conséquences estimées présentent la somme mathématique la plus élevée des produits de leur probabilité par leur valeur. C'est un procédé qui rappelle l'utilitarisme (voir la proposition par Bentham d'un calcul d'utilité). Nous trouvons par conséquent cette sorte de raisonnement dans les calculs économiques. Dans la théorie normative de la décision, le calcul d'utilité est ainsi incorporé dans un modèle mathématique : nous essayons de trouver l'expression mathématique de la probabilité et de la désirabilité des diverses conséquences, et sur cette base nous décidons par le calcul quel terme de l'alternative choisir.

Nous illustrerons brièvement comment la théorie normative de la description recouvre une interaction de morale utilitariste, de conceptions scientifiquement établies des probabilités et de calculs mathématiques. Nous discuterons en même temps le rôle à cet égard de la rationalité instrumentale, et la nécessité de procédures interdisciplinaires et d'une discussion publique. Nous pouvons par exemple avoir le problème suivant : « Comment allons-nous obtenir suffisamment d'énergie bon marché dans les cinq prochaines années ? » Nous devons alors examiner les diverses solutions et leurs conséquences, et sur cette base parvenir à un choix rationnel. Si nous devions utiliser la théorie normative de la décision dans un tel problème, nous suivrions les étapes suivantes :

1. formuler le but ;
2. examiner les solutions ;
3. analyser leurs conséquences ;
4. réaliser une évaluation ;
5. faire notre choix.

1. Formuler un but est une tâche *normative*. Évaluer s'il est désirable et juste est une question qui se situe hors de toute science. Mais de nombreux problèmes pratiques concernant le but sont ouverts à la recherche scientifique. Formuler le but est souvent vu comme une part de la façon dont les décideurs décrivent la situation. D'habitude, on postule que la situation et le but sont tous deux correctement identifiés par les décideurs. Dans la vraie vie, ce n'est certainement pas toujours le cas ;

2. on peut choisir différentes solutions. La question pourrait par exemple porter sur la relation entre différentes manières de produire de l'énergie électrique à partir de l'eau, du gaz, du nucléaire, du vent, etc., et différentes manières d'employer cette énergie, ce qui inclut différentes formes d'économie d'énergie. C'est une part du rôle du décideur que d'être conscient de ces solutions ; mais une élaboration plus approfondie de cette connaissance requiert en principe l'appui de la science. C'est *la science* qui nous aide à voir plus clairement de quelles solutions nous disposons, et quels moyens (solutions techniques) sont possibles. Et c'est elle qui nous aide à rendre possibles les nouvelles approches instrumentales ;

3. de la même façon, la connaissance des différentes conséquences de chaque solution peut être développée plus avant par un effort *scientifique* : c'est par diverses sortes de recherches scientifiques que nous pouvons arriver à des réponses raisonnablement correctes à la question des conséquences possibles de chaque solution, et de la probabilité de chacune de ces conséquences ;

4. dans la théorie de la décision, le degré de probabilité de chaque conséquence est exprimé par *des valeurs numériques*. Nous essayons donc de quantifier, d'exprimer par des valeurs numériques positives et négatives *ce que* les conséquences *signifient* pour les parties impliquées. (Voir les problèmes liés à une telle quantification dans le calcul utilitariste) ;

5. plus grande est la valeur, positive ou négative, que l'on attribue à une conséquence, plus de poids nous donnons à cette conséquence en mettant en balance les différentes solutions avec leurs conséquences respectives. En même temps, nous donnons plus de poids aux conséquences qui sont plus probables qu'à celles qui le sont moins. Afin de rendre compte de ces deux préoccupations, nous travaillons dans la théorie normative de la décision avec les produits mathématiques des valeurs numériques de la probabilité et de la désirabilité de chaque conséquence. Chaque solution est alors évaluée par la somme de ces produits. *Le choix rationnel*, d'après la théorie normative de la décision, est le choix de la solution qui présente *la plus forte somme de ces produits* (ou la plus faible, si les sommes sont négatives).

Le diagramme suivant, avec les valeurs numériques qui y figurent, illustre ces divers points.

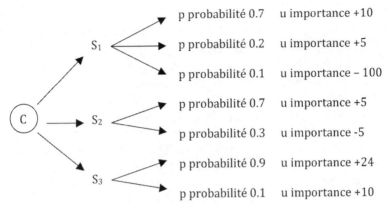

Explication : C : situation de choix ; S : solution (choix possible)
p : probabilité   u : importance (utilité, désirabilité)

Afin de quantifier la probabilité (p), on choisit d'employer une échelle de zéro à un[1]. Si nous voulons «jouer la sécurité», nous pouvons (de manière pessimiste) attribuer aux conséquences indésirables les probabilités de valeurs numériques les plus élevées et aux conséquences souhaitées les valeurs numériques les plus faibles. Afin de quantifier l'importance (u), nous avons choisi d'utiliser toute l'échelle de zéro à l'infini (ou à peu près), à la fois dans le sens positif et dans le négatif. Il est de cette façon possible d'utiliser des «valeurs absolues». L'extermination de l'espèce humaine peut ainsi se caractériser comme «infiniment négative».

Dans notre exemple, nous obtenons les sommes de produits suivantes :

S_1 : 0.7 x 10 + 0.2 x 5 + 0.1 x (-100) = 7 + 1 - 10 = -2
S_2 : 0.7 x 5 + 0.3 x (-5) = 3.5 - 1.5 = +2
S_3 : 0.9 x 24 + 0.1 x (-I0) = 21.6- I = +20.6

Dans ce cas, il est par conséquent rationnel de choisir la dernière solution (S_3), et de préférer la deuxième (S_2) à la première (S_1).

Ce cas abstrait de théorie normative de la décision peut sembler loin de ce que nous faisons vraiment. Il peut aussi susciter des objections concernant la tentative d'assigner des valeurs numériques aux différentes sortes d'utilités. Il faut prendre au sérieux ces objections.

---

1. Nous négligeons les marges d'incertitude sur les valeurs numériques, par exemple 0.7±0.2. En utilisant ces marges au-dessus et au-dessous de la valeur numérique choisie, nous pouvons donner les bornes supérieure et inférieure de nos calculs (par exemple 0.72 et 0.68).

En même temps, il importe de voir que la théorie normative de la décision n'est pas censée être capable d'expliquer le comportement *réel*, mais nous aider à déterminer ce qu'un choix rationnel *devrait être*. Et la plupart des gens seront probablement d'accord pour reconnaître que ce schéma rend compte de beaucoup des intuitions que nous avons sur ce qu'est un choix raisonnable, comme par exemple lorsque nous avons le projet de construire une centrale électrique ou un pont. Il est vraisemblablement très pertinent pour estimer la rationalité sous-jacente de projets techniques modernes, du choix d'un traitement médicamenteux aux politiques de l'énergie et de la défense. Soulignons certains des aspects positifs de cette procédure :

1. cette façon de développer les différentes solutions peut renforcer notre sens de la réalité parce qu'elle nous force à examiner les diverses solutions et leurs conséquences respectives de manière systématique et scientifique. En même temps, elle peut nous aider à développer notre imagination parce qu'elle exige que nous fassions un effort pour trouver ces diverses solutions ;

2. cette approche indique que nous devons concentrer notre recherche sur les conséquences qui ont le plus d'importance, positivement ou négativement, et, comme corollaire, accorder moins d'effort aux conséquences négligeables. Cela fournit une orientation à notre travail : faire la distinction entre ce qui est important et ce qui ne l'est pas ;

3. cette façon de faire la distinction entre différentes sortes de questions peut nous aider à prendre conscience de leur statut épistémologique. La question est-elle normative, ou relève-t-elle de quelque discipline scientifique, et si oui de laquelle ? Cela nous aide à voir plus clairement ce que nous savons et ce que nous ne savons pas, ce que nous pouvons découvrir scientifiquement et ce qui requiert une discussion éthique.

Le besoin d'une analyse interdisciplinaire

L'utilité d'une analyse interdisciplinaire peut demander plus d'explications. Le schéma de décision théorique rend claire la raison pour laquelle nous avons souvent besoin d'une approche interdisciplinaire. Quand par exemple nous projetons de construire une centrale nucléaire, les questions sur les différentes solutions et leurs conséquences respectives ne peuvent pas bien sûr se clarifier par le seul moyen de différentes sortes d'expertise physico-technique. Nous avons ici besoin aussi d'expertise économique, écologique, et sociologique. Le coût et le risque entrent en jeu à tous ces niveaux. Pour prendre une décision rationnelle, nous devons obtenir l'image la plus réaliste possible de tous les aspects du projet, et cette tâche exige l'emploi de toutes les disciplines pertinentes. De nombreux projets ont sombré sans nécessité à cause de l'aveuglement à l'égard de certaines des conséquences de l'entreprise manifesté par les experts surspécialisés employés comme conseillers[1]. Dans des cas de la sorte, une approche interdisciplinaire est nécessaire. Le développement scientifique des différentes solutions et de leurs conséquences possibles exige plus qu'une expertise technique. Par exemple, le projet de forage d'un puits dans un pays sous-développé nécessite aussi une connaissance de l'économie, du système de santé, de l'éducation et des conditions sociales et culturelles. Plus vastes sont les conséquences d'un projet, plus il est important de développer l'approche consultative la meilleure possible. Ces exemples illustrent cette idée qu'un groupe donné d'experts peut se révéler trop unilatéral. Une exigence raisonnable est alors d'augmenter le nombre de disciplines représentées dans le projet. Nous devons le faire pour parvenir à une compréhension appropriée du projet.

Dans l'idéal, nous devrions inclure toutes les disciplines pertinentes et effectuer des recherches approfondies à tous les niveaux. Mais en pratique cette exigence doit être atténuée à la lumière de son coût, à la fois en temps et en argent. La recherche peut continuer éternellement, tandis que les décisions pratiques sont soumises à des limites temporelles. Dans l'exemple du projet de forage d'un puits, le besoin de compléter l'expertise technique d'origine par une expertise dans le système de santé, l'éducation et les conditions sociales peut sembler assez évident. Mais dans d'autres cas, il peut être difficile de dire exactement ce qui est « assez », au sens de « optimal », étant donné le besoin objectif de plus de connaissances de diverses sortes et le prix de l'obtention de ces connaissances rapporté à leur réelle utilité.

À un certain point, les différents groupes d'experts doivent *coopérer*, au moins de telle manière que les diverses disciplines soient présentées à l'« employeur » « en un lot compréhensible ». En ce sens, les

---

1. Ce que l'on a appelé Révolution Verte dans la production des céréales en est un exemple. Le mode occidental de forage des puits en est un autre. Voir le rapport au NORAD (Agence Norvégienne de Coopération pour le Développement) de Mette Jørstad : « La vision d'un spécialiste des sciences sociales sur les stratégies visant à ce que les programmes de développement dans le domaine de l'eau en Afrique Centrale et Orientale puissent atteindre leurs buts explicites et implicites » (15 décembre 1982). Ce rapport montre que les dirigeants du projet se sont concentrés sur une expertise technique unilatérale, de sorte que l'on a négligé les conditions sociales nécessaires au fonctionnement du projet.

représentants des diverses disciplines, comme les économistes et les écologistes, devraient être capables de communiquer les uns avec les autres au niveau académique. Cela demande qu'ils soient capables de discuter leurs propres présupposés méthodologiques et conceptuels. C'est souvent difficile.

Il est par conséquent en général objectivement nécessaire d'étendre le champ de l'expertise scientifique ; par exemple d'une discipline des sciences de la nature à plusieurs d'entre elles, ou à un groupe de disciplines où figurent les sciences sociales. Nous avons besoin de l'expertise de ces dernières quand les facteurs humains entrent en jeu. La prévision des conséquences possibles du comportement humain présente toutefois des problèmes spécifiques. Les prédictions peuvent être assez difficiles dans beaucoup des sciences de la nature, comme la météorologie et la médecine somatique. Mais dans nombre de situations sociales et psychologiques, la prévision semble encore plus problématique[1]. C'est aussi en partie un problème de logique : ce que nous faisons est dans une certaine mesure déterminé par ce que nous savons. La recherche nous donne de nouvelles connaissances. Ainsi, il y aura dans l'avenir des formes de connaissance que nous ne possédons pas aujourd'hui et qui influenceront ce que nous ferons alors. Il est impossible de prévoir aujourd'hui ces aspects de nos actions futures[2]. Il est par conséquent difficile, en principe, d'employer des valeurs numériques pour les probabilités quand des facteurs humains entrent en jeu.

Si nous décidons de jouer la sécurité, nous devons être encore plus prudents quand nous prenons des décisions qui comportent des risques élevés. Il vaut la peine de souligner que cette stratégie n'est pas « moins rationnelle » que celle qui consiste à faire un pari. Nous pouvons plutôt soutenir qu'il est plus rationnel d'être prudent que d'être audacieux, particulièrement quand le bien-être des autres est en jeu. En outre, il est clair que ceux qui veulent habituellement n'inclure qu'une petite fraction des sciences de la nature dans le processus de prise de décision ne sont par là même pas particulièrement rationnels. Au contraire, c'est une exigence rationnelle que de dire, par exemple, que dans de nombreux cas ces disciplines que sont l'écologie et la sociologie *doivent* être associées à la décision – et cela s'applique aussi aux facteurs de risque des centrales nucléaires, où le facteur humain entre en ligne de compte, à la fois dans les actions

---

1. Un cas extrême : qui peut dire ce que fera dans trente ans le gouvernement français de ses déchets radioactifs ?
2. Voir l'argument de Popper qui met en question l'idée d'une prévisibilité totale du comportement humain (chapitre 26).

intentionnelles (comme le terrorisme) et dans les actions involontaires (comme la faible sécurité des habitudes routinières).

Pendant cette recherche des différentes solutions et de leurs conséquences probables, les personnes qui vont prendre la décision peuvent voir l'ensemble de la situation apparaître sous un jour nouveau. Il peut par exemple se révéler que le projet a des conséquences négatives possibles auxquelles on n'avait pas pensé précédemment ou dont on ne s'était pas rendu compte avec assez de clarté – des conséquences négatives possibles qui éclairent le but d'origine d'une lumière nouvelle et critique : l'ensemble du projet devrait-il maintenant être revu ou rejeté en fonction de notre nouvelle compréhension et au regard de buts plus importants pour notre société ? Le projet peut se révéler complètement différent de ce que nous pensions au début, et cela exige de le réviser complètement. C'est un point décisif.

Qu'une demande rationnelle de l'extension du spectre de l'expertise puisse conduire à une révision et en fin de compte à un changement de l'ensemble du projet montre que nous sommes allés au-delà des limites de la théorie de la décision au sens strict, vers une discussion réflexive autocritique. Ce qui ne veut pas dire que soit rejetée l'analyse basée sur la théorie de la décision ; elle a été placée dans le cadre plus large d'une analyse d'« argumentation libre » où nous essayons collectivement de combiner les différentes perspectives et d'évaluer le projet en question en relation avec d'autres buts et d'autres valeurs.

Dans des projets industriels et militaires plus larges, les conséquences négatives possibles sont souvent par nature globales, profondes et de longue durée. Elles durent plus longtemps que le mandat électoral des hommes politiques et que le cadre temporel des calculs financiers. Dans de nombreux cas (comme la radioactivité), c'est une question qui concerne les générations futures. Et très souvent, les conséquences s'étendent au-delà des frontières d'une nation (c'est le cas de la pollution). Dans de telles situations, à la lumière de l'expertise interdisciplinaire qui est souvent requise, il y a le besoin objectif d'un débat public ouvert et éclairé, dans lequel toutes les perspectives et toutes les parties mises en jeu peuvent par principe participer. Dans l'idéal est nécessaire un échange ininterrompu et intensif sur les diverses possibilités de choix et leurs conséquences, de même qu'une discussion critique qui englobe la possibilité de la révision du projet, voire son rejet.

Jusqu'ici, nous n'avons pas commenté les questions purement *normatives*, que ce soit en relation avec le but du projet ou avec l'importance des diverses conséquences. Nous allons brièvement nous pencher sur certains de leurs aspects. Il vaut d'abord la peine de remarquer que la réflexion critique sur le projet dans son ensemble peut représenter un processus d'apprentissage dans lequel simultanément nous mettons à l'épreuve et réorganisons nos concepts et nos préférences. Ce ne sont pas seulement des questions empiriques qui sont en discussion, mais aussi la question de savoir jusqu'à quel point sont adéquats les concepts que nous employons dans les diverses disciplines. Puisque les questions *normatives* se forment toujours dans un cadre conceptuel, la tentative d'amélioration de la «saisie» conceptuelle est déjà pertinente pour la discussion normative. Ce point nécessite quelques commentaires : la distinction tranchée entre faits et valeurs est parfois malheureuse, parce que les *concepts* jouent un rôle formateur, à la fois pour les faits et les valeurs (ou les normes). Ainsi les débats normatifs sont-ils souvent des discussions à propos de ce qu'*est* vraiment la question, c'est-à-dire à propos des concepts qu'il faudrait employer pour la décrire et l'expliquer.

Le schéma de la théorie de la décision est fait sur mesure pour de nombreuses décisions économiques ; par exemple, faut-il oui ou non investir dans une nouvelle usine ? Ici, la question des valeurs est en principe assez simple. C'est une question d'argent, de coût et de profit reposant sur les prix du marché. Mais quand ce schéma est utilisé pour des projets d'ampleur, comme des centrales nucléaires ou des installations militaires, nous ne rencontrons plus seulement les problèmes interdisciplinaires enchevêtrés que nous avons déjà mentionnés, mais aussi des questions de valeurs plus aiguës, comme les relations entre l'argent et la santé, ou entre nos coûts et ceux des autres agents, etc.

La scientifisation de la société contemporaine se caractérise par le fait que de tels problèmes d'ampleur sont devenus habituels. Il en résulte non seulement des problèmes épistémologiques et normatifs, mais aussi des problèmes de gouvernance politique. Ces derniers sont variés, et incluent le besoin déjà mentionné d'une vue d'ensemble et d'une connaissance suffisantes. La solution semble ici se trouver dans le travail de Sisyphe d'une coopération interne et interdisciplinaire et d'une discussion publique ouverte[1].

Que les sciences aient crû en diversité et en complexité peut aussi s'illustrer par la physique moderne. Alors qu'un savant au temps de Galilée pouvait observer des pendules oscillants et des boules en chute libre, un mur de technologie s'interpose de nos jours entre les

---

1. Un débat interdisciplinaire ouvert entre chercheurs est nécessaire, mais pas suffisant. Une information journalistique objective, détaillée et complète est aussi nécessaire, mais pas suffisante. Nous avons besoin de communication libre entre la communauté de la recherche et les journalistes.

scientifiques et les objets de leur recherche. Le centre de recherche nucléaire du CERN en Suisse utilise pour «observer» la nature un accélérateur de particules dont la circonférence mesure vingt-sept kilomètres. Aujourd'hui, nous entrons en relation avec la nature grâce à des présupposés et une technologie complexes qui ne peuvent se comprendre et s'utiliser qu'à la suite d'un long entraînement. Mais dans la vie quotidienne aussi notre relation à la nature et aux autres en est venue à se caractériser de plus en plus par cette médiation de la technique et de la science : la plupart des gens n'écrivent plus avec un stylo et du papier, mais avec des traitements de texte qui constituent une barrière de sophistication théorique et technique entre celui qui écrit et ce qu'il écrit – une sophistication que peu comprennent entièrement; la télévision et la radio jouent de plus en plus un rôle de médiation entre notre expérience vécue et les codes qui permettent de l'interpréter. Le processus de scientifisation crée ainsi un milieu technique et théorique pour notre relation aux choses, à nos semblables et aux phénomènes sociaux. Il est par conséquent vital, à la fois pour ce que nous faisons et pour ce que nous sommes, que l'unilatéralité et la banalité ne caractérisent pas notre saisie de la science et de la technique.

À la lumière de la crise écologique, ce besoin d'une meilleure analyse scientifique et de préférences et d'attitudes à long terme plus rationnelles est devenu urgent. Il s'accompagne du besoin de la formation rationnelle de l'opinion publique, au sens où nous devons être ouverts à la possibilité de changer nos orientations et nos projets. Nous pouvons ainsi dire que le développement scientifique nous a donné une diversité disciplinaire et un type instrumental de prise de décision qui nous confrontent à des problèmes entièrement nouveaux. Est-il possible de briser le cycle de ce développement, ou la seule réponse responsable est-elle d'aller plus loin dans la rationalisation, suivant les lignes que nous avons suggérées dans cette section? Nous considérerons chacun de ces points de vue, représentés respectivement par Heidegger et par Habermas (chapitre 27).

Questions

« Autrefois, nous voyions la nature comme technique; maintenant, nous voyons la nature avec la technique ». Commentez cette affirmation, et discutez les différences épistémologiques entre la physique galiléo-newtonienne classique et la physique moderne (Einstein).

Discutez les sortes d'expertises qu'il faudrait inclure dans la planification d'une installation complexe, telle qu'une centrale électrique.

SUGGESTIONS DE LECTURE

SOURCES

Einstein, A., *La relativité*, Payot, 1990, tr. Maurice Solovine.

Einstein, A., *Comment je vois le monde*, Flammarion, Champs, 2009, tr. Maurice Solovine et Régis Hanrion.

COMMENTAIRES

Churchland, P. and Hooker, C. A. (eds), *Images of Science,* Londres, 1985.

Jonas, H., *Le principe responsabilité*, Le Cerf, Paris, 1992, tr. Jean Greisch.

CHAPITRE 26

Un aperçu de la philosophie contemporaine

Dans ce chapitre, en mettant particulièrement l'accent sur le positivisme logique et la philosophie analytique, la phénoménologie et l'existentialisme, et le féminisme, nous passerons brièvement en revue la philosophie contemporaine. Il est important de se souvenir que toutes les grandes philosophies y sont vivantes. Le platonisme, l'aristotélisme, le thomisme, le spinozisme, le kantisme, etc., toutes en constituent une partie ; nous ne pouvons par conséquent comprendre les débats d'aujourd'hui qu'en nous familiarisant avec l'histoire de la philosophie.

LE POSITIVISME LOGIQUE – LOGIQUE ET EMPIRISME

Dans l'intervalle entre les deux guerres mondiales ont surgi en philosophie plusieurs orientations inédites. La physique moderne a par exemple exercé une influence nouvelle, relayée au sein du positivisme logique par des discussions épistémologiques approfondies, et la nouvelle situation existentielle dans une société complexe s'appuyant sur la science a été discutée non seulement par les sciences sociales émergentes, mais aussi par des écoles philosophiques comme la phénoménologie et l'existentialisme.

Le *positivisme logique*, ou *empirisme logique*, comme on l'appelle aussi, peut être vu comme un descendant de l'empirisme britannique (Locke, Berkeley, Hume) et de la philosophie des Lumières. En même temps, il peut se voir comme une réponse philosophique aux récentes réussites de la physique moderne (Einstein) et de la nouvelle logique. Pour finir, il peut aussi être vu comme une réaction à la montée des idéologies totalitaires et irrationalistes des années 1920 et 1930, en particulier du nazisme en Allemagne.

Peu aujourd'hui embrasseraient comme position le positivisme logique sous sa forme orthodoxe. Mais cette école a joué un rôle important en soulignant l'importance fondamentale de procédures d'argumentation sobres en philosophie et dans le travail intellectuel en général, et en critiquant les séductions de la rhétorique et l'opacité conceptuelle. Le positivisme logique a ainsi eu un effet civilisateur important, en dépit des critiques qui ont progressivement été dirigées contre certaines de ses affirmations philosophiques de base – critiques que ses initiateurs eux-mêmes ne furent pas les derniers à formuler. Après la deuxième guerre mondiale, il a évolué pour donner diverses formes de philosophie des sciences, qui ont mis l'accent soit sur la logique et le langage formel, soit sur l'analyse des concepts (voir Wittgenstein et la philosophie analytique).

L'empirisme britannique classique, de Locke à Hume, commençait principalement par les sens. Il était donc fondé sur la psychologie. Le positivisme logique était quant à lui fondé sur la linguistique. Il se préoccupait avant tout de questions méthodologiques sur la façon dont la connaissance peut être confirmée, dont nos énoncés sur la réalité peuvent être formulés, et dont nos affirmations sont renforcées ou affaiblies quand elles sont mises à l'épreuve de l'expérience. Nous pouvons en ce sens parler de l'empirisme logique comme du résultat d'une synthèse de l'empirisme classique d'une part, de la méthodologie et de la logique modernes de l'autre. C'est pourquoi cette philosophie fait appel à la structure logique du langage (sa syntaxe) et à la vérification méthodologique. Son nom, «empirisme logique», indique ce basculement de la psychologie vers le langage et la méthodologie.

La nouvelle logique

D'Aristote au dix-neuvième siècle, la logique n'avait pas connu de changement radical. Mais avec le travail de pionnier de penseurs tels que Gottlob Frege[1] (1848-1925), et plus tard de Bertrand Russell (1872-1970) (et d'Alfred North Whitehead [1861-1947], qui travailla avec Russell[2]), la logique connut un développement substantiel. Leur but était de montrer que les mathématiques peuvent être vues comme une branche de la logique – ils affirmaient en fait que les concepts mathématiques pouvaient se définir avec précision à partir de ceux de la logique. Ce projet conduisit aussi à une « mathématisation » de la discipline de la logique elle-même, puisque des symboles et des formules mathématiques furent employés pour exprimer des relations logiques. En langage mathématique, nous pouvons dire que « a » est plus grand que « b » par la formule « a > b ». Or le signe « > » indique une relation bien déterminée ; si nous souhaitons représenter le cas plus général où « a » est d'une certaine façon en relation avec « b », nous pouvons écrire « aRb », où « R » représente une relation arbitraire. La logique moderne est divisée en plusieurs sous-disciplines. Ses branches les plus fondamentales sont la logique propositionnelle, qui s'occupe des relations logiques entre propositions, et la théorie de la quantification, qui s'occupe de la force logique des quantificateurs – des mots tels que « certains » et « tous ». La théorie des ensembles joue un rôle important ; conçue par Frege et Russell comme un point de transition entre logique et mathématiques, elle est encore employée comme un instrument formel pour fonder (pour expliquer) les diverses autres sous-disciplines de la logique. Une autre branche d'importance est la logique modale, qui traite des propriétés logiques des notions de possibilité et de nécessité. Nous avons en outre les théories de l'argumentation et de l'interprétation.

Nous pouvons mentionner ici certaines caractéristiques de la logique propositionnelle. Examinez les deux phrases : « Mon chien est vert » et « Mon chien est gros ». Ce sont des phrases simples en ce sens

---

1. Le mathématicien et philosophe allemand Gottlob Frege a été au centre de la fondation de la logique mathématique moderne. Parmi ses célèbres travaux sur la philosophie du langage, on peut citer : « Sens et dénotation » (« *Über Sinn und Bedeutung* ») (1892) (*in Écrits logiques et philosophiques*, Le Seuil, 1971, tr. Claude Imbert). L'un des philosophes modernes les plus influents qui ait été inspiré par la logique moderne est l'Américain Willard van Orman Quine (1908-2000), auteur notamment des « Deux Dogmes de l'empirisme », paru d'abord dans *Philosophical Review* 60 (1951), et repris ultérieurement dans *Du point de vue logique* (Vrin, 2003, tr. C. Alsaleh, B. Ambroise, D. Bonnay, S. Bozon, M. Cozic, S. Laugier, Ph. de Rouilhan et J. Vidal-Rosset) (*From a Logical Point of View*, 1953), et de *Le Mot et la Chose* (Flammarion, 1977, tr. Joseph Dopp et Paul Gochet) (*Word and Object*, 1960). Sur la logique moderne, voir par exemple Denis Vernant, *Introduction à la logique standard* (Flammarion, 2001), et W.V. Quine, *Méthodes de logique* (Armand Colin, 1972, tr. Maurice Clavelin).

2. Ils furent les coauteurs des *Principia Mathematica* (1910).

qu'elles ne sont pas construites à partir d'autres phrases plus simples, comme l'est la phrase composée : «Mon chien est vert et mon chien est gros». On peut voir facilement que la valeur de vérité de la phrase (proposition) composée – c'est-à-dire la question de savoir si elle est vraie ou fausse – dépend de la valeur de vérité des phrases simples. Si «Mon chien est vert» est vrai et que «Mon chien est gros» l'est aussi, la phrase composée formée en enchaînant les deux phrases simples par «et» doit l'être également. Si l'une des phrases constituantes est fausse (ou si les deux le sont), la phrase composée doit être fausse. Nous pouvons par conséquent construire un calcul des phrases (des propositions), calcul que l'on peut employer pour calculer la valeur de vérité des phrases composées à partir des combinaisons possibles des valeurs de vérité des phrases simples qui y interviennent. Pour le cas de «Mon chien est gros et vert», nous avons les possibilités suivantes :

p : «Mon chien est gros»

q : «Mon chien est vert»

(pq) (p et q) = «Mon chien est gros et vert» (V = vrai, F = faux)

p	q	pq
V	V	V
V	F	F
F	V	F
F	F	F

Pour le cas de «Mon chien est gros ou vert» (pvq), nous avons pour les valeurs de vérité possibles la table suivante :

p	q	pvq
V	V	V
V	F	V
F	V	V
F	F	F

Les valeurs de vérité des phrases (propositions) simples doivent être fixées par l'expérience : nous devons déterminer (dans ce cas, nous devons voir) si la proposition exprimée par la phrase «Mon chien est vert» est vraie ou non (elle sera vraie si mon chien est bel et bien vert). Cela peut donner lieu à un tableau général de la façon dont les pensées (les propositions) sont en relation avec la réalité : ce n'est que si nous pouvons montrer qu'une phrase arbitraire est un composé bien déterminé de phrases simples dont chacune peut se vérifier empiriquement qu'elle a une signification claire. Une telle approche a façonné la sorte de philosophie qui en est venue à être connue comme empirisme logique ou positivisme logique : le rôle de la philosophie est devenu analytique ; il s'agit de montrer si des phrases (propositions) particulières peuvent être en relation avec la réalité de la manière voulue, et comment elles peuvent l'être.

Le positivisme logique et l'atomisme logique

À l'origine, l'expression « positivisme logique » fut appliqué à un groupe de philosophes d'orientation scientifique qui se trouvait à Vienne pendant les années 1920 et 1930 – le cercle de Vienne –, groupe dont faisaient partie Moritz Schlick (1882-1936), Otto Neurath (1882-1945) et Rudolf Carnap (1891-1970). Appartiennent aussi à cette école d'autres philosophes de langue allemande, tels Hans Reichenbach (1891-1953) et Carl Hempel (1905-1997). Les premiers travaux de Ludwig Wittgenstein (1889-1951) furent une source d'inspiration pour les empiristes logiques (voir son *Tractatus logico-philosophicus*, [1921]). Les positivistes logiques avaient en commun le fait de prendre leurs distances avec la philosophie spéculative. Pour eux, la métaphysique était dépassée ; la base de la philosophie devait être la logique (y compris les mathématiques) et les sciences empiriques, avec la physique comme modèle. En outre, la seule philosophie qu'ils respectaient était la philosophie des sciences analytique qu'eux-mêmes pratiquaient.

Nous trouvons une attaque similaire de la philosophie tradition-nelle dans la philosophie britannique de l'époque. Il s'agissait en partie d'une critique conceptuelle s'appuyant sur le langage de tous les jours, comme dans la philosophie analytique de George Edward Moore (1873-1958), et en partie d'une critique plus formelle, comme dans l'atomisme logique de Bertrand Russell. Un défenseur marquant du positivisme logique dans la philosophie britannique fut Alfred Jules Ayer (1910-1989)[1].

Russell soutenait qu'il y a une relation biunivoque entre le langage et la réalité : le langage se compose en partie d'expressions verbales « atomiques » qui se réfèrent à des faits atomiques et en partie des relations logiques entre ces expressions verbales – et ces relations logiques équivalent dans leur ensemble à la logique formelle. Par exemple, les

---

1. Voir son *Langage, vérité et logique*, Flammarion, 1956 (*Language, Truth and Logic*, 1936).

mots «chat» et «paillasson» sont employés comme des expressions verbales atomiques pour se référer à des entités atomiques, à savoir le chat et le paillasson. La phrase : «Le chat est couché sur le paillasson» se trouve en relation biunivoque avec le fait que le chat est couché sur le paillasson, puisque des expressions linguistiques simples se réfèrent à des états de choses simples. En même temps, la forme syntaxique de la phrase exprime correctement la relation entre le chat et le paillasson. Nous avons donc la thèse selon laquelle la réalité consiste en faits simples bien délimités et selon laquelle un langage cognitivement pourvu de signification consiste de même en expressions simples bien délimitées qui se réfèrent à ces faits, tandis que les relations logiques correctes entre ces expressions linguistiques équivalent aux relations qui existent entre les faits donnés. Les expressions verbales intéressantes sont les phrases qui *affirment* que quelque chose est le cas. Ces énoncés peuvent se trouver dans une relation biunivoque avec la réalité, et donc être cognitivement pourvus de signification. D'autres formes d'expressions verbales comme les exclamations, les mots isolés, les questions, les ordres, les jugements de valeur et les formulations lyriques ne peuvent avoir cette fonction, et tombent donc en dehors du domaine de l'intéressant. Cette thèse est constitutive de l'*atomisme,* au sens où pour elle la réalité est censée se composer de faits simples bien délimités, le langage se compose d'expressions simples bien délimitées, et les deux ont mutuellement des relations externes.

L'atomisme logique s'oppose ainsi au raisonnement dialectique pour lequel différents concepts et états de choses sont censés aller au-delà les uns des autres et attirer l'attention sur d'autres concepts et états de choses. La dialectique tend à insister sur des totalités qui s'appuient sur des relations internes entre concepts. Nous avons une *relation interne* quand un concept ne peut se définir sans l'aide de cette relation aux autres concepts ; la définition complète du concept dépend des autres concepts (voir la théorie selon laquelle le concept d'action doit se définir en relation avec des concepts tels que ceux d'intention, d'agent et d'objet). Dans l'atomisme logique, nous avons une *relation externe* quand un concept est ce qu'il est, indépendamment de ses relations aux autres concepts – comme quand on comprend que le chat est ce qu'il est indépendamment de la question de savoir s'il est ou non en relation avec le paillasson.

Dans le positivisme logique, deux conditions doivent être remplies avant qu'un énoncé puisse exprimer de la connaissance.

1. l'énoncé doit être bien formé, c'est-à-dire qu'il doit être correct grammaticalement (logiquement) ;

2. l'énoncé doit pouvoir être mis à l'épreuve de l'expérience, c'est-à-dire qu'il doit être vérifiable.

Les énoncés qui ne remplissent pas ces conditions n'expriment pas de connaissance. Ils sont cognitivement (épistémiquement) dépourvus de signification. Les énoncés éthiques, religieux et métaphysiques – «Tu ne tueras point», «Dieu est amour», «La substance est une» – sont ainsi cognitivement dépourvus de signification d'après ces critères positivistes de signification cognitive. Ils n'expriment pas de connaissance. Que de tels énoncés puissent être émotionnellement pourvus de signification n'est bien sûr pas nié. Les énoncés de valeur, par exemple, ont souvent une grande signification, pour l'individu comme pour la société. L'important, d'après cette thèse, est qu'ils ne sont porteurs d'aucune connaissance.

Nous pouvons résumer brièvement le positivisme logique de la façon suivante : il n'y a que deux sortes d'énoncés cognitivement pourvus de signification, à savoir les énoncés analytiques et les énoncés synthétiques *a posteriori* bien formés. En d'autres termes, les seuls énoncés épistémiquement pourvus de signification sont ceux des sciences formelles (logique, mathématiques), et les énoncés empiriques vérifiables. C'est en mots simples le cœur du positivisme logique du cercle de Vienne dans la période qui sépare les deux guerres mondiales.

La distinction entre énoncés cognitivement pourvus de signification et énoncés cognitivement dépourvus de signification, entre connaissance authentique et pseudo-connaissance, est ici définie par la distinction entre énoncés qui sont vérifiables et énoncés qui ne le sont pas, et elle s'identifie à la distinction entre science et pseudo-science. Comme les autres formes d'empirisme, le positivisme logique est une réaction contre le rationalisme, c'est-à-dire contre des énoncés qui prétendent donner une connaissance vraie mais ne remplissent pas les exigences de mise à l'épreuve qui sont celles de l'observation et de la recherche hypothético-déductive. La théologie et la métaphysique classique (l'ontologie, par exemple) sont ainsi rejetées comme cognitivement dépourvues de signification. Comme nous l'avons précédemment mentionné, ce rejet pose problème, puisqu'il nous faut nous demander si cette thèse empiriste ne tombe pas elle-même dans la catégorie qu'elle déclare cognitivement dépourvue de signification : peut-elle être elle-même mise à l'épreuve de l'expérience ? Cette objection a précédemment été mentionnée en relation avec Hume, entre autres.

Les jugements de valeur – les jugements éthiques et esthétiques – sont cognitivement dépourvus de signification, d'après cette position positiviste. Mais dans leur cas, le rejet a un caractère différent de celui qu'il présente à l'égard des énoncés théologiques et métaphysiques. Nous pouvons dire que les énoncés éthiques et esthétiques sont *cognitivement* dépourvus de signification, mais que, par opposition aux énoncés théologiques ou métaphysiques, ils ne sont pas censés être cognitivement pourvus de signification : ils veulent exprimer et transmettre des attitudes et des évaluations qui ne peuvent être fondées cognitivement, mais qui jouent cependant un rôle important dans notre vie.

Le cercle de Vienne n'était pas le moins du monde indifférent aux questions politiques. Ses membres s'opposèrent fermement au fascisme dans la période de l'entre-deux-guerres : la thèse empiriste rejetait nécessairement des aspects du fascisme comme cognitivement dépourvus de signification. Les positivistes logiques pouvaient donc s'autoriser à prendre une position éthique et politique. Mais l'important est qu'ils ne pensaient pas pouvoir fonder leur choix d'une position normative sur des arguments rationnels. En dernière instance, sur les questions éthico-politiques, nous devons nous appuyer sur des décisions non rationnelles : nous prenons une décision qui, en principe, ne peut être rationnellement légitimée. Indépendamment de la question de savoir si le positivisme logique pouvait mettre en évidence le non-sens du fascisme d'après la définition empirique du non-sens (« scientifiquement invérifiable »), il ne pouvait de toute façon pas rejeter les normes de base du fascisme. En d'autres termes, les positivistes logiques pouvaient rejeter ce qui n'était pas vérifié empiriquement et était invérifiable dans les discours des fascistes (comme l'antisémitisme et les visions millénaires d'un troisième Reich). Mais ils niaient explicitement la possibilité d'une argumentation sur les normes et principes de base : dans ce domaine, l'argumentation ne peut conduire à des conclusions contraignantes.

KARL POPPER ET LE « RATIONALISME CRITIQUE »

Nous avons précédemment indiqué qu'un énoncé général établi par induction ne peut jamais être vérifié (voir chapitre 7, « La controverse sur la méthode »). Nous ne pouvons jamais vérifier que « tous les cygnes sont blancs », puisque toute nouvelle observation de cygne blanc ne fera que s'ajouter au nombre par principe *fini* d'observations confirmatrices, tandis que cet énoncé général se réfère à un nombre *infini* de cas (« tous les cygnes... »). D'autre part, un seul cygne noir rendra faux l'énoncé, le falsifiera.

Ce type de réflexion a conduit le critère pour qu'un énoncé soit scientifiquement pourvu de signification à passer d'une exigence de vérifiabilité à une exigence de *falsifiabilité* : pour qu'un énoncé soit scientifique, il doit être falsifiable par principe. Ce point est central dans la pensée de Karl Popper (1902-1994)[1].

Nous parlons d'énoncés falsifiables *par principe* : la question de ce que nous pouvons vraiment falsifier à un instant donné dépend du développement technologique. Une certaine technologie est nécessaire pour falsifier un énoncé sur la température de la face cachée de la Lune, ou au centre de la Lune. Aujourd'hui, nous pouvons falsifier des énoncés de la première catégorie, mais nous n'en sommes pas encore capables pour ceux de la seconde, quoique par principe nous pourrions l'être à l'avenir, à l'aide d'une meilleure technologie. C'est pourquoi l'énoncé : « la température au centre de la Lune est 70 °C » est scientifiquement pourvu de signification, parce qu'il est, *par principe*, falsifiable.

Mais qu'en est-il de l'énoncé : « la température moyenne à la surface de la Terre après l'extinction de l'espèce humaine sera 70 °C » ? Cet énoncé, par principe, n'est pas falsifiable, puisque personne ne sera vivant pour le falsifier (en supposant qu'aucune autre créature intelligente ne remplace l'être humain). Mais est-il alors cognitivement dépourvu de signification, et donc non scientifique ? Les scientifiques répugneraient probablement à tirer cette conclusion : ils auraient du mal à penser à de tels énoncés comme scientifiquement dépourvus de signification.

Cela montre qu'il est problématique d'identifier la distinction entre énoncés falsifiables-par-principe et non falsifiables-par-principe avec la distinction entre science et non-science, et même avec celle entre les énoncés qui sont cognitivement pourvus de signification et ceux qui en sont dépourvus.

La Logique de la découverte scientifique de Popper (« *Logik der Forschung* ») (1934 ; traduction française : 1973) est un texte fondateur en philosophie des sciences. Il se situe dans une relation étroite mais critique à l'empirisme logique, et il provient d'une tradition empirique qui remonte à Locke. Cette attitude empirique exige pour

---

1. « On pourrait résumer ces considérations ainsi : le critère de la scientificité d'une théorie réside dans la possibilité de l'invalider, de la réfuter, ou encore de la tester ». (Karl Popper, « La science : conjectures et réfutations » I, dans *Conjectures et réfutations*, p. 65.)

favoriser la croissance de la connaissance une formulation claire et une mise à l'épreuve rigoureuse des affirmations. Popper lui-même emploie l'expression « *rationalisme critique* » pour se référer à sa théorie. Il conteste la conception selon laquelle il y a une méthode inductive pour inférer légitimement des énoncés généraux à partir d'énoncés particuliers. Quel que soit le nombre de cygnes blancs que nous avons vus, nous ne pouvons conclure que tous les cygnes sont blancs (voir Hume sur l'induction). En outre, nous ne pouvons passer par extrapolation d'observations d'évènements singuliers à des *hypothèses* ou à des *idées théoriques* (comme $F = m\gamma$; c'est-à-dire : la force est égale au produit de la masse par l'accélération [voir chapitre 7]).

Comment pouvons-nous alors justifier des énoncés généraux sous la forme d'hypothèses ou de lois ? D'après Popper, grâce à une méthode *déductive* de mise à l'épreuve. Cette dernière implique que les hypothèses soient d'abord mises à l'épreuve de l'expérience après avoir été proposées. Il faut distinguer la question de la façon dont nous arrivons à une hypothèse de celle de la façon dont nous la justifions, ou la mettons à l'épreuve. La première est une question psychologique – elle peut s'éclaircir par une recherche empirique. La seconde est un problème logique ou méthodologique qui ne peut se résoudre par une recherche empirique, puisque la recherche empirique présuppose la légitimité de la méthode de recherche empirique. Nous arrivons ainsi à une distinction fondamentale entre questions de fait, qui relèvent des sciences empiriques, et questions de justification ou de validité, qui doivent se clarifier par la logique de la recherche.

Comment alors mettons-nous à l'épreuve l'hypothèse proposée ? La mise à l'épreuve empirique est menée à bien en déduisant, à partir de l'hypothèse, des énoncés particuliers, qui sont ensuite vérifiés ou falsifiés selon qu'ils s'accordent ou non aux énoncés d'observation. Les énoncés obtenus par déduction disent ce qui arrivera sous des conditions données. L'énoncé est vrai si ce dont il dit que cela arrivera arrive bel et bien. Si cela n'arrive pas, l'énoncé est faux. Quand le résultat est positif, l'hypothèse a passé l'épreuve – pour cette fois. Ce n'était cependant qu'une parmi un nombre infini de déductions et de mises à l'épreuve possibles. En conséquence, nous ne pouvons savoir si l'hypothèse est universellement vraie. Mais si le résultat est négatif, on a prouvé sa fausseté.

Il y a donc une relation asymétrique entre ce qui découle d'une conséquence confirmée empiriquement d'une hypothèse et ce qui découle d'une conséquence infirmée empiriquement de la même hypothèse. Si l'une des déductions faites à partir d'une hypothèse est vraie, nous ne savons pas encore si l'hypothèse l'est elle-même. Mais si l'une de ces déductions est fausse, nous savons que l'hypothèse est fausse. En conséquence, la véritable épreuve se trouve dans la falsification, non dans la vérification, qui est par principe irréalisable. Cela veut dire que la meilleure façon de contrôler une hypothèse n'est pas d'exécuter de nombreuses mises à l'épreuve « faciles », mais d'exécuter les plus difficiles. Si une hypothèse résiste à de telles mises à l'épreuve, nous pouvons commencer à la considérer comme confirmée – mais ce résultat reste toujours ouvert à des falsifications ultérieures. En outre, il est important d'exprimer et de présenter nos résultats clairement et de manière accessible, de sorte que les autres puissent rapidement détecter une faiblesse.

Les positivistes logiques se souciaient beaucoup de faire clairement la distinction entre science et métaphysique. Ils la définissaient comme une distinction entre ce qui est vérifiable et ce qui ne l'est pas, et il s'agissait à nouveau d'une distinction entre ce qui est cognitivement pourvu de signification et ce qui en est cognitivement dépourvu. Un point central pour Popper est qu'il nie la vérifiabilité des hypothèses et théories scientifiques. D'après lui, c'est la *falsifiabilité*, non la vérifiabilité, qui est le critère de la *science*. Lui aussi s'intéresse à la distinction entre science et métaphysique, qu'il définit comme la distinction entre ce qui est empiriquement falsifiable et ce qui ne l'est pas : dans la mesure où une théorie n'est pas falsifiable, elle n'est pas scientifique, d'après Popper. Mais il ne prétend pas que cette distinction constitue en même temps une distinction entre ce qui est cognitivement pourvu et dépourvu de signification. Il ne partage pas sur ce point les conceptions des positivistes logiques.

Mais quel est le statut logique de ce critère de démarcation ? Comment savons-nous qu'il est vrai ? Popper répond que son critère est en dernière instance une proposition conventionnelle, quelque chose que nous décidons d'accepter et qui est au-delà de l'argumentation rationnelle. Popper maintient ainsi une forme de *décisionnisme* : à ce niveau, une discussion rationnelle contraignante n'est pas possible ; nous devons ici décider dans un sens ou dans l'autre[1]. Mais en même temps, il ajoute qu'il croit « qu'une discussion raisonnable est toujours possible entre parties intéressées à la vérité et prêtes à s'accorder mutuellement de l'attention »[2].

---

1. Le philosophe Karl-Otto Apel objecte qu'il n'y a pas de sens à dire que nous pouvons choisir d'être rationnels (au sens d'être intéressés par la vérité), puisque l'acte de choisir entre la rationalité et l'irrationalité présuppose que nous sommes déjà rationnels.

2. Popper, *La Logique de la découverte scientifique*, chapitre premier, note *5.

Popper emploie le terme « rationalisme critique » pour se référer à sa position propre, en liaison avec l'accent qu'il place sur la discussion rationnelle, sur la raison, à la fois dans les relations scientifiques et pratiques. Pour lui, il s'agit de maintenir une controverse ouverte dans laquelle nous sommes mis au défi de la falsification par des adversaires possibles qui peuvent contester nos affirmations, attitude qui signifie que nous n'argumentons pas pour « gagner », mais pour apprendre. Nous restons ouverts à la possibilité que notre adversaire puisse avoir raison et que notre position puisse être fausse. Nous avons confiance en l'emploi commun de la raison comme aide pour les deux parties. Pour Popper, c'est ceci le rationalisme, la confiance accordée à l'exercice de la raison dans un débat ouvert. L'aspect *critique* consiste en ce que nous essayons de falsifier des théories, et la méthode est en défaut si nous pouvons montrer qu'elle est contreproductive pour l'avancement de la connaissance. Nous pouvons ainsi être capables de critiquer une position philosophique sans être capables de la falsifier.

Si la falsifiabilité doit servir de critère pour définir la science, il doit y avoir des énoncés particuliers qui peuvent servir de prémisses pour les inférences falsificatrices. Les énoncés particuliers obtenus par déduction ne sont pas mis directement à l'épreuve de la réalité. Ils sont comparés avec des énoncés d'observation qui disent que le cas est tel et tel. Mais comment savons-nous que ces énoncés d'observation sont vrais ? Quand nous avons une expérience sensible immédiate et l'exprimons par un énoncé particulier – « Cette maison est verte pour l'instant » –, il ne semble pas y avoir moyen de mettre cet énoncé à l'épreuve autrement que par un autre du même type. Les énoncés à propos de l'état des choses sont contrôlés par de nouvelles observations qui sont aussi formulées comme des énoncés à propos de l'état des choses. Comment donc pouvons-nous être sûrs que ces nouveaux énoncés ne sont pas faux ?

Popper emprunte une approche pragmatique : quand beaucoup de gens font l'expérience de la même chose, et que la même chose est l'objet d'une expérience répétée, nous avons le fondement objectif dont nous avons besoin. La garantie que nos expériences sensibles sont valides se trouve dans l'épreuve de l'intersubjectivité. Cela veut dire que seul ce qui est reproductible et intersubjectivement accessible – ce qui se répète et est commun – peut constituer un contenu de la science sous forme d'énoncés d'observation. Et ce n'est pas non plus une garantie absolue. Il y a une régression à l'infini en rapport avec la mise à l'épreuve des énoncés d'observation, et aucune mise à l'épreuve ne peut en pratique se poursuivre à l'infini. Toutefois, l'important pour Popper n'est pas que tous les énoncés scientifiques doivent être mis à l'épreuve, mais qu'ils *puissent* tous y être mis.

Ce n'est pas seulement la méthodologie et l'épistémologie de Popper qui sont entrelacées. Elles sont encore liées à sa théorie politique : pour découvrir les erreurs, nous devons participer à des discussions ouvertes ; pour participer à une discussion ouverte, nous devons avoir des institutions et des traditions qui le rendent possible, c'est-à-dire que nous devons avoir une société constituée selon l'*éthos* scientifique, et pour Popper c'est la société ouverte, libérale. Avec sa conception de la connaissance et de la façon dont cette société est constituée, Popper s'est engagé dans le débat politique, par exemple dans son ouvrage en deux volumes *La société ouverte et ses ennemis* (1945 ; traduction française abrégée : 1979). Ce livre attaque Platon, Hegel et Marx en raison de leur manque d'intérêt pour un avancement ouvert et graduel de la connaissance et pour le libéralisme que ce dernier présuppose. Pour Popper, ces philosophes ont construit leurs doctrines sur des fondations peu solides, et sur la base de ce dogmatisme mal fondé ils ont construit une théorie de la société qui nuit à la discussion rationnelle et au développement progressif de la connaissance. De cette manière, Popper se fait le champion de la tolérance et du libéralisme.

Le livre de Popper *Misère de l'historicisme* (1944-1945 ; traduction française : 1956 ; traduction révisée à partir de l'édition anglaise de 1976 : 1988) est dédié à la « mémoire des innombrables hommes, femmes et enfants de toutes les croyances, toutes les races et toutes les nations, qui succombèrent, victimes de la croyance fasciste et communiste en des Lois Inexorables de la Destinée Historique ». Ce livre attaque la thèse selon laquelle nous pouvons faire des prévisions sur la société en tant que tout, thèse qu'il appelle historicisme. Popper expose dans la préface les grandes lignes de son argumentation de base :

1. le cours de l'histoire humaine dépend pour une grande part de l'accroissement des connaissances humaines. (La vérité de cette prémisse doit être admise même par ceux qui ne voient dans nos idées, y compris nos connaissances scientifiques, que le sous-produit de développements *matériels* d'une sorte ou d'une autre) ;
2. nous ne pouvons pas prédire, par des méthodes rationnelles ou scientifiques, l'accroissement futur de nos connaissances scientifiques. (On peut apporter la preuve logique de cette assertion par des considérations qui seront exposées ci-dessous) ;
3. nous ne pouvons donc pas prédire le cours futur de l'histoire humaine ;

4. cela signifie que nous devons rejeter la possibilité d'une *histoire théorique*, c'est-à-dire d'une science sociale historique qui soit l'équivalent de la *physique théorique*. Il ne peut exister de théorie scientifique du développement historique sur laquelle puisse se fonder la prédiction historique ;

5. c'est pourquoi le but fondamental des méthodes historiques est mal conçu […] et l'historicisme s'effondre[1].

Cette argumentation ne réfute pas la possibilité de toute sorte de prédiction sociale ; elle est au contraire parfaitement compatible avec la possibilité de mettre à l'épreuve des théories sociales – par exemple des théories économiques – en prédisant certains développements qui auront lieu sous certaines conditions. Elle réfute seulement la possibilité de prédire des développements historiques dans la mesure où ils peuvent être influencés par la croissance de notre connaissance.

Ainsi Popper ne nie-t-il pas que nous puissions faire des prédictions sur des processus partiels. Il soutient au contraire que nous devrions former des hypothèses sur l'avenir, les mettre à l'épreuve et apprendre du résultat, ajuster les hypothèses et à nouveau apprendre du résultat, et ainsi de suite. En d'autres termes, il applique à sa philosophie politique les caractéristiques centrales de sa philosophie des sciences. Le résultat en est une politique expérimentale fragmentaire, un réformisme scientifique.

Cette approche est fondamentalement neutre quant à la question de savoir si elle doit être employée dans l'intérêt d'un groupe particulier de la société ; c'est une question de choix politique. L'essentiel pour Popper est que la politique devient scientifique grâce à une « sociotechnique fragmentaire », une « ingénierie sociale fragmentaire ». C'est le désir de planifier la société *en tant que tout*, que totalité, que Popper rejette. C'est impossible. Nous ne pouvons tout transformer en même temps. Ceux qui le pensent non seulement tombent dans l'utopie, mais encore tendent au totalitarisme, puisqu'ils veulent que tout se déroule selon leurs plans. Nous devrions procéder de façon ordonnée, pas à pas, scientifiquement et de manière ouverte, au sens où nous recherchons si le résultat est celui que nous avons postulé, et où nous sommes prêts à ajuster nos plans au fur et à mesure que nous avançons.

Popper maintient que les phénomènes sociaux sont différents des phénomènes naturels ; les premiers moins encore que les seconds ne peuvent être observés sans idées préconçues quant à ce que nous

---

1. Popper, *Misère de l'historicisme*, Préface.

recherchons. Pour Popper, les objets des sciences sociales sont dans une grande mesure des constructions théoriques. À cet égard, il mentionne la guerre et l'armée, qu'il voit comme des concepts abstraits, alors que ceux qui sont tués en nombre, les soldats, etc., sont tous concrets. De pair avec ceci, il introduit le principe de l'*individualisme méthodologique* : « la tâche d'une théorie sociale est de construire et d'analyser avec soin nos modèles sociologiques en termes descriptifs ou nominalistes, c'est-à-dire *en termes d'individus*, de leurs attitudes, anticipations, relations, etc. »[1].

La conception de Popper de la mise à l'épreuve des hypothèses fut violemment critiquée. Certains de ses adversaires affirment que son modèle est naïf et simpliste. Le cœur de leur critique – en partie exprimée par des élèves de Popper lui-même – peut en bref se formuler comme suit :

« H » représente une hypothèse, « I » l'une de ses conséquences, c'est-à-dire l'un des énoncés sur des états particuliers qui découle logiquement de l'hypothèse. Cet énoncé (une prédiction déduite de l'hypothèse) peut alors être mis à l'épreuve de l'observation. S'il est confirmé, nous avons :

$$H \supset I$$
$$\underline{I\qquad\quad}$$
$$H$$

En d'autres termes : « H implique I, et I ; donc H ». Mais ce n'est pas une déduction valide. Ainsi H n'est-elle pas vérifiée. Si l'énoncé sur le cas observé se révèle inexact, nous avons :

$$H \supset I$$
$$\underline{-I\qquad\quad}$$
$$-H$$

En d'autres termes : « H implique I, et non-I ; donc non-H ». C'est une déduction valide (*modus tollens*). Il est donc possible de falsifier H. Les énoncés universels sont donc falsifiables, mais non vérifiables.

L'une des objections à l'encontre de ce point de vue peut se formuler comme suit : les énoncés sur des cas particuliers sont des déductions faites à partir de l'hypothèse *plus des conditions supplémentaires* (S), par exemple les conditions de l'expérience (telles que l'appareillage utilisé). La formule est donc :

---

1. *Idem*, ch. IV, § 29.

$$\left(H+S\right) \supset I$$

$$\underline{-I}$$

$$-\left(H+S\right), \text{i.e.} -H \text{ ou } -S$$

En d'autres termes : « H et S impliquent I, et non-I, donc non-H ou non-S ». Ceci veut dire qu'une conséquence inexacte (I) ne nous impose pas de rejeter (ou de réviser) l'hypothèse, mais qu'elle indique que l'hypothèse *ou* d'autres prémisses sont à rejeter (à réviser). Si nous avons une hypothèse qui dans d'autres cas s'est révélée fructueuse – et que pour l'instant nous n'avons pas d'autre hypothèse par laquelle la remplacer –, il n'est guère raisonnable de la rejeter (de la réviser). Il est plus sage d'essayer de changer une ou plusieurs des autres prémisses (S). C'est aussi l'un des points principaux de la critique par Kuhn de la thèse de la falsification selon Popper.

Thomas Kuhn – Le changement de paradigme dans les sciences

Thomas Kuhn (1927-1996) a proposé une critique fondamentale de la thèse poppérienne de la falsification en développant une perspective sur l'activité scientifique à partir de *l'histoire des sciences*. Il a essayé de montrer que sa conception décrit plus fidèlement ce que les scientifiques font vraiment. C'est sa théorie des *paradigmes* et de la relation entre *la science normale* et *les révolutions scientifiques*. Une hypothèse mise à l'épreuve forme une partie d'un vaste ensemble de présupposés qui dans une large mesure sont implicites (tacites). Au nombre de ces présupposés implicites figure la compétence de recherche acquise par les scientifiques en étudiant la discipline. Quand on reçoit un enseignement sur un sujet, il n'est pas seulement question d'apprendre des faits, mais aussi d'être socialisé dans une communauté de perception et de pensée – d'acquérir des concepts et des normes de recherche. Pour montrer que les hypothèses et les conjectures implicites et explicites ne forment qu'une partie d'un ensemble plus large de présupposés, Kuhn introduit le mot « paradigme », qui désigne cet ensemble.

Pendant le processus de recherche, nous pouvons à divers degrés sentir le besoin de réfléchir sur certains aspects de cette vaste collection de présupposés, et peut-être celui de les changer. Quand commence cette sorte de réflexion et de mise à l'épreuve, nous entrons d'après Kuhn dans une phase révolutionnaire – en tant qu'elle s'oppose à la recherche scientifique normale, où nous travaillons avec des hypothèses spécifiques (des problèmes spécifiques) sur la base de présupposés qui ne sont pas mis en question. Puisque ce large ensemble de présupposés contient aussi le critère qui permet d'établir si une recherche est importante et correcte, un problème insoluble rationnellement surgit d'après Kuhn quand deux paradigmes ou plus entrent en conflit[1]. Pour la même raison, il n'y a pas de position neutre d'où nous pourrions évaluer un tel conflit, et pour finir en caractériser l'issue comme un progrès. D'autres philosophes des sciences affirment qu'il y a dans la recherche scientifique et l'argumentation certaines formes universelles de compétence et de normes que l'on ne peut nier ou rejeter (sans par là même les présupposer), et qui par conséquent, d'une façon ou d'une autre, constituent une part de tous les paradigmes (voir Habermas, chapitre 27).

Parce que Kuhn postule qu'il y a des discontinuités en science entre des paradigmes différents, nous ne pouvons plus parler du progrès scientifique comme d'un développement linéaire ininterrompu. Nous pouvons parler de croissance de la connaissance au sein d'un paradigme, mais ce n'est pas si facile pour une transition d'un paradigme à un autre.

La communication est possible au sein d'un paradigme, mais elle n'est pas si simple entre des paradigmes différents : car il est difficile de créer une compréhension mutuelle entre les représentants de deux tels paradigmes. Ces représentants voient la discussion dans la perspective de leurs présupposés respectifs, c'est-à-dire de leurs propres paradigmes. Une interprétation radicale de cette conception est qu'il n'y a pas de langage d'observation neutre ; toutes les données sont marquées du sceau d'un paradigme. Il n'y a pas non plus de méthode qui soit neutre à l'égard d'un paradigme particulier. Tous les critères de pertinence, d'objectivité et de vérité dépendent ainsi des paradigmes particuliers ; il n'existe aucun critère au-delà des différents paradigmes, et aucun n'est commun à tous.

Si cela veut dire que la question de ce qui est vrai et valide est relative aux différents paradigmes, il en résulte un effet de relativisme et de scepticisme : la vérité est relative. Mais c'est un point de vue qui fait question. Nous avons alors un problème d'autoréférence : si cette affirmation sceptique est censée s'appliquer universellement,

---

1. Voir Paul Hoyningen-Huene, *Reconstructing Scientific Revolutions. Thomas S. Kuhn's Philosophy of Science*, University of Chicago Press, 1993.

elle doit aussi s'appliquer à elle-même – et elle se détruit elle-même. Et si elle n'est pas censée s'appliquer à elle-même, il doit y avoir une connaissance universelle et indépendante des paradigmes, à savoir ce que cette affirmation elle-même énonce (voir les problèmes correspondants d'autoréférence dans les interprétations radicales du positivisme au début de ce chapitre).

Kuhn lui-même ne voulait pas aller si loin[1], mais d'autres philosophes des sciences avec les mêmes tendances, comme Paul Feyerabend (1924-1994), sont clairement allés dans une direction relativiste. Feyerabend rejeta l'idée de règles universelles de méthode pour la science (« Tout est bon »). La distinction entre science et non science s'efface alors.

Le concept de paradigme est décisif dans la philosophie de la science de Kuhn. Mais différentes interprétations en ont été données. Il vaut toutefois la peine de mettre l'accent sur le fait qu'il inclut à la fois des compréhensions de base sur *ce qu'il y a* (une sorte d'ontologie) et sur *des normes de bonne recherche* (une sorte de méthodologie), en plus d'une *éducation* à la pratique scientifique à l'aide d'exemples. En accord avec ce dernier point, le paradigme inclut également la socialisation d'un scientifique dans une communauté de recherche, où il est aussi question d'acquérir la compétence à être capable d'employer les concepts de base (l'ontologie) et les méthodes de base (la méthodologie) en question. Comme nous le verrons, la notion de connaissance « tacite » fondée sur la pratique joue un rôle fondamental dans les derniers travaux de Wittgenstein.

LUDWIG WITTGENSTEIN – LA PHILOSOPHIE ANALYTIQUE COMME PRATIQUE

Dans la mesure où la distinction entre les énoncés qui sont falsifiables-par-principe et ceux qui ne le sont pas se révèle ne pas fournir un critère de différence pertinent entre la signification cognitive et son absence, la question se pose de savoir comment procéder pour distinguer ce qui est cognitivement pourvu de signification de ce qui ne l'est pas. Une réponse à cette question a été suggérée par une école de la philosophie anglo-américaine qui s'est inspirée des derniers écrits de Ludwig Wittgenstein (1889-1951). Cette école, *la philosophie analytique*, commence par une analyse du langage quotidien tel qu'il

---

1. *Ibid.*

fonctionne dans ses divers emplois – c'est-à-dire qu'elle va au-delà de la simple analyse des énoncés qui ont un contenu descriptif : les expressions linguistiques sont pourvues de signification quand elles sont d'un emploi courant ; l'absence de signification doit se comprendre comme une rupture avec l'usage linguistique courant.

Nous pourrions dire en bref que la philosophie analytique rejette la thèse d'une correspondance biunivoque entre le langage et la réalité, et nie par conséquent que soit fondamentalement correct un langage particulier : celui des sciences de la nature. Elle affirme que les mots et les phrases ont un éventail de fonctions différentes. Les mots « cinq pommes rouges » par exemple ont une signification qui varie selon le contexte : dits chez un marchand de fruits et légumes, ils fonctionneront comme un ordre de vente ; dits par un élève dans un cours de calcul, ils peuvent exprimer la réponse correcte d'un problème. De même, nous pourrions dire que le même bout de bois peut être deux pièces différentes selon qu'il est utilisé comme pion dans un jeu d'échecs ou dans un jeu de dames. On ne peut répondre à la question de la sorte de pièce qu'il est qu'en se référant au jeu dans lequel il est utilisé. Ainsi le même mot a-t-il des significations différentes dans des contextes différents, et l'on ne peut répondre à la question de la signification d'un mot qu'en montrant de quelle façon il est concrètement utilisé. Pris isolément, les mots et les phrases n'ont qu'une signification *latente*. Ce n'est pas avant d'être placés dans un contexte particulier qu'ils acquièrent une signification réelle. Nous pouvons donc dire que l'usage détermine la signification. Et puisqu'un mot ou une phrase peuvent se placer dans de nombreux contextes, chacun a de nombreuses significations. Il n'y a donc pas de relation biunivoque entre langage et réalité. Il n'y a pas un langage correct particulier, « le langage scientifique », qui reflète le monde tel qu'il est vraiment[1].

La distinction nette entre signification et absence de signification doit céder la place à la question : quelle sorte de signification, dans quelle sorte d'usage ? Et dans de nombreux contextes, le langage ne fonctionne pas descriptivement. En poésie ou en morale, il n'est pas principalement employé pour énoncer une affirmation sur l'état réel des choses. Nous ne devrions donc pas rejeter comme cognitivement dépourvu de signification tout langage qui ne corresponde pas à celui des sciences empiriques. Notre tâche est de trouver l'usage linguistique

---

1. Ce qui veut dire que Wittgenstein rejette ses premières positions du *Tractatus logico-philosophicus*.

spécifique qui régit chaque contexte – comme la poésie, l'interaction éthique ou la vie pratique.

Dans la vie quotidienne, l'usage linguistique est en général pourvu de signification, dans un sens ou dans un autre. Il est par conséquent important de clarifier dans chaque cas à quelle sorte d'usage nous avons affaire. Nous devrions donc analyser le langage quotidien tel qu'il fonctionne, quand il fonctionne. La philosophie analytique est donc une « philosophie du langage ordinaire ».

Qu'est-ce qui est dépourvu de signification, selon la tradition wittgensteinienne ? C'est le mauvais usage d'un langage quotidien pourvu de signification : les problèmes philosophiques classiques surgissent souvent d'un tel mauvais usage. Nous employons des mots, qui dans *un* contexte donné ont une fonction pourvue de signification, dans un contexte différent auquel ils n'appartiennent pas[1]. Cela revient à mélanger les échecs et les dames. Pour prendre un autre exemple : si on demande à un homme qui attend le bus s'il sait quand ce bus doit arriver et qu'il répond : « Je ne sais rien que je puisse considérer comme certain », il fait un mauvais usage du langage. Ce qu'il dit n'a pas de sens dans *ce* contexte. Dans la question, le verbe « savoir » est utilisé avec une signification ; il correspond au contexte d'attendre le bus. Mais son emploi dans la réponse présuppose un contexte complètement différent, celui d'une discussion épistémologique. Un « philosophe du langage ordinaire », tel que Wittgenstein, affirmerait que de nombreux débats philosophiques, comme ceux sur l'épistémologie et le scepticisme, sont largement des illustrations du mauvais usage des mots de chaque jour dans des contextes théoriques auxquels ils n'appartiennent pas. C'est pourquoi surgissent des problèmes philosophiques complexes, qui sont en réalité des pseudo-problèmes découlant d'un mauvais usage du langage. Un point classique dans ce contexte est l'affirmation que les définitions ontologiques classiques sont en fait une projection des distinctions linguistiques sur les choses – par exemple les catégories qu'Aristote trouve parmi les choses sont en dernière instance des distinctions *du langage* qui sont naïvement conçues comme des propriétés des choses. La distinction entre substance et propriété, par exemple, est une projection sur les choses de la distinction linguistique entre sujet grammatical et prédicat.

Décrite de cette façon, la philosophie du langage ordinaire devient une sorte de nominalisme. Mais ce n'est pas tout à fait aussi simple.

---

1. Voir l'analyse du dilemme d'Achille et de la tortue dans *Dilemmas*, de G. Ryle, Cambridge University Press, 1954.

Comme nous le verrons bientôt, l'idée centrale du *jeu de langage* wittgensteinien, selon laquelle le langage s'exprime fondamentalement dans des actes de langage, est que les déclarations, les tâches et les objets constituent un tout, dépassant ainsi la distinction entre langage et réalité. Cela n'a pas de sens de dire que nous avons d'un côté le langage avec ses distinctions, et les choses de l'autre, comme si l'un et les autres étaient épistémologiquement indépendants.

La philosophie analytique s'efforce non seulement de «diagnostiquer», mais aussi de «guérir» : elle essaie de fournir une «thérapie» contre le désordre linguistique que cause notre mauvais usage du langage ordinaire. Pour des philosophes analytiques comme Wittgenstein, cette thérapie est tout particulièrement conçue pour les problèmes métaphysiques classiques. Cette vision de la philosophie comme thérapie contient ainsi des tendances anti-métaphysiques. Jusque-là, les philosophes analytiques et les empiristes logiques sont d'accord. Mais quand les philosophes analytiques comme Wittgenstein considèrent la philosophie comme une pratique thérapeutique, ils soutiennent aussi qu'elle ne fournit pas de réponses sous la forme de thèses et de points de vue ; la philosophie comme thérapie veut dire que la philosophie doit être comprise comme une pratique, une activité qui dénoue des nœuds (conceptuels) linguistiques, sans faire elle-même aucune affirmation. Il y a là une certaine affinité avec la méthode socratique.

La méthode thérapeutique vise à montrer dans différents contextes linguistiques ce qui peut être dit et ce qui ne peut l'être. Elle présuppose en général que ceux qui vivent dans une communauté linguistique possèdent une connaissance implicite des règles de la pratique linguistique pourvue de signification dans cette communauté – sans cette connaissance, une communauté linguistique est impossible. En un certain sens, l'analyse linguistique philosophique essaie de rendre explicite l'implicite, en révélant au moyen de l'analyse et par des arguments les règles inexprimées de l'usage linguistique. Nous pouvons donc dire que les règles de base du langage ordinaire fonctionnent comme une cour d'appel : les expressions linguistiques sont pourvues de signification quand elles s'accordent avec les règles de base existantes. Mais comment décidons-nous qui a raison en cas de désaccord sur les règles de base ? Nous ne pouvons le découvrir qu'en *indiquant* à nouveau l'usage : dire : «Le nombre sept est vert» est dépourvu de signification dans le langage ordinaire parce que cela enfreint la règle de base selon laquelle pour les nombres on ne peut prédiquer une couleur – l'absence de signification dont nous faisons l'expérience avec cette déclaration indique cette règle de base.

Dans les *Recherches philosophiques* (1953), Wittgenstein analyse le langage comme relié de manière interne à nos diverses activités : il est inséré dans des jeux de langage, c'est-à-dire dans des contextes pratiques concrets où lui et l'usage forment une unité. Dans un jeu de langage – tel qu'acheter cinq pommes rouges dans une épicerie, ou demander des blocs et des poutres sur un chantier de construction –, il n'y a pas de relation externe entre les choses et le langage ; les phénomènes, tels qu'ils existent dans ce jeu de langage, ne peuvent se décrire de manière satisfaisante qu'au moyen des concepts du jeu, et les concepts acquièrent leur signification par les phénomènes tels qu'ils apparaissent dans ce jeu.

Les divers jeux de langage se recoupent en général. Les règles des jeux de langage peuvent être plus ou moins spécifiques à un jeu de langage, ou communes à plusieurs d'entre eux. Par conséquent, une expression linguistique peut avoir une signification commune à travers des jeux de langage différents. Dans de tels cas, nous pouvons parler d'un *air de famille* : il n'y a pas une identité commune clairement définie à travers les différents jeux de langage, mais nous sommes encore capables de reconnaître certaines caractéristiques communes (comme parmi les membres d'une famille).

Wittgenstein pensait pouvoir montrer que le langage est inséré dans cette multiplicité d'activités sans prétendre lui-même employer un jeu de langage d'un ordre plus élevé qui prendrait tous les autres jeux de langage comme objet. Il rejetait l'idée d'un jeu de langage d'ordre plus élevé susceptible de représenter un cadre de compréhension commun à tous les jeux de langage de la vie quotidienne, y compris celui des sciences.

D'autre part, l'un des disciples de Wittgenstein, Peter Winch, a développé une philosophie des sciences sociales en employant comme point de départ la théorie des jeux de langage[1]. Comprendre une société, c'est comme comprendre un ensemble de jeux de langage. Comprendre un jeu de langage, c'est le comprendre sur la base de ses propres concepts et de ses propres règles. Nous ne pouvons employer d'autres concepts ni d'autres règles, par exemple l'explication causale des actes de langage. Winch est donc le représentant de sciences sociales fondées sur *la compréhension*, non sur l'explication causale. Et il propose une théorie des jeux de langage qui a le statut d'un point de vue d'ordre supérieur, d'une métathéorie, par rapport aux divers jeux de langage.

---

1. P. Winch, *L'idée d'une science sociale et sa relation à la philosophie*, tr. Michel Le Du, Gallimard, 2009.

En quel sens les règles de base des jeux de langage sont-elles telles que nous pouvons nous en passer, et en quel sens sont-elles telles que nous ne pouvons nous en passer ? Si nous soutenons que certaines d'entre elles forment nécessairement une part de *tous* les jeux de langage – de sorte que nous ne pouvons éviter ces dernières ni nous en passer, mais que nous pouvons les analyser et les discuter tout en les employant –, il nous reste une sorte de philosophie linguistique transcendantale. Il y a dans le langage certains principes ou règles inévitables et communs – des règles nécessaires pour la signification linguistique en général – qui constituent en dernière instance une norme de toute signification linguistique. S'il en est ainsi, nous avons certaines conditions communes de base pour la signification linguistique en général.

D'autres philosophes analytiques comme Gilbert Ryle (1900-1976) ont employé l'analyse linguistique d'une manière un peu plus constructive[1]. En clarifiant la façon dont nos concepts sont interconnectés de diverses façons pourvues de signification, nous pouvons voir plus clairement ce que sont vraiment le langage et les phénomènes. La méthode consiste à déterminer, par des expériences de pensée analytiques, quels concepts sont en relation interne les uns avec les autres, et quels concepts ne peuvent se combiner (le résultat de leur combinaison étant l'absence de signification). Ainsi le concept d'action s'articule-t-il nécessairement avec ceux d'agent et d'intention, tandis que les concepts des nombres ne peuvent se combiner à des prédicats de couleur.

Chez certains philosophes analytiques comme Ryle, la tendance anti-métaphysique est moins prononcée, et l'analyse devient un moyen d'acquérir une compréhension de problèmes classiques, comme la question de ce qu'est une action, ou un agent, ou une personne[2].

Si les conditions de signification sont attachées au langage dans son usage, quelle est donc la relation entre le langage et celui qui l'emploie ? Le langage n'est-il pas nécessairement relié à quelqu'un qui l'emploie, à un sujet ? En outre, n'implique-t-il pas quelque chose d'intersubjectif et de socio-historique ? N'est-il pas quelque chose que celui qui l'emploie hérite, quelque chose à quoi il s'accoutume à partir des autres et à travers eux ? Ces problèmes de la relation interne du langage au sujet parlant et connaissant, ainsi qu'à la communauté historique et sociale, vont au-delà de l'approche sémantique et nous

---

1. Voir G. Ryle, *La notion d'esprit*, Payot, 2005 (*The Concept of Mind*, 1949), tr. Suzanne Stern-Gillet.

2. Voir Stuart Hampshire, *Thought and Action* (1959) ; et Peter F. Strawson, *Les Individus*, Seuil, 1973, tr. A. Shalom et Paul Drong (*Individuals*, 1959).

conduisent dans la direction de l'analyse des actes de langage, de la
phénoménologie et de l'existentialisme.

LA PHILOSOPHIE DU LANGAGE ORDINAIRE
ET LA THÉORIE DES ACTES DE LANGAGE –
AUSTIN ET SEARLE

L'école connue comme *philosophie du langage ordinaire* est un mouvement apparu en Grande-Bretagne dans les années 30 en réaction au
positivisme logique. Tandis que les positivistes logiques s'inspiraient
de la logique formelle et du langage mathématique de la physique
moderne[1], les tenants de la philosophie du langage ordinaire mirent
l'accent sur l'analyse de la multitude d'expressions trouvées dans le
langage quotidien. Nous pouvons distinguer différents groupes au
sein de la philosophie du langage ordinaire :

1. la philosophie du *sens commun*, représentée par-dessus tout par
   George Edward Moore ;
2. l'école *de Cambridge*, comprenant Wittgenstein (dans sa dernière
   période), John Wisdom et Norman Malcolm ;
3. l'école *d'Oxford*, comprenant Gilbert Ryle, Stuart Hampshire,
   Peter F. Strawson, Stephen Toulmin et John L. Austin.

Ces groupes ont en commun de prendre l'analyse du langage
quotidien comme point de départ de la critique tant du langage idéalisé
employé dans les sciences empiriques formulées mathématiquement
que de celui employé par les philosophes inspirés par la logique
formelle. Les philosophes *du langage ordinaire* sont les défenseurs du
langage quotidien et du *sens commun* (remarquez le parallèle avec la
phénoménologie).

Par une analyse soigneuse de l'usage du langage commun, John L.
Austin (1911-1960) critique les philosophes qui font ce qu'il considère
comme des affirmations prétentieuses et opaques (voir la clarification
linguistique de John Locke). En montrant la connaissance que l'on
trouve dans le langage quotidien, il articule ainsi une critique sceptique
de la métaphysique et du positivisme logique, tout en essayant en
même temps de réfuter le scepticisme philosophique (théorique). Il

---

1. On peut dire en ce sens que le langage formulé mathématiquement est
« idéalisé ».

fait la distinction entre énoncés *descriptifs* («constatifs»), et ce que nous pourrions appeler énoncés *d'exécution* («performatifs»). L'énoncé : «Je marche» est un énoncé *descriptif*. Il *établit* quelque chose. L'énoncé : «Je promets…» est en même temps qu'un énoncé une *action*. Il *accomplit* (en anglais : *to perform*) une action[1]. Si le maire dit dans une cérémonie officielle : «Je nomme cette rue *Promenade de l'État*», il ne fait pas une description, mais il *accomplit une action,* celle qui consiste à donner un nom à la rue (ceci a lieu aussi longtemps que tout est exécuté comme ce devrait l'être, c'est-à-dire dans le respect du protocole d'une telle cérémonie). De cette façon, Austin concentre son attention sur les relations entre les utilisateurs du langage et l'expression linguistique, et sur le contexte social au sein duquel s'expriment les utilisateurs du langage. On peut explorer psychologiquement les relations entre l'utilisateur du langage et l'expression linguistique. Mais pour Austin c'est une question d'analyse philosophique. La recherche sur les relations entre l'utilisateur du langage et l'expression linguistique est souvent appelée «pragmatique», tandis que celle sur la structure du langage s'appelle «syntaxe», et celle sur le contenu de signification du langage «sémantique». Sur la base de cette terminologie, Austin s'intéresse à la pragmatique en un sens philosophique.

Austin est ainsi une figure clé du passage à une philosophie linguistique, y compris la philosophie des actes de langage, ce que l'on a appelé *tournant linguistique* (ou *tournant pragmatique*). Pour une meilleure analyse et une meilleure compréhension des différentes sortes d'actes de langage, Austin a aussi introduit un schème conceptuel tripartite : locutoire, illocutoire et perlocutoire. La *force perlocutoire* d'un acte de langage est liée à ses relations causales. Si je dis : «La grenade qui se trouve derrière vous peut exploser d'une seconde à l'autre», cette déclaration peut être cause de ce que les autres s'enfuient en courant; en disant cela, je «cause» une action de leur part. L'acte de langage a ainsi une force perlocutoire. Mais même s'ils ne se mettent pas à courir, je les ai néanmoins prévenus en prononçant cette phrase. Conformément aux conventions qui s'appliquent à l'acte de prévenir les autres (et pour pouvoir ainsi dire que je ne suis pas responsable dans le cas où quelqu'un aurait été blessé), mon acte de langage a été couronné de succès même s'ils ont ignoré mon message. La *force illocutoire* d'un acte de langage est liée à la satisfaction des conventions, non aux effets causaux. (Remarquez le parallèle : quand le maire nomme une rue, c'est conformément aux conventions, non comme un effet causal). L'aspect *locutoire* se fonde sur ce que nous

---

1. J.-L. Austin, *Quand dire c'est faire*, Seuil, 1960, tr. Gilles Lane.

appelons le contenu de l'affirmation (ce que nous exprimons). Un seul et même acte de langage peut de différentes façons se caractériser par l'ensemble de ces trois effets[1].

La théorie des actes de langage a été développée plus avant par le philosophe américain John R. Searle (1932-)[2]. Partant de l'idée que les actes de langage ont une force illocutoire, il a essayé de découvrir les règles des actes de langage réussis, c'est-à-dire des règles qui sont « constitutives » (et pas seulement « régulatrices ») des actes de langage réussis. En bref, les règles des échecs sont constitutives des mouvements des pièces aux échecs parce que les actions individuelles du jeu, les mouvements individuels, ne sont ce qu'ils sont qu'étant données ces règles. Mais l'interdiction : « Ne fumez pas au bureau » ne fait que régler un comportement qui existe déjà, fumer ou ne pas fumer, sans être elle-même condition de l'existence de ce type de comportement. Les règles des actes de langage que Searle a essayé de découvrir sont par exemple celles qui s'appuient sur le fait que nous supposons habituellement que les gens sont sincères, que ce dont ils parlent existe, et que les rôles et les institutions sont normalement tels que leurs actes de langage sont pourvus de signification. Quand nous entendons le maire dire : « Je nomme cette rue Promenade de l'État », nous supposons habituellement qu'il y a une rue à nommer, que le maire veut dire ce qu'il dit, et qu'il accomplit vraiment un acte officiel. Quand les actes de langage sont pourvus de signification et réussis dans l'interaction entre les humains, c'est précisément à cause de telles règles, auxquelles souvent nous ne pensons pas mais qu'en général nous considérons comme allant de soi, à la fois quand nous parlons et quand nous écoutons. Ces règles implicites des actes de langage sont donc, pour l'interaction linguistique, des conditions constitutives de compréhension mutuelle. En pratique, il y a évidemment toutes sortes de facteurs qui nous empêchent de nous comprendre mutuellement. Bien sûr, une ou plusieurs de ces règles sont souvent enfreintes, volontairement ou non. Mais de même que parler sincèrement précède le *mensonge* (parce qu'afin de pouvoir mentir, le menteur doit supposer que l'auditeur croit qu'il dit la vérité), ces règles précèdent leur violation. Qu'elles soient souvent enfreintes n'est ni douteux, ni niable. Dans cet ordre d'idées, Searle a

---

1. Jürgen Habermas a développé une distinction entre les aspects illocutoires et perlocutoires dans la direction d'une théorie globale des actes de langage dans laquelle la distinction entre action *communicationnelle* et *stratégique* est fondamentale (voir chapitre 27).

2. J.-R. Searle, *Les actes de langage*, Hermann, 1972, tr. H. Pauchard. On y trouve les adjectifs « locutionnaire », « perlocutionnaire » et « illocutionnaire » à la place de « locutoire », « perlocutoire », « illocutoire » maintenant plus répandus, et que nous avons donc employés ici.

aussi introduit l'expression «faits institutionnels» pour désigner les circonstances sociales (les faits sociaux) qui n'auraient pas existé si elles n'avaient pas été placées dans certains cadres institutionnels, dont font partie les règles des actes de langage qui les «constituent»[1].

Phénoménologie et existentialisme – Husserl et Sartre

La phénoménologie n'est pas une école homogène. Son fondateur, Edmund Husserl (1859-1938), a développé sa théorie au cours de sa carrière. Les contrastes sont grands parmi ceux que l'on rattache souvent à l'école phénoménologique, comme Martin Heidegger (1889-1976), Jean-Paul Sartre (1905-1980) et Maurice Merleau-Ponty (1907-1961). On peut aussi par exemple qualifier Sartre d'existentialiste. Nous traiterons brièvement ici de certains des aspects principaux de la phénoménologie.

La phénoménologie (littéralement, la théorie des phénomènes) est une école philosophique qui essaie de *décrire* les évènements et les actions tels qu'ils apparaissent. Elle critique la tendance à n'accepter comme réel que ce que décrivent les sciences de la nature. Elle vise à décrire les objets que nous manipulons quotidiennement tels qu'ils nous apparaissent : le stylo avec lequel je suis en train d'écrire est décrit tel qu'il est dans ce contexte. La phénoménologie attaque la conception selon laquelle il n'est qu'une collection d'atomes. En ce sens, nous pouvons dire que cette école vise à reconstruire l'univers dans toute sa diversité et sa plénitude, avec toutes ses qualités, par opposition à une normalisation unidimensionnelle fondée sur une philosophie scientiste. Elle s'oppose par conséquent à la conception selon laquelle seuls les concepts des sciences de la nature saisissent les choses telles qu'elles sont vraiment.

Nous voyons ici un parallèle avec le concept de jeu de langage que nous trouvons chez les philosophes du langage ordinaire : chez eux, la conception selon laquelle le langage des sciences de la nature est le seul correct était rejetée au profit d'une présentation de la diversité des différents contextes linguistiques – la signification linguistique était définie par le contexte. Dans les descriptions phénoménologiques, ce sont les phénomènes, et non principalement le langage,

---

1. Le concept de *faits bruts*, comme contrepartie de celui de faits institutionnels, a été développé par Elizabeth Anscombe, «On Brute Facts», *Analysis*, vol. 18, janvier 1958.

qui occupent le centre de la scène. Mais nous avons ici aussi une critique de la conception absolutiste selon laquelle seuls les concepts des sciences de la nature sont valides. En même temps, il conviendrait de souligner que ni la philosophie analytique ni la phénoménologie ne s'opposent aux sciences de la nature. Ce qui est critiqué, c'est la théorie philosophique selon laquelle seuls les concepts des sciences de la nature saisissent la réalité.

La phénoménologie décrit souvent des activités quotidiennes simples : moudre du blé, forger un fer à cheval, écrire une lettre. Nous employons souvent l'expression husserlienne de *monde vécu* (*Lebenswelt*) : le monde dans lequel nous vivons, avec ses objets quotidiens et ses idées quotidiennes (phénomènes, agents et expressions linguistiques) tels qu'ils apparaissent aux utilisateurs. Ainsi, le langage-en-usage forme une part du *Lebenswelt*, de même que les utilisateurs du langage (voir le parallèle avec les jeux de langage, qui ne sont pas seulement linguistiques dans un sens sémantique ou syntaxique, mais aussi dans un sens pragmatique).

La phénoménologie ne présente pas son idée du monde vécu comme l'un des termes d'une alternative dont l'autre serait les idées scientifiques. Le monde vécu a une priorité épistémologique. Ce n'est pas seulement que les sciences en proviennent historiquement ; il est la condition préalable épistémologique qui rend possible l'activité scientifique. Husserl considère ainsi la phénoménologie comme une extension du développement scientifique de l'histoire européenne. La philosophie comme la science s'attache à la rationalité en tant que fin (« *télos* »), et la phénoménologie a pour tâche d'éclairer et de clarifier les problèmes de base de la science. Husserl parle ainsi de sa propre phénoménologie comme d'une « science rigoureuse » et d'une « phénoménologie transcendantale » qui devrait nous apporter un soutien dans « la crise des sciences européennes ». Les efforts rédempteurs de la phénoménologie par rapport aux aspects scientifiques des sciences résident dans sa capacité à présenter le monde vécu comme le terrain constitutif de signification des sciences afin qu'elles ne négligent pas la question de savoir d'où elles viennent et où elles vont.

La tâche de la phénoménologie n'est par conséquent pas seulement de décrire les phénomènes (outils, intentions, nos semblables, etc.) tels qu'ils apparaissent dans des contextes divers. Son but plus profond est de découvrir dans le monde vécu les conditions qui rendent possible l'action humaine (dont l'activité scientifique), les conditions *constitutives de signification* de l'action et de la rationalité humaines. On les recherche ainsi dans les conditions de base qui font du monde vécu ce qu'il est. (Prenez à nouveau l'exemple des échecs : les règles sont constitutives de signification pour les divers coups du jeu, bons ou mauvais ; sans elles, parler des coups des échecs ne rimerait à rien.) En ce sens, il y a ici, comme chez les philosophes des actes de langage, un certain argument philosophique transcendantal, mais il s'agit d'une philosophie transcendantale qui cherche les conditions préalables plus ou moins variables de l'existence de la communauté pratico-linguistique, non d'une philosophie transcendantale dans un sens kantien strict, avec des conditions préalables immuables gravées dans chaque personne.

La clarification des structures du monde vécu a donc un but *épis-témologique*. Un point important est que le monde vécu est pratique, avec des tâches intentionnelles et des actions régulées par des normes. Les problèmes épistémologiques sont discutés en termes d'*actions* (tâches, travaux, interactions), non en termes d'expériences des sens passives comme chez Berkeley. La connaissance que nous avons de ce que nous faisons est perçue comme fondamentale. Elle ne peut se réduire aux simples impressions des sens. Quand par exemple je coupe du bois, je sais instinctivement ce que je fais ; et ce que je sais par exemple des mouvements de mon bras n'est pas quelque chose que je sais en *regardant* mon bras, comme si c'était un objet d'observation. Bien sûr, je regarde mon bras quand je coupe du bois, mais ma vision du bras fait partie du contexte d'une action dans laquelle l'observation que mon bras bouge est différente de ce qu'elle serait si je le regardais simplement comme un objet étranger.

Le fait que la phénoménologie commence épistémologiquement avec nos tâches quotidiennes, et non avec des impressions sensibles passives ou avec une pensée pure, veut dire qu'elle a une manière qui lui est unique de tourner, avec les concepts de choses et d'identité personnelle, les problèmes liés à la relation entre le sujet et l'objet. Comme personnes agissantes, nous avons un accès immédiat à ces activités ; il n'y a pas de coupure absolue entre sujet et objet. Les phénomènes se révèlent tels qu'ils sont dans une situation donnée, comme les choses qu'ils sont ; et la conscience de l'agent, dans la durée temporelle de l'action, lui garantit continuité et identité. Les descriptions phénoménologiques, qui commencent avec l'action, sont intéressantes pour les sciences sociales et leurs débats fondamentaux : dans les analyses phéno-ménologiques des contextes de vie, qui s'appuient sur le concept d'action et sur des concepts liés comme ceux d'intention, d'agent, de co-agent et d'objets de l'action, nous avons pour but de présenter le champ de l'action dans les termes et les catégories que l'agent utilise. Ainsi la phénoménologie est-elle étroitement liée à l'approche *compréhensive* de la recherche sociale, en tant qu'elle s'oppose à l'approche explicative.

C'est conforme à l'analyse de la société que fait Winch en accord avec le modèle des jeux de langage.

Mais comme nous l'avons mentionné, la phénoménologie vise principalement à trouver les éléments qui constituent la signification, et pas seulement à une description de la situation. Il est par conséquent important d'être conscient à tout moment du niveau conceptuel auquel nous nous trouvons. Quand par exemple Sartre traite de la liberté dans *L'Être et le Néant* (1943), il la conçoit comme ayant une signification constitutive. Elle a le statut logique d'être une *condition* nécessaire de l'action : agir, c'est agir intentionnellement, consciemment, dans un sens ou un autre. L'action *présuppose* que nous voyions que la situation aurait pu être différente de ce qu'elle est en acte, qu'il y a une alternative dont le donné n'est qu'un terme, une alternative dont nous pouvons espérer réaliser l'autre terme possible par une suite particulière d'actions. Autrement dit, l'action surpasse le donné – l'action «nie» le donné – à la lumière d'un autre état des choses. En ce sens, on accorde la priorité à ce qui est possible par rapport à ce qui est en acte ; ce qui est possible est ce qui n'est pas encore en acte mais peut être actualisé par l'action. Si nous ne voyions pas que la situation autour de nous pourrait par suite de nos efforts être différente d'une façon ou d'une autre, nous ne serions pas capables d'agir. Cette négation intentionnelle possible du «donné» indique la liberté comme condition de l'action. La liberté *constitue* donc l'action. C'est en vertu de la liberté, en ce sens, que l'action est possible.

Toutefois, en même temps, Sartre soutient que les êtres humains peuvent perdre leur liberté. Comment est-ce possible si la liberté est en nous un élément de base, constitutif ? La réponse est que la liberté de base, que nous possédons toujours de manière latente, peut se perdre dans des situations particulières, si nous ne reconnaissons pas la situation comme une de celles qui peuvent et devraient être changées, et si nous ne nous reconnaissons pas nous-mêmes comme l'agent qui peut et devrait effectuer le changement. Nous nous voyons alors comme une sorte de *chose*, sans la capacité d'agir. Par conséquent la liberté ne s'actualise pas. C'est ainsi qu'elle peut se perdre. Mais en tant que propriété essentielle des êtres humains, elle est présente de manière latente même dans une telle situation.

Nous avons jusqu'ici principalement traité de la phénoménologie en rapport avec l'épistémologie et la théorie de l'action. Elle a cependant été tout aussi fructueuse dans l'art et la littérature, puisqu'elle a rendu ses qualités à notre monde : une fois de plus, nous pouvons traiter légitimement des phénomènes dans leur plénitude qualitative – qu'il s'agisse d'un poème de Nerval ou d'une toile de Van Gogh. Dans la recherche littéraire, la phénoménologie, comme l'herméneutique, a joué le rôle de science interprétative.

Dans une œuvre plus tardive, *Critique de la Raison dialectique* (1960) (à rapprocher du titre de Kant), Sartre traite de la relation entre sa phénoménologie existentialiste antérieure et le marxisme : en commençant par les activités individuelles, il essaie, par un dépassement dialectique, d'arriver à une théorie de la totalité socio-historique. Sa théorie de la façon dont des structures manufacturées – rues, maisons, escaliers, marchés, etc. – définissent nos champs d'action est importante à cet égard. Ces structures sont des médiations matérielles entre les êtres humains, et entre les êtres humains et la communauté. Par ailleurs, la formation d'un groupe représente un tel facteur de médiation ; le *groupe* exprime une action commune spontanée pour réaliser des buts communs, alors que dans ce que Sartre appelle la *série* les individus singuliers forment une partie d'un agrégat sans communication ni communauté (comme dans une queue à un arrêt de bus). Pour échapper à notre situation aliénée, nous devons nous activer dans le « groupe » et aller au-delà des situations où la somme de nos actions individuelles conduit à des résultats involontaires – comme lorsque l'action raisonnable de chaque fermier consistant à abattre des arbres conduit à un déboisement imprudent et à un désastre naturel. Nous devrions essayer d'éviter que la somme de nos actions particulières se retourne contre nous ; Sartre parle ici de contre-finalité.

Sartre, qui dans *L'Être et le Néant* défendait une position individualiste, a essayé ensuite de développer une sorte de philosophie marxiste qui établisse une médiation raisonnable entre l'individu et la communauté. Il dit que Hegel, avec son concept de communauté, a raison contre Kierkegaard, et que Kierkegaard, avec son concept de « l'Unique », a raison contre Hegel – les deux conceptions étant reliées par la médiation de la version sartrienne de Marx. Sartre met ici l'accent sur la famille – le milieu où s'effectuent la socialisation et l'individuation premières de l'enfant – comme médiateur entre l'universel et le particulier.

On dit souvent que Sartre est un existentialiste. L'existentialisme n'est cependant pas une école philosophique au sens strict. Le terme s'applique à des penseurs très divers, comme le catholique Gabriel Marcel, l'athée Jean-Paul Sartre, la féministe Simone de Beauvoir, le déiste Karl Jaspers et le philosophe de l'Être Martin Heidegger. Mais, pour employer la formule de Wittgenstein, il y a un certain air de famille. Et les racines de cette façon de penser remontent à Kierkegaard, Pascal, Saint Augustin et Socrate. L'air de famille peut se voir dans la manière dont ces penseurs intériorisent l'Être de l'homme comme individu fini et mortel, souvent tragique et rempli de paradoxes, dans une vie inachevée où la conscience de soi est fondamentale et inébranlable. Une caractéristique de base de la philosophie existentielle est par conséquent l'idée que nous devons tous méditer sur notre propre vie. Dans cette pensée existentielle – où nous avons aussi personnellement connaissance de notre propre mort –, nous sommes stimulés, nous renaissons virtuellement avec une conscience qui sonde de plus grandes profondeurs. Si nous ne pouvons trouver de réponse à ces questions – D'où venons-nous ? Que sommes-nous ? Où allons-nous ? – dignes des « infernales questions » de Heine et Dostoïevski, nous conservons encore cette conscience de l'unicité de l'existence humaine, la pure flamme de la vie. Comme l'a écrit l'auteur norvégien Arne Garborg : la vie est « complètement dépourvue de motif, parfaitement contraire à la raison, un postulat nu – mais un postulat énergique, que nous ne pouvons éviter ; un postulat à ce point supérieur qu'il refuse toute légitimation, à ce point souverain que même quand nous le nions, nous sommes soumis à ses lois ou à ses caprices dans toutes les fibres de notre corps »[1].

Nous dirons ici quelques mots des conceptions explicitement existentielles de Sartre, en particulier telles qu'elles s'expriment dans *L'existentialisme est un humanisme*. Sartre soutient que pour les êtres humains « l'existence précède l'essence ». Il entend par là qu'il n'y a pas de normes, pas de « commandements de Dieu » implantés par un Créateur qui nous dirait ce que nous devrions faire de nos vies. Nous sommes par conséquent libres en ce sens qu'il n'y a pas de normes ni de prescriptions objectives. (Étudiez la différence entre cette conception de la liberté, basée sur une absence de normes, et celle de la liberté en tant que condition de l'action dans *L'Être et le Néant*.) Pour clarifier l'idée de Sartre, nous pouvons user de l'illustration que voici : nous sommes comme des acteurs qui se trouveraient soudain sur scène au milieu d'une représentation mais sans avoir de texte, sans connaître le nom de la pièce ni le rôle qu'ils jouent, sans savoir que dire ni que faire – oui, sans savoir même si la pièce a au moins un auteur, si c'est une tragédie ou une farce. Nous devons *en personne* prendre une décision, celle d'*être* ceci ou cela, un méchant ou un héros, ridicule ou tragique. Ou nous pouvons simplement sortir de scène, sans attendre. Mais c'est encore choisir un rôle – et ce choix aussi est fait sans que nous sachions même de quoi il était question dans la représentation.

C'est ainsi que nous sommes plongés dans l'existence. Nous existons, nous nous trouvons nous-mêmes ici – libres, puisqu'il n'y a pas

---

1. Arne Garborg, dans *Tankar og utsyn*, Aschechong, 1950 (Pensées et opinions).

de prescriptions – et nous devons décider pour nous-mêmes, nous définir nous-mêmes comme la sorte de personne que nous allons être. L'essence (la définition) suit donc l'existence (que nous sommes déjà en train de vivre).

Dans la version sartrienne de l'existentialisme, le *choix* est important. Il ne s'agit pas de choisir des choses au moyen d'un critère, mais de « choisir » le critère, de nous choisir nous-mêmes *en tant que personne*. Mais ce choix d'une position de base ne peut être rationnellement justifié, selon Sartre. Au contraire, toute tentative de justifier une position doit commencer par quelque chose, mais ici le choix est celui du point de départ lui-même. Il y a donc quelque chose d'arbitraire à son propos. Ce choix fondamental, nous le faisons seuls – même si nous demandons conseil, nous avons choisi de demander conseil, et nous choisissons comment interpréter le conseil, nous choisissons de le suivre ou non. En ce sens, le choix représente une décision, quelque chose d'arbitraire. Nous pouvons choisir l'altruisme ou l'égoïsme, le communisme ou le fascisme. Le choix lui-même ne peut être rationnellement fondé (remarquez le parallèle avec Popper). Mais en même temps, d'après Sartre, – il convient de le remarquer – nous, en tant qu'individus, pouvons encore choisir pour *tous*. Nous observons ici une idée kantienne : une universalisation de la norme d'action.

Néanmoins, sommes-nous réellement souverains au point de pouvoir définir notre identité de cette manière ? Ne sommes-nous pas vitalement liés à la communauté – par la socialisation, plus tard dans la vie par la reconnaissance mutuelle, par le monde du travail objectif et nécessaire, par le langage ? Il semble y avoir quelque chose de problématique dans la relation entre l'individu et la communauté telle que la conçoit l'existentialisme sartrien.

Dans l'existentialisme, la question de l'*identité* est centrale : à la base, qui suis-je ? Sartre pense que nous sommes par principe libres de définir notre identité. Il n'y a pas de texte pour nos rôles ! Il n'y a pas d'essence qui nous dise qui nous sommes et ce que nous devrions être. Nous sommes tous libres et nous portons tous la responsabilité de trouver – de fabriquer – la réponse à cette énigme existentielle.

Sartre hérite le problème de l'identité et de la reconnaissance de Hegel, qui voyait la question de l'identité comme celle de la relation entre des sujets humains : quand deux sujets se rencontrent, une lutte pour la *reconnaissance* apparaît, une lutte pour déterminer comment ils vont mutuellement se voir eux-mêmes aussi bien que l'un l'autre. C'est une lutte « spirituelle » en ce sens qu'elle n'a pas pour enjeu principal des biens matériels mais la reconnaissance mutuelle. C'est néanmoins pour Hegel une question de vie et de mort : savoir qui nous sommes par rapport aux autres est pour nous d'une importance vitale. En outre, dans la perspective de Hegel, il est question d'être reconnu comme supérieur ou comme inférieur. C'est une lutte pour déterminer qui est le «maître» et qui est l'«esclave» – et Hegel lie aussi ces positions aux conditions matérielles : l'esclave doit travailler pour le maître sous peine de mort.

Hegel conçoit par conséquent l'identité humaine – notre compréhension de soi et de l'Autre (des autres) – comme le produit vulnérable d'un processus psychosocial en cours. L'identité n'est pas quelque chose que nous *avons*, comme la couleur des cheveux et le patrimoine génétique. Nous l'acquérons à travers un processus intersubjectif rempli de tension, et elle peut perpétuellement être remise en question. Nous sommes vulnérables non seulement en tant qu'êtres physiques, eu égard à la maladie et à la mort, mais aussi en tant qu'êtres sociaux, eu égard à la définition et à la redéfinition de notre identité par les autres.

Mais en prétendant que notre identité est simplement un produit de la nature, nous pouvons donner l'impression, à nous-mêmes et aux autres, que cette identité définie socialement est aussi immuable que les autres phénomènes naturels. L'esclave est esclave par nature, et le maître est maître par nature, ou par la grâce de Dieu, mais non en tant que résultat d'un jeu de pouvoir social qui peut toujours par principe être redéfini d'une façon nouvelle et différente. Ainsi le noble peut-il se voir comme maître par nature et voir le serviteur comme esclave, par nature également – comme quelque chose de fixé pour l'éternité. Par conséquent, le noble et le serviteur renversent tous deux la thèse selon laquelle le statut social est en réalité une compréhension mutuelle définie socialement que l'on peut changer. C'est ainsi qu'il est permis de comprendre le propos de Hegel, et c'est la sorte d'interprétation que Sartre a héritée de Hegel. Pour Sartre, une telle rationalisation serait un exemple de «mauvaise foi», c'est-à-dire de mensonge à soi : l'échec à prendre la responsabilité existentielle de notre propre vie, pour répondre à la question de qui nous sommes. Mais c'est en réalité une partie d'une lutte, pour Sartre comme pour Hegel : il y a toujours pour Sartre la perception d'un conflit de pouvoir quand deux personnes se font face : qui prendra le contrôle, qui définira leur relation?

Même dans les formes inégales de compréhension mutuelle et d'identité, les deux parties sont impliquées, les deux parties acceptent l'inégalité. C'est une question de relation mutuelle. Nous ne pouvons avoir l'identité que nous voulons sans l'acceptation des autres. Par conséquent, c'est précisément parce que nous sommes dépendants de ce que les autres pensent de nous que la lutte est inévitable. Ces conceptions de l'identité sociale représentent une transition entre la théorie et la pratique, au sens où elles indiquent comment nous pouvons comprendre l'inégalité dans les relations sociales, et ainsi comment nous pouvons essayer de redéfinir ces relations. La théorie influence et légitime donc l'action politique.

Ces conceptions ont été adoptées par les groupes qui se sentaient opprimés, tels que les peuples indigènes lors du combat anticolonialiste qui a suivi la deuxième guerre mondiale (voir par exemple Franz Fanon). Elles ont aussi servi d'inspiration au Mouvement de Libération des Femmes qui est apparu après la deuxième guerre mondiale, et dont Simone de Beauvoir fut l'une des représentantes les plus éminentes.

IDENTITÉ ET RECONNAISSANCE – SIMONE DE BEAUVOIR ET LA PHILOSOPHIE FÉMINISTE

Simone de Beauvoir (1908-1986) a été élevée dans un milieu bourgeois conformiste en France, pays où les femmes n'obtinrent pas le droit de vote avant la fin de la deuxième guerre mondiale, quand elle approchait de la quarantaine. Elle devint à la même époque l'un des premiers membres du cercle existentialiste radical, de pair avec Sartre. Pendant cette période de bouleversements, elle commença à s'intéresser au rôle social inférieur imposé aux femmes en tant que groupe dans cette société : les femmes étaient définies comme l'*Autre* par rapport aux hommes. C'était le point de vue masculin qui, définissant à la fois les hommes et les femmes, définissait celles-ci comme « le deuxième sexe ». Les perceptions masculines de soi et de « l'Autre » prédominaient. Les femmes étaient ainsi catégorisées comme de second ordre, et on leur apprenait à accepter cette vision d'elles-mêmes et des hommes. En conséquence, leur identité était inauthentique.

Leur définition sociale était comprise comme conforme à leur nature, et ainsi légitimée. Pour une existentialiste comme Beauvoir, c'était une offense particulièrement difficile à digérer, puisque pour les existentialistes, les humains se définissent avant tout par la liberté, la liberté de décider en personne qui ils seront. Les femmes en tant que groupe avaient encore moins la liberté de construire leur propre vie, cette liberté considérée comme une caractéristique et une valeur fondamentales de l'existence humaine. Elles étaient vues comme « le deuxième sexe », et on pensait que ce rôle leur était définitivement assigné par la nature.

Pour redéfinir ce rôle, il faut établir qu'il est défini socialement et non naturellement, et il faut ensuite – avec des efforts tant théoriques que pratiques – amener les deux parties, les hommes comme les femmes, à se comprendre elles-mêmes et à comprendre l'autre d'une manière nouvelle et plus équitable. L'œuvre de la vie de Beauvoir fut de s'occuper de cette question à la fois sur le plan de la théorie et sur celui de la pratique, et à la fois sous l'angle de la philosophie et sous celui de la littérature. Sa vie fut consacrée aux livres, des essais philosophiques dans un but de clarification et des œuvres littéraires pour donner de la substance à la question. En tant qu'intellectuelle, elle fut aussi active politiquement, en particulier dans la sphère culturelle où prenait place le combat féministe pour la reconnaissance et l'identité. Mais elle soutint aussi des causes plus pratiques, comme le droit des femmes à se libérer d'une grossesse non désirée et, si elles le désiraient, à ne pas avoir d'enfants. Son engagement en faveur du droit des femmes à l'avortement a ici été central. La contrainte biologique à laquelle est sujette une vie humaine est porteuse d'une relation lourde de tension avec l'accent que met l'existentialisme sur notre liberté fondamentale. Comme Sartre, Beauvoir choisit personnellement de minimiser cette « contrainte de la nature » en n'ayant pas d'enfants.

De maintes façons, le but de Beauvoir était l'égalité. Les hommes et les femmes devraient mutuellement se reconnaître comme égaux. Cela ne veut pas dire que chacun est identique, qu'il n'y aura pas de diversité des carrières individuelles. Mais il faut s'opposer à l'oppression générale des femmes.

Il y a toutefois une autre façon de réinterpréter les rôles et les identités des femmes. Nous pouvons soutenir qu'il n'est ni possible ni désirable de lutter pour l'égalité dans la compréhension mutuelle. Nous pouvons soutenir qu'hommes et femmes *sont* différents, qu'ils se comprennent eux-mêmes et comprennent les autres de manières différentes, et que c'est par conséquent une illusion de croire qu'à quelque degré que ce soit ils se reconnaîtront mutuellement comme identiques. Ils peuvent seulement se reconnaître mutuellement comme égaux, mais fondamentalement différents. Les hommes comme les femmes sont « l'Autre » par rapport à l'Autre. C'est ainsi qu'il en est, et qu'il doit en être. Cette reconnaissance lourde de tension sans compréhension mutuelle complète peut dégénérer en rejet et en oppression. C'est ce qui est habituellement arrivé dans le cas des femmes. Il faut le corriger. Cependant, le but ne peut et ne doit pas être une compréhension mutuelle et une égalité complètes : il doit y avoir égalité légalement, socialement et matériellement, mais pour l'égalité en ce qui concerne l'identité, la compréhension mutuelle et la reconnaissance des deux sexes, il importe de se rendre compte qu'on ne peut l'atteindre entièrement, et qu'on ne devrait pas essayer. C'est la position développée par la phénoménologue féministe Luce Irigaray (1932-). S'appuyant sur la philosophie du langage et sur la psychanalyse, elle a soutenu que les hommes et les femmes sont nécessairement différents, et que ce que l'on peut obtenir de mieux – et que l'on devrait s'efforcer d'obtenir – c'est une *reconnaissance* de la *différence* fondamentale, de cette « altérité ». Irigaray a peu d'intérêt pour l'égalité si l'on entend par là le fait de considérer les humains comme *une seule* sorte d'êtres. Il n'y a pas une sorte d'humains, mais *deux* – la femme et l'homme. C'est quelque chose que nous devons reconnaître. Telle est sa critique d'une bonne partie de la discussion philosophique sur le genre, y compris celle de Beauvoir. Tandis que Beauvoir est une *féministe égalitariste*, Irigaray est une *féministe différentialiste*. Le conflit porte sur la façon d'interpréter les différences de corps et de sexualité. À quel point sont-elles essentielles ou inessentielles pour l'identité humaine, pour nos conceptions des valeurs, et pour notre vision de la raison et de la justice ? Nous avons là en résumé les conflits qui existent entre ces deux types de féminisme.

Reconnaître l'autre comme égal mais fondamentalement différent est peu à peu devenu un thème central des discussions (post) modernes. Nous en sommes arrivés à une apologie sociocritique de la différence, en ce qui concerne le genre, mais aussi l'ethnie et la culture en général. Nous avons maintenant une « politique de la reconnaissance » dans laquelle différents groupes réclament cette forme de reconnaissance parce qu'ils ne veulent pas devenir semblables au(x) groupe(s) dominant(s)[1]. Il y a eu multiplication des discussions sur les cultures minoritaires en Amérique du Nord, sur l'homosexualité et, dans certains groupes féministes, sur le « féminisme différentialiste ». Vue dans cette perspective, Beauvoir peut paraître une conformiste à l'ancienne mode. La monoculture du modernisme est sous pression, et la pluralité culturelle postmoderne se fraie un chemin vers le premier rang.

Dans la société « moderne avancée », les opinions sont multiples sur la plupart des problèmes, dont la question : « qu'est-ce qu'un être humain ? ». Il faut sérieusement examiner les perspectives génétiques et biologiques de la vie humaine ; en même temps, multiples sont

---

1. Voir *Multiculturalisme. Différence et démocratie*, Flammarion, collection Champs, 1997, composé d'un texte de Charles Taylor et de commentaires d'Amy Gutmann, Steven C. Rockfeller, Michael Walzer et Susan Wolf, tr. Denis-Armand Canal.

les sciences humaines, sociales ou psychologiques qui ont quelque chose à dire, chacune à sa manière propre. Si en tant que philosophe je veux apporter une contribution significative au débat sur la nature humaine, je ne pourrai certainement pas soutenir ma position sans devoir fortement l'étayer. Mais même si je ne suis pas capable d'établir cette position sans ambiguïté, je peux néanmoins présenter des perspectives intéressantes, et peut-être aussi avancer de meilleurs arguments que mes adversaires.

L'identité – individuelle ou collective – est devenue un thème central de notre société. Il n'y a pas que la nature qui ne puisse plus se régénérer. La signification sociale et existentielle, elle aussi, a atteint une situation de pénurie. Même dans le contexte de ce qu'on appelle *realpolitik*, nous ne parlons plus seulement en termes de puissance ou d'argent, mais aussi d'identité. Nous avons une nouvelle religiosité et un nouveau nationalisme. La question de l'identité est complexe : qui sommes-nous ? Qui suis-je ? Peut-être suis-je une mère juive de la classe ouvrière, âgée de soixante ans, née en France. Mais socialement, qui suis-je *vraiment* ? Une Française ? Une personne du troisième âge ? Une prolétaire ? Une Juive ? Une mère ? Ou une femme ? Tout cela, et plus, à des degrés divers. Dans des conditions normales, c'est à moi qu'il incombe dans une certaine mesure de souligner ce que je veux – ou à mes divers rôles et à mes diverses institutions. Mais parfois, ce n'est pas un choix personnel. Pendant les années du régime de Vichy, l'identité juive aurait été déterminante, puisqu'elle aurait pu me conduire à Auschwitz.

À la vue de la pluralité culturelle de la société moderne (en ce qui concerne l'identité), certains philosophes ont estimé nécessaire de trouver quelque chose qui soit *universellement valide*, sous la forme de normes qui puissent réguler les conflits entre des cultures et des valeurs différentes. Ce sont des idées que nous trouvons dans la pensée de John Rawls et dans celle de Jürgen Habermas. Mais cette idée de trouver une universalité «mince» (une universalité de normes générales, non de valeurs culturelles concrètes) a suscité de nouvelles objections : une universalité idéale de normes générales doit aussi être mise en relation avec des situations concrètes. La justification universelle de normes générales requiert à son tour un discernement qui nous rende capables d'appliquer correctement ces normes dans des situations concrètes.

L'une des philosophes qui a contribué à cette discussion est Seyla Benhabib (1950-), universitaire, Juive turque mariée à un Allemand, mère, et résidente des Etats-Unis. Le titre de son livre publié en 1992 est significatif : *Situating the Self. Gender, Community and Postmodernism in*

Contemporary Ethics (*Situer le Soi. Genre, communauté et postmodernisme dans l'éthique contemporaine*). Elle a essayé de construire un intermédiaire entre les positions *universalistes* que nous trouvons chez Habermas et les positions *contextualistes* de Gilligan et d'autres féministes[1].

Benhabib s'accorde avec Habermas pour considérer que dans une société pluraliste moderne, nous avons besoin du concept d'*universalité formelle* – sans quoi nous arriverons à une guerre éternelle entre perspectives et valeurs[2], sans aucune base de critique impartiale ; toute rationalité impartiale, théorique ou normative, sera alors impossible. Une certaine dose minimale de rationalité est donc nécessaire si nous devons développer des commentaires critiques et pouvoir affirmer que quelque chose est meilleur que quelque chose d'autre, que quelque chose est équitable ou juste par rapport à quelque chose d'autre.

D'après Benhabib, nous pouvons argumenter en faveur de cette rationalité minimale, en accord avec Habermas. Elle souligne d'un autre côté que nous sommes toujours *situés*. Nous sommes formés par un arrière-plan particulier, nous vivons dans un contexte particulier, et nous sommes en relation avec des gens particuliers. En conséquence, nous devrions apporter avec nous en philosophie notre identité située. Il ne faut pas seulement prendre en compte « l'Autre généralisé », que nous reconnaissons comme humain et comme partenaire potentiel dans une discussion, mais aussi « l'Autre concret ». Notre philosophie doit refléter non seulement des normes générales de justice, mais aussi des liens et des sentiments concrets, en relation avec l'Autre qui nous est « proche ». Si Beauvoir peut être qualifiée de féministe égalitariste et Irigaray de féministe différentialiste, peut-être Benhabib peut-elle l'être de féministe-de-la-mise-en-situation universaliste. La possibilité philosophique de critiques normatives des formations établies est un thème central de ses discussions philosophiques, de même qu'elle est présupposée dans la pensée de Beauvoir comme dans celle d'Irigaray.

---

1. Carol Gilligan, *Une si grande différence*, Flammarion, 1992, tr. A. Kwiatek. Voir aussi Lawrence Kohlberg, *Essays in Moral Development*, vol. 2, Harper & Row, 1984 ; Seyla Benhabib et Drucilla Cornell (eds.), *Feminism as Critique*, Polity Press, 1987 ; Nancy Fraser, *Unruly Practices*, University of Minnesota Press, 1989.

2. « La guerre des Dieux » (c'est-à-dire la guerre entre différentes valeurs fondamentales), comme l'a appelée Max Weber.

John Rawls – La justice comme « équité »

Dans la première moitié du vingtième siècle, le positivisme logique a visé à supprimer toute forme de philosophie normative. Mais dans les dernières décennies, nous avons été témoins d'efforts nouveaux et croissants en philosophie morale et en philosophie du droit. Cela s'applique aux problèmes fondamentaux de la philosophie pratique aussi bien qu'à des questions d'éthique appliquée, comme l'éthique biomédicale, l'éco-éthique, l'éthique des affaires, etc.

L'un des représentants majeurs de cette nouvelle tendance de la philosophie pratique est l'Américain John Rawls (1921-2002). Son livre sur la notion de justice et sur les principes d'une société juste *Théorie de la justice* (1971 ; traduction française : 1987) est regardé de nos jours comme une œuvre fondatrice. Nous examinerons ici quelques-uns des concepts principaux de sa théorie de la justice comme équité.

Regardons la base de la théorie de Rawls. Nous vivons à une époque où nous ne pouvons plus nous attendre à un consensus philosophique ou religieux sur le but ou la signification de la vie, ni sur ce qu'est la vie bonne. C'est la leçon des guerres de religion du dix-septième siècle : il nous faut faire la distinction entre la politique d'un côté et la religion et la métaphysique de l'autre. Si nous voulons une société dans laquelle des gens avec des « doctrines compréhensives » et des convictions de base différentes puissent vivre ensemble pacifiquement, nous devons établir des principes neutres d'organisation de la société. Nous devons avoir une société qui s'appuie sur des principes que tous ses citoyens puissent reconnaître comme justes. La notion de la justice de Rawls a ainsi trait aux institutions de base d'une société juste. La justice est ici comprise comme « équité » : des principes qui puissent garantir la liberté d'un individu aussi longtemps qu'il ne porte pas atteinte à celle des autres, et qui conduisent à une répartition impartiale des chances dans la société.

L'intuition morale de Rawls soutient que les calculs de bien-être de l'utilitarisme ne saisissent pas convenablement tous les aspects de ce que nous entendons par justice ; ils ne donnent pas une conception adéquate de l'idée d'un respect de base de la personne, et ils peuvent aboutir à une distribution des ressources qui se fasse au détriment des défavorisés. Rawls nous propose par conséquent une procédure qui nous contraigne à être impartiaux et donc justes. Elle s'appuie sur l'idée de la « position originelle » : nous imaginons que nous ne savons pas qui nous sommes du point de vue du genre, de l'âge, de la couleur de peau, du statut social, des capacités innées, etc., mais que nous savons bel et bien comment différentes institutions politiques fonctionneront pour des gens de formations et de ressources différentes. Derrière ce « voile de l'ignorance », nous choisissons alors les principes d'organisation de la société. Dans une telle expérience de pensée, nous devrions tous choisir l'ordre institutionnel que nous pensons être le meilleur pour nous. Il y a cependant une contrainte associée à l'impartialité de la prise de rôle : nous ne savons pas qui nous sommes comme personnes, mais nous savons les diverses façons dont la société peut être organisée, et nous avons par conséquent intérêt à choisir un ordre politique qui nous servira au mieux indépendamment de qui nous pourrions être, que ce soit une mère célibataire noire ou un Sarkozy né avec une cuillère d'argent dans la bouche. Nous agissons à partir de notre intérêt propre éclairé, mais sans savoir qui nous sommes, de sorte que nous sommes forcés de choisir une solution impartiale. C'est exactement le propos de la « position originelle » : elle garantit la justice sous la forme d'une égalité raisonnable impartiale au sein des institutions de base de la société : la justice comme équité. Dans une telle situation, d'après Rawls, nous choisirons pour les institutions de base les principes suivants. Tout d'abord, nous respecterons la liberté et l'intégrité individuelles. Chacun de nous devrait jouir d'une liberté qui ne porte pas atteinte à celle des autres. Nous soutiendrons par conséquent des institutions politiques qui attribuent à tous les citoyens un même accès à l'ascenseur social. Nous ne choisirons pas une société qui se fonde sur le principe que certains ont un accès privilégié aux positions supérieures. Nous choisirons aussi un ordre social dans lequel les nantis ne peuvent accroître leur fortune aux dépens des plus déshérités.

Ce sont les principes de la société juste que Rawls vise à tirer de la position originelle. Si nous nous mettons nous-mêmes dans cette position et évaluons les institutions politiques de derrière le voile de l'ignorance, nous aurons, dans cette « situation de contrainte » morale, à choisir comme suit à partir de notre propre intérêt éclairé :

1. le principe d'autonomie personnelle ou de liberté. Indépendamment de qui nous nous révélerions être, nous avons en faveur de ce choix des raisons dont la force est écrasante ;

2a. le principe des chances égales de s'élever dans la société. À nouveau, les raisons de choisir ce principe sont écrasantes ;

2b. un ordre politique dans lequel les nantis ne peuvent se rendre eux-mêmes encore plus riches au détriment des défavorisés. C'est une assurance contre l'exclusion radicale des ressources de la société et contre la marginalisation.

Cette expérience de pensée a pour propos de nous forcer à imaginer à quoi cela ressemble d'être dans diverses positions dans une société donnée, par une sorte de jeu de rôle hypothétique. Elle met en œuvre une intuition proche de l'impératif catégorique kantien : un ordre politique juste est un ordre politique fondé sur le principe d'impartialité universelle.

En tant qu'expérience de pensée, la position originelle fonctionne comme une procédure qui engendre les principes de justice des institutions de base de la société. En ce sens, c'est une métanorme, ou une norme qui s'applique aux normes.

Ce sont quelques-uns des points principaux de la théorie rawlsienne de la justice comme équité telle qu'elle s'exprime dans son livre publié en 1971. Ce livre, *Théorie de la justice*, présente aussi une analyse d'ensemble des problèmes des théories économiques, politiques et juridiques. Cette œuvre a eu un impact considérable non seulement en philosophie, mais aussi dans des champs qui y sont apparentés comme l'économie, la science politique et le droit.

Il est intéressant que Rawls, dans sa théorie principale, combine des caractéristiques libérales et kantiennes avec des considérations sur le bien-être. Il le fait sans alourdir sa théorie du fardeau de positions métaphysiques ou religieuses controversées sur la vie bonne. Nous pouvons par conséquent dire que sa théorie de la justice est dans une large mesure neutre : elle inclut de fait des procédures pour estimer les principes de la justice pour les institutions politiques. Ce n'est pas une théorie sur des questions de valeur qui se révélerait prêter à controverse parce qu'elle entrerait en conflit avec des conceptions ou des convictions de base.

Il y a eu depuis 1971 une vaste discussion de la théorie de Rawls. Certains penseurs ont critiqué l'idée d'une « position originelle » parce qu'ils trouvent irréaliste d'imaginer que les gens puissent négliger complètement ce qu'ils sont et qui ils sont. On a objecté de même que les présupposés sont bien trop idéalisés : il est invraisemblable que des sujets puissent négliger qui ils sont et en ce sens soient ignorants, tout en ayant en même temps une excellente appréhension de la façon dont fonctionne la société.

D'autres ont objecté à cette expérience de pensée qu'elle était trop monologique : tout arrive pour ainsi dire dans une « pièce isolée » – et nous négligeons par là même la valeur d'une réelle discussion et d'une réelle confrontation entre personnes. Dans de telles discussions et tentatives concrètes de ce que l'on appelle prise de rôle, nous pouvons vraiment apprendre à nous voir nous-mêmes et à voir les autres de manières nouvelles. Elles représentent des processus d'apprentissage innovants que l'expérience de pensée de la position originelle ne peut produire.

Indépendamment de la façon dont nous jugeons ces objections, il reste vrai que les idées de Rawls ont contribué à un débat normatif fructueux. Nous devrions ajouter que Rawls lui-même en est peu à peu venu à la conclusion que l'idée de la position originelle postule une conception particulière de l'homme comme agent rationnel, et qu'il pourrait être mieux de préférer une théorie politique qui s'appuie sur l'idée d'un consensus par recoupement entre des doctrines compréhensives différentes. Si nous voulons arriver à une société pacifique où puissent s'exprimer des conceptions différentes sur les questions de base, tous les citoyens raisonnables (« libres et égaux ») doivent reconnaître qu'ils ne peuvent imposer en politique leurs croyances personnelles propres ; il faut à la place fonder la société sur un consensus par recoupement entre citoyens libres et égaux. C'est une philosophie de la société juste dans laquelle la contribution philosophique est réduite par comparaison avec la théorie de la justice qui s'appuie sur l'idée de la position originelle. Rawls appelle cette nouvelle version de la théorie de la justice le « libéralisme politique » (c'est le titre de son livre de 1993, traduit en français en 1995).

Nous verrons plus loin que certaines des idées de base de Rawls d'une conception minimale de la justice pour les sociétés modernes occupent aussi une place centrale dans la philosophie de Jürgen Habermas. Mais bien plus que Rawls, Habermas a souligné à la fois le concept kantien de justification, le concept hégélien d'Histoire et le développement des institutions modernes.

QUESTIONS

Décrivez les relations entre l'empirisme classique (Locke, Hume) et le positivisme logique, et discutez le développement qui conduit du positivisme logique à la philosophie analytique (la philosophie du langage ordinaire et la dernière œuvre de Wittgenstein).

Discutez les relations entre Popper et Kuhn en ce qui a trait à la falsification et au progrès scientifique. Quels sont les arguments de Kuhn contre la thèse poppérienne de la falsification ? Kuhn adopte-t-il pour finir une sorte de relativisme ?

Expliquez les relations entre la dernière œuvre de Wittgenstein, la philosophie du langage ordinaire et la phénoménologie.

Discutez la conception sartrienne du statut épistémologique des normes (et des valeurs).

Discutez les diverses conceptions de la question du genre soutenues par Simone de Beauvoir, Luce Irigaray et Seyla Benhabib.

Quelles sont les idées principales de la théorie rawlsienne de la justice comme équité?

SUGGESTIONS DE LECTURES

SOURCES

Ayer, A.J., *Langage, vérité et logique*, Flammarion, 1956, tr. Joseph Ohana.

Beauvoir, S. de, *Le deuxième sexe*, Gallimard, Folio, 1986 (deux volumes).

Benhabib, S., *Situating the Self*, Routledge, 1992.

Husserl, E., *La Crise des sciences européennes et la phénoménologie transcendantale*, Gallimard, Tel, 2004, tr. Gérard Granel.

Feyerabend, *Contre la méthode*, Seuil, Points Sciences, 1988, tr. Baudouin Jurdant.

Irigaray, L., *Éthique de la différence sexuelle*, Minuit, 1984.

Kuhn, T., *La structure des révolutions scientifiques*, Flammarion, Champs, 2008, tr. Laure Meyer.

Popper, *La logique de la découverte scientifique*, Payot, 2007, tr. Nicole Thyssen-Rutten et Philippe Devaux.

Popper, K., *Misère de l'historicisme*, Plon, Presses Pocket, 1988, tr. Hevré Rousseau révisée et augmentée par Renée Bouveresse.

Popper, K., *Conjectures et réfutations*, Payot, 1985, tr. Michèle-Irène B. de Launay et Marc B. de Launay.

Rawls, J., *Théorie de la justice*, Seuil, Points Essais, 1997, tr. Catherine Audard.

Rawls, J., *Libéralisme politique*, PUF, Quadriges, 2006, tr. Catherine Audard.

Russell, B., *Problèmes de Philosophie*, Payot, Bibliothèque Philosophique, 2005, tr. François Rivenc.

Ryle, G., *La notion d'esprit*, Payot, Petite Bibliothèque Payot, 2005, tr. Suzanne Stern-Gillet.

Sartre, J.-P., *L'Être et le Néant*, Gallimard, Tel, 1976.

Sartre, J.-P., *L'existentialisme est un humanisme*, Gallimard, Folio, 1996.

Sartre, J.-P., *Critique de la Raison dialectique*, Gallimard, 1985 (deux volumes).

Searle, J.-R., *Les actes de langage*, Hermann, 2009, tr. Hélène Pauchard.

Strawson, P., *Les individus*, Seuil, 1973, tr. A. Shalom et P. Drong.

P. Winch, *L'idée d'une science sociale et sa relation à la philosophie*, tr. Michel Le Du, Gallimard, 2009.

Wittgenstein, L., *Recherches philosophiques*, Gallimard, Bibliothèque Philosophique, 2005, tr. Françoise Dastur, Maurice Élie, Jean-Luc Gautero, Dominique Janicaud et Élisabeth Rigal.

COMMENTAIRES

Engel, P., (éd.) *Précis de philosophie analytique*, PUF, Thémis, 2000.

Kail, M., *Simone de Beauvoir philosophe*, PUF, Philosophies, 2006.

CHAPITRE 27

La modernité et la crise

LA CRITIQUE DE LA MODERNITÉ

Dans ce livre, nous avons suivi la pensée occidentale de l'Antiquité à notre propre époque, en passant par le Moyen Âge. Selon cette perspective, qu'est-ce donc que «la modernité», et qu'est-ce que sa critique? Les problèmes de la modernité ont été implicites tout au long de notre étude, et nous les avons mentionnés explicitement dans plusieurs cas – par exemple au sujet de la Renaissance et de la philosophie des Lumières, ainsi que de Kant et de Hegel –, et des conceptions critiques de la modernité ont été discutées dans diverses circonstances, de Rousseau et Burke à Durkheim et Weber, en passant par Marx, Freud et Nietzsche. Nous allons maintenant exposer les grandes lignes d'une conception de la modernité qui servira de contexte à une présentation de Heidegger, Arendt et Habermas, Gadamer et Derrida, ainsi que de Foucault et Rorty.

Après la Renaissance, le sujet pensant est devenu le point de départ de la philosophie. C'est vrai pour les empiristes aussi bien que pour les rationalistes et pour Kant. En théorie politique (à partir de Locke et de Mill), l'individu est le support de la rationalité, que ce soit sur le marché ou dans la politique ou le droit. Le sujet éclairé s'oppose à l'ignorance et aux préjugés. Le progrès s'est développé dans la science et la connaissance, dans la maîtrise technique de la nature et dans le confort matériel. Les notions de sujet pensant et agissant de façon indépendante, de science et de connaissance, de progrès et de raison sont les concepts caractéristiques de la modernité.

Burke et Tocqueville, Rousseau et Herder, et d'autres encore, exprimèrent des critiques : ils mirent l'accent sur le pouvoir de la tradition, l'ambiguïté du progrès et les tendances destructives qui résultent de l'autonomie de l'individu. Ce sont là les thèmes majeurs de la critique conservatrice du « projet moderne ».

De nos jours, la scientifisation et le développement de la technologie se sont accrus. En même temps, l'intégration sociale et le gouvernement politique sont devenus plus complexes et plus problématiques. Notre mobilité et le répertoire des rôles ont augmenté, ainsi que la maîtrise de la nature et de la société. Ce sont les « temps modernes » dans les domaines du travail et du loisir, avec leur grande liberté de choix et leur pouvoir centralisé, avec des perspectives à court terme et l'anarchie à long terme.

Marx, Freud et Nietzsche versèrent un torrent de *critique* contre la foi optimiste dans la raison et la liberté – critique de l'idéologie chez Marx, critique de la raison et de l'autonomie chez Freud, et critique de la morale chez Nietzsche : ce que nous considérons comme des explications rationnelles de comportements et attitudes libres et moraux est mis à nu comme rationalisations, déformations inconscientes de la réalité et illusions. L'image de l'individu libre et rationnel a été détruite. Il ne nous reste qu'une mer trouble de besoins et de désirs cachés. Les Lumières et la connaissance sont un simple vernis extérieur, et y croire peut se révéler une illusion dangereuse. Cette sombre conception freudienne du malaise de la modernité s'accorde avec la critique de Nietzsche : quand nous parlons de la vérité, la volonté de vivre se tient juste derrière ! Toutes les propositions ne nous montrent qu'une face des choses et en laissent d'autres dans l'ombre. Elles révèlent quelque chose en cachant simultanément d'autres aspects des phénomènes. Ainsi, vérité et contrevérité vont main dans la main, et derrière tout cela il y a les forces de vie et la volonté de puissance. La *rationalité* louée dans l'activité scientifique et dans la vie politique est au fond un *pouvoir caché*. Les *valeurs* théologiques et humanistes sont démasquées comme des *illusions*. Il n'y a plus rien en quoi croire. Tout faux espoir est parti. Le nihilisme européen est parvenu à son terme. Ce n'est que par l'art et par des actions sublimes que l'on peut se libérer de la cage d'acier de la rationalité. Tout ce qui nous reste de la philosophie est le discours poétique – pour ceux qui ont des oreilles pour entendre. Il y a aussi, au-delà, une autre forme de critique pour dévoiler le pouvoir qui se cache derrière les mots et les actes : «la déconstruction».

C'est la critique absolue de la modernité. Les purs idéaux de progrès de la connaissance, d'émancipation politique et d'exploitation de la nature sont rejetés comme décadents et stupides, comme suppression des forces de vie et destruction insensée des conditions naturelles. Entre les deux guerres mondiales, cette critique totale fut aussi exprimée par la gauche politique, comme l'école de Francfort, d'inspiration marxiste, incluant Théodore W. Adorno (1903-1969), Max Horkheimer (1895-1973) et ultérieurement, Herbert Marcuse (1898-1979). Ceux-ci ne croyaient plus à un «sujet révolutionnaire» (le prolétariat) qui devait nous conduire vers la société bonne. Ils ne croyaient plus sans réserves à l'ethos des Lumières, parce qu'ils le trouvaient ambigu, mais ils croyaient toujours en la valeur durable de la critique et aux possibilités libératrices de l'esthétique. Cette autocritique radicale de la société moderne a été poursuivie par les postmodernistes, comme Foucault et Derrida. En partant de l'expérience de la crise de la modernité dans le milieu intellectuel de l'entre-deux-guerres mondiales, nous retracerons les attitudes à l'égard de la modernité adoptées par Martin Heidegger (1889-1976), Hannah Arendt (1906-1975), et Jürgen Habermas (1929-) : Heidegger se tint à une distance hésitante de la modernité, Arendt revitalisa la conception aristotélicienne de la politique, et Habermas chercha un «minimum d'universalité rationnelle» dans un monde en crise. Nous aborderons aussi brièvement Gadamer, ainsi que Derrida, Foucault et Rorty.

MARTIN HEIDEGGER – À TRAVERS LE POÉTIQUE

Pour Heidegger, l'histoire occidentale n'est aucunement une marche triomphante vers la lumière et le bonheur. Au contraire, elle est empreinte d'un *déclin fondamental*, depuis les présocratiques jusqu'à notre époque. Plus intensivement l'homme a essayé de comprendre les diverses essences au moyen de ses concepts théoriques et de ses accomplissements techniques, plus il *a oublié l'essentiel*. L'histoire décline ainsi inévitablement de l'essentiel vers une recherche impuissante de l'inessentiel – que ce soit la connaissance théorique, la puissance technique ou nos modes de vie.

Platon ouvrit le chemin dans cette direction. Il soumit tous les êtres de ce monde au joug des Idées. La philosophie ultérieure et la science théorique développèrent encore cette tendance, avec une force croissante, dans un champ toujours plus vaste, jusqu'à ce qu'il fût difficile à un phénomène d'échapper au pouvoir disciplinaire des Idées. De même le développement technique se fit-il en pratique parallèlement au développement théorique. Tout devait être placé sous contrôle rationnel – la nature, la société, et même l'homme. Mais qui contrôlait qui ? La pensée ou la non pensée ? Étaient-ce des actions sages, ou un désir irrésistible et à courte vue de ce qui est nouveau (mais qui est encore essentiellement ancien) ?

D'une part, Heidegger était un existentialiste (chapitre 26). Il s'intéressait à l'existence authentique et inauthentique, avec notre conscience unique, nos choix, et la mort, qui est « toujours essentiellement mienne ». On peut le dire phénoménologue à la lecture, dans son livre *Être et temps* (1927), de sa description des caractéristiques fondamentales de l'existence humaine : nous comprenons le monde sur la base de nos « projets ». Nous n'avons pas d'accès au monde sans ces projets formateurs, et les phénomènes apparaissent toujours comme ils le font à la lumière de chaque projet particulier. La connaissance dérivée d'un tel projet peut être exprimée par des propositions ou rester implicite, comme « connaissance tacite », par exemple dans l'acte familier qui consiste à saisir un marteau et une scie.

Notre compréhension peut être développée et approfondie. Cela apparaît toujours sur fonds de connaissances déjà acquises. Nous voyons les choses nouvelles à la lumière de ce que nous savons déjà. C'est pourquoi nous ne sommes jamais dépourvus de présupposés. Mais nous pouvons modérer et réorganiser ceux que nous avons eus jusqu'à présent. Notre connaissance peut donc changer. Par là, nous nous changeons aussi nous-mêmes, au sens où nous nous formons nous-mêmes, puisque nous ne suivons pas seulement des hypothèses explicites (pour ainsi dire), mais aussi les présupposés implicites et fondamentaux qui « nous constituent » et dont souvent nous ne sommes pas conscients. De cette manière, le processus *herméneutique* avance à un niveau personnellement plus profond que ne le fait la recherche hypothético-déductive dans laquelle des hypothèses exprimées sont mises à l'épreuve. Mais pour Heidegger, l'herméneutique n'est pas une méthode parmi d'autres : elle est le modèle fondamental de la connaissance humaine. Nous oscillons entre le connu et l'inconnu, entre la partie et le tout, afin de voir dans nos recherches de nouveaux aspects des choses, et probablement de voir mieux et de façon plus vraie, mais toujours comme des créatures faillibles.

D'un point de vue politico-culturel (qui n'est pas le sien), Heidegger semble critiquer la réification et la perte de la conscience historique, dans le droit fil de la critique existentielle de la société de masse

(Kierkegaard, Jaspers, Marcel). Mais derrière se trouve sa critique totale : non aux compromis que seraient les essais illusoires de rendre plus brillant ce sombre développement ! Nous vivons avec la technique comme destin, et nous ne ferons que tomber à nouveau dans sa toile si nous adoptons des solutions superficielles. Cette crise embrasse l'histoire entière de l'Europe, avec comme exemples principaux la rationalité scientifique et la technique. C'est pourquoi il faut chercher une transformation au niveau le plus profond, où ce qui est oublié et essentiel est caché.

Qu'est alors l'essentiel ? Ce n'est pas une « essence », ce n'est ni un dieu ni un principe. L'essentiel est ce qui est proche de nous, mais à quoi nous sommes devenus étrangers. Néanmoins, nous pouvons essayer de le retrouver grâce aux philosophes qui précédèrent la domination des Idées platoniciennes. C'est « l'être de l'étant » selon Heidegger – et il ajoute que cela est encore énigmatique pour l'homme moderne. Nous devons apprendre à écouter la langue afin que l'essentiel puisse nous parler. La langue est une ouverture, en particulier la langue poétique, spécialement sensible à ce qui est difficile à exprimer. L'art authentique est important pour la même raison. La langue est parole. Nous nous exprimons en paroles. En nous exprimant, nous communiquons ce que nous sommes. Ainsi, nous ne parlons pas seulement d'une chose, mais à travers la parole, c'est *nous-mêmes* que nous communiquons. À travers la parole, nous exprimons notre état actuel. Notre situation est communiquée. Nous communiquons notre humeur, c'est-à-dire une relation révélatrice au monde et à nous-mêmes. Il en est toujours ainsi. Mais cette communication de qui et comment nous sommes, de notre humeur, n'est pas la même dans le langage scientifique et dans la poésie. Dans la poésie, ce que nous disons est relativement dépourvu d'importance : l'essentiel y est la communication d'une humeur particulière, en tant que dévoilement d'une manière d'être vers ce qui est. La poésie agit ainsi pour établir du sens et pour révéler un monde. En lisant la poésie d'un peuple, nous pouvons avoir quelque connaissance de son mode de vie et de son humeur. De cette manière, nous pouvons aussi plus facilement nous trouver nous-mêmes. Heidegger tenait la poésie, la parole, en haute estime. La langue est la maison de l'homme. Et la poésie est notre recréation et notre réalisation créatives. L'appauvrissement de la langue – par la parole vide, les clichés, et le bavardage – est appauvrissement de l'essence de l'homme. Pour Heidegger, les poètes, non les scientifiques ou les hommes politiques, sont à l'avant-garde : les poètes et les philosophes poètes sont à l'avant-garde de l'essence cachée de l'homme. La discussion rationnelle, qu'elle ait lieu dans la cité-État, la salle de conférence ou le laboratoire, n'a pas une position importante dans la pensée de Heidegger. Une telle discussion, malgré ses triomphes, n'est pas vraiment essentielle.

Heidegger, philosophe poète, n'était pas un philosophe ordinaire de l'histoire. En réfléchissant sur l'histoire, il s'intéressa à l'émergence du Verbe au commencement. Et en tant que critique apolitique de la modernité et de ses racines, il fut un « oikologiste » conséquent : pour lui, les formes de vie représentées par la vie villageoise, la vie quotidienne des fermiers et des artisans, étaient moins dégénérées et plus authentiques que la vie urbaine avec son aliénation et son manque de racines. Heidegger fut un penseur « rustique », qui considérait la vie rurale d'un œil plus favorable que la vie urbaine. À sa remarquable manière « doublement réfléchie », il fut une sorte de « penseur de la ferme » : de manière poétique, les êtres humains vivent sur la terre où ils s'occupent de leurs maisons (« *oikos* ») avec la pensée réfléchie (« *logos* »). Il voyait quelque chose d'encore authentique – et en même temps d'universel – dans ce qui est local et caractéristique. Il n'argumenta pas sur ce point de vue, au sens habituel. Pour cela, la langue est (à jamais ?) insuffisante. Mais il essaya de manière poétique de communiquer l'essentiel. Sa critique de la modernité et de son origine est réalisée *par le poétique*.

Hannah Arendt – *Vita activa*

Hannah Arendt fit partie de la même génération d'intellectuels juifs que Herbert Marcuse, Théodore W. Adorno, et Walter Benjamin (1892-1940). Elle naquit à Hanovre en Allemagne en 1906 et grandit à Königsberg (Kaliningrad), dans ce qui, à cette époque, était la Prusse Orientale. Elle étudia la philosophie dans les années vingt, sous la direction de Martin Heidegger, Edmund Husserl et Karl Jaspers. L'étudiante de dix-huit ans eut une relation intime avec Heidegger qui terminait alors son *magnum opus*, *Être et temps*. Cinq ans plus tard, elle soutint son doctorat de philosophie avec une thèse sur le concept d'amour chez Augustin. Après l'accession d'Adolph Hitler au pouvoir en 1933, elle fut arrêtée pour activités antinazies. Elle s'enfuit ensuite à Paris, puis en 1940 émigra aux États-Unis, où elle resta jusqu'à sa mort en 1975.

Arendt est l'un des plus importants penseurs politiques du vingtième siècle. Toutefois, il est difficile de lui donner une place dans le paysage politique. Des étiquettes comme « de gauche », « de droite »,

« radicale » ou « conservatrice » ne correspondent pas à sa philosophie. Surtout, elle voulait être un penseur indépendant et non le porte-parole d'un « isme » de la philosophie.

Pour Arendt, la politique ne devrait pas se réduire au pouvoir et à la violence, ou bien à une rhétorique creuse ou à un « maquignonnage ». La politique, au vrai sens du terme, n'est pas non plus un tremplin pour acquérir des responsabilités institutionnelles ou de l'influence dans les coulisses du pouvoir. Son essence se trouve dans le débat et la discussion, ce que les Grecs appelaient *praxis.* Le but d'Arendt est de retrouver une conception de la politique souvent abolie et oubliée, mais qui ressort toujours régulièrement dans le processus historique : la politique comme participation dans l'arène publique, selon le modèle de la cité grecque *(polis).* Arendt trouve des traces de vie politique authentique dans la révolution américaine (1776), dans la Commune de Paris de 1871, dans le mouvement des conseils ouvriers après la première guerre mondiale, dans la révolte hongroise de 1956, dans le mouvement américain des droits civiques des années 1960 et dans les émeutes étudiantes à Paris en 1968. Le facteur commun de ces exemples est le fait que les agents jusqu'alors politiquement paralysés trouvent une expression de leur individualité et s'organisent spontanément en créant de nouveaux forums de liberté politique. Selon Arendt, là est la plus haute forme de *vita activa,* de vie active. Par conséquent, Arendt s'intéresse peu à la politique des partis. La politique des intérêts particuliers, la démocratie parlementaire et les compromis politiques n'ont pour elle aucun intérêt.

Pour clarifier les objectifs d'Arendt, nous examinerons de près son analyse de trois formes fondamentales d'activité dans son *magnum opus, La Condition humaine* (1958). Dans ce livre, elle fait une distinction entre *travail, œuvre (fabrication)* et *action.* Par le travail, un être humain devient *animal laborans,* un animal travaillant. L'être humain travaillant obtient de la nourriture et tout ce qui est nécessaire à sa survie. Cette activité élémentaire qui sert à maintenir la vie ne laisse pas de produits. Elle assure seulement la survie. Pour les Grecs, le travail appartenait à l'*oikos,* la sphère de la maison. Dans le monde grec, l'*oikos* était la sphère privée qui fuit la publicité. À travers l'*oikos,* le patriarche familial régnait en despote (le mot grec *despotès* signifie simplement le maître de maison). La nécessité, la contrainte et l'absence de liberté y prédominaient : voir le rôle de l'esclave dans la maison. Par la fabrication, un être humain devient *homo faber,* un être créateur qui se transforme lui-même et transforme son environnement. Pour Arendt, l'œuvre correspond à ce que les Grecs considéraient comme *poièsis,* la fabrication d'un monde « artificiel » d'objets faits par l'homme. Ce qui caractérise d'abord les humains est cependant leur capacité à agir spontanément et de façon imprévisible, et à apporter au monde quelque chose de neuf. En ce sens, l'action requiert une sphère d'action, une arène publique qui rende possibles la participation et la discussion. L'action peut signifier alors quelque chose de plus que le travail et l'œuvre. Le modèle d'Arendt est la *praxis* qui se déploie dans la *polis* entre des citoyens égaux.

Pourquoi la distinction entre le travail, l'œuvre et l'action est-elle si importante pour Arendt ? L'argument d'Arendt est que les mouvements politiques aux dix-neuvième et vingtième siècles ont essayé de réduire l'action au travail et à la fabrication. Ils ont traité la politique comme si c'était une forme de technique politique ou une «ingénierie sociale». Ainsi le domaine de l'action se dissout-il. Le travail et la fabrication «colonisent» la vie politique. Les questions politiques sont réduites aux «problèmes sociaux». La critique d'Arendt vise au cœur de beaucoup de mouvements politiques de son temps, en particulier du nazisme et du stalinisme. La relation problématique entre travail, œuvre et action joue ainsi un rôle important dans son premier grand ouvrage, *Les Origines du totalitarisme* (1951). Arendt fut l'une des premières à appliquer le terme «totalitarisme» au nazisme et au stalinisme. Selon elle, ce qui était nouveau dans l'Union soviétique de Staline et l'Allemagne de Hitler était la tentative de *créer* un nouvel être humain et un ordre politique complètement nouveau. Contrairement aux dictatures antérieures, ces régimes se fondaient sur une idéologie totale, une mobilisation des masses à grande échelle, une manipulation et un endoctrinement systématiques et une conception essentiellement technocratique de la politique. Le charismatique *Führer* voulait fabriquer un nouvel être humain et une nouvelle société tout comme l'artisan façonne un objet à partir d'une matière première informe : les êtres humains et la société étaient comme de la pâte à modeler dans les mains du *Führer*. Dans ces régimes totalitaires, l'action était réduite à la fabrication, la *praxis* à la *poièsis*. La même attitude technocratique se voit dans la lutte contre les ennemis présumés : l'extermination des Juifs par les nazis (*Endlösung*) ne ressemblait pas aux pogroms traditionnels, mais était une exécution de masse bien conçue et bureaucratique. Adolph Eichmann assurait que le but, c'est-à-dire l'Allemagne purifiée des «étrangers», serait réalisé de la manière la plus efficace. Dans la conception stalinienne de la réalité, «l'ennemi de classe» (qui incluait aussi la vieille élite bolchevique) devait être exterminé pour parvenir à une société sans classes. Le concept pathologique de la fin qui justifie les moyens s'applique aux deux cas.

Arendt s'attacha principalement à découvrir comment cela avait pu arriver. Nous ne pouvons pas examiner son analyse historique de l'origine du totalitarisme, mais devons nous contenter d'une esquisse de deux points fondamentaux : le fait que des dirigeants politiques aient pu traiter les humains comme un matériau malléable (et comme des moyens vers une fin) révèle une vérité fondamentale de la condition humaine au vingtième siècle. Sous des conditions totalitaires, les humains sont privés de leur capacité d'agir. Les régimes totalitaires considèrent l'action comme une menace, et ils font leur possible pour obtenir un comportement prévisible de la vie de leurs citoyens afin de pouvoir les maîtriser plus facilement. Ces régimes font tout pour fermer toutes les « arènes publiques » afin d'isoler et d'atomiser le peuple. Selon Arendt, une des conditions préalables du totalitarisme est l'émergence de l'individu isolé et atomisé – qui est un aspect négatif de la société libérale – privé de la capacité ou de la possibilité d'agir de manière authentique. C'est pourquoi « l'homme de la masse » moderne est en corrélation avec la nouvelle dictature. Ce qui dans l'analyse d'Arendt est fascinant – et profondément perturbant – est l'idée que la différenciation et la rationalisation de la modernité entraînent dans leur sillage des individus déracinés et sans identité, des gens qui se sentent superflus et qui sont attirés par les meneurs qui peuvent leur apporter un nouveau but et une nouvelle identité.

On peut trouver quelques-unes des conditions intellectuelles du totalitarisme dans l'Antiquité. Dans son analyse, Arendt essaie de lier l'idée de progrès et de modernité à l'idée de la tentation totalitaire. La modernité, par définition, dépasse toute limitation. L'homme moderne veut toujours aller plus loin, et n'accepte jamais les limitations de son existence. Il ne devient jamais « las du voyage » et cherche l'immortalité. Il veut dépasser son attachement terrestre et a déjà commencé à planifier un futur dans l'espace. Pour Arendt, cette idée de progrès est une sorte d'*hubris*. Elle suggère que la modernité est en train de se révolter contre les limites fixes de l'humanité. Arendt croit pouvoir faire remonter l'origine historique de cette *hubris* à l'idée de pouvoir et de contrôle de la nature qui gagne du terrain depuis la Renaissance. Au vingtième siècle, cette idée a reçu l'approbation générale dans tous les domaines – la nature, la société et les êtres humains sont tous devenus objet de contrôle et de manipulation. De ce point de vue, le totalitarisme est simplement une version extrême de la mentalité qui caractérise aussi les sociétés démocratiques et libérales. La technologie moderne a pris des dimensions surnaturelles et est devenue un système global qui mesure tout selon le même critère.

La critique d'Arendt n'est pas seulement dirigée contre les idéologies politiques. Arendt développe aussi une analyse précise et pertinente de la philosophie moderne. Comme Jürgen Habermas, elle critique Marx pour avoir réduit la *praxis* au travail. Bien que Marx eût anticipé de nombreux thèmes d'Arendt, il se concentra sur l'économique et non sur le politique. Pour lui, l'aliénation humaine du travail était l'obstacle le plus important à la liberté et à la réalisation de soi (voir chapitre 18, « Dialectique et aliénation »). Le but principal de la révolution socialiste était de changer les conditions de travail et de fabrication afin que les êtres humains pussent se réaliser par leur travail. Dans la société communiste future, l'État devait « s'évanouir » et la politique être remplacée par l'« administration des choses ». Marx restait donc remarquablement muet sur la *praxis*, sur les conditions d'un être humain agissant. Non seulement le marxisme manque ainsi d'une théorie politique adéquate, mais toute la dimension éthico-politique y est réduite au travail et à la fabrication. Comme nous le savons, les « expériences » socialistes eurent des résultats catastrophiques.

On peut faire la même critique à Heidegger. Dans *Être et temps*, il donnait des descriptions instructives des diverses tâches de l'homme, mais comme Marx, il réduisait la *vita activa* au travail et à la fabrication. Ce sont les vies des fermiers et des artisans qui occupaient la place centrale. La main de Heidegger donnait des coups de marteau, pas des caresses. Dans l'atelier et dans le travail du fermier, il n'y a pas de place pour la discussion éthico-politique[1]. Heidegger développa ainsi une philosophie de la *praxis* – une « praxéologie » – sans *praxis*. Il devint un *oikologiste* et était, au fond, un penseur apolitique. Il est vrai qu'il reconnut plusieurs des problèmes d'Arendt dans son œuvre ultérieure. Il était profondément conscient des dangers du développement technique, mais sa thèse selon laquelle la poésie (« le poétique ») est la seule réponse possible à ce défi montre encore une fois qu'il manquait de concepts politiques adéquats.

Nous avons souligné le fait que le concept de politique d'Arendt suppose une discussion entre agents libres et égaux. Le but de la discussion est de clarifier et mettre à l'épreuve nos points de vue et nos opinions. Pour Arendt, il est important de distinguer la vérité et l'opinion. Elle se réfère à la lutte entre vérité (*aletheia*) et opinion (*doxa*), comme, par exemple, dans la lutte de Platon contre les sophistes. Dans ce conflit, elle défend la *doxa* politique contre *la vérité* philosophique, sans adopter le point de vue sophistique. Elle souligne que

---

1. Voir l'analyse que fait Anne Granberg de Heidegger dans sa thèse « The Death and the Other. The Making of the Self and the Problem of the Ethical in Heidegger's «Being and Time» », Oslo, 1995.

nous n'«avons» pas d'opinions. Nous formons des opinions bien informées lorsque les points de vue et les idées personnels sont mis à l'épreuve dans une rencontre authentique entre personnes d'opinions différentes. C'est seulement de cette manière que l'on peut apprendre à examiner un sujet selon différentes approches et ainsi à former des opinions raisonnables. Par de telles discussions, nous pouvons réviser nos conceptions à la lumière d'arguments meilleurs. Arendt souligne aussi, comme Aristote, que la politique requiert une forme unique de sagesse (*phronesis*) : le discernement pratique qui est toujours exercé dans l'évaluation d'une situation ou d'un cas spécifique. C'est pourquoi la connaissance théorique ne peut jamais remplacer la sagesse politique. Même si Habermas n'a pas fait la même distinction qu'Arendt entre discours théorique et pratique, ils s'accordent tous deux à penser que la discussion politique doit être ouverte aux arguments rationnels et qu'elle ne devrait pas dégénérer en rhétorique sophistique.

Toute la philosophie politique d'Arendt n'est pas aussi réfléchie et pertinente. On peut dire qu'Arendt prône une démocratie participative élitiste, dans laquelle peu de personnes sont politiquement actives. Elle a un point de vue assez romantique sur la politique comme champ de bataille de la communication, où les citoyens cherchent l'honneur et la reconnaissance et qui devient ainsi pour chacun une arène pour la réalisation de soi. La meilleure façon de caractériser cette conception, c'est d'en parler comme d'*une démocratie de la réalisation de soi*; la politique se réduit dans une certaine mesure à l'action expressive. Pour Arendt, la politique authentique ressemble ainsi à un grand drame. Selon cette perspective, non seulement l'idée de la politique du quotidien disparaît, mais également le fait que les hommes politiques font face à des échéances, qu'ils sont forcés de faire des compromis, de prendre des décisions stratégiques, etc. Et ce qu'Arendt considère comme thèmes et cas politiques n'est pas toujours clair non plus. Dans divers contextes, elle fait des distinctions nettes entre «questions sociales» et «questions politiques», et insiste sur le fait que les premières ne relèvent pas de la politique : «Rien […] ne saurait être plus suranné que d'essayer de libérer le genre humain de la pauvreté par des moyens politiques; rien ne saurait être plus futile ni plus dangereux»[1]. À cela, nous pourrions objecter que la libération de la pauvreté est un présupposé de la participation politique, au sens d'Arendt, et donc que c'est aussi une question politique. Mais pour

---

1. H. Arendt, *Essai sur la révolution*, Gallimard, Tel, 1985, p. 165, tr. Michel Chrestien.

Arendt, ni la pauvreté, ni les autres problèmes sociaux ne peuvent se résoudre par des moyens politiques. Ils ne relèvent pas de la *polis*. Ils doivent soit se résoudre dans la sphère de la maison, soit être laissés aux experts. C'est cependant une position discutable : si toutes les questions sociales sont exclues de la politique, comme le propose Arendt, la vie politique sera par conséquent vidée de contenu substantiel. *De quoi* vont traiter les discussions ? Arendt ne voit pas que les participants eux-mêmes doivent décider – avec des arguments politiques – de ce qui est et n'est pas politique. Les philosophes politiques ne peuvent pas établir de programme politique. Il faut souligner que la puissance d'Arendt réside dans sa vision *diagnostique*, et non dans le développement d'un programme politique.

GADAMER – LA TRADITION HERMÉNEUTIQUE

Nous pouvons distinguer deux traditions principales après Heidegger. La première, que nous pouvons appeler la *tradition herméneutique,* est centrée sur Hans-Georg Gadamer (1900-2002). La seconde, que nous pouvons appeler la *tradition déconstructionniste*, a plusieurs héritiers ; ici, nous avons choisi de traiter de Jacques Derrida, Michel Foucault et Richard Rorty. La première a élaboré ses idées à partir des premiers travaux de Heidegger et a développé une philosophie de la compréhension et de l'interprétation. Elle a des racines qui remontent à Schleiermacher et Dilthey (voir chapitre 16).

Alors que les premiers travaux de Heidegger étaient centrés sur l'action humaine, Gadamer, tout en développant sa philosophie de la compréhension et de l'interprétation, s'orienta surtout vers des *textes* historiques. Pour Gadamer, comme pour les herméneutes antérieurs tels que Schleiermacher et Dilthey, le paradigme de l'herméneutique se trouvait dans la *compréhension des textes*. Mais, tandis que ses prédécesseurs avaient étudié des textes essentiellement pour obtenir des connaissances historiques, Gadamer considéra les textes littéraires, ainsi que les textes religieux et juridiques, comme base pour développer une philosophie herméneutique. De ce point de vue, le problème de la nature humaine était central pour Gadamer, qui s'intéressa surtout, comme Heidegger, à la compréhension de l'homme ; son intérêt pour les questions de méthode fut secondaire par rapport à la question anthropologique de savoir ce qu'est un homme en tant que créature connaissante.

La seconde tradition, la tradition déconstructionniste, commence avec la critique philosophique de la tradition par Heidegger, c'est-à-dire avec sa tentative de répondre aux questions les plus profondes sur les forces qui ont été présupposées mais non « vues » et qui ont donné forme à l'histoire. Nous cherchons les tensions se trouvant dans les textes philosophiques qui nous ont été transmis, afin de « passer derrière le texte » et de révéler les contradictions qui auraient échappé à l'auteur mais qu'une interprétation critique peut mettre en lumière. Les textes sont ainsi « déconstruits ». La déconstruction est en ce sens une activité critique qui essaie de montrer que les textes traditionnels ne sont pas vraiment ce qu'ils prétendent être, mais autre chose. C'est pourquoi la tradition déconstructionniste offre pour programme une critique radicale de la tradition. Comme nous le verrons, le travail de sape de la tradition a été compris de diverses manières selon les déconstructionnistes. Mais ces derniers ont des caractéristiques communes, entre autres de s'opposer à l'orientation représentée par Gadamer, pour laquelle le respect de la tradition est fondamental. Si les prédécesseurs de Gadamer étaient des herméneutes tels que Schleiermacher et Dilthey, Nietzsche et Freud sont les pionniers de la tradition déconstructionniste.

Malgré cette nette opposition entre un programme herméneutique « radical » et un programme « conservateur », il est de fait que les deux traditions se montrent très critiques à l'égard de la modernité. Alors que Gadamer, en conservant le concept humaniste de *Bildung* (formation), se montra particulièrement critique à l'égard du déclin culturel de la société moderne, les déconstructionnistes sont en premier lieu des critiques du type de rationalisme qu'ils trouvent dans, et derrière, la société moderne, un rationalisme qu'ils interprètent souvent comme une force cachée et oppressive qui impose une homogénéisation disciplinée.

Nous allons examiner de plus près la philosophie de Gadamer avant de discuter du déconstructionnisme.

Entre vingt et trente ans, Gadamer s'intéressa de près à la pensée de Heidegger et il s'inspira particulièrement de l'interprétation heideggérienne des textes philosophiques. Une pensée systématique s'y exerçait dans l'explication des œuvres des philosophes antérieurs. Les idées de Heidegger étaient développées par l'intermédiaire d'une interprétation créative de ces textes historiques. Ce serait la méthode de Gadamer. On trouve la présentation principale de sa philosophie herméneutique dans son livre *Vérité et Méthode* (1960).

En tant qu'herméneute, Gadamer s'inspira également de Schleiermacher et de Dilthey. Schleiermacher mettait l'accent sur la nécessité pour l'interprétation herméneutique d'aller au-delà du texte vers l'auteur et le travail de sa vie. Nous devrions donc essayer de comprendre la partie spécifique du texte, non seulement à la lumière de l'œuvre entière de l'auteur, mais aussi de sa vie personnelle, de sa vie intellectuelle et de sa carrière. Ce qu'on appelle cercle herméneutique n'est donc pas simplement la question du rapport entre la partie et le tout d'un texte. La compréhension d'un texte n'est pas seulement une alternance entre l'interprétation de ses *parties* basée sur ce texte comme *totalité* et l'interprétation de sa *totalité* basée sur ses *parties*, mais aussi un cercle herméneutique qui inclut la vie de l'auteur, c'est-à-dire, d'abord, le travail de l'auteur comme un tout reconstruit. Mais cela veut dire que l'interprétation d'un texte devient en grande partie un projet psychologique (ou historique). Gadamer exprima certaines réserves sur ce point.

Gadamer ne niait pas, bien sûr, qu'il y eût beaucoup de types de faits psychologiques et historiques qui forment les bases d'un texte. Mais il soulignait qu'un texte affirme ou établit quelque chose – directement ou indirectement – et que nous devons prendre au sérieux ces propositions immanentes à un texte si nous voulons le comprendre en tant que texte. Comprendre un texte est donc une question de compréhension de ce qu'il énonce, comprendre le sens d'un texte est lié à la compréhension de ses prétentions de vérité. Évidemment, il est possible qu'un texte exprime une plaisanterie. Il est donc important de savoir quelle sorte de prétentions construit un texte. Il se peut aussi que le texte n'ait pas de signification du tout – par exemple, l'auteur a pu devenir fou – et dans ce cas il est nécessaire de changer notre méthode d'approche et de chercher plutôt des causes psychologiques. Mais ce n'est pas encore là le modèle standard pour l'interprétation des textes, selon Gadamer. Normalement, nous essayons de comprendre ce que dit le texte, ce qu'il affirme.

Ainsi, s'immerger dans un texte n'est pas s'immerger dans la vie intellectuelle d'une autre personne, mais dans la signification du texte. Et la signification d'un texte se trouve dans les « prétentions de vérité » qu'il produit. Pour comprendre un texte, il nous faut essayer de façon active de déterminer si ses prétentions de vérité sont raisonnables ou non. Évidemment, cela ne veut pas dire que nous devons être d'accord avec ce qu'il dit, mais une neutralité complète n'est pas possible[1].

---

1. La thèse de Gadamer sur les prétentions de vérité qu'établissent les textes peut se comparer à celle de Habermas selon laquelle tout acte de parole avance des prétentions à la validité. Mais il vaut la peine de noter que pour Habermas, cela s'applique avant tout aux actes de parole comme interactions *entre personnes*, et seulement de manière indirecte aux textes.

Une fois que nous entreprenons de comprendre un texte, nous devons, par ailleurs, adopter le point de vue de base selon lequel il a du sens et ne contient pas de contradictions au regard des prétentions de vérité qu'il produit. Ici, Gadamer soutient que, par notre précompréhension d'un texte, nous postulons qu'il est « parfait » (*Vorgriff der Vollkommenheit*)[1]. Il s'ensuit les deux importants points philosophico-linguistiques suivants :

1. le langage n'est pas seulement déterminant pour les textes mais aussi pour la compréhension humaine en général, et donc pour notre monde vécu. Ainsi, le langage ne se comprend pas « objectivement » en termes de sons ou de lettres. Et il ne se comprend pas non plus en tant que langue nationale spécifique. Il se comprend comme l'« horizon » de signification hérité dans lequel nous sommes socialisés et par lequel nous nous comprenons et comprenons le monde. Le langage est alors ce qui nous lie ensemble comme êtres humains et qui sert d'intermédiaire entre nous et le monde.

2. la signification d'un texte ne réside pas dans le texte comme un objet qu'il faudrait y trouver. Elle n'est ce qu'elle est qu'à la lumière de l'*horizon de signification* dans lequel le texte est situé. Nous regardons toujours un texte à partir de notre propre horizon de signification. Pour comprendre la signification d'un texte nous essayons donc de trouver des questions dont il peut être la réponse ; c'est-à-dire que nous cherchons en réalité l'horizon de signification qui rend un certain type de questions possible. Quand nous trouvons les sortes de questions qui semblent nous ouvrir le texte, cela veut dire qu'avec notre horizon de signification, nous sommes parvenus à nous approcher de l'horizon de signification à partir duquel le texte est formé[2].

Lorsqu'un texte et un interprète appartiennent au même monde (au même horizon de signification), le travail d'interprétation est, en principe, faisable. Il devient très difficile lorsque le texte appartient à une culture différente de celle de l'interprète, que ce soit une autre

---

1. Contre cela, les déconstructionnistes comme Derrida et Foucault affirmeraient que nous avons au contraire à utiliser l'« herméneutique du soupçon » et à nous intéresser à ce qui est conflictuel et contradictoire dans le texte.

2. Nous avons ici un point de vue « philosophico-transcendantal » sur le langage, dans lequel les horizons de signification fonctionnent comme une structure transcendantale. Hegel considérait au travers des changements l'« esprit du temps » (et les idéologies) comme de tels horizons de signification.

culture contemporaine, ou la culture d'une période passée. C'est précisément dans de tels cas que le travail d'interprétation devient un défi intellectuel.

Dans de tels cas, le texte nous parle aussi personnellement. Pour comprendre la signification d'un texte, il me faut le prendre au sérieux. En tant qu'interprète du texte, il me faut essayer de comprendre les questions auxquelles il répond. Le texte est écrit de son propre horizon de signification, non du mien. Le texte est écrit sur la base de ses propres «pré-jugés», à partir desquels il parle. J'ai mes propres «pré-jugés», à partir desquels je parle et j'interprète. Le degré auquel je peux comprendre un texte étranger dépend de la possibilité pour les deux horizons de signification de communiquer et de fusionner. Gadamer nomma cela une «fusion d'horizons». Mais cette appellation ne veut pas dire que les deux horizons sont devenus une seule et même chose. L'«un» des horizons est différent de l'«autre». Ce qui a eu lieu est une transformation de mon horizon de signification. En ce sens, j'ai subi une profonde formation, «profonde» car il ne s'agit pas d'acquérir de nouvelles connaissances à partir d'un fonds donné, mais d'une transformation de mon propre «cadre de référence». Cette formation (*Bildung*) est un processus d'apprentissage au sens où, de cette manière, j'élargis mon horizon et où je comprends mieux qu'avant et de manière différente. En même temps, cela montre le rapport étroit que fait Gadamer entre herméneutique et éducation. Ce processus de formation vers une fusion d'horizons est quelque chose qui nous arrive. Nous ne pouvons pas le préparer ni l'étudier à l'avance, comme si nous pouvions nous situer hors de l'histoire. Nous sommes toujours dans le processus ; nous ne sommes jamais en dehors, et ne pouvons en avoir une vue d'ensemble. En conséquence, nous pouvons améliorer nos connaissances, et ainsi apprendre – croître en âge et en sagesse –, mais nous ne pouvons pas prétendre avoir la vérité «finale», à partir d'une position intemporelle hors de l'histoire. En ce sens, nous sommes toujours en chemin. Notre compréhension est toujours historiquement déterminée, et le processus d'interprétation ne finit jamais.

Cela nous mène au cœur de la philosophie de Gadamer. Ce qu'il voulait faire, c'était donner une meilleure compréhension des êtres humains, en tant qu'êtres «historiquement conscients». Il n'essayait pas principalement de donner des conseils sur la question de la méthode des sciences humaines. Il essayait de clarifier les conditions qui rendent possible la compréhension humaine. Posé de cette manière, son projet devient un projet épistémologique ou, plus exactement, un projet philosophique transcendantal. Mais Gadamer se différenciait des épistémologues, y compris de Kant, en partant du langage comme horizon de signification et en comprenant toute interprétation comme un processus de formation qui cherche une fusion d'horizons. Il considérait le langage et l'interprétation comme des phénomènes essentiellement historiques. C'est pourquoi il y a clairement des caractéristiques hégéliennes dans la philosophie de Gadamer ; mais celui-ci interprétait des textes, tandis que Hegel construisait des systèmes.

Deux traditions critiques s'enracinent dans la pensée de Gadamer. La première se demande si notre contextualisation historique est fondamentale au point qu'il soit problématique de parler de la « vérité » comme de quelque chose d'universel. C'est la critique faite par les déconstructionnistes. La seconde se demande si les « prétentions de vérité » doivent être interprétées sur la base d'une théorie générale des actes de langage et d'une théorie de la modernisation culturelle. C'est la critique faite par Habermas.

DERRIDA, FOUCAULT ET RORTY – DÉCONSTRUCTION ET CRITIQUE

Jacques Derrida (1930-2004) poursuivit l'effort de Heidegger pour conduire la métaphysique à sa conclusion logique. Dans ce projet critique, il est aussi l'héritier de Nietzsche et de Freud. Comme chez ces pionniers, la critique de la métaphysique est également pour lui une critique de la pensée occidentale en général, y compris de la scientifisation, théorique et pratique, qui est apparue dans l'histoire occidentale et qui caractérise la civilisation moderne. Derrida critique de l'intérieur, par la déconstruction, méthode basée sur la lecture de textes, qui cherche les contradictions inhérentes à un texte et fait ainsi s'effondrer ses éléments de signification[1].

Derrida élargit le concept de texte, ou d'écriture, de sorte que le langage est compris comme « écriture », et que tout est en dernière instance « écriture ». Il le fait en interprétant l'écriture comme une activité qui établit des différences, c'est-à-dire qui donne des définitions et fait des distinctions. La faute fondamentale de la métaphysique est d'avoir toujours cherché un fondement, et de l'avoir cherché dans ce qui est. Mais, comme Heidegger, Derrida cherche à montrer qu'il

---

1. J. Derrida, *De la grammatologie* et *L'écriture et la différence* (publiés tous deux en 1967). Cette idée de la « déconstruction » du texte fut bien reçue dans les études littéraires de divers genres et diverses périodes. Le terme « postmodernisme » a succédé à « post-structuralisme », par exemple dans l'ouvrage de Jean-François Lyotard, *La condition postmoderne* (1979).

est vain de chercher un tel fondement. En ce sens, le monde est sans fondement. Il est vain de chercher un fondement dans « ce qui est » sous la forme de l'« étant ». Ce qui caractérise l'« écriture » est le fait de « distinguer » (*la différance*). L'écriture semble être un continuel combat entre de nouvelles différences, entre ce qui est présent et ce qui est absent. Dans ce combat ouvert, « l'autre », ce qui est différent, résistera toujours à la définition, malgré toutes les tentatives pour le saisir avec nos concepts. Né en Algérie, Derrida est un philosophe français, issu du milieu juif. Ainsi était-il toujours, selon ses propres mots, « l'autre » par rapport à la culture dominante. Le problème en ce qui le concerne est la question bien connue de l'autoréférence. Nous pourrions l'exprimer en gros comme suit. Si la déconstruction signifie que tous les concepts classiques de la philosophie sont « dissous », y compris celui de vérité, il est impératif, pour Derrida, d'expliquer s'il croit encore que ce qu'il dit à ce sujet est vrai. S'il répond par l'affirmative, il n'est autoréférentiellement pas cohérent. S'il répond par la négative, il est difficile de dire qu'il propose quelque chose que l'on peut prendre au sérieux. Mais peut-être y a-t-il une troisième solution ?

Michel Foucault (1926-1984) est connu en particulier pour son livre *les Mots et les choses* (1966), dans lequel il préconise un point de vue structuraliste : l'Homme est une construction sociale. La réalité est fondamentalement un ensemble de structures. Comme les autres structuralistes français, Foucault critique les théories qui servent d'appui au concept d'homme comme individu autonome au lieu de donner la priorité aux concepts de conditions structurelles. Il cherche ce qu'il appelle « l'archéologie » des humanités, c'est-à-dire les connexions structurelles sous-jacentes à une époque donnée. Il appelle *épistémè* la structure déterminante, qui détermine aussi les idées et les actions de cette époque. Son travail relève autant de l'histoire des idées que de la philosophie. Son livre sur l'histoire de la folie (*Histoire de la folie* [1961]) en est un exemple. Ce qui caractérise les analyses « archéologiques » de Foucault, c'est que son but est pratique (politique), malgré la forme scientifique de son travail : c'est de révéler les structures de pouvoir et de montrer comment quelque chose d'apparemment rationnel fonctionne en réalité comme répression cachée, souvent sous la forme de la discipline ou de l'endoctrinement. Le cœur de Foucault est du côté de ceux qui sont marginalisés dans la société, comme les « fous », les homosexuels ou les détenus. Avec ses critiques du rationalisme occidental traditionnel, Foucault est en accord avec les déconstructionnistes. Comme Derrida, il défend ceux qui sont définis comme « l'autre », mais son engagement politique est si fort, et son antagonisme envers la justification philosophique si constant, qu'il y a une tension manifeste entre son scepticisme philosophique et son engagement pratique. Comment un sceptique sait-il qu'il existe de bonnes causes qui valent que l'on lutte pour elles ? En bref, une réponse cohérente pourrait être qu'il s'agit de prendre une décision – décision qui pourrait aussi bien être en faveur des puissants que des faibles, pour le stalinisme ou pour l'hitlérisme. Mais ce n'est certainement pas le point de vue de Foucault.

Richard Rorty (1931-2007) a étudié la philosophie analytique[1]. Dans son livre *L'Homme spéculaire* (*Philosophy and the Mirror of Nature*, 1979 ; tr. 1990), il articule une critique radicale de la dichotomie traditionnelle entre sujet et objet en épistémologie (de Locke à Kant) et une critique de l'idée de vérité comme *relation bijective* entre pensée et chose, ou entre proposition et état de fait. Il critique la notion de vérité comme *correspondance*, et met plutôt l'accent sur l'utilité ; c'est pourquoi, il s'est rapproché du pragmatisme[2]. En même temps il a souligné le fait que la pensée est toujours « située » dans un contexte particulier. C'est donc un contextualiste. Son pragmatisme et son contextualisme signifient que la tradition politique a pour lui priorité sur la philosophie. Il est ainsi un partisan de la tradition démocratique et libérale de ses États-Unis d'origine. C'est son « contexte » (le contextualisme). Ce contexte décide de ce qui est utile, et donc a de la valeur, sans le soutien d'arguments philosophiques : Rorty croit à l'impossibilité de l'argumentation philosophique. C'est la question cruciale pour un contextualisme qui soutient que les arguments n'ont de signification que dans un contexte particulier. Le passage de la philosophie analytique classique vers une forme de contextualisme n'est pas rare (il se trouve aussi dans les derniers travaux de Wittgenstein)[3]. Ce qui caractérise le contextualisme de Rorty est son insistance sur l'importance de la culture politique de son pays[4]. Rorty se caractérise également par le soutien qu'en tant qu'ancien philosophe analytique, il accorde aux déconstructionnistes, non seulement pour leurs conceptions fondamentales, mais aussi pour leur méthode. Il essaie de tenir une « conversation » avec les grands

---

1. Voir chapitre 26, « Le positivisme logique – Logique et empirisme » et « Ludwig Wittgenstein – La philosophie analytique comme pratique ».

2. R. Rorty, *Conséquences du pragmatisme*, Seuil, 1990, tr. Jean-Pierre Cometti. Sur le pragmatisme, voir plus haut, chapitre 21, « La vérité est ce qui marche – Le pragmatisme américain ».

3. Voir aussi la discussion de cette transition dans *After Philosophy, End or transformation ?*, sous la direction de K. Baynes, J. Bohmann et T. McCarthy, MIT Press, 1987.

4. R. Rorty, *L'Amérique : un projet inachevé*, Publications de l'Université de Pau, 2001, tr. D. Machu.

penseurs, mais toujours par la déconstruction de leurs propositions et idées philosophiques (comme l'idée de vérité). C'est pourquoi, pour lui, les textes philosophiques ne sont pas différents des textes littéraires. Il peut être intéressant et édifiant de les lire, et ils nous offrent certains points de vue, certaines visions, mais ils ne peuvent être considérés comme vrais ou valides. Finalement, Rorty se caractérise par le postulat qu'il pose d'une distinction nette entre sphères privée et publique. Une personne privée peut s'instruire et s'enrichir par la lecture des grands classiques, mais sans considérer ce qu'ils écrivent comme des dogmes sur la vérité ou sur la manière dont on devrait organiser la société. La question de l'organisation de la société relève de la sphère publique, en tant qu'elle est distincte de la sphère privée, et à ce niveau, Rorty soutient la société libérale.

En tant que personne privée, Rorty lit Nietzsche et Heidegger, mais il se distancie de leurs affirmations par l'ironie. En tant que penseur politique, il considère des philosophes tels que Nietzsche et Heidegger comme complètement inacceptables et même dangereux, il soutient une société libérale, ouverte et éclairée, libre de tout diktat philosophique[1]. Il a ainsi critiqué les déconstructionnistes français (comme Derrida, et plus particulièrement Foucault) pour avoir confondu une philosophie de la vie avec la politique. Selon Rorty, en politique nous devons être libéraux et ne pas soutenir une critique radicale basée sur des projets philosophiques. Pour lui, tout est contextuel et contingent ; aucune proposition ou norme n'est strictement universelle ou nécessaire. L'approche déconstructionniste de Rorty est marquée par le fait qu'il a été un philosophe analytique et qu'il connaît intimement cette école, connaissance qui lui permet d'argumenter avec une grande précision. Il ne se contente pas de montrer comment idées et arguments appartiennent à des contextes particuliers, mais il essaie aussi d'illustrer que nous pouvons nous débrouiller sans distinctions philosophiques (comme celle entre vérité et fausseté). Il le fait en montrant que ces distinctions s'effondrent lorsque nous les poussons à l'extrême, au sens où par exemple l'idée de vérité absolue devient problématique. Rorty a pris au sérieux la critique de la philosophie. Il a renoncé personnellement à la philosophie comme profession et s'est fait muter dans un département universitaire de littérature. Il est bien conscient des problèmes d'autoréférence qui accompagnent une position sceptique. C'est pourquoi il procède toujours avec précaution. Il affirme peu, mais plutôt «suggère» et «fait des allusions» à d'autres formes de discours. Il a eu beaucoup

---

1. R. Rorty, *Contingence, Ironie, et Solidarité,* Armand Colin, 1997.

d'influence sur de nombreux aspects des études textuelles. Mais ceux qui le suivent dans ces domaines manquent souvent de sa formation philosophique, et leur argumentation est souvent bien moins subtile et beaucoup plus vulnérable aux contre-arguments comme l'inconsistance de l'autoréférence. Reste à savoir s'il arrive à se tirer de tous les problèmes que soulèvent ces contre-arguments[1]. De plus, il est frappant qu'il essaie souvent de faire disparaître les distinctions conceptuelles en se concentrant sur leurs versions extrêmes et en les critiquant. Mais un rejet des versions extrêmes ne justifie pas un rejet de versions plus modérées, comme en ce qui concerne le concept de vérité[2]. Finalement, il est difficile de savoir comment Rorty peut maintenir, de façon cohérente, une distinction si nette entre sphère privée et sphère publique, et c'est particulièrement ironique, puisqu'il s'est spécialisé dans la dissolution de ces nettes distinctions conceptuelles[3].

Jürgen Habermas – À travers l'argumentation

La tradition herméneutique et la déconstruction critique commencent toutes deux avec le langage comme texte. Elles entretiennent donc un rapport étroit avec les études de littérature comparée, la recherche historique, la théologie et le droit. Jürgen Habermas (1929-) s'est toujours intéressé aux sciences sociales, et il a tout d'abord conçu le langage comme un acte de parole. Pour lui, le concept d'action (et d'institution) a la primauté sur celui de texte.

Habermas a été formé par l'école de Francfort. Mais il a rompu avec la critique totale et le pessimisme qui en caractérisent la première génération (Adorno et Horkheimer). Cette rupture est liée à la distinction qu'il fait entre différents types d'intérêts, nommés *intérêts de connaissance* : nous devons être capables de dominer la nature pour satisfaire à nos besoins essentiels. En liaison avec l'extension des formes instrumentales de travail se produit le développement des sciences appliquées et d'une technologie qui contrôle la nature ; c'est *l'intérêt de connaissance technique*. En même temps, nous dépendons de l'action commune et de l'interaction sociale. L'interaction est liée de façon interne au langage, et la compréhension interactive est

---

1. Voir Richard Bernstein, *The New Constellation*, MIT Press, 1992, p. 258-292.

2. Voir Thomas McCarthy sur Rorty dans *Ideals and Illusions*, MIT Press, 1993, p. 11-42 (sur Foucault, p. 43-82, sur Derrida, p. 97-123).

3. Nous pouvons demander ici : la littérature a-t-elle parfois une certaine importance politique, que cela nous plaise ou non ?

davantage développée dans les sciences herméneutiques, dont les études s'étendent de l'anthropologie sociale à l'histoire ; c'est *l'intérêt de connaissance pratique*. Pour finir, il faut nous libérer des liens idéologiques par la réflexion critique, comme dans la psychanalyse et la critique de l'idéologie ; c'est *l'intérêt de connaissance émancipatoire*.

Face à la nature, notre rationalité est en position de contrôle. Et c'est ainsi qu'il doit en être puisque l'intérêt de connaissance technique est indispensable. Habermas ne voit en cela rien de répréhensible. C'est ce qu'il faut, c'est à cet intérêt que ce type de pouvoir appartient. Mais selon Habermas, il existe aussi une forme de connaissance et de rationalité qui ne contrôle pas. Elle se fonde sur l'intérêt de connaissance pratique. Il est décisif de comprendre que Habermas ne considère pas la rationalité seulement comme oppressive et assurant un contrôle. Dans les relations interpersonnelles, nous pouvons utiliser *soit* l'intérêt de connaissance technique *soit* l'intérêt de connaissance pratique. Au lieu d'une sorte de fatalisme à l'égard d'un type de rationalité qui contrôle, nous avons la tâche importante de chercher un équilibre raisonnable entre rationalité technique et rationalité pratique, entre contrôle et compréhension.

L'intérêt de connaissance émancipatoire a aussi sa place à ce niveau social, et il est important pour la lutte contre la réification et l'oppression interne.

En d'autres mots, à l'égard de la nature s'applique *un* seul intérêt de connaissance, celui qui contrôle et explique. En ce qui concerne la société, les trois sont présents. C'est pourquoi nous devons nous démener pour trouver le bon équilibre entre eux, en particulier entre l'intérêt technique d'une part, et l'intérêt pratique et l'intérêt émancipatoire d'autre part.

D'un point de vue méthodologique, cela veut dire que pour Habermas, par rapport à la nature, nous pouvons seulement faire des recherches hypothético-déductives qui conduisent à des explications causales. Par rapport aux phénomènes sociaux, nous pouvons *à la fois* faire des recherches hypothético-déductives et des recherches herméneutiques (« sociologie compréhensive »). Selon une perspective historico-critique plus large, cela veut dire que Habermas vise à montrer qu'il existe un type de rationalité dont l'essence n'est pas de contrôler, mais qui implique une compréhension mutuelle. Nous avons la rationalité communicationnelle et l'action communicationnelle.

Nous n'aborderons pas les problèmes philosophiques liés à cette division en différents intérêts de connaissance et différentes formes de recherche ; nous nous concentrerons plutôt sur ce qui est raisonnable selon l'intuition fondamentale de Habermas. Si une personne affiche un comportement asocial, nous pouvons essayer d'en trouver des causes, soit de nature physiologique soit de nature psychologique, et sur la base de nos connaissances des relations causales, nous pouvons essayer de la guérir. La personne en question a ainsi pour nous été *objectivée*. En vertu de cette connaissance, nous pouvons contrôler cette personne objectivée. *Ou bien* nous pouvons considérer que la personne est saine d'esprit et raisonnable, donc qu'elle se comporte de manière responsable, puisque nous essayons de découvrir les raisons de son comportement – peut-être a-t-elle de bonnes raisons que nous n'avons pas reconnues, ou peut-être simplement est-elle blâmable et faudrait-il lui conseiller de changer.

Parfois, on peut utiliser les *deux* approches, comme quand il s'agit de névroses ou d'alcoolisme. Mais dans certains cas, il est relativement clair que le comportement d'une personne est causalement déterminé, par exemple en ce qui concerne la toxicomanie ; dans d'autres, il est relativement clair que la personne est saine d'esprit et responsable, comme pendant des examens universitaires. Dans ce dernier exemple, les enseignants ne s'intéressent pas aux causes qui conduisent les candidats à écrire leurs réponses, mais plutôt aux raisons qui justifient ces réponses.

C'est la différence entre *raisons* et *causes* dans ce qui détermine la réponse d'une personne. Les raisons peuvent être comprises, développées et contestées. Pour comprendre la théorie de la relativité d'Einstein et pour la mettre à l'épreuve, nous nous demandons s'il y a de bonnes raisons d'en accepter la validité. Mais bien sûr, il y avait aussi des causes qui déterminèrent le fait qu'Einstein ait proposé cette théorie. Par exemple, il se peut que nous nous intéressions aux facteurs psychologiques qui l'ont conduit à devenir physicien. De telles causes sont intéressantes de plusieurs façons, mais pas en ce qui concerne la question de savoir si la théorie est ou non valide. Même si Einstein avait proposé sa théorie à cause de compulsions freudiennes inconscientes, sa théorie peut encore être valide. La réponse à la question de sa validité est déterminée par une recherche plus approfondie, et non par l'étude de l'enfance et de la vie privée d'Einstein.

C'est pourquoi il est juste de maintenir deux sortes d'attitudes envers quelqu'un d'autre (et envers nous-mêmes). Il est également juste de dire que l'on peut avoir une société plus restrictive et moins libre si la tendance à trouver des explications causales devient excessive (la société thérapeutique). Mais il est aussi juste que nous pourrions chercher des raisons là où nous aurions dû plutôt chercher des causes, et donc que nous pourrions être moralisateur dans des cas où la thérapie aurait été l'approche appropriée (comme dans l'exemple d'une société trop moraliste).

Habermas a essayé de montrer que la différenciation dans le processus de modernisation a conduit à des tensions fondamentales entre deux sphères, qu'il appelle *système* et *monde vécu*[1]. Nous pouvons dire que le «système» embrasse les domaines du politique et de l'économique. Le progrès y apparaît sous la forme d'une domination scientifique et technique croissante. Il y a donc place pour la rationalisation, au sens d'un accroissement de la rationalité, c'est-à-dire d'une amélioration de la connaissance de quels moyens mènent à quelles fins (la rationalité des moyens en vue d'une fin). Cependant, Habermas souligne que ce n'est pas tout; en même temps que dans les domaines politiques et économiques se développent des institutions et les processus d'apprentissage qui les accompagnent, nous avons aussi le développement d'une compétence dans le monde vécu sous la forme d'une rationalité communicationnelle plus étendue. En bref, cette différenciation entre système et monde vécu signifie que nous apprenons à maîtriser certaines distinctions fondamentales : nous ne fouettons plus la mer lorsque nous n'aimons pas son «comportement» (comme le fit le roi Xerxès de Perse au cinquième siècle avant J-C), puisque nous avons appris à distinguer entre nature et société, entre ce sur quoi nous ne pouvons agir qu'en en connaissant les relations causales et ce avec quoi nous pouvons communiquer et que nous pouvons réprimander. Nous avons appris cette distinction, et nous sommes donc à un stade de développement plus élevé que ceux qui ne la connaissaient pas encore. Nous supposons que les individus qui aujourd'hui «fouettent la mer» sans plaisanter présentent des troubles mentaux.

De plus, nous nous attendons à ce que des adultes sains d'esprit aient appris à maîtriser la distinction entre le vrai et le faux, entre comprendre que telle chose a lieu et telle autre non. Bien sûr, nous faisons tous parfois des erreurs concernant cette distinction. Et bien sûr, nous ne sommes pas tous également doués pour en parler. Mais nous pouvons tous en faire *usage* dans la pratique, une fois que nous avons atteint un certain âge. Et si quelqu'un n'arrive pas à distinguer la réalité de la fiction, nous considérons cela comme psychopathologique. De plus, nous distinguons entre le juste et l'injuste. Celui qui ne sait pas (pas même grossièrement et implicitement) ce qui est approprié à différentes situations est un marginal dans le monde vécu. Pour

---

1. J. Habermas, *Théorie de l'agir communicationnel*, tome 2.

finir, nous pouvons distinguer entre une simulation et une expression authentique de ce que nous sentons et pensons.

Ce genre de progrès dans la compétence communicationnelle et réflexive conduit à une capacité à thématiser et à discuter les questions qui se posent sur ce qui est vrai et juste, lorsqu'apparaissent à ce propos incertitude et désaccords. Au lieu de chercher des réponses dans la tradition et dans les travaux canoniques, nous apprenons à suivre des arguments. Pour arriver à la vérité, nous devons compter sur différentes formes de recherche et de discussion. Selon Habermas, dans les questions normatives, il s'agit de chercher un accord raisonnable entre les parties concernées. Si nous parvenons à une entente libre sur la base d'une discussion informée et ouverte, nous pouvons supposer que nous avons trouvé la réponse normativement correcte. Habermas pense ainsi que les adultes de notre culture sont, en principe, capables de décider de questions normatives fondamentales par une discussion entre ceux que ces questions concernent. C'est là une version du point de vue qui considère qu'il y a des réponses universellement valides aux questions normatives et que nous sommes capables, en principe, d'arriver à de telles réponses par l'usage discursif de la raison.

Pour Habermas, cet argument est dirigé à la fois contre le relativisme éthique et contre le dogmatisme éthique : les preuves déductives sont exclues parce qu'elles conduisent soit à un cercle logique, une régression à l'infini, soit à un point d'arrêt arbitrairement choisi. Et Habermas ne croit pas en des vérités normatives, révélées ou évidentes ; dans ce domaine nous avons eu longtemps *différentes* réponses théologiques et métaphysiques qui se contredisaient mutuellement. Il ne pense pas non plus que des sujets raisonnables et libres puissent isolément arriver à de telles conclusions par leur raison. Nous avons besoin les uns des autres pour comprendre que notre point de vue n'en est qu'un parmi d'autres et pour prendre conscience de nos déformations inconscientes, de sorte que nous puissions les corriger. Nous avons besoin des autres parce que nous avons besoin d'une raison pluraliste, théorique aussi bien que normative, afin de discuter les cadres conceptuels donnés et de comparer entre eux les divers arguments.

Ici, nous trouvons une rationalité procédurale et intersubjective : *intersubjective*, parce que la discussion est cruciale, *procédurale*, parce que ce ne sont pas des thèses ou points de vue précis qui sont «le fondement ultime», mais la procédure elle-même. Elle consiste à avancer de manière objective et interrogative. Le point de vue particulier que nous considérons comme vrai ou correct à tel ou tel moment peut ensuite se révéler douteux. C'est la seule approche dont nous disposions, en tant que créatures faillibles : reconnaître nos fautes et avancer. Cette approche procédurale est donc fondamentale.

Habermas, comme son collègue Karl-Otto Apel (1922-), a souligné à ce sujet qu'il y a certaines conditions inévitables qui nous permettent d'argumenter. En tant que participants à une argumentation sérieuse, nous devons pouvoir suivre les arguments et être prêts à nous soumettre à «la force d'un meilleur argument». De plus, nous devons nous considérer mutuellement à la fois comme raisonnables et faillibles – assez raisonnables pour suivre un argument, et faillibles parce que nous avons quelque chose à apprendre. Un je-sais-tout peut donner des conseils, mais non argumenter ; pour lui, il n'y a pas de discussion possible. Cette reconnaissance mutuelle contient un élément normatif : l'égalité. D'où une barrière contre les réponses ethnocentriques et égoïstes. De plus, il y a une exigence d'universalisation, puisque les arguments valides doivent l'être pour chacun. Un argument n'est pas propriété privée, comme un QI ou une feuille de soins dentaires. Les arguments ne sont pas valides pour certaines personnes et non valides pour d'autres. Le concept d'argument valide signifie que l'argument est universellement valide, c'est-à-dire valide dans tous les cas du même genre[1]. Cette conception de la rationalité est audacieuse dans la mesure où elle affirme inclure des questions normatives fondamentales. Mais, en même temps, il faut souligner qu'il s'agit d'un processus faillible selon lequel nous pouvons chercher constamment à améliorer nos opinions au moyen de la recherche et de la discussion, mais dans lequel il ne nous est jamais garanti de posséder la vérité finale.

Cette conception de la rationalité s'oppose au décisionnisme que l'on rencontre dans la pensée de Popper, de Weber et de Sartre. La discussion publique et éclairée entre des personnes raisonnables est la réponse de Habermas. Selon lui, ce processus faillible est tout ce dont nous disposons. L'autre terme de l'alternative est un appel soit aux vérités métaphysiques fondamentales, que nous ne considérons plus comme crédibles, soit à une décision rationnellement infondée. La réponse de Habermas est, à bien des égards, modeste, mais elle est aussi problématique en ce qui concerne à la fois sa mise en pratique et la poursuite d'une discussion philosophique. Toutefois, sa force théorique vient de ce qu'il est difficile de l'éviter : si nous ne sommes pas d'accord, nous devons argumenter contre, mais alors nous sommes pris au piège de cela même que nous voulions rejeter. Si nous n'argumentons pas contre, nous n'avons pas formulé

---

1. Voir G. Skirbekk, *Une praxéologie de la modernité*, L'Harmattan, 1999.

de critiques. Si nous argumentons contre, nous sommes dans cette situation argumentative, avec ses exigences de discussion éclairée et de reconnaissance mutuelle entre les parties concernées. Ceux qui ne sont pas d'accord doivent montrer qu'ils ont de meilleurs arguments que Habermas. C'est le « cercle magique » de la raison argumentative. La raison argumentative représente un destin inévitable. Non que nous devions toujours discuter, mais, dans de nombreux cas d'incertitude ou de désaccord, nous devons considérer la rationalité réflexive et procédurale comme la dernière cour d'appel. Selon Habermas, c'est l'une des caractéristiques fondamentales de la modernité. Celle-ci se caractérise non seulement par la différenciation et la division, mais aussi par l'unité autour d'une rationalité discursive qui n'est pas définie selon le contenu mais selon la procédure. Habermas est donc l'héritier du siècle des Lumières, bien qu'il soit libéré de son optimisme naïf.

Celui qui continue son étude augmente de jour en jour

Nous avons donc suivi dans ce livre la philosophie occidentale à travers les âges, de l'Antiquité grecque jusqu'à la pensée réflexive de notre temps sur la modernité et ses défis, pensée représentée ici par des théoriciens dont les approches de la philosophie et du monde contemporain sont très diverses – de Heidegger et Arendt à Gadamer, Derrida, Foucault et Rorty, pour finir par Habermas, qui est encore en vie et philosophiquement actif.

La relation mutuelle entre universalité et pluralité (Habermas) est un sujet d'importance, la menace du totalitarisme et de l'exclusion (d'Arendt à Derrida, Foucault et Rorty) en est un autre, un autre encore la perte du sens (Heidegger). Dans le chapitre sur la constitution des sciences sociales, nous avons vu que les défis principaux auxquels étaient confrontées les sociétés modernes trouvaient leur source tant dans l'affaiblissement de la cohésion sociale (de Durkheim et Tönnies à Parsons) que dans les différenciations institutionnelle et épistémique et dans des problèmes de gouvernance et de légitimité (de Comte à Weber). Mais ces dernières années, « le projet de la modernité » a aussi été mis au défi et interrogé selon deux autres dimensions : (1) combinée aux conflits internationaux, une revitalisation de la religion dans les domaines public et politique a déclenché une discussion renouvelée (manifeste depuis le 11 septembre 2001) sur l'opposition entre une conception « unitaire » de la modernité et celle de « modernités

multiples », discussion souvent perçue comme portant fondamentalement sur les relations entre « l'Ouest et le Reste du monde » ; (2) la
prise de conscience va croissant quant aux difficultés environnemen-
tales rencontrées par un monde moderne dans lequel s'accroissent la
population et la consommation : elle ajoute les contraintes physiques
et écologiques à celles liées aux problèmes épistémiques, sociaux et
institutionnels qu'affrontent les sociétés modernes.

En bref, il y a mélange entre d'une part une ouverture renouvelée
à diverses formes de modernité et d'autre part de lourdes contraintes
qui pèsent à de multiples niveaux. Mais « celui qui continue son étude
augmente de jour en jour »[1] : il est donc raisonnable de supposer que
face aux scénarios pour l'avenir, les débats philosophiques et érudits
se poursuivront. Dans cette situation, il est manifestement sage de
prendre conscience des racines historiques des évènements contemporains : y aider constitue le projet sous-jacent de cette histoire de la
philosophie occidentale.

QUESTIONS

Discutez la conception qu'a Hannah Arendt de la politique dans
les sociétés modernes. Quels liens y a-t-il entre cette conception et
celles de Heidegger (d'une part) et de Habermas (de l'autre) ?

Exposez les forces et les faiblesses de la philosophie déconstructionniste (Jacques Derrida, Michel Foucault et Richard Rorty).

En quel sens Habermas croit-il que l'on puisse décider rationnellement des prétentions à la validité pour les questions normatives
fondamentales ?

SUGGESTIONS DE LECTURE

SOURCES

Apel, K.-O., *Transformation de la philosophie*, Cerf, 2007, tr. Christian
Bouchindhomme, Thierry Simonelli et Denis Trierweiler.

Arendt, H., *Condition de l'homme moderne*, Pocket, Agora, 1994, tr.
G. Fradier.

Derrida, J., *De la grammatologie*, Minuit, 1967.

---

1. Lao-Tseu, *Tao-tö king*, XLVIII, traduit du chinois par Liou Kia-hway et relu
par Étiemble, Gallimard, Pléiade.

Foucault, M., *Folie et déraison : Histoire de la folie à l'âge classique,* Gallimard, 1992.

Gadamer, H. – G., *Vérité et méthode,* Seuil, 1996, tr. Pierre Fruchon, Jean Grondin et Gilbert Merlio.

Habermas, J., *Théorie de l'agir communicationnel,* Fayard, 1998, tr. Jean-Marc Ferry (tome 1) et Jean-Louis Schlegel (tome 2).

Habermas, J., *Le discours philosophique de la modernité,* Gallimard, 1988, tr. Christian Bouchindhomme et Rainer Rochlitz.

Habermas, J., *Droit et démocratie (entre faits et normes),* Gallimard, 1997, tr. Christian Bouchindhomme et Rainer Rochlitz.

Heidegger, M., *Être et Temps,* Gallimard, 1986, tr. François Vezin.

Rorty, R., *Contingence, Ironie, et Solidarité,* Armand Colin, 1997, tr. P.-E. Dauzat.

COMMENTAIRES

Bernstein, R. (ed.), *Habermas and Modernity,* MIT Press, 1985.

Bernstein, R., *The New Constellation,* MIT Press, 1992.

McCarthy, T., *Ideals and Illusions,* MIT Press, 1993.

Skirbekk, G., *Une praxéologie de la modernité,* l'Harmattan, 1999, tr. Maurice Élie, Michel Fuchs et Jean-Luc Gautero.

Index

Table des matières

Achevé d'imprimer
2ᵉᵐᵉ trimestre 2010
Ingénidoc à Rouen